मीडिया और हमारा समय

मीडिया और हमारा समय

प्रांजल धर

भारतीय ज्ञानपीठ

लोकोदय ग्रन्थमाला : ग्रन्थांक 1230

ISBN 978-93-263-5260-4

मीडिया और हमारा समय

(मीडिया)

प्रांजल धर

प्रकाशक : **भारतीय ज्ञानपीठ**

18, इन्स्टीट्यूशनल एरिया, लोदी रोड, नयी दिल्ली–110 003

मुद्रक : विकास कम्प्यूटर ऐंड प्रिंटर्स, दिल्ली

आवरण चित्र : सुचिंत एम.

आवरण–सज्जा : महेश्वर

MEDIA AUR HAMARA SAMAY
(Media)
by Pranjal Dhar

Published by
Bharatiya Jnanpith
18, Institutional Area, Lodi Road, New Delhi-110 003
Ph. : 011 24698417, 24626467; 23241619 (Daryaganj)
Mob. : 9350536020; e-mail : bjnanpith@gmail.com
sales@jnanpith.net, website : www.jnanpith.net

Second Edition : 2018
Price : Rs. 480

आमुख

बदलते परिवेश की थाह लेता मीडिया विमर्श

बहुत पहले की बात नहीं है जब मीडिया सूचना, सन्देशों और शिक्षा का माध्यम हुआ करता था और बहुजन हिताय, बहुजन सुखाय उसका उद्देश्य वाक्य होता था, लेकिन भूमंडलीकरण के दौरान जितनी तेज़ी से मीडिया से जुड़ी विभिन्न प्रौद्योगिकियाँ विकसित हुईं, उससे कहीं तेज़ी से एक ओर तो समाज में जानकारियों और सूचनाओं का विस्फोट हुआ, दूसरी ओर बाज़ार ने अपने स्वार्थ के लिए उपभोक्ता समाज का निर्माण किया, उसको लगातार पोषित करने का काम भी मीडिया के हिस्से में आया। सूचना, कुसूचना तथा दुराग्रही और भ्रामक सूचनाओं का विवाद भी इसी दौर में तेज़ हुआ और समाज को नियन्त्रण में रखने के औजार के रूप में चोम्सकी ने भी मीडिया की खासी आलोचना की। इसी परिदृश्य से जुड़ी है मीडिया के भीतर की उसकी आलोचना, उसका विश्लेषण और उसका आत्मालोचन भी। प्रांजल धर की यह पुस्तक भी उसी आंतरिक आलोचना और विश्लेषण की एक कड़ी है जो पिछले दिनों नया ज्ञानोदय के लिए लेख लिख-लिख कर सृजित की गयी है।

हिन्दी और अंग्रेज़ी के अनेक पत्र-पत्रिकाओं में इन दिनों मीडिया पर बहुत कुछ छप रहा है। इसकी एक वजह यह भी है कि मीडिया में आजकल परिवर्तन भी पहले की अपेक्षा अधिक हो रहे हैं। इस नयी शताब्दी की पहली सदी के आरम्भ की बात ही करें तो हम देखते हैं कि हिन्दी पत्रकारिता का इतना अधिक विकास हुआ जितना देश की किसी अन्य भाषा और यहाँ तक कि अंग्रेजी में भी नहीं हुआ। चार-पाँच अख़बार तो आज किसी एक राज्य के एक-दो शहरों से नहीं बल्कि कई राज्यों के कई शहरों से निकल रहे है। उनके नये-नये संस्करण आज भी किसी-न-किसी शहर से निकाले ही जा रहे हैं अर्थात् विस्तार और विकास की यात्रा जारी है। टेलीविज़न की दुनिया में कुछ दिनों तक विस्तार और विकास के दौर में अंग्रेज़ी, हिन्दी और हिंग्लिश की दुविधा हुई लेकिन जल्दी ही हिन्दी और अन्य भारतीय भाषाओं के चैनल अपना स्वरूप बनाने लगे, भले ही उनके बनते हुए रूपों पर अनेक

लोगों को आपत्ति हुई और आज भी है, भाषा ही नहीं, कथ्य का संकट भी लगातार बना हुआ है और अब तो लोग इनको संकट न मानते हुए रणनीति भी मान रहे हैं। कहने का मतलब यह कि मीडिया के विकास ने मीडिया के बारे में लोगों को सोचने पर विवश कर दिया है। इस पुस्तक में संग्रहीत लेखों की विशेषता यह है कि जहाँ अखबारों में स्तम्भ लिखते समय मीडिया समीक्षक को 700 से 1000 शब्द की सीमा में बँध कर बात करना अनिवार्य हो जाता है, वहीं पत्रिकाएँ लेखक को आज भी अधिक जगह दे पाती है। इसलिए प्रांजल धर को हर मुद्दे को उठाते हुए उसकी तुलनात्मक रूप से अधिक विस्तार से व्याख्या करने का अवसर मिला जिसका उन्होंने पूरा लाभ उठाया है। एक अन्य विशेषता यह है कि जहाँ आजकल अनेक लोग जल्दबाज़ी में पुस्तक लिखने की उतावली में येन-केन प्रकारेण लेखन में जुटे हैं, इधर-उधर की सामग्री चुराकर पुस्तक बना लेने से भी जिन्हें परहेज नहीं, वहीं प्रांजल धर ने मीडिया के विद्यार्थी होने के अपने धर्म को निभाते हुए धीरे-धीरे सोच-विचार और अध्ययन करके हर महीने नियमित तौर पर मीडिया के विभिन्न पहलुओं पर विचारोत्तेजक लेख लिखे और यह महज संयोग है कि आज वह पुस्तकाकार प्रकाशित हो रहे हैं।

स्वयं मीडिया आलोचक होने के नाते ऐसी किसी भी पुस्तक पर लिखते समय अपनी रौ में बह जाना स्वाभाविक ही है लेकिन इस लोभ का संवरण करते हुए और यह जानते हुए कि पाठकों का संवाद प्रांजल धर से होना है,' मुझसे नहीं; मैं केवल अपनी खुशी और आह्लाद प्रकट करते हुए पृष्ठभूमि की ओर अग्रसर होना चाहूँगा क्योंकि किसी भी शिक्षक के लिए ऐसे क्षण वाकई मुग्ध करनेवाले और भरमानेवाले होते हैं जब उनके विद्यार्थी उनसे भी आगे जाकर विचारशीलता और सृजनात्मकता के नये आयाम गढ़ते हैं। अपने विद्यार्थियों की सफलताओं को हम अनेक बार अपनी सफलता मान लेते है, जो आवश्यक नहीं है कि सही हो, और यही बात आज इस पुस्तक का आमुख लिखते समय कहना चाहता हूँ कि प्रांजल धर का लेखन उसकी अपनी लगन और मेहनत का परिणाम है, ऐसा करते समय उसे भले ही हम लोगों की सोहबत मिली हो।

मीडिया विमर्श के इस आरम्भ से पाठकों के मन में अगर मीडिया से जुड़ी भ्रान्तियाँ हट पाएँ और बिसराते जन सरोकार एक बार फिर केन्द्र में आ सकें तो निश्चय ही यह मीडिया साक्षरता की एक बड़ी उपलब्धि होगी।

—प्रो. (डॉ.) हेमन्त जोशी

सी-3, प्रेस एन्क्लेव, साकेत

नई दिल्ली-110017

अनुक्रम

मीडिया में न्यू टेक-वैरियर्स यानी नये तकनीकी महारथी

मीडिया के ऐसे नये महारथियों के बारे में जानना बेहद रोचक है जिन्होंने न्यू मीडिया की दुनिया को नया आकार प्रदान किया है। वास्तव में इन नये योद्धाओं के जीवन के बारे में जानने से न्यू मीडिया की बारीकियों को समझने में मदद मिलती है। नये जनमाध्यमों में फेसबुक का प्रमुख स्थान है और मार्क जुकरबर्ग के बिना फ़ेसबुक की कोई भी चर्चा अधूरी ही मानी जायेगी। मीडिया के न्यू टेक-वैरियर्स की कड़ी में अगला नाम जैक डॉर्से का आता है। कम्प्यूटर साइन्स क्षेत्र के बड़े उद्यमियों, जैसे-बिल गेट्स, स्टीव जॉब्स और मार्क जुकरबर्ग आदि की तरह डॉर्से ने भी डिग्री हासिल करने से पहले ही कॉलेज छोड़ दिया और सन् 2000 में अपनी एक कम्पनी शुरू की। यह कम्पनी वेब के जरिए अपने डिस्पैच सॉफ़्टवेयर को ऑफ़र करने से सम्बन्धित थी। इसके बाद जैक डॉर्से के दिमाग़ में यह विचार आया कि क्यों न एक ऐसी साइट की खोज की जाये जो डिस्पैच सॉफ़्टवेयर की व्यापक पहुँच को इन्सटैंट मैसेजिंग से जोड़ सके।

इसके बाद डॉर्से, स्टोन और ओडियो के सह-संस्थापक इवान विलियम्स ने 'ऑबियस' नामक एक नयी कम्पनी की शुरुआत की। यह कम्पनी आगे चलकर 'ट्विटर' के नाम से जानी गयी। ऑबियस के बनने के दो सप्ताह के भीतर ही जैक डॉर्से ने एक साधारण-सी साइट के रूप में ट्विटर का श्रीगणेश किया था जिससे पहले पहल एक सौ चालीस करैक्टर्स या इससे भी छोटे सन्देश तीव्रता से भेजे जा सकते थे। इस सन्देश को ही बाद में ट्वीट कहा गया। इक्कीस मार्च 2006 को जैक डॉर्से ने दुनिया का सबसे पहला ट्वीट लिखा था जो यह था : 'जस्ट सैटिंग अप माई ट्विटर।' डॉर्से को इस कम्पनी का सीईओ बनाया गया। 19 नवम्बर, 1976 को पैदा हुए जैक डॉर्से का प्रारम्भिक समय सेंट लुईस नामक शहर में बीता। बचपन से ही डॉर्से का झुकाव कम्प्यूटरों और संचार के अन्य उपकरणों की ओर था और हाईस्कूल से पहले ही उन्होंने कम्प्यूटर प्रोग्रामिंग शुरू कर दी थी।

जिस प्रकार खाड़ी युद्ध के दौरान सीएनएन की भूमिका के कारण टेलीविज़न

जैसे दृश्य-श्रव्य संचार माध्यम की किस्मत चमक उठी थी, उसी प्रकार ट्विटर को अचानक वैश्विक उछाल मिला सन् 2009 में ईरानी राष्ट्रपति के चुनाव के दौरान। जून 2009 के बाद जब ईरानी राष्ट्रपति के चुनाव समाप्त हो गये और दावा किया जाने लगा कि महमूद अहमदीनेजाद राष्ट्रपति का चुनाव पुनः जीत गये हैं तो अहमदीनेजाद के विरोधी सड़कों पर उतर आये और गलियों समेत हर जगह विरोध प्रदर्शन करने लगे। परिणामस्वरूप भारी लामबन्दी को देखकर ईरानी सरकार ने टेक्स्ट मेसेजिंग पर प्रतिबन्ध लगा दिया और उपग्रहों के जरिए मिलनेवाले विदेशी न्यूज़ कवरेज को रोकने के इन्तजामात किये गये। इसीलिए ईरानी जनता ने लाइव अपडेट्स को जानने-समझने और सुनने-सुनाने के लिए ट्विटर की खूब मदद ली। अमेरिकी सरकार ने इसी दौरान डॉर्से को एक आधिकारिक ई-मेल भेजा कि आपको ट्विटर पर मरम्मत का जो काम करना था, उसे फिलहाल टाल दीजिए ताकि ईरानी लोग अपनी ट्वीटिंग को जारी रख सकें। इस आधिकारिक ई-मेल ने बताया कि ट्विटर ईरान के लिए एक महत्त्वपूर्ण समय में एक महत्त्वपूर्ण काम कर रहा है। वास्तव में ट्विटर ने यहीं से कामयाबी की ऊँची सीढ़ियाँ चढ़नी शुरू कीं और डॉर्से को भी लोग अब ज़्यादा जानने लगे। सन् 2010 के एक आँकड़े के मुताबिक ट्विटर के साढ़े दस करोड़ से भी ज़्यादा फॉलोवर हैं जो सिर्फ एक दिन में ही करीब छह करोड़ बार एक-दूसरे से ट्वीट करते हैं।

मीडिया के नये महारथियों का जिक्र करते समय इवान विलियम्स का नाम लेना जरूरी है जिन्होंने वर्तमान दुनिया को ब्लॉगिंग का नायाब तोहफा दिया। सूचना विस्फोट के वर्तमान दौर में ब्लॉग आधुनिक जीवनशैली के अनुरूप ढल सकने वाला एक ऐसा संचार माध्यम है जिसमें अनन्त सम्भावनाएँ निहित हैं। इवान विलियम्स ने न सिर्फ़ 'ब्लॉगर' शब्द का आविष्कार किया बल्कि 'ब्लॉग' शब्द को न्यू मीडिया के साथ-साथ पूरे संचार जगत में ख़ासा लोकप्रिय बनाया। इवान विलियम्स ने मेग हूरिहन के साथ मिलकर पायरा लैब्स की स्थापना की थी जिसका लक्ष्य प्रोजेक्ट मैनेजमेंट सॉफ़्टवेयर का निर्माण करना था। वेबलॉग (इसकी रचना दो शब्दों 'वी' और 'ब्लॉग' से हुई है) के निर्माण और प्रबन्धन के लिए विलियम्स ने अनेक प्रारम्भिक वेब सक्रियाएँ सम्पादित कीं। बाद में हूरिहन पायरा लैब्स से अलग चले गये और गूगल ने पायरा लैब्स को अधिगृहीत कर लिया।

न्यू मीडिया के इन नये महारथियों का निजी जीवन भी कुछ कम मज़ेदार नहीं होता। मसलन, चारों तरफ से पश्चिमी जीवन शैली और उपभोक्तावाद से ग्रस्त लोगों से घिरे रहने के बावजूद इवान विलियम्स मांसाहारी नहीं हैं। वे शाकाहारी हैं और अपनी पत्नी सारा मोरिशिज के साथ सैन फ्रान्सिस्को में रहते हैं। अन्य तकनीकी विशेषज्ञों की ही तरह विलियम्स ने भी नेब्रास्का में अपनी पढ़ाई पूरी करने

की बजाय पढ़ाई-लिखाई को छोड़ देना ही बेहतर समझा ताकि वे इंटरनेट से जुड़े अपने कैरियर को आगे बढ़ा सकें। पढ़ाई छोड़ने के बाद विलियम्स ने कीवेस्ट, डलास, ऑस्टिन और टेक्सास की अनेक तकनीकी कम्पनियों में काम किया। इकतीस मार्च, 1972 को पैदा हुए विलियम्स की ख्याति आज अनेक इंटरनेट कम्पनियों के संस्थापक के रूप में है। इन्टरनेट की दुनिया की शीर्ष दस वेबसाइटों में से दो की रचना विलियम्स ने ही की है। वे वर्तमान में ट्विटर के बिजनेस मॉडल और रेवेन्यू मॉडल जैसे अनेक नये क्षेत्रों में काम कर रहे हैं ताकि न्यू मीडिया के क्षेत्र में कुछ और अधिक वैज्ञानिक अनुसन्धान किये जा सकें।

नये जनमाध्यमों में सबसे ज़्यादा नाम गूगल ने गमाया है जो किसी भी विषय से जुड़ी किसी भी प्रकार की सूचना को पल भर में प्रस्तुत करने के लिए जाना जाता है। सर्जेई ब्रिन और लैरी पेज नामक दो टेक-वैरियर्स ने मिलकर गूगल नामक सर्च इंजन की स्थापना की थी। सर्जेई मिखाइलोविच ब्रिन का जन्म 21 अगस्त, 1973 को सोवियत संघ की राजधानी मास्को में हुआ था। ब्रिन जब छह साल के थे, तभी उनका परिवार अमरीका चला गया और तबसे अमरीका में ही रह रहा है। ब्रिन के पिता मिखाइल ब्रिन गणित के प्रोफेसर थे और माता यूजीनिया ब्रिन नासा के गोड्डार्ड स्पेस फ़्लाइट सेंटर में एक अनुसन्धान वैज्ञानिक। ब्रिन रूस के यहूदी नृजातीय समुदाय से सम्बन्धित हैं और 'द गूगल स्टोरी' के लेखक मार्क मैलसीड को दिये गये एक साक्षात्कार में ब्रिन के पिता ने सोवियत संघ की हालत के बारे में बताया है कि किस प्रकार वहाँ यहूदियों से हल्का-फुल्का अन्याय और पक्षपात किया जाता था। ब्रिन ने स्टैनफोर्ड विश्वविद्यालय, अमेरिका से कम्प्यूटर साइंस में स्नातक की डिग्री ली और गूगल के विचार को आगे बढ़ाने के लिए अपनी पी-एच.डी. की पढ़ाई से अवकाश लिया।

स्टैनफोर्ड में नये विद्यार्थियों के लिए आयोजित एक कार्यक्रम में ब्रिन की मुलाकात लैरी पेज से हुई। 'दि इकोनोमिस्ट' को दिये गये एक साक्षात्कार में सर्जेई ब्रिन ने मज़ाकिया लहजे में कहा कि शुरू-शुरू में हम दोनों की राय हर मुद्दे पर विपरीत होती थी लेकिन बाद में हम दोनों करीबी बौद्धिक मित्र बन गये। प्रारम्भ में ब्रिन का काम डाटा माइनिंग सिस्टम के विकास से सम्बन्धित था जबकि लैरी पेज उस अवधारणा का प्रसार करना चाहते थे जिसके तहत एक रिसर्च पेपर की महत्त्वपूर्ण बातों का उल्लेख अन्य अनुसन्धानों में किया जाता है। सर्जेई ब्रिन ने एनी वोजचिकी नाम की एक लड़की से शादी की जो जीव विज्ञान विषय की एक ग्रेजुएट और एक बॉयोटेक विश्लेषक है। स्वास्थ्य से जुड़ी सूचनाओं में एनी की बहुत रुचि है और ब्रिन और एनी मिलकर इस समय स्वास्थ्य से जुड़ी महत्त्वपूर्ण जानकारियों तक आम लोगों की पहुँच को बढ़ाने के लिए नये-नये रास्तों पर काम

कर रहे हैं। इसी प्रयास के तहत पति-पत्नी ने ह्यूमन जीनोम प्रोजेक्ट के अनेक प्रमुख अनुसन्धानकर्ताओं से अक्सर गम्भीर विमर्श किया है।

लारेंस लैरी पेज का जन्म 26 मार्च, 1973 को मिशिगन में हुआ। लुसिंडा साउथवर्थ से विवाह करनेवाले पेज की पहचान एक कम्प्यूटर साइंटिस्ट और इंटरनेट उद्योगपति के रूप में स्थापित है। स्टैनफोर्ड विश्वविद्यालय में पी-एच.डी. में दाख़िला लेने के बाद पेज के दिमाग़ में वर्ल्ड वाइड वेब के गणितीय लक्षणों को समझने का विचार आया। ब्रिन और पेज दोनों यहूदी हैं और दोनों ने मिलकर सन् 2007 में 'ब्रोकेन एरोज' नाम की एक फ़िल्म के कार्यकारी निर्माताओं की महत्त्वपूर्ण भूमिका निभायी थी।

गूगल के स्वामित्ववाली ऑर्कुट भी एक सोशल नेटवर्किंग वेबसाइट है। इस सर्विस का निर्माण इस दृष्टिकोण से किया गया है कि लोग अपने पुराने और नये दोस्तों से मिल सकें तथा विद्यमान सम्बन्धों को बनाये रखने में यह साइट यूजर्स की मदद कर सके। ऑर्कुट का नामकरण इसके सृजनकर्ता ऑर्कुट बुयुक्कोक्टेन के नाम के आधार पर रखा गया है जो गूगल के एक कर्मचारी हैं। ऑर्कुट वेबसाइट का विकास तुर्की के एक साफ़्टवेयर इंजीनियर बुयुक्कोक्टेन ने स्वतन्त्र वेबसाइट के रूप में तब किया जब वे गूगल में काम कर रहे थे। इससे पहले वे 'एफिनिटी इंजंस' में कार्यरत थे और वहाँ पर भी इसी से मिलती-जुलती वेबसाइट 'इनसर्किल' का निर्माण कर चुके थे जो विश्वविद्यालय में पढ़नेवाले छात्र-छात्राओं के बीच आपसी सम्पर्क को बनाये रखने के लिए सृजित की गयी थी। वर्ष 2004 में एफिनिटी इंजंस ने गूगल के विरुद्ध एक मुक़दमा दायर किया कि ऑर्कुट वेबसाइट जिस कोड के आधार पर संचालित की जा रही है, वह इनसर्किल के कोड पर आधारित है।

ऑर्कुट की प्रसिद्धि सबसे अधिक ब्राज़ील में है। अमरीका में अपने प्रतिद्वन्द्वियों 'माई स्पेस' या 'फ़ेसबुक' की तुलना में ऑर्कुट कम लोकप्रिय है। दुनिया में जितने लोग ऑर्कुट का इस्तेमाल करते हैं, अक्टूबर 2011 के एक आँकड़े के मुताबिक़, आज उन सभी लोगों में से लगभग साठ फीसदी अकेले ब्राज़ील देश में ही रहते हैं। इसके बाद भारत तथा जापान की बारी आती है। चूँकि इसके सर्वाधिक प्रयोक्ता ब्राज़ील के ही हैं, इसलिए गूगल ने निर्णय लिया और घोषणा भी की कि ऑर्कुट वेबसाइट का पूर्ण प्रबन्धन और संचालन ब्राज़ील से ही किया जायेगा। 'गूगल ब्राज़ील' ही इसे चला रहा है।

ऑर्कुट वेबसाइट के सृजन की कहानी बड़ी रोचक है और हमें बताती है कि किसी अनोखी चीज़ को प्राप्त करने के लिए सतत जिज्ञासा और निरन्तर परिश्रम करना अनिवार्य होता है। एक लड़के की गर्लफ्रेंड एक ट्रेन दुर्घटना में खो गयी थी, लेकिन उस लड़की का नाम मृतकों की सूची में कहीं नहीं था। जब वह लड़का

बड़ा हुआ तो आईटी क्षेत्र का एक सॉफ़्टवेयर इंजीनियर बना। उसने वेब के जरिए अपनी गर्लफ्रेंड को खोजने की योजना बनायी। वह सफल भी हुआ। उसी लड़के नाम ऑर्कुट बुयुक्कोक्टेन है। आज हम लोग ऑर्कुट पर जो स्क्रैपिंग करते हैं, उसी से उसकी तनख़्वाह निर्मित होती है। अपनी स्क्रैपबुक के प्रबन्धन के लिए बुयुक्कोक्टेन ने तेरह सहायक नियुक्त कर रखे हैं। इसके अलावा आठ लोग सिर्फ़ उसकी फ्रेंड लिस्ट की जाँच करते रहते हैं। वर्ष 2011 में उसे प्रतिदिन के औसत से बीस हज़ार फ्रेंड रिक्वेस्ट्स रोज मिलती रहीं और प्रतिदिन उसे पचासी हज़ार स्क्रैप प्राप्त होते रहे।

तकनीकी महारथी जेफ्री न्ग ने दिसम्बर 2003 में जोर्पिया लांच किया जिसका लक्ष्य लोगों के दिलों तक पहुँचना था। प्रयोक्ताओं को इंटरनेट के जरिए अधिकाधिक सन्तुष्टि देने की कोशिश करने वाली जोर्पिया वेबसाइट का मुख्यालय हांगकांग में है। माइक एन्जो, कैलविन युएन और जेमी आरसिला जोर्पिया टीम के प्रमुख सदस्य हैं। जोर्पिया के मुख्य लक्षणों की बात करें तो इनमें फोटो एलबम, ऑनलाइन जर्नल, सोशल नेटवर्किंग, कस्टमाइज्ड होमपेज और बेहतरीन कमेंट सिस्टम तथा डिस्कशन फोरम जैसी, नये जनमाध्यमों से जुड़ी, अनेक चीज़ें शामिल हैं। इलिनोइस विश्वविद्यालय से स्नातक तक की पढ़ाई पूरी करने के बाद जेफ्री ने कम्प्यूटर इंजीनियरिंग में और वित्तीय अध्ययन में दोहरी डिग्रियाँ लीं। सन् 2002 में उन्होंने अपने अपार्टमेंट में जोर्पिया पर काम करना प्रारम्भ किया और सन् 2003 में इस काम को अंजाम तक पहुँचाने में कामयाबी हासिल की।

नये जनमाध्यमों से जुड़े योद्धाओं में लियोनार्ड क्लीनरॉक का नाम अर्पानेट के विकास से जुड़ा हुआ है जो इंटरनेट के जन्म का आधार बना। तेरह जून सन् 1934 को पैदा हुए क्लीनरॉक के अर्पानेट परीक्षणों से ही 1969 में इंटरनेट का जन्म हुआ। क्लीनरॉक का मुख्य काम इंटरनेट से जुड़ी कम्प्यूटर नेटवर्किंग के सैद्धान्तिक पक्ष से सम्बन्धित है। उदाहरण के लिए, उनका प्रारम्भिक कार्य क्यूइंग थियरी पर था जिसका इस्तेमाल अनेक क्षेत्रों में किया जाता है। इस थियरी ने पैकेट स्विचिंग के लिए एक बुनियादी गणितीय पृष्ठभूमि का कार्य किया जिसने, बाद में, इंटरनेट के पीछे की मूल तकनीक के लिए नींव का कार्य किया। इसी सन्दर्भ में अपने तब के एक छात्र फरौक कमून के साथ मिलकर इन्होंने हायरार्किकल रूटिंग का जो सैद्धान्तिक काम किया था, वह भी बहुत महत्त्वपूर्ण है।

अर्पानेट पर क्लीनरॉक की देखरेख में जो पहला टेक्स्ट मैसेज भेजा गया था उसमें केवल 'लॉग-इन' शब्द ही लिखा गया था। यह 29 अक्टूबर, 1969 की बात है। लेकिन 'लाग-इन' शब्द के 'एल' और 'ओ' अक्षर तो एक स्थान से दूसरे स्थान तक प्रसारित हो गये, बाकी अक्षर नहीं प्रसारित हो सके। इसीलिए वास्तव में

अर्पानेट के जरिए पहुँचा हुआ दुनिया का प्रथम मैसेज 'लो (एलओ)' था तथा अर्पानेट के जरिए प्रेषित किये गये इस मेसेज के बाद सिस्टम क्रैश कर गया था। बाद में जब सिस्टम की मरम्मत हो गयी तब (यह मरम्मत एक घंटे के भीतर ही हो गयी थी) पूरा शब्द 'लॉग-इन' प्रसारित हो सका। संसार में पहला ई-मेल रे टॉमलिंसन ने सन् 1971 में अर्पानेट नेटवर्क का इस्तेमाल करते हुए भेजा। 'ऑटोडिन' या 'प्लेटो' जैसे दूसरे नेटवर्क्स पर पहले भी ई-मेल भेजे गये थे लेकिन वे एक कम्प्यूटर से दूसरे कम्प्यूटर को नहीं भेजे गये थे। वास्तव में टॉमलिंसन ने जो ई-मेल भेजा था, वही असली अर्थों में पहला ई-मेल था, क्योंकि इसमें दो अलग-अलग प्रयोक्ताओं के मध्य संचार किया गया था, जो दो अलग-अलग कम्प्यूटरों पर बैठे हुए थे। जो पहला ई-मेल भेजा गया था, वह एक परीक्षण मेल था। बहुत लोग कहते हैं कि उसमें की-बोर्ड की पहली (ऊपरी) पंकित के अक्षर 'क्यू डब्ल्यू' ई.आर.टी.वाई.यू.आई.ओ.पी' लिखे हुए थे लेकिन टॉमलिंसन इस बात से इंकार करते हैं। उन्होंने बाद में कहा कि परीक्षण किये जाने वाले मेल के पाठ कुछ ख़ास नहीं थे, वे याद रखने लायक नहीं थे और मैं उन्हें कब का भूल चुका हूँ।

रेमंड सैमुअल टॉमलिंसन ने जब अपना पहला ई-मेल सन् 1971 में भेजा था तब विश्व का पहला ई-मेल भेजते समय उनकी उम्र केवल तीस साल की थी। अर्पानेट के जरिए फाइलों के ट्रांसफर प्रोग्राम (जिसका नाम सी पी वाई नेट था) की रचना वे पहले ही कर चुके थे। इसके अलावा उन्होंने टेलनेट अनुप्रयोगों तथा अर्पानेट नेटवर्क कंट्रोल प्रोटोकॉल के साथ-साथ टेनेक्स ऑपरेटिंग सिस्टम के विकास में भी अच्छी सहायता की थी। टॉमलिंसन द्वारा ई-मेल का आविष्कार किये जाने के पहले लोग उसी कम्प्यूटर के उसी मेलबॉक्स में कुछ और लिखकर जोड़ तो सकते थे लेकिन न तो पहले से लिखी गयी चीज़ों को पढ़ सकते थे और न ही उसे मिटाकर कुछ और लिख सकते थे।

समकालीन नये इंटरनेट योद्धाओं में माइक्रोसॉफ़्ट के सीईओ स्टीव बाल्मर का नाम उल्लेखनीय है। स्टीवेन एन्थोनी स्टीव बाल्मर का जन्म 24 मार्च, 1956 को डेट्रायट में हुआ। बाल्मर ने बिल गेट्स की माइक्रोसॉफ़्ट कम्पनी को नयी ऊँचाइयों पर प्रतिष्ठित किया। कॉलेज के दिनों में बाल्मर फुटबाल टीम का प्रबन्धन देखते थे। बाद में उन्होंने 'द हार्वर्ड क्रिमसन' और 'हार्वर्ड एडवोकेट' जैसे समाचार पत्रों में काम किया और इसके पश्चात् दो साल तक उन्होंने प्रॉक्टर एंड गैम्बल के असिस्टेंट प्रोडक्ट मैनेजर के रूप में कार्य किया। यहाँ पर वे अपने दफ़्तर में जेफ्री आर इमेल्ट के साथ बैठते थे, जो बाद में जनरल इलेक्ट्रिक जैसी बड़ी कम्पनी के सीईओ बने। बाल्मर ने माइक्रोसॉफ़्ट में काम करने के लिए सन् 1980 में स्टैनफोर्ड ग्रेजुएट स्कूल ऑव बिजनेस की अपनी पढ़ाई छोड़ दी। बाल्मर ने जब

माइक्रोसॉफ़्ट में काम करना शुरू किया था तब उन्हें पचास हज़ार डॉलर की तनख़्वाह के साथ-साथ कम्पनी के आठ प्रतिशत हिस्से का स्वामित्व भी दिया गया था।

पत्रकार वाल्टर गोसबर्ग का नाम भी इन महारथियों में गिना जाना चाहिए। वर्ष 1947 में जनमे मोसबर्ग 'द वॉल स्ट्रीट जर्नल' के मुख्य तकनीकी स्तम्भकार हैं। वे 1970 से ही इस जर्नल में निरन्तर लिख रहे हैं। 'पर्सनल टेक्नोलॉजी', 'डिजिटल सल्यूशन' तथा 'मोसबर्ग्स मेलबॉक्स' जैसे उनके अनेक स्तम्भों ने न्यू मीडिया को नयी दिशा दी है। बहुत कम पत्रकार या समीक्षक ऐसे होते हैं जो इंडस्ट्री की सफलताओं या असफलताओं को प्रभावित करने या उन्हें आकार प्रदान करने की इतनी अधिक क्षमता अपने पास रखते हैं, जितनी क्षमता मोसबर्ग के पास है।

इसी प्रकार याहू की सीईओ रह चुकी कैरोल बार्ट्ज ने भी न्यू मीडिया के क्षेत्र में ख़ासा नाम कमाया। याहू में आने से पहले वे एक आर्किटेक्चरल और इंजीनियरिंग डिजाइन साफ़्टवेयर कम्पनी ऑटोडेस्क की सीईओ रह चुकी थीं। प्रतिष्ठित पत्रिका फ़ोर्ब्स ने लिखा है कि, 'बार्ट्ज ने ऑटोडेस्क को पर्सनल कम्प्यूटर बनानेवाली एक लक्ष्यहीन कम्पनी से आगे बढ़ाकर, आर्किटेक्ट्स और बिल्डरों को ध्यान में रखते हुए, इसे कम्प्यूटर के डिजाइन साफ़्टवेयर क्षेत्र की अग्रणी और नेतृत्वकारी कम्पनी बना दिया।' वे न सिर्फ़ इन्टेल, सिस्को सिस्टम्स और नेटवर्क अप्लाएंस जैसी कम्पनियों के निदेशक मंडल में शामिल रहीं हैं अपितु विज्ञान एवं टेक्नोलॉजी को लेकर बनायी गयी अमरीकी राष्ट्रपति की सलाहकार परिषद में भी उन्हें स्थान मिला।

अगले दो योद्धाओं यानी जेरी यांग और डेविड फिलो का नाम याहू से ही जुड़ा हुआ है, जिसके ये दोनों संस्थापक हैं। याहू एक ऐसी महत्त्वपूर्ण इंटरनेट सर्विस कम्पनी है जो दुनिया में सबसे ज़्यादा विजिट की जानेवाली कम्पनियों में अपना स्थान रखती है। याहू का डोमेन नेम दुनिया में सबसे ज़्यादा देखे जाने वाले डोमेन नामों में चौथा स्थान रखता है। जनवरी 1994 में डेविड और जेरी ने याहू की स्थापना की थी, जब ये दोनों लोग अनेक वेबसाइटों की एक डायरेक्ट्री बना रहे थे जो पदसोपानीय क्रम में व्यवस्थित की गयी थी। आज याहू अनेक आयामों के साथ जानी जाती है, मसलन अपने वेब पोर्टल के लिए याहू सर्च नामक सर्च इंजन के लिए, याहू डायरेक्टरी, याहू मेल, याहू न्यूज तथा याहू एडवरटाइजिंग के लिए। ऑनलाइन मैपिंग (याहू मैप्स) वीडियो शेयरिंग (याहू वीडियो) तथा सोशल मीडिया सर्विसेज की इसकी सेवाएँ सराही जाती हैं और याहू की वेबसाइट अमरीका की सबसे बड़ी वेबसाइटों में से एक है। सितम्बर 2011 में कैरोल बार्ट्ज

के स्थान पर टिम मोर्स को याहू का सीईओ बनाया गया।

याहू शब्द 'यट एनअदर हायरारकिकल ऑफिसियस ओरैकल' का संक्षेप है। ऐसे एक काल्पनिक पात्र का उल्लेख 'गुलीवर्स ट्रैवल्स' में भी उपलब्ध है। बिल गेट्स की माइक्रोसॉफ़्ट ने याहू कम्पनी को खरीदने की एक कोशिश फरवरी 2008 में की थी, किन्तु यह कोशिश कामयाब नहीं हो सकी। कहने की ज़रूरत नहीं है कि बिल गेट्स इस क्षेत्र के सबसे बड़े योद्धा रहे हैं और इंटरनेट पर होने वाली लगभग सभी चर्चाओं में उनका नाम जरूर शामिल रहता है। उनके बारे में इतना अधिक लिखा, सुना, पढ़ा और देखा जा चुका है कि हमने यहाँ बिल गेट्स पर अलग से कोई चर्चा नहीं की है।

अन्तिम दो योद्धाओं के रूप में हम जिमी वेल्स और लैरी सैंजर का उल्लेख करेंगे जिन्होंने मिलकर विकीपीडिया की स्थापना की। आजकल विकीपीडिया आर्थिक मुसीबतों का सामना कर रही है। विकीपीडिया इंटरनेट का प्रयोग करने वालों के लिए बेहद लोकप्रिय नाम है जिसे सन् 2001 में प्रारम्भ किया गया था। सात अगस्त सन् 1966 को अलाबामा में जन्मे जिमी डोनल जिम्बो वेल्स फ्री इनसाइक्लोपीडिया 'विकीपीडिया' के सह संस्थापक रहे हैं, हालाँकि उनका दावा है कि इसकी स्थापना उन्होंने अकेले ही की थी। इसीलिए वे सह-संस्थापक की बजाय संस्थापक कहे जाना चाहते हैं। जिमी विकीमीडिया फाउंडेशन के न्यासी बोर्ड में शामिल हैं, जो एक गैर-लाभकारी संगठन है। विक्रीपीडिया संसार की सबसे बड़ी इनसाइक्लोपीडिया के रूप में विख्यात है।

पिछली शताब्दी के नब्बे के दशक में जब जिमी वेल्स आब्जेक्टिविज्म यानी वस्तुनिष्ठतावाद के दर्शन के आधार पर आयोजित एक ऑनलाइन परिचर्चा का संयोजन कर रहे थे, तब उनकी मुलाकात दर्शन में रुचि रखने वाले लैरी सैंजर से हुई। वर्षों तक विकीपीडिया को निर्मित करने की योजना पर जिमी और लैरी में बातचीत होती रही और दोनों लोग दोस्त बन गये। बाद में जिमी ने लैरी को हायर करके विकीपीडिया का सम्पादक बनाने पर उन्हें राजी कर लिया। परिणामस्वरूप मार्च 2000 में न्यूपीडिया को लांच किया गया। बाद में जिमी और लैरी के बीच विकीपीडिया की स्थापना वाले तथ्य को लेकर काफी विवाद हुआ। जिमी ने इंटरनेट पर अपने बारे में उपलब्ध सूचनाओं में फेरबदल किया और खुद को विकीपीडिया का एकमात्र संस्थापक बताते हुए, लैरी के सह-संस्थापक होने के तथ्य को हटा दिया। एक समय सन् 2005-06 में यह विवाद इतना ज्यादा चर्चित हुआ था कि 'द बोस्टन ग्लोब' जैसे बड़े अखबार को भी लिखना पड़ा कि यह बहस वास्तव में व्यर्थ की बहस है।

लारेंस मार्क लैरी सैंजर का जन्म 16 जुलाई 1968 को वाशिंगटन में हुआ

और लैरी आज एक अमरीकी दार्शनिक, विकीपीडिया के सह-संस्थापक तथा सिटीजेंडियम के संस्थापक के रूप में जाने जाते हैं। वे न्यूपीडिया के मुख्य सम्पादक और न्यूपीडिया के परवर्ती रूप विकीपीडिया के मुख्य संयोजक रहे। लैरी ने वर्ष 2002 में विकीपीडिया को छोड़ दिया और कहा कि वहाँ विशेषज्ञों के प्रति आदरभाव का घोर अभाव है। उन्होंने विकीपीडिया द्वारा दी जा रही सूचनाओं की प्रामाणिकता या विश्वसनीयता पर भी गम्भीर सवाल उठाए। विकीपीडिया छोड़ने के बाद लैरी ओहियो विश्वविद्यालय में दर्शनशास्त्र पढ़ाने लगे। बाद में 15 सितम्बर 2006 को उन्होंने सिटीजेंडियम की सार्वजनिक घोषणा की। सिटीजेंडियम लैरी की एक ऐसी कोशिश है जो अच्छी साखवाले एक ऐसे इनसाइक्लोपीडिया के सृजन से जुड़ी है जिसकी प्रामाणिकता असंदिग्ध है और जहाँ तक लोगों की पहुँच और भी आसानी से सम्भव हो सके।

मीडिया के इन नये तकनीकी महारथियों से जुड़ा एक आलोचकीय पक्ष भी हमारे सामने आता है। वह पक्ष यह है कि हमने किस प्रकार की वैश्विक तकनीकी व्यवस्था का निर्माण किया है जिसमें पूरी दुनिया की सूचनाओं को संचालित करनेवाले सभी शक्तिशाली लोग मुख्य रूप से एक ही देश यानी अमरीका से आते हैं? अगर 'पुराने' या 'पारम्परिक' मीडिया पर यह आरोप लगाया जाता था कि सबसे महत्त्वपूर्ण घटनाओं को मुख्यधारा का मीडिया कवर ही नहीं कर पाता क्योंकि वह चन्द हाथों में सिमटता चला जा रहा है या यूरोप तथा अमरीका केन्द्रित होता गया है, तो अनेक अर्थों में 'नया' कहा जानेवाला न्यू मीडिया भी इन आरोपों से मुक्त नहीं है। क्या नये मीडिया का सहारा लेकर कोई व्यक्ति एशिया, अफ्रीका और लैटिन अमरीका की जमीनी हालत के बारे में निष्पक्ष रूप से जान सकता है? विकास पत्रकारिता की दृष्टि से देखें, तो आज पूछा जाना चाहिए कि अल्पविकसित देशों की गरीबी या भुखमरी को दूर करने में न्यू मीडिया कितना योगदान देता है? न्यू मीडिया के सन्दर्भ में और अधिक समानता लाने की ज़रूरत है ताकि ग्लोब के सभी देशों के सभी लोग न्यायपूर्ण तरीके से नयी तकनीकों का असली लोकतान्त्रिक लाभ लेने की स्थिति में आ सकें। एक न्यायपूर्ण वैश्विक सूचना व्यवस्था वही कही जायेगी जिसमें किसी भी प्रकार का सूचना असन्तुलन न हो।

सोशल मीडिया में फ़ेसबुक की अनकही कहानी

वर्तमान समय में जिधर भी देखिए, फ़ेसबुक की ही चर्चा होती है। सरकारी और प्राइवेट कर्मचारियों समेत आम आदमी भी फ़ेसबुक पर अपने अकाउंट से हमेशा सम्बद्ध रहना चाहता है। कन्वर्जेंट मीडिया के वर्तमान दौर में, जब अनेक संचार माध्यम अभिसरित होने की ओर बढ़ रहे हैं, फ़ेसबुक का महत्त्व स्वयमेव बढ़ जाता है। यह न्यू मीडिया का सर्वाधिक सुलभ आयाम है और टेलीविज़न या रेडियो चैनल इसका इस्तेमाल बख़ूबी कर रहे हैं। उदाहरण के लिए आज अनेक एफ.एम. रेडियो चैनल कार्यक्रमों के बीच-बीच में बताते रहते हैं कि ज़्यादा जानकारी के लिए या ज़्यादा मनोरंजक कार्यक्रमों के लिए हमारे अमुक-अमुक फ़ेसबुक एकाउंट पर लॉग-इन कीजिए। यहाँ पर हम बेहद स्पष्टता के साथ देख पाते हैं कि पारम्परिक मीडिया किस प्रकार नये मीडिया के सहारे एक तरफ़ अपना दायरा बढ़ा रहा है और दूसरी तरफ श्रोताओं, पाठकों और दर्शकों से अपने जुड़ाव को भी कहीं अधिक गहरा और स्वाभाविक बनाने की कोशिशें करता है।

नये जनमाध्यमों में फ़ेसबुक का प्रमुख स्थान है और मार्क जुकरबर्ग के बिना फेसबुक की कोई भी चर्चा अधूरी ही मानी जायेगी। अमरीका के कम्प्यूटर प्रोग्रामर और इंटरनेट उद्यमी मार्क इलियट जुकरबर्ग का जन्म 14 मई सन् 1984 को न्यूयार्क के एक यहूदी परिवार में हुआ। जुकरबर्ग अब कैलीफोर्निया के पालो आल्टो में रहते हैं। मनोचिकित्सक माता कैरेन और दन्त चिकित्सक पिता एडवर्ड जुकरबर्ग के पुत्र मार्क जुकरबर्ग तेरह साल की अवस्था में ही नास्तिक हो गये थे। हार्वर्ड के छोटे-से कमरे से जुकरबर्ग ने चार फरवरी सन् 2004 को फ़ेसबुक लांच किया था। फ़ेसबुक की स्थापना एक निजी कम्पनी के रूप में हुई थी और इसमें उनके तीन सहपाठी भी शामिल थे जो उस समय हार्वर्ड विश्वविद्यालय के छात्र थे। ये तीन लोग थे-डस्टिन मोस्कोविट्स, एडुवर्डो सैवेरिन और क्रिस ह्यूजेज। इनमें से सैवेरिन ने आगे चलकर जुकरबर्ग के ख़िलाफ़ कुछ मामलों को लेकर मुकदमा भी किया था। फिर भी आज, सोशल नेटवर्किंग साइट फ़ेसबुक के साथ जुकरबर्ग का

नाम सबसे ज़्यादा गहराई तक जुड़ा है और सन 2008 में वे संसार के सबसे कम उम्र के अरबपति भी माने गये थे। जुकरबर्ग की उपलब्धियों पर इससे ज़्यादा क्या कहा जाये कि आज उन्हें न सिर्फ़ मीडिया और इंटरनेट से जुड़ा बच्चा-बच्चा जानता है, बल्कि वे वर्ष 2010 के 'टाइम पर्सन आफ़ द ईयर' भी घोषित किये गये। इतना बड़ा सम्मान पानेवाले वे दुनिया के दूसरे सबसे कम उम्र के व्यक्ति हैं। न्यू मीडिया का यह युवा योद्धा यानी टेक वारियर वर्तमान में फ़ेसबुक का चीफ एक्जीक्यूटिव और प्रेसीडेंट भी है।

जुकरबर्ग ने कम्प्यूटर का उपयोग करना तब प्रारम्भ किया था, जब वे मीडिल स्कूल में पढ़ते थे। उनके पिता ने उन्हें सन् 1990 में कम्प्यूटर की बेसिक (बी.ए.एस.आई.सी.) प्रोग्रामिंग पढ़ाई और बाद में सॉफ़्टवेयर का विकास करनेवाले एक व्यक्ति डेविड न्यूमैन से ट्यूशन पढ़वाना शुरू किया। आज, उन दिनों को याद करते हुए, न्यूमैन कहते हैं कि कम्प्यूटरों के मामले में जुकरबर्ग से आगे निकलना एक टेढ़ी खीर थी। कम्प्यूटर के प्रोग्रामों, खासतौर से संचार के टूल्स और गेम्स को विकसित करने में जुकरबर्ग को किशोरावस्था से ही बहुत आनन्द आता था। चूँकि इनके पिता डेंटल प्रैक्टिशनर थे, इसलिए जुकरबर्ग ने एक ऐसा कम्प्यूटर प्रोग्राम बनाया जिसके चलते इनके चिकित्सक पिता काफी काम घर बैठे-बैठे कम्प्यूटर से ही संचालित कर सकते थे। इस प्रोग्राम को जुकरबर्ग ने 'जुकनेट' नाम दिया था जिसमें इनके घर के सारे कम्प्यूटर डेंटल ऑफिस के कम्प्यूटरों से जुड़ गये थे। वास्तव में यह प्रोग्राम, इसके एक साल बाद आने वाले ए.ओ.एल. के 'इंटरनेट मेसेंजर' का प्रारम्भिक रूप (प्रिमिटिव वर्जन) माना जाता है।

कहते हैं, कि हर सफलता की कहानी निराली होती है और यह बात फ़ेसबुक और जुकरबर्ग, दोनों, पर लागू होती है। जब जुकरबर्ग की उम्र के बच्चे कम्प्यूटर गेम्स खेलते थे, तब जुकरबर्ग उन हमउम्र बच्चों के लिए इन गेम्स का सृजन करते थे। हाईस्कूल में पढ़ते हुए जुकरबर्ग ने इंटेलीजेंट मीडिया ग्रुप नामक एक कम्पनी के तहत एक म्यूजिक प्लेयर बनाया जिसका नाम उन्होंने सिनैप्स मीडिया प्लेयर रखा। यह प्लेयर श्रोताओं की लिसनिंग हैबिट्स को समझने की क्षमतावाली कृत्रिम बुद्धि से युक्त था। इसका परिणाम यह हुआ कि माइक्रोसॉफ़्ट और ए.ओ.एल. जैसी कम्पनियों ने सिनैप्स को ख़रीदने की और जुकरबर्ग को अपने यहाँ भर्ती करने की कोशिशें कीं, लेकिन जुकरबर्ग को यह मंज़ूर नहीं था और वे आगे की पढ़ाई के लिए हार्वर्ड चले गये। वहाँ उन्होंने सितम्बर 2002 में दाख़िला लिया। हार्वर्ड में दाख़िले के समय जुकरबर्ग अपने आसपास के लोगों में कम्प्यूटर के जानकार व्यक्ति जैसी छवि रखने लगे थे। हार्वर्ड में जुकरबर्ग ने 'कोर्स मैच' नाम का एक ऐसा प्रोग्राम बनाया जिसके आधार पर अन्य विद्यार्थियों की राय जानकर इस

बात का चयन किया जा सकता था कि किस समय कौन-सी कक्षा में पढ़ने के लिए बैठा जाये। इसके अलावा यह प्रोग्राम समूह-चर्चा आदि के लिए अध्ययन समूह बनाने में भी सहायक था। इसके कुछ समय पश्चात् जुकरबर्ग ने एक दूसरा प्रोग्राम निर्मित किया, जिसका नाम उन्होंने 'फ़ेसमाश' रखा। हँसी-मज़ाक़ के लिए बनाया गया यह प्रोग्राम तमाम तस्वीरों का चुनाव करने में मददगार था। हार्वर्ड में रहनेवाले छात्र-छात्राओं को एक-दूसरे से परिचित कराने के उद्देश्य से उस समय बुक्स प्रकाशित होती थीं, जिन्हें फ़ेसबुक कहा जाता था। इन किताबों में प्रत्येक विद्यार्थी का नाम और उसकी तस्वीरें छपी रहती थीं। इससे प्रेरित होकर जुकरबर्ग ने एक ऐसी साइट बनायी जिस पर वे दो पुरुषों और दो महिलाओं की तस्वीरें चिपका दिया करते थे। साइट के प्रयोक्ताओं को इस बात का चुनाव करके वोट देना होता था कि कौन-सी तस्वीर ज़्यादा 'हॉट' है। तफ़रीह करने के लिए तस्वीरों को प्राप्त वोट के आधार पर रैंकिंग भी निर्धारित की जाती थी।

जिस प्रकार रसायन विज्ञान के कुछ रेडियोधर्मी पदार्थों और तत्त्वों की खोज आकस्मिक रूप से या गैर-इरादतन ही हो गयी थी, कुछ उसी प्रकार की कहानी यहाँ भी लागू होती है। सिर्फ एक सप्ताह में जुकरबर्ग की यह साइट बहुत प्रचलित हो गयी। इसका परिणाम यह हुआ कि जब सोमवार की सुबह, सप्ताह समाप्त होने के बाद, कॉलेज खुला तो इस साइट को बन्द किया जा चुका था क्योंकि इसकी अधिक लोकप्रियता की वजह से हार्वर्ड का सर्वर बहुत धीमा और अतिभारग्रस्त यानी ओवरलोडेड हो चुका था और विद्यार्थी शैक्षिक उद्देश्यों तक के लिए भी इंटरनेट का इस्तेमाल नहीं कर पा रहे थे। इसके अलावा अनेक विद्यार्थियों ने यह शिकायत भी की कि जुकरबर्ग ने बिना अनुमति के उनकी तस्वीरें इंटरनेट पर बनाई और अपनी नयी साइट पर डाल दी हैं। फलस्वरूप छात्रों के अख़बारों में जुकरबर्ग के इस काम को पूर्णतः अनुचित ठहराने वाले लेख प्रकाशित हुए और जुकरबर्ग को सार्वजनिक रूप से क्षमा माँगनी पड़ी। इसी बीच कुछ विद्यार्थियों ने माँग की कि हार्वर्ड विश्वविद्यालय जुकरबर्ग के काम से मिलता-जुलता काम खुद क्यों न शुरू करे जिसमें सभी विद्यार्थियों की तस्वीरें, फोन नम्बर और ई-मेल सुलभतापूर्वक उपलब्ध हो सकें। जुकरबर्ग ने जब इस माँग के बारे में सुना तो उन्होंने निर्णय किया कि अगर विश्वविद्यालय ऐसा काम नहीं करेगा तो वे खुद इस काम को अंजाम देंगे और उससे बेहतर तरीके से अंजाम देंगे जितने व्यवस्थित तरीके से विश्वविद्यालय करता।

दृढ़ निश्चय में बड़ी ताक़त होती है और न्यू मीडिया के जुकरबर्ग जैसे योद्धाओं के दृढ़ निश्चय इस बात के गवाह हैं। यह इस ताक़त का ही प्रमाण है कि आज बराक ओबामा याहू के कैरोल बार्ट्ज, जेनेटेक के आर्ट लेविन्सन, द वेस्टली

ग्रुप के स्टीव वेस्टली और गूगल के एरिक शिमट के साथ-साथ मार्क जुकरबर्ग को भी डिनर पर बुलाते हैं और प्राइवेट मीटिंग करते हैं। इसी प्रकार जब स्विट्ज़रलैंड के दावोस शहर में होनेवाली वर्ल्ड इकोनॉमिक फ़ोरम की मीटिंग में मार्क जुकरबर्ग गये तो उन्हें बहुत सम्मान मिला। कहने का तात्पर्य है कि वर्तमान सूचना युग में जुकरबर्ग का सम्मान सिर्फ़ अमरीका तक सीमित नहीं है, बल्कि यूरोप समेत पूरी दुनिया में इस सम्मान की झलक मिलती है। यह अकारण नहीं है कि सूचना युग के सर्वाधिक प्रभावशाली सौ शीर्षस्थ लोगों की वैश्विक सूची में वैनिटी फेयर पत्रिका ने वर्ष 2010 में जुकरबर्ग को प्रथम स्थान से नवाजा, जबकि सन 2009 की इसी प्रकार की सूची में जुकरबर्ग को तेईसवाँ स्थान प्राप्त हुआ था। एक दूसरा उदाहरण भी जुकरबर्ग के बहाने न्यू मीडिया की बढ़ती भूमिका को बयाँ करता है। दुनिया की सर्वाधिक प्रभावशाली पचास हस्तियों की एक सूची, जिसका सर्वेक्षण 'न्यू स्टेट्समैन' ने वर्ष 2010 में वार्षिक आधार पर कराया था, में जुकरबर्ग ने सोलहवाँ स्थान प्राप्त किया था।

हर बुरा संकेत वास्तव में बुरा ही नहीं होता। उदाहरण के लिए, जब हार्वर्ड में जुकरबर्ग को अनुशासनात्मक कार्रवाई का सामना करना पड़ा, उसके तीन महीने बाद उन्होंने फ़ेसबुक लांच कर दिया। बल्कि तीन महीने से भी कम समय में उन्होंने वह काम कर दिखाया जिसे करने के लिए बड़ी-बड़ी वैश्विक कम्पनियाँ और बड़े-बड़े इंटरनेट उद्यमी तरसते हैं। अनुशासनात्मक कार्रवाई के बाद जुकरबर्ग मोस्कोविट्स और अन्य दोस्तों के साथ कैलीफोर्निया के पालो आल्टो चले गये और वहाँ एक छोटा-सा घर किराये पर लिया ताकि उसे दफ़्तर की तरह इस्तेमाल कर सकें। गर्मियों के मौसम में वहाँ जुकरबर्ग की मुलाक़ात पीटर थियेल नामक आदमी से हुई जिसने जुकरबर्ग की कम्पनी में निवेश किया। जुकरबर्ग कहते हैं कि उनकी योजना थी कि वे एक दिन हार्वर्ड लौटेंगे लेकिन बाद में निर्णय बदल दिया गया और पूरी मित्रमंडली कैलीफोर्निया में ही रुकी रही। इसके बाद फ़ेसबुक को ख़रीदने के लिए तमाम बड़ी कम्पनियों से ऑफ़र आने लगे लेकिन जुकरबर्ग ने फ़ेसबुक को बेचा नहीं। सन् 2007 में दिये गये एक साक्षात्कार में जुकरबर्ग इसका कारण बताते हैं, ''न बेचने के पीछे पैसा कोई कारण नहीं था। मेरे लिए और मेरे सहपाठियों के लिए सबसे महत्त्वपूर्ण चीज़ यह थी कि हम आप लोगों के लिए सूचना के खुले प्रवाह की रचना कर रहे थे। कांग्लोमेरेट्स के स्वामित्ववाले मीडिया निगमों का विचार मुझे आकृष्ट नहीं करता।'' इस साक्षात्कार के तीन साल बाद 'वायर्ड' पत्रिका को सन् 2010 में दिये गये एक दूसरे साक्षात्कार में भी जुकरबर्ग ने वही बातें दुहरायीं', ''वास्तव में सबसे महत्त्वपूर्ण चीज़ मेरा मिशन है और वह मिशन पूरी दुनिया को अधिकाधिक खुली और मुक्त बनाना है।''

आज जब पारम्परिक मीडिया विज्ञापनों के दबावों में जकड़ा नज़र आता है, तब यह जानना किसी के लिए रुचि का विषय हो सकता है कि न्यू मीडिया पर विज्ञापनों का क्या, कितना और कैसा प्रभाव पड़ता है। जुलाई 2010 में जुकरबर्ग ने बताया था कि फ़ेसबुक का प्रयोग करनेवाले लोगों की संख्या पचास करोड़ तक पहुँच चुकी है। अपनी बेतहाशा प्रगति के कारण जब जुकरबर्ग से यह सवाल पूछा गया कि अब तो वे विज्ञापनों के ज़रिये और ज़्यादा पैसा कमा सकते हैं, इसलिए विज्ञापनों को लेकर उनकी आगे की रणनीति क्या है? जुकरबर्ग ने कहा, "मुझे लगता है कि हम ऐसा कर सकते थे।...अगर आप सर्च क्वैरी वाली दूसरी कम्पनियों के वेब पृष्ठों को देखेंगे तो पाएँगे कि उनके पृष्ठों पर विज्ञापन, हमारे पृष्ठों की तुलना में कहीं अधिक रहते हैं। हमारा विज्ञापन औसत यह है कि हम पृष्ठ के दस फ़ीसदी से भी कम जगह पर विज्ञापन प्रस्तुत करते हैं जबकि अन्य लोगों के लिए यह औसत बीस फ़ीसदी के आस-पास का है।" आज जब रेडियो और टेलीविजन ही नहीं, बल्कि अख़बार भी पूरे पेज का विज्ञापन छापते रहते हों, तब यह बात और भी ज़्यादा प्रासंगिक नज़र आती है और बदलावों के दौर में न्यू मीडिया के एक ज़रूरी आयाम को प्रस्तुत करती है।

वर्तमान समय में न्यू मीडिया के सन्दर्भ में फाइलशेयरिंग की जिस अवधारणा का अक्सर ज़िक्र किया जाता है, उससे अपने प्रारम्भिक समय में फ़ेसबुक को प्रतिस्पर्धा करनी पड़ी थी। जब फरवरी 2004 में फ़ेसबुक लांच हुआ, उसके एक महीने बाद ही केवल कैम्पस में सेवाएँ देने वाली 'आई टू हब' भी लांच हुई थी। 'आई टू हब' को वायने चांग ने लांच किया था और यह पियर टू पियर फाइलशेयरिंग की संकल्पना पर आधारित थी। समय बीतने के साथ फ़ेसबुक और आई टू हब, दोनों, ने प्रेस का ध्यान खींचा और दोनों लोकप्रियता की सीढ़ियाँ चढ़ने लगीं। किन्तु जुकरबर्ग ने यहाँ भी बाजी मारी और बदलावों के दो दशकों के इतिहास में मील का एक नया पत्थर साबित हुआ। जुकरबर्ग ने अगस्त 2004 में एंड्रयू मैककालम, एडम डी. एन्जेलो और सिएन पार्कर के साथ मिलकर 'वायरहॉग' नाम की फाइलशेयरिंग सेवा शुरू की जो फ़ेसबुक प्लेटफार्म के अनुप्रयोगों की बुनियाद बनी। बाद में मई 2007 में जुकरबर्ग ने फ़ेसबुक प्लेटफॉर्म की घोषणा की।

फ़ेसबुक प्लेटफॉर्म प्रोग्रामर्स के लिए एक ऐसा विकासमान प्लेटफॉर्म है जिसके बल पर वे फ़ेसबुक के अन्दर सामाजिक अनुप्रयोगों की नयी रचना कर सकते हैं। न्यू मीडिया के इस क़दम के फलस्वरूप इस प्लेट.फ़ॉर्म के ज़रिये अनुप्रयोगों की रचना करनेवाले डेवेलपर्स की तादाद आठ लाख पहुँच गयी। इसीलिए जुलाई 2008 में प्रयोक्ताओं के लिए जुकरबर्ग ने फ़ेसबुक प्लेटफॉर्म के एक नये संस्करण फ़ेसबुक कनेक्ट की घोषणा की। काम करनेवाला कभी हारता

नहीं है। स्टीफन हाकिन्स जैसे विज्ञानी इसके बड़े उदाहरण हैं। यही बात जुकरबर्ग पर भी लागू होती है। जुकरबर्ग ने नवम्बर 2007 में एक नये सोशल एडवर्टाइजिंग सिस्टम की घोषणा की जिसका नाम बीकॉन था। बीकॉन ने फ़ेसबुक के प्रयोक्ताओं को यह सुविधा प्रदान की कि वे फ़ेसबुक से जुड़े अपने मित्रों से सूचना और जानकारी को साझा कर सकें। इसमें लोग दूसरी बेबसाइटों पर की गयीं ब्राउजिंग गतिविधियों को भी अपना आधार बना सकते हैं। बिकनेवाली चीज़ों और उत्पादों की सूचियों को भी यहाँ संलग्न किया जा सकता है। व्यक्तिगत और सामूहिक, दोनों, स्तरों पर निजता से सम्बद्ध होने के कारण यह प्रणाली जाँचों और सवालों के घेरे में आ गयी और जुकरबर्ग या फ़ेसबुक इन सवालों का तत्काल जवाब नहीं दे सके। तब दिसम्बर 2007 में जुकरबर्ग ने एक ब्लॉग लिखा और बीकॉन से जुड़ी चीज़ों की पूरी ज़िम्मेदारी भी ली।

कहा जाता है कि बड़ी शख़्सियतें बड़े विवादों में उलझे बिना रह नहीं सकतीं। जुकरबर्ग की किसी टिप्पणी को लेकर भले ही कभी कोई विवाद न हुआ हो, किन्तु सोशल मीडिया के इस तकनीकी योद्धा को अनेक क़ानूनी विवादों का सामना करना पड़ा है। इसमें कम से-कम चार बड़े विवादों का यहाँ उल्लेख करना आवश्यक प्रतीत होता है। ये विवाद क़ानूनी प्रकृति के हैं और फ़ेसबुक से जुड़े हुए हैं। पहला क़ानूनी विवाद 'कनेक्ट यू' नामक सोशल नेटवर्क से सम्बन्धित है जिसका फ़ैसला फेडेरल कोर्ट ने फ़ेसबुक के विपक्ष में दिया। परिणामस्वरूप जनू 2008 में मामला हल हो गया और फ़ेसबुक को बारह लाख कॉमन शेयर स्थानान्तरित करने पड़े। इसके अलावा फ़ेसबुक ने दो करोड़ अमरीकी डॉलर की राशि चुकायी। नवम्बर 2007 में कोर्ट के कुछ गोपनीय डाक्यूमेंट्स को एक वेबसाइट पर जारी किया गया जो हावर्ड एलुमिनाई से सम्बन्धित थे। वेबसाइट पर प्रदर्शित की गयी चीज़ों में जुकरबर्ग का सोशल सिक्योरिटी नम्बर भी शामिल था। इसके अलावा जुकरबर्ग के माता-पिता के घर का पता और जुकरबर्ग की गर्लफ्रेंड के घर का पता भी इसमें शामिल था। फ़ेसबुक ने एक मुकदमा दायर किया कि ये दस्तावेज़ वेबसाइट से हटा लिए जाएँ लेकिन जज ने अपना फ़ैसला उस वेबसाइट के पक्ष में यानी जुकरबर्ग के ख़िलाफ़ सुनाया।

दूसरा क़ानूनी विवाद जुकरबर्ग के गले तब पड़ा जब जुकरबर्ग के शुरुआती साथी सैवेरिन ने न्यायालय का दरवाजा खटखटाया। हालाँकि मामला हल हो गया और इसमें काफ़ी कुछ गोपनीय भी बना रहा लेकिन जुकरबर्ग की कम्पनी को कोर्ट की यह बात माननी पड़ी कि अब आगे से फ़ेसबुक के संस्थापकों की सूची में जुकरबर्ग के साथ-साथ सैवेरिन का नाम भी शामिल रहेगा। आज सैवेरिन फ़ेसबुक के सह-संस्थापक कहे जाते हैं, हालाँकि मामले के हल होने के बाद सैवेरिन ने एक

ऐसे समझौता-पत्र पर हस्ताक्षर कर रखे हैं जिसके तहत उस समझौते को कभी सार्वजनिक नहीं किया जायेगा। तीसरा विवाद इस मामले से जुड़ा है कि फ़ेसबुक ने 'ड्रॉ मुहम्मद' नाम की एक प्रतियोगिता आयोजित की थी। जून 2010 में पाकिस्तान के डिप्टी अटार्नी जनरल मुहम्मद अज़हर सिद्दीकी ने इसे लेकर जुकरबर्ग, मस्कोविट्ज और क्रिस ह्यूजेज के विरुद्ध एक आपराधिक जाँच शुरू कर दी। इस जाँच में एक अज्ञात जर्मन महिला का नाम भी था जिसने इस प्रतियोगिता की रचना की थी। धर्मविरोधी कार्यों और मानहानि को आधार बनाते हुए सिद्दीकी ने अपने देश की पुलिस से कहा कि वे इंटरपोल से सम्पर्क करें और जुकरबर्ग के साथ-साथ तीन अन्य लोगों को गिरफ्तार करें। वर्ष 2010 में, परिणामस्वरूप, फ़ेसबुक जैसे महत्त्वपूर्ण सोशल मीडिया टूल को पाकिस्तान में अस्थायी रूप से बन्द कर दिया गया था। इसी प्रकार के एक चौथे विवाद में पॉल सेगलिया नाम के एक व्यक्ति ने जुकरबर्ग पर आरोप लगाया और उनके ख़िलाफ़ मुकदमा भी दायर किया। जुकरबर्ग ने एक समय सेगलिया के कोड-डेवेलपर के रूप में कार्य किया किया था जिसका नाम स्ट्रीटफैक्स प्रोजेक्ट था। सेगलिया ने कहा कि इस प्रोजेक्ट पर काम करने के बाद जुकरबर्ग ने एक समझौते पर उसके साथ हस्ताक्षर किये थे, हालाँकि जुकरबर्ग ने इस बात से सदैव इनकार ही किया। यह विवाद बहुत जटिल हो गया था। वास्तव में ये विवाद हमें बताते हैं कि सूचना के मुक्त आदान-प्रदान के वर्तमान द्रुत और गतिशील समय में अगर स्वतन्त्रता की परिधि व्यापक हुई है तो तमाम क़ानूनी जटिलताएँ भी बढ़ी हैं। कई बार आधुनिक संचार क्रान्ति से जुड़े ऐसे विवादित मामले भी उठ खड़े होते हैं जिनकी प्रकृति वैश्विक होती है और इनके सन्दर्भ में अनेक देशों के अनेक कानूनों में आपसी टकराव भी होने लगता है।

वर्तमान समय में एक तरीके के मीडिया द्वारा व्यक्त की गयी चीजों को दूसरे तरीक़े के माध्यम भी प्रचारित-प्रसारित करने लगते हैं, उदाहरण के लिए अख़बारों ने खुद को अधिक लोकप्रिय बनाने के लिए डिज़िटलीकृत कर लिया है। इसी सिलसिले में अच्छी-बुरी घटनाओं पर बनी फ़िल्मों को भी सम्मिलित किया जा सकता है। जुकरबर्ग और फ़ेसबुक की शुरुआती स्थिति को निरूपित करते हुए एक अक्टूबर 2010 को एक फ़िल्म रिलीज़ की गयी थी। 'द सोशल नेटवर्क' नामक इस फ़िल्म में जेस आइजेनबर्ग ने जुकरबर्ग की भूमिका निभायी है। जब जुकरबर्ग को इसके बारे में पता चला तो उन्होंने कहा कि "मुझे तो विश्वास ही नहीं हो रहा है कि कोई मुझ पर फ़िल्म भी बना सकता है, क्योंकि मैं तो अभी ज़िन्दा हूँ।" यह फ़िल्म बेन मेजरिक की 'दि एक्सीडेंटल बिलियनेयर्स' नामक चर्चित किताब पर आधारित है और फ़िल्म जब बनने की प्रक्रिया में ही थी, तभी इसकी स्क्रिप्ट इंटरनेट पर लीक हो चुकी थी। तो क्या मान लिया जाये कि न्यू मीडिया के इस

योद्धा को चर्चित करने के लिए इरादतन ऐसा किया गया था? लगता नहीं, कि चर्चा या हाइप हासिल करने के लिए ऐसा किया गया होगा क्योंकि इतनी कम उम्र में ही जुकरबर्ग न तो किसी पहचान के मोहताज हैं और न ही किसी चर्चा के। 'द फ़ेसबुक इफेक्ट : दि इनसाइड स्टोरी ऑफ़ द कम्पनी दैट इज़ कनेक्टिंग द वर्ल्ड' नामक सन् 2011 में लिखी गयी अपनी पुस्तक में इसके लेखक डेविड किर्कपैट्रिक ने जुकरबर्ग और फ़ेसबुक के बहाने न्यू मीडिया में तथ्यों से की जा रही छेड़छाड़ का बड़ा रोचक और वैज्ञानिक वर्णन-विश्लेषण किया है। उन्होंने दिखाया है कि सूचनाओं की साझेदारी को नये तरीके से अंजाम देने वाले इंटरनेट को किस प्रकार तथ्यात्मक विकृतियों के साथ पेश कर दिया जाता है और किस तरह न्यू मीडिया की विश्वसनीयता को जबरन सन्देहों के कटघरे में खड़ा करने के प्रयास किये जाते हैं।

आमतौर पर माना जाता है कि लोग पढ़-लिखकर और तमाम डिग्रियाँ लेकर ही बड़े-बड़े काम कर सकते हैं लेकिन जुकरबर्ग की राय अलग है। अपने एक साक्षात्कार में बिल गेट्स और रिचर्ड ब्रैनसन जैसे न्यू मीडिया के बड़े योद्धाओं की ओर इंगित करते हुए उन्होंने कहा कि किसी को बहुत ज़्यादा ऊँचाई हासिल करने के लिए कॉलेज से ग्रेजुएशन करने की ज़रूरत नहीं होती। भारत जैसे देशों के सन्दर्भ में, अगर गहराई से देखा जाये तो, यह बात पश्चिमी दुनिया से ज़्यादा ज़ोरदार तरीक़े से लागू होती है। दिसम्बर 2010 में मार्क जुकरबर्ग, बिल गेट्स और निवेशक वारेन बफेट ने एक वादे पर दस्तख़त किये जिसे उन्होंने 'गिविंग प्लेज' कहा हैं इसमें इन लोगों ने वादा किया है कि आने वाले वक़्त के साथ ये लोग अपने धन के कम-से-कम आधे हिस्से को मानवता और समाजसेवा पर ख़र्च करेंगे। इसके अतिरिक्त इन लोगों ने अन्य समृद्ध उद्योगपतियों को भी इस बात के लिए आमन्त्रित किया कि वे अपने धन के पचास फ़ीसदी या इससे अधिक को चैरिटी में दान देने के लिए आगे आयें। सोशल मीडिया की यह अनकही कहानी वाक़ई बेहद रोचक और महत्त्वपूर्ण है और इस पर लगातार चर्चा करते रहने की जरूरत है क्योंकि आज पूरी दुनिया में सोशल मीडिया और साइबर क्राइम को लेकर जागरूक होने की माँग बढ़ती ही जा रही है।

न्यू मीडिया और पुस्तक-संस्कृति

पुस्तक मेलों और साहित्यिक महोत्सवों (लिटरेरी फेस्टिवल्स) के वर्तमान दौर में यह सवाल बुनियादी महत्त्व का है कि न्यू मीडिया यानी नये जनमाध्यमों का पुस्तक-संस्कृति से कितना और कैसा सम्बन्ध है? इस सम्बन्ध के विश्लेषण की शुरुआत इस बात से नहीं की जा सकती कि मीडिया जीवन के नये क्षेत्र के रूप में उभरा है। वास्तव में मीडिया के क्षेत्र के उभार से सम्बद्ध नयेपन की तमाम बातें अब बासी हो रही हैं। यह कहना भी ठीक नहीं होगा कि मीडिया व्यापार के ढाँचे में नयापन ला रहा है या रोज़गार के अनेक नये-नये अवसर उत्पन्न कर रहा है। ये बातें उस मीडिया के बारे में ज़रूर कही जा सकती हैं जिसे हम, 'न्यू मीडिया' की चर्चा करते समय, अनिवार्य रूप से 'ओल्ड' मान लेते हैं। न्यू मीडिया में क्या वाकई कुछ ऐसे शक्तिशाली तत्व मौजूद हैं कि वह संचार के पुराने माध्यमों यानी पुस्तकों को विस्थापित करने की ओर बढ़ रहा है? अगर 'न्यू मीडिया' में 'ओल्ड मीडिया' से अलग, कुछ नवीन लक्षणों का वास न होता, तो 'न्यू मीडिया' पदबन्ध प्रचलित ही क्यों होता? और यह बात भी महत्त्वपूर्ण है कि विभिन्न शहरों में होनेवाले पुस्तक मेलों का प्रचार करने में न्यू मीडिया की कितनी और कैसी भूमिका है?

ताज़गी और रुचि बनाये रखने के लिए जीवन के प्रत्येक क्षेत्र में नयेपन का संचार आवश्यक ही नहीं, अनिवार्य भी है। आज किताबों के सामने खुद को नये-नये रूपों में पेश करने की एक बड़ी चुनौती है। ख़ासकर तब, जब ई-बुक का दौर शुरू हो चुका है और हमारी युवा पीढ़ी आई-पैड और टैबलेट पर किताबें पढ़ रही है। किताबों को नयी तकनीकी और नवीन संचार माध्यमों के नयेपन से भी जूझना है। न्यू मीडिया की बात करें, तो वास्तव में यह तीन ख़ास स्तरों पर नया है। ये तीन स्तर मीडिया टेक्नोलॉजी के तीन पहलुओं को व्यक्त करते हैं। पहला है, आर्टीफ़ैक्ट्स का स्तर यानी डिवाइसेज़; दूसरा है संचार सम्बन्धी गतिविधियों का स्तर यानी संचारात्मक व्यवहार और तीसरा है सामाजिक व्यवस्था या संगठन का स्तर। आज जब न्यू मीडिया की डिज़ाइन तथा उसके विकास और प्रयोग को लेकर भाँति-भाँति

के फ्रेमवर्क प्रस्तावित किये जा रहे हों, तब न्यू मीडिया और पुस्तक-संस्कृति का विमर्श और भी ज़्यादा महत्त्वपूर्ण हो जाता है।

न्यू मीडिया की डिज़ाइन तथा उसके विकास की वर्तमान समझ को विकसित करने के लिए मुख्य रूप से चार धाराएँ अस्तित्व में हैं। देखा जाये तो न्यू मीडिया पर हो रहे हालिया अनुसन्धान के सन्दर्भ में ये चार धाराएँ, चार दिशाओं को रूपायित करती हैं। इनमें से पहली धारा ऐतिहासिक किस्म की है तथा दूसरी मनोवैज्ञानिक किस्म की। तीसरी धारा का सम्बन्ध व्यष्टि-समाजशास्त्रीय (माइक्रो-सोशयोलॉजिकल) यानी एथनोग्राफ़िक दृष्टिकोण से है जबकि चौथी धारा समष्टि-समाजशास्त्रीय (मैक्रो-सोशियोलॉजिकल) यानी आर्थिक आयामों से जुड़ी हुई है। जैसाकि मानविकी विषयों में होता भी है, न तो किसी धारा को हम पूर्णत: शुद्ध मान सकते हैं और न ही किसी धारा को शेष धाराओं से बिल्कुल अलग करके देखना चाहिए। वास्तव में जब हम इन चारों धाराओं को मिलाकर देखते हैं, तभी वह संयुक्त प्रभाव निर्मित होता है जो न्यू मीडिया को पुस्तक-संस्कृति के साथ समग्रता में देखने के लिए आवश्यक है।

ऐतिहासिक किस्म की पहली धारा इलेक्ट्रिक और फिर इलेक्ट्रॉनिक मीडिया के प्रारम्भिक इतिहास तक जाती है और अतीत की छानबीन करके आविष्कारकों तथा उनके द्वारा किये गये आविष्कारों पर विशेष बल देती है। हमें ध्यान रखना चाहिए कि आज अगर फेसबुक और ट्विटर के ज़रिये लोग पुस्तक मेलों का और उनमें होने वाले पुस्तकों के विमोचन का प्रचार-प्रसार करते नज़र आते हैं, तो किताबों ने भी मीडिया के प्रारम्भिक इतिहास को आगे बढ़ाने और जन-जन तक पहुँचाने में महती भूमिका निभाई है। उदाहरण के लिए अलेक्जेण्डर ग्राहम बेल और टेलीफ़ोन, सैमुएल मोर्स और टेलीग्राफ़, थामस एडीसन और फ़ोनोग्राफ, मारकोनी और बेतार के रेडियो तथा ब्लादिमीर ज़ोरिकिन और टेलीविज़न की अनेक प्रचलित कहानियाँ मीडिया से जुड़ी अनेक परिचयात्मक पुस्तकों का अनिवार्य अंग रही हैं। इन पुस्तकों में सी.एच. स्टर्लिंग और जे.एम. किट्रॉस की 'स्टे ट्यूंड: ए कंसाइज़ हिस्ट्री ऑव अमेरिकन ब्रॉडकास्टिंग', डी क्राउले और पी. हेयेर की 'कम्युनिकेशन इन हिस्ट्री : टेक्नोलॉजी, कल्चर सोसायटी' तथा जे. स्ट्रॉभार और आर.ला रोज़ की 'मीडिया नाऊ: कम्युनिकेशन्स मीडिया इन दि इनफ़ॉरमेशन एज़' जैसी महत्त्वपूर्ण किताबों का उल्लेख किया जा सकता है। तकनीकी नवाचारों और परिवर्तनों का श्रेय कुछ विलक्षण व्यक्तियों को देने वाले इस दृष्टिकोण की विद्यमानता मुद्रित माध्यमों से लेकर इंटरनेट तक आज भी देखी जा सकती है। मसलन; एस. सेगालर ने अपनी हालिया पुस्तक 'ए ब्रीफ़ हिस्ट्री ऑव इंटरनेट (1998)' में 'ग्रेटमैन हिस्ट्री' वाले उपरोक्त दृष्टिकोण को ही अपना आधार बनाया है। यह

चर्चित पुस्तक, अपनी तमाम सीमाओं के बावजूद, न्यू मीडिया के सन्दर्भ में एक बहुत लोकप्रिय दर्ज़ा रखती है। आज भी यह दृष्टिकोण सर्वथा अप्रासंगिक नहीं हुआ है और गाहे-बगाहे इससे हम सबका सामना होती ही रहता है।

फिर भी, पिछले दो-तीन दशकों में टेक्नोलॉजी के इतिहास का अध्ययन सांस्कृतिक तथा सामाजिक इतिहास के परिप्रेक्ष्य की ओर अधिक झुक गया है। नये तरीके का यह अध्ययन तकनीकी परिवर्तनों की कहानियों में सांस्कृतिक, आर्थिक और राजनीतिक सन्दर्भों का समावेश अधिक पूर्णता के साथ करने की कोशिश करता है। पैट्रिस फ़्लिची की पुस्तक 'डायनॉमिक्स ऑव मॉडर्न कम्युनिकेशन' ऐसे अध्ययन का सर्वोत्तम उदाहरण प्रस्तुत करता है। इसे तकनीकी रूप से उन्नत, पश्चिमी समाजों की घटनाओं से भी समझा जा सकता है। मसलन; अमेरिकी टेलीफ़ोन प्रणाली के बिल्कुल प्रारम्भिक अध्ययन ग्राहम बेल की मुख्य भूमिका पर ख़ासा जोर देते थे क्योंकि उन्हें फ़ंड ही ऐसी संस्थाओं से प्राप्त होता था। इसीलिए बेल लैबोरेटिरीज़ में तमाम खोज़ें और आविष्कार भी हुए। पिछली शताब्दी के साठ और सत्तर के दशक में अनुसन्धानकर्ताओं की रुचि के विषय बदल गये क्योंकि वे किसी प्रकार के फंड से नहीं जुड़े हुए थे। इसीलिए इन अनुसन्धानकर्ताओं ने ऐसे इतिहासों का प्रकाशन किया जो कम्पनियों की आर्थिक शक्ति, प्रबन्धन के निर्णय तथा व्यवस्था को संवृद्धि प्रदान करनेवाले विनियामक समझौतों को विश्लेषण के केन्द्र में रखते थे। अमेरिकी समाज में घटित होने वाले ऐसे सामाजिक परिवर्तनों तथा सामाजिक अपेक्षाओं पर भी विमर्श यानी डिस्कोर्स किये गये जो टेलीफ़ोन के प्रयोग करने के तरीकों को प्रभावित कर रहे थे।

अब मीडिया-विश्लेषण का फ़ोकस इस बात पर नहीं था कि टेलीफोन का आविष्कार किसने किया; बल्कि इस बात पर था कि समाज के आम सदस्य टेलीफोन का प्रयोग किस प्रकार करते हैं? दूसरे शब्दों में कहें, तो फ़ोकस की व्यक्ति केन्द्रिकता ख़त्म हो रही थी। जे. ब्रुक्स ने अपनी पुस्तक 'टेलीफोन : द फर्स्ट हंड्रेड इयर्स' तथा सी.एस. फ़िश्चर ने अपनी कृति 'अमेरिका कॉलिंग : ए सोशल हिस्ट्री ऑव द टेलीफोन टू 1940' के ज़रिये इस बात को स्थापित कर दिया कि मीडिया-विश्लेषणों में अध्ययन का फ़ोकस परिवर्तित हो चुका है। संचार के लिए प्रयुक्त होनेवाले माध्यमों को नये-नये तरीकों से देखा जाने लगा। ये तरीके पहले की तुलना में अधिक वैज्ञानिक और अधिक व्यापक थे। मसलन, हंगरी के उदाहरण का वर्णन करते हुए कैरोलिन मार्विन ने दिखाया कि किस प्रकार अपने प्रारम्भिक दिनों में अपने स्थानों पर टेलीफोन का उपयोग समाचार जैसी चीज़ों को प्रसारित करने के लिए होता था। सम्भ्रान्तजनों के लिए टेलीफोन एक ब्रॉडकास्ट न्यूज़-टाइप मीडियम की तरह प्रयुक्त किया जा रहा था। दूसरे शब्दों में, अन्तरवैयक्तिक

संचार के लिए प्रयुक्त होनेवाले एक माध्यम की शक्ल टेलीफोन से अपने-आप या प्राकृतिक तरीके से अख़्तियार नहीं की। न्यू मीडिया की बात करें तो कम्प्यूटिंग और इंटरनेट के अनेक हालिया इतिहास बताते हैं कि न्यू मीडिया की तकनीकें, सिर्फ़ तकनीकी खोजों से जुड़ी वर्तमान पीढ़ी द्वारा सृजित उत्पाद भर नहीं थीं। ये बदलती सांगठनिक संरचनाओं, आँकड़ों और सूचनाओं की बढ़ती माँगों, तीव्र संवृद्धि तथा सम्भ्रान्तवर्गीय अमेरिकी विश्वविद्यालयों की अनुसन्धान पहलों का भी परिणाम थीं। इन सबके अतिरिक्त शीतयुद्ध को लेकर आम जनता में व्याप्त भय तथा सैन्य वार्तालापों जैसे कारण भी न्यू मीडिया तकनीकों की पैदाइश के लिए उत्तरदायी रहे। जे. एब्बेट ने अपनी कृति 'इनवेंटिंग दि इंटरनेट' में इन कारणों का अच्छा लेखा-जोखा प्रस्तुत किया है।

किताबों की संस्कृति की बात करें, तो भाषा का सवाल अपने-आप हमारे सामने आ खड़ा होता है। अंग्रेजी पुस्तकों के प्रकाशन में भारत को दुनिया में तीसरा स्थान प्राप्त है। केवल अमेरिका और ब्रिटेन ही इस मामले में हमसे आगे हैं और उन्हें आगे होना भी चाहिए क्योंकि अँग्रेजी आख़िर उनकी मातृभाषा है। पर हमारे यहाँ आखिर अंग्रेजी का ऐसा आतंक क्यों है जबकि हमारे यहाँ ऐसे लोगों की तादाद भी ज्यादा नहीं है जिनकी मातृभाषा या जिनकी पहली भाषा अँग्रेजी हो? फिर हमारे यहाँ इंटरनेट और आधुनिक संचार माध्यमों के प्रयोक्ता भी कुछ कम नहीं हैं। अगर सबसे ज्यादा लोगों द्वारा बोली जाने वाली किसी एक भाषा की बात करें तो निश्चित ही हमारे देश में वह भाषा हिन्दी ही है। फिर क्यों हिन्दी में 'दिनकर', उपेन्द्रनाथ 'अश्क' और जैनेन्द्र जैसे लेखकों ने अपने प्रकाशन खोले लेकिन इन्हें कामयाबी न मिल सकी। हमारे यहाँ हिन्दी भाषी मध्यवर्ग का एक बड़ा हिस्सा अंग्रेजीदाँ होता जा रहा है और ऐसा होने के लिए उसे अंग्रेजी प्रकाशकों से प्रोत्साहन भी मिल रहा है क्योंकि इधर यूरोप और अमेरिका में किताबों की जो मन्दी आई है, उसकी भरपाई तो अंग्रेजी प्रकाशकों को आखिर करनी ही है। इसीलिए यह अकारण नहीं है कि अंग्रेजी के कई नामी-गिरामी विदेशी प्रकाशकों ने भारत में अपना व्यापार जमाया है। अकारण तो यह भी नहीं है कि ऐसे प्रकाशक हिन्दी और दूसरी भारतीय भाषाओं की किताबें छापने लगे हैं। सोचा जाना चाहिए कि जब अंग्रेजी के सामने हिन्दी जैसी ताकतवर भाषा का यह हाल है, तो मगही, अवधी, राजस्थानी या अंगिका के बारे में क्या कहा जाये। कई बार लगता है कि दक्षिण भारत की तरह अगर उत्तर भारत में भी पुस्तकालय-कानून बनाया जाये, तो हिन्दी की दशा कुछ-न-कुछ ज़रूर सुधर सकती है।

पुस्तक मेला पाठकों के लिए कितना अनोखा और क्रान्तिकारी मतलब रख सकता है, इसका सुखद अहसास दिल्ली के साथ-साथ मगध पुस्तक मेले में जाकर

और रहकर हुआ। फरवरी माह में लगातार दस दिनों तक चलने वाले इस मगध पुस्तक मेले को देखकर विश्वास हो गया कि भले ही हमारे देश में कॉलोनियाँ बन रही हैं, फ्लैट्स, मॉल और फॉर्म हाउस बन रहे हैं, टाउनशिप औरे फ्लाईओवरों पर काम हो रहा है लेकिन किताबों पर या पुस्तक-संस्कृति पर ठोस काम नहीं हो रहा है। शायद इसकी वज़ह यह हो कि विकास की जो परिभाषा मुख्यधारा के मीडिया ने गढ़ी है, वह एकांगी है। इस परिभाषा में आर्थिक उन्नति तो शामिल की जाती है लेकिन सांस्कृतिक उन्नति को इसमें अक्सर शामिल नहीं किया जाता। ऐसे माहौल में मगध पुस्तक मेला एक ठोस आशा बँधाता है। न सिर्फ़ यह एक पुस्तक मेला था, बल्कि यह एक विराट सांस्कृतिक महोत्सव की शक्ल का भी था।

बिहार में गया के गाँधी मैदान में आयोजित इस मेले में पूरे देश से आये अनेक महान कलाकारों ने अपने साहित्यिक-सांस्कृतिक कार्यक्रम पेश किये। गाँधी मैदान में ही बनी एक इमारत में महात्मा गाँधी की अस्थियाँ भी रखी हुई हैं। मेले का उद्घाटन किया कत्थक सम्राट बिरजू महाराज ने। मेले में अनेक चर्चित प्रकाशकों के अलावा गया साहित्य सम्मेलन और मगध के अनेक स्थानीय प्रकाशक भी आये थे। स्टॉलों की एक विशेषता यह भी थी कि किताबों के स्टॉल के अलावा लिट्टी-चोखा जैसी देशज चीज़ें भी यहाँ उपलब्ध थीं। एक स्टॉल कलाओं का था जो सुजूनी और खतुवा नामक, कपड़ों पर की जाने वाली कलाओं को जन-जन तक पहुँचा रहे हैं। मेले की ख़ास बात यह थी कि यह उन लोगों तक किताबों की पहुँच को सुनिश्चित करने की पूरी कोशिश कर रहा था जिन लोगों तक आमतौर पर किताबें नहीं पहुँच पातीं। क्लासिकल किताबें तो यहाँ मौजूद थीं ही, क्लासिकल संगीत और नृत्य ने इस मेले में चार चाँद लगा दिये। बड़े शहरों में ब्रांडिंग, विज्ञापन और ग्लैमर इतने ज्यादा हावी हो जाते हैं कि वे ठोस पुस्तक-संस्कृति को बढ़ावा देने की कोशिशों पर हावी-से नज़र आते हैं। यह बात अलग है कि कुछ ही सालों पहले यूनेस्को ने दिल्ली को विश्व पुस्तक राजधानी घोषित किया था। दूर जाने की ज़रूरत नहीं हैं, अकेले जयपुर लिटरेरी फेस्टिवल का ही नमूना काफ़ी है। और फिर महानगरों में आयोजित होने वाले पुस्तक मेलों में तमाम स्थानीय किन्तु बेहद महत्त्वपूर्ण और ज़रूरी प्रकाशक भाग तक नहीं ले पाते। क्या दूरदराज़ और हाशिये पर पड़े आम लोगों, गाँव-देहात के पाठकों और दुरूह हालात में काम करने वाले प्रकाशकों को यह हक नहीं हैं कि वे भी अपनी बातें मुख्यधारा तक पहुँचाएँ?

वास्तव में पुस्तक-संस्कृति एक बड़ी संकल्पना है। मीडिया को भी यह बात समझनी चाहिए। गया के उस विशाल मैदान में एक तरफ़ पुस्तक मेले के तमाम स्टॉल लगे रहते थे और दूसरे छोर पर लगातार होने वाली सांस्कृतिक प्रस्तुतियों के लिए एक भव्य मंच सजा होता था। इस मंच पर सुबह पहले सत्र में बाल-प्रतिभाओं

के प्रोत्साहन के लिए काव्य-पाठ, पेंटिंग, अन्त्याक्षरी, क्विज, मोनो एक्ट और वाद-विवाद प्रतियोगिताएँ आयोजित की जाती थीं। यह बात किसी को भी नज़र आ सकती थी कि इन सारी प्रतियोगिताओं का लक्ष्य लोगों में किताबों के प्रति प्रेम पैदा करना है। मंच पर आनेवाले सभी लोगों को और अनेक प्रतियोगिताओं में विजेता समस्त प्रतिभागियों को उपहारस्वरूप यहाँ बुके की बजाय बुक यानी पुष्पगुच्छ के स्थान पर पुस्तकें दी गयीं। किताबों के लिहाज से यह एक फलदायी परम्परा कही जा सकती है। दोपहर को होने वाले दूसरे सत्र के कार्यक्रम सिर्फ़ और सिर्फ़ महिलाओं के लिए होते थे, जैसे-'मेंहँदी लगाओ' और 'रंगोली बनाओ' प्रतियोगिताएँ या फिर 'मगध का जायका' कार्यक्रम। वाकई इन दस दिनों की दुनिया दूसरी ही दुनिया थी। लगता था कि जीवन में किताबें-ही-किताबें हैं, साहित्य-ही-साहित्य है। दूसरी ओर यह भी लगता था कि साहित्य और किताबों में जीवन-ही-जीवन है। तीसरे सत्र में रोज़ किसी-न-किसी महत्त्वपूर्ण मुद्दे पर वैचारिक गोष्ठियाँ होती थीं। ऐसे ही एक सेमिनार में एक दिन टीवी पत्रकार पुण्य प्रसून वाजपेयी भी आये हुए थे। चौथा और आख़िरी सत्र उसी मंच से रोज शाम को होता था। एक शाम गुरुदेव रवीन्द्रनाथ टैगोर की रचना 'डाकघर' को आधार बनाते हुए सुरेन्द्र शर्मा ने अपनी पूरी टीम की मदद से बेहतरीन नाटक पेश किया। अगली शाम सुरेन्द्र शर्मा ने ही फणीश्वरनाथ 'रेणु' की कहानी 'पंचलैट' को पंचलैट नामक नाटक के ज़रिये प्रस्तुत किया। इसी प्रकार एक शाम प्रख्यात रंगकर्मी अरविन्द गौड़ ने प्रेमचन्द की जानी-मानी रचना को आधार बनाते हुए 'मोटेराम का सत्याग्रह' नाटक पेश किया। शान्तिनिकेतन के गायक अजय राय ने ऐसे महान कवियों की कविताओं का अपनी मौलिक धुनों में पिरोया मनभावन गान प्रस्तुत किया, जिनसे न सिर्फ़ हमारी हिन्दी भाषा की, बल्कि हमारी सामासिक संस्कृति की बुनियाद बनती है। आश्चर्य होता है कि गोपाल सिंह नेपाली, गोपालदास नीरज, निराला, महादेवी वर्मा और दिनकर की कविताओं को मोहक संगीत में पगाकर इतने बेहतरीन तरीके से गाया जा सकता है। मगध में किताबों के जो अर्थ और जो आयाम खुले, वे गाँठ बाँधने लायक रहे। यह बात कचोटती है कि मुख्यधारा का मीडिया ऐसे अवसरों को वाजिब अनुपात में कवरेज नहीं देता या देना नहीं चाहता या कहना चाहिए दे ही नहीं पाता। न मालूम ऐसा क्यों है!

पुस्तकों के बरक्स न्यू मीडिया की मनोवैज्ञानिक क़िस्म की दूसरी धारा को देखने पर जाहिर होता है कि यह धारा इस बात से जुड़ी थी कि लोग मीडिया को कैसे समझते हैं और उसका किस प्रकार उपयोग करते हैं। इस धारा का अतीत भी पिछली शताब्दी के बीस और तीस के दशक तक व्याप्त है जब मीडिया के मनोवैज्ञानिक अध्ययनों का आयोजन शुरू हुआ था। जोबेट और फुलर का अध्ययन,

जो बच्चों और किशोरों पर मोशन पिक्चर्स द्वारा पड़ने वाले प्रभावों का वर्णन करता है, इसी मनोवैज्ञानिक धारा से सम्बद्ध है। उन्होंने इस बात की पड़ताल की कि बच्चों और किशोरों की अभिव्यक्तियों और व्यवहारों पर मोशन पिक्चर्स (मूवीज़) का क्या असर पड़ता है? इसी प्रकार सहमति की प्रक्रिया और प्रोपेगैंडा पर मोशन पिक्चर्स और रेडियो के ज़रिये पड़नेवाले प्रभावों का विश्लेषण कार्ल होवलैंड ने भी किया। पॉल लेजर्सफ़ील्ड और उनके साथी इससे मिलता-जुलता अनुसन्धान पहले ही कर चुके थे। बाद में तकनीकें भले ही विकसित हो गयीं लेकिन यह मनोवैज्ञानिक दृष्टिकोण ज़ारी रहा। जब टेलीविज़न लोकप्रिय होने लगा तब ई. एम. रोजर्स तथा विल्बर श्रैम जैसे अनेक मीडियाविदों ने टेलीविज़न के प्रभावों को रेखांकित किया।

यह जानना महत्त्वपूर्ण है कि मीडिया के 'प्रभावों' से जुड़ी इस मनोवैज्ञानिक धारा ने मीडिएटेड कम्युनिकेशंस पर ख़ासा ध्यान दिया। तब भी, इनका ध्यान स्वयं माध्यम के सम्भाव्य प्रभावों पर कहीं ज्यादा था। स्वयं संचार तकनीक के प्रभावों को निरूपित करने वाले इस सशक्त नज़रिये को 'टेक्नोलॉजी ऐज सोर्स' दृष्टिकोण कहा जाता है। यह दृष्टिकोण इस बात से सम्बन्धित है कि क्या स्वयं तकनीक, अपने आप में, कुछ मनोवैज्ञानिक प्रभावों को उत्पन्न कर सकती है? क्या मीडिया के कुछ विशिष्ट तकनीकी लक्षण यूज़र्स द्वारा अन्तर्वस्तु के किये जा रहे ग्रहण को प्रभावित कर सकते हैं? न्यू मीडिया के विशेष परिप्रेक्ष्य में देखा जाये तो 'मैन-मशीन स्टडीज़' तथा 'ह्यूमन-कम्प्यूटर इंटरैक्शन' के साथ मिलाकर इस धारा को नये जनमाध्यमों के अध्ययनों तक विस्तारित किया गया है। उदाहरण के लिए बायरन रीव्स और क्लिफ़ोर्ड नास द्वारा हालिया समय में प्रतिपादित मीडिया-इक्वेशन थीसिस का तर्क है कि कम्प्यूटर इंटरफ़ेसेज़ के कुछ विशिष्ट अभिलक्षण लोगों को इस बात के लिए प्रेरित करते हैं कि वे कम्प्यूटरों के साथ वैसा ही बर्ताव करें जैसा वे अन्य लोगों के साथ करते हैं। ये विशिष्ट अभिलक्षण लोगों को इस बात के लिए भी प्रेरणा देते हैं कि वे कम्प्यूटरों से बर्ताव करते समय ऐसी पूर्व-कल्पना लेकर चलें, मानों कम्प्यूटरों में मानवीय ज्ञान मौजूद हो, मानो कम्प्यूटरों का कोई इरादा (मोटिव) अस्तित्वमान हो, मानो मशीनों का अपना कोई व्यक्तित्व हो।

इसी के बरक्स किताबें सम्प्रेषण के पुराने माध्यमों में शुमार रही हैं। मीडिया का मतलब माध्यम होता है और दुनिया में इस बात के न जाने कितने उदाहरण मौजूद हैं कि किताबें एक सशक्त और लोकप्रिय माध्यम रही हैं। बॉलीवुड की अनेक फ़िल्में ऐसी हैं जिनमें खतों को किताबों में रखाकर गंतव्य तक पहुँचाया जाता रहा है। यूरोप का इतिहास प्रख्यात विद्वान निकोलो मैकियावेली इस बात का साक्षी है जिसमें उन्होंने कहा था कि मुझे नहीं लगता कि पुस्तकें पढ़कर कोई आदमी चोर या डाकू बन गया हो। मैकियावेली पर उस समय के जानकारों ने आरोप लगाया था

कि उसकी विश्वविख्यात कृति 'प्रिंस' को पढ़कर जनता ग़लत रास्तों पर जा रही है। यह बात अलग है कि बाद में मैकियोवेली के महत्त्व और तर्कशक्ति को पूरे संसार ने पहचाना और स्वीकार किया। पुस्तकों को मनुष्य का सर्वोत्तम मित्र कहा गया है। लोग अक़सर पूछते हैं कि सबसे अच्छी पुस्तक कौन-सी है, लेकिन देखा जाये तो सवाल यह नहीं होना चाहिए कि पुस्तक महान या अच्छी है कि नहीं? सवाल तो पढ़ने की आदत का है। पुस्तकों को पढ़ने की आदत अच्छी या बुरी होती है, न कि स्वयं पुस्तकें। आज के आपाधापी भरे जीवन में पुस्तकों को कम्प्यूटरों और इंटरनेट से कुछ गम्भीर चुनौतियाँ मिली हैं। किताबों को पढ़ने और उन्हें ख़रीदने को लेकर लोगों की आदतें बदली हैं। आज ऐसे लोगों की संख्या बढ़ी है जो किताबों को खरीदने की बजाय कुछ और खरीदना पसन्द करते हैं, जबकि एक दौर ऐसा भी था जब लोग अपनी ज़रूरत की चीज़ों में कटौती करके पुस्तकें ख़रीदते थे। पहले कहा भी जाता था कि कोट चाहे पुराना पहनो, लेकिन किताबें नयी ख़रीदो। आज हालत दूसरी है। पुस्तकों के प्रति यह उदासीनता वास्तव में चिन्तनीय है क्योंकि पुस्तकें मानव-जीवन के निर्माण में महती भूमिका निभाती रहीं हैं। कहा भी जाता है कि वह व्यक्ति कभी निराश या दुखी नहीं हो सकता जिसके पास ज्ञान, विवेक और ऊर्जा का संचार करने वाली पुस्तकें हैं। पुस्तकें तो ऐसी उपहार हैं जिन्हें जितनी बार खोला जाये, उतनी ही बार नयी लगेंगी। ये मस्तिष्क को विकसित करके हमारे नज़रिये को व्यापक और स्वस्थ बनाती हैं। पुस्तकें न सिर्फ़ सबसे अच्छी मित्र, बल्कि वे बेहतरीन शिक्षक भी हैं। पर वे आम जनता तक पहुँचें तो सही। पुस्तकें हमें अपनी परम्पराओं और संस्कृति से प्रेम करना सिखाती हैं, हमें इस क़ाबिल बनाती हैं कि हम दूसरों के दुःख-दर्द को समझ सकें और समाज को कुछ बेहतर योगदान दे सकें। आज की मशीनी जीवनशैली में तो पुस्तकों का महत्त्व और भी ज्यादा बढ़ जाता है क्योंकि लोगों के पास सोचने, समझने और विचार करने की फुरसत ही नहीं है। हमारे देश की पुस्तक-संस्कृति प्रारम्भ से ही बहुत समृद्ध रही है। दुनिया की सबसे पुरानी सभ्यता हमारे यहाँ ही पनपी। हड़प्पाई लिपियाँ इस बात की साक्षी हैं कि जब बाकी दुनिया के लोग जंगलों में वास करते थे और ढंग से खाना-पहनना भी नहीं जानते थे, तब भी हमारी सभ्यता के लोग बाक़ायदा लिखते-पढ़ते थे। पुस्तकें व्यक्ति के साथ-साथ राष्ट्र के निर्माण में भी अपनी सकारात्मक भूमिका निभाती हैं और किसी राष्ट्र को वैश्विक पटल पर अधिक महत्त्वपूर्ण बनाती हैं। वास्तव में आज पुस्तक-संस्कृति के सम्बन्ध में लोगों को जागरूक बनाने की विशेष आवश्यकता है ताकि समाज में ज़ारी अनेक विमर्शों को अपेक्षाकृत अधिक फलदायी बनाया जा सके। पुस्तक मेले किताबों के प्रति इसी जागरूकता को जनता तक पहुँचाने के विशेष उद्देश्य से आयोजित किये जाते हैं।

चाहे वह विकासशील देशों का सवाल हो या विकसित देशों का; न्यू मीडिया पर गहराई और विविधता से भरे हुए शोधों की कमी नहीं है। पर, इन सबके बावजूद यह कहना ज़रूरी है कि न्यू मीडिया के कार्यों और अभिलक्षणों का क्षेत्र इतना अधिक व्यापक और विविध रहा है कि इसे संक्षिप्त रूप में एक जगह प्रस्तुत करना असम्भव की हद तक मुश्किल है। इसके अलावा न्यू मीडिया के अभिलक्षणों का विकास बहुत तीव्र गति से हो रहा है। पहले जो परिवर्तन कुछ दशकों में घटित होते थे, वर्तमान समय में वे एक ही साल में घटित होने लगे हैं। बीसवीं शताब्दी के अन्तिम वर्षों से सूचना और संचार की तकनीकें इतनी अन्तनिर्भर होती गयी हैं कि माध्यम के रूप में टेलीविज़न, टेलीफोन, प्रिंटिंग प्रेस, कम्प्यूटर, ऑडियो रिकॉर्डिंग तथा फोटोग्राफी जैसे साधनों के बीच साफ़ दिखने वाली विभेदक रेखाओं से युक्त वर्गीकरण कर पाना निरन्तर कठिन होता गया। इसी प्रकार अन्तर्वस्तु के स्तर पर फ़ीचर फ़िल्म, बातचीत, डाटाबेस, फ़ैक्स, नेटवर्क न्यूज तथा उपन्यास के बीच भी स्पष्ट अन्तर कर पाना कठिन होता जा रहा है।

सामाजिक और संचार सम्बन्धी अनुसन्धानों के विशिष्ट परिप्रेक्ष्य में सूचना-संचार प्रौद्योगिकियों पर ग़ौर करने से न्यू मीडिया के कुछ प्रमुख अभिलक्षणों की पहचान की जा सकती है। पहला अभिलक्षण तो यह है कि ये अभिलक्षण बहुत ही ज़्यादा बुनियादी हैं। दूसरे शब्दों में कहें तो ये आधारिक हैं और आधारभूत अवसंरचना यानी इन्फ्रास्ट्रक्चर का निर्माण करते हैं। ये अभिलक्षण सामाजिक व्यवस्थाओं, अन्य तकनीकों और दैनिक क्रियाकलापों में पूरी तरह रच-बस चुके हैं। इनकी पहुँच न सिर्फ़ काल और स्थान की सीमाओं से परे है, बल्कि ये मुफ़्त में प्राप्त हुई चीज़ों की तरह माने जाते हैं तथा पुराने समय की तुलना में कहीं अधिक पारदर्शी हैं।

जहाँ तक अवसंरचना का सवाल है, किसी भी प्रकार के संचार के लिए अवसंरचना की ज़रूरत होती ही है। यहाँ तक कि आमने-सामने बैठकर किये जाने वाले संचार की सरल-सी प्रक्रिया में भी श्रोता और संचारक भाषा या अमौखिक संकेतों की किसी-न-किसी 'प्रतीकों की व्यवस्था' का प्रयोग करते ही हैं। इसके अलावा अर्थों को ग्रहण करने के लिए उन्हें अपने आस-पास के सामाजिक व भौतिक सन्दर्भों की साझा समझ भी रखनी पड़ती है। इस प्रकार अन्तरवैयक्तिक संचार को सुगम बनाने के लिए भाषा, व्यवहार तथा ख़ास सन्दर्भ से रचित एक ऐसे प्लेटफॉर्म की आवश्यकता पड़ती है जो इस संचार को सम्भव बनाता है। सादृश्य-विधान के नज़रिये से देखें तो न्यू मीडिया के मामले में यह प्लेटफॉर्म यूज़र्स, डॉक्यूमेंट्स (कंटेंट्स) तथा अन्तर्क्रियात्मकता से रचित होता है।

नये जनमाध्यमों का दूसरा अभिलक्षण अन्तर्क्रियात्मकता का है। पुराना

इलेक्ट्रॉनिक मीडिया मुख्य रूप से प्रसारण तकनीकों पर आधारित था जहाँ कुछ गिने-चुने बड़े-बड़े सूचना-स्रोत, सामान्य रुचि के सन्देशों को, एक विशाल और विविधतापूर्ण जनसमूह तक प्रसारित करते थे। यह विविधतापूर्ण जनसमूह इन सन्देशों के लिए मुख्य रूप से प्रापक यानी रिसीवर का ही कार्य कर सकता था। हालाँकि अख़बारों ने पाठकों के पत्र छापकर तथा रेडियो और टेलीविजन ने जनता के मतों को 'वॉक्सपॉप' के रूप में सुनाकर और दिखाकर संचार की प्रक्रिया को द्वितरफ़ा बनाने की कोशिश ज़रूर की लेकिन न्यू मीडिया ने फ़ीडबैक के इस दृश्य को अब काफ़ी परिवर्तित कर दिया है। यहाँ सिस्टम के हर प्रयोक्ता के पास सन्देशों का सर्जक होने के पूरे-पूरे अवसर हैं। ब्लॉगिंग और पॉडकास्टिंग नये जनमाध्यमों में सर्जना के कुछ प्रमुख उदाहरण हैं। इसके अतिरिक्त प्रत्येक प्रयोक्ता सन्देशों तथा अन्य अन्तर्वस्तुओं का सर्जक होने के साथ-साथ उनका प्रापक यानी रिसीवर भी होता है। यही चीज़ नये जनमाध्यमों को बेहद अन्तर्क्रियात्मक बनाती है। वास्तव में इस अन्तर्क्रियात्मकता की स्थापना तो टेलीग्राफ़ ने ही कर दी थी, टेलीफोन ने इसकी परिधि को हर अमेरिकी घर व कार्यस्थल तक बढ़ाया और अब इंटरनेट और बेतार-तकनीकों ने इसे इतना अधिक व्यापक बना दिया है कि अब यह परिधि हर घर तक ही नहीं, हर व्यक्ति तक भी पहुँच रही है, चाहे वह व्यक्ति जहाँ भी स्थित हो। न्यू मीडिया की तकनीकों ने संचार प्रणालियों की प्रत्युत्तर क्षमता में इतनी वृद्धि कर दी है कि आज 'रिक्वेस्ट-ऐंड-डिलीवरी' ही नहीं बल्कि 'क्वेरी-ऐंड-रिस्पांस' भी बीते दिनों की बातें हो चुकी हैं। इसके अलावा न्यू मीडिया की इस अनोखी अन्तर्क्रियात्मकता ने पब्लिक स्फ़ीयर के पुराने दायरे को बढ़ाने के प्रयास भी किये हैं।

यह याद रखना बेहद महत्त्वपूर्ण है कि तकनीकें अपने इस्तेमाल के तरीकों की चरम स्थिति तक स्वयं नहीं पहुँच जातीं, बल्कि प्रयोक्ताओं को इनका प्रयोग उस तरह करना पड़ता है जिस तरह इन तकनीकों के डिज़ाइनरों के मन में होता है। ऐसा न होने पर अनेक तकनीकों को ग़लत समझ लिया जाता है और उन्हें अपूर्ण बताया जाने लगता है। किताबों के साथ-साथ यह बात आधुनिक सांचार माध्यमों पर भी बराबर लागू होती है। उदाहरण के लिए अर्पानेट का लक्ष्य फ़ाइलशेयरिंग में सहायता प्रदान करना था तथा इसने अर्पानेट की खर्चीली मशीनों के ज़रिये डाटा प्रोसेसिंग का कार्य किया। लेकिन इंजीनियरों, डिज़ाइनरों तथा प्रशासकों ने शीघ्र ही पाया कि उनके सहकर्मी अर्पानेट का उपयोग अन्तरवैयक्तिक संचार में सन्देशों के आदान-प्रदान के लिए धड़ल्ले-से कर रहे हैं। ऐसी स्थिति जल्द ही नेटवर्क ट्रैफ़िक का प्रमुख कारण बन गयी। इसी प्रकार इलेक्ट्रॉनिक मेल वैज्ञानिकों तथा इंजीनियरों के दैनिक साझा गतिविधियों में संचार का माध्यम बन गया, जहाँ से यह शीघ्र ही

प्रसारित होकर अकादमिक जगत में संचार का ज़रिया बन गया। बाद में इसी अकादमिक जगत के विश्वविद्यालयों तथा अनुसन्धानकर्ताओं ने कम्प्यूटिंग तथा टेलीकम्युनिकेशंस में, फैकल्टी तथा विद्यार्थियों को सुविधा प्रदान करने के लक्ष्य से, काफ़ी निवेश किया। यही निवेश इंटरनेट के जन्म की प्रक्रिया के लिए रीढ़ बन गया।

न्यू मीडिया का तीसरा प्रमुख अभिलक्षण अन्य लोगों के साथ इसका अन्तरसम्बन्धित होना है। किसी अन्य मानवीय उद्यम की तरह नये जनमाध्यमों की तकनीकें भी सामाजिक जगत और सामाजिक व्यवस्था के दायरे में वक़्त के साथ निरन्तर बदलती और विकसित होती रहीं। आज इंटरनेट समेत पूरा न्यू मीडिया सूचना नामक वस्तु को यहाँ से वहाँ ज़रूर ले जाता है लेकिन देखा जाये तो न्यू मीडिया लाने और ले जाने का एक ज़रिया भर नहीं है। समकालीन मीडियाविद् शेरी टर्कल के शब्दों में कहा जाये तो न्यू मीड़िया से जुड़े कम्प्यूटर मानवीय रुचियों, लगावों तथा इच्छाओं की विचित्र अभिव्यक्ति के लिए एक ख़ास क़िस्म की 'प्रोजेक्टिव डिवाइस' के रूप में उभरे हैं। न्यू मीडिया के ज़रिये तरह-तरह के लोगों की आवाज़ें स्वतन्त्र और स्वायत्त हुई हैं। पहले के मीडिया में प्रसारण का नियन्त्रण केन्द्रीय या श्रेणीतन्त्रीय संगठनों के हाथों में रहता था, जो अब उस सीमा तक नहीं रह गया है। इसके अतिरिक्त किताबों के विपरीत, न्यू मीडिया में, न तो कोई भी ऐसी संस्था है जो प्रयोक्ता के सन्देशों को सम्पादित करे और न ही कोई ऐसा है, जो यहाँ गेटकीपिंग की भूमिका निभाए और प्रेषित सन्देशों की जाँच-पड़ताल या उनमें काट-छाँट करे। तो क्या मान लिया जाये कि नये जनमाध्यम स्वतन्त्रता के उस अनियन्त्रित दायरे का असीमित आनन्द उठाते हैं, जिसे वास्तव में स्वच्छन्दता कहा जा सकता है? इन्हीं वज़हों से आज साइबर सुरक्षा के सवाल महत्त्वपूर्ण हो गये हैं तथा हैकिंग, क्रैकिंग या डाटा डिडलिंग जैसी मुसीबतों से निबटने के लिए साइबरस्पेस से सम्बद्ध चीज़ों के नियमन का मुद्दा भी प्रासंगिक होता गया है। हमारे देश भारत में तो सरकार ने कई बार साइबर सुरक्षा के इस सवाल को अनेक महत्त्वपूर्ण मंचों से उठाया भी है। वास्तव में समय के साथ आगे बढ़ रहे और बदलते भारत में नये जनमाध्यमों से जुड़े ये सवाल अब पहले की तुलना में कहीं ज्यादा बुनियादी होते गये हैं।

न्यू मीडिया की धाराएँ और मीडिया में असुरक्षित श्रेष्ठता

न्यू मीडिया की डिज़ाइन तथा उसके विकास की वर्तमान समझ को विकसित करने के लिए मुख्य रूप से चार धाराएँ अस्तित्व में हैं। देखा जाये तो न्यू मीडिया पर हो रहे हालिया अनुसन्धान के सन्दर्भ में ये चार धाराएँ चार दिशाओं को रूपायित करती हैं। इनमें से पहली धारा ऐतिहासिक क़िस्म की है तथा दूसरी मनोवैज्ञानिक किस्म की।

न्यू मीडिया के सन्दर्भ में तीसरी धारा का सम्बन्ध व्यष्टि-समाजशास्त्रीय (माइक्रो-सोशियोलॉजिकल) यानी एथनोग्राफ़िक दृष्टिकोण से है जबकि चौथी धारा समष्टि-समाजशास्त्रीय (मैक्रो-सोशियोलॉजिकल) यानी आर्थिक आयामों से सम्बद्ध है। जैसाकि मानविकी विषयों में होता भी है, न तो हम किसी धारा को पूर्णतः शुद्ध मान सकते हैं और न ही किसी धारा को शेष धाराओं से बिल्कुल अलग करके देख सकते हैं। इसलिए जब इस तीसरी और चौथी धारा की बात की जाती है तो मनोवैज्ञानिक धारा से जुड़ी बातों का उल्लेख आवश्यक हो जाता है, वास्तव में जब हम इन चारों धाराओं को मिलाकर देखते हैं, तभी वह संयुक्त प्रभाव निर्मित होता है जो न्यू मीडिया को समग्रता में देखने के लिए अनिवार्य है। यह जानना महत्त्वपूर्ण है कि मीडिया के 'प्रभावों' से जुड़ी मनोवैज्ञानिक धारा ने मीडिएटेड कम्युनिकेशंस पर ख़ासा ध्यान दिया। तब भी, इनका ध्यान स्वयं माध्यम के सम्भाव्य प्रभावों पर कहीं ज़्यादा था। स्वयं संचार तकनीक के प्रभावों को निरूपित करनेवाले इस सशक्त नज़रिये को 'टेक्नोलॉजी ऐज़ सोर्स' एप्रोच कहा जाता है। यह एप्रोच यानी दृष्टिकोण इस बात से सम्बन्धित है कि क्या स्वयं तकनीक, अपने आप में, कुछ मनोवैज्ञानिक प्रभावों को उत्पन्न कर सकती है?

टेक्नोलॉजी को चैनल मानने वाला 'टेक्नोलॉजी ऐज़ चैनल' दृष्टिकोण वास्तव में इसी मनोवैज्ञानिक धारा का एक क्षीण संस्करण है। सांगठनिक संचार के अध्ययनों में यह दृष्टिकोण खास तौर पर असरदार रहा है। यह इस बात पर विचार करता है कि, विशेष रूप से आमने-सामने होने वाले संचार की तुलना में, अन्तरवैयक्तिक

और समूह संचार की प्रक्रिया को मीडिया तकनीकें कितने अच्छे तरीक़े से सुगम और सुविधाजनक बनाती हैं? टेलीकम्युनिकेशंस के सामाजिक मनोविज्ञान पर शॉर्ट, विलियम और क्रिस्टी जैसे मीडियाविदों ने; तथा इलेक्ट्रॉनिक मीटिंग्स को तकनीकों द्वारा प्रदत्त विकल्प के रूप में देखते हुए जोहानसेन और स्पैंगलर जैसे विद्वानों ने इसी मनोवैज्ञानिक धारा को आगे बढ़ाया है। न्यू मीडिया की तकनीकों ने बेतहाशा उन्नति की है जिसका परिणाम यह हुआ है कि न्यू मीडिया के ज़रिये संचार करने वाले दोनों पक्षों यानी संचारक और प्रापक को अब इस बात की कमी बिल्कुल नहीं खटकती कि वे सशरीर आमने-सामने बैठकर संचार क्यों नहीं कर रहे हैं। दिल्ली-मुम्बई जैसे महानगरों में तो तमाम ऐसे लोग देखे जा सकते हैं जिन्होंने थाईलैंड या पोलैंड में बैठे किसी व्यक्ति से 'फ्रेंडशिप' कर रखी है और वह उन दोनों के जीवन के लिए स्टियरिंग व्हील की तरह होती है। अगर न्यू मीडिया से जुड़े बिल्कुल ताज़ा सिद्धान्तों की चर्चा की जाये तो जोसेफ़ वाल्थर सबसे अधिक प्रासंगिक नज़र आते हैं।

जोसेफ़ वाल्थर ने प्रस्तावित किया है कि कम्प्यूटर मीडिएटेड कम्युनिकेशन (सीएमसी) न तो फेस-टू-फेस संचार से कम 'व्यक्तिगत' या 'गोपनीय' है और न ही यह फेस-टू-फेस संचार की तुलना में कम इन्वॉल्विंग है। वाल्थर का कहना है कि नज़दीकी व्यक्तिगत सम्बन्धों की न सिर्फ़ शुरुआत ऑनलाइन माध्यम के ज़रिये हो सकती है बल्कि ऐसे सम्बन्धों का पोषण भी ऑनलाइन माध्यमों के ज़रिये सहज ही किया जा सकता है। फेसबुक की आख़िरी बूँद तक का जमकर इस्तेमाल करनेवाले 'बेहद व्यस्त' लोग इससे बाक़ायदा वाबस्ता होंगे। यहाँ पूछा जा सकता है कि जूलियन असांजे के विकीलीक्स खुलासे के बाद क्या कम्प्यूटर के माध्यम से होने वाले संचार को 'व्यक्तिगत' या 'गोपनीय' कहा जा सकता है? 'दीवारों के भी कान होते है' जैसी कहावत अगर आमने-सामने बैठकर किये जानेवाले संचार की प्रक्रिया पर लागू होती है तो न्यू मीडिया का वर्तमान विस्तृत दायरा भी इस कहावत का अपवाद नहीं रह गया है। एक बड़ा तीखा व्यंग्य याद आ रहा है जिसे हमारे एक मीडियाविद् मित्र ने सुनाया था कि आधुनिक विवाह किस तरीक़े से होने लगे हैं? ऐसे कि पंडितजी ने कहा कि क्या आप दोनों अपने-अपने फ़ेसबुक एकाउंट के पासवर्ड की अदला-बदली करने पर राजी हैं? जोड़े ने कहा कि हाँ हम राज़ी हैं। पंडितजी ने कहा, 'विवाह सम्पन्न'।

शक्ति-सम्बन्धों पर कम्प्यूटर मीडिएटेड कम्यूनिकेशन के जिस प्रभाव की चर्चा पिछली शताब्दी के अन्तिम वर्षों में स्पियर्स और ली जैसे मीडिया विश्लेषकों ने की थी, न्यू मीडिया के वर्तमान सन्दर्भों में वह पुनः प्रासंगिक हो चुकी है क्योंकि जूलियन असांजे ने न सिर्फ यह दिखाया कि शक्ति के सम्बन्ध न्यू मीडिया पर किस

हद तक निर्भर हो चुके हैं बल्कि इस निर्भरता का इस्तेमाल अनेक बुनियादी, असंगत और बेमेल तथ्यों के उद्घाटन में भी किया। क्या एकध्रुवीय विश्व की एकध्रुवीयता और शक्ति-सम्बन्धों पर विकीलीक्स ने कोई भी असर नहीं डाला है?

न्यू मीडिया के विकास से जुड़े वर्तमान विचारों को प्रभावित करनेवाली तीसरी धारा टेक्नोलॉजी के माइक्रो-सोशियोलॉजिकल अथवा एथनोग्राफ़िक परिप्रेक्ष्य से है। इस दृष्टिकोण को 'सोशल शेपिंग ऑफ़ टेक्नोलॉजी एप्रोच' कहा जा सकता है जो न्यू मीडिया समेत समस्त नयी तकनीकों के दैनिक प्रयोगों के अध्ययन से सम्बन्धित है। यह दृष्टिकोण हमें बताता है कि समाज और सामाजिकता किसी तकनीक को किस प्रकार की शक्ल में ढाल देती है। इस दृष्टिकोण का ख़ास फ़ोकस उन तरीकों पर रहता है जिनका इस्तेमाल लोग तकनीकों से बचने के लिए, उन्हें प्रवर्धित करने के लिए या फिर किन्हीं विशेष परिस्थितियों और उद्देश्यों के तहत उन्हें स्वीकार करने के लिए करते हैं। इस तरीके के अनेक अध्ययन वर्तमान इक्कीसवीं शताब्दी में किये गये हैं। मसलन; यूरोपीय देशों में न्यू मीडिया के बदलते वातावरण को बच्चों के परिप्रेक्ष्य में तुलनात्मक ढंग से देखते हुए सोनिया लिविंगस्टोन और एम. बोविल ने रोचक निष्कर्ष निकाले हैं। न्यू मीडिया से सम्बन्धित ये निष्कर्ष आनुभविक यानी इम्पिरिकल हैं और कार्यस्थलों या घरों जैसी जगहों पर सामाजिक ताने-बाने के साथ भलीभाँति एकीकृत हो चुकी नयी टेक्नोलॉजी के वैज्ञानिक प्रेक्षण में तमाम एथनोग्राफ़िक तकनीकों की सहायता लेते हैं।

समाज और सामाजिक व्यवस्था न्यू मीडिया और इससे सम्बद्ध नयी तकनीकों को किस प्रकार आकार प्रदान करती है, इसका एक उदाहरण इंजीनियरों तथा डिज़ाइनरों द्वारा इन नयी तकनीकों को समझने और उन्हें उन्नत बनाने के लिए किया गया प्रयास हैं। उदाहरण के लिए सहभागितामूलक डिज़ाइन का अध्ययन इस बात की छानबीन करता है कि इंजीनियरों, डिज़ाइनरों, प्रयोक्ताओं तथा आम लोगों के बीच होनेवाली बातचीत के परिणामस्वरूप किस प्रकार नयी-नयी तकनीकों का विकास होने लगता है। न्यू मीडिया के सन्दर्भ में इस बातचीत में बहुविध स्तरों के लोग सम्मिलित रहते हैं। इन लोगों में अद्यतन सूचनाओं से लैस सॉफ़्टवेयर इंजीनियरों तथा कम्प्यूटरों और नये जनमाध्यमों से जुड़े अनेक विशेषज्ञों से लेकर साधारण प्रयोक्ताओं (यूज़र्स) तक सभी लोग आ जाते हैं। देखा जाये तो न सिर्फ़ समाज तकनीकों को नया आकार प्रदान करता है, बल्कि न्यू मीडिया की तकनीकें भी समाज को नयी शक्ल में ढालने की कोशिशें करती हैं। तकनीकी नियतिवाद का यह नज़रिया हमें बताता है कि जब कोई नयी तकनीक जन्म लेती है तो वह अपनी माँग स्वयं पैदा कर लेती है तथा समाज को अपनी मनचाही दिशा में ले जाती है। मसलन, अब कहाँ कोई 'उसने कहा था' टाइप की कहानी लिखना चाहेगा क्योंकि

अब तो अपनी भावनाओं की अभिव्यक्तियों के सैकड़ों रास्ते खुल गये हैं! इतने रास्ते खुल गये हैं कि रास्ते ही महत्त्वपूर्ण होते चले जा रहे हैं, भावनाएँ तो घटती ही जा रही हैं। हर सेकेंड पर एक नयी भावना और अगले ही सेकेंड फ़ेसबुक पर उसे शाया कर देने का उतावलापन। और ऐसा हरेक भावना के लिए। कई बार लगता है कि संचार माध्यम किसी इलेक्ट्रोकार्डियोग्राम की तरह काम करते हैं जो सतत और विविक्त 'भावनाओं' का ग्राफ़ीय निरूपण करते हैं। फिर भी, अपनी तमाम कमियों के बावजूद तकनीकी नियतिवाद में सच्चाई के कुछ अंश ज़रूर मौजूद हैं। आज जब अनेक संगठनों के दफ़्तरों में वेबोट और रोबोट जैसे कृत्रिम एजेंट, मनुष्यों के साथ-साथ, कार्यशील नज़र आने लगे हों तब ये बातें और भी ज़्यादा रोचक हो जाती हैं।

न्यू मीडिया की प्रस्तावना से जुड़ी चौथी धारा का सम्बन्ध मैक्रो-सोशियोलॉजिकल और आर्थिक सन्दर्भों से है। यह धारा इस बात पर विचार करती है कि इंटरनेट या नये मीडिया से जुड़ी नयी तकनीकें समाज में किस प्रकार प्रविष्ट होती हैं और किस प्रकार फैलती है। ई.एम. रोजर्स ने इसे 'डिफ़्यूज़न ऑफ़ इनोवेशन्स थियरी' कहा है जो हमें बताती है कि नवाचारों का समाज में विसरण यानी फैलाव किस प्रकार होता है। राष्ट्रीय विकास, विपणन तथा सामाजिक संरचना और नेटवर्क्स के अध्ययनों में यह थियरी काफ़ी प्रभावशाली और प्रासंगिक रही है। आख़िर किसी राष्ट्र की प्रगति का एक पैमाना यह भी तो है कि उस राष्ट्र में नयी तकनीक का कितना प्रसार हुआ है, नयी तकनीकों तक कितने लोगों की पहुँच सम्भव है तथा नयी तकनीकों तक पहुँच रखनेवाले और पहुँच न रख सकने वाले वर्गों के बीच की खाई कितनी बड़ी या छोटी है? इस खाई यानी डिजिटल डिवाइड को कम करना किसी भी ऐसे देश के लिए महत्त्वपूर्ण है जो समानता को एक राजनीतिक मूल्य मानता हो। भारत जैसे किसी विकासशील देश के लिए यह बेहद प्रासंगिक विमर्श है। भारत में सभी जातियों, अंचलों और धर्मों के लोगों का एक बड़ा हिस्सा वास्तव में इतना ग़रीब है कि नये जनमाध्यमों की तो बात ही दूर, पुराने जनमाध्यमों तक भी उसकी बाक़ायदा कोई प्रभावी पहुँच नहीं है। इन वर्गों को सूचना-ग़रीब कहा जाता रहा है।

वास्तव में आज पारम्परिक मीडिया से इतर न्यू मीडिया को जानने और समझने की ज़रूरत बढ़ती जा रही है क्योंकि सेकेंड डेमोक्रेटिक अपसर्ज यानी द्वितीय जन उफान से उपजी विसंगतियों समेत नये जनान्दोलनों को न्यू मीडिया के विशेष सन्दर्भ में देखने की ज़रूरत बढ़ी है। अगर नव-सामाजिक आन्दोलन अपनी प्रकृति और संरचना में पुराने सामाजिक आन्दोलनों से भिन्न हैं (मसलन वे कैंडिल मार्च जैसे नये तरीक़ों पर आधारित हैं) तो न्यू मीडिया भी ओल्ड मीडिया की तुलना में अब बिल्कुल अनोखे क़िस्म का कवरेज प्रदान करने लगा है। आज न्यू

मीडिया के आर्थिक, शैक्षिक और सामाजिक पहलुओं के साथ-साथ हैक्टिविज़्म जैसे अनेक बिल्कुल नवीन आयाम उत्पन्न हुए हैं जिन पर विश्वविद्यालयों और अनुसन्धानकर्ताओं को कुछ सार्थक काम करना चाहिए। ऐसा इसलिए ज़रूरी है क्योंकि न्यू मीडिया के संसाधन और आयाम प्रमुख रूप से पश्चिमी समाजों में उपजे और इसीलिए इन जनमाध्यमों में पश्चिम की केन्द्रिकता मौजूद रही है। वे हमारी भारतीय परिस्थितियों को समझने-समझाने में बहुत कारगर नहीं साबित हो सकते।

अब मीडिया में व्याप्त प्रतिस्पर्धा और असुरक्षा के बीच श्रेष्ठता की खोज का सवाल उठाते हैं। इधर मीडियाकर्मियों की छँटनी का मुद्दा महत्त्वपूर्ण होता गया है क्योंकि अख़बारों और चैनलों के मालिक अपने आर्थिक भार को कम करने के लिए पत्रकारों को नौकरियों से हटाने की कोशिश कर रहे हैं। तमाम ख़बरें आयीं जिनमें टाइम्स नाउ और टीवी-एट्टीन नेटवर्क से जुड़ी ख़बरें महत्त्वपूर्ण रहीं क्योंकि यहाँ से क्रमशः पैंसठ और तीन सौ से भी अधिक पत्रकारों को एकमुश्त तरीके से हटा दिया गया था। आउटलुक समूह की तीन पत्रिकाओं और एनडीटीवी के चैनल मेट्रो-नेशन के बन्द होने से भी पत्रकारों की मुसीबतें बढ़ीं। मीडिया में हो रही इन छँटनियों में बहाना कभी पश्चिम से आयी मन्दी को बनाया जाता है, तो कभी कुछ और। इसमें भी एक विशेष बात यह है कि नौकरी से हटाए जाने का ख़तरा उन लोगों को सबसे ज़्यादा है जो मीडिया जगत में ऊँचे पदों पर विराजमान हैं। क्योंकि अगर ऐसे चार वरिष्ठ मीडियाकर्मियों को हटाया जाये तो मालिक पर आर्थिक बोझ उतना कम हो जाता है जितना कम पच्चीस साधारण, कनिष्ठ या अपेक्षाकृत कम अनुभव सम्पन्न पत्रकारों को हटाने से भी नहीं होगा। मीडिया के मालिकाने का सवाल पहले से ही महत्त्वपूर्ण रहा है लेकिन जब पश्चिम बंगाल में एक साथ क़रीब हज़ारों मीडियाकर्मियों की नौकरियाँ चली गयीं तो स्वामित्व पर नये कोण से सोचा जाना ज़रूरी हो गया। सवाल है कि पश्चिम बंगाल के इन पत्रकारों की नौकरियाँ क्या इसलिए नहीं गयीं क्योंकि ये पत्रकार ऐसे स्वामित्व के तहत काम कर रहे थे जिसकी आका शारदा नामक चिट फंड का कारोबार करनेवाली एक कम्पनी थी? पर ऐसा नहीं है कि शारदा ने ही ऐसा किया। इस महाछँटनी को तो अच्छा-ख़ासा लाभ कमानेवाले बड़े नज़ाकत से अंज़ाम दे रहे हैं। कुछ लोगों का मानना है कि जिन नये नियमनों के तहत टेलीविज़न पर विज्ञापनों के समय को घटाने की बात की गयी है, उनसे मीडिया मालिकों में एक आशंका जन्मी है कि आख़िर वे इस वजह से आमद यानी राजस्व में होनेवाली कमी की भरपाई भला कैसे करेंगे?

सोचनेवाली बात है कि जो पत्रकार सदैव नौकरी की असुरक्षा से ही जूझता रहेगा, वह पत्रकारीय श्रेष्ठता भला कहाँ से खोजकर लाएगा? और श्रेष्ठता भी कैसी, जिसमें गुणवत्ता चाहे हो या न हो, समय से पहले ही ख़बरें खोजकर पेश कर

दिये जाने का आदेश हो। सारे चैनलों में यही चूहादौड़वाली प्रतिस्पर्धा देखने का मिलती है कि यह समाचार सिर्फ़ हमारे यहाँ ही दिखाया गया है, कि अमुक चीज़ एक्सक्लूसिव है या फिर यह कि हमने तो पहले ही बता दिया था कि ऐसी ही ख़बरें निकट भविष्य में आनेवाली हैं। असल में इससे और कुछ होता या न होता हो, इतना ज़रूर होता है कि स्वयं श्रेष्ठता ही असुरक्षित हो जाती है और निरुत्साहित होती है। अगर कोई चूहादौड़ जीत भी जाये, तो भी वह रहता चूहा ही है। महज़ पाँच सौ शब्दों के शब्दकोश के आधार पर चौबीसों घंटे अनवरत संचार करनेवाले ख़बरिया चैनलों से पूछा जा सकता है कि श्रेष्ठता का प्रतिस्पर्धी होना क्या अनिवार्य है? श्रेष्ठता अकसर ग़ैर-प्रतिस्पर्धी होती है क्योंकि घास तो तब श्रेष्ठ है जब वह छोटी और कोमल हो लेकिन बरगद का पेड़ तब श्रेष्ठ कहा जाता है जब वह विशाल, महाकाय और मज़बूत हो। क्या श्रेष्ठता के सन्दर्भ में घास और बरगद की तुलना करना न्यायपूर्ण होगा? मीडिया को भी यह बात समझने की ज़रूरत है कि शब्द, शोर, मौन, विचार और संवाद की संचार में क्या भूमिका होती है और इनका प्रयोग कब, कहाँ, किस तरह किया जाय ताकि श्रोताओं, पाठकों और दर्शकों का सूचना के साथ-साथ कोई विचार भी मिल सके ताकि उनकी रुचियों का परिष्कार भी हो सके। बाकी बेंथम के इस उपयोगितावादी दर्शन को तो उन्हीं के सबसे प्रिय शिष्य जॉन स्टुअर्ट मिल ने बहुत पहले ही खारिज कर दिया था कि 'पुष्पिन इज़ ऐज़ गुड एज़ पोएटी'। कुल मिलाकर यह, को असन्तुष्ट सुकरात हो सन्तुष्ट सुअर से बेहतर ही माना जाना चाहिए।

पुस्तक संस्कृति और मीडिया का तकनीकी नियतिवाद

किसी भी संस्कृति की यह अनिवार्य विशेषता होती है कि प्रगति की सड़क पर भौतिक चीज़ें तो काफ़ी तेज़ रफ़्तार से चलकर आगे निकल जाती हैं लेकिन संस्कृति, रीति-रिवाज और परम्पराओं जैसी अभौतिक चीज़ें तुलनात्मक रूप से पिछड़ जाती हैं। इसी को समाजशास्त्र की तकनीकी शब्दावली में सांस्कृतिक पश्चता या विलम्बना कहा जाता है। मीडिया इस सांस्कृतिक विलम्बना में प्रमुख और लगभग निर्णायक भूमिका निभाता है। मीडिया का भी अपना विशिष्ट समाजशास्त्र होता है। मीडिया के इस समाजशास्त्र और पुस्तक-संस्कृति के विशेष सन्दर्भ में तकनीक की क्या भूमिका है और तकनीकी नियतिवाद हम सबको कहाँ तक प्रभावित कर रहा है, ऐसे प्रश्न आज बेहतर प्रासंगिक होते जा रहे हैं। तकनीकी नियतिवाद दैनिक जीवन और 'कॉमन सेन्स संस्कृति' में तकनीक के प्रभुत्व को रेखांकित करता है। शायद इसीलिए चर्चित मीडियाविद् रेमंड विलियम्स ने 'टेक्नोलॉजिकल डिटरमिनिज़्म' में कहा भी है, "अनुसन्धान और विकास अपने आप उत्पन्न होने लगे हैं।" अगर एक तरफ़ हज़ारों वर्षों से चली आ रही हमारी श्रुति परम्परा और पुस्तक-संस्कृति मौजूद है तो दूसरी तरफ़ किंडल की छोटी-सी डिजिटल लाइब्रेरी-भी उपभोक्ताओं को उपलब्ध है। क्या दोनों के लक्ष्य अलग-अलग हैं? देखा जाये तो पुस्तक संस्कृति अभियान वास्तव में मानवता के बुनियादी मूल्यों की रक्षा और उनके प्रचार-प्रसार का अभियान है। नीति, न्याय, नियम, नैतिकता, सदाचार, परम्परा और विरासत इस अभियान के ही विभिन्न आयाम हैं। यह अभियान मुख्य रूप से इस बात से जुड़ा है कि लोग पुस्तकों की महत्ता को समझें और पुस्तकों में निहित ज्ञान के ख़ज़ाने से जीवन को दिशा देने की कोशिशें करें। आज जब पुस्तकों को इंटरनेट और डिजिटल माध्यमों से नित नयी चुनौतियाँ मिल रही हों, तब यह बात और भी अधिक प्रासंगिक हो जाती है।

पुस्तक पढ़ते समय मनुष्य कल्पना की दुनिया में; विचारों, भावों और सूचनाओं की दुनिया में उड़ने जैसा अनुभव हासिल करने लगता है। ऐसा लगता है

मानो वह एक अद्‌भुत संसार के सागर में गोते लगा रहा है और पुस्तकें इस सागर से रत्न निकालने में मनुष्यों को दिशानिर्देश दे रही होती हैं। 'पुस्तक मित्र पंचायत' और 'पुस्तकालय अभियान' पुस्तक संस्कृति के ही अभिन्न अंग हैं। भारत में पुस्तक संस्कृति का विषय इसीलिए और भी ज़्यादा महत्त्वपूर्ण बन जाता है क्योंकि हमारे यहाँ अनेक भाषाएँ मौजूद हैं जिनमें पुस्तकें लिखी और पढ़ी जाती रही हैं। वास्तव में अनेकता में एकता की हमारी निराली संस्कृति इस बात पर विशेष बल देती है कि पुस्तक-संस्कृति को सिर्फ़ बाजार की ताक़तों तक ही सीमित रखकर नहीं जाना-समझा जा सकता। आज पढ़ने की रुचि, पुस्तकों के लेखन और उनके अनेक भारतीय और विदेशी भाषाओं में आपसी अनुवाद तथा पुस्तकों के वितरण की व्यवस्था का विशेष प्रबन्ध भी ज़रूरी होता जा रहा है। इसी क्रम में प्राचीन पुस्तकालयों का जीर्णोद्धार एवं नवीन पुस्तकालयों का निर्माण आवश्यक हो जाता है। सुखद है कि इस बीच देश के कोने-कोने में जिन पुस्तक मेलों और सांस्कृतिक महोत्सवों का आयोजन किया गया है, उनकी ध्वनियाँ हमारी संसद में भी गूँजीं। इसका रचनात्मक परिणाम नेशनल मिशन ऑन लाइब्रेरी (एन.एम.एल.) के रूप में हम सबके सामने आ चुका है। प्राचीन काल में भारत के जगद्‌गुरु बनने में नालन्दा और विक्रमशिला के पुस्तकालयों ने विशेष भूमिका निभायी थी। आज आवश्यक है उस प्राचीन ज्ञान को समय और तकनीक के साथ अनुकूलित करने की।

मीडिया अगर हमारी परम्पराओं को तात्कालिकता की कसौटी पर कसता है तो पुस्तकें हमें अपनी परम्पराओं और संस्कृति से प्रेम करना सिखाती हैं, हमें इस क़ाबिल बनाती है कि हम दूसरों के दुःख-दर्द को समझ सकें और समाज को कुछ बेहतर योगदान दे सकें। आज की मशीनी जीवनशैली में तो पुस्तकों का महत्त्व और भी ज़्यादा बढ़ जाता है क्योंकि लोगों के पास सोचने, समझने और विचार करने की फ़ुरसत ही नहीं है। हमारे देश की पुस्तक-संस्कृति प्रारम्भ से ही बहुत समृद्ध रही है। दुनिया की सबसे पुरानी सभ्यता हमारे यहाँ ही पनपी। हड़प्पाई लिपियाँ इस बात की साक्षी हैं कि जब बाक़ी दुनिया के लोग जंगलों में वास करते थे और ढंग से खाना-पहनना भी नहीं जानते थे, तब भी हमारी सभ्यता के लोग बाक़ायदा लिखते-पढ़ते थे। पुस्तकें व्यक्ति के साथ-साथ राष्ट्र के निर्माण में भी अपनी सकारात्मक भूमिका निभाती हैं और किसी राष्ट्र को वैश्विक पटल पर अधिक महत्त्वपूर्ण बनाती हैं। वास्तव में आज पुस्तक-संस्कृति के सम्बन्ध में लोगों को जागरूक बनाने की विशेष आवश्यकता है ताकि समाज में जारी अनेक विमर्शों को अपेक्षाकृत अधिक फलदायी बनाया जा सके।

आज पुस्तक मेलों की प्रासंगिकता पहले से कई गुना ज़्यादा बढ़ गयी है, चाहे वह फ्रैंकफर्ट का पुस्तक मेला हो, 'गया' का पुस्तक मेला हो या फिर दिल्ली

का पुस्तक मेला। पुस्तक मेलों पर विचार-विमर्श इसलिए भी ज़रूरी है क्योंकि आज भले ही डिजिटल संचार मध्यमों से पुस्तकों को थोड़ी-बहुत चुनौतियाँ मिल रही हों, किन्तु इन्हीं डिजिटल माध्यमों ने पुस्तक मेलों और पुस्तक संस्कृति से जुड़े अनेक सवालों को प्रचारित-प्रसारित भी किया है। आज पाठक इंटरनेट के ज़रिये ही किसी पुस्तक का मूल्य जान लेते हैं, पुस्तकों को पढ़ने से पहले ही उनके विषय, उनकी थोड़ी-बहुत समीक्षाओं और सन्दर्भों से रू-ब-रू हो जाते हैं। इस प्रकार यह बात पुस्तक संस्कृति के पक्ष में ही जाती है। इसके अलावा यह बात गौर करने लायक़ है कि दुनिया के जिन कोनों में किसी भाषा विशेष की पुस्तकें नहीं पहुँच पातीं, वहाँ के लोग भी इंटरनेट के माध्यम से उस भाषा विशेष की पुस्तकों के बारे में मोटी-मोटी जानकारियाँ हासिल कर लेते हैं।

दूसरी तरफ़ न्यू मीडिया है जिससे वर्तमान महत्त्वपूर्ण अवधारणा तकनीकी नियतिवाद सम्बद्ध है। पर हमें ध्यान रखना होगा कि नये मीडिया की समस्याएँ और चुनौतियाँ भी नये क़िस्म की ही हैं। तकनीकी नियतिवाद पर हालिया समय में काफ़ी कुछ कहा, सुना, लिखा और पढ़ा गया है लेकिन इसे समझने और समझाने की कोशिशें कम ही हुई हैं। तकनीकी नियतिवाद की अवधारणा इस प्रश्न से अनिवार्य रूप से जुड़ी हुई है कि न्यू मीडिया से सम्बद्ध तकनीकी नवाचार सामाजिक परिवर्तनों से आख़िर किस प्रकार सम्बन्धित हैं। मीडिया का विश्लेषण करने में तकनीकी नियतिवाद हमें सोचने का एक नया कोण प्रदान करता है। यह संस्कृति में प्रौद्योगिकी की भूमिका के नियतिवादी नज़रिये की ओर भी हमारा ध्यान आकृष्ट करता है। जुर्गेन हैबरमास ने इसे 'कैपिटलिस्ट टेक्नोसाइन्स' कहा है, क्योंकि हैबरमास के मुताबिक़ प्रौद्योगिकियों का नियतिवाद इस बुनियादी तथ्य से उपजता है कि इन प्रौद्योगिकियों के लक्ष्य अन्तिम तौर पर पूँजीवाद के लक्ष्यों के साथ सुसंगत बैठते हैं। वास्तव में यह सारी विवेचना न्यू मीडिया की हमारी आलोचकीय और वैचारिक समझ को अधिक व्यापक बनाती है।

जैसा कि अनेक विद्वानों ने कहा है और हम अपने आस-पास के अनुभवों से जानते भी हैं कि इक्कीसवीं सदी के प्रारंभ से ही जीवन का कोई भी ऐसा पहलू बाक़ी नहीं रह गया है, जिसको सूचना-संचार प्रौद्योगिकियों ने स्पर्श न किया हो। इन्हीं प्रेक्षणों के आधार पर तकनीकी नियतिवाद को सामाजिक विज्ञान आलोचना की दृष्टि से देखता है। रेमंड विलियम्स का यह चर्चित कथन कि 'अनुसन्धान और विकास अपने आप उत्पन्न होने लगे हैं', बेहद ग़ौरतलब है। नयी प्रौद्योगिकियों का आविष्कार इस प्रकार किया गया है मानो वे किसी स्वतन्त्र और स्वायत्त क्षेत्र में बसती हों और मानो वे नये समाजों तथा नयी मानवीय परिस्थितियों को रचती हों। प्रौद्योगिकीय नवाचार को कारण तथा समाज को इस नवाचार का परिणाम मानने की

बजाय सामाजिक विज्ञान इसके उलट इस बात पर विचार करता है कि प्रौद्योगिकीय क्षेत्र, समाज से अलग एक स्वतन्त्र क्षेत्र न होकर, वास्तव में समाज का एक अंग है। दूसरे शब्दों में कहें तो यह समाज का एक संघटक है। सामाजिक विज्ञान का निष्कर्ष है कि किसी नये माध्यम की खोज होने के पहले, और बाद में भी, उसके विकास और डिजाइन की लम्बी प्रक्रिया चलती है, उसके लिए बाज़ार की पहचान की जाती है तथा उसके लिए एक ख़ास क़िस्म की 'आवश्यकता' का निर्माण किया जाता है। ये सारी गतिविधियाँ अपनी मूल प्रकृति में सामाजिक हैं, न कि शुद्ध तकनीकी गतिविधियाँ हैं। इसीलिए समाज-विज्ञानी प्रौद्योगिकीय क्षेत्र को समाज से अलग नहीं मानते।

किन्तु समाज-विज्ञानी भले ही तकनीक या प्रौद्योगिकी के प्रभुत्व पर हमला करें, आज के दौर का सच यही है कि तकनीकी नियतिवाद जीवित है और अपना काम कर रहा है। सबसे मोटे रूप में, तकनीकी नियतिवाद मानता है कि प्रौद्योगिकी इतिहास को संचालित कर रही है। सवाल उठता है कि क्या एरिक हॉब्सबाम का इतहास के प्रति नज़रिया आज भी प्रासंगिक रह गया है? दूसरे शब्दों में, तकनीकी नियतिवाद का तर्क यह है कि सामाजिक क्रमबद्धताओं या व्यवस्थाओं का निर्धारण प्रौद्योगिकीय क्रमबद्धताओं या व्यवस्थाओं के आधार पर होता है।

तकनीकी नियतिवाद की आलोचना में कही जाने वाली यह बात सैद्धान्तिक विवाद का विषय है कि न्यू मीडिया समाज का ही एक 'अंग' है। तकनीकी नियतिवाद की सर्वाधिक आलोचना उन लोगों के द्वारा की जाती रही है, जो प्रत्यक्ष या अप्रत्यक्ष रूप से सांस्कृतिक नियतिवाद के आलोचक हैं। इस तर्क के समर्थन में यह कहा जा सकता है कि जब लोग न्यू मीडिया के प्रभावों और सामाजिक सन्दर्भों पर जीवन्त चर्चा कर रहे होते हैं, तब वे तकनीक पर नहीं, प्रौद्योगिकी पर नहीं; बल्कि समाज पर बहसें कर रहे होते हैं। मसलन, वे इस विषय पर बातें कर रहे होते हैं कि समाज किस प्रकार बदल रहा है, इन बदलावों के मुख्य संचालक के रूप में कौन-कौन-से कारक उभरते हैं और कौन-से बदलाव बुरे हैं या कौन-से बदलाव अच्छे हैं। यहाँ आधुनिक समाज की बुराइयों का निदान सूचना-संचार प्रौद्योगिकी के दायरे में खोजने के बजाय सामाजिक सम्बन्धों के दायरे में खोजा जाने लगता है। इसी प्रकार राजनीतिक सहभागिता और सामुदायिक लगाव के घटने की समस्याओं के निदान भी सांस्कृतिक-सामाजिक परिधियों में ढूँढ़े जाते हैं, न कि प्रौद्योगिकीय परिधियों में। वास्तव में प्रोद्यौगिकीय क्षेत्र और सामाजिक-सांस्कृतिक क्षेत्र के बीच ऐसा भ्रामक मिश्रण न्यू मीडिया को समझने के वैज्ञानिक तरीक़ों से हमें दूर ले जाता है।

एक सन्तुलित दृष्टिकोण वही हो सकता है, जो न तो कठोर रूप से तकनीकी

नियतिवाद पर ज़ोर देता हो और न ही सांस्कृतिक नियतिवाद पर बुरी तरीक़े से अड़ा हो। यहाँ पर मैकेंजी और वाज्कमैन द्वारा किया गया विभेद हमारी मदद करता है। यह विभेद उन्होंने तकनीकी नियतिवाद को प्रौद्योगिकी का एक सिद्धान्त मानने तथा तकनीकी नियतिवाद को ही समाज का एक सिद्धान्त मानने के बीच किया है। ज़ाहिर है कि प्रौद्योगिकी के एक सिद्धान्त के रूप में तकनीकी नियतिवाद व्यर्थ और अप्रासंगिक है, क्योंकि तकनीकी नवाचार अपने प्रत्येक चरण पर एक सामाजिक प्रक्रिया है, चाहे यह चरण अवधारणा का हो, डिज़ाइन का हो, उत्पादन, विपणन या प्रसार का हो या फिर उपयोगिता और प्रभावों का ही चरण क्यों न हो। किन्तु समाज के एक सिद्धान्त के रूप में तकनीकी नियतिवाद में सच्चाई के कुछ 'अंश' अवश्य समाहित हैं, बशर्ते हम आशिंक रूप से ही सही, प्रौद्यौगिकियों को सामाजिक उत्पादों के रूप में भी देखने का नज़रिया अपनाएँ।

रेमंड विलियम्स ने मार्शल मैक्लूहान की आलोचना करते समय जिस तकनीकी नियतिवाद का ज़िक्र किया है, उसके सन्दर्भ में उन्होंने कहा है कि सामाजिक परिवर्तन जिस प्रकार मानवीय एजेन्सियों के कारण उपजते हैं, उसी प्रकार वे भौतिक रूप में विद्यमान प्रौद्योगिकियों के कारण भी उपजते हैं। उनका कहना है कि प्रौद्योगिकी भी मानव की ही तरह एक भौतिक चीज़ है। वास्तव में विलियम्स ने कारकता के सिर्फ़ एक दृष्टिकोण को स्वीकार किया है और वह है रेखीय अथवा यान्त्रिक कारकता। जबकि तमाम ऐसे अरैखिक कारक भी प्रौद्योगिकीय जगत में कार्यरत रहते हैं जो न तो रैखिक कारकों की तरह व्युत्क्रमणीय होते हैं और न ही रैखिक कारकों की तरह श्रृंखलाबद्ध होते हैं। उदाहरण के लिए प्रौद्योगिकी से युक्त एक घड़ी जब बन्द होती है तो उसमें बैटरी लगाकर उसे फिर से चालू किया जा सकता है किन्तु जीव-जन्तुओं को मारने के बाद पुनर्जीवित नहीं किया जा सकता क्योंकि ज़िन्दगी एक 'वन वे स्ट्रीट' की तरह है जिससे गुज़र जाने के बाद वापस नहीं लौटा जा सकता। इसीलिए तकनीकी नियतिवाद का कोमल पक्ष ही अधिक स्वीकार्य है क्योंकि वह समाज में ग़ैर-तकनीकी कारकों की भूमिका को भी स्वीकार करता है।

आर. मेरिट स्मिथ और लियो मार्क्स द्वारा सम्पादित पुस्तक 'डज़ टेक्नोलॉजी ड्राइव हिस्ट्री' में दार्शनिक विलियम जेम्स के विचारों का अनुसरण करते हुए 'कोमल' से लेकर 'कठोर' तक, नियतिवाद के हर संस्करण को क्रमबद्ध किया गया है। यह पुस्तक वास्तव में इतिहासकारों, समाजशास्त्रियों और तकनीकी नियतिवाद के सिद्धान्तकारों को लेकर सन् 1994 में आयोजित की गयी एक विचारगोष्ठी के निष्कर्षों को प्रस्तुत करती है। पुस्तक बताती है कि जहाँ 'कठोर' नियतिवाद का ध्रुवीय सिरा परिवर्तन को प्रभावी बना सकने की शक्ति यानी एजेन्सी को ख़ुद

तकनीक में निहित मानता है, वहीं 'कोमल' नियतिवाद का दूसरा सिरा हमें इस बात का स्मरण कराता है कि प्रौद्योगिकी का इतिहास मानवीय गतिविधियों का ही इतिहास है। लेकिन 'कोमल' और 'कठोर' नियतिवाद के इन दोनों संस्करणों में से कोई भी प्रौद्योगिकी के नियतिवादी परिणामों पर प्रश्नचिन्ह नहीं लगाता। दोनों यह मानते हुए दिखाई देते हैं कि जो प्रौद्योगिकी प्रारम्भ में मानव-जीवन की सहायता करती प्रतीत होती है, वास्तव में वही बाद में जीवन के रूप को निर्धारित करने लगती है। ठीक उसी प्रकार, जिस प्रकार कारों ने शहरों के रूपों और कार्यों को निर्धारित किया। जहाँ 'कठोर' नियतिवादी मानते हैं कि तकनीकी नियतिवाद के कारण स्वयं तकनीकों यानी प्रौद्योगिकियों में निहित हैं, वहीं 'कोमल' नियतिवादियों का मत है कि नियतिवाद की उत्पत्ति को पैदा करने वाली एजेन्सी स्वयं में सिर्फ़ प्रौद्योगिकीय ही नहीं है, बल्कि इसमें आर्थिक, राजनीतिक और सामाजिक जैसे अन्य कारकों को भी यथोचित भूमिका है।

इन कारकों की उचित भूमिका के कारण ही यह बात रेखांकित करने योग्य हो जाती है कि किताब़ और समाज का आपसी रिश्ता कैसे-कैसे आयाम ग्रहण करता जा रहा है और इन नवीन आयामों को समझने के लिए हमें कौन-कौन से क़दम उठाने हैं? आज अगर एक पाठक को नवीन सूचनाओं के लिए तकनीकी नियतिवाद से जूझना पड़ेगा, तो उसे मीडिया के समग्र चित्र को समझने के लिए पुस्तक-संस्कृति की सरिता में भी गोते लगाने ही पड़ेंगे।

न्यू मीडिया में निहित नयी शैक्षिक चुनौतियाँ

आज ई-बुक्स और ई-लायब्रेरी की चर्चा बेहद प्रासंगिक हो गयी है क्योंकि सूचना-संचार क्रान्ति ने हमारे कार्य करने, संचार करने और पढ़ने-लिखने के तरीकों में महत्त्वपूर्ण बदलाव उपस्थित कर दिये हैं। वास्तव में यह तकनीकी क्रान्ति कम्प्यूटरों, सूचनाओं और मल्टीमीडिया प्रौद्योगिकियों पर केन्द्रित है, जिनका इस्तेमाल करने के लिए पढ़ा-लिखा होना ज़रूरी है। आज जब यह कहा जा रहा हो कि सूचना-समाज या ज्ञान समाज का उदय हो रहा है, तब जीवन के प्रत्येक क्षेत्र में शिक्षा की भूमिका केन्द्रीय हो जाती है। प्रेस को छोड़कर जहाँ रेडियो और टेलीविज़न जैसे अन्य पुराने जनमाध्यमों के बारे में यह बात कही जाती थी कि अनपढ़ लोग भी इनका आनन्द उठा सकते हैं, वहीं न्यू मीडिया ने पढ़ाई-लिखाई, शिक्षा और साक्षरता को एक अनिवार्य पूर्व शर्त बना दिया है। क्या कोई अनपढ़ व्यक्ति इंटरनेट पर उपलब्ध सूचनाओं के विशाल भंडार में से अपने काम की सूचनाएँ खोज सकता है? क्या वह न्यू मीडिया के किसी सर्च इंजन का उपयोग कर सकता है या वह फेसबुक ट्विटर या आर्कुट जैसे माध्यमों का लाभ ले सकता है?

नयी प्रौद्योगिकियों के आलोक में इस बात का ध्यान रखना चाहिए कि अनपढ़ व्यक्तियों तो दूर, पढ़ा-लिखा वर्ग भी, न्यू मीडिया का कुशलतापूर्वक उपयोग कर ही लेगा-इसकी गारंटी नहीं है। भारत जैसे विशाल आबादी वाले देशों के लिए न्यू मीडिया के सन्दर्भ में साक्षरता तथा शिक्षा के सवाल और भी ज़्यादा बुनियादी हो जाते हैं क्योंकि हमारे यहाँ लोग अगर किसी भी भाषा में चीज़ों को समझकर उसे लिख-पढ़ भी सकते हैं तो उन्हें साक्षर मान लिया जाता है। ऐसी साक्षरता किसी व्यक्ति को बैंकों या खेती-किसानों के महत्त्वपूर्ण काग़ज़ात पर अँगूठा लगाने की बजाय हस्ताक्षर करने को प्रेरित तो कर सकती है लेकिन इंटरनेट या वेबसाइटों के कुशलतापूर्वक उपयोग करने की दिशा में आगे ले जाने के लिए ऐसी साक्षरता अपर्याप्त ही होती है। और अगर हम ऐसी साक्षरता को ही पल भर के लिए सच्चा मानक मान लें तो उस चिन्तनीय खाई का क्या होगा जो महिलाओं और

पुरुषों की साक्षरता दरों के मध्य व्याप्त है? यदि समाज के विशाल परिदृश्य में महिलाओं और पुरुषों के मध्य साक्षरता के स्तर पर तमाम बुनियादी अन्तर मौजूद हैं तो ये अन्तर न्यू मीडिया तक उनकी पहुँच या नये जनमाध्यमों को प्रयुक्त करने के उनके तरीक़ों के मध्य भी संचरित हो जाते हैं। स्पष्ट है कि बदलते भारत में न्यू मीडिया की भूमिका का सम्बन्ध शिक्षा और साक्षरता से बहुत गहरा है।

नॉलेज सोसायटी यानी ज्ञान समाज की दिशा में आगे बढ़ रही हमारी सभ्यता ने शिक्षकों के लिए चुनौतियाँ खड़ी की हैं कि वे पढ़ाने-लिखाने के बुनियादी तरीकों के बारे में पुनर्विचार करें। वे इसे बात पर सोचें कि विद्यार्थियों के लिए नयी प्रौद्योगिकी से युक्त नये जनमाध्यमों को किस प्रकार अधिकाधिक उपयोगी बनाया जाये? सवाल है कि स्कूली शिक्षा से लेकर उच्च शिक्षा तक प्रत्येक क्षेत्र की पुनर्रचना किस तरीके से की जानी चाहिए ताकि यह शिक्षा उन तकनीकी और सामाजिक परिवर्तनों का सृजनात्मक प्रत्युत्तर दे सके जिन्हें हम सब अनुभव कर रहे हैं? वर्तमान समय में दो महत्त्वपूर्ण घटनाएँ एक ही साथ घटित हो रही हैं। पहली तो यह कि हम तेज़ रफ़्तार प्रौद्योगिकीय क्रान्ति के दौर से गुज़र रहे हैं। दूसरी महत्त्वपूर्ण घटना अमेरिका समेत पूरी दुनिया में आव्रजन-प्रवजन तथा आप्रवासन के ज़रिए हो रहे जनांकिकीय बदलावों से जुड़ी है। नये आप्रवासन पैटर्न ने नये लोगों के समूहों के एक प्रस्फोट को जन्म दिया है और भारत समेत दुनिया के अनेक देश प्रजातीय या नृजातीय रूप से और भी ज़्यादा विविध होते जा रहे हैं। इसी प्रकार क्रमशः अधिक जटिल और परिवर्तित हो रहे विश्व में सहभागिता करने वाले भिन्न-भिन्न किस्म के लोगों की शैक्षिक पृष्ठभूमियाँ भी अलग-अलग हैं। कई बार कम्प्यूटर, मोबाइल या चैटिंग से जुड़ी ये पृष्ठभूमियाँ इतनी अलग हैं कि एक वर्ग तो इनकी जानकारी से लैस होकर निरन्तर आगे बढ़ता जा रहा है और दूसरा वर्ग पीछे रह जाने को मज़बूर है। वास्तव में इस बहुसांस्कृतिक, बहुभाषी और बहुधार्मिक संसार में शिक्षा को ऐसी भूमिका निभाने की ज़रूरत आन पड़ी है ताकि निरन्तर विकराल होते जा रहे डिजिटल डिवाइड को कम किया जा सके, ख़त्म किया जा सके।

वास्तव में न्यू मीडिया और टेक्नॉलोजी से उत्पन्न चुनौतियों का सामना करने के लिए 'नयी साक्षरताओं' (न्यू लिटरेसीज़) की आवश्यकता है। ऐसी साक्षरताएँ जो प्रिंट साक्षरता को समाहित करते हुए, प्रिंट मीडिया से आगे जाने की सम्भावनाएँ रखती हों। वैश्विक संस्कृति और हाईटेक समाज की अपेक्षाएँ पुराने ज़माने के मुक़ाबले नयी हैं। यहाँ प्रत्येक ऐसे व्यक्ति और समूह को सशक्त बनाना ज़रूरी है जो पुराने समाज में शैक्षिक लाभों के दायरों से बाहर रहे हैं। पर, लोकतान्त्रिक और बहुसांस्कृतिक समाज में शिक्षा की पुनर्रचना किन आधारों पर की जानी चाहिए?

जब शिक्षण पद्धति का प्रारूप मौखिक से बदलकर लिखित रूपों को अंगीकार कर रहा था, तब भी ये सवाल खड़े हुए थे। मौखिक परम्परा के शिक्षण से लेकर मुद्रण तथा पुस्तकों पर आधारित शिक्षण तक की यात्रा में शिक्षा को लेकर जो गम्भीर चिन्ताएँ उपजी थीं, उन संक्रमणकालीन चिन्ताओं का विवेचन मार्शल मैक्लूहान तथा वाल्टर ओंग जैसे विद्वानों ने बेहद बारीकी से किया है। इसी प्रकार वर्तमान प्रौद्योगिकीय क्रान्ति भी इस बात की माँग करती है कि शिक्षा की व्यापक रचना को फिर से अंजाम दिया जाये। नये पाठ्यक्रम हों, नयी शिक्षण कलाओं का विकास किया जाये, नये लक्ष्य तय किये जायें और इन नये लक्ष्यों के अनुरूप नयी गतिविधियों तथा नयी साक्षरताओं को स्थापित किया जाये। हमें ध्यान रखना चाहिए कि नये जनमाध्यमों ने समाज में शिक्षा के पुनर्निर्माण तथा उस पुनर्रचना को सम्भव बना दिया है जिसकी चर्चा डेवी ने की, जिसका उल्लेख पिछली सदी के सात और सत्तर के दशक में इवान इलिच ने किया और जिस पर बाद में पाउलो फ्रेयरे जैसे विद्वानों ने गहराई से विचार किया।

अगर ऐतिहासिक परिप्रेक्ष्य में देखें तो जो आधुनिक अध्ययन-अध्यापन वर्तमान समय में चल रहा है वह एक ख़ास तरीके की तैयारी कराने की कोशिश करता है। यह, लोगों को, निष्क्रिय प्रातिनिधिक लोकतन्त्र में औद्योगिक सभ्यता तथा न्यूनतम नागरिकता के लिए तैयार करता है। इसके विपरीत नयी भूमंडलीय अर्थव्यवस्था, संस्कृति तथा पॉलिटी की यह बुनियादी दरकार है कि लोग पहले से कहीं ज़्यादा संसूचित हों, वे अधिकाधिक सहभागिता करने के प्रयास करें तथा सक्रिय नागरिकता का पूर्ण परिचय देने के क़ाबिल हों। इस क़ाबिलियत को पैदा करना आज की शिक्षा व्यवस्था के समक्ष एक बड़ी चुनौती है। ऐसा नहीं है कि ये चुनौतियाँ सिर्फ़ एशिया, अफ्रीका या लैटिन अमेरिका के विकासशील देशों की शिक्षा-व्यवस्था के ही सामने उपस्थित हैं। ये चुनौतियाँ विकसित यूरोपीय तथा अमेरिकी राजनीतिक व्यवस्थाओं के लिए भी परेशानी का सबब हैं। देखा जाये तो पूरी दुनिया में चल रही वर्तमान शिक्षा प्रणाली सत्ता के प्रति आज्ञापालन को सिखाने की तथा चीजों को रट-रट कर दुहराने की दिशा में काम करती है। फ्रेयरे के शब्दों को उधार लें तो वर्तमान आधुनिक शिक्षा व्यवस्था 'बैंकिंग कांसेप्ट' की तरह है जिसमें पढ़े-लिखे अध्यापक निष्क्रिय विद्यार्थियों में जानकारी को उसी प्रकार भरते हैं, जिस प्रकार हम बैंकों में रुपये जमा करते हैं। 'डिपॉज़िट करने' की इस प्रक्रिया के दौरान अध्यापकों की उम्मीदें ये रहती हैं कि विद्यार्थी भी उन्हीं की तरह, उन्हीं के अनुरूप बनें। यह बताने की ज़रूरत नहीं है कि इस प्रक्रिया की अनुरूपता या सामान्यीकरण किसी मस्तिष्क की नवाचारी प्रवृत्तियों के लिए कितना अधिक नुक़सानदेह होता है।

न्यू मीडिया ने सामान्यीकरण या अनुरूपता की इस प्रक्रिया को अप्रासंगिक बना दिया है क्योंकि उत्तर-आधुनिक दौर में समाज नेटवर्क्ड यानी संजालयुक्त हो गया। आज न सिर्फ़ दफ़्तरों या अन्य कार्यस्थलों पर काम करने के लिए नये क़िस्म के हुनर की आवश्यकता पड़ती है बल्कि नये सामाजिक और राजनीतिक परिवेश में भागीदार बनने के लिए भी नये कौशल की ज़रूरत होती है। शिक्षा का सम्बन्ध दैनिक जीवन की छोटी-मोटी बातों से लेकर व्यवस्था में भागीदारी करने तक की प्रक्रिया के प्रत्येक चरण से है। इसीलिए शिक्षा का दायित्व बढ़ जाता है क्योंकि वह नागरिकों के कौशल को बढ़ाए बिना प्रासंगिक कैसे रह पाएगी?

समुचित संसाधनों, नीतियों, अध्यापन-कलाओं तथा गतिविधियों द्वारा शैक्षिक रूप से पिछड़े और अगड़े समाजों के अन्तरालों को कम करने की दिशा में कार्य किया जा सकता है। हालाँकि यहाँ पर एक बात स्पष्ट कर देना आवश्यक है कि नयी प्रौद्योगिकयाँ इन सामाजिक-आर्थिक अन्तरालों को अपने आप नहीं कम कर देंगी। यद्यपि तकनीकों को समाज से स्वतन्त्र एवं स्वायत्त बताने के प्रयास किये गये हैं, फिर भी कहना चाहिए कि लाखों नयी प्रौद्योगिकियों की मौज़ूदगी के बावजूद बिना स्वस्थ और उचित प्रशिक्षण तथा शिक्षण के ये अन्तराल कम नहीं किये जा सकेंगे। सच कहा जाये तो उचित प्रशिक्षण प्रविधियों के अभाव में तकनीकें और न्यू मीडिया न सिर्फ़ हमारी मदद नहीं कर पाएँगे, बकि वे प्रगति की राह में बाधा बनने लगते हैं। भारत जैसे देशों पर तो ये बातें ख़ास तौर पर लागू होती हैं क्योंकि हमारी दो-तिहाई आबादी ग्रामीण अंचलों में निवास करती है जहाँ सूचना, संचार और परिवहन की बुनियादी हाईटेक संरचनाओं का घोर अभाव है।

छोटे बच्चों के स्कूलों में प्रौद्योगिकियों के इस्तेमाल से जुड़े जो भी हालिया पश्चिमी अध्ययन किये गये हैं वे बताते हैं कि बच्चों के नन्हें हाथों में सिर्फ़ कम्प्यूटर पकड़ा देने से शिक्षा में परिवर्तन नहीं आ जायेगा। बेशक यह बात सच है कि समकालीन शैक्षिक जगत में कम्प्यूटरों, वेबसाइटों तथा इंटरनेट की भूमिकाएँ बढ़ी हैं लेकिन यह भी क़ाबिलेगौर है कि साक्षरता की संकल्पना भी व्यापक हुई है। नयी साक्षरता सीख़ने के औजारों या उपकरणों की तरह है जिसका उपयोग न सिर्फ़ अधिक लोकतान्त्रिक और समतावादी समाज के निर्माण में किया जा सकता है बल्कि यह सामाजिक शक्ति के विकास तथा सांस्कृतिक पूँजी के उन्नयन में भी काम आ सकता है। नयी साक्षरताओं में इतनी शक्ति है कि वह समाज को विभाजित करने वाले जातीय, प्रजातीय, नृजातीय और लैंगिक अन्तरों का क्षरण कर सकती है।

न्यू मीडिया से सम्बद्ध शैक्षिक चुनौतियों की चर्चा करते समय उन टेक्नोफोबिक तर्कों पर भी विचार करना आवश्यक है जो न्यू मीडिया और नयी प्रोद्योगिकियों के

विरुद्ध प्रस्तुत किये जाते रहे हैं। टेक्नोफ़ोबिया से अनेक पारम्परिक विद्वान ग्रस्त रहे हैं और उनका कहना है कि न्यू मीडिया ऐसे परिणामों को उत्पन्न करने की आशंकाओं से युक्त है जो पहले शायद कभी देखे या सोचे भी न जा सके हों। सम्भव है कि ऊपर से देखने में जो तकनीकी प्रोजेक्ट शिक्षा की दशा-दिशा के लिए कल्याणकारी लगे, वह वास्तव में कल्याणकारी न हो। पर, खटमल के डर से कोई भी व्यक्ति चारपाई को नहीं जला देता। इसलिए वर्तमान वक़्त की पहचान यह कहकर की जा सकती है कि शिक्षा पर तथा शैक्षिक गतिविधियों में कम्प्यूटर इत्यादि की उपयोगिता पर विश्लेषण करता हुआ यह वक़्त नवाचारी प्रौद्योकियों को, धीमे-धीमे ही सही, स्वीकारने का है।

इसीलिए सवाल यह नहीं होना चाहिए कि विद्यालयों या अध्ययन-कक्षों में कम्प्यूटरों को स्थापित करना शिक्षा के लिए अच्छा है या बुरा है? सवाल तो यह होना चाहिए कि क्लासरूम के कम्प्यूटरों का उपयोग कैसे करना चाहिए? ऐसे कौन से फलदायी उद्देश्य हैं जिनकी पूर्ति कम्प्यूटरों द्वारा की जा सकती है? विद्यार्थियों और अध्यापकों को किस तरह के कौशल की ज़रूरत है ताकि वे न्यू मीडिया का शिक्षा के विकास के लिए प्रभावशाली उपयोग कर सकें? वास्तव में शैक्षिक सन्दर्भों से जुड़े किसी भी प्रौद्योगिकीय या तकनीकी सिद्धान्त को ऐसा होना चाहिए जो टेक्नालॉज़ी को प्रभुत्व का एक उपकरण बनने से रोके, न्यू मीडिया के अनावश्यक हाइप और मिथ्याभिमान को ख़ारिज करे तथा ऐसे शैक्षिक प्रस्तावों या ऐसे शिक्षण की सीमाओं को रेखांकित करे जो विद्यार्थियों और अध्यापकों की संयुक्त भागीदारी के महत्त्व को समझे बिना प्राथमिक रूप से केवल तक़नीकों पर ही आधारित होते हैं। यह सिद्धान्त ऐसा हो, जो शैक्षिक सुधारों की सकारात्मकता को आगे बढ़ाने की ज़िद करे, जो बहुसांस्कृतिक लोकतन्त्र का पुनर्निर्माण करे तथा शिक्षा के साथ-साथ समाज को भी और ज़्यादा लोकतन्त्रीकृत करे। इन शैक्षिक लक्ष्यों की प्राप्ति में अगर टेक्नोफ़ोबिया एक बाधा है तो टेक्नोफ़ीलिया भी एक बाधा ही है। ऐसी शिक्षा, जिसका आधार केवल और केवल तकनीक ही हो, समाज को क़िसी भी दिशा में नहीं ले जायेगी, बल्कि उसे मशीनीकृत करके जड़ और मृतप्राय बना देगी।

न्यू मीडिया का पूरा लाभ प्राप्त करने के लिए ज़रूरी है कि कम्प्यूटर साक्षरता को बढ़ाने के प्रयास किये जायें। छोटे बच्चों को भी कम्प्यूटर साक्षरता के नये-नये रूपों से परिचित कराया जाना चाहिए। कम्प्यूटर साक्षरता में अनेक बुनियादी चीज़ें शामिल हैं, जैसे यह सीखना कि अनुसन्धान करने या सूचनाएँ इकट्ठा करने के लिए कम्प्यूटरों का प्रयोग किस प्रकार किया जाना चाहिए, पाठों (टेक्स्ट्स), कल्पनाओं, तस्वीरों, खेलों तथा अन्तरक्रियात्मक मल्टीमीडिया से युक्त कम्प्यूटर संस्कृति का शृंखलाबद्ध प्रत्यक्षण कैसे किया जाये या फिर यह सीखना कि किसी सूचना तक

पहुँचने का सर्वोत्तम मार्ग क्या हो, जो उपलब्ध सभी मार्गों में सर्वाधिक छोटा न सर्वाधिक सुविधाजनक हो। इसीलिए कम्प्यूटर साक्षरता की आवश्यकता बढ़ जाती है। इसके अलावा बिना कम्प्यूटर साक्षरता के न तो विद्यार्थी, अध्यापक और नागरिक किसी इंटरनेटीय परिचर्चा में सक्रिय भाग ले सकते हैं और न ही वे अपनी वेबसाइट सृजित कर सकते हैं। कम्प्यूटर साक्षरता के ज़रिये हासिल की गयी कम्प्यूटर संस्कृति व्यष्टि रूप में प्रत्येक व्यक्ति को इस बात की सुविधा प्रदान करती है कि वह संस्कृति की उत्पादन प्रक्रिया में सक्रिय भागीदार बन सके। यह भागीदारी सार्वजनिक मुद्दों पर अपनी राय प्रस्तुत करने से लेकर अपने अनोखे सांस्कृतिक पहलुओं या रूपों को रचने तक कुछ भी हो सकती है। ये सारी बातें अन्त में शैक्षिक चुनौतियों से ही जुड़ती हैं जिन्हें भली-भाँति समझ लेना ज़रूरी है।

इस कम्प्यूटर संस्कृति में भाग लेने के लिए न सिर्फ़ प्रिंट साक्षरता के कौशलों को जानना-समझना आवश्यक है, बल्कि साक्षरता के नये रूपों व आयामों का बोध भी ज़रूरी है। इसलिए शिक्षा की चुनौतियाँ और अधिक बढ़ जाती हैं क्योंकि प्रिंट-साक्षरता को बहुधा समृद्ध और बेहतर पब्लिक व प्राइवेट स्कूलों में पढ़ने वाले सम्भ्रान्तवर्गीय बच्चों तक सीमित माना जाता रहा है। वर्तमान जीवन को परिभाषित करने वाले अनेक तथ्यों में से यह तथ्य भी ख़ासा महत्त्वपूर्ण है कि कम्प्यूटर संस्कृति का चारों ओर प्रसार हो रहा है और यह जीवन के हर क्षेत्र एवं हर आयाम को परिवर्तित करने में उत्प्रेरक की भूमिका निभा रही है। वास्तव में अपने समय की नाटकीय प्रौद्योगिकीय क्रान्ति का बौद्धिक प्रत्युत्तर देने के लिए हमें अपनी नयी पीढ़ी को बचपन से ही कम्प्यूटर सिखाना पड़ेगा। हालाँकि स्वयं 'कम्प्यूटर साक्षरता' पदबन्ध को भी सैद्धान्तीकृत करने की आवश्यकता है। कई बार इस पदबन्ध का प्रयोग कम्प्यूटरों का उपयोग करने की तकनीकी योग्यता के पर्याय के रूप में कर दिया जाता है या फिर हम विद्यमान कम्प्यूटर प्रोग्राम्स के विशेषज्ञ होने मात्र की वजह से किसी व्यक्ति को कम्प्यूटर साक्षर मान लेते हैं। अगर इन्हें हम कम्प्यूटर साक्षर न भी मानें तो ऐसे लोगों को तो अवश्य साक्षर मान लिया जाता है जो अपने प्रोग्राम्स खुद विकसित करने में सक्षम और सिद्धहस्त हों। पर कम्प्यूटर साक्षरता में केवल इतना ही शामिल नहीं है। वास्तव में इस पदबन्ध के अर्थ को और अधिक व्यापक बनाने की ज़रूरत है ताकि सूचना-जगत और मल्टीमीडिया के सभी पहलू इसके अर्थ में समाहित हो सकें। इस प्रकार की कम्प्यूटर साक्षरता से लैस प्रयोक्ता ही सूचना-समाज में विचरण कर रही नाना किस्म की सूचनाओं तक अपनी सार्थक पहुँच बना सकता है, सूचनाओं की प्रोसेसिंग कर सकता है, अनेक सर्च इंजनों का उपयोग कर सकता है और सूचना के पारम्परिक तथा आधुनिक स्रोतों का पता लगा सकता है। सूचनाओं की व्याख्या और मूल्यांकन करना भी कम्प्यूटर साक्षरता के

विस्तृत अर्थ में सम्मिलित है।

नयी प्रौद्योगिकीय क्रान्ति और न्यू मीडिया के उभार व विकास का एक शैक्षिक पहलू यह भी है कि वर्तमान में पुस्तकालयों में उपलब्ध समस्त सूचनाओं और सामग्रियों तक दुनिया के किसी भी कोने से पलक झपकते ही पहुँचा जा सकता है। यह ठीक है कि अनेक क्लासिक रचनाएँ इंटरनेट पर एक वैश्विक पुस्तकालय के रूप में उपलब्ध हैं, लेकिन फिर भी हमें ऐसी पुस्तकों, जर्नल्स या मुद्रित सामग्रियों को अपने पास सुरक्षित रखने के लिए एक निजी और स्थानीय पुस्तकालय बनाना ही पड़ता है जो इंटरनेट पर मौज़ूद न हों। इसलिए जो सामग्रियाँ इंटरनेट पर उपलब्ध नहीं होतीं, उन्हें हासिल करने के लिए न सिर्फ सूचना-साक्षरता को बढ़ाना पड़ता है बल्कि लायब्रेरियन के कार्य भी बढ़ जाते हैं। हाइपरटेक्स्ट को पढ़ने के तरीकों को सीखने से लेकर साइबरकल्चर के पल पल बदलते आयामों की पड़ताल करने तक प्रत्येक चीज़ कम्प्यूटर साक्षरता का अंग है। हाइपरटेक्स्ट को शुरू-शुरू में लेखन के एक ऐसे नये मोड यानी नवाचार के रूप में देखा गया था जो लेखकों की पाठ्यता (टेक्सचुअल्टी) तथा अभिव्यक्ति सामर्थ्य में वृद्धि करता हो। बाद में जब इंटरनेट पर मल्टीमीडिया हाइपरटेक्स्ट का विकास हो गया तब इसे संस्कृति के मल्टीमॉल आयामों के रूप में सैद्धान्तीकृत किया जाने लगा। आज इसे एक नये हाइपरलिंक्ड, अन्तरक्रियात्मक तथा मल्टीमीडिया साइबरकल्चर के एक प्रभुत्वशाली रूप की तरह देखा जा रहा है।

न्यू मीडिया से सम्बद्ध शैक्षिक चुनौतियों पर विचार करते हुए इस बात का ध्यान रखना चाहिए कि न्यू मीडिया भी एक प्रकार का शिक्षण-कार्य करता है। अतः कप्यूटर साक्षरता के साथ-साथ मीडिया-साक्षरता की दरकार भी बढ़ी है ताकि लोग मीडिया के कूटों (कोड्स) का विश्लेषण कर सकें, स्टीरियोटाइप्स की सार्थक आलोचना कर सकें और न्यू मीडिया के पाठों (टेक्स्ट) से उत्पन्न सन्देशों की अनेकार्थता को दूर कर सकें। मीडिया साक्षरता न सिर्फ़ लोगों को यह सिखाती है कि लोग मीडिया का बुद्धिमानीपूर्ण, उपयोग किस तरह करें, बल्कि यह भी बताती है कि वे मीडिया-कंटेंट का मूल्यांकन किस प्रकर करें या मीडिया के प्रभावों को पड़ताल किस ढंग से करें।

ऑनलाइन पत्रकारिता का नया अवतार : हैक्टिविज्म

हैक्टिविज्म मीडिया जगत में नितान्त ही नया शब्द है जो जूलियन असांजे के विकीलीक्स कारनामे के बाद चर्चा में आया। हैक्टिविज्म अंग्रेजी का शब्द है जो हैकिंग और एक्टिविज्म से मिलकर बना है। हालाँकि, हैकिंग शब्द काफ़ी पहले से इस्तेमाल हो रहा है जिसका तात्पर्य है किसी कम्प्यूटर नेटवर्क की सुरक्षा में सेंध लगाकर उसकी महत्त्वपूर्ण सूचनाओं को चुरा लेना। वैसे इस शब्द को लेकर विवाद है। हैकर दो तरह के काम करनेवालों के लिए इस्तेमाल होता है। एक तो सकारात्मक उद्देश्यों के लिए काम करनेवाले लोग, जो कम्प्यूटर नेटवर्क की सुरक्षा करते हैं, इन्हें व्हाइट हैट हैकर कहा जाता है। व्हाइट हैट हैकर मुख्यत: किसी देश की खुफ़िया एजेंसी, विदेश विभाग या फिर रक्षा-प्रणाली से सम्बद्ध होते हैं और ये जनता के परिभाषित हित में काम करने की कोशिश करते हैं। एपल के द्वितीय स्टीव जॉब्स कहे जानेवाले स्टीफन वोज्नियाक को एक व्हाइट हैट हैकर ही कहा जाता रहा। अन्य व्हाइट हैट हैकरों में टिम बर्नर्स ली और रिचर्ड स्टालमैन का नाम चर्चित रहा है। जाने-माने लेखक स्टीवन लेवी ने एक पुस्तक लिखी थी, जिसका शीर्षक था-'हैकर्स : हीरोज़ ऑफ द कम्प्यूटर्स रिवोल्यूशन'। यह पुस्तक सन् 1984 में प्रकाशित हुई थी और इसमें हैकरों को हीरो की छविवाले नज़रिये से देखकर उनके नायकत्व को रेखांकित करने का प्रयास किया गया था। लेकिन किसी भी वैज्ञानिक तकनीक या आविष्कार का एक पहलू अगर सकारात्मक होता है तो दूसरा नकारात्मक भी होता है। परमाणु अनुसन्धान और नाभिकीय अनुप्रयोगों से लेकर यह बात संचार और सूचना क्रान्ति के कम्प्यूटरीय पक्ष तक समान रूप से लागू होती है।

दूसरे क़िस्म के हैकर वे लोग हैं जो नेटवर्क में सेंधमारी करके सूचनाएँ निकाल लेते हैं और प्राय: उनका ग़लत इस्तेमाल करते हैं। ऐसे लोग 'ब्लैक हैट हैकर कहलाते हैं। ब्लैक हैट हैकरों की तो पूरी दुनिया में मानो भरमार ही हो गयी है। जोनाथन जेम्स, एड्रियन लामो, केविन मिटनिक, रॉबर्ट टैप्पन मोरिस और केविन पोलसन कुछ बहुचर्चित ब्लैक हैट हैकर्स हैं।

कुछ लोग कम्प्यूटर प्रोग्राम के कुशलतापूर्वक सूचनाएँ चुरानेवाले व्यक्ति को क्रैकर कहते हैं, लेकिन आम तौर पर कम्प्यूटर से जुड़े इस तरह के अपराधों के लिए हैकिंग शब्द ही लोकप्रिय है। 1980 के दशक में यह शब्द इस विशेष अर्थ में लोकप्रिय हुआ, जब मास मीडिया अस्तित्व में आया। आम तौर पर हैकिंग शब्द का इस्तेमाल नकारात्मक अर्थों में ही किया जाता है। आईटी क्षेत्र में अब एक नया शब्द चलन में आया है 'एथिकल हैकर'। ये वे लोग है जिनमें सभी गुण मूलतः हैकर के होते हैं परन्तु वे इस कुशलता का इस्तेमाल नेटवर्क की सुरक्षा के लिए करते हैं। साइबर क्राइम से निपटने और कम्प्यूटर सुरक्षा सुनिश्चित करने के लिए एथिकल हैकिंग एक नये क्षेत्र के रूप में उभरी है।

ब्रूस स्टरलिंग की एक किताब–'द हैकर क्रेकडाउन–लॉ एंड ऑर्डर ऑन इलेक्ट्रॉनिक फ्रंटियर' 1992 में प्रकाशित हुई जिसमें उन्होंने 90 के दशक में उभर रही हैकर संस्कृति पर चर्चा की थी। यहीं से हैकिंग और हैकर शब्द नकारात्मक अर्थ में स्थापित हुए। हैकरों के आस–पास एक जो उपसंस्कृति विकसित हुई है उसे 'कम्प्यूटर अंडरग्राउंड' के रूप में जाना जाता है। जानकारों का ऐसा दावा है कि हैकर किसी न किसी राजनीतिक, सामाजिक, दार्शनिक या फिर वैज्ञानिक कारणों से प्रेरित होते हैं और खास उद्देश्यों के लिए हैकिंग को अंजाम देते हैं। ज़ाहिर है, कि ऐसे लोग जो सूचनाएँ हैक करते हैं उसका तरीका अवैध ही होता है, लेकिन हैक्टिविस्ट इसके प्रति बेपरवाह होते हैं।

एक्टिविज्म शब्द भी अंग्रेजी भाषा का है, जिसका अर्थ क्रान्तिकारिता से है। सामाजिक, राजनीतिक, आर्थिक या पर्यावरण से सम्बन्धित मामलों को लेकर लगातार सुधार के प्रयास करना या किसी भी क्षेत्र में सतत सुधारों की कोशिश क्रान्तिकारिता है। क्रान्ति की अवधारणा बदलावों से जुड़ी है, जिस पर अमल करनेवाले जुनून की हद तक जाकर किसी उद्देश्य के लिए काम करते हैं। गौरतलब है कि हम किसी कार्य को एक्टिविज्म तभी कर सकते हैं जब वह व्यापक हित में हो। हैकिंग और एक्टिविज्म को मिलाकर बना शब्द हैक्टिविज्म हाल ही में जूलियन पॉल असांजे के कारण चर्चा में आया जब उन्होंने दुनिया भर के देशों से सम्बन्धित महत्त्वपूर्ण सूचनाएँ चुराकर उन्हें सार्वजनिक कर दिया।

अपने कारनामों से अमेरिका जैसे शक्तिशाली देश के लिए नीतिगत स्तर पर मुश्किलें खड़ी करनेवाले जूलियन असांजे आस्ट्रेलियाई पत्रकार और इंटरनेट एक्टिविस्ट हैं। उन्होंने 2006 में भंडाफोड़ करनेवाली विकीलीक्स नामक वेबसाइट की स्थापना की। साइट की स्थापना इस दावे के साथ हुई थी कि यह हर साल बारह लाख गोपनीय दस्तावेज सार्वजनिक करेगा। विकीलीक्स एक गैर–सरकारी संगठन है, जो महत्त्वपूर्ण सूचनाओं को जनता के साथ बाँटने के लिए कटिबद्ध है। इस संस्था का

कहना है कि 'हम रचनात्मक, सुरक्षित और ग़ुमनाम तरीक़े से निजी सूत्रों से, दुनिया भर से अपने पत्रकारों के सहारे सूचनाएँ लीक करते हैं। हम नैतिक, राजनीतिक और ऐतिहासिक महत्त्व की सूचनाओं को बाँटते हैं और अपने सूत्रों की जानकारी गोपनीय रखते हैं। विकीलीक्स अपने आप में निर्बाध सूचना प्रसार के सिद्धान्त के मद्देनजर एक तरह से सेंसर-विरोधी मुहिम है। इसके संस्थापक और सम्पादक जूलियन असांजे अपनी इस मुहिम को पूरी तरह से पत्रकारिता से जोड़ते हैं। विकीलीक्स के बारे में टाइम मैगजीन की टिप्पणी थी कि 'यह सूचना के अधिकार अधिनियम की तरह एक महत्त्वपूर्ण पत्रकारीय उपकरण सिद्ध हुआ है। जूलियन असांजे को दुनिया एक हैकर और विकीलीक्स के एडीटर इन चीफ के तौर पर जानने से ज़्यादा उनके अदम्य साहस के लिए जानती है, जिन्होंने अमेरिका के राजनीतिक और आपराधिक कारनामों का खुलासा करनेवाले लाखों गुप्त दस्तावेज को ऑनलाइन करके अमेरिका को विश्व बिरादरी में रक्षात्मक मुद्रा में ला दिया। अमेरिका के तमाम स्याह-सफ़ेद सच दुनिया के सामने आ गये, जिससे अमेरिका का अहसज हो जाना लाजिमी ही है।

इन दस्तावेजों के आने के बाद जूलियन को जो शोहरत मिली, वह काबिले-गौर है। उन्हें पत्रकारिता का जेम्स बांड आदि विशेषणों से नवाजा गया। असांजे ने विकीलीक्स पर 22 अक्टूबर (2010) की शाम तीन लाख, 91 हज़ार, 832 सीक्रेट डाक्यूमेंट्स अपलोड किये। इसके बाद अमेरिकी व्हाइट हाउस, सीआईए, एफबीआई, अमेरिकी प्रशासन और दुनिया भर के मीडिया जगत में हड़कम्प मच गया। इन दस्तावेज में तमाम महत्त्वपूर्ण खुलासों के अलावा इराक युद्ध में अमेरिकी सैनिकों, अमेरिकी और इराकी सरकार की भूमिका पर सवाल उठाये गये। इन दस्तावेज ने अमेरिका और नाटो के गम्भीर युद्ध अपराधों को दुनिया के सामने खोल कर रख दिया। इन दस्तावेज के बारे में कहा गया कि ये खुलासे वियतनाम युद्ध के पेंटागन पेपर्स के खुलासे से ज़्यादा सनसनीखेज हैं। अमेरिका और उसके समर्थक देश जहाँ असांजे को अपना दुश्मन मानने लगे हैं, तो दुनिया भर में अचानक उनके लाखों प्रशंसक पैदा हो गये हैं। इन खुलासों का महत्त्व इसी बात से आँका जा सकता है कि विश्लेषकों ने टिप्पणी की कि अख़बारों और चैनलों को पीछे छोड़ते हुए विकीलीक्स ने पत्रकारिता का नया प्रतिमान कायम कर दिया है। विकीलीक्स के कामकाज का तरीका गोपनीय और दुनिया भर को हैरान करनेवाला है। विकीलीक्स वेबसाइट के संस्थापक जूलियन असांजे को 2010 का सबसे चर्चित व्यक्ति (पर्सन ऑफ द ईयर) चुना गया है। 'टाइम' मैगजीन द्वारा किये गये सर्वे में असांजे ने कई जानी-मानी हस्तियों को मात देकर ये खिताब अपने नाम किया। इस दौड़ में अमरीकी पॉप गायिका लेडी गागा, अमेरिकी राष्ट्रपति बराक ओबामा समेत दुनिया

भर के कई ऐसे नाम शामिल थे, जिन्हें हरा पाना असांजे के लिए आसान नहीं था। लेकिन हाल ही में विकीलीक्स खुलासों के ज़रिए विश्वभर में तहलका मचा चुके विकीलीक्स के संस्थापक जूलियन असांजे ने सभी प्रतियोगियों को काफ़ी पीछे छोड़ दिया।

विकीलीक्स पर काम करने से पहले जूलियन असांजे एक कम्प्यूटर प्रोग्रामर थे। वे कम्प्यूटर से सूचनाएँ चुराने में बहुत पहले महारत हासिल कर चुके थे और उन्हें एक हैकर की पहचान मिल चुकी थी। विकीलीक्स के जरिये जूलियन असांजे ने जो कारनामा किया, उसके लिए उन्हें 'इकोनोमिस्ट फ्रीडम ऑफ एक्सप्रेशन' पुरस्कार दिया गया। इसी क्रम में उन्हें 'रोम एडम्स' अवार्ड भी प्रदान किया गया। असांजे को 2009 में गैर-न्यायिक हत्याओं का पर्दाफाश करने के लिए 'एमनेस्टी इंटरनेशनल मीडिया एवार्ड' भी दिया गया।

जूलियन असांजे ने अचानक उस समय सनसनी फैला दी जब उन्होंने इराक युद्ध से जुड़े लगभग चार लाख दस्तावेज अपनी वेबसाइट विकीलीक्स पर सार्वजनिक किये। इन दस्तावेज के सार्वजनिक होने के बाद दुनिया भर में हड़कम्प मच गया और जूलियन असांजे विश्व मीडिया में चर्चा का विषय बन गये। इन दस्तावेज में अमेरिका, इंग्लैंड और नाटो की सेनाओं के गम्भीर युद्ध अपराधों को दिखाया गया था और साथ में उनके सही होने का सबूत भी महैया कराया गया था।

इराक युद्ध से जुड़े दस्तावेज सार्वजनिक होने के बाद अमेरिका के राष्ट्रपति बराक ओबामा ने उन्हें इसके ख़िलाफ़ चेतावनी दी थी। अमेरिका और उसके सहयोगी देशों ने विकीलीक्स और असांजे को घेरना शुरू कर दिया। उल्लेखनीय है कि असांजे के इन खुलासों से अमेरिका और अन्य अमीर देश ही निशाने पर आये और उनकी ही तरफ़ से तीखी प्रतिक्रियाएँ आयीं। विकासशील और गरीब देशों को इस खुलासे से फ़ायदा ही हुआ। अमीर देश चूँकि ऐसी नीतियों पर अमल करते हैं जो गरीब अथवा विकासशील देशों के हित में प्रायः नहीं होतीं, इसलिए उनका खुलासा इन देशों के लिए फ़ायदेमन्द रहा। जैसे, इराक और अफगानिस्तान के युद्ध अपराधों का खुलासा होने के बाद अमेरिका के पास कोई जवाब नहीं था, क्योंकि उसे अंजाम दिये जाने के सबूत सार्वजनिक हुए। अमेरिका आदि देशों द्वारा असांजे को हाइटेक आतंकी कहा गया। अमेरिका के विदेश विभाग के प्रवक्ता पीजे क्राउले ने कहा कि 'असांजे पत्रकार नहीं हैं। वे मुखबिर भी नहीं हैं। वे एक राजनीतिक व्यक्ति हैं जिनका अपना एक राजनीतिक एजेंडा है। वह उस अन्तरराष्ट्रीय व्यवस्था को कमज़ोर करने की कोशिश कर रहे हैं, जिसके तहत हम सहयोग, साझेदारी, बहुपक्षीय व्यवस्था में काम करने और द्विपक्षीय आधार पर क्षेत्रीय तथा अन्तरराष्ट्रीय मुद्दों को हल कर पाने में सक्षम हुए हैं।' दुनिया भर में मचे हड़कम्प और अमेरिकी चेतावनी के बाद गिरफ़्तारी के डर से असांजे छुप-छुप कर रहने लगे। वे नाम बदल

कर होटलों में टिकने लगे और बार-बार अपनी पहचान छुपाने का यत्न करने लगे। इसके लिए बालों को रंगाना, क्रेडिट कार्ड के स्थान पर नगद राशि का उपयोग करना आदि हथकंडे उन्होंने अपनाये।

नवम्बर, 2010 में अन्तरराष्ट्रीय लोक अभियोजन अधिकारी ने असांजे के ख़िलाफ़ रेड कॉर्नर नोटिस जारी किया। स्वीडन में उनके ख़िलाफ़ दो महिलाओं ने यौन शोषण का आरोप लगाया और उन पर यौन अपराध का मुकदमा दर्ज किया गया। दिसम्बर, 2010 में जुलियन असांजे को लन्दन में गिरफ़्तार कर लिया गया। इसके बाद स्वीडन ने असांजे के प्रत्यर्पण की कोशिशें कीं लेकिन लन्दन की अदालत ने उनकी रिहाई के ख़िलाफ़ अपील को खारिज कर दिया और उन्हें जमानत दे दी। उनके ख़िलाफ़ जो आरोप लगे, उसे लेकर एक सर्वे में कहा गया कि ब्रिटेन के तकरीबन आधे नागरिकों का मानना है कि असांजे के ख़िलाफ़ आरोप फर्जी हैं। यह उन्हें हिरासत में रखने का एक बहाना है ताकि अमेरिका खुफ़िया राजनयिक सन्देश ज़ारी करने के लिए उनके ख़िलाफ़ अभियोजन चला सके।

वे सार्वजनिक तौर पर कभी-कभी दिखते हैं और स्वतन्त्र प्रेस, सेंसरशिप और खोजी पत्रकारिता के बारे में बोलते रहे हैं। उन्हें विकीलीक्स के लिए किये गये कामों के लिए पत्रकारिता के क्षेत्र में तीन पुरस्कार भी मिल चुके हैं। केन्या में हुई गैर-क़ानूनी हत्याओं पर उन्होंने तमाम खुलासों में महत्त्वपूर्ण भूमिका निभायी। सोलह साल की उम्र से ही असांजे ने छद्म नाम मेनडैक्स से हैकिंग शुरू कर दी थी। उन्होंने हैकिंग के बेसिक नियम बताते हुए कहा कि हैकिंग करने का उद्देश्य सिर्फ़ सूचना का आदान-प्रदान होना चाहिए, न कि कम्प्यूटर को क्षति पहुँचाना या सूचनाओं को नष्ट करना। हैकिंग के आरोप में ऑस्ट्रेलिया की पुलिस ने 1991 में उनके घर छापा मारा और उन्हें गिरफ्तार कर लिया। 1992 में उन पर हैकिंग के चौबीस मामले दर्ज किये गये और जुर्माना लगाया गया। असांजे का कहना है कि 'यह बहुत दुखद है कि लोग मुझे कम्प्यूटर हैकर कहते हैं। मैंने हैकिंग पर किताब ज़रूर लिखी है लेकिन वह सालों पहले की बात है। अब मैं जो कर रहा हूँ, उसके लिए शर्मिन्दा नहीं हूँ, बल्कि मुझे उसका गर्व है। हालाँकि, मुझे हैकर कहे जाने का विशेष कारण हैं।'

असांजे विकीलीक्स के नौ सदस्यीय सलाहकार बोर्ड के मुखिया और प्रवक्ता हैं। वेबसाइट की स्थापना के समय उन्होंने लिखा कि शासन पद्धति को बदलने के लिए हमें साफ़ और निडर सोच रखनी चाहिए। उनकी टीम में पाँच सदस्य हैं जो सभी ज़रूरी दस्तावेज को सार्वजनिक करते हैं। असांजे पत्रकारिता में पारदर्शिता और वैज्ञानिकता के पक्षधर हैं। उन्होंने 'वैज्ञानिक पत्रकारिता' जैसी

शब्दावली गढ़ी। हालाँकि, जूलियन असांजे के आलोचकों ने उन्हें लोकतन्त्र के लिए ख़तरा, हाइटेक आतंकवादी आदि विशेषणों से नवाजा। जबकि, असांजे का कहना है कि आप भौतिकी में बिना पूरे प्रयोग और आंकड़ों के लेख प्रकाशित नहीं कर सकते और ठीक यही पैमाना पत्रकारिता का भी होना चाहिए।

अमेरिकी दस्तावेज़ के खुलासे के बाद जब तीखी प्रतिक्रिया हुई तो जूलियन का जवाब था कि 'हमारा उद्देश्य सरकार के अनैतिक व्यवहार का खुलासा करना है।' उन्होंने विभिन्न स्रोतों से इस तरह सूचनाएँ चुराकर बाँटने के काम को अभिव्यक्ति की स्वतन्त्रता से जोड़ा और जनहित में इसे जायज ठहराते हुए अपना बचाव किया। उन्होंने हैक्टिविज्म को एक सिद्धान्त का रूप दिया। उनका कहना है कि यह अवैध हो सकता है, लेकिन यह जनहित में किया गया काम है। उन्होंने 'सूचनाओं को चुराकर उसे शुभ उद्देश्यों के लिए बाँटने' का विचार दिया। असांजे का कहना है कि ''मैंने जो भी किया है उसके पीछे एक व्यापक लक्ष्य है और वह है न्याय। हम विभिन्न तरीक़ों और गतिविधियों के सहारे एक अधिक न्यायसंगत समाज के अपने लक्ष्य की ओर बढ़ रहे हैं। मैं दुनिया में मौजूद अन्याय से दुखी हूँ। यह दुनिया अपने आप में सम्पूर्ण नहीं है और इसे देखकर दुख होता है। मैं दुखी नहीं रहना चाहता, इसलिए दुनिया को और न्यायसंगत बनाना चाहता हूँ।''

विकीलीक्स किसी भी संगठन, संस्था या व्यक्ति से सूचनाएँ अर्जित करती है। इसके लिए कोई भी उसकी साइट पर जाकर सीधे सूचना डाल सकता है या विकीलीक्स टीम से चैट भी कर सकता है। लेकिन यह सूचना तब तक सार्वजनिक नहीं होती है, जब तक विकीलीक्स की टीम उसकी विश्वसनीयता जाँच नहीं लेती है। ज़रूरत होने पर कागजात की फोरेंसिक जाँच भी करायी जाती है असांजे का कहना है कि 'हम स्रोत की जाँच नहीं करते, बल्कि दस्तावेज की जाँच करते हैं। अगर वे प्रामाणिक हैं तो इस बात से फ़र्क नहीं पड़ता कि ये कहाँ से आये हैं।' माना जा रहा है कि अमेरिका से सम्बन्धित गोपनीय दस्तावेज विकीलीक्स को एक अमेरिकी सैनिक ब्रेडले मैनिंग से मिले, जो बग़दाद में तैनात था।

विकीलीक्स पर कौन-सा रहस्योद्घाटन कब होना है, इसे तय करने के लिए दुनिया के एक सौ बीस जाने-माने पत्रकारों की टीम बनाई गयी है। अमेरिका का 'न्यूयार्क टाइम्स', ब्रिटेन का 'गार्जियन', फ्रांस का 'ला मांद', जर्मनी का 'डि स्पिगेल' और स्पेन का 'डेर पाइस' विकीलीक्स की मदद कर रहे हैं। विकीलीक्स पर कोई सूचना तभी जारी होती है जब वह इनमें से किसी-न-किसी अख़बार में प्रकाशित हो जाती है। विकीलीक्स का इन अख़बारों के साथ गहरा सहयोग है। इन्होंने मिलकर ही यह टीम बनायी है। उनकी टीम के सभी सदस्य स्वयंसेवी हैं और विकीलीक्स के लिए बिना किसी पारिश्रमिक के काम करते हैं। यह टीम

दस्तावेज के आकलन समेत सभी फैसले लेती है। 'ला मांद' के प्रबन्ध सम्पादक सिल्वी कोफमैन का कहना है कि हम जो दस्तावेज निर्धारित करते हैं, विकीलीक्स उन्हीं को प्रकाशित करता है। दुनिया के पाँच बड़े अख़बारों और तमाम पत्रकारों का सहयोग जूलियन असांजे की ताकत है, जिसे दबा पाना अमेरिका या किसी भी देश के लिए आसान नहीं है। शायद यही वजह हो कि असांजे के ठिकाने की ख़बर होने के बावजूद उन्हें लम्बे समय तक गिरफ़्तार नहीं किया जा सका।

विकीलीक्स के जरिये इराक युद्ध और उसके बाद दुनिया भर के देशों के प्रति अपनायी जा रही अमेरिकी कूटनीति के खुलासे के बाद अमेरिका और उसके सहयोगी देशों ने जूलियन पर शिकंजा कसना शुरू कर दिया। आस्ट्रेलिया ने पहले तो ऑस्ट्रेलियाई नागरिक होने के नाते जूलियन को क़ानूनी मदद की बात कही, लेकिन बाद में अमेरिका के दबाव में उसने भी असांजे से अपने को अलग कर लिया और असांजे के ख़िलाफ़ अमेरिका का साथ देने लगा। असांजे ने ब्रिटेन के अख़बार गार्जियन के एक कार्यक्रम में कहा कि ऑस्ट्रेलिया की प्रधानमन्त्री जूलिया गिलार्ड उन्हें और उनके सहयोगियों को निशाना बना रही हैं। इससे उनका ऑस्ट्रेलिया लौट पाना भी सम्भव नहीं है। फ़िलहाल असांजे को छुप-छुपकर जीवन बिताना पड़ रहा है। वे अब अपनी पहचान छुपाने के लिए अपने बालों को बार-बार रंगते हैं। क्रेडिट कार्ड की जगह नगद पैसे का इस्तेमाल करते हैं। वे कहीं एक जगह नहीं ठहरते। उनकी रहनवारी आस्ट्रेलिया के साथ-साथ केन्या, तन्जानिया में भी रही है। इस बीच वे अमेरिका और यूरोपीय देशों में भी आते-जाते रहे हैं। वे लगातार यात्राएँ करते हैं और अलग-अलग जगहों से विकीलीक्स को संचालित करते हैं। न्यूयार्कर मैग्जीन का एक रिपोर्टर, जो उनके साथ कई हफ्ते बिता चुका है, के मुताबिक वे बिना खाये-पिये कई घंटों तक काम करते रहते हैं। वे अपने आस-पास ऐसा माहौल बना लेते हैं कि उनके साथ जुड़े लोग हर हाल में उनकी मदद को तैयार रहते हैं। यह शायद उनके व्यक्तित्व का कमाल है। यह सब एक दिन में सम्भव नहीं हो पाया है। जूलियन ने इस काम को अपना शगल बना लिया है। बीबीसी से बातचीत में उन्होंने कहा कि 'अपने स्रोतों को सुरक्षित करने के लिए हमने अलग-अलग देशों में काम किया। अपने संसाधनों और टीमों को हम अलग-अलग जगह ले गये ताकि क़ानूनी रूप से हम सुरक्षित रह सकें। अब तक हम यह सब करना सीख गये हैं। अब तक हम न कोई केस हारे हैं और न ही अपने किसी स्रोत को खोया है।' यह विस्मयकारी है कि विकीलीक्स के कामकाज के तरीक़ों से इस क्षेत्र के विशेषज्ञ भी परिचित नहीं हैं।

आज दुनिया के सामने सबसे ज़्यादा हैरानी वाली बात यह है कि विकीलीक्स के पास ऐसे गुप्त दस्तावेज़ आते कहाँ से हैं? बीबीसी हिन्दी सेवा के मुताबिक

विकीलीक्स ने जो जानकारी सार्वजनिक की है उसका मुख्य स्रोत अमेरिकी रक्षा विभाग का नेटवर्क 'सिप्रनेट' है। इस नेटवर्क का इस्तेमाल खुफिया जानकारियों के आदान-प्रदान के लिए किया जाता है। सूचनाओं के लीक होने को लेकर अमेरिकी अधिकारी जहाँ एक खुफिया विश्लेषक पर शक़ कर रहे थे, वहीं विकीलीक्स का कहना है कि उसका स्रोत पता करना लगभग असम्भव है।

आख़िरकार अमेरिका सहित पश्चिमी देशों को विकीलीक्स के खुलासों से इतनी असुविधा हुई कि विकीलीक्स और असांजे पर चारों ओर से शिकंजा कसा जाने लगा। अमेरिकी दबाव में विकीलीक्स के लिए दान खाता चलानेवाली ऑनलाइन साइट 'पेपाल' अपनी सेवाएँ बन्द कर चुकी है। अमेरिका असांजे के ख़िलाफ़ कार्रवाई की रणनीति तैयार करने लगा। हर तरफ़ से विकीलीक्स और जूलियन असांजे को लगातार घेरा जा रहा है। खुलासों के बाद पहले उनकी गिरफ्तारी के लिए इंटरपोल से नोटिस जारी हुआ। साथ ही स्वीडन से भी अन्तरराष्ट्रीय वारंट ज़ारी किया गया। हालाँकि, असांजे भी अपनी सुरक्षा को लेकर बराबर चौकस रहे और घोषणा की कि यदि उन पर कार्रवाई की गयी तो विकीलीक्स कुछ ऐसे दस्तावेज़ सार्वजनिक करेगा, जिससे अमेरिका आदि देशों पर संकट आ सकता है। उनकी साइट का दावा है कि उन्होंने खोजी पत्रकारिता का जो नमूना पेश किया है, ऐसा पूरी दुनिया का मीडिया मिलकर भी नहीं कर सकता है। इस दावे से किसी को असहमति भले हो, लेकिन यह दावा सिर्फ़ दावा नहीं है।

विकीलीक्स को अमेरिका और उसके सहयोगी देश सीधे तो शिकंजे में नहीं ले सके, लेकिन वे अपनी रणनीतिक चालों के प्रति लगातार सतर्क हैं। अक्टूबर, 2011 में असांजे ने घोषणा की कि चारों तरफ से वित्तीय सहायताओं में कमी की वजह से विकीलीक्स आर्थिक संकट से जूझ रहा है और फ़िलहाल इसकी सेवाएँ स्थगित की जा रही हैं। इसका कारण बताया गया कि अमेरिका स्थित सभी कम्पनियाँ, जो विकीलीक्स की सहायता देती थीं, उन्होंने सहायता देना बन्द कर दिया। दिसम्बर, 2011 के बाद बैंक ऑफ अमेरिका,' वीसा, मास्टर कार्ड, पेपाल और वेस्टर्न यूनियन ने विकीलीक्स को मदद देना बन्द कर दिया। इन वित्तीय बाधाओं के चलते विकीलीक्स को आने वाली 95 फीसदी सहायता रुक गयी। इस पर असांजे ने कहा कि ऐसा उस समय हुआ है जब कम्पनी को पैसों की सख़्त ज़रूरत थी, लेकिन विकीलीक्स पैसों का इन्तजाम फिर से कर लेगा। हालाँकि, असांजे ने कहा कि कुछ अमेरिकी कम्पनियों को यह निर्धारित करने की इजाजत नहीं दी सकती कि दुनिया कैसे चले। वित्तीय मदद बन्द होने के बाद अगले ही महीने ब्रिटेन में रह रहे असांजे ब्रिटेन द्वारा स्वीडन को उनके प्रत्यर्पण सम्बन्धी मुकदमा हार गये। स्वीडन प्रत्यर्पण के बाद उनकी मुश्किलें और बढ़ सकती हैं

क्योंकि वहाँ उन पर दो औरतों के साथ बलात्कार का मुकदमा चल रहा है।

जूलियन असांजे सूचना युग के क्रान्तिकारी हैं। ग़ौरतलब है कि अब तक उनके द्वारा किये गये जो भी खुलासे हैं, वे न तो निजी हित में इस्तेमाल किये गये हैं और न ही किसी देश की सूचना को, किसी अन्य देश के फायदे के मद्देनज़र ज़ारी किया गया है। और यह कहने की ज़रूरत नहीं कि जब तक किसी अभियान का उद्देश्य भटकता नहीं, तब तक हमें आलोचना करने का ज़्यादा आधार नहीं मिलता। फिर भी कहना चाहिए कि असांजे भले ही आज क्रान्तिकारी के रूप में उभरे हैं लेकिन न तो वे अकेले क्रान्तिकारी है और न ही वे इस क्षेत्र के प्रथम क्रान्तिकारी हैं। इस क्षेत्र के प्रथम क्रान्तिकारी और नकारात्मक हैकर की बात सामने आते ही केविन मिटनिक का उल्लेख करना आवश्यक हो जाता है।

सन् 1963 में कैलीफोर्निया के लॉस एंजिल्स में पैदा हुए केविन डेविड मिटनिक पर हैंकिंग के लिए तमाम आरोप लगाये गये हैं और उनमें से अनेक आरोप तो बाकायदा साबित भी हो चुके हैं। मोटरोला, नोकिया, सन माइक्रोसिस्टम्स और फूजित्सू सिस्टम्स की कई महत्त्वपूर्ण चीज़ों को हैक करनेवाले मिटनिक के इन आपराधिक कारनामों की पुष्टि हो चुकी है। ढाई साल तक लगातार कम्प्यूटर हैकिंग को ग़लत तरीके से अंजाम देनेवाले मिटनिक को अमरीकी खुफिया एजेंसी एफबीआई ने संगीन संघीय अपराधों के जुर्म में फरवरी, 1995 में नार्थ कैरोलिना राज्य के रैले स्थित उसके अपार्टमेंट से गिरफ्तार किया था। ऐसा मिटनिक के ख़िलाफ़ एक कुख्यात और चर्चित मुकदमे के बाद किया गया था। मिटनिक को छियालीस महीने कैद की सज़ा हुई और सन् 1999 में उसने संचार क्षेत्र की अपनी चार बड़ी धोखाधड़ियों को कबूला। सज़ा काटने के बाद उसे जनवरी, 2000 में रिहा किया गया। यह रिहाई इस शर्त पर थी कि मिटनिक जनवरी, 2003 तक एक लैंडलाइन फोन के अलावा किसी अन्य संचार तकनीक का इस्तेमाल नहीं कर पाएँगे और उन पर कड़ी निगरानी रखी जायेगी।

मिटनिक ने इस बात को एक न्यायालय में चुनौती दी और न्यायालय ने अपना फैसला मिटनिक के पक्ष में दिया। मिटनिक वर्तमान में मिटनिक सिक्योरिटी कंसल्टिंग नाम की एक कम्पनी चला रहा है। यह कम्प्यूटर सिक्योरिटी से सम्बद्ध एक सलाहकार कम्पनी है। हैक्टिविज्म के बढ़ते दायरे पर इससे ज़्यादा क्या कहा जाये कि मिटनिक की आपराधिक गतिविधियाँ, उसकी गिरफ्तारी और ट्रायल के साथ-साथ इससे जुड़ी पत्रकारिता भी भयंकर विवादों के घेरे में रही। यद्यपि मिटनिक को तमाम फर्जी डॉक्यूमेंट्स रखने के साथ-साथ गैरकानूनी तरीके से सॉफ्टवेयर की नकल करने का दोषी पाया गया, मिटनिक के समर्थकों का कहना है कि उसे ज़रूरत से ज्यादा दंड दिया गया। सन् 2002 में प्रकाशित अपनी चर्चित

पुस्तक 'दि आर्ट ऑफ डिसेप्शन' में मिटनिक ने लिखा है कि उसने कम्प्यूटर या फोन की सुरक्षा में सेंध लगाने के लिए कभी भी किसी सॉफ्टवेयर प्रोग्राम या किसी हैकिंग टूल का उपयोग बिल्कुल नहीं किया है। उसने लिखा है कि उसने कभी भी पासवर्ड्स की क्रैकिंग के लिए ग़लत तरीकों का इस्तेमाल नहीं किया है। अपनी इस पुस्तक में मिटनिक ने इतना ज़रूर स्वीकार किया है कि उसने ऐसे पासवर्ड्स और कोड्स का प्रयोग अवश्य किया है जो उसने सोशल इंजीनियरिंग की अपनी प्रारम्भिक अवस्था में सीखे थे।

हैकिंग, क्रैकिंग, डाटा डिडलिंग और हैक्टिविज़्म के वर्तमान उलझे दौर में उस सोशल इंजीनियरिंग के बारे में जानना बहुत रोचक है जिसे मिटनिक ने तब सीखा था, जब उसकी उम्र केवल बारह साल की थी। लास एंजिल्स शहर में चलने वाली बसों में यात्रा करने के लिए मिटनिक ने सन् 1975 में बसों के पंचकार्ड सिस्टम की सुरक्षा को तोड़ने में कामायाबी हासिल की थी। अपना एक टिकट पंच बनाने के लिए उसने एक बस-ड्राइवर से दोस्ती कर ली थी और इसी सोशल इंजीनियरिंग ने उसे हैकिंग के लिए बहुत ज़ोरदार हौसला प्रदान किया। ऐसा करने के बाद वह किसी भी बस में किसी भी जगह से किसी भी जगह तक की अवैध यात्रा करने की मजबूत हालत में में आ चुका था। किसी भी कम्प्यूटर नेटवर्क तक अनधिकृत रूप में पहुँच बनाने में पहली क़ामयाबी मिटनिक को 1979 में मिली। तब वह सिर्फ सोलह साल का था। उसने डिज़िटल इक्विपमेंट सिस्टम यानी डीईसी के कम्प्यूटर नेटवर्क में अपने जीवन की पहली सेंध लगायी थी और इसके सॉफ्टवेयर को कॉपी कर लिया था। इस अपराध के लिए उस पर आरोप लगाये गये और सन् 1988 में उसे इसका दोषी भी पाया गया।

अमरीकी न्याय विभाग के मुताबिक वह किस जगह पर मौजूद है, इसे छिपाने के लिए वह क्लोन किये गये फोन का इस्तेमाल करता था। ऐसा करके उसने देश की कुछ जानी-मानी सेलुलर टेलीफोन और अन्य कम्पनियों के तमाम मूल्यवान सॉफ्टवेयर्स की नकल बनायी। उसके पास अनेक क्लोन सेलुलर फोन, फ़र्जी पहचान पत्र और सौ से भी ज्यादा क्लोन सेलुलर फोन कोड्स बरामद किये गये थे। चर्चित पुस्तक 'द फ्यूजिटिव गेम' हैक्टिविज्म की दुनिया और दुनिया के हैक्टिविज्म पर बुनियादी और प्रारम्भिक रोशनी डालती है।

हैक्टिविज्म के प्रारम्भिक प्रणेता मिटनिक का पूरा जीवन ही विवादों के समुद्र में डूबता और उतराता रहा है। जॉन मार्कोफ और त्सूतोमू शिमोमूरा ने इसी विषय पर मिलकर एक पुस्तक लिखी थी, जिसका शीर्षक 'टेकडाउन' है। जोनाथन लिटमैन ने मार्कोफ पर यह इल्जाम लगाया कि मार्कोफ ने 'न्यूयॉर्क टाइम्स' को आधार बनाकर मिटनिक के बारे में जो कुछ भी लिखा है, वह केवल सरकारी दावों और

अफ़वाहों की बुनियाद पर टिका है। उसमें मिटनिक का कोई भी साक्षात्कार शामिल नहीं है। लिटमैन ने मार्कोफ की पत्रकारीय अनुचितता की ओर इशारा करते हुए यह भी कहा कि वास्तव में मुख्यधारा के मीडिया ने मिटनिक के अपराधों को लेकर एक तरीके के ओवर हाइप की स्थिति पैदा की। आज जब जूलियन असांजे और हैक्टिविज्म के बारे में हम लोग काफ़ी कुछ-कुछ देख-सुन चुके हैं तब यह प्रश्न और भी अधिक प्रासंगिक हो जाता है कि क्या असांजे को लेकर मुख्यधारा के मीडिया ने पत्रकारीय निष्पक्षता और सन्तुलन का गम्भीर परिचय दिया है।

मार्कोफ और शिमोमूरा की उपरोक्त किताब के आधार पर जब एक फिल्म का निर्माण किया गया तब फिर एक नये विवाद का जन्म हुआ। लिटमैन ने कहा कि फ़िल्म के तमाम हिस्से तो उनकी अपनी किताब से लिए गये हैं, जिसका फ़िल्म में कहीं भी न तो कोई उल्लेख है और न ही कभी इसकी अनुमति माँगी गयी थी। इसी तरह सन् 2000 में स्कीट डलरिच और रसेल वोंग ने अपनी एक फ़िल्म में केविन मिटनिक को आधार बनाया। यह फ़िल्म मार्कोफ की किताब 'टेकडाउन' पर आधारित थी लेकिन फ़िल्म का नाम 'टेकडाउन' नहीं, बल्कि 'ट्रैकडाउन' था। फिर भी इस फिल्म को अमरीका के बाहर के लोग 'टेकडाउन' नाम से ही जानते हैं। फ़िल्म के प्रति लोगों की प्रतिक्रियाओं को समेटते हुए 'फ्रीडम डाउनटाइम' नामक एक वृत्तचित्र भी निर्मित किया गया जो खासा चर्चित रहा।

वास्तव में केविन मिटनिक ने विद्यमान क़ानूनों की समयानुकूल अपर्याप्तता को सिद्ध किया और इस बात की ज़रूरत का अहसास कराया कि अब सूचना-जगत को नयी विधियों, नये नियमों और नये क़ानूनों को अंगीकार करना होगा। इस मामले ने जनता में कम्प्यूटर सम्बन्धी अपराधों को लेकर जागरूकता पैदा की और आज कम्प्यूटर से जुड़े अपराधों की दुनिया में मिटनिक का नाम एक नजीर की तरह लिया जाता है। मिटनिक ने विलियम एम साइमन के साथ मिलकर दो पुस्तकें भी लिखीं हैं। पहली का नाम है 'दि आर्ट ऑफ इंट्रूजन : द रियल स्टोरीज बिहाइंड द एक्सप्लॉइट्स ऑफ हैकर्स, इंट्रूजन एंड डिसीवर्स' तथा दूसरी किताब का शीर्षक है 'घोस्ट इन द वायर्स : माई एडवेंचर्स ऐज द वर्ल्ड्स वांटेड हैकर।''

अभी इतना ज़्यादा वक़्त नहीं बीता है कि हम हैक्टिविज्म और अपराधों को लेकर इस बात का अन्तिम फैसला कर सकें कि इसमें क्या अच्छा है और क्या बुरा है? अभी तो नया मीडिया आकार ही ग्रहण कर रहा है और वह जनसरोकारों से बिल्कुल कटा हुआ भी नहीं है। उसके साधनों यानी काम करने के तरीक़ों पर सवाल उठाये जा सकते हैं किन्तु हमें ध्यान रखना होगा कि साध्य और साधन के प्रश्न आज के प्रश्न नहीं हैं, बल्कि ये मानवता और सभ्यता के बुनियादी सवाल हैं

जो समान रूप से ही हैक्टिविज्म पर भी लागू होते हैं। कहा गया था कि भूमंडलीकरण ने देशों की भौगोलिक सीमाओं को बेमानी कर दिया है लेकिन आज हैक्टिविज्म ने भूमंडलीकरण की चूलें हिला दी हैं क्योंकि शक्तिशाली देशों के अपराधों के बारे में सूचनाएँ पल भर में ही पूरी दुनिया में पहुँच जाती हैं। इन्हें शक्तिशाली देश चाहकर भी नियंत्रित नहीं कर पा रहे हैं। जूलियन असांजे की गतिविधियाँ इस बात की ज्वलन्त प्रमाण रही हैं।

भारत के बारे में विकीलीक्स के कई महत्त्वपूर्ण खुलासे सामने आये, जिनमें परमाणु करार के दौरान विश्वास मत जीतने के लिए सत्तारूढ़ पार्टी की ओर से संसद सदस्यों की खरीद-फरोख़्त की बात भी शामिल है। इस बाबत विकीलीक्स ने भारत में अमेरिकी दूतावास से अमेरिका भेजे गये केबल के हवाले से खुलासा किया कि किस-किस के बीच क्या-क्या बात हुई और किस तरह इस ख़रीद-बिक्री को अंज़ाम दिया गया। इसके अलावा सत्तारूढ़ कांग्रेस पार्टी सहित यूपीए गठबन्धन के बारे में कई महत्त्वपूर्ण खुलासे किये गये। इन खुलासों पर देश में राजनीतिक माहौल काफ़ी गरमा गया। विपक्ष ने सरकार ने सदन में सफ़ाई माँगी। इस पर प्रधानमन्त्री मनमोहन सिंह ने सदन में विकीलीक्स की विश्वसनीयता पर सवाल उठाते हुए कहा कि हम ऐसी सूचनाओं पर भरोसा नहीं कर सकते। उन्होंने कहा कि सरकार इन सूचनाओं की ईमानदारी, इनकी विषयवस्तु, यहाँ तक कि ऐसे किसी संवाद के अस्तित्व पर भी भरोसा नहीं करती। इस पर जूलियन असांजे ने कड़ी प्रतिक्रिया जतायी। उनका कहना था कि विकीलीक्स सन्देह से परे है। असांजे ने कहा कि 'यह प्रतिक्रिया परेशान करनेवाली है, क्योंकि अमेरिकी विदेश सचिव हिलेरी क्लिंटन ने भारत सहित कई देशों को इस सूचना के आने के बारे में आगाह किया था। मनमोहन सिंह अपने देश की जनता को गुमराह कर रहे हैं।'

भारतीय राजनीति के बारे में विकीलीक्स ने कई अहम बातें सार्वजनिक कीं, जिनमें 'वोट के लिए नोट' कांड का खुलासा, परमाणु करार के दौरान भारत सरकार में अमेरिकी दखल, यूपीए सरकार की नीतियों पर अमेरिकी पकड़, भ्रष्टाचार, राजनीति और विदेश नीति जैसे तमाम मसलों पर कई महत्त्वपूर्ण खुलासे किये गये। असांजे ने दावा किया कि भारत से जो काला धन विदेशों में जमा है, उसके खातेदारों की सूची उनके पास है। इसके साथ जूलियन असांजे ने दावा किया कि स्विस बैंक में सबसे ज्यादा धन भारतीयों का ही है। भारत के बारे में जो सूचनाएँ सार्वजनिक हुईं वे विकीलीक्स टीम द्वारा अमेरिकी केबलगेट को भेदने के बाद हासिल हुई थीं। भारतीय राजनीतिक घटनाक्रम और स्थितियों के बारे में सारी सूचनाएँ भारत में अमेरिकी दूतावास द्वारा 2007 से 2009 के बीच अमेरिका भेजी गयीं थीं।

भारत के बारे में विकीलीक्स की जानकारियाँ बहुत ही दिलचस्प रहीं और

उसके बाद राजनीतिक हलकों में जो प्रतिक्रिया हुई, वह बेहद हास्यास्पद। सबसे मजेदार तो यह रहा कि इन खुलासों के बाद भारतीय नेताओं के हास्यास्पद और क़रीब-क़रीब मूर्खतापूर्ण बयान सुनने को मिले।

भारत के बारे में जो भी खुलासे हुए, उसे भारतीय अंग्रेज़ी अख़बार 'द हिन्दू' ने विकीलीक्स से माँगकर प्रकाशित किया। इसमें कुल मिलाकर लगभग 6 मिलियन शब्दवाले 5100 भारतीय केबल थे, जिसे द हिन्दू ने मार्च, 2011 से प्रकाशित करना शुरू किया और महीनों तक इन्हीं केबलों के आधार पर ख़बरें और लेख प्रकाशित करता रहा, जिसे सभी अख़बारों और चैनलों ने फॉलो किया। यह अपने आप में एक इतिहास ही रहा। बाद में अप्रैल, 2011 में द हिन्दू के सम्पादक एन. राम ने ब्रिटेन गये जूलियन असांजे का एक घंटे का काफ़ी महत्त्वपूर्ण इंटरव्यू किया। यह इंटरव्यू द हिन्दू में किश्तों में 12 और 13 अप्रैल, 2011 को प्रकाशित हुआ।

जूलियन असांजे के खुलासों से जहाँ भारतीय राजनीति को खासी असुविधा हुई, वहीं भारतीय जनता को काफ़ी सुखद एहसास हुआ। हालांकि, इन खुलासों के बाद भी भारतीय राजनीति जस की तस चलती रही। न तो सरकार गिरी, न ही सफ़ाई माँगे जाने के अलावा और कोई प्रतिक्रिया हुई। और आगे इसका कोई दूरगामी प्रभाव होगा, यह भी नहीं कहा जा सकता। भ्रष्टाचार के विरुद्ध लड़ रहे भारतीयों को अभी असांजे के उस कारनामे का इन्तज़ार है, जब विदेशों में जमा भारतीय धन और उसके खातेदारों के नामों का खुलासा होगा। इसके अलावा भारतीय नया मीडिया और वैकल्पिक मीडिया, जो कि अभी आकार ही ले रहा है, से उम्मीद की जाती है कि वह जूलियन असांजे और विकीलीक्स से प्रभावित होगा और आनेवाले समय में ऑनलाइन पत्रकारिता की एक बेहतरीन नजीर क़ायम करेगा।

साख ही है समाचार माध्यमों की जान

हमारे प्रधानमन्त्री ने हाल ही में कहा है कि छानबीन करना मीडिया का स्वभाव है लेकिन उसे आरोपों के जाल में नहीं फँसना चाहिए। उन्होंने बेहद गम्भीरता से कहा कि अँधेरे में तीर चलाना खोजी पत्रकारिता का विकल्प नहीं है। इतना ही नहीं, विश्वसनीयता यानी साख को मीडिया की पूँजी बताते हुए एक बात उन्होंने बहुत शानदार कही है कि मीडिया संगठन अपने प्राथमिक लक्ष्य को भूलें नहीं, जो कि समाज को दर्पण दिखाने और सुधार लाने में मदद करने का है। इन बातों की प्रासंगिकता इसलिए और भी ज़्यादा है क्योंकि ये बातें दिल्ली के रायसीना रोड पर बने राष्ट्रीय मीडिया केन्द्र के उद्घाटन के मौक़े पर कही गयी हैं।

मीडिया की साख पर विचार करना पिछले कुछ वर्षों या दशकों से कुछ अधिक ज़रूरी होता चला गया है। भूमंडलीकरण और सूचना क्रान्ति के इस विकसित दौर में समाचार माध्यमों का विस्तार हुआ है और उनकी पहुँच भी बढ़ी है। इसमें कारोबार के पश्चिमी सिद्धान्तों के साथ-साथ मुनाफ़े के दबावों की भी महती भूमिका रही है। एक ही समाचार आज कई समाचार माध्यमों से अलग-अलग ढंग से दिखाया और सुनाया जाता है। फिर भी एक अहम सवाल जो आम पाठक या दर्शक से लेकर बड़े-बड़े मीडिया दिग्गजों को सोचने के लिए मजबूर करता है, वह यह है कि आख़िर ये समाचार माध्यम कितने भरोसेमन्द हैं और इनकी साख क्या है? क्या समाचार माध्यमों की प्रामाणिकता और निष्पक्षता या उनका 'सन्तुलित' दृष्टिकोण विश्वसनीय है? यदि हाँ, तो किस सीमा तक इन माध्यमों पर भरोसा किया जा सकता है? निजी मीडिया चैनलों की बाढ़ के इस युग में इस सवाल का जवाब खोजना आसान नहीं है। 'सबसे तेज़' और 'सबसे जल्दी' पेश करने के नाम पर अक्सर ऐसे समाचार पेश कर दिये जाते हैं जो सच से न सिर्फ़ अलग होते हैं बल्कि कोसों दूर होते हैं। नित नये स्टिंग ऑपरेशनों और इंटरनेट पत्रकारिता के उन्नत दौर में जब हैकिंग जैसी समस्याएँ मौजूद हों तब यह बात और भी अधिक महत्त्वपूर्ण हो जाती है।

समाचार माध्यमों की विश्वसनीयता यानी साख ही उनकी जान है। कभी राजनीतिक पूर्वग्रह तो कभी धार्मिक पूर्वग्रह, इन सबके चलते भी समाचार को उसकी समग्रता में न दिखाकर केवल चयनित पहलुओं को ही दिखाया या सुनाया जाना उचित नहीं कहा जा सकता। तमाम ज़रूरी समाचारों को अनावश्यक रूप से सनसनीख़ेज़ और मनोरंजक बनाया जाता है, उनकी पैकेजिंग पर असल अन्तर्वस्तु से कई गुना ज़्यादा ध्यान दिया जाता है। कुछ चैनल तो अपनी टीआरपी बढ़ाने के लिए महज़ ख़बरों के सिर्फ़ चयनित पहलुओं को ही दिखाते हैं। इससे पाठक या दर्शक के मन में भ्रान्त सूचना छवियाँ बन जाती हैं जो कि किसी उद्देश्यपूर्ण समाचार माध्यम का लक्ष्य कभी नहीं हो सकतीं। हमें ध्यान रखना चाहिए कि क्षेत्रीय स्तर पर कुछ वर्षों पूर्व के कुंजीलाल जैसे मामलों या हाल-फिलहाल के जवाहरलाल नेहरू विश्वविद्यालय से जुड़े प्रकरण ने, राष्ट्रीय स्तर पर तहलका जैसे सनसनीखेज़ मामले ने या फिर अन्तरराष्ट्रीय स्तर पर इराक़ पर थोपी गयी अमेरिकी कार्रवाई ने कुछ ऐसे असन्तुलित कवरेज पेश किये कि इन सबकी रिपोर्टिंग पर सवाल उठाए गये। इन महत्त्वपूर्ण समाचारीय सवालों का उठना आख़िर क्या दर्शाता है? सर्वप्रथम तो 'समाचार' को समझने की ही ज़रूरत है। क्या चीज़ समाचार है और क्या समाचार नहीं है, इनके बीच का अन्तर जानना भी किसी समाचार माध्यम के लिए ज़रूरी है।

हम सब तमाम समाचार पढ़ते और सुनते हैं और रोज़ सुबह अख़बारों के लिए व्याकुल भी रहते हैं कि जल्दी से फेरीवाला हमें अख़बार दे जाये और हम देश-दुनिया की ज़रूरी सुर्ख़ियों से वाकिफ़ हो सकें। इसी तरह किसी महत्त्वपूर्ण समाचार को टेलीविजन में देखते समय अगर एक मिनट के लिए भी बिजली चली जाये तो किसी को भी अच्छा नहीं लगता। अख़बारों की महत्ता बनी हुई है फिर भी आज ऐसे पाठकों, दर्शकों और श्रोताओं की संख्या बहुत अधिक है जो समाचारों के लिए केवल अख़बार पर ही निर्भर नहीं रहते। अनेक अन्य समाचार माध्यमों के ज़रिये वे अपनी समाचार-सम्बन्धी जिज्ञासा को शान्त करते हैं, चाहे वह रेडियो हो या टेलीविज़न या फिर इंटरनेट। भूमंडलीकरण की तेज़ चलनेवाली प्रक्रिया ने इन अन्य संचार माध्यमों को नयी तकनीकों के साथ नये और अपेक्षाकृत अधिक सुविधाजनक तरीक़े से दर्शकों के सामने प्रस्तुत किया है। पर समाचारों और समाचार माध्यमों की इस आभासी बहुलता के बीच खुद समाचारों की परिभाषा भी अक्सर सवालों के घेरे में आती रहती है। कौन-सी घटना समाचार है, कौन-सी नहीं, इनके बीच की विभेदक रेखा कैसी है और कैसी होनी चाहिए, समाचार और मनोरंजन में क्या फ़र्क़ होना चाहिए जैसे अनेक सवालों से आज मीडिया की साख ख़तरे में पड़ती जा रही है। क्या समाचार वह है जिसमें लोगों की 'रुचि' हो या फिर वह है जिसे अधिक-से-अधिक लोग पसन्द करें? फिर मनोरंजन और समाचार में क्या

अन्तर रह जायेगा? ज़ाहिर है कि मनोरंजन कुछ अलग चीज़ है जो किसी भी हार्ड न्यूज़ की तरह अपरिहार्य या अत्यावश्यक नहीं है। इसीलिए फीचर, समाचारों या धारावाहिकों से बुनियादी रूप में भिन्न होता है।

आज तो समाचारों की एक परिभाषा यह भी दी जाती है कि समाचार वह है जिसे मीडिया मालिक समाचार मानें। ऐसे तमाम समाचारीय विचलनों, दबावों और बदलावों पर बहस और विश्लेषण अधिकाधिक आवश्यक होता जा रहा है। यह ठीक है कि नव-उदारवादी नीतियों में आर्थिक पक्ष का महत्त्व स्वयमेव कुछ बढ़ा हुआ ही मिलता है और मीडिया भी इसमें समय-समय पर खाद-पानी डालता ही रहता है। फिर भी, किसी भी मीडिया को केवल कारोबारी गतिविधि तक ही सीमित नहीं रहना चाहिए क्योंकि उसे समाज के हर तबके का आईना माना जाता है, न कि केवल सेलिब्रिटीज़ या कारोबारी लोगों का।

मीडिया की साख पर भूमंडलीकरण ने भी अपना असर छोड़ा है। समाज की जिन संस्थाओं पर भूमंडलीकरण की प्रक्रिया का सर्वाधिक प्रभाव पड़ा है, उनमें अर्थशास्त्र या जीवन शैली के अलावा पत्रकारिता भी एक है। आज जहाँ ज़्यादातर विकासशील देशों में उनकी आर्थिक नीतियों को 'वैश्विक' बताया जा रहा है, वहीं जीवन शैली के मामले में भी परिधान और बातचीत के तमाम आयामों को 'ग्लोबल' बताना जारी है। और जो यह सब बताती है, वह संस्था पत्रकारिता ही है। जैसाकि हम सभी जानते भी हैं कि शायद इस 'ग्लोबल' प्रभाव ने ही पत्रकारिता के स्थान पर मीडिया शब्द के चलन को बढ़ा दिया है। जो पत्रकारिता पहले मिशन थी, बदलते वक़्त के साथ बाद में वह व्यवसाय बनी और आज उसकी हालत या उसके विचलन की स्थिति किसी से छिपी नहीं हैं। ये विचलन पाठकों के लिए या जनसरोकार के लिए उचित नहीं कहे जा सकते। आज अन्तर्वस्तु विश्लेषण यानी कंटेंट एनालिसिस पर अनेक कोणों से सोचने-समझने की ज़रूरत है, मसलन; स्त्रियों के नज़रिये से या फिर साहित्य, अर्थव्यवस्था, किसान, मज़दूर और हाशिये के लोगों के कोण से। इस सन्दर्भ में पिछले कुछ वर्षों और दशकों में तमाम नवीन विकास दर्ज किये गये हैं जिनका वस्तुनिष्ठ लेखा-जोखा प्रस्तुत करना किसी भी ज़िम्मेदार मीडिया का फ़र्ज़ है। भूमंडलीकरण की वर्तमान अवस्था में उभरे पितृसत्ता के इन नये रूपों की छवि अख़बारों में किस तरह दिखाई पड़ती है? क्या यह छवि बाजार में बिकनेवाली स्त्री-छवि से मेल खाती है? अगर नहीं, तो मीडिया की साख के विशेष परिप्रेक्ष्य में इस विसंगति के क्या अर्थ हैं जबकि मीडिया स्वयं नारी के वस्तूकरण के ख़िलाफ़ आवाज उठाता रहा है? पिछले बीस-पच्चीस साल के कुछ अख़बारों से अगर आज के अख़बारों की तुलना की जाये तो कोई भी पाठक यह समझ सकता है कि पहले महिलाओं से जुड़ी हुई ख़बरें किस पेज पर आती

थीं, उनका समाचारीय पहलू क्या होता था, वे कितने कॉलम की होती थीं और आज की हालत क्या है।

मीडिया की इस साख का पूरा जायजा लेना हो तो पत्रकारों से की गयी निजी बातचीत काफ़ी मददगार होती है। इससे हमें ख़बरों के पीछे की ख़बरों की पता चलता है जिसे बेहद आमफ़हम भाषा में 'न्यूज़ बिहाइंड द न्यूज़' कहा जाता है। इन्हीं विचार-विमर्शों के लिए हमारे देश में तमाम प्रेस क्लब मौजूद हैं जहाँ तमाम ज़रूरी ख़बरों पर ज्वलन्त चर्चाएँ होती हैं। सुखद है कि ऐसे दो प्रेस क्लबों ने इधर मीडिया के सन्दर्भ में बेहतरीन काम किया है। पहला तो इन्दौर का प्रेस क्लब है जो नियमित रूप से अपनी खुद की पत्रिका प्रकाशित कर रहा है। इसके अलावा इस प्रेस क्लब ने हाल ही में पुस्तक की शक्ल में तमाम वरिष्ठ और कटिबद्ध पत्रकारों के विचारों और लेखों को समाहित करते हुए एक संकलन निकाला है जिसका नाम है 'मीडिया खड़ा बाज़ार में।' इसमें बाज़ार और लोकतन्त्र के तमाम पहलुओं को मीडिया और उसकी साख के बीच और बरअक्स बड़ी गहराई से रेखांकित किया गया है। दूसरा प्रेस क्लब 'गोरखपुर जर्नलिस्ट प्रेस क्लब' है जिसने अनिल राय के बेहद कुशल सम्पादन में 'समकालीन माध्यम' नाम की एक पत्रिका प्रकाशित की है। न्यायमूर्ति मार्कंडेय काटजू के तमाम चर्चित विचारों से लेकर मीडिया के हालिया परिदृश्य और दृष्टिकोण तक का पूरा विश्लेषण यहाँ मिलता है। सबसे बड़ी बात कि इसमें माध्यम विशेष और अन्त: कथ्य के रूप में मीडिया और उसकी साख से जुड़ी इतनी सारगर्भित बातें बतायी गयीं हैं कि इनकी जितनी भी तारीफ की जाये, कम ही है। उदाहरण के लिए ऑनलाइन पत्रकारिता में चूँकि कोई भी व्यक्ति सम्पादन करके ख़बरों आदि को बदल सकता है इसलिए इंटरनेट की ख़बरों पर पूरी तरह विश्वास करने के पहले उनकी बाक़ायदा पुष्टि आवश्यक हो जाती है। यह बात निर्विवाद रूप से सत्य है कि एशिया और अफ्रीका के विकासशील देशों में ही नहीं, बल्कि स्वयं पश्चिम यूरोप और अमेरिका में भी मीडिया साक्षरता की दरकार निरन्तर बढ़ती ही जा रही है। ऐसे में हिन्दी भाषा में सार्थक अध्ययन सामग्री की कमी भी अखरती है। अच्छी खबर है कि इधर हिन्दी में तमाम मीडिया-विश्लेषण आरम्भ किये गये हैं जो पाठकों को अनेक नवीन जानकारियाँ मुहैया कराते हैं।

इस पर भी ध्यान दिया जाना अपेक्षित है कि किसी माध्यम की साख एक दिन या कुछ महीनों में ही नहीं बन जाती। यह एक दीर्घकालिक विषय है जिसमें एक-एक क्षण विश्वसनीयता की एक-एक बूँद को जोड़ता जाता है। इसी प्रक्रिया से किसी माध्यम की साख का वह महासमन्दर तैयार होता है जिस पर पाठक या दर्शक आँख मूँदकर भरोसा कर लिया करते हैं। इस महासमन्दर की रचना में अनवरत फील्ड वर्क करनेवाले अनेक समझदार संवाददाताओं और कटिबद्ध पत्रकारों

की ज़रूरत होती है। चैनल या समाचार माध्यम की सम्पादकीय नीतियाँ भी ऐसी होनी चाहिए कि उन पर प्रबन्धन का अनावश्यक असर न हो और मीडिया की साख पर किसी तरीके का कोई ग्रहण न लगे। पश्चिम में ही नहीं, खुद भारत का पाकिस्तान जैसे देशों में भी, आज भी, ऐसे समाचार माध्यम या ऐसे रेडियो अथवा टेलीविज़न चैनल मौजूद हैं जिनके समाचारों को सुनने या देखने के बाद पाठक, श्रोता या दर्शक किसी पुष्टि की ज़रूरत महसूस नहीं करते। यह वास्तव में उस माध्यम या चैनल द्वारा दशकों में कमाई गयी विश्वसनीयता है, कई वर्षों में जीता गया दर्शकों के हृदयों का विश्वास है। किसी समाचार या घटना की भली-भाँति पुष्टि करने के पश्चात ही उसे प्रसारित करना उचित है। पर क्या कहा जाये! पुष्टि में तो समय और परिश्रम लगता है और अर्थशास्त्रीय दबाव शार्टकट सिखाकर समय और परिश्रम बचाने का ज्ञान देता है। यह ठीक है कि प्रत्येक चैनल की अपनी चैनल नीति होती है, फिर भी मात्र सनसनी या उत्तेजना फैलाने के लिए समाचारों में विकृति उत्पन्न करना या तथ्यों में हेरफेर करना दर्शकों या श्रोताओं के साथ अन्याय ही कहा जायेगा। निष्पक्षता और सच्चाई के साथ-साथ समाचारों के स्रोत को भी बताया जाना जरूरी है। पर हर स्रोत को बताना भी उचित नहीं होता। कई बार पत्रकारीय नैतिकता किसी भी रिपोर्टर को इस बात की सुरक्षा और गारंटी देती है कि वह अपने समाचारीय स्रोतों का खुलासा न करे। वाटरगेट कांड का कवरेज इसका सबसे उम्दा उदाहरण रहा है। ऊँचे स्तर के समाचारों में ऐसी विकृति जिसे सिद्धान्तविदों ने 'डेफीनेशनल कंट्रोल' या 'एपीसोडिक जर्नलिज़्म' जैसा नाम दिया है, जो ठीक नहीं है। हमें याद रखना होगा कि यदि साधन पवित्र होंगे, उद्देश्य रचनात्मक होगा और पेशे के प्रति समर्पण होगा तो साध्य और परिणाम स्वयं ही बेहतर होंगे। सन्देहों और भ्रान्तियों की भीड़ में इस महत्त्वपूर्ण बात को जो माध्यम रेखांकित कर पाने में समर्थ होगा, वह निश्चित ही भरोसेमन्द होगा। यही नहीं, भरोसा जीतने के लिए बाक़ी माध्यम भी धीरे-धीरे ही सही, उसी का अनुसरण करने लगेंगे जो सर्वाधिक भरोसेमन्द है। इस प्रक्रिया में विज्ञापनबाज़ी और यशलोलुपता से बचने का भी ध्यान रखना अनिवार्य है। हमारा देश, दुनिया का सबसे बड़ा लोकतन्त्र है और हमारे यहाँ मीडिया से प्रभावित होनेवाले लोगों की संख्या सबसे अधिक है, इसीलिए हमारे देश में मीडिया की साख का मुद्दा सबसे ज़्यादा प्रासंगिक भी है।

मीडिया में बाल मनोरंजन

अच्छे जीवन-मूल्यों के निर्माण के लिए यह आवश्यक है कि बच्चों के साथ संचार की प्रक्रिया बेहद वैज्ञानिक तरीके से की जाये क्योंकि आज के बच्चे ही कल का भविष्य निर्धारित करते हैं। कहा भी जाता है कि बच्चे ही राष्ट्र के पिता हैं और बचपन में जो चीज़ सीख और समझ ली जाती है, उसे सारी उम्र लगाकर भी भुलाना मुश्किल ही होता है। आज जब अन्तरराष्ट्रीय पटल पर भारत एक वैश्विक शक्ति के रूप में तेज़ी से उभर रहा है तब यह सवाल बेहद महत्त्वपूर्ण और प्रासंगिक हो जाता है कि समस्त संचार-माध्यम हमारे बच्चों के लिए कैसा मनोरंजन प्रस्तुत कर रहे हैं। जो पत्रिकाएँ समाज में साहित्यिक मूल्यों की शक्तिशाली वाहक कही जाती हैं, क्या उन्होंने बालकों के मनोविज्ञान पर ईमानदारी से कभी ध्यान केन्द्रित किया है? यह ठीक है कि कभी-कभी 'चम्पक' और 'नन्दन' जैसी पत्रिकाएँ बाज़ार में दिख जाती हैं लेकिन क्या वे बालकों के सुरुचिपूर्ण मनोरंजन के लिहाज से पर्याप्त हैं? क्या मुख्यधारा के मीडिया ने बाल मनोविज्ञान पर ईमानदारी से कभी ध्यान केन्द्रित किया है? भूमंडलीकरण के वर्तमान दौर में अनेक टेलीविजन चैनल काम कर रहे हैं लेकिन ऐसे कार्यक्रमों की संख्या बहुत कम है जो मुख्यत: बच्चों को लक्षित करके बनाये जाते हैं। हालाँकि 'बाल गणेश', 'जंगल बुक' और 'पोटली बाबा की' जैसे कुछ कार्यक्रमों ने बाल मन को गहराई तक प्रभावित करने में सफलता पायी थी, लेकिन जिस अनुपात में टेलीविज़न चैनलों की भरमार हो गयी है, उस अनुपात में बच्चों पर कम ही ध्यान दिया गया है। पिछले एक दशक में आयी तकनीकी क्रान्ति की वजह से फ़िल्म-निर्माताओं ने बाल-मनोरंजन के लिए निर्मित किये जानेवाले कार्यक्रमों में एनीमेशन और कार्टूनों का ज़बरदस्त प्रयोग किया है। 'माई फ्रेंड गणेशा', 'हनुमान', 'हनुमान रिटर्न्स' और 'घटोत्कच' जैसे कार्यक्रम इस बात के प्रमाण हैं कि आज मीडिया ने बाल-मनोरंजन के नये आयामों को खोलने की कोशिश की है। इसके अतिरिक्त 'तारे ज़मीन पर' और 'स्टैनली का डब्बा' जैसी मुद्दों पर आधारित, फ़िल्मों ने भी बच्चों से जुड़ी संवेदनशील

समस्याओं को गम्भीरता से उठाया। विशाल भारद्वाज की 'द ब्लू अम्ब्रेला' (2007) को सर्वश्रेष्ठ बाल फ़िल्म का राष्ट्रीय पुरस्कार प्राप्त हुआ था, यह फ़िल्म प्रख्यात लेखक रस्किन बांड की एक कहानी पर आधारित है। इसमें एक साधारण-सी छोटी लड़की का मर्मस्पर्शी चित्रण है, जो नीले रंग का एक जापानी छाता खरीदकर लाती है और अपने गाँव में आकर्षण का केन्द्र बनती है। इसी तरह अमोल गुप्ते की 'स्टैनली का डब्बा' (2011) स्कूलों में अध्यापकों और विद्यार्थियों के आपसी सम्बन्धों की तहों को खोलती है। बच्चों को यह फ़िल्म बहुत पसन्द आयी क्योंकि हर बच्चे को लगा कि यह तो खुद उसके अपने ही स्कूल की कहानी है। इसी सिलसिले में 'चिल्लर पार्टी' (2011) का नाम भी महत्त्वपूर्ण है जिसमें गली के एक कुत्ते को बचाने के लिए बच्चों का एक झुण्ड एक नेता के ख़िलाफ़ उठ खड़ा होता है। इस फ़िल्म ने जहाँ एक तरफ़ बच्चों का सुरुचिपूर्ण मनोरंजन किया, वहीं दूसरी तरफ़ वयस्कों को यह इसलिए पसन्द आयी क्योंकि इसमें एक विशिष्ट सन्देश निहित था। बच्चों के लिए बनायी जाने वाली अँग्रेज़ी फ़िल्मों में हैरी पॉटर शृंखला भले ही सर्वाधिक चर्चित हुई हो, लेकिन पोकेमॉन की शृंखला एक ऐसी अनोखी शृंखला रही है जिसने सन् 2000 से लेकर आज तक हर वर्ष लगातार उम्दा बाल फ़िल्में प्रदर्शित की हैं। विज्ञान गल्पों पर आधारित फ़िल्मों के अलावा 'आइस सीरीज' और 'कुंग फू पांडा' आदि फ़िल्में भी ख़ूब चर्चित हुईं। त्रिविमीय (3डी) बाल फ़िल्मों की बात करें तो 'द एडवेंचर्स ऑव शार्कब्वॉय ऐंड लावागर्ल्स' और 'जोनास ब्रदर्स' जैसी फ़िल्मों ने अगर पश्चिमी दुनिया में धमाल मचाया तो भारत में भी 'छोटा चेतन' जैसी त्रिविमीय (3डी) फ़िल्म ख़ूब चली थी।

मीडिया में बाल-मनोरंजन का एक अन्य माध्यम कार्टून हैं। बच्चों को कार्टून बेहद प्रिय होते हैं क्योंकि बच्चे भाषा की बजाय चित्रों से कहीं ज़्यादा सीखते हैं। कहा भी जाता है कि जिस बात को हज़ार शब्द मिलकर भी नहीं कह पाते, उसी बात को एक मामूली चित्र बड़ी आसानी से व्यक्त कर देता है। फिर कार्टूनों का तो कहना ही क्या! उसमें तो चित्र रंगीन भी होते हैं और इस तरह डिज़ाइन किये जाते हैं कि देखने वाले को हास्य-व्यंग्य का रस अनायास ही मिल जाता है। जिसने भी बचपन में 'चाचा चौधरी', 'नागराज' और 'सुपर कमांडो ध्रुव' जैसी कॉमिक्स की शृंखलाएँ पढ़ी होंगी, वह उन्हें कैसे भूल सकता है! अँग्रेज़ी के अलावा हिन्दी समेत समस्त भारतीय भाषाओं के समाचार-पत्र बच्चों का एक कोना ज़रूर प्रकाशित करते हैं, भले ही वे सप्ताह में एक ही दिन ऐसा करते हों। हिन्दी के 'जनसत्ता' में रविवारीय संस्करण में छपने वाली 'नन्हीं दुनिया' और अंग्रेज़ी के 'द हिन्दू' में साप्ताहिक तरीक़े से आने वाले 'यंग वर्ल्ड' का उदाहरण यहाँ प्रमुख रूप से दिया जा सकता है। चुटकुले भी मुद्रित माध्यमों के ज़रिये बच्चों का मनोरंजन ही करते

हैं। पर क्या यह मनोरंजन विविधतापूर्ण विचारों वाले बहुरंगी बचपन को स्वस्थ और संवेदनशील बनाने के लिए काफ़ी है? दृश्य-श्रव्य माध्यमों की बात करें तो अनेक कार्टून-चैनलों का उल्लेख आवश्यक हो जाता है। फ़िलिस्तीन के राष्ट्रपति रह चुके यासिर अराफ़ात के बारे में यह तथ्य रोचक है कि बच्चों के कार्टून चैनलों से उन्हें बहुत प्यार था। शान्ति के लिए नोबेल पुरस्कार पानेवाले अराफ़ात किसी फ़िल्म की बजाय कार्टूनों में शान्ति खोजा करते थे। भारत में सबसे अधिक लोकप्रिय कार्टून-चैनल 'पोगो' है। यह बच्चों के मनोरंजन के साथ-साथ भारतीय विरासत का भी पूरा ख़्याल रखता है। इस चैनल के अपने कार्यक्रमों ने बालमन पर अपनी सकारात्मक छाप छोड़ी है। जहाँ पर 'छोटा भीम' जैसे कार्यक्रम में एक छोटा और साहसी बच्चा ढोलकपुर नामक अपने पूरे गाँव को समस्याओं से बचाता है, वहीं 'मिस्टर बीन' जैसे कार्यक्रम ज़बरदस्त कॉमेडी का नमूना पेश करते हैं। 'पोगो' पर प्रसारित होने वाले अनेक बाल-कार्यक्रम तो इतने अधिक चर्चित हुए कि उनकी सीडी और डीवीडी भी दुकानों पर बिकती है। 'पोगो' ने चार्ली चैपलिन की पूरी शृंखला को एनीमेशन की नयी तकनीकों से लैस करके उसकी पुनर्प्रस्तुति 'चैपलिन' नाम से की है। 'कार्टून नेटवर्क' एक दूसरा चैनल है जो बहुत पुराना है और दुनिया के कई देशों में देखा जाता है। इसके पास पोकेमॉन, बेन टेन और टॉम ऐंड जेरी जैसी अनेक महान कार्टून शृंखलाएँ हैं। एलियंस यानी परग्रहीय प्राणियों पर फोकस करने वाला यह कार्टून चैनल बच्चों के बीच बेहद लोकप्रिय है। 'डोनाल्ड डक शो' को प्रसारित करने वाले 'डिज़्नी चैनल' के अनेक टेलीविजन कार्यक्रम सराहे गये। इनमें 'शरारत', 'करिश्मा का करिश्मा' और 'शाका लाका बूम बूम' विशेष रूप से उल्लेखनीय हैं। इन चैनलों के अलावा 'निक' और 'एनीमैक्स' जैसे अन्य कार्टून चैनलों के भी नाम महत्त्वपूर्ण हैं। इस पर दिखाया जानेवाला कार्यक्रम 'कैप्टन सुबासा' छोटे बच्चों को लक्ष्य के प्रति समर्पित होना और दृढ़निश्चयी बनना सिखाता है। एक अन्य कार्यक्रम 'स्लैम डंक' का आधार बास्केटबाल है, जिससे बच्चों की खेल में अभिरुचि भी बढ़ती है।

आज फ़ेसबुक जैसी सोशल नेटवर्किंग साइट्स और यू-ट्यूब पर बच्चों के मनोरंजन के लिए अपलोड किये जाने वाले 'अलीबाबा और चालीस चोर' जैसे तमाम वीडियोज़ बाल-मनोरंजन के नये आयामों को ही व्यक्त करते हैं। यह कोई मामूली बात नहीं है कि आज की आपा-धापी भरी तेज़ रफ्तार ज़िन्दगी में बहुत अधिक व्यस्त रहने वाले माता-पिता जब अपने नन्हें-मुन्नों को समय नहीं दे पाते, तो बाल-मनोरंजन के ये नये आयाम बच्चों के लिए बहुत बड़ा सहारा साबित होते हैं। इतना ज़रूर है कि ऐसे मनोरंजन की अपनी सीमाएँ हैं क्योंकि यह प्राकृतिक नहीं है। उदाहरण के लिए बच्चों के मानसिक विकास पर कई बार कुछ नकारात्मक

असर भी पड़ जाते हैं या उनकी आँखों में भी दिक़्क़त आ सकती है। इसके अलावा इंटरनेट पर ऐसी ढेर-सारी सामग्री मौजूद है जिसे देखने के लिए बच्चों की उम्र कम-से-कम अठारह वर्ष तो होनी ही चाहिए।

बाल मनोरंजन की बात करते समय ध्यान रखना चाहिए कि कोई भी मीडिया निर्वात में काम नहीं करता। उसका अपना एक एजेंडा होता है। आज ज़्यादातर मीडिया घराने निजी कम्पनियों के हाथों में हैं, मीडिया में स्वामित्व का संकेन्द्रण बढ़ गया है और इसी वजह से विचारों की विविधता पर संकटों का सवाल भी उठ खड़ा हुआ है। अगर बचपन में ही कोई व्यक्ति दूसरे के विचारों का आदर करने की या सहिष्णुता की सीख को ग्रहण न कर पाये, तो आगे चलकर इसे सीखना बेहद दुष्कर हो जाता है। कोई भी निजी मीडिया अन्तिम रूप से मुनाफ़े के लिए ही काम करता है और बड़ी-बड़ी चलायमान अन्तरराष्ट्रीय आवारा पूँजियों का भंडार कही जानेवाली बहुराष्ट्रीय कम्पनियों के मामले में तो यह बात और भी ज़्यादा लागू होती है। इसीलिए ये कम्पनियाँ कभी भी यह नहीं बतातीं कि भारत में बच्चों का एक बहुत बड़ा हिस्सा ऐसा है जो चाय की दुकानों पर गिलास धोते हुए या बालश्रम के कुचक्र में संघर्ष करते हुए कब बड़ा हो जाता है, उसे पता ही नहीं चलता। ऐसे बच्चों के लिए दो वक़्त की रोटी मिल जाना ही सबसे बड़ा मनोरंजन है। बच्चों के लिए किये जाने वाले अधिकतर प्रकाशन और प्रसारण इस नज़रिये से किये जाते हैं कि जब वे बड़े हों तो कॉस्मेटिक्स जैसे उत्पादों के लिए ख़रीददार उपभोक्ता बन सकें। इलेक्ट्रॉनिक मीडिया का विजुअल ग्रामर कितना गहरा प्रभाव छोड़ता है, इसे अरसा पहले आई हिन्दी फ़िल्म 'ट्रैफिक सिग्नल' की एक घटना से समझा जा सकता है। उसमें गोरापन लाने वाली एक फ़ेयरनेस क्रीम का विज्ञापन देख चुका एक छोटा बच्चा उस विज्ञापन की होर्डिंग पर लगातार पत्थर मारता है और कहता है कि मैंने तो कई हफ्ते इस क्रीम का इस्तेमाल किया लेकिन मेरा रंग गोरा क्यों नहीं हुआ! बच्चे को लगता है कि उसे विज्ञापन ने ठगा और छला है। ये कुछ ऐसी चीज़ें हैं, जिनसे बच्चे बचपन से ही अविश्वास करना सीख जाते हैं। हमें ऐसे शंकालु बच्चों के बारे में गम्भीरता से सोचना चाहिए और सोचना ही नहीं चाहिए, बल्कि इस दिशा में, छोटे-छोटे ही सही, सक्रिय प्रयास भी अवश्य करना चाहिए।

मीडिया में बाल-मनोरंजन के सन्दर्भ में अगर हम ग़ौर से देखें तो यह बात स्पष्ट हो जाती है कि छपे हुए शब्द और मुद्रित चित्र संचार के सबसे मज़बूत और दीर्घकालिक असर वाले माध्यम हैं। बच्चों की कल्पनाशीलता को बढ़ाने में बाल-साहित्य की महती भूमिका होती है। बाल कविताओं, बालगीतों, बाल उपन्यासों और बाल नाटकों ने समय-समय पर परीकथाओं और राजा-रानियों की काल्पनिक कहानियों के ज़रिये बच्चों का स्वस्थ मनोरंजन किया है। हिन्दी के बाल-साहित्य

में एक दौर ऐसा भी आया था जब बच्चे 'नन्दन', 'पराग' या 'मेला' जैसी बाल पत्रिकाओं में छपी कहानियों को पढ़कर जीवन की प्रेरणा हासिल करते थे। आज भले ही यह कहा जाता हो कि बच्चे यथार्थ में जीने लगे हैं इसलिए उन्हें यथार्थवादी रचनाएँ उपलब्ध करायी जानी चाहिए। टेलीविजन और कम्प्यूटरों से प्राप्त चुनौतियों के मद्देनज़र ऐसे तमाम तर्क दिये जाते हैं कि आज के बच्चे बहुत समझदार हो गये हैं, वे कम्प्यूटर पर फन-गेम्स और वीडियो गेम्स के ज़रिए इतने तार्किक हो चले हैं कि उन्हें मुद्रित माध्यमों की अन्तर्वस्तु उतनी प्रभावित नहीं कर पाती, जितनी दृश्य-श्रव्य माध्यमों की। लेकिन यह बात अनुभवों से मेल नहीं खाती। आज के जटिल जीवन के तौर-तरीक़ों से भी हमें बच्चों को किसी-न-किसी तरह परिचित कराना ही होगा। जाहिर है कि भारत के सभी बच्चों को इंटरनेट या टेलीविजन की सुविधा उपलब्ध नहीं है, लेकिन वे बाल साहित्य का ख़र्च वहन कर सकते है। आज आवश्यकता बाल-साहित्य को अद्यतन और समय के अनुकूल बनाने की है। विज्ञान के अनेक सिद्धान्तों से परिचित कराने के लिए पाठ्यक्रम की किताबें ही पर्याप्त नहीं होतीं, बल्कि विदेशी बच्चों की तरह विज्ञान-कथाओं से भी उनके मनोरंजन का साधन प्रस्तुत करना होगा।

हिन्दी में मनोरंजन के एक साधन के रूप में बाल-साहित्य में जो समस्याएँ आज दिखती हैं, उसका कारण यह है कि इस क्षेत्र का कोई स्वतन्त्र स्वरूप ही नहीं निर्मित हो पाया। वर्तमान समय में पहले जैसी बाल-पत्रिकाएँ भी नहीं प्रकाशित हो रही हैं। पिछली शताब्दी के दूसरे दशक में प्रकाशित 'शिशु' और 'बालसखा' जैसी बाल-पत्रिकाओं ने बाल-साहित्य के स्वतन्त्र और स्वायत्त स्वरूप की स्थापना में विशेष भूमिका निभायी थी। 'बालसखा' ही ऐसी अनोखी पत्रिका है जिसने आधी शताब्दी से भी अधिक समय तक, यानी लगभग तिरपन सालों तक अपने प्रकाशन का क्रम जारी रखा। देखा जाये तो हिन्दी साहित्य के विकास में जो भूमिका 'सरस्वती' पत्रिका ने निभायी है, हिन्दी बाल-पत्रकारिता के लिए वही भूमिका 'बालसखा' (1917) ने निभायी। हमारे देश की आज़ादी के पहले प्रकाशित होने वाली सभी बाल-पत्रिकाओं में 'बालसखा' ही ऐसी एकमात्र पत्रिका है जिसने आधी शताब्दी से भी अधिक समय तक यानी लगभग तिरपन सालों तक अपने प्रकाशन का क्रम जारी रखा। इस पत्रिका के पहले सम्पादक पंडित बदरीनाथ भट्ट ने इसके प्रवेशांक में लिखे गये सम्पादकीय में प्रशंसनीय घोषणा की थी, 'बालसखा के निकाले जाने का उद्देश्य है-बालक-बालिकाओं में रुचि जगाना, उनमें उच्च भावनाओं को भरना और उनमें से दुर्गुणों को निकालकर बाहर करना, उनका जीवन सुखमय बनाना और उनमें हर तरह का सुधार करना।' आगे चलकर लल्ली प्रसाद पांडेय, कामता प्रसाद गुरु, सोहन लाल द्विवेदी, देवीदत्त शुक्ल (जिनका उपनाम

गिरीश था) और ठाकुर श्रीनाथ सिंह ने इसका सम्पादन किया। बच्चे जब नयी-नयी चीज़ों को देखते हैं या उनके बारे में पढ़ते हैं तो उनके मन में जिज्ञासा का भाव विकसित होता है। शायद इसीलिए लल्ली प्रसाद पांडेय ने बाल-साहित्यकारों को साफ़-साफ़ चुनौती देते हुए कहा था कि वे बाल-साहित्य में नयेपन को वरीयता दें। तो क्या वर्तमान समय में यह मान लिया जाना चाहिए कि नयेपन को खोजा जाना बन्द हो चुका है? या फिर आज के समस्त संचार माध्यम इसलिए इस मामले से अपना हाथ-खींच रहे हैं क्योंकि इसमें मुनाफ़े का गणित उतना फलदायी नहीं है जितना होना चाहिए? हमारी आज़ादी से पहले निकलने वाली 'कुमार' और 'वानर' पत्रिकाएँ आज भी याद की जाती हैं। 'मेला' पत्रिका ने भी बच्चों का ख़ूब मनोरंजन किया था। इसी तरह 'पराग' एक ऐसी पत्रिका रही है जिसका हर एक आयाम अपने आप में अनोखा होता था। इसके वाक्य छोटे-छोटे होते थे। बाद में नब्बे के दशक के मध्य में 'बालहंस' ने भी बाल-मनोरंजन की नवीन शैली गढ़ी। इसमें कई ऐसे चुटकुले प्रस्तुत किये गये जिनसे बच्चों को हँसी भी आती थी और वे किसी गम्भीर बात पर सोचने को मजबूर भी हो जाते थे। 'बालहंस' ने समय-समय पर नाटकों पर केन्द्रित विशेषांक निकाले और इस विधा को बढ़ावा भी दिया।

बाल-मनोरंजन को लेकर यह सवाल प्रासंगिक है कि इसके लिए हमारी सरकार क्या कर रही है? भारत सरकार का प्रकाशन विभाग बच्चों के सर्वांगीण विकास को ध्यान में रखते हुए अनेक पुस्तकें व पत्रिकाएँ प्रकाशित करता है। बच्चों की लोकप्रिय हिन्दी मासिक पत्रिका 'बाल भारती' का प्रकाशन 1948 से नियमित रूप से किया जा रहा है। इसका लक्ष्य लघु कथाओं, कविताओं तथा जानकारी से भरपूर लेखों के माध्यम से बच्चों का स्वस्थ मनोरंजन करने के साथ-साथ उन्हें शिक्षित करना और उनमें मानव-मूल्यों तथा वैज्ञानिक प्रवृत्ति का संचार करना है। भारत सरकार का महत्त्वपूर्ण और प्रतिष्ठित भारतेन्दु हरिश्चन्द्र पुरस्कार जहाँ पहले केवल पत्रकारिता के क्षेत्र में उल्लेखनीय कार्यों के लिए दिया जाता था, वहीं पिछले कुछ वर्षों से यह बाल साहित्य के क्षेत्र में भी दिया जाने लगा है। इसके अतिरिक्त सन् 1955 में स्थापित भारतीय बाल फ़िल्म समिति बच्चों की फ़िल्मों का निर्माण, संग्रहण, वितरण, प्रदर्शन और संवर्द्धन करती है। बच्चों में पढ़ने की अधिक अभिरुचि पायी जाती है। उन्हें मनपसन्द पाठ्य सामग्री मिले तो वे उसके साथ घंटों जुड़े रह सकते हैं। सारे कामों को भूलकर वे मनोरंजक कथा-कहानियों को पढ़ने में इस तरह जुटते हैं कि खाना-पीना तक भूल जाते हैं। बाल पाठकों की समस्या का समाधान बाल साहित्यकार शिक्षक, अभिभावक और प्रकाशक आदि मिलकर कर सकते हैं। नेशनल बुक ट्रस्ट और प्रकाशन विभाग ने बच्चों के लिए महापुरुषों की अनेक प्रेरक जीवनियाँ प्रकाशित की हैं। प्रसिद्ध विद्वान गुणाकर मुले ने कड़ी मेहनत

करके आर्यभट्ट और भास्कराचार्य समेत अनेक आधुनिक वैज्ञानिकों की सराहनीय जीवनियाँ लिखी थीं। 'तेनसिंह नोर्गे' (राजेन्द्र सिंह भंडारी), 'डॉ. जाकिर हुसैन' (वी.के. आहलूवालिया) और 'स्वराज की कहानी' (विष्णु प्रभाकर) जैसे बाल जीवनी साहित्य ने अपनी जबरदस्त उपस्थिति दर्ज करायी। बाल उपन्यासों में भूपनारायण दीक्षित के 'खड़ खड़ देव' (1952) से लेकर चित्रा मुद्गल के 'माधवी किन्नग' तक एक से बढ़कर एक कृतियाँ आयीं। हिमांशु श्रीवास्तव का 'चन्दा मामा दूर के', हरिकृष्ण देवसरे का 'डाकू का बेटा' और 'चुटकुला नगर' तथा आबिद सुरती का 'बहत्तर साल का बच्चा' जैसे उपन्यास भी उल्लेखनीय रहे। मनोरंजन के नये आयामों के सिलसिले में कुछ अनूदित बाल उपन्यासों ने भी धूम मचायी। द्रोणवीर कोहली ने एक जर्मन बाल उपन्यास का अनुवाद 'फूलों की टोकरी' नाम से हिन्दी में किया। लुइस कैरोल के जाने-माने उपन्यास 'एलिस इन वंडरलैण्ड' का हिन्दी अनुवाद 'आश्चर्यलोक में एलिस' शीर्षक से शमशेर बहादुर सिंह ने किया था। नाटकों की बात करें तो कमलेश्वर का बाल एकांकी संग्रह 'पैसों का पेड़', उपेन्द्र नाथ अश्क का नाटक 'अधिकार का रक्षक', सत्येन्द्र शरत का 'इच्छापूर्ति' तथा के.पी. सक्सेना का 'ख़ामोश पढ़ाई जारी है' आदि रोचक रहे हैं। बाल-साहित्य की सर्जना के लिए बच्चों की कोमल भावनाओं, रुचियों और रचनात्मक कल्पनाशीलता आदि को दृष्टिगत रखना होता है। सोद्देश्यमूलक बाल-साहित्य की संरचना उतनी सरल नहीं है, जितनी दिखती है। सीधी रेखा खींचना सबसे कठिन होता है। बाल-साहित्य की रचना वही साहित्यकार कर सकता है जो अपनी विद्वता, अनुभव की गहनता, लेखन की दक्षता को बाल-मन की सहजता और सरलता में डुबो दे। वह लिखते समय बालक बन जाये।

बाल-मनोरंजन के लिए शोध केन्द्रों की भी पूरक भूमिका होती है। बच्चों के लिए जो अच्छा साहित्य लिखा जा रहा है, उसके लिए उत्साही प्रकाशकों की आवश्यकता है। अभी ज़्यादा दिन नहीं बीते जब बिहार के गया में आयोजित मगध मुस्तक मेले में कुछ गम्भीर प्रकाशकों द्वारा बाल-साहित्य के लिए सुन्दर और बालोपयोगी बुक स्टॉल लगाए गये थे। अच्छा हो, अगर गाँवों और नगरों में हर जगह बाल-पुस्तकालय मौजूद हों, जहाँ बाल-साहित्य बच्चों को सहजता से सुलभ हों। हमारी संसद में पुस्तक-संस्कृति और पुस्तकालयों को लेकर हाल ही में अनेक चर्चाएँ हुई हैं और पुस्तकालय-कानून बनाने की ख़बरें भी आयी हैं। इन पुस्तकालयों के लिए बाल-साहित्यकारों की पुस्तकों और पत्रिकाओं के नियमित क्रय का समुचित प्रावधान होना चाहिए जिससे अद्यतन बाल-साहित्य इन पुस्तकालयों में अनवरत उपलब्ध होता रहे। इन बिन्दुओं पर ध्यान देकर ही मीडिया बाल-मनोरंजन के नये आयामों का विस्तार कर सकता है। ग़ौरतलब है कि प्रिंट मीडिया

की वर्तमान भीड़ में भी आज 'मदारी' और 'तितली' जैसी कोई बाल-पत्रिका नहीं है जो शिशुगीतों से बच्चों का भरपूर मनोरंजन करे। आज भले ही बड़े साहित्यकार बच्चों के लिए किसी पत्रिका में कुछ लिखते हुए नाक-भौं सिकोड़ते हों लेकिन एक दौर में कवि सुमित्रानन्दन पन्त ने भी कुछ बाल कविताएँ लिखी थीं जो कुँवर सुरेश सिंह ने सम्पादन में प्रकाशित 'कुमार' में समय-समय पर छपती रहती थीं। संक्षेप में कहा जा सकता है कि मीडिया में बाल मनोरंजन से जुड़ी अनेक समस्याओं से निजात पाने के लिए सभी दिशाओं से प्रयास करने की जरूरत है।

युवाओं का अर्थ हिंसा ही नहीं है

मीडिया-विमर्श के ख़ास सन्दर्भ में इधर एकाधिक जगहों पर पढ़ने को मिल ही जाता है कि मीडिया में जो भाषिक हिंसा बलवती हुई है या मीडिया में आपराधिक ख़बरों का जो कवरेज बढ़ा है, उसके लिए युवा लोग ज़िम्मेदार हैं। देखा जाये तो युवाओं पर यह ज़िम्मेदारी कई तरीके से डाली जा सकती है। मसलन कहा जा सकता है कि आपराधिक वारदातों को अंजाम देने में युवा लोग ही ज्यादातर शामिल रहते हैं या फिर यह भी कहा जा सकता है कि आजकल के टेलीविजन-धारावाहिक जिस प्रकार की पारिवारिक कलह, ईर्ष्या और डाह को दिखाते-सुनाते हैं, वह युवाओं पर ही केन्द्रित होती है, वगैरह-वगैरह। लेकिन गहराई से देखने पर हम पाते हैं कि युवाओं को ऐसी चीजों का दोषी ठहराना जायज़ नहीं है। इसके लिए मीडिया में युवाओं की भूमिका पर और अख़बारों तथा इलेक्ट्रॉनिक मीडिया की भाषा में पसरती चली जा रही भाषिक हिंसा पर ग़ौर फरमाना ज़रूरी हो जाता है।

युवा किसी भी समाज के भविष्य का निर्माण करने में महत्त्वपूर्ण भूमिका का निर्वहन करते हैं। अख़बारों और प्रेस ने युवाओं पर बाक़ायदा अपना ध्यान केन्द्रित किया है। युवा जीवनशैली की आधुनिकता में रचे-बसे तरह-तरह के परिधान, फ़ेयरनेस क्रीम्स, डियोड्रैंट्स, डिज़ायनर चश्मे और तमाम तरीके की स्टायलिश घड़ियाँ समाचारपत्रों में छाई रहती हैं। हर दसवें मिनट पर टेलीविजन में दिखाए जाने वाले अधिकतर विज्ञापन युवाओं को ही अपना लक्षित समूह मानते हैं। इलेक्ट्रॉनिक मीडिया का कितना भी विकास क्यों न हो गया हो, अख़बारों में युवाओं का महत्त्व और उनकी छवि डिजिटल माध्यमों से कहीं ज़्यादा असरदार होती है। वरना क्या कारण है कि न्यू मीडिया की आत्मा कहे जाने वाले कम्प्यूटरों और लैपटॉपों के विज्ञापन अकसर अख़बारों में ही देखने को मिलते हैं? चाहे फैशन से जुड़े मॉडल्स की रंगबिरंगी तस्वीरों की बात हो या फिर युवाओं के कैरियर से जुड़े सवाल हों, आज हर भाषा के हर अख़बार में युवाओं से जुड़े मामलों की भरमार बड़ी आसानी से देखी जा सकती है। क्रेग एंडरसन और लियोनार्ड बर्कोविट्ज

जैसे अनेक विशेषज्ञों ने युवाओं पर चौथे खम्भे के प्रभाव का गहरा अध्ययन किया है और बताया है कि किस प्रकार प्रेस युवाओं को अपना प्रमुख लक्षित समूह मानकर संचार का काम करता है। भारतीय नौसेना का विज्ञापन हो, या फिर किसी फ़िल्मी सेलिब्रिटी से मिलने पर युवाओं का जुनून से भरा दीवानापन, अख़बारों में युवाओं की मौजूदगी अपनी समग्रता में बिखरी रहती है। ख़बरिया चैनलों पर प्रसारित होनेवाले लाफ्टर शोज़ और रियलिटी प्रोग्राम्स क्या युवाओं पर विशेष ध्यान नहीं देते?

अँग्रेजी ही नहीं, ओड़िया या मलयालम सहित समस्त भारतीय भाषाओं के समाचारपत्रों ने इस बेहद महत्त्वपूर्ण तथ्य को भलीभाँति समझ लिया है कि अपना देश भारत जनांकिकीय लाभांश के लिहाज से पूरी दुनिया में अनोखी स्थिति रखता है। अँग्रेजी अख़बारों ने तो पिछले एक-दो वर्षों में जनांकिकीय लाभांश यानी डेमोग्राफ़िक डिविडेंड के पत्रकारीय लाभों को बताने वाले ढेरों आलेख भी प्रकाशित किये हैं ताकि युवावर्ग इस बात का अहसास कर सके कि देश युवाओं से भरा पड़ा है और जीवन जगत् के हर क्षेत्र में युवाओं की भूमिका निर्णायक होती जा रही है, चाहे वह क्षेत्र पत्रकारिता का हो, व्यापार और उद्योग का हो या फिर राजनीति का ही क्यों न हो। जिस प्रकार प्रिंट पत्रकारिता के वैश्विक पिरामिड में भारतीय मुद्रित माध्यमों का बोलबाला है, उसी प्रकार सभी आयु वर्गों की जनसंख्या के भारतीय पिरामिड में पन्द्रह से पैंतालीस वर्ष के बीच की अवस्था वाले लोगों का बाहुल्य है। इस बहुलता को लेकर सभी समाचारपत्र नियमित रूप से आकर्षक फ़ीचर प्रकाशित करते हैं। इन फ़ीचरों के विषय आमतौर पर युवाओं से सम्बन्धित होते हैं। उदाहरण के लिए ये फ़ीचर जहाँ एक ओर लड़कों को रूठी हुई गर्लफ्रैंड को मनाने के नुस्खे बताते हैं वहीं दूसरी ओर ये लड़कियों का भी पूरा ख़्याल रखते हैं। ये लड़कियों को ऐसे तरीके बताते हैं जिनके उपयोग से लड़कियाँ अपने ब्वॉयफ्रैंड्स की 'एब्यूज़िंग लैंग्वेज' से मिनटों में छुटकारा पा सकती हैं और बार-बार 'हर्ट' होने से बच सकती हैं।

पर युवाओं की बहुलता सिर्फ़ फ़ीचरों तक ही सीमित नहीं होती। मानसून के मौसम में जब पहली बारिश का खुशनुमा आगमन होता है, तब कोई भी अख़बार एक रंगीन छतरी के नीचे भीगते किसी युवा जोड़े की ख़ूबसूरत फ़ोटो को न छापने की भूल कतई नहीं कर सकता। राजनीति में युवाओं के दंगल, रैलियों और युवा नेतागीरी के करवेज को लेकर भी मुद्रित माध्यम सजग और उत्साही रहते हैं। शतरंज, हॉकी, क्रिकेट या फ़ार्मूला वन रेस सहित पूरी की पूरी खेल पत्रकारिता युवाओं से ही सम्बन्धित है। ख़ासतौर से विम्बलडन या फ्रेंच ओपेन के सीज़न में विलियम्स बहनों और बैडमिंटन की प्रतिस्पर्धाओं के मौसम में सायना नेहवाल की

तस्वीरों से सारे अख़बार भरे रहते हैं, चाहे वे राष्ट्रीय हों या क्षेत्रीय, चाहे उनकी प्रसार संख्या कम हो या ज़्यादा। अपराध जगत् की सारी ख़बरें युवाओं को ही कवर करती हैं। चोरी, डकैती, राहजनी, लूटमार और तस्करी इसके कुछ प्रचलित आयाम हैं। अख़बार ऐसी न्यूज़ स्टोरीज़ को लिखते और छापते समय जिन तौर तरीकों का इस्तेमाल करते हैं, वो न तो टीवी में और न ही रेडियो में उपलब्ध हैं। यह बात अलग है कि इलेक्ट्रॉनिक मीडिया खुद को श्रेष्ठ साबित करने की शायद ही कोई कोशिश छोड़ता हो।

यह तो वास्तविक स्थिति का एक रफ़ स्केच है जिससे हम अख़बारों के उस नज़रिये के बारे में जान पाते हैं जिसके तहत वे युवाओं को कवरेज प्रदान करते हैं। पर जो अख़बार युवाओं को कवरेज का इतना बड़ा हिस्सा प्रदान करते हैं, स्वयं उन अख़बारों के अपने दफ़्तरों में युवाओं की क्या स्थिति है? यह एक बहुत ज़रूरी सवाल है कि आज किसी भी बड़े या छोटे अख़बार में कितना और कौन-कौन-सा काम युवा सँभालते हैं? और जिन कामों को युवा पत्रकार सँभालते हैं, उन कामों की महत्ता क्या है? वे कम महत्त्व के साधारण काम हैं या फिर ज़्यादा महत्त्व के असाधारण काम? इन कामों में युवाओं का निष्पादन कैसा रहता है? 'एक्टिव रिपोर्टर' नामक अपनी चर्चित किताब में लेविस जेम्स जैसे प्रख्यात मीडियाविद् ने सर्वाधिक सक्रिय संवाददाताओं की पहचान युवाओं में से ही की है। आज कहा जाता है कि समाचारपत्रों के सम्पादकीय विभागों को विचारहीन बनाने के अघोषित कार्यक्रम धड़ल्ले से चलाए जा रहे हैं। वैचारिक और स्वतन्त्र समझ रखनेवाले वरिष्ठ पत्रकारों के बारे में कहा जाता है कि चूँकि ऐसे लोग प्रबन्धकों के लिए असुविधाजनक होते हैं, इसलिए इन्हें हटाने या दरकिनार करने की बारीक कोशिशें की जाती हैं। आजकल सम्पादकीय बैठकों में असली ख़बरों की बजाय ले-आउट, डिज़ाइन और ग्राफ़िक्स पर ज़्यादा चर्चाएँ होती हैं। प्रबन्धकों का मानना है कि जितने वेतन पर एक वरिष्ठ पत्रकार को रखा जाये, उतने में तो तीन नये या प्रशिक्षु पत्रकारों को रखा जा सकता है फिर यह बात भी कही जाती है कि पुराने लोग एक ही लीक पर चलने के अभ्यस्त हो जाते हैं और उनमें नये विचारों को समझने की सम्भावना भी कम हो जाती है। इसके विपरीत नये लोगों को नये विचारों के साथ सामंजस्य बिठाने में कोई दिक्कत नहीं होती।

ऐसी बातें या विश्लेषण करते समय हमें ध्यान रखना चाहिए कि पत्रकारिता मानविकी की एक शाखा है, न कि विज्ञान की शाखा है। इसीलिए अख़बारों में, तथ्यों को छोड़कर, कोई भी चीज़ न तो सौ फ़ीसदी सही होती है और न ही सौ फ़ीसदी ग़लत। केवल अलग-अलग कोण और नज़रिये होते हैं जो अख़बारों के माध्यम से अभिव्यक्ति पाते हैं। इन अभिव्यक्तियों में जहाँ तक युवाओं का सवाल

है, बताने की आवश्यकता नहीं है कि इसे समझना कितना मुश्किल है। अरसा पहले आयी हिन्दी फ़िल्म 'हासिल' में एक बड़ा उम्दा संवाद था कि युवा वर्ग की ताक़त को समझना ज़रूरी है क्योंकि अगर युवा शब्द को उल्टा करें तो हमें वायु शब्द मिलता है। और वायु तभी तक मनभावन लगती है, जब तक वह मद्धिम-मद्धिम चलती है। जब उसकी रफ़्तार तेज़ हो जाती है, तब वह आँधी और तूफ़ान बन जाती है जिसे समाज के लिए लाभदायक नहीं कहा जा सकता। यह संवाद ऐसा बहुत कुछ बताता है जिसे अगर समझ लिया जाये तो एक बेहतर समाज के पुनर्निर्माण का काम काफी आसान हो सकता है। महात्मा गाँधी ने युवाओं यानी यंगमेन में अपार भरोसे के चलते ही अपने अख़बार का नाम 'यंग इंडिया' रखा था। विवेकानन्द, दिनकर और जयप्रकाश नारायण जैसे मनीषियों ने इस युवा शक्ति के महत्त्व को समझकर ही अपनी साधना की थी। चौथा खम्भा भी उसी तरह समाज को एक नयी दिशा दिखा सकता है बशर्ते इन सारी स्थितियों का विश्लेषण और मूल्यांकन पूर्वाग्रहों से मुक्त होकर किया जाये।

मीडिया में अगर हिंसक प्रस्तुतियों की बात की जाये तो उसमें फ़िल्मों और धारावाहिकों समेत टेलीविजन, रेडियो और इंटरनेट को भी शामिल करना अपरिहार्य है। हालाँकि अख़बार यहाँ भी बड़ी भूमिका में ही हमारे सामने आते हैं। अख़बार जीवन के अनेक कार्यक्षेत्रों और घटनास्थलों से प्राप्त सन्देशों को जनता तक पहुँचाने का ज़रूरी और ज़िम्मेदार काम करते हैं। इस प्रक्रिया में अख़बारों के संवाददाताओं को चुनाव करना पड़ता है कि वे किन घटनाओं को संचार के अपने दायरे में लें और किन घटनाओं को छोड़ दें। हम सभी इस बात से अच्छी तरह वाक़िफ़ हैं कि हिंसक घटनाओं का चुनाव अपेक्षाकृत अधिक तेज़ी से तथा ज़्यादा मात्रा में होता है। अख़बार इन चुनी हुई घटनाओं को भली-भाँति प्रेषित करने के लिए तस्वीरों और रंग संयोजन के अलावा एक ऐसी भाषा का भी प्रयोग करते हैं जो घटना या सन्देश के ब्यौरे को उनके पाठकों तक बिना किसी तोड़-मरोड़ के पहुँचा सके। पर भाषा क्या सचमुच ऐसी होती है कि वह सिर्फ़ सन्देशों के वाहक का ही काम करती है? क्या भाषा का अपना कोई चरित्र नहीं होता? क्या भाषा घटनास्थलों और घटनाओं के बारे में सिर्फ़ बताती ही है या कुछ छिपाती भी है? क्या भाषा के ज़रिये किसी तरह की हिंसा की जा सकती है? आज जब अंग्रेज़ी ही नहीं, बल्कि हिन्दी समेत सभी भारतीय भाषाओं के लगभग सभी समाचारपत्र तरह-तरह के भाषिक प्रयोगों को आज़मा रहे हैं तब यह बात और भी ज़्यादा प्रासंगिक हो जाती है।

जहाँ एक तरफ़ मुद्रास्फीति जैसी जटिल अर्थशास्त्रीय संकल्पना को आमजन तक पहुँचाने के लिए अख़बारों ने 'महँगाई' शब्द के प्रचलन को बढ़ाया, वहीं दूसरी तरफ़ राजकाज, राजपाट या रसोई गैस जैसे आमफ़हम शब्दों ने हर घर में जगह

बनायी। ये अख़बार ही थे जिन्होंने सिल्वर जुबली और गोल्डेन जुबिली जैसे शब्दों के स्थान पर रजत जयन्ती और स्वर्ण जयन्ती जैसे शब्दों को आगे बढ़ाया। फिर भी अख़बारों में कुछ विसंगतियाँ बड़ी आसानी से देखी जा सकती हैं। आज राष्ट्रपति या प्रधानमन्त्री की जगह प्रेसीडेंट या पीएम जैसी अभिव्यक्तियों का प्रयोग बढ़ता जा रहा है। पर ये तो रही शब्दों की बात। अगर हम वाक्यों पर निगाह डालें तो कहीं ज़्यादा मज़ेदार चीज़ों से सामना होता है। इन्हीं वजहों से रोलाँ बार्थ जैसे बड़े विश्लेषक ने कहा है कि भाषा एक पारदर्शी माध्यम नहीं है। कोई भी भाषा किसी सन्देश यानी अन्तर्वस्तु को अपने भीतर से यथावत् नहीं गुज़रने देती, वह कुछ अड़चनें उत्पन्न कर देती है। चौथे खम्भे की ये अड़चनें प्राय: हिंसा को बढ़ावा देने वाली साबित होती हैं। ये अड़चनें पाठकों को या तो असूचित कर देती हैं या अतिसूचित करके भरमाने लगती हैं।

इसे हम कुछ उदाहरणों से बड़ी आसानी से समझ सकते हैं। मीडिया ने क्राइम, क्रिकेट, सिनेमा और सेलिब्रिटी पर जबसे ज़रूरत से ज़्यादा ज़ोर देना शुरू किया, तबसे पाठकों, श्रोताओं और दर्शकों को तरह-तरह की रोचक ख़बरें पढ़ने, सुनने और देखने को मिलती रहती हैं। भाषा में एक तरह की हिंसा या टकराव अक्सर देखने और पढ़ने को मिलने लगा है। जब किसी क्रिकेट मैच में सचिन तेन्दुलकर दो सौ रन बनाते हैं तो अगले ही दिन समाचारपत्र लिखते हैं, 'सचिन ने ठोंके दो सौ रन'। यहाँ 'ठोंकने' जैसा शब्द क्या उचित है? क्या इससे खेल भावना की वैचारिकी पर कोई असर नहीं पड़ता? इसी तरह तमाम अख़बारों में हम पढ़ते है, 'प्रधानमन्त्री/मुख्यमन्त्री ने मज़दूरों की माँगें ठुकराईं'। इससे ऐसा भ्रम होता है मानो प्रधानमन्त्री और मज़दूर आमने-सामने किसी लड़ाई के मैदान में थे। आख़िर ऐसा कौन-सा निर्वाचित नेता होगा जो जनता की माँगों का 'ठुकराना' चाहेगा? हाँ, ऐसा ज़रूर हो सकता है कि वह इन माँगों को स्वीकार कर सकने की स्थिति में ही न हो। क्या माँगों को मान पाने की स्थिति में न होने, माँगों को नामंज़ूर कर देने और माँगों को ठुकरा देने में कोई फ़र्क ही नहीं है? और अगर फ़र्क है तो क्या यह समाचापत्रों सहित मीडिया का दायित्व नहीं कि वे इस फर्क को बनाये रखें?

सम्प्रेषण की प्रक्रिया में शब्दों और वाक्यों की भूमिका बेमिसाल होती है। इसीलिए भारतीय परम्परा में अक्षर को ब्रह्म कहा गया है। हालाँकि अख़बारों में राजनीतिक कवरेज एक बेहद नाज़ुक और ज़रूरी मसला है और उस पर अलग से, विस्तृत तरीके से, बात की जानी चाहिए। आज प्राय: पढ़ने को मिलता है कि हाल में हुए उपचुनावों में फलाँ पार्टी ने फलाँ राजनीतिक पार्टी से दो सीटें हथिया लीं। सीट कोई जागीर या सम्पत्ति है जो हथियाई जाये? कुछ इसी तरह 'इस बार निर्वाचन में नहीं कामयाब हो पाएँगे हथकंडे' जैसी ख़बरें क्या इस देश की

राजनीतिक संस्कृति के अनुरूप कही जा सकती हैं? क्या लोकतान्त्रिक तरीके से कराये गये चुनाव किसी चोरी-डकैती या हिंसक टकराव की तरह हैं कि वहाँ हथकंडे अपनाए जायें? ठीक है कि अख़बारी लेखन में रोचकता ज़रूरी होती है ताकि पाठकों का मन ख़बरें पढ़ने में रमा रहे लेकिन रोचकता को इस हास्यास्पद स्तर तक नहीं खींचना चाहिए कि रोचकता और हिंसा का घालमेल हो जाये। अख़बारों में छपने वाले फ़ीचरों पर यह बात ख़ासतौर से लागू होती है जहाँ कई बार फ़ीचरों को रोचक बनाने के लिए ऊर्जा से भरे शब्दों का प्रयोग प्रचुर मात्रा में किया जाता है। ऐसे फ़ीचरों में शब्दों ही नहीं, बल्कि अर्थों में भी टकराव साफ़-साफ़ देखा जा सकता है। भाषिक हिंसा के सन्दर्भ में यहाँ हाल ही में प्रदर्शित हिन्दी फिल्म 'गैंग्स ऑफ़ वासेपुर' का नाम लिया जा सकता है।

आजकल तो टीवी चैनलों के धारावाहिकों के तमाम विज्ञापन अख़बारों में भी देखने को मिलते हैं। अख़बार चटखारे लेते हुए फ़ोटो छापते हैं और बताते हैं कि छपे हुए विज्ञापन में अभिनेत्री ने अभिनेता को जिस तरीके से तमाचा जड़ा है, तमाम तमाचों पर हुए शोधों के बाद पता चला है कि वह तमाचा जड़ने का उत्कृष्टतम तरीका है। इसी तरह अन्य ख़बरों में भी स्त्रियों को शामिल करके मिर्च मसाला लगाया जाता है। कई बार तो ख़ास किस्म के पाठकों को लुभाने के लिए अख़बार अपने विजुअल्स में हिंसा का ऐसा रंगीन और चटपटा प्रयोग करते हैं कि इलेक्ट्रॉनिक मीडिया भी फीका नज़र आने लगाता है। हिंसक प्रस्तुतियों में ख़ास कर अँग्रेज़ी अख़बारों ने नारी छवियों के वस्तुकरण को कुछ ज्यादा ही बढ़ावा दिया है। सच यही है कि आज अगर स्त्री की छवि धूमिल हुई है तो इसमें उस हिंसा के कवरेज की भी काफ़ी भूमिका है जिनसे स्त्रियों को, कुछ-कुछ युवाओं की तरह ही चाहे-अनचाहे जोड़ दिया जाता है। यह ठीक है कि हिंसा बुरी चीज़ है लेकिन अहिंसा का हिंसक तरीके से कवरेज पेश करना तो और भी बुरी चीज़ है। अख़बारों को यह महत्त्वपूर्ण बात समझने की ईमानदार कोशिश करनी चाहिए क्योंकि अख़बारों को आम जनता के लिए रोज़नामचा कहा गया है, हिंसा के लिए नहीं। और अगर अख़बार अपने इस दायित्व को महत्त्वपूर्ण मानकर इस दिशा में प्रयास करना प्रारम्भ कर दें, तो वह दिन दूर नहीं जब सारा मीडिया व्यर्थ की हिंसक प्रस्तुतियों से पूरी तौर पर निजात पा लेगा। तब कोई ऐसी गलतफहमी भी नहीं रह जायेगी कि युवाओं का अर्थ हिंसा से ही होता है। जिस किस्म के साधारणीकरण आज मीडिया करता जा रहा है, उस परिप्रेक्ष्य में यह बात बेहद महत्त्वपूर्ण है।

टेलीविज़न धारावाहिकों में बदलाव की लहर

यह मीडिया का प्रसार ही है कि आज जिस भी घर में देखिए, टेलीविज़न है। अगर टेलीविज़न है तो सीरियल यानी धारावाहिक हैं। धारावाहिकों ने संचार की प्रक्रिया से ज़्यादा मीडिया के उस कोण पर ध्यान दिया है जहाँ हम इंफोटेनमेंट यानी मनोरंजन की चाशनी में डूबी सूचनाओं से रू-ब-रू होते हैं। जहाँ पिछली शताब्दी के सत्तर, अस्सी और नब्बे के दशक में दूरदर्शन अकेला चैनल था, वहीं आज जीटीवी, सोनी, कलर्स, स्टार प्लस, लाइफ़ ओके, सहारा वन और सब टीवी जैसे अनेक चैनल ऐसे धारावाहिकों को प्रसारित कर रहे हैं जिनसे हमारे देश का मध्य वर्ग बहुत लगाव महसूस करता है। वे एक तरफ़ तो हमारी मानसिकता में आये बदलाव को समझने की कोशिश कर रहे हैं और दूसरी तरफ़ बदलाव की लहर भी ला रहे हैं। 'हम लोग' और 'बुनियाद' के बाद 'रामायण' और 'महाभारत' जैसे टीवी धारावाहिकों का दौर आया। इसके बाद 'व्योमकेश बख्शी' और 'देख भाई देख' जैसे धारावाहिकों ने अपना जलवा बिखेरा और उस समय के यथार्थ को परदे पर पेश करके इंडियन सोप ओपेरा की नयी इबारत लिखी। जहाँ 'व्योमकेश बख्शी' वकील से लेखक बने शरदेन्दु बन्द्योपाध्याय की साहित्यिक कृति का टेलीविज़न संस्करण था, वहीं 'देख भाई देख' ने जया बच्चन के प्रोडक्शन और आनन्द महेन्द्रू के लेखन और निर्देशन के अन्तर्गत हल्की-फुल्की कॉमेडी टीवी शो के रूप में अपनी ख़ूब पहचान बनायी। 'देख भाई देख' पहले तो डीडी मेट्रो पर 1993 से 1997 के दौरान दिखाया गया और बाद में सोनी, सब टीवी और दूरदर्शन पर इसका पुनः प्रसारण किया गया। फ़रीदा जलाल, शेखर सुमन, नवीन निश्चल और उर्वशी ढोलकिया जैसे कलाकारों के अभिनय ने दीवान परिवार की तीन पीढ़ियों की समानताओं-असमानताओं को नये तरीके से दर्शकों के सामने रखा था।

बहरहाल, आज के सीरियल नयी देहभाषा के साथ-साथ नये क़िस्म के संवादों को पेश करके बदलाव की नयी बयार का रुख़ नापने की कोशिश करते नज़र आते हैं। टीवी पर दिखाये जानेवाले आजकल के धारावाहिक, चाहे वह 'तारक

मेहता का उल्टा चश्मा' हो या 'वीरा' हो या फिर 'सपने सुहाने लड़कपन के' हो, ये बदलावों की बयार का नोटिस लेते नज़र आते हैं। यह ठीक है कि धारावाहिकों के न सिर्फ़ मुद्दे बदले हैं, बल्कि उनकी थीम, करेक्टर, भाषा और बारीक़ी की मात्रा में भी बहुत परिवर्तन आये हैं। इनमें से काफ़ी कुछ तो बाज़ार ही तय कर रहा है, ताकि लोगों का 'टाइम पास' आराम से हो सके। फिर भी तमाम दर्शकों को आज की तकनीकों और बदलावों से लैस धारावाहिक अँधेरे की तरह ही लगते हैं। किरदारों के चेहरों पर लगातार लम्बे समय तक कैमरे को फोकस कर-करके दर्शकों को बोर करना मानो आज शगल ही बन चुका है। ऊपर से कानफोड़ू ध्वनियाँ तंग करती हैं, जिन्हें कम-से-कम संगीत कहने से तो परहेज़ ही करना उचित होगा। इन सवालों पर सीरियल निर्माताओं को सोचना चाहिए।

एक घटना याद आती है। कोई सात साल पहले मेरठ में शब्दों से नशा पैदा करनेवाले शायर शबाब मेरठी से अचानक मेरी मुलाक़ात हुई। बातों बातों में उन्होंने पूछा कि आपको आज तक का सबसे पसन्दीदा टीवी सीरियल कौन-सा लगा? मैंने अपने दिल की बात तपाक से कह दी कि 'फिर वही तलाश'। तब उन्होंने बताया कि इस सीरियल के टाइटिल ट्रैक और संवादों को लिखने से लेकर इसकी रचना तक के अन्य अनेक चरणों में भी उनका योगदान रहा है। मेरे पास शब्द नहीं हैं, उस पल को बयाँ करने के लिए कि अपने सर्वाधिक प्रिय टीवी धारावाहिक की मुख्य टीम में शामिल रहे किसी महत्त्वपूर्ण शख़्स से बहुत लम्बी बात करने का मौक़ा मुझे मिला है। मैंने उनकी चर्चित किताब 'लोहे का ज़ायक़ा' पढ़ी थी। यह किताब मेरे पैदा होने के तीन बरस पहले यानी सन् 1979 में दिल्ली से प्रकाशित हुई थी और नब्बे के दशक में मुझे मेरे एक पत्रकार मित्र ने उपहार में दी थी। शबाब मेरठी अच्छे शायर हैं, यह बात तो मुझे मालूम थी। पर सीरियल वाली बात से मैं बिल्कुल अनजान था। तभी सोचा था, और उन्होंने कहा भी था कि धारावाहिकों के बदलाव और विश्लेषण पर कुछ लिखो। इस बदलाव का ज़िक्र करते हुए उन्होंने अपना एक शेर कहा था, 'किसी को दर्द, किसी को दवा-सा लगता है/अँधेरा इन दिनों, सबको नया-सा लगता है।'

समय के साथ पहनावे, फ़ैशन, सोच-विचार और राजनैतिक यथार्थ में बदलाव आये। बच्चों के लिए 'शक्तिमान' और बच्चों के साथ-साथ बड़ों के लिए 'कौन बनेगा करोड़पति' जैसे धारावाहिकों को तो लोगों ने इतनी अधिक रुचि के साथ देखा कि एक समय में ये धारावाहिक नज़ीर की तरह लिए जाने लगे थे। यह राजनीतिक यथार्थ में आये बदलाव की लहर को पकड़ने की ही कोशिश है कि जी टीवी के सीरियल 'क़ुबूल है' ने धर्म और रिश्तों के आपसी उलझाव की व्यापक पड़ताल की। ज़ोया और असद की तय शादी के बार-बार टूटने का यथार्थ हमें

बताता है कि आज समय किस क़दर बदल चुका है। असद का छोटा भाई इस सीरियल में अपने पहनावे का बहुत ख़्याल रखता है। वैसे इस सीरियल ने इस्लामी आचार-विचार को बेहद रवानी के साथ पेश किया है और आज धारावाहिकों की भीड़ में भी यह शायद अकेला ऐसा धारावाहिक है जो मुसलिम समाज में हो रहे वैचारिक परिवर्तनों को बेहद गहराई से रेखांकित करता है। पर एक अँधेरा पहलू यह भी है कि आज के धारावाहिकों में कुछ ख़ास टाइप्ड फॉमूलों और कुछ स्पेशल स्टाइल के उबाऊ दोहरावों के कारण दर्शकों का एक बड़ा तबक़ा इनसे भाग भी रहा है। इसीलिए सीरियल इंडस्ट्री पर एक दबाव यह है कि किस तरह इस दूर भागते दर्शक वर्ग को नज़दीक लाया जाये?

धारावाहिकों ने मिथकों में भी बदलाव का सहारा लिया है। भारतीय समाज का एक पुराना मिथक है कि हर कामयाब पुरुष के पीछे किसी महिला का हाथ होता है। क्या किसी कामयाब स्त्री के पीछे किसी मर्द का हाथ नहीं हो सकता। हमारे नये समय की नयी सोच को देखना हो तो 'दिया और बाती हम' का नाम लिया जा सकता है। स्टार प्लस के इस धारावाहिक में कम पढ़ा-लिखा सूरज अपनी टॉपर पत्नी सन्ध्या के सपनों को पूरा करने के लिए अनेक मुसीबतें झेलता है। यह सीरियल वैचारिक बदलाव का बैरोमीटर है। पुष्कर की एक मारवाड़ी फैमिली से जुड़े ढेर सारे पहलुओं को दिखाकर दर्शकों का मन मोहनेवाला यह सीरियल परम्परा और आधुनिकता का अद्‌भुत संगम प्रस्तुत करता है। हमारे समय की आधुनिकता के तापमान को मापते हुए यह सीरियल परम्परा-प्रेमी सास भाभो को दर्शकों के सामने लाता है और उनके संवादों के ज़रिये प्रेम में मगन एक ऐसे जोड़े को पेश करता है जिनकी शैक्षिक योग्यताएँ बहुत अलग हैं, जिनमें बहुत ज़्यादा ऐसी भिन्नताएँ हैं, जिसे हम मनोविज्ञान की चलताऊ भाषा में ईडियोसिनक्रेसीज़ कह सकते हैं।

प्रेम कथा-साहित्य, समाचारों और फ़िल्मों के लिए ही नहीं, बल्कि धारावाहिकों के लिए भी एक महत्त्वपूर्ण और रोचक विषय रहा है। सवाल है कि इस घिसे-पिटे विषय में नया क्या है? हाँ, नया है प्रेम को पेश करने का तरीक़ा, चाहे वह एसएमएस की सुविधा का लाभ लेते हुए किया जाये या फिर वैलेंटाइन कार्ड देकर। उदारीकरण और सैटेलाइट चैनलों की बाढ़ के बाद प्रेम की व्यूअरशिप में जो बदलाव आये, उन्होंने सीरियल-निर्माताओं पर यह दबाव डाला कि वे प्रेम के ऐसे पक्षों को प्रसारित करें जो या तो अब तक अछूते रहे थे या फिर जिनका ग्लोबल चरित्र रूपायित नहीं हो पा रहा था। पर इस ग्लोबल चरित्र में सामाजिक सरोकार खोजना रेगिस्तान में पानी खोजने के बराबर कठिन हो सकता है। पहले भी प्रेम के सीरियल बने और दिखाए गये थे। उदाहरण के लिए हम प्रेम के गुनगुने और शरबती आयाम को दिखानेवाले दूरदर्शन के दो दशक पुराने सीरियल 'फिर वही

तलाश' का नाम ले सकते हैं। बाईस भागों में समाप्त होनेवाला यह सीरियल जब शुरू होता था तो शबाब मेरठी के लिखे टाइटिल सांग की ये पंक्तियाँ अनिल बिस्वास के संगीत के अन्तर्गत चन्दनदास की मीठी आवाज़ में गूँजती थीं : यूँ निकल पड़ा हूँ सफ़र पे मैं, मुझे मंजिलों की तलाश है/नये रास्ते, नये आसमाँ, नये हौसलों की तलाश है/जहाँ बन्दिशों की हो हद ख़तम, उस हसीं सहर की तलाश है/जहाँ रंग-ओ-ख़ुशबू का हो मिलन, मुझे उस उफ़क़ की तलाश है।

पर इस टाइटिल सांग का वह हिस्सा भी कुछ कम मजेदार नहीं जो इस सीरियल में नहीं गाया गया था। वह यों है : मुझे याद है तेरे इश्क़ में कभी फूल बनके हँसा था मैं/मेरी उस हँसी पे जो हँस सके, उन्हीं क़हक़हों की तलाश है/कोई मुझसे दूर भी जाये तो, जिन्हें अपनी रूह में सुन सके/मुझे ज़िन्दगी तेरी नब्ज़ में उन्हीं आहटों की तलाश है/वो जो मुद्दतों मेरे साथ था, वो जो मेरा दाहिना हाथ था/मेरी ज़िन्दगी से निकल गया, मुझे आसरों की तलाश है। इनके बरअक्स आज प्रेम को केन्द्र में रखनेवाले धारावाहिकों का मिजाज़ अलग ही है। कॉस्मेटिक उत्पादों से लबरेज़। कई बार तो कॉरपोरेटिया प्यार भी और अक्सर प्रोफ़ेशनल। मसलन, 'मधुबाला-एक इश्क़, एक जुनूँ' की बात करें तो एक ब्यूटीशियन का काम करनेवाली और फ़िल्म इंडस्ट्री के इर्द-गिर्द पलने-बढ़ने वाली इसकी नायिका मधु और उसके प्रेमी आरके के बीच आनेवाले नये-नये अड़ंगे दर्शकों को काफ़ी पसन्द आये। आज इश्क़ से जुड़ी चीज़ें 'प्यार का दर्द है मीठा-मीठा, प्यारा-प्यारा' (स्टार प्लस पर) और 'बड़े अच्छे लगते हैं' (सोनी पर) जैसे धारावाहिकों के ज़रिये अपने बदले हुए रूपों में दिखाई जा रही हैं। 'बानी-इश्क़ द कलमा' जैसे धारावाहिकों ने उन भारतीय परिवारों पर अपना फ़ोकस किया है जो अपनी बेटियों के लिए एनआरआई यानी कोई विदेश में बसा भारतीय या भारतीय टाइप का लड़का खोजते हैं। बैकग्राउंड में पंजाबी जीवनशैली को रखनेवाले इस सीरियल का नाम शुरू-शुरू में 'गुरबानी' था लेकिन सिखों की कुछ आपत्तियों के चलते इसका नाम बदल दिया गया। दर्शकों को आकर्षित करने के लिए लोकेशन अब ड्राइंगरूम तक ही सीमित नहीं है, बल्कि आउटडोर शूटिंग, हरियाली और पेड़ों की प्रस्तुति पर भी ख़ासा ध्यान दिया जाने लगा है। तमाम सीरियल तो जान-बूझकर गाँव-जवाँर की सोंधी माटी, खेतों और फसलों के आंचलिक नज़ारों का मद्धिम छौंक लगाते नज़र आते हैं।

'बड़े अच्छे लगते हैं' ने सास-बहू जैसी किसी स्टोरी की बजाय चालीस की उम्र के आस-पास के एक जोड़े की भावनाओं को समग्रता में दिखाया है। युवा-पीढ़ी की महत्त्वाकांक्षाएँ भूमंडलीकरण के इस दौर में बढ़ी हैं और लिव-इन, होटल कल्चर या करियर की तरफ़ ध्यान देने के कारण आज विवाह की उम्र बढ़ी

है। राम कपूर और प्रिया पहले शत्रुता का भाव रखते हैं, फिर दोस्त बनते हैं और वक़्त के साथ यह दोस्ती प्यार में बदल जाती है। इस सीरियल में, और प्रकारान्तर से कहें तो आज के अनेक धारावाहिकों में भाई-बहन के ख़ूबसूरत रिश्ते भी पार्श्व में चलते रहते हैं। नये बदलावों को आत्मसात करते हुए यह सब एक भव्य सेट के साथ आज के धारावाहिकों में दिखाया जा रहा है। हालाँकि 'क्योंकि सास भी कभी बहू थी' जैसे धारावाहिकों ने भी संयुक्त परिवार की विकृतियों को ख़ूब बढ़ा-चढ़ाकर दिखाया है और दर्शकों ने इसे ख़ूब पसन्द भी किया है। आज के धारावाहिकों ने हमारे समाज का चित्र खींचने के साथ-साथ उसे यह प्रेरणा भी दी है कि उसे कैसा होना चाहिए। उदाहरण के लिए 'प्यार का दर्द है मीठा-मीठा, प्यार-प्यारा' की अवन्तिका के परिवर्तनशील फ़ैशन सेंस ने बहुत प्रशंसक पैदा किये हैं और मेट्रोपॉलिटंस में ही नहीं, गाँवों में भी हम इस तरीके के फ़ैशन का असर देख सकते हैं। यहाँ आदी और पंखुरी के दोस्ताना रिश्ते में प्यार का मसालेदार छौंक भी लगा हुआ है। ज़ाहिर है कि आज का समाज 'नीम का पेड़' वाले समाज से काफ़ी आगे का है और आज के दर्शक परिधान और गहनों के साथ-साथ इस बात पर भी ध्यान देते हैं कि उनके प्रिय सीरियल में किरदारों के पास किस कम्पनी के मोबाइल फोन्स, आई पॉड्स या कारें हैं या फिर उनके घरों की, उनके किचन की सजावट भला किस तरह की गयी है। 'इंटीरियर डेकोरेशन' वाले समय में आज खाने से ज़्यादा ज़ोर खाना परोसने के और खाना खाने के तरीक़ों पर है। अधिकतर धारावाहिकों के परिवार आर्थिक रूप से सम्भ्रान्त दिखते हैं, लम्बी-लम्बी विदेशी गाड़ियाँ दिखाते हैं या फिर गाँव-गँवई के फुटेज लाकर रूरल-अरबन डिवाइड का रेखांकन करते हैं।

सोचने वाली बात है कि आज के धारावाहिकों की स्क्रिप्ट भला किस क़िस्म के लोग लिख रहे हैं? एक दौर था जब शबाब मेरठी जैसे लोगों ने यह काम किया था, ग़रीबी के ऐसे दिन देखे थे कि पेट भरने के लिए अपने तमाम लेखों और स्क्रिप्ट को रद्दी में कबाड़ीवाले को बेच दिया मजबूरी में। आज भी मेरठी साहब (जिनका मूल नाम दिनेश कुमार स्वामी है) कहते हैं कि मैं सोचता था कि गीत और स्क्रिप्ट मैं किसी को दिखाकर क्या करूँगा। जिसको मेरा लेखन अच्छा लगेगा, वह मुझे खुद ख़ोज लेगा। उसके बाद वे बताते हैं कि किस प्रकार कमलेश्वर जी ने अपनी 'कथा यात्रा' नामक पत्रिका में उनकी रचनाओं को प्रमुखता से स्थान दिया था, कि किस तरह बेनज़ीर भुट्टो उनसे तब सम्पर्क रखती थीं, जब वे निर्वासन में थीं और अख़बार निकाला करती थीं, कि किस प्रकार मेरठी साहब कितनी गहराई तक कम्युनिस्ट बने रहे...। ये संस्मरणात्मक बातें लिखने का औचित्य यहाँ नहीं बनता, इसलिए इन चीज़ों पर कभी बाद में विस्तार से लिखूँगा। फ़िलहाल इतनी प्रासंगिकता

इन बातों की यहाँ ज़रूर है कि अगर स्क्रिप्ट राइटर काफ़ी पढ़ा-लिखा होगा, हाशिये के लोगों के प्रति उसमें कोई संवेदना होगी, तो कहानी में दम अपने आप आ जायेगा। और कोई भी सीरियल उतना ही कामयाब या लोकप्रिय होता है जितना कि उसकी कहानी। आर.के. नारायण की लघु कथाओं पर आधारित 'मालगुडी डेज़' इस बात की एक उम्दा मिसाल है।

चाहे वह नैतिक और अक्षरा सिंघानिया के रिश्तों को लेकर दिखाया जानेवाला सीरियल 'यह रिश्ता क्या कहलाता है' हो या फिर कच्ची उम्र के पक्के रिश्तों का ख़ाका खींचनेवाला धारावाहिक 'बालिका वधू', इन सबमें मानवीय सम्बन्धों की भीतरी तहों तक पहुँचने की कोशिश की गयी है। उन तहों की, जिन्हें हमारे देश का मध्य वर्ग देखना चाहता है, जब वह टाइम पास कर रहा होता है। अफ़सोस की बात है कि शुद्ध मनोरंजन को केन्द्र में रखकर बनाये जानेवाले ज़्यादातर धारावाहिकों में समाज तो ख़ूब दिखता है, लेकिन सामाजिक सरोकार उतने नहीं दिखाई देते। इनकी सारी संवेदनाएँ बनावटी लगती हैं, स्त्रियों की छवियों को भी ये कोई अच्छे तरीक़े से नहीं पेश करते, ये प्रायः बाज़ार के बोझ तले दबे-से नज़र आते हैं और समानता जैसे सामाजिक मूल्यों से इनका कोई वास्ता भी नहीं होता। शबाब मेरठी के ही शब्दों में कहें तो 'कुछ लोग जिनके पास चराग़ों के ढेर हैं/वो लोग चाहते हैं बड़ी लम्बी रात हो।' वैसे भी फेसबुक और इंटरनेट से जुड़ी हमारी युवा पीढ़ी अपने घर के पड़ोस में रहनेवाले लोगों की तुलना में उनकी फ़िक्र ज़्यादा करती है जो उससे फेसबुक पर जुड़े हुए हैं, कहीं थाईलैंड या अमरीका में बैठे हैं और जिनसे न पहले कभी उनकी मुलाकात हुई होती है और न ही आगे होने की कोई सम्भावना बनती है। तो क्या मदर्स डे, फ़ादर्स डे और वैलेंटाइन डे वाली टेलीविज़न धारावाहिकीय संस्कृति ही हमारे समाज का पूरा सच है? अगर नहीं, तो 'मालागुडी डेज़' जैसे सीरियल आज क्यों कोई बना नहीं पा रहा? धारावाहिकों में बदलाव की लहर को उसके समस्त आयामों में समझना होगा, तभी यादगार सीरियल बन सकेंगे।

सिनेमा में विकलांगता का रूपायन

विकलांगता हमारी दुनिया की एक बेहद गम्भीर समस्या है। अनेक सरकारी और गैर-सरकारी प्रयासों के बावजूद इससे मुक्ति नहीं पायी जा सकी है। आये दिन हमें अखबारों और पत्रिकाओं में पढ़ने को मिलता है कि हमारा समाज किस हद तक ऐसी चुनौतियों की चपेट में आ चुका है। विकलांगता के प्रति समाज में स्वस्थ सन्देश देने के लिए अनेक माध्यमों का सहारा लिया जाता रहा है जिनमें साहित्य और फिल्में यानी सिनेमा प्रमुख है। यह जानना प्रासंगिक है कि फिल्मों में विकलांग लोगों को किस प्रकार प्रस्तुत किया गया है? उनके व्यापक सामाजिक सन्दर्भों और उनकी उपलब्धियों को किस तरीके से परदे पर चित्रित किया गया है? हमारे लिए यह बात और भी ज्यादा प्रासंगिक हो जाती है क्योंकि हमारे समाज और सार्वजनिक जीवन में फिल्में अत्यधिक प्रभावी भूमिका निभाती हैं।

पौराणिक और आख्यानात्मक नजरिये से देखें तो साहित्य में धृतराष्ट्र, मन्थरा, अष्टावक्र और शूर्पणखा जैसे अनेक पात्र हैं जिन्होंने विकलांगता और अक्षमता का दंश झेला है। कोई विकलांगता आनुवंशिक हो सकती है या किसी दुर्घटना के कारण भी उत्पन्न हो सकती है। कई बार तो हम अपने बच्चों की भली प्रकार परवरिश या देखभाल नहीं कर पाते, इस वजह से भी बालक खुद को हाशिये पर पाने लगता है और धीमे-धीमे उपेक्षा का अहसास करके एकान्तजीवी होता चला जाता है। मन्नू भण्डारी का उपन्यास 'आपका बंटी' इस तथ्य का उम्दा उदाहरण पेश करता है कि जब माता-पिता या अभिभावक अपने बच्चों को पर्याप्त समय और प्यार नहीं दे पाते तो कोमल बाल भावनाओं की सदानीरा गंगा सूखने लगती है। इसका बच्चों की मानसिक स्थिति और कल्पनाशीलता पर बहुत ही नकारात्मक असर पड़ता है। साहित्य के तमाम अभियान गीत और कविताएँ विकलांग जनों की भावनाओं को शब्द देकर उनमें हौसले का समन्दर भरती रही हैं।

अभी ज्यादा दिन नहीं बीते जब अनुराग बसु की फिल्म 'बरफी' प्रदर्शित हुई थी। यह फिल्म ऑस्कर पुरस्कार के लिए भारत की आधिकारिक प्रविष्टि भी बनी।

इसमें रणबीर कपूर ने गूँगे और बहरे आदमी का ऐसा किरदार निभाया है जिसके सामने दो नायिकाएँ हैं। इनमें से एक तो विकलांग है और दूसरी विकलांग नहीं है। सोचनेवाली बात है कि फिल्म में बरफी नामक पुरुष ने जीवन साथी के रूप में विकलांग लड़की को ज्यादा तरजीह क्यों दी? ग्लैमर की दुनिया से परे हटकर मानसिक विकलांगता का किरदार निभाने वाली प्रियंका चोपड़ा को इस फिल्म से खूब सराहना मिली। यह बात नोट की जानी चाहिए कि बॉलीबुड का कोई अभिनेता या अभिनेत्री जब ऐसे ग्लैमरहीन किरदार को निभाता है तो वह कलात्मक साहस का प्रमाण प्रस्तुत कर रहा होता है। उदाहरण के लिए हम रमेश सिप्पी की फिल्म 'शोले' का नाम ले सकते हैं जिसमें ठाकुर का किरदार निभाते वक्त अभिनेता संजीव कुमार ने असीम साहस और धैर्य का परिचय दिया था। यह बात अलग है कि इस फिल्म में ठाकुर की विकलांगता जन्मजात नहीं थी, वह तो परिस्थितिजन्य ही थी। इसी प्रकार 'कोई मिल गया (2003)' ने एक ऐसी विचित्र स्थिति को चित्रांकित किया जिसमें रोहित वर्मा का किरदार निभाने वाले रितिक रोशन की उम्र तो बीस साल की है लेकिन उसका मस्तिष्क आठ साल के बच्चे का है। चूँकि यह बच्चों की फिल्म थी, इसमें कोई विशेष सामाजिक सन्देश तो नहीं था, फिर भी इसने दिखाया कि अगर सृजनात्मकता को सही अर्थों में समझा जाये तो फिल्मों में उसका बेहद कॉमर्शियल उपयोग किया जाना सम्भव है। इस फिल्म ने विकलांगता के साथ-साथ परग्रहीय प्राणियों और मानवीय विकृतियों की तरफ भी सबका ध्यान आकृष्ट किया।

हाल ही की ऑस्कर विजेता फिल्म 'द किंग्स स्पीच' इस बात का बेहतरीन उदाहरण प्रस्तुत करती है कि सिनेमा में किस प्रकार से किसी तरीके की अक्षमता को रूपायित किया जा सकता है। फिल्म में सम्राट की मुख्य समस्या यह है कि वह बोलते समय हकलाता है और उसका परिवार उसे एक बच्चे की तरह चिढ़ाता है। धीमे-धीमे वह परिवार में खुद को हाशिये पर पाने लगता है और उसका स्वयं में विश्वास ही समाप्त हो जाता है। उसे सार्वजनिक जगहों पर बोलने में भयंकर हिचकिचाहट और अविश्वास है लेकिन उसकी पत्नी उसकी देखभाल भली प्रकार करती है और सम्राट का प्रशिक्षक इस बात को सटीक तौर पर जानता है कि कहाँ और किस तरह सम्राट को प्रशिक्षित करना है। अन्ततः सम्राट अपनी स्पीच देने में कामयाब हो जाता है और अपने आत्मविश्वास को वापस पा लेता है। इसी तरह हिन्दी फिल्म 'माई नेम इज खान' में भी हमें हकलाने की अक्षमता दिखाई पड़ती है। मणिरत्नम की 'अंजलि' और 'मैं ऐसा ही हूँ' में समाज के रवैये से अक्षम लोगों के मन में पैदा हुए अकेलेपन को रूपायित किया गया है। 'अंजलि' में पिता अपनी

पत्नी से यह बात छिपाता है कि उसकी बच्ची जन्मजात अक्षम है। ऐसा वह अपनी पत्नी की भावनाओं की रक्षा के लिए करता है। 'मैं ऐसा ही हूँ' जेस्सी नेलसन की 'आई एम सैम्' की रीमेक थी लेकिन यह सफल हुई किसी मौलिक फिल्म की तरह।

हिन्दी सिनेमा विश्व में सर्वाधिक लोगों द्वारा देखा जानेवाला सिनेमा है और इसका दावा भी रहता है कि यह समाज को प्रतिबिम्बित करता है। सन् 2009 में प्रदर्शित फिल्म 'लफंगे परिन्दे' में एक नर्तकी का किरदार निभानेवाली दीपिका पादुकोण एक प्रमुख प्रतियोगिता के पहले अपनी आँखें खो देती है। इसके कारण उस दृष्टि-विकलांग लड़की का अपनी योग्यताओं पर से आत्मविश्वास ही समाप्त हो जाता है। लेकिन फिर नील नितिन मुकेश उसे नये तरीके से ऊर्जित और प्रशिक्षित करता है ताकि वह अपने खोए हुए आत्मविश्वास को फिर से हासिल कर सके। यह फिल्म एक गम्भीर सन्देश देती है कि विकलांग लोग भी बड़े लक्ष्यों को प्राप्त कर सकते हैं, बल्कि उससे कहीं ज्यादा हासिल कर सकते हैं जितना तथाकथित मुख्यधारा के स्वस्थ लोग उनसे अपेक्षाएँ करते हैं।

सिनेमा के जरिये विकलांगता को समझने और समझाने वाले लोगों में निर्देशक संजय लीला भंसाली का नाम प्रमुख है जिनकी तीन फिल्मों ने इस विषय को बेहद शानदार तरीके से दर्शकों के सामने पेश किया है। इसमें से पहली फिल्म तो 'खामोशी (1996)' है जिसमें मुख्य किरदार बहरे और गूँगे हैं। इस फिल्म में नाना पाटेकर और सीमा विश्वास ने ऐसी जोड़ी निभायी है जिसे देखकर दर्शक भीतर तक मचल उठते हैं। संकेतों की भाषा के अनेक रूप इस फिल्म में देखने को मिलते हैं जो दर्शकों के मन को छू जाते हैं क्योंकि जो व्यक्ति किसी भी रूप में विकलांग होता है, उसकी संवेदनाएँ कहीं अधिक गहरी हो जाती हैं। पाटेकर और विश्वास इस फिल्म में बार-बार जताते हैं कि उन्हें संगीत से नफरत है लेकिन उनकी बेटी संगीत में ही रचना-बसना चाहती है। इस फिल्म का सबसे हृदय-विदारक पहलू यह है कि इसमें विकलांग चरित्रों का तीखा अपमान किया जाता है। मसलन, नाना पाटेकर से फिल्म की शुरुआत में ही कहा जाता है कि तुम्हारे पास भीख माँगने के अलावा दूसरा चारा ही क्या है? दूसरी फिल्म 'ब्लैक (2005)' है जिसमें एक किरदार याददाश्त की बीमारी अल्जाइमर से पीड़ित है और दूसरा किरदार गूँगेपन, अन्धेपन और बहरेपन का शिकार है। रानी मुखर्जी ने इस फिल्म में एक ऐसे किरदार को जीवन्त कर दिया है जिसमें गहरे सन्नाटे से त्रस्त एक बच्ची अपनी बात कहना चाहती है लेकिन वह बहुत निराश है। यह निराशा उसे विध्वंसक और हिंसक बनाती है। बाद में वह अड़तालीस साल के एक व्यक्ति

देबराज सहाय से मिलती है और फिल्म की कथा आगे बढ़ती जाती है। तीसरी फिल्म, जो सन् 2010 में प्रदर्शित की गयी और जिसने दया-मृत्यु के अपने मर्मवेधी विषय के कारण जिसने ढेर सारी चर्चाएँ बटोरी, वह 'गुजारिश' है। इसमें नायक रितिक रोशन क्वाड्रीप्लेजिया नामक बीमारी की चपेट में आकर जिन्दा लाश की तरह पूरी तौर पर असमर्थ हो गया है।

हर इंसान को सपने देखने और उन्हें पूरा करने के लिए कोशिशें करने का पूरा अधिकार है चाहे वह विकलांग हो या न हो। नागेश कुकनूर की फिल्म 'इकबाल (2005)' इसी भावना की विजय को दर्शाती है। फिल्म में एक गूँगे लड़के इकबाल (श्रेयस तलपड़े) का सपना है कि वह भारत की क्रिकेट टीम में एक गेंदबाज बने। बोल न पाने की अपनी असमर्थता की वजह से उसे तमाम भेदभाव झेलना पड़ता है लेकिन अपने गुरु नसीरुद्दीन शाह के मार्गदर्शन और अपनी कड़ी मेहनत के कारण इकबाल अपनी मंजिल को पाने में कामयाब हो जाता है। इस फिल्म की सबसे बड़ी खूबसूरती यह है कि यह विकलांग जनों को सहानुभूति से देखने की बजाय विजेता भाव से देखती है और शारीरिक रूप से अशक्त लोगों को अपार प्रेरणा प्रदान करती है। लोगों को 'लगान' का अक्षम किरदार भी याद होगा जहाँ वह जीतने की सारी कोशिशें करता है। शारीरिक या मानसिक अयोग्यता को अनेक बार हास्य की शक्ल में भी परदे पर पेश किया गया है। यहाँ 'मुझसे शादी करोगी' जैसी फिल्म का नाम लिया जा सकता है जिसमें कादर खान रोज किसी नयी किस्म की विकलांगता से ग्रस्त रहता है। इसके अलावा 'गोलमाल' में तुषार कपूर का गूँगापन भी दर्शकों का केवल मनोरंजन भर करता है, कोई सन्देश नहीं देता। फिल्म 'आँखें' में आँखों से रहित तीन व्यक्ति अक्षय कुमार, अर्जुन रामपाल और परेश रावल मिलकर एक खूबसूरत टीचर सुष्मिता सेन की मदद से एक बैंक लूटते हैं। 'जुदाई' में उपासना सिंह की प्रसिद्ध हकलाहट 'अप्पा डप्पा छप्पा' आज भी याद की जाती है। 'सत्ते पे सत्ता' में और 'चालबाज' में बलमा के रूप में शक्ति कपूर का विकलांगता में जान भरता अभिनय सराहा गया। शशि कपूर और शर्मिला टैगोर अभिनीत फिल्म 'आ गले लग जा' इसलिए गौरतलब है कि इसमें विकलांग बेटे के कारण ही माता-पिता के आपसी मतभेद घुल जाते हैं और वे फिर से एक साथ रहने लगते हैं।

'तारे जमीं पर' (2007) भी बच्चों पर केंद्रित एक फिल्म है लेकिन यह 'कोई मिल गया' की तरह किसी फैंटेसी पर आधारित नहीं है। यह हमारे दैनिक जीवन के यथार्थ के महीने धागों से बुनी गयी एक संवेदनापूर्ण फिल्म है। इस फिल्म में जिस प्रकार की विकलांगता को परदे पर उकेरा गया है वह सतही न होकर, मस्तिष्क के तन्तुओं पर आधारित है। फिल्म में इशान श्रीवास्तव नाम का बच्चा

डिस्लेक्सिया नामक बीमारी से ग्रसित है जिसमें वर्णमाला के अक्षरों को पढ़ने में खासी दिक्कत पेश आती है। यह बच्चा पढ़ने में भले ही कमजोर हो लेकिन उसका मन पेंटिंग बनाने में खूब रमता है। लेकिन उसके माता-पिता इन बातों को जाने-समझे बिना ही उस पर मन्दबुद्धि होने का आरोप लगाते हैं और दण्डस्वरूप उसे एक छात्रावास में डाल देते हैं। इस तरीके का परित्याग बच्चे के कोमल मन पर बहुत ही विपरीत प्रभाव छोड़ता है। पर, वक्त के साथ यह बच्चा अपने कला अध्यापक राम शंकर निकुम्ब (आमिर खान) से प्रेरणा पाकर अपने भीतर छिपे चित्रकार को जगा ले जाने में कामयाब हो जाता है। यह अध्यापक उचित मार्गदर्शन देकर बाद में उसे पढ़ाई-लिखाई में भी सुधार देता है। यह फिल्म एक गम्भीर सामाजिक सन्देश देती है कि मार्गदर्शन एक निहायत ही व्यक्तिगत चीज है। यह बच्चों की व्यक्तिगत जरूरतों पर आधारित होना चाहिए। हम मार्गदर्शन को मशीनी नहीं बना सकते क्योंकि ऐसा करने से सिर्फ दुष्परिणाम ही सामने आते हैं।

प्रोजेरिया एक ऐसी बीमारी का नाम है जिससे अधिकतर लोगों का परिचय 'पा' (2009) नामक फिल्म के बाद ही हुआ। इस बीमारी में मस्तिष्क के विकास और शरीर के विकास की दर अलग-अलग होती है। अमिताभ बच्चन ने इस फिल्म में प्रोजेरिक बालक ऑरो की भूमिका निभायी है और ख़ास बात यह है कि इस बच्चे को फिल्म में अपने सहपाठियों या हम-उम्र बच्चों का पूरा प्यार मिलता है। इस फिल्म में ऐसी कोई नकारात्मक स्थिति नहीं आई है जिसमें बच्चे को कोई चिढ़ाता हो, या उस पर फबतियाँ कसता हो। फिल्म का लक्ष्य प्रोजेरिया को प्रचारित करने क़ी बजाय इस बीमारी से पीड़ित बालक के अपने पिता के प्रति प्यार को उभारना है।

साहित्य की बात करें तो महाभारत में गान्धारी ने भले ही अपने अन्धे पति धृतराष्ट्र का साथ देने के लिए अपनी आँखों पर पट्टी बाँध ली हो लेकिन सिनेमा में सदैव ऐसा नहीं हुआ है। यहाँ पर दो धाराएँ साफ तौर पर देखी जा सकती है कि किस प्रकार विकलांगता ने पति-पत्नी या प्रेमी-प्रेमिका के बीच के रिश्तों को प्रभावित किया। एक धारा तो ऐसी है जहाँ पति या प्रेमी को लगा कि वह पत्नी या प्रेमिका को पूरी सुरक्षा नहीं मुहैया करा पाएगा, इसलिए कहानी को दरक जाना पड़ा। 'पति-पत्नी' (1966), 'जमीन आसमान' (1972) और 'कसौटी' (1974) से लेकर, 'वकील बाबू' (1983) और 'कत्ल' (1986) तक होते हुए, 'वादा' (2006) तक हिन्दी सिनेमा की तमाम फिल्में इस श्रेणी में गिनायी जा सकती हैं। दूसरी धारा ऐसी है जहाँ विकलांगता का समाधान प्रस्तुत किया गया है, चाहे उसका इलाज करके या किसी और तरीके से भावनात्मक सहारा देकर। फिल्म 'अनुराग' (1972) के अन्त में गरीब और अन्धी लड़की का किरदार निभानेवाली मौसमी

चटर्जी के कॉर्निया ट्रांसप्लांट का क्लाइमेक्स अनेक दर्शक आज तक नहीं भूल पाये हैं। इस ट्रांसप्लांट के बाद विनोद मेहरा के साथ नायिका के रिश्ते को बचाने का जतन कर लिया जाता है। अक्षमता के इसी तरीके के निदान के अन्य उदाहरण हैं, 'झील के उस पार' (1973), 'सुनयना' (1979), 'नीलकमल' (1984) और 'हमको तुमसे प्यार है' (2006)। पर ऐसा नहीं है कि सिनेमा में केवल पुरुष पात्रों ने ही अक्षम महिला किरदारों की मदद की है। इसका विपरीत पहलू भी उतना ही सही है जब अन्धे या मानसिक रूप से बीमार पुरुष किरदारों को महिला पात्रों ने सक्षम बनाया है। 'साथी' (1968), 'खामोशी' (1969) और 'खिलौना' (1970) जैसी कितनी ही फिल्में हैं जो यह साबित करती हैं कि जीवन सहकार और मानवीय मूल्यों के आधार पर ही चलता है।

शारीरिक या मानसिक अक्षमताओं से जुड़ी फिल्मों की चर्चा करते हुए अगर 'दोस्ती' (1964) जैसी फिल्म का उल्लेख न किया जाये तो यह चर्चा अधूरी ही मानी जायेगी। इसमें दो ऐसे युवा दोस्तों की कथा है जो शारीरिक रूप से तो विकलांग हैं लेकिन प्रकृति ने उन्हें उपहार में संगीत की कला भेंट की है। ये दोनों दोस्त जब हाथ मिलाकर मुम्बई की गलियों में अपनी कला और प्रतिभा का जलवा बिखेरते हैं, तब दर्शकों का हृदय पिघल-सा जाता है। इस फिल्म में निर्देशक सत्येन बोस ने दोस्ती की मूल भावना को पकड़ा है और साबित किया है कि किस प्रकार बगैर किसी रोमांस कथा के भी, फिल्में न सिर्फ कामयाब होती हैं बल्कि मील का पत्थर भी साबित होती हैं। 'चाहूँगा मैं तुझे साँझ सवेरे', 'राही मनवा दुख की चिन्ता क्यों सताती है' और 'मेरा तो जो भी कदम है, वो तेरी राह में है' जैसे इस फिल्म के गीत आज भी उसी स्वाद के साथ सुने और सराहे जाते हैं। राजश्री प्रोडक्शन की अन्य फिल्मों की ही तरह यह फ़िल्म भी बेहद साफ़-सुथरी है और किसी भी बिन्दु पर किसी भी तरीके का छिछलापन यहाँ कतई नहीं है। कहा जाता है कि जिस बात को एक हजार शब्द मिलकर भी नहीं कह पाते उसे एक चित्र आसानी से व्यक्त कर देता है। इसमें यह जोड़ा जाना चाहिए कि जिस बात को अनेक चित्र मिलकर भी बयाँ नहीं कर पाते उसे चित्रपट की एक साधारण-सी बेहतरीन फिल्म बेहद सलीके से बयाँ करने में कामयाब हो जाती है। 'कोशिश' (1972) एक ऐसी ही फिल्म थी जिसमें संजीव कुमार और जया भादुड़ी की गूँगी जोड़ी ने परदे पर मानवीयता और अभिनय कला की अनेक छटाएँ बिखेरी थीं। इस फिल्म ने यह जरूर साबित किया कि किस प्रकार अक्षम लोगों की विवाहित जोड़ी भी अपने जीवन को अपने ही बल पर संचालित कर सकती है लेकिन फ़िल्म का मार्मिक पहलू यह है कि इस विवाहित जोड़ी को अपने बेटे से हाथ धोना पड़ता है क्योंकि वे उसकी मृत्यु से पहले उसकी आवाज और आहों को नहीं सुन पाते। 'कोशिश' के बाद गुलजार ने

'किनारा' (1977) में एक बार फिर अक्षम लोगों के प्रति अपनी संवेदना का लोहा मनवाया जिसमें एक अन्धी नर्तकी का किरदार हेमा मालिनी ने निभाया था। सई परांजपे की 'स्पर्श' में नसीरुद्दीन शाह ने एक अन्धे लेकिन आक्रामक तरीके के आत्मनिर्भर व्यक्ति को जीवन्त कर दिया था। और आज अगर ऐसे विषयों पर बनायी गयी फिल्मों की फेहरिश्त पर विचार करें तो 'सदमा' (1983) का नाम गौरतलब है जिसका आखिरी दृश्य आज तक की समस्त हिन्दी फिल्मों के क्लाइमेक्स पर भारी ही पड़ता है। इस दृश्य में सोमू का किरदार अदा कर रहे अभिनेता कमल हासन ने श्रीदेवी के सन्दर्भ में साबित कर दिया है कि विकलांग लोग ऊपरवाले की विशेष सन्तानें हैं। यह फिल्म अलग-थलग और अकेले पड़ चुके स्कूल टीचर सोमू और अपनी स्मृति खो चुकी रेशमी का किरदार निभा रही श्रीदेवी के आपसी सम्बन्धों का आख्यान है।

दुनिया की विकलांग या कुपोषित आबादी के पैमाने पर भारत की हालत चिन्ताजनक है। हमें यह बात समझनी पड़ेगी कि विकलांगता कोई अभिशाप नहीं है, बल्कि उन्हें समाज से उचित प्यार और सम्मान की दरकार होती है। अभी ज्यादा दिन नहीं बीते जब राष्ट्रकवि रामधारी सिंह 'दिनकर' स्मृति न्यास ने मगध सांस्कृतिक महोत्सव में बाकायदा मंच पर विकलांग लोगों को भली-भाँति सम्मानित किया था। इसके अलावा जयपुर फुट ने भी विकलांग और अक्षम लोगों को समाज की मुख्यधारा में शामिल करने के लिए अनेक प्रयास किये हैं। रामानन्द सागर द्वारा सन् 1965 में बनायी गयी 'आरज़ू' नामक फिल्म में तो दिखाया भी गया है कि किस प्रकार कृत्रिम हाथों या पैरों से विकलांग लोगों के जीवन को सामान्य बनाया जा सकता है। विश्व का पहला पौष्टिक पैमाना 'न्यूट्रीशन बैरोमीटर' हमें बताता है विकलांगता को दूर करने में तमाम सरकारों का कार्य-निष्पादन सराहनीय नहीं रहा है। विकलांगता की नर्सरी कुपोषण है और कुछ ही दिनों पहले जो हंगर एंड मैलन्यूट्रीशन सर्वे किया गया था, वह जाहिर करता है कि हमारे बयालीस फीसदी बच्चे कम वजन के हैं और इसीलिए कुपोषण के दुष्चक्र में फँसकर विकलांग हो जाने को अभिशप्त हो जाते हैं। ये कुछ ऐसे सवाल हैं जो हमारा दरवाजा पीट रहे हैं और इन सवालों के निदान हमें खोजने ही पड़ेंगे। ऐसा करके ही एक स्वस्थ, समरस और समर्थ भारत का निर्माण किया जा सकता है।

मीडिया में तहलका

साल 2013 मीडिया में स्वयं मीडिया से जुड़ी तमाम महत्त्वपूर्ण ख़बरों के लिए याद किया जायेगा। अख़बारों ने खुद मीडिया से सम्बन्धित ख़बरों को लेकर लगातार बैनर लगाए हैं और टीवी चैनलों ने प्राइम टाइम में बार-बार इन्हीं समाचारों को दुहराया है। ट्विटर पर एक शख़्स ने तरुण तेजपाल के लिए लिखा, "आपने ही 'तहलका' संस्थान को पैदा और खड़ा किया था, आपने ही उसे गिराकर ख़त्म कर दिया। आपको धन्यवाद।" कुछ युवाओं ने विरोध प्रदर्शन भी किये और कुछ लोगों ने मीडियाकर्मियों की नेम प्लेट पर कालिख भी पोती। इन ख़बरों ने अनेक नये आयामों के साथ-साथ बुनियादी मुद्दों पर भी सवालिया निशान लगाए हैं। एक तरफ कोबरापोस्ट जैसी चर्चित वेबसाइट ने खबर दी कि पैसे लेकर आई टी कम्पनियाँ नेताओं की छवियाँ कृत्रिम रूप से बना और बिगाड़ रही हैं। लोकप्रियता के फर्जी मानक गढ़े जा रहे हैं और उन्हें सोशल मीडिया साइटों पर प्रस्तुत करके लोगों को भरमाया जा रहा है। दूसरी तरफ एक अन्य समाचार में खुफिया ब्यूरो यानी आईबी के निदेशक आसिफ इब्राहीम ने हमारे प्रधानमन्त्री से फ़ेसबुक और ट्विटर जैसी सोशल वेबसाइटों को भारतीय कानून के तहत लाने की सिफारिश की है। इब्राहीम ने कहा कि हाल की कुछ साम्प्रदायिक घटनाओं से यह साबित हुआ है कि सोशल मीडिया का दुरुपयोग लोगों को भड़काने के लिए किया जा रहा है। विदेशी कंटेंट प्रदाताओं को भारतीय कानून के दायरे में लाने की इस सिफारिश के पीछे वजह यह बताई गयी है कि जहाँ हमारी सुरक्षा एजेंसियाँ तकनीकी और प्रक्रियागत अड़चनों के कारण लगभग पंगु है, वहीं विदेशी कानून प्रवर्तन एजेंसियों की सोशल मीडिया तक स्वतन्त्र और प्रभावी पहुँच है। कम्प्यूटर इमरजेंसी रेस्पांस टीम-इंडिया के महानिदेशक ने कहा कि फेसबुक और ट्विटर जैसी सोशल नेटवर्किंग वेबसाइट्स के सन्दर्भ में अगर आईबी की सिफारिश मान ली जाती है तो ये साइटें भारतीय कानून के तहत जवाबदेह बन जायेंगी।

दूसरी तरफ हमारे प्रधानमन्त्री ने भी कहा है कि आतंकवादी संगठनों की

नापाक साजिशों का पता लगाने और साइबर चुनौतियों से पार पाने के लिए हमारे सुरक्षा तन्त्र और खुफिया जानकारी का आदान-प्रदान करने वाली इकाइयों को अपना कौशल लगातार पैना करते रहना चाहिए। साथ ही साथ चुनावी समय में ये समस्याएँ और भी अधिक प्रासंगिक और महत्त्वपूर्ण हो जाती हैं। समाज में तनाव बढ़ाने के लिए सोशल मीडिया के दुरुपयोग पर चिन्ता जताते हुए प्रधानमन्त्री ने एक बात बड़ी महत्त्वपूर्ण कही है कि देश ने हाल ही में मुजफ्फरनगर में गड़बड़ियाँ और पिछले साल सोशल मीडिया और एसएमएस का दुरुपयोग देखा है। उन्होंने कहा कि हमें ऐसे रचनात्मक समाधान खोजने की ज़रूरत है जो अभिव्यक्ति की स्वतन्त्रता और सोशल मीडिया द्वारा उपलब्ध कराए जाने वाले संचार पर अंकुश न लगाए।

'तहलका' में एक महिला पत्रकार के यौन उत्पीड़न से जुड़ी हालिया ख़बरों ने मीडिया को इस सवाल पर सोचने के लिए विवश किया है कि दूसरों को आईना दिखानेवाली पत्रकारिता ने क्या कभी आईने में अपनी शक्ल देखने की जहमत उठाई हे? अगर हाँ, तो राजनीतिक या फिल्म जगत की जानी-मानी हस्तियों का स्टिंग ऑपरेशन करनेवाले मीडिया से पूछा जा सकता है कि वह जिसे आधी दुनिया कहता है, जिनके शोषण के प्रश्नों को निर्णायक विमर्शों के केन्द्र में खड़ा करता है, उस आधी दुनिया की स्वयं मीडिया के घर-आँगन में भला क्या दशा है? मीडिया गृहों में महिला पत्रकारों की ऐसी दयनीय या सुभेद्य हालत क्यों है, मीडिया महिलाओं का रूपायन किस तरह करता है और तथाकथित समतावादी मीडिया में महिलाओं के साथ गैर-बराबरी का व्यवहार क्यों अपनाया जाता है, ये वर्तमान समय के ज्वलन्त प्रश्न बनते जा रहे हैं।

करीब एक दशक पहले जब केन्द्र में भाजपा की अगुवाईवाली सरकार थी,तब 'तहलका' के संस्थापक-सम्पादक तरुण तेजपाल और अनिरुद्ध बहल ने भाजपा के राष्ट्रीय अध्यक्ष बंगारू लक्ष्मण और भाजपा के ही कुछ अन्य नेताओं का स्टिंग करके मीडिया जगत में वाकई तहलका मचा दिया था। इन्होंने 'वेस्ट एंड इंटरनेशनल' नाम की एक तथाकथित रक्षा कम्पनी का गठन करके इसे स्टिंग का ज़रिया बनाया था और यह ख़बर कई दिनों तक मुख्यधारा के मीडिया में देर और दूर तक चर्चा में बनी रही थी। इतनी देर तक कि गुजरात दंगों के पीछे की कई बातों का पर्दाफाश करने से लेकर कुछ समय पहले तक 'तहलका' की साख अक्षुण्ण बनी रही। और इतनी दूर तक कि सात समन्दर पार के 'गार्जियन' ने स्टिंग ऑपरेशन के ज़रिये भारतीय मीडिया को बदलाव की दिशा में ले जाने के लिए तरुण तेजपाल को भारत के चुनिन्दा सम्भ्रान्तजनों यानी एलीट्स की सूची में पूरे सम्मान के साथ रखा था। आज एक दशक बाद भी करीब उसी तरीके से 'तहलका' से जुड़ी ख़बरें छाई हुई हैं। पिछली बार मीडिया के सामने राजनीति का चेहरा उतरा हुआ था लेकिन

इस बार दाँव उल्टा पड़ा है और राजनीति के चेहरे की चमक आसानी से देखी जा सकती है।

'तहलका' की महिला पत्रकार के यौन उत्पीड़न के आरोपों से जुड़े ई-मेल के सार्वजनिक होने के बाद तरुण तेजपाल ने 'प्रायश्चित' के तौर पर इस पत्रिका के सम्पादक के पद से छह महीने तक अलग रहने की घोषणा की। गौरतलब है कि यौन उत्पीड़न की पीड़ित महिला पत्रकार का कहना है कि उसके साथ उत्पीड़न की यह घटना एक नहीं, बल्कि दो बार हुई है। उधर 'तहलका' की प्रबन्ध सम्पादक शोमा चौधरी बार-बार अपने इसी रुख़ पर अड़ी रहीं कि उन्हें इस मामले में सही कार्रवाई करने का समय चाहिए। उन्होंने यह भी कहा कि "मेरी समझ है कि वह (पीड़ित महिला पत्रकार) चाहती थी कि माफ़ी माँगी जाये और ऐसा कर दिया गया है। उन्होंने (तेजपाल ने) इस्तीफ़ा दे दिया। इसकी उसने माँग नहीं की थी। वह जो चाहती थी यह उससे काफ़ी अधिक है।" इससे बड़ी विडम्बना क्या होगी कि मीडिया से जुड़ी एक अपेक्षाकृत वरिष्ठ महिला एक-दूसरी महिला पत्रकार के यौन शोषण को अपना 'घरेलू' या 'आन्तरिक' मामला मानती है। 'इंडियन एक्सप्रेस' को दिये गये बयान में शोमा चौधरी ने साफ-साफ ऐसा ही कहा है। कहने का मतलब यह है कि अगर कोई पति अपनी पत्नी की पिटाई करता है या उसे तंग करता है तो पत्नी को कानून के पास नहीं जाना चाहिए और राज्य को भी इसमें हस्तक्षेप नहीं करना चाहिए क्योंकि यह पति-पत्नी के घर का 'अन्दरूनी' मामला है।

इससे अन्दाज़ा लगाना मुश्किल नहीं है कि हम कितने अधिक सभ्य समाज में रहते हैं। हमारा समाज इतना ज्यादा सभ्य है कि शोमा चौधरी ने यह कहा कि हम इसकी 'आन्तरिक' जाँच करवा लेंगे। ऐसा तब है जब 'तहलका' ने माननीय सर्वोच्च न्यायालय के चर्चित विशाखा मामले के उस फैसले का अनुपालन भी नहीं किया है जिसके तहत उसे 'तहलका' संस्थान के भीतर यौन उत्पीड़न सम्बन्धी एक ऐसी समिति का गठन करना चाहिए था जिसमें कम-से-कम एक व्यक्ति बाहरी हो। बहरहाल शोमा चौधरी ने इस्तीफ़ा दे दिया है। असल में 'तहलका' का यह पूरा मामला अपराध या सजा की तुलना में गहरे नैतिक अफसोस का विषय अधिक है। यह स्वयं मीडिया द्वारा मीडिया के मुँह पर कालिख पोत देने जैसा है। यह भी ध्यान रखना चाहिए कि कानून अपराधों को रोकने की कोशिश भले कर सकता है लेकिन दुनिया का कोई भी कानून मनुष्य को नैतिक नहीं बना सकता। नैतिकता अपनी भीतरी आस्था का विषय है जिसे राज्य या कानून नहीं पैदा कर सकते। इसीलिए महिलाओं की सुरक्षा को लेकर कानून तो बहुत हैं, परन्तु फिर भी वे असुरक्षा के दायरे में जीने को अभिशप्त हैं। ऐसे महत्त्वपूर्ण मौकों पर जितने भी तरीके की राय आती है, उन सबमें महिलाओं के प्रति बड़ा अधकचरा नज़रिया

दिखता है, चाहे वह नजरिया स्वयं महिलाओं द्वारा ही प्रतिपादित क्यों न किया गया हो। दुनिया के सबसे बड़े लोकतन्त्र के बारे में यह बात सबसे ज्यादा सत्य है। अभी ज्यादा दिन नहीं बीते जब मुम्बई में एक महिला पत्रकार का सामूहिक बलात्कार हुआ था और पूरे देश में ऐसी प्रतिक्रिया हुई थी मानो भविष्य में वाकई कोई सुधार हो ही जायेगा। पर सुधार की कौन कहे, सुधार के लिए आवाज़ उठाने वाले मीडिया के भीतर ही ऐसी शर्मनाक वारदात हो गयी।

अख़बारों में जहाँ तक महिला पत्रकारों की भूमिकाओं का सवाल है, अभी यह मिथक अप्रासंगिक नहीं हुआ है कि यहाँ महिलाओं के काम का दायरा बेहद सीमित है। ऐसे लोगों की अच्छी ख़ासी तादाद मौजूद है जो यह मानते हैं कि अख़बारों के दफ्तरों में महिलाएँ या तो टाइप करने का कार्य कर सकती हैं या फिर फीचर लिख सकती हैं। ऐसी धारणा तो बहुत दिनों तक प्रचलित रही कि पत्रकारिता में महिलाओं का काम लाइफस्टाइल फीचर तक सीमित रहता है, उन्हें की-बोर्ड से चिपके रहना चाहिए, फील्ड वर्क की बजाय डेस्क वर्क ही उनका उचित कार्यक्षेत्र है...आदि, आदि। आज भी हिन्दी ही नहीं, अंग्रेजी भाषा की ही बात करें तो पूछा जाना चाहिए कि कितने राष्ट्रीय या अधिक प्रसार संख्या वाले अखबारों की सम्पादक महिलाएँ हैं। सम्पादक की तो बात ही छोड़िए, कितनी महिलाएँ पत्र-पत्रिकाओं में सीनियर रिपोर्टर या विशेष संवाददाताओं के पद पर विराजमान हैं? यहाँ महिला पत्रकारों का नाम गिनाकर विवाद खड़ा करना उचित नहीं है।

बहरहाल एक आम पाठक के नज़रिये से अगर चीजों को देखा जाये तो पाठकों का साबका प्राय: खबरों से या सम्पादकीय से ही पड़ता है। यह बात दीगर है कि कुछ जागरूक और प्रबुद्ध पाठक ऐसे ज़रूर होते हैं जो खबरों की बाईलाइन भी बड़े गौर से पढ़ते हैं। और जो लोग बाईलाइन में रुचि रखते हैं, उन पाठकों को इस बात का एहसास हो ही जाता है कि शायद ही किसी महत्त्वपूर्ण राष्ट्रीय अथवा अन्तरराष्ट्रीय घटना के कवरेज में छापी गयी तस्वीरें किसी महिला फोटोग्राफर द्वारा खींची गयी होती हों। आज किसी भी भाषा का कोई भी अख़बार पढ़ने वाला एक मामूली बच्चा भी इस विसंगति से भली-भाँति वाक़िफ़ है कि अख़बारों में महिलाओं की भूमिकाएँ केवल यहीं तब सीमित रहती हैं कि वे विज्ञापनों की ब्रांडिंग करने के लिए एक साधन मात्र हैं। इसे महिलाओं की छवियों का वस्तूकरण कहा जाता है।

यह अकारण नहीं है कि विज्ञापनों में शाहरुख़ खान कहते हैं कि "आई लव माई कार मोर दैन माई वाइफ़"। इससे पता चलता है कि पत्नी भी कार की तरह एक वस्तु ही है। इसके अलावा यह भी पूछा जा सकता है कि शेविंग क्रीम जैसे अनेक पुरुष उत्पादों के विज्ञापनों में अनावश्यक रूप से महिलाओं को प्रस्तुत करके

मीडिया क्या सन्देश देना चाहता है? महिलाओं का खबर बनना एक बात है लेकिन महिलाओं द्वारा खबरों का बनाया जाना एक बिल्कुल दूसरी बात। दूसरे शब्दों में कहें, तो बतौर खबर-निर्माता, महिलाएँ इस बात की पड़ताल करनेवाली पत्रकार मानी जाती रहीं कि गर्मियों के मौसम में किस तरह के कपड़े पहने जाते हैं या सर्दियों में अच्छा स्वेटर कैसे बुनना चाहिए। इसके अलावा उन्हें इस बात की जिम्मेदारी सौंपी जाती रही कि वे बेहतर मातृत्व के बुनियादी सूत्र बताएँ। बाजार में कौन-सा फ़ैशन चलन में है, किस तरीके की फिल्मों में नये तरीके के कपड़े पहने गये हैं, सौन्दय प्रसाधनों में कौन-कौन-से ब्रांड ज्यादा बिक रहे हैं, शादियों में दुल्हनों को कैसे सजाया जाये जैसे विषय पारम्परिक रूप से महिला पत्रकारों के विषय माने गये। ऐसा नहीं है कि ये काम किन्हीं दूसरे कामों की तुलना में छोटे या हीन हैं। ये काम भी उतने ही प्रासंगिक हैं, जितने कि राजनीति या आर्थिक खबरों की रिपोर्टिंग या उनके प्रकाशन का काम। असल सवाल तो समस्त महिला पत्रकारों की छवि को खास किस्म के कामों के साथ फिक्स कर दिये जाने का है। सवाल तो महिलाओं की छवियों के जड़ बनाए जाने और उन्हें लेकर गढ़े जाने वाले स्टीरियोटाइप्स का है। हमें याद रखना चाहिए कि अन्तिम रूप से यह किसी के लिए फायदेमन्द साबित होने नहीं जा रहा है क्योंकि ऐसी कोई चीज प्रतिनिधिमूलक कैसे हो सकती है, जो आधी दुनिया को ही दरकिनार कर दे। हालाँकि प्रेस में महिलाओं के बहुत ज्यादा आगे न जा सकने के अधिकतर कारण प्राकृतिक और सामाजिक हैं, न कि तकनीकी। उनका ज्यादातर समय घर-परिवार और बच्चों को सँभालने तथा हारी-बीमारी में ही गुजर जाता है।

समय की सीमा से जकड़े प्रेस का कोई भी काम मात्र इसलिए रोका नहीं जा सकता कि इस काम को महिला पत्रकार ही करेंगी। यह तो एक ऐसा क्षेत्र है जहाँ का नारा ही है-'द शो मस्ट गो ऑन'। अखबारों के दफ्तरों में दिन-रात सतत काम होता रहता है। भारत जैसे देश में कई सम्भावनशील महिला पत्रकारों का कैरियर तो इस मामूली-सी बात की भेंट चढ़ गया कि महिलाओं को रात में बाहर नहीं निकलना चाहिए। यौन शोषण के ख़तरे महिलाओं को लेकर इसलिए भी बढ़ जाते हैं कि अगर उनके ऑफ़िस का कोई वरिष्ठ पुरुष सहयोगी या सम्पादक चाहे तो उन्हें देर रात की शिफ़्ट देकर उन्हें मजबूर कर सकता है। तमाम मामले तो महज इसलिए सामने नहीं आ पाते कि ऐसे यौन शोषण से तथाकथित इज्जत को अनावश्यक रूप से जोड़ दिया जाता है जिसके कारण महिला पत्रकार खुलकर विरोध या प्रतिरोध जताने की बजाय चुपचाप शोषण को झेल और सह लेती है। प्रारम्भिक स्तर के ऐसे घटिया इरादे ही अन्ततः बलात्कार जैसे पाशविक कुकर्म की पाठशाला बन जाते हैं और मीडिया में महिलाओं की स्थिति हाशिये पर ही रहने को अभिशप्त हो

जाती है। इन्हीं वज़हों से कुछ महिला पत्रकार अक्सर इस बात के लिए आवाज़ें उठाती रहती हैं कि महिला पत्रकारों के लिए अलग से ज़रूरी व्यवहार की आवश्यकता है। अमेरिकी समाचारपत्रों के दफ्तरों में इसे 'सकारात्मक कार्रवाई' यानी 'अफरमेटिव एक्शन' कहा जाता है। प्रसिद्ध महिला पत्रकार जैनेट मैलकॉम ने अपनी विख्यात कृति 'द जर्नलिस्ट एंड द मर्डरर' में पत्रकारों और उनके विषयों के बीच के रिश्ते की अच्छी पड़ताल की है और बताया है कि किस तरह महिला पत्रकार अनेक कारणों से हाशिये पर जाकर निराश होने को अभिशप्त हो जाती हैं।

आज अगर अंग्रेजी में महिला पत्रकारों की हालत हिन्दी की महिला पत्रकारों से कुछ बेहतर है तो केवल इसलिए कि अंग्रेजी में महिलाओं का संघर्ष हिन्दी की तुलना में पहले शुरू हो गया था। इसके अलावा अँग्रेजी पत्रकारिता में प्रोफ़ेशनलिज़्म का स्तर और आर्थिक दशाएँ भी अलग हैं। यह बात भी खासा महत्त्वपूर्ण है कि अंग्रेजी का कोई भी मुद्दा दुनिया के किसी भी कोने में प्रारम्भ हो, वह देखते-देखते अपने बुनियादी चरित्र में ही ग्लोबल हो जाता है। फिर भी हमें महिलाओं की वाजिब समस्याओं को हल करने की दिशा में आगे बढ़ने की कोशिश करनी चाहिए। यह ठीक है कि हम महिलाओं की प्राकृतिक समस्याओं को तो दूर नहीं कर सकते, लेकिन सामाजिक या आर्थिक किस्म की ऐसी समस्याओं को, जिन्हें दूर किया जाना सम्भव है, अवश्य दूर किया जाना चाहिए। हमारा देश एक ऐसा देश है जहाँ बीस से भी अधिक भाषाओं में बासठ हजार से भी ज्यादा दैनिक समाचारपत्र छपते हैं। भारत में जितने पाठक हैं। उतनी तो बड़े-बड़े अख़बारोंवाले देशों की जनसंख्या भी नहीं है।

इधर रेडियो के एफ़एम चैनलों की संख्या भी खूब बढ़ी है। उदारीकरण के वर्तमान दौर में कहने को साढ़े तीन सौ से भी ज्यादा समाचार चैनल और लाखों छोटे-बड़े समाचार भारत में अपना काम कर रहे हैं। पर सवाल तो यह है कि हमारे विशाल देश के इतने बड़े मीडिया जगत ने कितनी ऐसी महिला पत्रकारों को पैदा किया जिनके नाम से लोग बाक़ायदा वाकिफ हों। इसकी वजह महिलाओं को सॉफ़्ट टारगेट यानी सुभेद्य मानने की हमारी सामन्ती मानसिकता है कि कागज में भले ही महिलाओं को पुरुषों के बराबर का दर्जा मिल गया हो, लेकिन वास्तविक जीवन में उन्हें वह दर्जा देने से तथाकथित बड़े-बड़े पत्रकार, उद्योगपति, अफ़सर, नेता और विचारक भी इरादतन कतराते हैं। आधी दुनिया के प्रति इस तरीके का दुराग्रहपूर्ण नज़रिया रखकर क्या मीडिया उस पब्लिक स्फ़ीयर का निर्माण कर सकता है जिसका वह आये दिन दावा करता रहता है कि वह तो सर्वसमावेशी है, कि वह तो बेजुबानों को जुबान देता है और यह भी कि वह तो हाशिये के दबे-कुचले लोगों की आवाज़ बुलन्द करता है।

पर जब स्वयं मीडिया में ही स्त्रियों के प्रति ऐसा बीमार नज़रिया हो, खुद सामाजिक मूल्यों के रक्षक की ही यह दशा हो तो क्या कहा जाये? तरुण तेजपाल अनुभवी और वरिष्ठ पत्रकार हैं और 'इंडिया टुडे', 'इंडियन एक्सप्रेस' समूह और 'आउटलुक' समूह में काम कर चुके हैं। तरुण तेजपाल के उपन्यास 'दि एल्केमी ऑफ़ डिज़ायर' को वर्ष 2005 की विदाई के वक्त ब्रिटेन के बैड सेक्स एवार्ड के लिए नामित किया गया था क्योंकि इसमें यौन सम्बन्धों का 'संकोचशील' और 'शर्मनाक' वर्णन करनेवाला एक पैराग्राफ़ मौज़ूद है। तथाकथित साहित्य में तो स्त्रियों के सम्बन्ध में ऐसे 'वर्णन' चल भी सकते हैं, पर क्या वास्तविक जीवन में ऐसे कारनामों को अंजाम देना उचित कहा जा सकता है। दरअसल आधी दुनिया को मीडिया की मुख्यधारा में लाना वर्तमान समय में सबसे ज्यादा आवश्यक होता जा रहा है। यह समय मीडिया में आधी दुनिया की चिन्तनीय दशा का तमाशा देखने का नहीं, वरन गम्भीर आत्ममन्थन का है। सम्भव है कि यह आत्ममन्थन गैर-बराबरी की संरचनाओं और शोषण के तरीकों को समाप्त कर सके।

मीडिया, हिन्दी, तकनीक और बाज़ार

मीडिया, बाज़ार और भाषा के आपसी सम्बन्धों को समझने के लिए हेर्टा म्युलर का जीवन और उनकी कृतियाँ सहायक हो सकती हैं। रोमानिया में जन्मी जर्मन कवयित्री और उपन्यासकार हेर्टा म्युलर को वर्ष 2009 के लिए साहित्य के क्षेत्र का नोबेल पुरस्कार प्राप्त हुआ है। म्युलर ने अपने लघु कथा संग्रह 'नीदेरुनजिन' से साहित्य की दुनिया में क़दम रखा था। सन् 1982 में, रोमानिया में रहते हुए म्युलर ने अपनी इस प्रथम पुस्तक को रोमानिया में प्रकाशित करने से इनकार कर दिया क्योंकि रोमानिया के कुछ अधिकार इस पुस्तक में काट-छाँट करना चाहते थे जो म्युलर को मंजूर नहीं था। फिर इस पुस्तक की पांडुलिपि चोरी-छिपे पश्चिमी जर्मनी पहुँची जहाँ पर 'स्पीगेल' पत्रिका में प्रकाशित हुई। म्युलर की इस पांडुलिपि में तानाशाह निकोलाई चाउसेस्कू के शासन के दौरवाले नीरस जीवन का वर्णन किया गया है। इसी प्रकार 'लैंड ऑव ग्रीन प्लम्स' और 'द अपॉवंइटमेंट' जैसी कृतियों में भी सत्ता के दमन के बीच आम जनजीवन के दैनिक संघर्षों को चित्रित किया गया है। म्युलर फ़िलहाल बर्लिन में रहती हैं और ग़ौर करने लायक बात यह है कि जर्मन भाषाई जगत से बाहर की दुनिया में उनकी रचनाओं की कोई विशेष पहचान नहीं है। ऐसे में प्रश्न उठना स्वाभाविक है कि भाषा के बाज़ार को मीडिया कितना प्रभावित कर पाता है? पुस्तकों, प्रकाशकों और लेखकों की निर्भरता बाज़ार पर कितनी है और किसी भाषा के प्रचार-प्रसार के लिए मीडिया का क्या और कितना योगदान हो सकता है? हिन्दी, मीडिया और बाज़ार के ये प्रश्न आज महत्त्वपूर्ण होते जा रहे हैं।

देखा जाये तो प्रत्येक स्वतन्त्र व सम्प्रभु राष्ट्र की अपनी एक भाषा होती है। 'नित भाषा उन्नति अहै, सब उन्नति को मूल' का अभिप्रेत यही है कि किसी देश की अपनी भाषा उस देश की ऐतिहासिक विरासतों को सांस्कृतिक आयामों के रूप में व्यक्त करती है। जर्मनी से लेकर पोलैंड तक अनेक यूरोपीय राष्ट्रों का निर्माण भाषिक पहचान के आधार पर ही हुआ है। हमारा भारत इस अर्थ में सौभाग्यशाली

है कि पूरे संसार की प्राचीनतम सभ्यताओं को स्थली के रूप में इसकी अपनी ख़ास पहचान है, इसकी अपनी एक ख़ास सामासिक संस्कृति है और अनेकता में एकता इस देश का प्राणतत्त्व है। हमारे यहाँ अनेक भाषाभाषी निवास करते हैं जिनमें हिन्दी का स्थान प्रमुख एवं महत्त्वपूर्ण है। हालाँकि यह भी उतना ही सत्य है कि क्षेत्रीय भाषाओं की अपनी महत्ता है। उदाहरण के लिए पूर्वोत्तर में उग्रवाद से सबसे अधिक प्रभावित तीन राज्यों–असम, मणिपुर व नागालैंड–में क्षेत्रीय भाषाओं में रेडियो पर नियमित अन्तराल पर आकर्षित करनेवाली शैली में जिंगल बनाए गये हैं। सरकार ने इसे 'जिंगल वार' नाम दिया है ताकि जनता को शिक्षित और जागरूक बनाया जा सके। क्षेत्रीय भाषाओं में छोटे-छोटे वाक्यों, सरल-सरल शब्दों और गानों को लेकर बनाए गये ये कार्यक्रम शान्ति और विकास की दिशा में एक उल्लेखनीय कदम है। वास्तव में यह भाषा की मदद से मीडिया द्वारा किया जा रहा एक ऐसा सराहनीय प्रयास है जिससे भाषा की महत्ता स्वयमेव स्पष्ट हो जाती है।

भारत में आरम्भ से ही मध्यदेश की भाषाएँ–संस्कृत, पालि, प्राकृत और अपभ्रंश अपने-अपने काल में राष्ट्र भाषाएँ रहीं। अतः मध्यदेश की प्रमुख भाषा होने के कारण हिन्दी इनकी सहज उत्तराधिकारिणी हुई। पर आज का समय भूमण्डलीकरण और सूचना-संचार की क्रान्ति का समय है। नव-उदारवादी अर्थशास्त्र बाज़ार को प्रमुखता देते हुए राष्ट्रों, समाजों और अन्तरराष्ट्रीय संगठनों की नीतियाँ निर्धारित कर रहा है। बाज़ार के प्रभाव से संस्कृति या भाषा भी अछूती नहीं रही है। दूसरी ओर मीडिया, उद्योग के एक नये और लाभदायक क्षेत्र के रूप में उभरा है। आज भारत की महत्ता इसलिए भी अधिक है क्योंकि यह विश्व के दस नये उभरते हुए बड़े बाज़ारों (बिग इमर्जिंग मार्केट्स) में से एक है। और ग़ौरतलब है कि व्यापार की कार्यप्रणाली तभी गति पकड़ती है जब लेन-देन का काम उपभोक्ता या ख़रीदारी की भाषा में किया जाये। इस लिहाज़ से हिन्दी की स्थिति भारत में ही नहीं, वरन पूरी दुनिया में महत्त्वपूर्ण है।

मीडिया आज भले दावा कर रहा हो कि उसके प्रसारण विश्व की अनेक भाषाओं में किये जा रहे हैं परन्तु यदि भाषा और बोली के अन्तर को ध्यान में रखा जाये तो अभी तक संसार की भाषाओं की सन्तोजनक ढंग से गिनती नहीं हो पाई है। इस सम्बन्ध में अधिकतर अटकलें ही लगाई गयी हैं। इसका कारण यह है कि किसी भाषा को उसकी बोली से अलग करने में भ्रम पैदा हो रहा है। फिर भी यह जानना रोचक है कि दुनिया में मन्दारिन भाषा बोलनेवाले लोग सर्वाधिक हैं और हिन्दी, मन्दारिन के बाद दूसरे स्थान पर है। हिन्दी, इस प्रकार एक सम्भावनाशील, महत्त्वपूर्ण और बड़ी भाषा बनकर बोलियों-भाषाओं के वैश्विक मानचित्र पर शान से उभरती है। ज़ाहिर है कि जिसका स्थान इतना महत्त्वपूर्ण हो, उसकी उपेक्षा न तो

माँग-पूर्ति के नियमों पर आधारित कोई बाज़ार कर सकता है और न ही सम्प्रेषण को केन्द्रबिन्दु माननेवाला मीडिया ही उसे दरकिनार कर सकता है। पर प्रासंगिक प्रश्न तो यह है कि हिन्दी ने बाज़ार को और बाज़ार ने हिन्दी को कितना प्रभावित किया है और मीडिया का हिन्दी भाषा से क्या सम्बन्ध रहा है? आज जब भोजपुरी जैसी क्षेत्रीय भाषाओं में 'महुआ' जैसे चैनल अपना प्रसारण कर रहे हैं और अवधी को लेकर अकादमी गठित करने का मुद्दा उठाया जा रहा है, तब ये सवाल और भी अधिक ज़रूरी हो जाते हैं।

मीडिया वास्तव में एक माध्यम है जिसका प्रमुख कार्य सम्प्रेषण है। सम्प्रेषण के लिए एक जनभाषा की आवश्यकता होती है ताकि मीडिया अपनी बातों को आम जनता तक पहुँचा सके। मीडिया ने निश्चित तौर पर आज दूरियों को अर्थहीन बनाया है। विश्व के किसी एक कोने में घटनेवाली घटना तेज़ी से पूरी दुनिया को प्रभावित करती है। पहले के ज़माने में अख़बार और रेडियो-ये दो ऐसे प्रमुख माध्यम थे जो भाषा की काया को निर्धारित करते थे। उसी समय, 'कहीं से किसी अप्रिय घटना का कोई समाचार नहीं मिला है' या 'स्थिति तनावपूर्ण किन्तु नियन्त्रण में है' और 'जनजीवन सामान्य रहा' जैसे विख्यात वाक्य गढ़े गये जो आज तक प्रचलन में हैं और पुराने नहीं लगते। आज चौबीस घंटे के ख़बरिया चैनलों के अतिरिक्त इंटरनेट भी भाषा को गढ़ने में प्रमुख भूमिका निभा रहा है, लोगों की शिक्षा व साक्षरता को बढ़ा रहा है। पर आज भी हिन्दी को उसका यथोचित सम्मान नहीं मिल सका है।

आज तकनीक और बाज़ार की प्रगति के चलते 'लीला' (एल.आई.एल.ए. यानी लर्न इंडियन लैंग्वेजेज़ विद आर्टिफिशियल इंटेलीजेंस) जैसे सॉफ्टवेयर विकसित किये गये हैं ताकि हिन्दी के प्रसार की रफ़्तार तेज़ हो सके। बहुत समय पहले केशवचन्द्र सेन ने 'भारतीय एकता कैसे हो' विषय पर लिखा था-"उपाय यह है कि भारत में एक ही भाषा का व्यवहार हो। इस समय जितनी भाषाएँ भारत में प्रचलित हैं उनमें हिन्दी भाषा सारी जगह प्रचलित है। इस हिन्दी भाषा को अगर भारतवर्ष की एकमात्र भाषा बनाया जाये, तो यह काम सहज ही और शीघ्र सम्पन्न हो सकता है।" पर हिन्दी के प्रचार-प्रसार के लिए और हिन्दी को सांविधानिक संरक्षण प्रदान करने के लिए जब संसद में यह तर्क दिया गया था कि यह (हिन्दी) भारत की एकमात्र भाषा है जिसे चालीस प्रतिशत से अधिक भारतीय प्रथम भाषा के रूप में और तीस फ़ीसदी से अधिक भारतीय द्वितीय भाषा के रूप में प्रयुक्त करते हैं तो संसद में कुछ लोगों ने प्रतिवाद में कहा था कि भाषा बोलनेवाले लोगों की संख्या को देखकर यह तय नहीं किया जाना चाहिए कि कौन-सी भाषा कम महत्त्वपूर्ण है, कौन-सी अधिक। एक प्रसिद्ध दक्षिण भारतीय सदस्य ने कहा था कि यदि हिन्दी को इस आधार पर सांविधानिक संरक्षण दिया जाना है कि इसे बोलनेवाले

लोगों की संख्या अधिक है तो फिर मोर को राष्ट्रीय पक्षी के दर्ज़े से नीचे उतारकर कौए को राष्ट्रीय पक्षी बनाया जाना चाहिए क्योंकि कौओं की संख्या मोर से अधिक है। स्पष्ट है कि यह तर्क समन्वयवादी या सृजनात्मक होने की अपेक्षा विध्वंसात्मक ही था। वास्तव में ज़रूरत एक ऐसी सोच की थी जो हमारी हिन्दी भाषा के लिए कल्याणकारी होती और हम सबको एक विदेशी भाषा की ग़ुलामी से बचाती।

आज अगर लड़खड़ाती हुई अँग्रेजी बोलना पिछड़ेपन का प्रतीक है तो लड़खड़ाती हुई हिन्दी बोलना समृद्धि, अँग्रेजियत व आधुनिकता का परिचायक है। पश्चिमी देशों के मीडिया की भी इसमें कम भूमिका नहीं है। टेलीविज़न पर कोई भी प्रस्तोता हिन्दी में बोले या न बोले, अंग्रेजी में दो-चार शब्द अवश्य ही बोलता है। सवाल है कि जिस जनता के कल्याण की बातें करता मीडिया कभी थकता नहीं, क्या उस आम जनता को मीडिया और उसके कार्यक्रम-प्रस्तोताओं की अँग्रेजी समझ में भी आती है? अभी ज़्यादा दिन नहीं बीते जब 'लव-आजकल' नाम की एक फ़िल्म आई थी जिसमें सैफ़ अली ख़ान 'हम आम लोग हैं' का अनुवाद करते हैं : 'वी आर द मैंगो पीपल'। कई बार अनुवादकों ने भावबोध को समझे बिना 'गाँधीजी दूरदर्शी थे' का अनुवाद 'गाँधीजी वाज़ टेलिस्कोप' किया है।

मीडिया की कार्यशैली ऐसी इसलिए है क्योंकि मीडिया इस देश में अँग्रेजी के आतंक से परिचित है और वह भाषा की राजनीति को भी जानता-समझता है। अर्थ और ग्लैमर के प्रभुत्व वाले इस युग में मीडिया आज बाज़ार-केन्द्रित सोच के सहारे मुनाफ़े को लक्ष्य बनाकर आगे बढ़ता है। जिस जनता के बारे में कभी हमारे राष्ट्रकवि दिनकर ने कहा था : 'सिंहासन खाली करो कि जनता आती है', उस जनता के बारे में मीडिया और पत्रकारिता की चिन्ताएँ वैसी ही नहीं रह गयी हैं, जैसी आज़ादी के वक़्त थीं। आज हिन्दी भाषी मीडिया जब अँग्रेजी में हेडलाइन लगाता हो तो क्या हिन्दी की वर्तमान स्थिति के बारे में कुछ कहने-सुनने को शेष रह जाता है?

हमारे संविधान निर्माताओं ने हिन्दी को लेकर जो स्वप्न देखे थे, वे अभी तक स्वप्न ही बने हुए हैं। राजभाषा के रूप में हिन्दी की सांविधानिक स्थिति फिलहाल बहुत कुछ स्पष्ट करती है। हमारे संविधान के भाग-5,6 और भाग-17 में राजभाषा-सम्बन्धी उपबन्ध हैं। भाग-17 में चार अध्याय हैं जो क्रमशः संघ की भाषा, प्रादेशिक भाषाओं, उच्चतम न्यायालय और उच्च न्यायालयों आदि की भाषा तथा विशेष निर्देशों से सम्बन्धित हैं। ये चारों अध्याय अनुच्छेद 343 से अनुच्छेद 351 के अन्तर्गत समाहित हैं। इसके अतिरिक्त अनुच्छेद 120 और 210 में संसद एवं विधानमण्डलों की भाषा के सम्बध में विवरण दिया गया है।

हमारे संविधान के सत्रहवें भाग के अनुच्छेद 343 के अन्तर्गत कहा गया है

कि, "संघ के शासकीय प्रयोजनों के लिए प्रयोग होने वाले भारतीय अंकों का अन्तरराष्ट्रीय रूप होगा।" इसी अनुच्छेद में यह भी संकेत दिया गया है कि शासकीय प्रयोजनों के लिए अँग्रेजी भाषा का प्रयोग पन्द्रह वर्षों तक होता रहेगा। सोचा यह गया था कि पन्द्रह वर्षों की इस अवधि में हिन्दी का प्रचार-प्रसार व्यापक हो जायेगा और एक दिन हिन्दी उस ऊँचाई तक पहुँच जायेगी जब हिन्दी को अपनी सहायता के लिए अँग्रेजी जैसी किसी विदेशी भाषा की मदद की कोई ज़रूरत ही नहीं रह जायेगी। पर निहित स्वार्थों और परिस्थितियों की विसंगितयों के चलते ऐसा न हो सका। हिन्दी आज भी अपना वह गौरवपूर्ण स्थान प्राप्त नहीं कर सकी है जिसकी कल्पना हमारे संविधान-निर्माताओं ने की थी। उन्होंने तो अनुच्छेद 351 के तहत संघ पर यह कर्त्तव्य भी आरोपित किया था कि वह "हिन्दी भाषा का प्रसार बढ़ाये, उसका विकास करे जिससे वह भारत की सामासिक संस्कृति के भी तत्त्वों की अभिव्यक्ति का माध्यम बन सके।" संघ को यह कर्त्तव्य भी संविधान ने सौंपा है कि वह हिन्दी के शब्द-भंडार के लिए मुख्यत: संस्कृत से और गौणत: अन्य भाषाओं से शब्द ग्रहण करते हुए उसकी समृद्धि सुनिश्चित करे। पर, जैसा कि सभी जानते हैं, वैज्ञानिक व तकनीकी शब्द-भंडार के मामले में हिन्दी को अभी भी एक लम्बी यात्रा तय करनी शेष है।

हिन्दी, मीडिया, तकनीक और बाज़ार पर चर्चा करते समय इसका उल्लेख ज़रूर किया जाना चाहिए कि कुछ प्रयास इस दिशा में महत्त्वपूर्ण और क़ामयाब ज़रूर रहे हैं। अन्तरराष्ट्रीय स्तर पर ख्यातिप्राप्त भारतीय जनसंचार संस्थान आज मीडिया के क्षेत्र में प्रशिक्षित और विश्वस्तरीय पत्रकारों की पौध को जन्म दे रहा है। आई.आई.एम.सी. का पाठ्यक्रम आधुनिक आवश्यकताओं के मुताबिक इतना विकसित और लचीला है कि वह मीडिया के पक्ष-विपक्ष सम्बन्धी सभी पहलुओं पर ध्यान देने में पर्याप्त रूप से सक्षम है। नयी सूचना-प्रौद्योगिकियों का प्रयोग संस्थान की विशेषता है। हालाँकि तकनीक के स्तर पर कुछ अन्य कोशिशें भी ग़ौरतलब हैं। दो भारतीय सॉफ्टवेयर एवं हार्डवेयर कम्पनियों, एम.ए.आई.टी. और नासकॉम ने ग़ैर-अँग्रेजी भाषी लोगों की आवश्यकताओं को देखते हुए क्षेत्रीय भाषा में कम्प्यूटर प्रणाली विकसित करने के उद्देश्य से 'भारत भाषा' नामक एक परियोजना शुरू की थी। इसके अन्तर्गत देवनागरी, गुजराती और गुरुमुखी लिपियों के लिए 'शुशा' नामक एक नयी फॉण्ट प्रणाली का विकास किया गया है, जबकि इसी से मिलती-जुलती प्रणाली बांग्ला, असमिया और उड़िया लिपियों के लिए भी विकसित करने का कार्य जारी है। टाटा, आई.बी.एम. और जेनिथ जैसी कम्पनियाँ इस कार्य में सहयोग कर रही हैं। यह भाषा व लिपि पर बाज़ार के प्रभाव का एक उदाहरण है। भारत में प्रथम हिन्दी निजी कम्प्यूटर (पी.सी.) आई.बी.एम. कम्पनी द्वारा लाया

गया था जिसे आज दस से अधिक वर्ष बीत चुके हैं। अब तो इसका काफ़ी कम दामों पर निर्यात भी किया जा रहा है।

हमारे राष्ट्रगिता महात्मा गाँधी ने पन्द्रह अगस्त सन् 1947 को बी.बी.सी. लन्दन को दिये गये एक सन्देश में कहा था, "अँग्रेजी मोह से बड़ी कोई मूर्खता नहीं, दुनिया से कह दो कि गाँधी अँग्रेजी नहीं जानता।" पर स्वयं गाँधी के अपने देश में अँग्रेजी मोह पराकाष्ठा की किस सीढ़ी पर पहुँच गया है, यह किसी से छिपा नहीं है। आज कोई बड़ा नेता हो या बड़ा अभिनेता, अँग्रेजी में ही मीडिया के जरिये सामने आता है। लगभग सारी बहुराष्ट्रीय कम्पनियाँ अपने उत्पादों के विज्ञापन के लिए अँग्रेजी भाषा व शैली का सहारा लेती हैं ताकि हिन्दी बोलने वाले विशाल उपभोक्ता वर्ग तक पहुँचा जा सके, उनका दिल जीता जा सके।

हिन्दी के वर्तमान हाल पर मर्सिया पढ़नेवालों के लिए यह जानना ज़रूरी है कि मीडिया और बाज़ार के अनेक द्वन्द्वों के बावजूद हिन्दी आज भारत की सम्पर्क भाषा है। लेकिन, यह पद पाने पर, हिन्दी के विरुद्ध कुछ अनावश्यक प्रतिरोष हुआ। कुछ लोगों को भ्रम है कि हिन्दी भाषा भाषियों के लाभ से उनका अहित होगा। ऐसी अफ़वाहों के उड़ने का कुछ दोष हमारी राजनीति और उसकी प्रवृति को है और कुछ दोष हिन्दी भाषियों के अनुचित उत्साह और एकांगी दृष्टिकोण को है। आज मीडिया हिन्दी भाषियों के उन प्रयासों को प्रोत्साहित कर सकता है जो अहिन्दी भाषियों के दिलों को जीतने के लिए भाषिक स्तर पर किये जाते हों। मीडिया को अपने एजेंडे में यह बात भी शामिल करनी चाहिए कि वे अहिन्दीभाषी लोगों की अनुचित आशंकाओं को दूर करके उनमें विश्वास जगाएँ, न कि सनसनी फैलाकर उत्तेजक भावनाएँ भड़काएँ। हिन्दी का विकास अवश्यम्भावी है और अन्य भाषाओं की समृद्धि इसमें विशेष सहायक होगी। ये सारी भारतीय भाषाएँ आपस में जुड़ी हुई हैं।

आपस में जुड़े होने का रचनात्मक प्रमाण यह है कि पुणे स्थित सी–डैक और इज़रायली कम्पनी एफ.टी.के. टेक्नॉलोजी ने संयुक्त रूप से एक 'लेखिका 2007' नामक ऐसा साफ़्टवेयर निर्मित किया है जो अँग्रेजी भाषा में कमज़ोर लोगों के लिए मददगार साबित होगा। इस सॉफ़्टवेयर एप्लीकेशन को विंडोज़, मैक और लाइनक्स पर चलाया जा सकता है। दस भाषाओं और तीन हज़ार कैरेक्टर्स को सपोर्ट करने वाले इस साफ़्टवेयर की सहायता से हिन्दी, मराठी, गुजराती, बंगाली, तेलुगु, तमिल, कन्नड़, मलयालम, उर्दू और पंजाबी भाषाओं में काम किया जा सकता है। भारत की अन्य आधिकारिक भाषाओं को भी इसमें शामिल करने की कोशिशें ज़ारी हैं। ज़ाहिर है कि इससे सम्प्रेषणीयता में मीडिया को मात्रात्मक ही नहीं, गुणात्मक लाभ भी मिलेगा।

मीडिया आज जिस तरह पूरी दुनिया को एक ही रंग में रँगने का अभियान चला रहा है, उसे समझना कठिन नहीं है। बड़ी-बड़ी आवारा पूँजियों की गोद में खेलते अन्तरराष्ट्रीय मीडिया का स्वप्नलोक ऐसा है जहाँ सब लोग पूरी दुनिया में एक ही भाषा बोलें, एक ही ख़ास संस्कृति में रचे-बसे हों। इसे ही कुछ समकालीन विश्लेषकों ने 'मैक्डोनाल्डीकरण' कहा है। पर जिस तरह एक इन्द्रधनुष अनेक रंगों से मिलकर बनता है, उसी तरह हमारा देश भी बहुभाषी, विविधतापूर्ण व बहुधर्मी है। हमें ध्यान रखना पड़ेगा कि मीडिया के तुरन्ताबाज़ रवैये के बावजूद और बाज़ार के अदृश्य हाथ के बढ़ते प्रसार के बावजूद हिन्दी को चाहिए कि वह अपने दरवाज़े और खिड़कियाँ खुली रखे। ऋग्वेद में कहा गया है-'आ नो भद्राः क्रतवो यन्तु विश्वतः'। यानी अच्छे विचारों का हम सभी दिशाओं से आह्वान करें। हम सभी जानते हैं कि हिन्दी में अमीर खुसरो से लेकर मलिक मुहम्मद जायसी तक प्रत्येक का योगदान इस भाषा को समन्वयवादी व सर्वसमावेशी बनाने में महत्त्वपूर्ण स्थान रखता है। समन्वयवादी दृष्टिकोण के कारण ही हिन्दी एक विश्वभाषा का रूप ले सकेगी। भारतवंशी आज संसार के कोने-कोने में फैले हुए हैं। जिस हद तक हिन्दी का भंडार बढ़ेगा, बाज़ार और मीडिया उसके सामने झुकने के लिए विवश हो जायेंगे।

मीडिया, तकनीक और हिन्दी पर बात करते हुए इस बात का ज़िक्र ज़रूरी है कि आज एक भाषा के साहित्य का अनुवाद दूसरी भाषा में करने की कोशिशें पहले की तुलना में कहीं अधिक तीव्रता से हो रही हैं। पश्चिमी सम्भ्रान्तवर्ग की कोशिश न सिर्फ़ आम जनजीवन में अँग्रेजी का हस्तक्षेप बढ़ाने की है बल्कि इस बात की भी साज़िशें हो रही हैं कि हिन्दी को 'भाषा' के दर्ज़े से उतारकर 'बोली' के स्तर पर ले आया जाये। अँग्रेजी के प्रति अतार्किक अन्धा आकर्षण इसी बात का प्रमाण है। पर इधर, एक खुशी की ख़बर ये है कि हमारे देश में 'मट्ट' (मशीन एसिस्टेड ट्रांसलेशन टूल) नामक प्रणाली का विकास किया गया है जिसकी सहायता से काग़जात को अँग्रेजी से हिन्दी में रूपान्तरित किया जा सकता है। इस प्रणाली का विकास दो चरणों में किया गया है। प्रथम चरण फ़ोटोटाइप वर्जन है, जिसके द्वारा सरकारी गजट का हिन्दी रूपान्तर प्राप्त किया जा सकता है। द्वितीय चरण द्वारा सभी सरकारी दस्तावेज़ों को अँग्रेजी से हिन्दी में रूपान्तरित किया जा सकता है। इस बात के बावजूद कि हिन्दी भाषी क्षेत्र में क्रय-शक्ति बहुत अधिक नहीं है, आशा यही बँधती है कि इससे हिन्दी की रफ़्तार धीमे-धीमे ही सही, आगे ज़रूर बढ़ेगी और इसका लाभ मीडिया को भी मिलेगा।

इधर 'नया ज्ञानोदय' के प्रेम महाविशेषांकों ने सप्रमाण सिद्ध कर दिया है कि हिन्दी में पाठकों की कमी नहीं है। वर्तमान समय में निश्चित तौर पर हिन्दी की

पाचन-शक्ति ने हर चुनौती को स्वीकार करके स्वयं को क्रमशः दृढ़तर ही सिद्ध किया है। हाँ, अगर मुद्रित माध्यमों की तुलना दृश्य-माध्यमों से की जाये तो ज़रूर कुछ अन्तर सामने आते हैं। फिर भी, विज़ुअल कितने भी महत्त्वपूर्ण क्यों न हो जायें, वे अक्षरों को प्रतिस्थापित नहीं कर पाएँगे। इसके अतिरिक्त विज्ञान और तकनीक के विकास ने हमारी हिन्दी की काया को मात्र एक कम्प्यूटर आपरेटर के हवाले कर दिया है। इसी सिलसिले में लिखने से जुड़ी कुछ अवधारणाएँ अप्रासंगिक होती चली गयी हैं। आज 'सुलेख', 'सुन्दर लेखन' या 'लेखकीय स्वच्छता' जैसी बातें शायद ही कहीं देखने-सुनने में आती हों। शुद्ध और सुन्दर लिपि लिखने वाले लोगों को प्रोत्साहन दिये जाने की ज़रूरत है ताकि हमारी हिन्दी के एक-एक अक्षर की गोलाई और कटाव महफूज रहे। आज स्याही की दवातें और सुन्दर लिखने वाली निबें मीडिया, बाज़ार और ग्लैमर के कूड़ेदान में चली गयी हैं।

जिस एक और बात पर ज़ोर दिया जाना चाहिए वह यह कि हिन्दी की हर संगोष्ठी में भाषा पर ही ज़्यादा बातें होती हैं, लिपि पर शायद सबसे कम। यह ठीक है कि हिन्दी आज व्यापार की एक आवश्यकता बन गयी है लेकिन लिपि की उपेक्षा करना उचित नहीं है। मीडिया आज लिपि पर कोई विमर्श नहीं करता। कहने को 'जय हिन्दी, जय नागरी' ज़रूर कहा जाता है, परन्तु हम 'जय हिन्दी' तो उत्साह से बोलते हैं और 'जय नागरी' तक आते-आते अक़सर थक चुके होते हैं। क्या यह थकान जायज़ है? इस थकान को कौन दूर करेगा-मीडिया, या बाज़ार, या फिर तकनीक? या हम हिन्दी भाषियों को स्वयं ही इस थकान को दूर करने के रास्ते खोजने पड़ेंगे?

मीडिया के रूप : प्रिंट और इलेक्ट्रॉनिक

मीडिया का काम सन्देशों का सम्प्रेषण है जिसे अनेक तरीक़ों से सम्पन्न किया जाता है। प्रिंट मीडिया का, सम्प्रेषण का, अपना अलग तरीक़ा है; रेडियो का कुछ और तरीक़ा है और टेलीविजन का तरीक़ा इन सबसे बिलकुल भिन्न है। पर सवाल यह उठता है कि ये तीनों माध्यम (अख़बार, रेडियो और टेलीविजन) आपस में सहयोगी हैं या प्रतिस्पर्धी? और फिर इनके एजेंडों में क्या अन्तर है? अख़बारों ने टेलीविजन से मिलने वाली चुनौतियों का सामना किस प्रकार किया है? क्या मुद्रित माध्यमों के दिन पूरी तौर पर लदने वाले हैं? आज अनेक सर्वेक्षण बता रहे हैं कि वैश्विक स्तर पर पत्रिकाओं की प्रसार संख्या में कमी आ रही है और अख़बारों के बारे में फ़िलिप मेयर ने भली प्रकार गणना करके घोषणा कर दी है कि अमरीका में किसी भी अख़बार की अन्तिम प्रति सन् 2040 में मिलेगी। उसके बाद मुद्रित अख़बार म्यूज़ियम की चीज़ बनकर रह जायेंगे। तो क्या आने वाला ज़माना केवल टेलीविजन के न्यूज़ चैनलों का होगा?

कहा जाता है कि टेलीविजन पारम्परिक संचार माध्यमों का 'डिस्प्ले विंडो' (प्रदर्शन खिड़की) है। अख़बारों में जो चीज़ पढ़ी जाती है और रेडियो में जो चीज़ सुनी जाती है, टेलीविजन उसी चीज़ का प्रदर्शन करने में सक्षम है। अगर कवर किये गये भौगोलिक क्षेत्र की बात करें तो मुद्रित भाषा की पहुँच बोली गयी भाषा से अधिक क्षेत्रफल को कवर करती है क्योंकि बोली गयी भाषा की पहुँच बहुत सीमित है। मुद्रित शब्दों के माध्यम से रूप में अख़बार इसलिए भी अधिक महत्त्वपूर्ण है क्योंकि मुद्रित शब्द स्थायी होते हैं, दीर्घकालिक होते हैं और इतिहास का निर्माण करते हैं। हड़प्पा की चित्रात्मक लिपि हम आज तक नहीं पढ़ पाये हैं, यह हमारी सीमा हो सकती है लेकिन वह लिपि है तो हमारे इतिहास का ही अंग। टेलीविजन की ज़ोरदार सफलता के पीछे प्रमुख कारण यह है कि इसने अख़बार और रेडियो के अतीत से काफ़ी अनुभव प्राप्त किया है और टेलीविजन चैनलों के आगमन ने प्रिंट मीडिया की लेखन शैली में परिवर्तन प्रारम्भ कर दिये हैं और अनेक

अख़बारों ने आज अपने ले-आउट को दृश्यात्मक रूप से बहुत समृद्ध कर लिया है।

रेडियो ने भी अपने श्रोताओं का ख़्याल रखते हुए नये तरीक़ों को आजमाया है। उदाहरण के लिए आज रेडियो ऑडियंस रिसर्च पर अच्छा-खासा ध्यान देता है। अनेक रेडियो चैनलों के पास अपनी ऑडियो रिसर्च यूनिट्स हैं जो ऑडियंस की विशेषताओं का लेखा-जोखा रखती हैं। प्रिंट मीडिया अगर पाठक सर्वेक्षण करता है तो एक टेलीविजन चैनल टीआरपी का ध्यान रखता है। इसी प्रकार रेडियो चैनल भी अपने ऑडियंस के आकार (साइज), उनके गठन (कम्पोजिशन), भौगोलिक वितरण, रुचियों, मनोवृत्तियों, विचारों और व्यवहारों आदि को ध्यान में रखते हुए कार्यक्रम बनाते हैं। सन् 1923 में भारत में रेडियो प्रसारण शुरू हुआ था और कलकत्ता में रेडियो क्लब बनाया गया था। इसके बाद सन् 1924 में मुम्बई और मद्रास में भी रेडियो क्लब बनाये गये। रेडियो का नियमित प्रसारण बम्बई से जुलाई 1927 में प्रारम्भ हुआ; इंडियन ब्रॉडकास्टिंग कम्पनी बनायी गयी और तीसरे दशक में वित्तीय कठिनाइयों के कारण भारत में रेडियो प्रसारण की हालत डाँवाडोल रही। प्रसिद्ध विद्वान और बीबीसी के पत्रकार लॉयनेल फ़ील्डेन ने रेडियो प्रसारण की प्रगति में ख़ासा योगदान दिया। लॉयनेल फ़ील्डेन की पुस्तक 'द नेचुरल बेंट' 1960 में प्रकाशित हुई थी और काफ़ी चर्चा में रही थी। इनके अतिरिक्त बीबीसी के एक इंजीनियर एचएल किर्के और सी.डब्ल्यू गोयडर की भूमिका भी रेडियो प्रसारण के क्षेत्र में चौथे दशक में उल्लेखनीय रही। रेडियो इस मामले में सौभाग्यशाली है कि महात्मा गाँधी की रिकॉर्डेड आवाज़ केवल रेडियो के पास है और आज भी हम सबको प्रायः सुनने को मिलती है। बारह नवम्बर, 1947 को गाँधी जी ने ऑल इंडिया रेडियो के स्टूडियो से अपना सन्देश प्रसारित किया जो उनका एकमात्र प्रसारित रिकॉर्ड है।

समाचारपत्र जब सूचना, शिक्षा और मनोरंजन के अपने कार्य को अंजाम दे रहे थे तब रेडियो ने भी उन अवसरों का उपयोग करना प्रारम्भ किया जिनके बारे में तब के वाइसरॉय इरविन कह चुके थे कि प्रसारण के क्षेत्र में भारत में अनेक विशिष्ट अवसर उपलब्ध हैं। मनोरंजन की महत्ता को समझते हुए जुलाई 1952 में रेडियो पर संगीत का पहला राष्ट्रीय कार्यक्रम प्रसारित हुआ और 1954 में प्रथम रेडियो संगीत सम्मेलन आयोजित हुआ। अब तक टेलीविजन भारत में नहीं आया था। दूसरे शब्दों में, जब रेडियो का आगमन हुआ था, तब तक हमारे समाचारपत्र काफ़ी आगे निकल चुके थे और जब टेलीविजन की शुरुआत हुई तक तक रेडियो ने एक ठीक-ठाक यात्रा तय कर ली थी। जुलाई 1969 में रेडियो पर युववाणी सेवा प्रारम्भ हुई और 1 अप्रैल 1976 से टेलीविजन, आल इंडिया रेडियो से अलग होकर कार्य करने लगा।

समाचार माध्यमों की परस्पर-निर्भरता को जानने-समझने के लिए इन बातों का अपना महत्त्व है क्योंकि शुरू-शुरू में सभी माध्यम एक-दूसरे पर काफ़ी हद तक निर्भर रहे लेकिन बाद में दृश्य माध्यमों ने अपने तरीक़े से, श्रव्य माध्यमों ने अपने तरीक़े से स्वतन्त्र और स्वायत्त होकर विकास की राह नापनी शुरू की।

अख़बारों ने बाज़ार में टिके रहने के लिए जो तरीक़े अपनाये उनमें पाठकों के प्रत्येक वर्ग के लिए कुछ-न-कुछ ज़रूर प्रकाशित करना, अपने रूप और सज्जा को आधुनिक तकनीकों से लैस करके रंगीन प्रस्तुति करना और सप्लीमेंट्स निकालना जैसी चीज़ें शामिल हैं। दृश्यात्मक सम्प्रेषण (विजुअल कम्युनिकेशन) में रंगों के मिश्रण और संघटन का प्रयोग अगर टेलीविजन ने जमकर किया है तो समाचारपत्र भी इसमें पीछे नहीं रहे हैं। आज लगभग सभी अख़बार रंगीन होकर प्रकाशित हो रहे हैं। यहाँ तक कि 'जनसत्ता' ने भी स्वयं को श्वेत-श्याम से रंगीन रूप में परिवर्तित कर लिया है। सिनेमा में श्वेत-श्याम फ़िल्मों से रंगीन फ़िल्मों की यात्रा अपना अलग महत्त्व रखती है। टेलीविजन ने सिनेमा से अनेक प्रभाव ग्रहण किये हैं और डिजिटल सम्प्रेषण को प्रभावोत्पादक बनाया है। जहाँ अख़बारों में सीमैंटिक (अर्थ-विज्ञान) पहलू की मुख्य भूमिका होती है, वहीं रेडियो में समाचार लेखन फोनेटिक (ध्वनि-आधारित) होता है क्योंकि रेडियो की कुल जमा पूँजी ध्वनि ही है।

मीडिया में आज जिसे स्टैल्गमाइट फ़ैक्टर कहा जाता है उसका अर्थ यही है कि वर्तमान मीडिया का प्रभाव भले धीमी गति से पड़ता हो, किन्तु होता यह व्यापक) है। इसकी व्याख्या करते समय इस बात पर भी सोचा जाना चाहिए कि प्रभाव के स्तर पर पाठक तिहरे तरीक़े से मीडिया के सामने आते हैं। कोई बात अख़बार में छपती है, वही बात (ज़रूरी नहीं कि यह बात समाचार ही हो) रेडियो से प्रसारित होती है; फिर इसी प्रभाव को गहरा करते हुए बची-खुची कसर टेलीविजन पूरी कर देता है। भारत में 1982 के एशियाई खेलों से टेलीविजन प्रचलित हुआ और निजी चैनलों के प्रसार ने एक आम भारतीय के मन में टेलीविजन की तस्वीर ही बदल दी। रेडियो की पहली एफ.एम. सेवा 23 जुलाई 1977 से मद्रास से प्रारम्भ हुई और 15 अगस्त 1985 से हर घंटे न्यूज़ बुलेटिन की शुरुआत हुई। इस बीच हैम रेडियो की अवधारणा भी हमारे सामने आयी है। हैम का अर्थ उस आदमी से है जो पेशेवर होने की बजाय शौकिया तरीक़े से रेडियो सन्देशों को भेजने या प्राप्त करने के लिए काम करता हो।

टेलीविजन ने अपनी पहचान समाचार माध्यम की बजाय विज्ञापन के माध्यम के रूप में अधिक बनायी है। विज्ञापनों में ब्रांड एडवर्टाईज़मेंट से लेकर ब्रांड पोजीशनिंग तक की पूरी प्रक्रिया बड़ी बारीकी से बनायी और प्रसारित की जाती है।

टेलीविज़न के लिए विज्ञापनों का निर्माण रेडियो या अख़बार की तुलना में कठिन होता है। टेलीविजन में विज्ञापन के लिए दृश्यों की रचना करने के लिए मार्फिंग की प्रक्रिया अपनायी जाती है जिसमें कम्प्यूटर एनीमेशन का प्रयोग करते हुए बड़ी सफ़ाई से एक तस्वीर से दूसरी तस्वीर पर जाना होता है। इसके अतिरिक्त टेलीविजन के विज्ञापन छोटे बच्चों को लेकर उत्पादों का प्रचार करते हैं ताकि दर्शक के घर के छोटे बच्चे भी वैसा या वही उत्पाद खरीदने के लिए अपने अभिभावकों से ज़िद करें। आज पाँच साल के विरेज दासानी एअरटेल और बजाज एलायंज के लिए तथा आठ वर्षीय राहुल पेंडकलकर अम्बुजा सीमेंट और एच डी एफ सी बैंक के लिए हीरो के रूप में विख्यात हो चुके हैं। क्या टेलीविजन के बिना यह सम्भव था? इसी तरह चार साल की नन्हीं बच्ची सारा अर्जुन लाइफ़बॉय और टाटा स्काई के ब्रांडेड विज्ञापनों के ज़रिये ब्रांड बेबी बन चुकी है। बच्चों की सहजता और मासूमियत का उपयोग जिस तरह टेलीविजन कर लेता है, उतने निपुण तरीके से न तो अख़बार और न ही रेडियो चैनल कर सकते हैं।

इन्फॉर्मेशन इकोनॉमी यानी सूचना अर्थव्यवस्था की रूपरेखा का निर्धारण इतना आसान तो नहीं है लेकिन इतना तो कहा ही जा सकता है कि आज हमारी अर्थव्यवस्था में इन्फॉर्मेशन टेक्नोलॉजी की महत्त्वपूर्ण भूमिका हो गयी है। फ़िल्म उद्योग तो बिलकुल कमाई को ही लक्ष्य बनाकर चलता है और कौन-सी फ़िल्म बॉक्स-ऑफ़िस पर हिट रही, कौन-सी फ़िल्म फ़्लॉप-इसका निर्धारण उसके द्वारा की गयी कमाई से ही होता है। देखा जाये तो भारतीय सिनेमा में और उसकी यात्रा में हिन्दी सिनेमा का प्राधान्य है लेकिन गुणवत्तापूर्ण सिनेमा अकसर क्षेत्रीय सिनेमा से अधिक सम्बद्ध रहता है। इस सन्दर्भ में हिन्दी सिनेमा और क्षेत्रीय सिनेमा का विश्लेषण जनसंचार के किसी सजग विद्यार्थी के लिए केस स्टडी या शोध का एक अच्छा विषय हो सकता है। क्या प्रिंट मीडिया ने सिनेमा की प्रगति में कोई योगदान किया है? क्या सिनेमा की दृश्य-साक्षरता का उपयोग टेलीविजन ने किया है? सिनेमा का साहित्य और मीडिया से क्या, कितना और कैसा सम्बन्ध रहा है? सम्प्रेषण के विभिन्न माध्यमों की चर्चा करते समय ऐसे प्रश्नों पर विचार किया जाना चाहिए।

साहित्यिक कृतियों को लेकर फ़िल्मों का बनाया जाना इस बात का महत्त्वपूर्ण प्रमाण रहा है कि प्रिंट मीडिया ने सिनेमा की मदद की है। रेणु की कहानी 'तीसरी कसम' जैसी क्लासिक फ़िल्म बनायी जा चुकी है। मन्नू भंडारी की कहानी पर 'यही सच है' पर आधारित फ़िल्म रजनीगन्धा भी चर्चा में रही थी। इधर राजकुमार हीरानी, चेतन भगत की पुस्तक 'फ़ाइव प्वाइंट समवन : व्हाट नॉट टू डू ऐट आई आई टी' को लेकर एक फ़िल्म बना रहे हैं। राजनयिक विकास स्वरूप की कृति

'क्यू एंड ए' पर 'स्लमडॉग मिलियनेयर' जैसी पुरस्कृत फ़िल्म बन ही चुकी है। मनीनी चटर्जी की पुस्तक 'डू एंड डाई : द चित्तगाँग अपराइज़िंग 1930-34' को आधार बनाकर आशुतोष गोवारीकर एक फ़िल्म का निर्माण कर रहे हैं। अनुजा चौहान की चर्चित पुस्तक 'द ज़ोया फ़ैक्टर' को लेकर शाहरुख़ खान की रेड चिलीज़ एंटरटेनमेंट एक फ़िल्म बनाने में व्यस्त है। चेतन-भगत की पुस्तक 'द थ्री मिस्टेक्स ऑफ़ माई लाइफ़' ने इधर बिक्री के नये कीर्तिमानों को छुआ। फ़रहान अख़्तर और रितेश सिधवानी की एक्सेल एंटरटेनमेंट्स ने इस पुस्तक पर फ़िल्म-निर्माण शुरू कर दिया है। प्रसिद्ध लेखक मोहसिन हामिद की कृति 'द रिलक्टेंट फंडामेंटलिस्ट' पर मीरा नायर और 'मोथ स्मोक' पर राहुल बोस फ़िल्म बना रहे हैं। अरविन्द अडिगा की 'द व्हाइट टाइगर' पर स्मगलर फ़िल्म्स ने, विकास स्वरूप की 'सिक्स एसपेक्ट्स' पर बीबीसी एंड स्टार फ़ील्ड प्रोडक्शंस ने और सुकेतु मेहता की 'मैक्सिमम सिटी : बॉम्बे लॉस्ट एंड फाउंड' पर डैनी बोयल ने फ़िल्म-निर्माण का काम शुरू कर दिया है।

पत्रकारिता और साहित्य को लेकर अमेरिका में टॉम वुल्फ़ ने कई प्रयोग किये हैं। संचार माध्यमों की अन्तर्निर्भरता से मीडिया और उसकी परिधि समृद्ध होती है। आज इसका महत्त्व बॉलीवुड भी जान चुका है क्योंकि फ़िल्म बनाने के लिए किताबें जिस उत्सुकता से आज ख़रीदी जा रही हैं, शायद ही पहले कभी ख़रीदी जाती रही हों। चेतन भगत की 'फ़ाइव प्वाइंट समवन' से प्रेरणा पाकर बनायी गयी फ़िल्म 'थ्री ईडियट्स' तो रिलीज़ भी हो चुकी है। इसी प्रकार 'टेलीग्राफ' की सम्पादक मनीनी चटर्जी की उपरोक्त कृति पर आशुतोष गोवारीकर ने 'खेलें हम जी जान से' नामक फ़िल्म बनायी है जिसमें अभिषेक बच्चन सूर्यसेन की भूमिका निभा चुके हैं। बुक्स टू फ़िल्म के इस नये ट्रेंड ने एक बेहतर सिनेमा की आशा बँधायी है, दूसरी ओर लेखकों को नये तरीक़ों का एक्पोजर भी मिलता है।

भारत में क्रॉस मीडिया मिल्कियत एक वास्तविकता है क्योंकि बहुत से बड़े समाचारपत्र घराने दूसरे संचार माध्यमों (जैसे टेलीविजन, फ़िल्म, रेडियो और इंटरनेट) का भी इस्तेमाल करते हैं। उदाहरण के लिए 'द टाइम्स ऑव इंडिया', 'द इकोनॉमिक टाइम्स' जैसे अख़बार और 'टाइम्स नाउ' टीवी न्यूज़ चैनल एक ही समूह की मिल्कियत के अन्तर्गत आते हैं। एक ही घराने के होने के कारण ये सभी श्रव्य, दृश्य और दृश्य-श्रव्य माध्यम आपसी सहयोग का इस्तेमाल करते हुए अपेक्षाकृत लाभ की स्थिति में रहते हैं। कनवर्जेंट मीडिया के वर्तमान दौर में यह बात और अधिक प्रासंगिक हो जाती है। इसी प्रकार 'इंडिया टुडे' (पत्रिका) और 'आज तक' (टीवी न्यूज़ चैनल) का आपसी सहयोग भी देखा जा सकता है।

इंटरनेट ने मीडिया का चेहरा बदलने में प्रमुख भूमिका निभायी है। आज

लगभग सभी अख़बार इंटरनेट पर उपलब्ध हैं। किन्तु प्रामाणिकता आदि मूल्यों को लेकर इंटरनेट उतना वैध नहीं है, जितना होना चाहिए। उदाहरण के लिए हाल ही में पेरिस की एक अदालत ने निर्णय दिया है कि गूगल कम्पनी, पुस्तकों का डिज़िटलीकरण करने की अपनी नीति के चलते, फ्रांसीसी क़ानून का उल्लंघन कर रही है। इसके लिए अमेरिकी इंटरनेट जायंट गूगल पर कड़ा आर्थिक दंड भी अधिरोपित किया गया है। लाखों-करोड़ों किताबों को स्कैन करके उन्हें ऑनलाइन उपलब्ध कराने के गूगल के प्रयास की अमरीका और यूरोप के सभी प्रकाशकों और पुस्तकालयों ने आलोचनाएँ की हैं। यह मुक़दमा एक फ्रांसीसी प्रकाशक ला मार्टिनियर ने, फ्रांस के अनेक प्रकाशकों के प्रतिनिधि के रूप में, दायर किया था। फ्रेंच्स नेशनल डि'ला एडिशन के अध्यक्ष ने कहा है कि गूगल दुनिया का सम्राट नहीं है कि जो उसके मन में आये वह करे। अध्यक्ष सर्ज एइरोल्स ने गूगल पर आरोप लगाते हुए कहा है कि गूगल ने एक लाख फ्रांसीसी पुस्तकों को स्कैन करके अपने डाटाबेस में डाल लिया है जो ग़लत है। इनमें से अस्सी फीसदी किताबें तो कॉपीराइट (प्रतिलिप्याधिकार) के अन्तर्गत थीं। ज़ाहिर है कि गूगल के अटर्नी अलेक्जांद्रा नेरी की चिन्ताएँ बढ़ गयीं हैं। यह इस बात का एक उदाहरण है कि मीडिया भले विकसित होता जा रहा है लेकिन बौद्धिक सम्पदा अधिकारों के मामले इतने जटिल हो गये हैं कि मीडिया इन अधिकारों से आसानी से नहीं निपट सकता।

कंटेंट वैलिडिटी के प्रश्न मीडिया के लिए आज बेहद महत्त्वपूर्ण हो गये हैं। आज पूछा जाता है कि समाचारकर्मियों के उत्तरदायित्व, समाचार पाने वाले व्यक्तियों के प्रति क्या होने चाहिए? आज जब मीडिया में 'स्पेस सेलिंग' (स्थान या समय का बेचा जाना) का मुद्दा महत्त्वपूर्ण हो गया हो और बनारस के एक निर्दलीय प्रत्याशी के चुनावी स्टंट को एक बड़ा अख़बार पूरे फ्रंट पेज पर छाप रहा हो तो क्या मीडिया पर सवाल उठने स्वाभाविक नहीं हैं? निर्दलीय प्रत्याशी तुलसी की तस्वीर और तुलसी से ही जुड़ी सारी 'ख़बरें' प्रथम पृष्ठ पर कुछ यूँ प्रकाशित की गयीं, मानो वे सचमुच ख़बरें हों! अगले दिन भले ही अख़बार ने एक नोटिस लगायी कि कल जो प्रकाशित हुआ, वह समाचार न होकर एक विज्ञापन था, लेकिन इससे चुनावी सरगर्मियों के अस्थिर माहौल में भटके हुए मतदाताओं को कोई स्पष्टीकरण नहीं मिला होगा। आज अनेक गोष्ठियों में इस विषय पर विमर्श किया जाता है कि अन्तर्वस्तु-विविधता यानी कंटेंट डाइवर्सिटी पर समाचारपत्रों के बड़े संगठनों का कितना प्रभाव पड़ रहा है? क्या यह प्रभाव जनता के हित में है या उसके विरुद्ध?

सबसे तेज़ और सबसे पहले ब्रेकिंग न्यूज़ दिखाने के प्रयास में टेलीविजन कुछ बड़ी भूलें भी कर बैठता है। टेलीविजन-समाचार लेखन और उसके सम्पादन में दृश्यात्मक औचित्य यानी विजुअल लॉजिक का प्रायः अभाव देखा जाता है।

टेलीविजन ने महिलाओं का वस्तुकरण करके क्या लैंगिक न्याय व लैंगिक समानता के लक्ष्य का उपहास नहीं उड़ाया है? वर्तमान समय में कहा जाता है कि वैश्विक संस्कृति टेलीविजन के वैश्वीकरण की देन है। क्या टेलीविजन का यह वैश्वीकरण सामाजिक उत्तरदायित्व के अनुरूप है? भारत में इलेक्ट्रॉनिक मीडिया के विस्फोट के सन्दर्भ में पारम्परिक माध्यमों की स्थिति प्रभावित हुई। आज 'ट्राइबल ड्रम' और 'ब्लाइंड मीडियम' कहे जाने वाले रेडियो ने भी, टेलीविजन और इंटरनेट के तीव्र विकास के बावजूद, अपनी पहचान क़ायम रखने में क़ामयाबी हासिल की है। अन्य माध्यमों से चुनौती लेते हुए अख़बार भी समझदारी से काम कर रहे हैं। 'द हिन्दू' के फ्राइडे रिव्यू, मेट्रो प्लस और संडे मैगजीन जैसे सप्लीमेंट या 'नयी दुनिया' के इतवारी संस्करण के साथ मुफ़्त मिलने वाली पत्रिका अगर समझदारी भरा समयानुकूल कदम नहीं, तो और क्या है? ज़ाहिर है कि प्रिंट और इलेक्ट्रॉनिक मीडिया कहीं परस्पर प्रतिस्पर्धी हैं तो कहीं सहयोगी–पर एजेंडा सबका एक ही है, अधिकाधिक लोगों तक पहुँचना...अधिकाधिक विज्ञापन पाना।

पाठकों का समाजीकरण करने में विज्ञापनों की भूमिका का सवाल अलग है लेकिन हाल ही में मिस्र के राष्ट्रपति होस्नी मुबारक के ख़िलाफ़ फेसबुक ने जैसा माहौल बनाया उससे सभी वाकिफ़ हैं। परन्तु हमें याद रखना चाहिए कि मिस्र में भी प्रिंट मीडिया ख़ामोश नहीं बैठा था। वहाँ की जनता ने सिर्फ़ एक पृष्ठ का अख़बार निकाला जिसने सत्ता और शासन के विरुद्ध लोगों को लामबन्द करने में बड़ी महत्त्वपूर्ण भूमिका निभायी। फिर भी, कहना चाहिए कि पूरी दुनिया में मीडिया शिक्षण की एक गम्भीर ज़रूरत बनी हुई है।

मीडिया कैसे गढ़ता है शब्द

प्रसिद्ध दार्शनिक विट्गेंस्टाइन ने भाषा और चित्र के आपसी सम्बन्धों पर रोशनी डाली है और बताया है कि भाषा चित्र को प्रतिबिम्बित करती है। भारतीय सिद्धान्तों का कहना है कि 'यन्मनसा ध्यायति तद्वाचा वदति।' मीडिया और शब्दों के आपसी सम्बन्धों पर विचार करते हुए यह जानना रोचक है कि मीडिया क्या शब्दों का इस्तेमाल सिर्फ़ सन्देशों के सम्प्रेषण के लिए ही करता है? यह सवाल जहाँ एक ओर इसलिए महत्त्वपूर्ण है कि मीडिया निर्वात् में कार्य नहीं करता, वहीं दूसरी ओर इसलिए भी प्रासंगिक है क्योंकि किसी भी भाषाई अभिव्यक्ति के मूल में शब्द ही नींव का कार्य करते हैं। मीडिया ने विश्व की कुछ प्रमुख भाषाओं को लेकर बेहतरीन शब्द गढ़े हैं। उदाहरण के लिए हिन्दी और इंग्लिश को मिलाकर 'हिंग्लिश' शब्द गढ़ा गया है। विश्व-इतिहास में अँग्रेजी के साम्राज्य की व्यापकता एक तथ्य रही है और इसी कारण अँग्रेजी भाषा के शब्द दुनिया के हर महाद्वीप पर प्रचुर मात्रा में आज भी पाये जाते हैं। इसीलिए स्पेन में स्पैनिश और इंग्लिश को मिलाकर 'स्पैंग्लिश' जैसो एक भाषा विकसित हुई है, जापान में जापनीज़ और इंग्लिश को मिलाकर 'जैपलिश' जैसी भाषा अस्तित्व में आयी है और फ्रांस में 'फ्रांग्ले' का चलन आम है। लगभग सभी देशों में मीडिया ने कार्यालयी अँग्रेजी यानी ऑफ़िशियल इंग्लिश के लिए 'ऑफ़्लिश' जैसा सटीक शब्द गढ़ा है। स्कैंडिनेवियाई देशों में जहाँ 'स्वीड्लिश' शब्द स्वीडिश और इंग्लिश से युक्त एक मिश्रित भाषा को इंगित करता है, वहीं अंग्रेजी के अपने ही महाद्वीप पर 'वेंग्लिश' का अर्थ एक ऐसी भाषा से है जिसमें वेल्श और इंग्लिश के मिले-जुले शब्द बहुलता से उपलब्ध होते हैं।

मीडिया में शब्दों और भाषा का महत्त्व इसलिए अधिक है क्योंकि संचारक से लेकर श्रोता तक प्रत्येक स्तर पर शब्द ही सन्देश का सम्प्रेषण करते हैं। संचारक सन्देश भेजने के लिए पहले सन्देश को शब्दों में कूटबद्ध (एनकोड) करता है, इसके बाद वह सन्देश को उचित सरणि (चैनल) में भेजता है जो श्रोता को प्राप्त होता है। चैनल को प्राप्त इस सन्देश को श्रोता डिकोड करता है। डिकोड, एनकोड

की ठीक विपरीत प्रक्रिया है। डिकोड में श्रोता उस कूट को तोड़कर या अनावृत्त करके सन्देश के अर्थ निकालता है जिस कूट को संचारक ने बनाया था। संचार की इस प्रक्रिया में कई बार शोर (न्वाइज़) के चलते काफ़ी व्यवधान उत्पन्न हो जाता है और सन्देश विकृत हो जाते हैं। शोर पर अधिक चर्चा फ़िलहाल यहाँ अधिक प्रासंगिक नहीं है। हाँ, इतना ज़रूर है कि भाषा ही वह चीज़ है जो सन्देशों को ध्वनि में परिवर्तित करती है और इसमें शब्द अपनी दोनों भूमिकाएँ निभाते हैं–सकारात्मक भी और नकारात्मक भी।

संचार की प्रक्रिया को सरल, प्रभावशाली और आसान बनाने के लिए मीडिया में शब्दों की संक्षिप्तता और सटीकता पर ख़ास ज़ोर दिया जाता है। उदाहरण के लिए 'एडवर्टेनमेंट' शब्द में एडवर्टाइज़मेंट और इंटरनेटमेंट–दोनों शब्द शामिल हैं। टेलिविजन पत्रकारिता में प्रयुक्त होने वाला शब्द 'टेलिजेनिक' दो शब्दों से मिलकर बना है : टेलिविज़न और फोटोजेनिक। मीडिया में महिलाओं के प्रदर्शन (पोर्ट्रेयल) पर चर्चा करते समय अक़सर सुनने में आता है कि वही हीरोइन अच्छी है जो टेलिविज़न में फ़ोटोजेनिक चेहरा लेकर आती हो। अमिताभ बच्चन के ब्लॉग पर कई अख़बार अक़सर चर्चा करते हैं और आजकल 'ब्लॉगिब्रिटी' शब्द अकसर सुनने में आता है जो ब्लॉग और सेलिब्रिटी नामक दो शब्दों को जोड़कर बनाया गया है। 'ब्लॉग' शब्द स्वयं दो शब्दों के योग से निर्मित है : वेब और लॉग। इसी प्रकार बाइनरी और डिजिटल को मिलाकर 'बिट', केबल और टेलिग्राम को मिलाकर 'केबलग्राम', ब्रेकफ़ास्ट और लंच को मिलाकर 'ब्रंच' तथा फैनेटिक और मैग़जीन को मिलाकर 'फैनज़ीन' जैसे शब्द गढ़े गये हैं।

इंटरनेट में शब्द–संयोग के दर्शन सर्वाधिक होते हैं। इंटरनेट शब्द स्वयं इंटरनेशनल नेटवर्क का संक्षिप्त रूप है। आज साइबर जर्नलिज़्म अथवा ऑनलाइन पत्रकारिता (इसे ई–पत्रकारिता भी कहा जाता है) का ज़माना है जो मल्टीमीडिया, हाइपर टेक्सचुएलटी, इंटरनेट और इंटरकनेक्टिविटी के कुशल प्रयोग पर आधारित है। इंटरनेट पत्रकारिता का प्रारम्भ 'शिकागो ट्रिब्यून' नामक अमरीकी सामचारपत्र ने मई 1992 में 'शिकागो ऑनलाइन' नाम से किया था। भारत में साइबर जर्नलिज़्म की शुरुआत का श्रेय 'द हिन्दू' अख़बार को जाता है जिसने सन् 1995 में अपने ऑनलाइन संस्करण की नींव डाली। आज साइबर स्पेस सूचना का राजपथ (इनफॉर्मेशन हाइवे) बन चुका है और नये–नये शब्दों को गढ़ने में उसकी अग्रणी भूमिका है।

'साइबरस्पेस' शब्द दो शब्दों का योग है : साइबरनेटिक्स और सॉफ़्टवेयर का। साइबर का अर्थ है नियन्त्रण; साइबरस्पेस का मतलब है कम्प्यूटर नेटवर्क पर आधारित सूचना का विश्व भर में आदान–प्रदान करने के लिए सेतु। इसी प्रकार कम्प्यूटर–ट्रेनर को 'कम्प्यूट्रेनर', कम्प्यूटर–म्यूज़ियम को 'कम्प्यूज़ियम' और साइबर–

लाइब्रेरियन को 'साइब्रेरियन' कहा गया है। दृश्य-श्रव्य माध्यमों की दुनिया में डॉक्यूमेंट्री और सोप ओपेरा के मिश्रण को 'डॉक्यूसोप' कहते हैं। स्वयं 'साँप ओपेरा' शब्द की उत्पत्ति बहुत मज़ेदार है। 'सोप ओपेरा' संसार के पहले टीवी सीरियल (धारावाहिक) का नाम था जिसका प्रसारण अमरीका में किया गया था। वहाँ रेडियो प्रसारण होने पर रेडियो कम्पनी के सामने यह मुसीबत आई कि जब घर में पुरुष न हों और बच्चे स्कूल चले गये हों तो घरेलू महिलाओं के लिए कैसा कार्यक्रम प्रस्तुत किया जाये? बीसवीं सदी के तीसरे-चौथे दशक में एक विज्ञापन कम्पनी 'प्रॉक्टर एंड गैम्बल' ने दोपहर के वक़्त धारावाहिकनुमा पारिवारिक नाटक प्रसारित करवाने के लिए साबुन बनानेवाली कम्पनी को तैयार कर लिया। साबुन-निर्माता कम्पनी का लक्ष्य यह था कि घरेलू महिलाएँ ख़ाली समय में नाटक सुनने के साथ-साथ उसके साबुन की प्रशंसा भी सुनेंगी। इस प्रशंसा को सुन-सुनकर ये महिलाएँ उसी साबुन का प्रयोग करेंगी। इसीलिए इसका नाम सोप ओपेरा पड़ा।

ऑस्ट्रेलियाई और अमरीकी सोप ओपेरा अपनी प्रस्तुति और कलात्मकता में आज भी श्रेष्ठ हैं। वे कई बार बिम्ब, शैली और लोगों के तौर-तरीक़ों को भी गढ़ते हैं। भारत में टैलिविज़न के विकास में सोप ओपेरा का बहुत योगदान है। टैलिविज़न शब्द अँग्रेजी भाषा का है किन्तु इसका निर्माण ग्रीक और लैटिन भाषा के मिश्रण से हुआ है। 'टैलि' शब्द ग्रीक भाषा का है जिसका अर्थ है दूरी और 'विज़न' शब्द लैटिन भाषा से लिया गया है जिसका तात्पर्य है 'मैं देखता हूँ।' 1982 में नयी दिल्ली में आयोजित एशियाई खेलों के समय भारत में रंगीन टेलीविज़न के प्रसारण की शुरुआत हुई। 15 जुलाई 1984 से दूरदर्शन के पहले सोप ओपेरा 'हमलोग' का प्रारम्भ हुआ जो पहला प्रायोजित कार्यक्रम था। 156 किश्तों वाला हमलोग मध्यमवर्गीय परिवार की दास्तान था जिसे तैयार करने में मनोहर श्याम जोशी की सर्वप्रमुख भूमिका थी। इसके बाद 'बुनियाद', 'रामायण' और 'महाभारत' जैसे सीरियलों ने लोकप्रियता के अनेक कीर्तिमान स्थापित किये। 19 नवम्बर 1984 के दिन दिल्ली से दूसरा चैनल शुरू किया गया जो बाद में 'मुझे चैनल' के नाम से विख्यात हुआ। इसी के साथ 'मल्टीचैनल युग' का प्रारम्भ हुआ। दूरदर्शन पर व्यावसायिक विज्ञापनों की शुरुआत 1 जनवरी 1976 से हुई और पहला व्यावसायिक विज्ञापन 'बॉम्बे डाइंग' का प्रसारित हुआ।

सिनेमा की बात करें तो पहली बार मूवी कैमरे से फ़िल्म के प्रदर्शन का श्रेय फ्रांस के दो भाइयों-लुईस और ऑगस्ट लुमियर को जाता है। 1895 में, 18 फरवरी के दिन, लुमियर बन्धुओं ने सिनेमा फ़ोटोग्राफ़ी का पेटेंट कराया था। मार्च 1895 में फ्रांस के ग्रान कैफ़े नामक होटल में आमन्त्रित दर्शकों के सामने पहली बार फ़िल्म का प्रदर्शन किया गया था। 'सरपेंट', 'सी ब्रदर्स', 'ए ट्रेन', 'सी बाथ' और

'डिमालिशन' आदि लुमियर बन्धुओं की कुछ प्रमुख फ़िल्में रहीं। तब से लेकर आज की टीवी पीढ़ी तक सिनेमा ने मीडिया को बहुत समृद्ध किया है। आज की टीवी पीढ़ी का विचार सबको पता है : ''मुझे आज यह प्रोग्राम देख लेने दो, इम्तिहान अगले साल दे लूँगा।'' सिनेमा और मैजिक (जादू) के मोहक प्रभाव को संयुक्त करते हुए एक शब्द से शायद सभी वाकिफ़ होंगे–'सिनेमैजिक'। इसी तरह सिनेमा और मैनियाक को लेकर 'सिनेमैनियाक', सिनेमा और कॉम्प्लेक्स को मिलाकर 'सिनेप्लेक्स' तथा सिनेमा और पैनोरमा को जोड़कर 'सिनेरमा' जैसे शब्द गढ़े गये हैं। जिस प्रकार 'डॉक्यूमेंट्री' और 'ड्रामा' के मिले-जुले प्रभाव से एक नयी विधा 'डॉक्यूड्रामा' का जन्म हुआ है, ठीक उसी प्रकार डॉक्यूमेंट्री को एंटरटेनमेंट के साथ मिलाकर 'डॉक्यूटेनमेंट' भी बनाया गया है।

यह बात विरोधाभासी लग सकती है कि डॉक्यूमेंट्री का मनोरंजन से क्या सम्बन्ध है? ऐसा इसलिए है क्योंकि डॉक्यूमेंट्री गम्भीर विषयों पर बनायी जाती है जिसका प्रमुख कार्य शिक्षा देना और जागरूकता फैलाना होता है। इसमें सेल्युलॉयड पर तथ्यों की भूमिका मुख्य होती है, गल्प की नहीं। पर आजकल तो मीडिया में फ़ैक्ट्स और फ़िक्शन को मिलाकर 'फ़ैक्शन' शब्द गढ़ा गया है जो तथ्यों और कल्पनाओं का असन्तुलित घालमेल करता है। वैसे अगर किसी वृत्तचित्र यानी डॉक्यूमेंट्री को सावधानी से बनाया जाये तो वह काफ़ी क़ामयाब हो सकती है। उदाहरण के लिए राजकपूर के निधन पर दूरदर्शन ने सिम्मी ग्रेवाल द्वारा निर्मित एक वृत्तचित्र 'लिविंग लीजेंड राजकपूर' प्रसारित किया था जिसे लोग आज तक याद करते हैं।

'हाऊ टू रीड ए फ़िल्म' (1977) नामक अपनी प्रसिद्ध कृति में जेम्स मोनैको ने फ़िल्मों की बारीकियों का बख़ूबी वर्णन किया है। कई बार कहा जाता है कि फ़िल्म एक चित्र है, शब्द है, आन्दोलन है, नाटक है, संगीत है, कहानी है, आख्यान है। आज जब टीवी को कल्चरल फैक्टरी कहा जाता हो, तब फ़िल्म के अर्थ कहीं और दूरी व गहराई तक जाते हैं। फ़िल्में मास मीडिया का प्रभावशाली और सशक्त माध्यम हैं जिनमें सब कुछ अलग-अलग बनाकर जोड़ दिया जाता है। आवाज़ की डबिंग अलग होती है, गीत-संगीत कहीं और से रिकॉर्ड किया जाता है, स्क्रिप्ट और संवाद कोई और लिखता है और उसे परदे पर बोलता कोई और है, नृत्यों और लड़ाइयों के शॉट्स अलग से शूट किये जाते हैं–फिर इन सबको मिलाकर परदे पर ऐसा संयुक्त प्रभाव उत्पन्न किया जाता है मानो परदे पर गतिशीलता उत्पन्न हो गयी हो। इसी को 'मूवी' कहा जाता है जबकि सबसे बड़ा सच तो यह है कि मूवी में कुछ भी मूव नहीं करता, सारे फ्रेम निर्जीव ही होते हैं। इसीलिए कुछ लोग कहते हैं कि फ़िल्म एक भ्रम है; जितना सुन्दर भ्रम, उतनी ख़ुशगवार या हिट

फ़िल्म।

तस्वीरों या दृश्यों के सन्दर्भ में देखा जाये तो मीडिया में कुछ ऐसे शब्द गढ़े गये हैं जिन्हें जानना रोचक है। उदाहरण के लिए पिक्चर और एलीमेंट को मिलाकर 'पिक्सल' नामक शब्द और बॉयोग्राफ़िकल व पिक्चर को मिलाकर 'बॉयोपिक' नामक शब्द गढ़ा गया है। 'कैमकॉर्डर' जहाँ कैमरे और रिकॉर्डर के संयोजन को व्यक्त करता है, वहीं 'फ़ेमिनार' का मतलब है फ़ेमिनिन सेमिनार। अनेक शब्दों में इलेक्ट्रॉनिक के लिए 'ई' जोड़कर (उपसर्ग के रूप में) सरलता पैदा की गयी है; मसलन–ई-कॉमर्स, ई-गवर्नेंस, ई-मेल, ई-मार्केटिंग, ई-पेपर और ई-पब्लिशिंग आदि। सूचना-विस्फोट के वर्तमान समय में जहाँ 'इंफॉमर्शियल' ऐसी इंफॉर्मेशन को बताता है जो कॉमर्शियल हो; वहीं 'इंफोटेनमेंट' ऐसी इंफॉर्मेशन की ओर इशारा करता है जिसमें एंटरटेनमेंट भी मौजूद हो। 'नेटीजन' का तात्पर्य जहाँ इंटरनेट सिटीजन से है, वहीं 'प्रिंटेलेक्चुअल' ऐसे प्रिंट इंटेलेक्चुअल के बारे में सूचना देता है जो प्रिंट मीडिया से सम्बद्ध हो।

पीटर लेविस ने 'रेडियो ड्रामा' (1981) नामक पुस्तक का सम्पादन करते हुए शायद ही सोचा होगा कि भविष्य में 'वेब रेडियो' या 'रेडियोकास्ट' जैसे शब्द मीडिया के फलक पर अवतरित होंगे। वेब रेडियो, रेडियो के क्षेत्र में एक क्रान्तिकारी परिवर्तन को व्यक्त करता है जिसका प्रचलन हमारे देश में भले ही न हो, लेकिन दुनिया के कई दूसरे देशों में इसका प्रचलन बढ़ रहा है। वास्तव में वेब रेडियो कोई प्रसारण नहीं है, बल्कि इंटरनेट पर आधारित है। इसके अन्तर्गत जो व्यक्ति सूचना पाना चाहता है उसे खुद को इंटरनेट के जरिये उस स्थान से जोड़ना पड़ता है जहाँ से सूचना भेजी जाती हो। इसी प्रकार रेडियोकास्ट का तात्पर्य रेडियो ब्रॉडकास्ट से है। रेडियो ने भी ग्लैमर और रिट्ज़ को मिलाकर 'ग्लिट्ज़' जैसा शब्द निर्मित किया है। ज़ाहिर है कि आज जब सम्प्रेषण का हर माध्यम खुद को अधिकाधिक सफ़ल साबित करता जा रहा है तब रेडियो जैसा व्यापक माध्यम पीछे क्यों रहे? इसीलिए तो रेडियो को, चेहरे के ग्लैमर से हटकर, आवाज़ के जादू का माध्यम कहा गया है। दूसरे शब्दों में कहें तो क्या रेडियो को बिना काग़ज़ का और बिना-दूरी का समाचार पत्र कहना ग़लत है?

अगर तात्कालिकता और तेज़ी की बात की जाये तो रेडियो अन्य जनसंचार माध्यमों से पीछे नहीं है। यहाँ एक घटना का ज़िक्र करना अप्रासंगिक नहीं होगा। सोवियत संघ के राष्ट्राध्यक्ष ख्रुश्चेव विदेश यात्रा के लिए हवाई जहाज़ पर बैठने ही जा रहे थे कि उन्होंने देखा, उनकी पैंट एक किनारे से फटी हुई है। वे सोचने लगे कि अब क्या करूँ, हवाई जहाज़ तो उड़ने वाला है! अचानक उनका सहयोगी हाथ में पैंट लेकर उनकी ओर दौड़ता नज़र आया। ख्रुश्चेव की चिन्ता तो दूर हो गयी

लेकिन उनके मन में सवाल उठा। उन्होंने अपने सहयोगी से पूछा कि पैंट फटी होने की ख़बर तुम्हें कैसे मिली? सहयोगी ने बताया कि कामरेड अभी-अभी बी.बी.सी. से ख़बर मिली है! ज़ाहिर है कि अगर केवल शब्दों को गढ़ने की ही बात की जाये तो रेडियो सबसे आगे रहेगा ही क्योंकि शब्द ही उसकी कुल जमा पूँजी हैं, उसके पास न तो मुद्रित माध्यमों की सुविधा है और न ही विजुअल्स हैं। फिर भी श्रोता रेडियो के कारण खुद को कभी अकेला महसूस नहीं करता और उसके जीवन की रिक्तताएँ रेडियो से भरने लगती हैं। इसी आत्मीयता के चलते रेडियो सामाजिक स्नेह को बढ़ाने का काम करता है, उसकी भूमिका सोशल लुब्रिकेंट की होती है।

शब्दों को गढ़ने में मीडिया की भूमिका की बात करते हुए ध्यान रखना चाहिए कि बोलने में सामाजिक होना आवश्यक पड़ जाता है जबकि लिखने में चूँकि पाठक आपके सामने नहीं होता, इसलिए आप सामाजिकता से थोड़ा-सा विचलन भी कर सकते हैं। इसीलिए कहा जाता है कि सामाजिक क्रान्ति में मुद्रित शब्दों का योगदान अधिक होता है। जब प्रेस व्यवस्था व यथास्थिति बनाये रखने का काम अधिक करता था तब प्रेस को राज्य के एक स्तम्भ के रूप में देखा गया-ठीक उसी प्रकार जैसे विधायिका, कार्यपालिका व न्यायपालिका तीनों स्तम्भ अपना-अपना योगदान व्यवस्था व यथास्थिति बनाये रखने में देते हैं। इसीलिए एडमंड बर्क ने प्रेस को फोर्थ इस्टेट यानी चौथी सत्ता (चौथा स्तम्भ) कहा था। लेकिन आज प्रेस या मीडिया का चेहरा काफी हद तक बदल चुका है।

मीडिया में शब्दों की भूमिका एक चैनल में दूसरे चैनल से काफ़ी भिन्न हो सकती है। केबल न्यूज़ नेटवर्क (सी.एन.एन.) चैनल और होम बॉक्स ऑफ़िस (एच.बी.ओ) चैनल पर एक ही शब्द अलग-अलग अर्थ व परिप्रेक्ष्य के साथ दर्शकों के सामने आता है। कभी-कभी एक ही शब्द का अलग-अलग भाषाओं में अलग-अलग अर्थ होता है। जैसे 'राज़ीनामा' शब्द हिन्दी में समझौते के अर्थ में प्रयुक्त होता है जबकि मराठी में इसका अर्थ इस्तीफा या त्यागपत्र होता है। इसी तरह पंजाबी में 'बीबी' का अर्थ सम्मानित महिला होता है जबकि हिन्दी या कुछ अन्य भाषाओं में इसका अर्थ पत्नी होता है। हिन्दी के फूल और अंग्रेजी के फूल में काफ़ी अन्तर है। कई बार यह अन्तर संचारक के सन्देश को श्रोता द्वारा समझने में बाधक होता है और श्रोता संचारित शब्द का ठीक वही अर्थ नहीं लगा पाते जो अर्थ संचारक लगाता है। इसलिए अकसर पूछा जाता है कि आप क्या वही कह रहे हैं जो आप कहना चाहते हैं?

भूमंडलीकरण के वर्तमान दौर में आर्थिक पहलू अधिक महत्त्वपूर्ण हो गया है। आर्थिक पत्रकारिता से सम्बन्धित गुलाबी अख़बार आज उभरी हुई अर्थव्यवस्थाओं की चर्चा प्राय: करते रहते हैं। इसी सिलसिले में भारत और चीन की आर्थिक बढ़त

को देखते हुए 'चाइनिण्डिया' शब्द भी लोकप्रिय हुआ है। चाइना और अमेरिका को संयुक्त करके बनाया गया शब्द 'चिमेरिका' भी कुछ कम आकर्षक नहीं है। वैश्विक मन्दी के समय में ऐसी रिसेसन (मन्दी) को जो सिर्फ़ पुरुषों (मैन) को प्रभावित करे, औरतों (विमेन) को नहीं; 'मैनसेसन' या 'हीसेसन' कहा गया है। इसी तरह ऐसी किताब (बुक) जो डिजिटल हो और जिसके पाठ में कुछ वीडियो भी हो, 'वुक' (वी.ओ.ओ.के.) के नाम से जानी जाती है। मोबाइल फोन आजकल ज़रूरत से ज़्यादा प्रचलन में आ गये हैं और एसएमएस या एमएमएस के ज़रिये संचार आज आम हो चुका है। इसी सन्दर्भ में एक शब्द 'सेक्सटिंग' अस्तित्व में आया है जिसका सम्बन्ध मोबाइल फोन के ज़रिये सेक्सुअल मेसेज या चित्र भेजने से है।

ग्रांट बैरेट ऑनलाइन डिक्शनरी 'वर्डनिक डॉट कॉम' के सम्पादकीय निदेशक हैं और नये शब्दों पर किया गया उनका काम निस्सन्देह सराहनीय है। वे एक पब्लिक रेडियो शो 'ए वे विद वर्ड्स' के मेज़बान/एंकर भी हैं। उन्होंने ऐसे अनेक शब्दों की सूची बनायी है जो परिस्थितिवश उत्पन्न होते हैं या जो बहुत संक्षेप में भी बहुत कुछ कहने में सक्षम होते हैं। हिन्दी में भी ऐसे कामों को किये जाने की दरकार है। नेपाल से प्रसारित किया जाने वाला चैनल 'रूबरू' (रेडियो चैनल) आज अवधी के अनेक शब्दों का प्रयोग करता है। वास्तव में यह चैनल है ही अवधी भाषा का। हिन्दी में भी हर शब्द का अपना इतिहास और परिप्रेक्ष्य होता है। उदाहरण के लिए 'पाखंड' शब्द को देखा जा सकता है। अतीत में 'पाखंड' बौद्धों का एक समूह/सम्प्रदाय था जो बिगड़ते-बिगड़ते आडम्बर के अर्थ में रूढ़ हो गया। यह मीडिया की ही देन है कि आज हम दो-दो शब्दों की जगह एक-एक शब्द से आसानी से अपना काम चला लेते हैं। ऐसे उदाहरणों में 'मोबलॉग' (मोबाइल व वेबलॉग), 'मोडम' (मॉड्यूलेटर व डिमॉड्यूलेटर), 'मोपेड' (मोटर व पेडल) और 'मोटल' (मोटर व होटल) तथा 'रीगानॉमिक्स' (रीगन व इकोनॉमिक्स) आदि सम्मिलित है। ज़ाहिर है कि मीडिया अपने अन्य कार्यों के साथ-साथ शब्द गढ़ने का काम भी बखूबी करता है, भले ही यह काम उसके एजेंडे में शामिल ही न हो!

संचार माध्यम : पक्ष-विपक्ष

सूचना-संचार क्रान्ति के वर्तमान दौर ने सूचना विस्फोट की एक ऐसी स्थिति को जन्म दिया है जहाँ संचार अध्ययनों का महत्त्व बढ़ जाता है। वैज्ञानिक तकनीकी प्रगति और बदलते वैश्विक परिवेश के कारण मीडिया, जनसंचार और संस्कृति पर अनेक विमर्श हुए हैं। संचार माध्यमों का प्रभाव समाज में, अपेक्षाकृत बढ़ा है और इस बढ़ते प्रभाव को व्याख्यायित करने के लिए अनेक दृष्टिकोणों का विकास किया गया है। सूचना प्रक्रिया की एकांगिता पर अनेक चर्चाएँ आज आम हो चली हैं और इस एकांगिता का सम्बन्ध भूमंडलीकरण से जोड़ते हुए एक ऐसी खाई की भी चर्चा की गयी है जिसे हम आज 'डिजिटल डिवाइड' के नाम से जानते हैं। डिजिटल डिवाइड ने सूचना-सम्पन्न और सूचना-विपन्न नामक दो नये वर्गों को जन्म दिया है। यदि सामाजिक संरचना के प्रति वर्गीय दृष्टिकोण को नकार दिया जाये, तो भी ये प्रश्न आज अत्यधिक महत्त्वपूर्ण हो गये हैं; मसलन-संचार अध्ययन का महत्त्व क्या है, मीडिया आज किस प्रकार एक माध्यम से आगे बढ़कर संस्कृति को प्रभावित करने लगा है, मीडिया क्यों और कैसे हमारी जीवन-शैली व मूल्य प्रणाली को निर्धारित करता है और मीडिया में संचार की नयी तकनीकें भाषा के स्तर पर एक प्रकार के हाशियाकारण से कैसे सम्बन्धित हैं?

मीडिया के सामाजिक पक्ष पर निगाह डालने से यह स्पष्ट हो जाता है कि समाज का सारा आधार व्यक्तियों के बीच क्रियाओं और अन्तर-क्रियाओं पर केन्द्रित है। इन क्रियाओं और अन्तरक्रियाओं के लिए पारस्परिक अभिव्यक्तियाँ ज़रूरी हैं और ये अभिव्यक्तियाँ तभी सम्भावना से आगे बढ़कर विचारों के रूप में मूर्तिमान होती हैं जब विचारों के संचरण का माहौल हो, सन्देशोन्मुख व्यवहार की प्रधानता हो और अनुभवों की साझेदारी पर बल दिया जाए। आज बड़ी पूँजी का ग्लोबल मीडिया अनेक पूर्वाग्रहों को मानकर चलता है। लक्ष्य के स्तर पर मुनाफ़ा प्रमुख है, जन सरोकार नहीं और भाषा के स्तर पर पूरी दुनिया को एक ही रंग में रंगने का प्रयास ज़ारी है। बहुत पहले, एक विद्वान ने संचार की समाज सापेक्षता का आनुभविक

अध्ययन किया था। फ्रैंक-डांस नाम से इस विद्वान ने समय और समाज को आलोड़ित करने वाली संचार की प्रक्रिया का अध्ययन करके इस बात पर बल दिया था कि पत्रकारिता को स्वान्तः सुखाय लेखन से भिन्न समझा जाना चाहिए। यह इस अर्थ में भिन्न है कि यहाँ हमें लोगों के लिए, पाठकों और दर्शकों के लिए काम करना पड़ता है, न कि अपनी आत्मा की तसल्ली के लिए। आज इन्फ़ोटेनमेंट को प्रमुख मानने वाला मीडिया अपने इस बुनियादी सिद्धान्त का कितना ध्यान रखता है, इसे जानने के लिए किसी विदेशी विश्वविद्यालय से पत्रकारिता में पी-एच.डी. करने की कोई ज़रूरत नहीं है।

हम सभी जानते हैं कि संचार सन्देशों के माध्यम से की जानेवाली सामाजिक अन्तः क्रिया है। किसी भी संस्कृति, चाहे वह पश्चिमी यूरोपीय देशों की संस्कृति हो या अफ्रो-एशियाई देशों की संस्कृति हो, में ये सन्देश साझे महत्त्व के आधारों को प्रस्तुत करने के लिए प्रकटतः या प्रतीकात्मक रूप में निर्मित होते हैं। एक अर्थ में, मानवीय संचार सामाजिक अस्तित्व के लिए भी महत्त्वपूर्ण है। यह वह प्रक्रिया है जो सूचनाओं (सांस्कृतिक विशेषताओं) को एक स्थान या व्यक्ति से दूसरे स्थान या व्यक्ति को पहुँचाती है। समाज में पारस्परिक सहमति/सामाजिक व्यवस्था को स्थापित करने और उसको बनाये रखने के लिए संचार एक कुंजी है। मानवीय क्रियाकलापों और सांस्कृतिक तत्त्वों को संयोजित करने में संचार प्रक्रियाओं की अपनी अनोखी भूमिका है। समाज का चरित्र समय के साथ बदलता रहा है और यह चरित्र वृहद समाज के चरित्र से जुड़ता चला गया। समाज के सदस्यों के बीच अन्तःक्रिया का विस्तार हुआ और सम्बन्धों की जटिलता भी बढ़ी। यह सब कुछ पहले के समाजों से भिन्न था, जिसमें अन्तःक्रिया छोटे-छोटे समूहों तक सीमित थी। अब स्थानीय सन्दर्भों के स्थान पर इस समाज में अधिकाधिक लोगों तक व अधिकाधिक दूरी तक जुड़ने की आकांक्षा थी। परिणामस्वरूप नये प्रकार के समाज में अलग तरह की संचार व्यवस्था की ज़रूरत पैदा हुई।

इन्हीं पृष्ठभूमियों में स्रोत, सन्देश, माध्यम व प्राप्तकर्ता जैसी अनेक संकल्पनाओं ने जन्म लिया। 'जनसंचार' का विकास इन्हीं संकल्पनाओं से सम्बन्धित है। जैसाकि आधुनिक समाज का अध्ययन करते हुए ओटो एन.लारसन ने अपनी पुस्तक 'सोशल इफ़ेक्ट्स ऑफ़ मास कम्युनिकेशन' में लिखा है कि जनसंचार का अर्थ है, किसी अवैयक्तिक साधन से अपेक्षाकृत बहुत से लोगों को एक ही समय में किसी सन्देश का प्रेषण। पर लारसन का अध्ययन अवैयक्तिक साधनों पर अधिक केन्द्रित रहा, सन्देश या उसके अन्तर्वस्तु विश्लेषण पर कम। उन्होंने प्रेस, रेडियो, टेलीविज़न व सिनेमा को अवैयक्तिक साधनों की श्रेणी में रखा और हमें बताया कि जहाँ मनुष्य किसी सन्देश में विकृतियाँ उत्पन्न कर सकता है, वहीं ये अवैयिक्तक साधन, मशीन

होने के कारण केवल वाहक का काम करते हैं। ये मशीनें अपने श्रोताओं, पाठकों व दर्शकों को अपना सन्देश सीधे और यथावत देती हैं। इनका दायरा व्यापक होता है और ये सन्देश नियमित होने के अतिरिक्त तात्कालिक भी होते हैं। तात्कालिकता का तात्पर्य यह है कि विभिन्न समयों में प्रचारित-प्रसारित सन्देशों में कोई धारावाहिक सम्बन्ध नहीं होता और किसी भी सन्देश को न तो किसी पिछले सन्देश की अगली कड़ी मानना चाहिए और न ही उसे भविष्य में आने वाली किसी सन्देश की पूर्वपीठिका मानना उचित है। वास्तव में लारसन का विश्लेषण वैज्ञानिकता व सन्देश-प्रवाह पर बल देता है; माध्यम यानी मीडिया के किसी अपने एजेंडे पर नहीं।

पर आज हम सभी जानते हैं कि मीडिया का अपना भी एक एजेंडा होता है और वह समाज के एजेंडे को भी निर्धारित करने का काम करता है। प्रश्न उठता है कि किसी एजेंडे को निर्धारित करने के कारण व प्रभाव क्या-क्या हैं? इस मोड़ पर हमें सोचना पड़ता है कि मीडिया की कार्यशैली मुनाफ़े से जुड़ी है और अधिकाधिक मुनाफ़े से जुड़ी है और अधिकाधिक मुनाफ़ा प्राप्त करने के लिए मध्यवर्ग के उपभोक्ताओं का दिमाग़ बदलना ज़रूरी है। आज ख़बरों को प्रोडक्ट के रूप में देखा जा रहा है और न्यूज़ इंडस्ट्री जैसे शब्दों का चलन कुछ गहरे अर्थों को रेखांकित करता है। इसीलिए जी.गर्बनर का कहना है कि जनसंचार के ये साधन जन समाज में सबसे अधिक विस्तृत विचारों को एकरूपता (मोनोटोनिसिटी) प्रदान करने के साधन हैं। लेकिन ये साधन क्या निर्वात में काम करते हैं? क्या, यन्त्र होने के कारण, ये समाज-निरपेक्ष हैं? बिल्कुल नहीं। जैसाकि मर्टन ने अपने प्रमुख शोधों के ज़रिये साबित किया है कि ये साधन सामाजिक व्यवस्था पर प्रभावी भी हैं क्योंकि जनसंचार में से साधन अपनी संरचना तथा प्रकार्य की दृष्टि से सामाजिक गठजोड़ों के साथ जुड़े हुए हैं। समाज तथा व्यक्ति के व्यवहारों पर प्रभावी बहुत से कारको में से ये भी एक हैं।

इन कारकों की बारीक पड़ताल करने पर यह समझना कठिन नहीं रह जाता कि मीडिया का राजनीतिक और आर्थिक सत्ता के साथ गहरा सम्बन्ध है। इसी सम्बन्ध के कारण मीडिया व्यापक जनशिरकत वाला असली जनतान्त्रिक मंच नहीं बन पाता। हर्बर्ट शिलर का भूमंडलीकरण के इस दौर में किया गया विश्लेषण हमें कुछ अनोखे निष्कर्षों की ओर ले जाता है। उनका कहना है कि सत्ता के साथ गहरे सम्बन्धों के चलते मीडिया ताकतवर लोगों पर नज़र नहीं रख पाता। आज जिसे हम कम्युनिकेशन के राजनीतिक अर्थशास्त्र के रूप में जानते हैं वह मीडिया के अध्ययन के प्रति परिवर्तित दृष्टि का प्रमाण है। यह दृष्टि हर्बर्ट शिलर के विश्लेषणों से

सम्बद्ध है। शिलर के नज़रिये का अकादमिक स्तर पर ही असर नहीं हुआ बल्कि राजनीतिक कार्यकताओं और जनमत पर भी व्यापक असर हुआ। शिलर ने माध्यमों के अर्थशास्त्र, राजनीतिक और सामाजिक आधार की विस्तृत व्याख्या प्रस्तुत की। थियोडोर लेविट के 'ग्लोबलाइजेशन' और मार्शल मैक्लूहान के 'ग्लोबल विलेज' की अवधारणा के सदृश उन्होंने भी भूमंडलीय वर्चस्व की रेखाएँ उद्‌घाटित की हैं।

संचार माध्यमों का वर्णन करते समय शिलर का कहना है कि 'विश्व व्यवस्था' भूमंडलीय आर्थिक बाज़ार व्यवस्था से निर्मित है जिसकी धुरी पश्चिमी औद्योगिक राष्ट्र हैं। इनके प्रभुत्व और हितों की संगति में ही मानवीय और प्राकृतिक संसाधनों के स्वामित्व का फैसला होता है। संचार की वर्तमान प्रभुत्वमूलक प्रक्रिया एक ऐसे ढाँचे का निर्माण करती है जिसमें विकसित राष्ट्र केन्द्र पर और पिछड़े राष्ट्र परिधि या हाशिये पर होते हैं। जनसंचार की प्रक्रिया के दौरान केन्द्र का विकास परिधि के अल्पविकास की शर्त पर ही होता है। आन्द्रे गुन्नार फ्रैंक ने लैटिन अमेरिका और वाल्टर रॉडनी ने अफ्रीका के सम्बन्ध का विस्तार करते हुए संचार साधनों पर स्वामित्व की महत्ता रेखांकित की है। एकाधिकारमूलक पूँजीवाद से मिलती-जुलती यह संकल्पना संचार-साधनों के एकाधिकार के ज़रिये प्राप्त होने वाले लाभों का खाँचा खींचती है। आज किन विजुअलों को चयनित करना है, उनका प्रसारण कब और किस रूप में करना है, इसका निर्धारण सम्पादकीय नीति की बजाय प्रन्धकीय ज़रूरतों के मुताबिक होता है। कई बार 'सम्पादक' की जगह 'मैनेजर' शब्द भी प्रयुक्त कर दिया जाता है। पाठकों से आनेवाले राजस्व पर मीडिया की घटती निर्भरता यह संकेत करती है कि आज मीडिया का आर्थिक तन्त्र विज्ञापनों की दया पर आश्रित है और विज्ञापन लोगों की मनोवृत्तियों को गहराई तक प्रभावित-निर्धारित करते हैं।

मीडिया माध्यम है, पर प्रश्न उठता है कि किस चीज़ का माध्यम है-खबरों का, विमर्शों का या विज्ञापनों का। आज पाठकों या दर्शकों को उपभोक्ताओं के रूप में देखे जाने पर मीडिया बल देता है। रिचार्ड और जायस वाल्कोमोर ने ठीक ही लिखा है, "आप हैं वह, जो आप खरीदते हैं।" और मीडिया में विज्ञापन का इतिहास अमरीकी विज्ञापन का ही इतिहास है। ठीक उसी तरह, जैसे कुछ समय पहले तक 'विश्व इतिहास' का मतलब यूरोप के इतिहास से था। अपने एक बिलकुल ताज़े अनुसन्धान में, अमरीकी मैटीरियलिज़्म (भौतिकवाद) का अध्ययन करते हुए जेम्स ट्विचेल ने एक पुस्तक लिखी है, 'ट्वेंटी एड्स दैट शुक द वर्ल्ड'। यह पुस्तक जनता की मनोवृत्तियों और सामासिक संस्कृति पर मीडिया के प्रभावों का क्रमबद्ध दस्तावेज़ है। 'मॉस कल्चर' या 'पॉपुलर कल्चर' की अवधारणा का

उल्लेख करते हुए जेम्स ट्विचेल ने विज्ञापनों की असीमित शक्ति और मीडिया के मुनाफ़ाखोर एजेंडे पर प्रकाश डाला है। इनके निष्कर्ष विश्वविख्यात मीडियाविद् जान फिस्के की प्रस्थापनाओं से मिलते-जुलते हैं जहाँ विकसित व विकासशील समाजों में मीडिया की भिन्न-भिन्न भूमिकाओं की चर्चा की गयी है।

पर मीडिया पॉपुलर कल्चर का चाहे जितना विकास कर रहा है; आज सामूहिकता की भावना और बोध पहले की तुलना में घटा है जबकि उसकी ज़रूरत सबसे ज़्यादा बढ़ी है। आज मीडिया ने मनुष्य के दायरों को सिकोड़ा है, हालाँकि बताया जा रहा है कि यह दायरा बढ़ता जा रहा है क्योंकि संसार के किसी भी कोने की ख़बर आपको पल भर में मिल रही है। आज किसी भी व्यक्ति के व्यक्तित्व के ऐसे पक्षों का क्षेत्रफल बढ़ा है जिसे न तो वह जानता है, न ही कोई दूसरा। वह स्वयं इसलिए नहीं जानता क्योंकि वह आत्ममन्थन की प्रक्रिया से हटकर मीडिया के संवेदनामूलक दुष्प्रभावों को झलने के लिए अभिशप्त है; और कोई दूसरा इसलिए नहीं जानता क्योंकि किसी दूसरे आदमी को जानने की फुर्सत किसे है? तुरन्ताबाज़ मीडिया, संचार और जन सरोकारों के बुनियादी सिद्धान्तों से उछलकर एक प्रकार के अ-सैद्धानिक अन्तर्जालों में कार्य करने की कोशिश कर रहा है। अगर जोसेफ़ लुफ़्ट और हैरिंग्टन इनग्राम के शब्दों में कहा जाये तो आज श्रोता या दर्शक के व्यक्तित्व के 'अज्ञात क्षेत्र' (अननोन एरिया) का दायरा बढ़ा है। फिर क्या उसकी संगति किसी कल्याणकारी पहल, सामान्य हित या जनता के सरोकारों के साथ बैठायी जा सकती है?

सन्दर्भ चाहे वैश्विक मन्दी का हो या विश्व राजनीति में बढ़ती एक ध्रवीयता का, संचार अध्ययनों का महत्त्व न सिर्फ़ पूर्ववत बना हुआ है, बल्कि यह बढ़ा भी है। अन्तर्राष्ट्रीय स्तर पर सैमुअल पी.हटिंग्टन के 'सभ्यताओं के संघर्ष' का विचार, वैश्विक जनमत को धर्मों व सभ्यताओं के मुहरबन्द डिब्बों में बाँटकर देखने की एक ऐसी कोशिश है जिसे मीडिया ने जमकर प्रचार दिया है। पत्रकारिता मिशन है या व्यवसाय; पत्रकार होना एक जॉब है या प्रोफ़ेशन, ऐसे प्रश्न आज अपेक्षाकृत महत्त्वपूर्ण होते गये हैं किन्तु इन प्रश्नों पर चर्चा के लिए अवसर निरन्तर घटते जा रहे हैं। संचार की प्रक्रिया आज धनिक व शहरी वर्ग के पक्ष में झुकी हुई है क्योंकि इलेक्ट्रॉनिक मीडिया की द्रुतता के लिए शहर अधिक उर्वर भूमि उपलब्ध कराते हैं। इसका कारण शहरों का विकास के ऐसे टापुओं के रूप में उभरना है जहाँ आवागमन व यातायात के साधन कहीं अधिक सुलभ हैं, इलेक्ट्रॉनिक मीडिया को समर्थन प्रदान करने वाली विद्युत आपूर्ति अधिक है। वैश्विक स्तर पर मीडिया के झुकाव का अन्दाज़ा भी इसी बात से लगाया जा सकता है कि सात समन्दर पार अमरीका में

अगर बिजली भी चली जाती है तो वह ख़बर हमारे यहाँ अधिकतम सम्भव प्राथमिकता की एक ख़बर बनती है। ऐसे में समाचारों की वस्तुनिष्ठता या निष्पक्षता जैसे मूल्य क्या और अधिक प्रासंगिक नहीं हो जाते?

मीडिया ने सांस्कृतिक साम्राज्यवाद जैसी अवधारणाओं को फलीभूत किया है और यह काम कुछ इस प्रकार किया जाता है कि वैश्विक खबरों में स्थानीयता के पुट का हल्का समावेश करके स्थानीय लोक संस्कृतियों के प्रति चिन्ता रखने का भ्रम पैदा किया गया है। अमरीकी मैक्डोनाल्ड, नाइके व एडिडास जैसी बहुराष्ट्रीय कम्पनियाँ किसी देश में प्रचार करने के लिए उस देश-विशेष की स्थानिकता के साथ संगति बैठाती हैं-उदाहरण के लिए यह भारत में बिहू या ओणम के साथ प्रकट होती है और अफ्रीका में स्वाहिली की लिपियों में। छलनेवाली इसी शैली को रोलाँद राबर्टसन ने 'ग्लोकलाइजेशन' कहा है। अख़बार, रेडियो, टेलीविज़न चैनलों और इंटरनेट के द्वारा संचार की यह प्रक्रिया आगे बढ़ती जाती है और यह प्रश्न क्रमशः पीछे छूटता चला जाता है कि क्या मीडिया आज सम्प्रेषण का एक माध्यम भर है या उससे कुछ अधिक है?

तकनीक की प्रगति मीडिया की द्रुतता व विस्तार से सम्बन्धित है। आज अँग्रेजी में ही नहीं, हिन्दी में भी मीडिया के लिए अनेक सॉफ़्टवेयरों का विकास कर लिया गया है। 'लीला' (एन.आई.एल.ए.-लर्न इंडियन लैंग्वेजेज़ विद आर्टिफिशियल इंटेलीजेंस) या 'मन्त्र' (मशीन एसिस्टेड ट्रांसलेशन टूल) जैसे सॉफ़्टवेयर ऐसे ही कुछ हालिया विकास हैं। 'यूनिकोड' पर हिन्दी जैसी भारतीय भाषा भी अपनी व्यापकता को प्रदर्शित कर रही है और 'लीप' या 'शब्दिका' जैसे सॉफ़्टवेयरों व हिन्दी-शब्दकोशों का विकास एक तकनीकी उपलब्धि ही है। पर हमें दो बातें ध्यान में रखनी चाहिए-पहली तो यह कि इंटरनेट या ऐसी उन्नत तकनीकों की पहुँच इतनी व्यापक नहीं है कि जनसरोकारों, आम जन की समस्याओं और दूरदराज़ के पिछड़े अंचलों की ख़बरों को आसानी से कवर किया जा सके। दूसरी बात यह है कि हिन्दी सहित समस्त भारतीय भाषाओं में तकनीक उतनी उन्नत नहीं है जितनी अँग्रेजी या अन्य यूरोपीय भाषाओं में। उदाहरण के लिए स्पीच रिकॉग्निशन सॉफ्टवेयर का विकास भारतीय भाषाओं में प्रायोगिक स्तर तक ही हुआ है। इस सॉफ्टवेयर की मदद से बोलते हुए व्यक्ति की आवाज कम्प्यूटर पर स्वतः टंकित होती चली जाती है, उँगलियों से टाइप करने की ज़रूरत नहीं रहती। इसके अतिरिक्त 'स्पेल चैक' जैसे सॉफ़्टवेयरों की प्रगति में लम्बी यात्रा तय करनी शेष है ताकि वर्तनी की जाँच सुविधापूर्वक की जा सके।

स्पष्ट है कि अच्छे जनसंचार के लिए तकनीकी क्षमता तथा श्रेष्ठता ज़रूरी है।

कमज़ोर तकनीक संचार व्यवस्था के सन्देशों को पहुँचाने में असमर्थ होती है। सन्देशों को प्राप्त करने वाले लोगों में इन साधनों को प्राप्त करने की या कम करने की कितनी क्षमता है, यह भी महत्त्वपूर्ण है। संचार-साधनों की सीमितता क्रय-शक्ति, आर्थिक क्षमता व शैक्षिक स्तर से जुड़ी हुई है। यह भी प्रश्न उठता है कि सन्देशों की भाषा क्या लोगों के लिए ग्राह्य है? समाज की राजनीतिक तथा आर्थिक व्यवस्था ने इन साधनों पर कितना और कैसे नियन्त्रण कर रखा है? औद्योगिक युग के चलते इलेक्ट्रॉनिक साधनों के विकास के कारण ये साधन सामाजिक-आर्थिक विकास के लिए महत्त्वपूर्ण हो गये हैं। इयोजेनिस बर्गर जैसे चर्चित विद्वान ने इसीलिए इन साधनों को 'जनचेतना जागृति उपयोग' का नाम भी दिया है। चेतना पर नियन्त्रण के विषय में यह उल्लेखनीय है कि कई बार राजनीतिक नियन्त्रण यह फैसला कर देता है कि साधनों पर अभिव्यक्ति कितनी स्वतन्त्र है। आजकल तो 'विकल्पों में स्वतन्त्रता' के साथ-साथ 'विकल्पों से स्वतन्त्रता' का मुद्दा भी अनेक मीडियाविदों ने उठाया है। आज हर्बर्ट मार्क्यूजे का आग्रह और तर्क यह है कि पूँजीवाद ने जनसंचार के साधनों का बड़ी चालाकी से इस्तेमाल करते हुए पीड़ित वर्ग के असन्तोष को संवेदनशून्य और भोथरा बना दिया है क्योंकि वह तुच्छ भौतिक इच्छाओं को उत्तेजित करता है जिन्हें सन्तुष्टि करना बहुत सरल होता है। इसका परिणाम यह हुआ है कि मनुष्य का बहुआयामी व्यक्तित्व लुप्त हो गया है और इसके व्यक्तित्व का एक ही आयाम शेष रह गया है : उसकी तुच्छ भौतिक इच्छाओं की सन्तुष्ट। इस तरह एक उपभोक्ता संस्कृति मीडिया के ज़रिये व्यक्तित्व पर हावी हो गयी है जिसने मनुष्य की सृजनात्मक स्वतन्त्रता के विचार को बहुत पीछे धकेलकर उसे एक-आयामी मनुष्य बना दिया है। प्रख्यात समकालीन विद्वान हर्बर्ट मार्क्यूजे ने अपनी प्रसिद्ध कृति 'वन डायमेंशनल मैन-स्टडीज़ इन दि आइडियालोजी ऑव एडवांस्ड इंडस्ट्रियल सोसायटी (1968)' में इस प्रकार के अनेक कोणों पर विचार किया है। मीडिया का अध्ययन करते हुए मार्क्यूजे ने भय और उपभोक्तावाद को आधुनिक प्रौद्योगिक समाज के दो प्रमुख उत्पाद कहा है।

भारत में जनसंचार या मीडिया अध्ययनों की एक बानगी हमारे विश्वविद्यालयों में देखने को मिलती है। एक भारतीय जनसंचार संस्थान यानी आई आई एम सी, नयी दिल्ली को छोड़ दिया जाये, तो कम ही ऐसे विभाग या संस्थान हैं जो पत्रकारिता पर मँझा हुआ प्रशिक्षण देते हैं। एक प्रख्यात समकालीन आलोचक जुर्गेन हैबरमास ने अपनी विश्लेषणात्मक पुस्तक 'लेजिटिमेशन क्राइसिस' में 'सम्प्रेषणीय तर्कसंगतता' (कम्युनिकेटिव रेशनलिटी) का महत्त्वपूर्ण विचार दिया है। हैबरमास की उपरोक्त कृति सन् 1975 में प्रकाशित हुई थी। उनका स्पष्ट कहना है कि आज

मीडिया ने वैधता के पारम्परिक आधार को ही नष्ट कर दिया है। उदाहरण के लिए, मीडिया ने परिवार जैसी संस्था की पारदर्शी संवाद-प्रक्रिया को प्रभावित किया है। जनसंचार के साधन सूचना के प्रसार और विचारों की स्वतन्त्र अभिव्यक्ति को बढ़ावा नहीं देते, बल्कि कोरे मनोरंजन के साथ-साथ व्यापारिक हितों को बढ़ावा देने की ही भूमिका निभाते हैं। अपनी कृति 'रीडिंग द पॉपुलर' में जॉन फिस्के ने और 'सोशियोलोजी ऑफ़ मास कम्युनिकेशन' में जी. गार्बनर ने इसी भूमिका का विवेचन किया है।

लेकिन मीडिया के कृत्यों की आलोचनाएँ स्वयं मीडिया के भीतर से भी हुई हैं और नोम चोम्स्की जैसे समकालीन विद्वान मीडिया की इसी आन्तरिक आलोचना का निर्माण करते हैं। पचास के दशक में ही चोम्सकी ने 'ट्रांसफॉर्मेशनल ग्रामर' का सिद्धान्त देकर प्रस्तावित किया था कि मनुष्यों के पास भाषा को ग्रहण करने की एक सहज योग्यता होती है। अपनी हालिया कृति 'हेजेमनी एंड सरवाइवल' (2004) में भी चोम्स्की ने प्रभुत्व की संरचनाओं की पड़ताल की है। कुल मिलाकर इतना कहा जा सकता है कि मीडिया को अपने भटकावों पर ध्यान केन्द्रित करना पड़ेगा, बिसराते जनसरोकारों को मुख्यधारा के मीडिया में विमर्श के केन्द्र पर लाना पड़ेगा और आन्तरिक आलोचना की आवाज़ को सुनते हुए कुछ बुनियादी सिद्धान्तों का सदैव स्मरण रखना पड़ेगा। ऐसा करके ही समतामूलक समाज के निर्माण के स्वप्न को साकार किया जा सकेगा।

मीडिया का वैचारिक पक्ष

अख़बारों और पत्रिकाओं में हर व्यक्ति के लिए कुछ-न-कुछ अवश्य होता है। यह भी कहा जाता है महत्त्वपूर्ण घटनाओं की तस्वीरें समाचारपत्रों में इसीलिए प्रकाशित की जाती हैं ताकि कम पढ़े-लिखे लोग भी अख़बार को कुछ उपयोगी जरूर पाएँ। ग़ौर करने वाली बात तो यह है कि पत्रिकाओं और अख़बार का एक पक्ष ऐसा भी होता है जो सर्वाधिक लोगों को आकृष्ट करता है। यह पक्ष किसी व्यक्ति की नज़र में उस विशिष्ट पत्र-पत्रिका की खास छवि निर्मित करने में मददगार होता है। आज जब यह कहा जा रहा हो कि समाचारपत्र पहले तो विचारपत्र थे, लेकिन अब केवल प्रोडक्ट बनकर रह गये हैं, तब समाचारपत्रों समेत पूरे मीडिया का वैचारिक पक्ष गम्भीर विमर्श की दरकार करता है। किसी भी पत्र-पत्रिका की वैचारिकी को रचने में उसके कुछ चुनिन्दा लोगों की सर्वाधिक भूमिका होती है, जिन्हें पत्रकारीय थिंक-टैंक कहना ज्यादा उचित होगा। यह इसी थिंक-टैंक की देन है कि अपने कुछ ही अंकों के निकलने के बाद 'लमही' ने अपना एक अनोखा स्थान बना लिया। 'लमही' का नाम अच्छे साहित्य की गिनी-चुनी पत्रिकाओं में पूरी प्रामाणिकता के साथ शुमार किया जाता है। गौरतलब है कि इस त्रैमासिक पत्रिका का नये साल का पहला अंक जाने-माने कथाकार कामतानाथ पर केन्द्रित था। अंक को देखते ही लग जाता है कि इसके प्रधान सम्पादक विजय राय़ ने इस अंक की रचना करने में कड़ी मेहनत की है। यह अंक मीडिया के वैचारिक पक्ष के नवीन क्षितिज खोलता है। कामतानाथ हिन्दी तथा साहित्य में और ख़ासकर समान्तर कहानी आन्दोलन के एक बड़े और स्थापित हस्ताक्षर रहे हैं। यह बात अलग है कि समान्तर कहानी आन्दोलन भले ही बीच राह में अलग थलग पड़ गया हो लेकिन उसके झंडे तले पनपे कथाकारों के बाद में अपनी ज़मीन अपने बूते पर निर्मित की। कामतानाथ का कहना है कि 'सार्थक लेखन का अपनी ज़मीन से जुड़ा होना आवश्यक है।' कामतानाथ वस्तुतः प्रेमचन्द की परम्परा के उत्तराधिकारी कथा लेखक हैं। उनके रचनात्मक सरोकारों को उनकी कहानियों और उपन्यासों में बखूबी देखा जा सकता

है। ट्रेड यूनियन आन्दोलन से गहरे जुड़े रहने के कारण कामतानाथ के यहाँ जीवन की विद्रूपताएँ और विसंगतियों के खुलासे और उनके विरुद्ध सतत संघर्ष और हस्तक्षेप स्पष्ट रूप से परिलक्षित होता है। उनकी चिन्ताएँ उनके समकालीनों से जुदा हैं। उनके बारे में जो सबसे पहली जरूरी बात है वह यह कि उन्हें इतिहास की मुकम्मल और माकूल जानकारी है जिसका उपयोग वे अति सर्तकता से अपनी रचनाओं में करते हैं और शायद यही वजह है कि वे अपनी कहानियों और उपन्यासों में तथ्यों के साथ बहुत छेड़छाड़ नहीं करते। दूसरी बात उनकी इतिहास दृष्टि और समाजबोध की है। सही समाजबोध और इतिहास दृष्टि के साथ उपन्यास लिखना प्राय: असम्भव होता है। कामतानाथ इतिहास के मुकम्मल बोध के कारण हिन्दी कथा साहित्य को सटीक ऐतिहासिक रचनाएँ दे पाए हैं। ऐतिहासिक तथ्यों का रचनात्मक इस्तेमाल दिखाने वाले उपन्यास भी अन्ततः अपनी परिणति में सामाजिक होते हैं। कहानियों में वे जिस तरह चित्रात्मकता का कैनवास रच देते हैं वह निश्चय ही कहानी की दुनिया में सदैव स्मरणीय और ध्यातव्य रहेगा।

कामतानाथ के लेखन के सन्दर्भ में हेमिंग्वे की आत्मस्वीकृति गौरतलब है ''कहानियों के आइडियाज मेज पर बैठकर नहीं मिलते। लोगों के बीच जाकर मिलते हैं। लोगों के बीच जाकर मैं उनसे एकरस हो जाता हूँ। उनकी आशाएँ, निराशाएँ और अनुभूतियाँ मेरी अपनी हो जाती हैं। और फिर मैं एक चित्रकार की तरह उन्हें कागज पर अंकित करने का प्रयास करता हूँ।'' कामतानाथ कहानी में किस्सागोई को एक ज़रूरी एलीमेंट मानते हैं। ज्ञानरंजन, काशीनाथ सिंह, दूधनाथ सिंह, रवीन्द्र कालिया और महेन्द्र भल्ला के साथ लिखते हुए कथा साहित्य में उन्होंने अपनी एक अलग पहचान बनाई जो निश्चय ही उनके गहन जीवनावलोकन और वस्तुनिष्ठ दृष्टि सम्पन्नता के कारण ही मुमकिन हुई है। कामतानाथ की वर्णनात्मक शैली उनके कथानकों में तथ्यों के क्रमबद्ध ब्यौरे और उसके साथ-यत्र-तत्र उन पर सार्थक टिप्पणियों के कारण उस कालखंड विशेष को एक महत्त्वपूर्ण दस्तावेज बना देती है। भाषा की सरलता उनकी खासियत है जिसकी वजह से उनकी अधिकांश कहानियों में नाटकीय तत्वों की मौजूदगी भी भरपूर है। कामतानाथ जितना अपनी कहानियों से जाने गये उससे कहीं ज़्यादा उपन्यासों से भी। भले ही वे ग्रामीण जीवन के कथाकार उस रूप में न हों जैसे प्रेमचन्द, फणीश्वरनाथ रेणु थे, काशीनाथ सिंह कई मायने में हैं, शिवमूर्ति हैं; फिर भी क़स्बाई दुनिया के यथार्थ और मनोजगत की थाह लेने में उनकी कहानियाँ किसी से कम नहीं है। उनकी कहन शैली द्विजेन्द्र नाथ मिश्र निर्गुण और राम नारायण शुक्ल से कम प्रभावी नहीं है।

आज मीडिया की स्वतन्त्रता के दायरों और उसकी वैचारिकी पर नये सिरे से

बातें की जा रही हैं। मीडिया के वैचारिक पक्ष पर बात करते समय ध्यान रखना चाहिए कि इस पब्लिक स्फीयर में प्रत्येक व्यक्ति अपनी राय प्रकट करने के लिए अधिकाधिक स्वतन्त्र है। लेकिन इसका यह मतलब बिल्कुल नहीं है कि जिसके मन में जो आये, वह उसे अख़बार में लिख दे। तमाम लोग अख़बारों में छपे शब्दों को पत्थर की लकीर की तरह ग्रहण करते हैं, इसलिए यहाँ प्रायः बहुत सावधानियाँ बरतनी होती हैं। इसी वज़ह से वैचारिकी से जुड़े कार्य अनुभवी लेखकों और पत्रकारों को ही सौंपे जाते हैं।

विचारपृष्ठ पर लिखते समय पत्रकारों को आजादी होती है कि वे अपनी राय को प्रकट कर सकें। लेकिन अगर समाचारपत्र का पत्रकार खबरें लिख रहा है, तब तो उसे एक अच्छे न्यायाधीश की तरह तटस्थ और निष्पक्ष रहना चाहिए। अख़बार चाहे भारतीय हों या पश्चिमी, कुछ पत्रकारों को 'सर्वश्रेष्ठ' सुनना और लिखना बहुत अच्छा लगता है। क्या पत्रकारीय और अखबारीय विनम्रता के लिहाज से इसे उचित कहा जा सकता है? और फिर कौन-सा पत्रकार सर्वश्रेष्ठ है, इसका फैसला तो पाठक ही करते हैं। इसका निर्णय स्वयं पत्रकार कैसे कर सकते हैं? मुद्रित संचार माध्यमों की वैचारिकी को लेकर अक्सर तमाम विशेषांक निकलते रहते हैं जो समय के साथ बीते दिनों की बात हो जाते हैं। पर कई बार कुछ ठोस चीज़ें भी सामने आ जाती हैं। उदाहरण के लिए 'रचनाक्रम' का नया अंक संचार माध्यमों की वैचारिकी की गम्भीर और सार्थक पड़ताल करता है। सम्पादक अशोक मिश्र ने संचारकर्मियों के लिए गिरेबान में झाँकने की ज़रूरत पर जोर दिया है। उन्होंने प्रेस काउंसिल के अध्यक्ष मार्कंडेय काटजू के उस बयान की परतें भी पूरी तार्किकता और निष्पक्षता के साथ खोलीं हैं, जिससे पाठक वैचारिक सरोकारों से समग्रता में रू-ब-रू होता है। आर्थिक पत्रकारिता और भाषा-प्रसंग के साथ-साथ शीतला सिंह जैसे वरिष्ठ पत्रकारों ने अपने अनुभवों से पत्रकारिता के अँधेरे कोनों में झाँका है। देखा जाये तो सच्चाई भी यही है कि आज अख़बारों की वापसी लोकहितकारी भूमिका की ओर बेहद ज़रूरी हो गयी है। सच यह है कि पश्चिमी देशों, खासकर अमेरिका की तरह भारत में भी सम्भ्रान्त लोगों का एक नया युवा वर्ग पत्रकारिता के क्षेत्र में उतरा है। इस वर्ग के लोगों को सामान्य जीवन, शिष्टाचार या बुनियादी समस्याओं से कभी जूझना नहीं पड़ा है। इस वर्ग के लिए गाँव-देहात या दूरदराज के इलाके किसी अजूबे से कम बिल्कुल नहीं हैं। एक ज़माना वह भी था जब वाशिंगटन टाइम्स के पूर्व प्रधान सम्पादक वैस्ले प्रूडेन जैसे लोग साधारण परिवारों से निकलकर पत्रकारिता के शिखर पर पहुँचा करते थे। ऐसे पत्रकारों या संवाददाताओं के लिए अपने इर्द-गिर्द घट रही घटनाओं में अपने यार-दोस्त, परिवार, नातेदार और परिजन दिखाई देते हैं। इसके उलट किसी विशेष सम्भ्रान्त वर्ग के युवा के लिए ये घटनाएँ किसी

अचम्भे से कम नहीं होतीं क्योंकि वह इन घटनाओं के सामाजिक प्रभावों का आकलन नहीं कर पाता। अंग्रेजी की पत्रकारिता इन बातों के लिए बेहतरीन उदाहरण है।

अगर हम अमेरिका के मुद्रित संचार माध्यमों की बात करें तो चाहे न्यूयॉर्क टाइम्स हो या वाशिंगटन पोस्ट, इसी ख़ास सम्भ्रान्त वर्ग के परिवारों से आये पत्रकारों का बाहुल्य है। इनमें प्रायः ऐसे लोग शामिल हैं जो किसी प्रतिष्ठित विश्वविद्यालय से पत्रकारिता की डिग्री लेकर आते हैं। हमें ध्यान रखना चाहिए कि डिग्री लेना गलत नहीं है लेकिन डिग्री लेना पर्याप्त भी नहीं है। जब नवप्रशिक्षु पत्रकारों की शिक्षा-दीक्षा ज़मीनी हालात से कटकर होगी, तो समाचार माध्यमों में भी एक ख़ास क़िस्म की कृत्रिमता हावी होने लगती है। इसीलिए ख़बरों को प्रोडक्ट के रूप में देखने का चलन बढ़ा है और इसलिए अपने विश्लेषणों में प्रख्यात मीडियाविद् नोम चोम्स्की मैन्यूफैक्चरिंग कन्सेंट की चर्चा करते हैं। अख़बार जब स्वस्थ नजरिये से राजनीतिक व्यवस्था की आलोचना करता है, तो शायद ही किसी राजनीतिक दल को अच्छा लगता हो। लेकिन समाज को दिशा दिखाने वाली आलोचनाएँ किसी को खुश करने या किसी की चापलूसी करने के लिए होतीं भी नहीं। इसीलिए निष्पक्ष संवाददाताओं और संपादकों को लेकर प्रत्येक राजनीतिक दल के नेता को कोई-न-कोई शिकायत ज़रूर रहती है। इसीलिए अख़बारों को किसी का भी शाश्वत मित्र नहीं माना जाता। वजह यह है कि अख़बारों को इतिहास का कच्चा दस्तावेज़ कहा गया है और इतिहास लेखन को पक्षपात से मुक्त होना ही चाहिए।

एक आजाद समाज में पत्रकार और अख़बार की भूमिका का सार यही है कि कड़वे सच को वे इस तरह उगलें कि गड़बड़ी फैलाने वालों का जीना हराम हो जाये। अपने समय के एक बड़े पत्रकार विलियम रेनडोल्फ का मानना था कि अख़बारों के सम्पादकों का कोई मित्र नहीं होता। उसे मित्र के किसी खाँचे में बाँधकर देखने की बजाय उसके मित्रतापूर्ण व्यवहार पर फोकस करना चाहिए। हो सकता है कि वह किसी से मित्रतापूर्ण व्यवहार कर रहा हो और सत्य को उद्घाटित करने के बाद कोई उसे दोस्त की बजाय दुश्मन की तरह देखने लगे। अख़बार को दुनिया भर की घटनाओं का एक विश्वसनीय दर्पण बनना होता है, वरना समय के साथ उसकी प्रतिष्ठा घटने लगते है। चाहे वह क्राइम बीट का रिपोर्टर हो या पॉलिटिकल बीट का संवाददाता, यह सच है कि अगर पत्रकार अपने विषय पर जमकर काम करेगा, तो उसके पास बड़े-से-बड़े अधिकारी से भी कहीं ज़्यादा सटीक और प्रामाणिक जानकारी उपलब्ध रहेगी। समय-समय पर इस बात के सबूत मिलते रहे हैं कि अमेरिका, भारत और ब्रिटेन में ऐसे-ऐसे पत्रकार मौजूद रहे हैं

जिनके पास गुप्तचर एजेंसियों के निदेशकों से भी ज़्यादा खुफिया सूचनाएँ मौजूद रहीं है और उन्होंने वक़्त आने पर इन सूचनाओं का इस्तेमाल देश की सेवा और राष्ट्रीय हित में किया है।

लोकतान्त्रिक व्यवस्था और लोकतान्त्रिक जीवनशैली को मजबूत करने के लिए यह आवश्यक है कि पत्रकार स्वयं असहमतियों को सुनने और उन्हें स्वीकार करने का साहस रखें। अगर कोई पत्रकार या अख़बार सिर्फ़ अपनी ही मनमानी थोपता चला जाये तो पाठक विमुखता की ओर बढ़ते लगते हैं। चुनावों के गरमागरम और नाजुक माहौल में ये बात और भी ज़्यादा काबिलेगौर हो जाती है। उदारीकरण और बाज़ार की गति की समाचार पत्रों के वैचारिक पहलुओं के लिहाज से सर्वाधिक महत्त्वपूर्ण कारक है। आज जब एक ओर नित नये अख़बार निकल रहे हैं और दूसरी ओर पुराने अख़बारों की दीवारें ढहती हुई-सी लग रही हैं, तब समस्त अख़बारकर्मियों को चाहिए कि वे विज्ञापनों का पक्ष एक सीमा से ज़्यादा कतई न लें और अपने अप्रासंगिक हो रहे नज़रिये को बदलने की ईमानदार कोशिश करें। विज्ञापन, नैतिकता और धन के दुष्प्रभावों की समस्या का निदान मीडिया के इसी वैचारिक पक्ष में ही निहित है।

मीडिया और खिसकते मूल्य

आज की भागदौड़ भरी ज़िन्दगी में कार यातायात का एक 'सुलभ' साधन है लेकिन क्या वह सिर्फ़ एक साधन भर है? नहीं। इससे कहीं आगे मुक्त पूँजी के इस दौर में वह एक ठोस और क़रीब-क़रीब स्थायी स्टेटस सिम्बल भी है। लम्बी कारें व्यक्तित्व की 'विशालता' को प्रतिबिम्बित करती हैं और महँगी कारें क्या खर्च करने के मामले में 'मुक्तहस्त' होने का प्रमाण नहीं देतीं? अगर नहीं तो फिर मीडिया में गूँजते वाक्य "आई लव माई कार मोर दैन माई वाइफ़" के ध्वन्यार्थ क्या हैं? आप कार में बैठे-बैठे सिर्फ़ प्रिन्ट मीडिया और रेडियो का ही आनन्द नहीं ले सकते। अगर आप चाहें तो ड्राइव करते-करते विजुअल मीडिया का भी थोड़ा-बहुत लुत्फ़ उठा सकते हैं। क्या यह आधुनिक मानव के निजी जीवन में और उसके व्यक्तित्व के गहरे से गहरे कोने में भी मीडिया की पहुँच का परिचायक नहीं है?

लेकिन मीडिया की इस व्यापक पहुँच के चिराग तले कुछ अँधेरे टापू भी हैं। पूछा जा सकता है कि मीडिया के डंके की आवाज़ क्या सभी मानवों तक पहुँचने में क़ामयाब है? या फिर उसका दायरा आधुनिक मानवों की चौखटों तक ही सिमटा हुआ है? अगर सिमटा हुआ है तो 'आधुनिक मानव' की परिभाषा क्या होगी? क्या ऐसे सभी मानव जो उन्नत तकनीक के वर्तमान समय में जीने की जद्दोजहद कर रहे हैं या फिर ऐसे चुनिन्दा मानव जिन्हें मीडिया 'आधुनिक' मानता है? या फिर आधुनिक मानव ऐसे एलीट्स को कहेंगे जिनका वर्णन विल्फ्रेडो पैरेटो या मोस्का वग़ैरह ने किया है? अभी हाल ही में अभिनेत्री कोयना मित्रा का एक चर्चित मामला मीडिया के सामने आया था। उनका एक प्रशंसक (फ़ैन) पहले तो उनके इर्द-गिर्द आटोग्राफ़ के लिए चक्कर लगा रहा था। अभिनेत्री द्वारा आनाकानी किये जाने पर उसने कहा कि ठीक है, आटोग्राफ़ न दें, केवल हाथ ही मिला लें। अँग्रेज़ों की 'शेक हैंड्स' की परम्परा से भला कौन नावाक़िफ़ होगा! अभिनेत्री हाथ मिलाने पर राज़ी हो गयी और फ़ैन ने हाथ मिलाते वक़्त तेज़ी से खींच लिया। सभी जानते हैं कि अभिनेताओं के हाथ में आम आदमी के हाथ से सौ गुना ज़्यादा ताक़त होती है

और अभिनेत्रियों की हथेली आम आदमी से हज़ार गुना ज़्यादा लचीली और मुलायम होती है। इसलिए फ़ैन द्वारा हथेली के दबाये जाने पर अभिनेत्री की 'हृदयविदारक' चीख़ निकलनी स्वाभाविक थी। फिर इस चीख़ में 'अपील' भी भारी मात्रा में मौजूद थी! क्या ऐसे किसी अवसर को कैमरे में क़ैद करने से इलेक्ट्रॉनिक मीडिया चूक सकता था? ख़ासकर तब, जब दर्शकों की स्मृतियों से राखी सावन्त-मीका और शिल्पा शेट्टी-रिचर्ड गेर के चुम्बन मामलों की यादें विदा भी न हो पायी हों? इसी के समान्तर तमाम घटनाएँ और भी मौजूद रही होंगी लेकिन इतनी बिकाऊ ख़बर के आगे क्या वे घटनाएँ मीडिया में टिक पाएँगी?

महानगर दिल्ली की एक घटना पर विचार करते हैं। ऐसा इसलिए क्योंकि दिल्ली देहात नहीं है, 'इन्टीरियल रूरल' एरिया नहीं हैं, परिवहन के साधनों की यहाँ कमी नहीं है और क़दम-क़दम पर टेलीफोन बूथ के साथ-साथ ए.टी.एम. भी यहाँ मौजूद हैं। इसलिए यह कहना कि घटना बाधाओं और असुविधाओं के चलते 'कवर' नहीं की जा सकी, सरासर ग़लत होगा। दिल्ली के एक पॉश इलाके में तीन बहनों ने खुद को एक कमरे में क़ैद कर लिया था ताकि वे धीमी, गुमनाम और इज़्ज़त की मौत मर सकें। पहले उन बहनों ने इधर-उधर से सहायता माँगी, पर क़ामयाबी न मिल सकी। बाहर के लोगों को यह बात तब पता चली जब उन तीनों में से एक मर चुकी थी और उसकी लाश की दुर्गन्ध से आस-पास के लोग सहज ही जान सकते थे कि कहीं कुछ गड़बड़ है। कालकोठरी खोलने पर पता चला कि बाक़ी दोनों बहनें भी भुखमरी से होनेवाली अपनी मौत की उत्कट प्रतीक्षा कर रही थीं। क्या इस पर एक गम्भीर मीडिया विमर्श नहीं किया जाना चाहिए? इस बात की तसदीक की जानी चाहिए कि आज का उन्नत समाज एक ऐसी दिशा में क्यों जा रहा है जहाँ सुविधाएँ तो अनेक हैं लेकिन संवेदना विलुप्त-सी होती जा रही है, जहाँ अरबपतियों की तादाद बढ़ती जा रही है और भुखमरी से होने वाली मौतों का सिलसिला बदस्तूर ज़ारी है। किसानों की आत्महत्या पर बहुत कुछ लिखा-पढ़ा और सुना-कहा गया है लेकिन उछलते सेंसेक्स और सरपट दौड़ती अर्थव्यवस्था एक संवेदनशील और समरस समाज की रचना करने में नाकाम ही रही है। क्या मीडिया वाकई में ऐसे विसंगतिपूर्ण हालात से पूरी तरह अपना पल्ला झाड़ सकता है ?

मीडिया जनता को ख़बरें और सूचनाएँ पहुँचाता है लेकिन 'जनता' और 'खबरों' के अर्थ निश्चयात्मक या असंदिग्ध नहीं हैं। अभी ज़्यादा दिन नहीं बीते जब 'बाल श्रम उन्मूलन कानून' बनाया गया। चैनलों में तब बालश्रम के नारकीय दुष्चक्र में उलझे तमाम ग़रीब मज़दूर बच्चों को एक नहीं, कई-कई बार दिखाया गया। कहीं बच्चे ख़तरनाक फैक्ट्रियों में कोल्हू के बैल की तरह काम कर रहे हैं,

कहीं चमड़ा उद्योग में मज़दूरी कर रहे हैं तो कहीं उनका बचपन कालीनों के निर्माण में खो गया है। एक से एक खोजी फुटेज़ मीडिया ने दिखाये। हर साल बाल दिवस के मौक़े पर अनेक चैनल चलताऊ तरीके से बालश्रम के 'स्पाइसी' फुटेज़ डायरी इवेंट्स की तरह दिखाते हैं। फिर धीमे-धीमे वक़्त गुज़रता जाता है और ये सब घटनाएँ पार्श्व के हाशिये पर खिसकती चली जाती हैं। चैनलकर्मियों का 'मूड' बदलता चला जाता है और समाज में बालश्रम की कोई घटना इन्हें बाक़ी दिनों में नहीं नज़र आती। क्या बाल दिवस को ही बच्चे मेहनत-मज़दूरी करते हैं, रात-दिन खटते हैं? उस दिवस विशेष के 'समाचार' बताते हैं कि अमुक जगह पर इतने बच्चे फुटपाथ पर अख़बार बिछाकर सो रहे हैं। तो क्या बाक़ी दिवसों में ये बच्चे फूलों की सेज़ पर सोते हैं? बालश्रम या बाल शोषण तो जारी ही रहता है, बस इन्हें देखने, न देखने और दिखाने, न दिखाने के 'डिसीजंस' बदल जाते हैं। इसी बीच कहीं दूर, किसी कोने से चुम्बन की ख़बर आ जाती है। न्यूज़मीडिया का ग्राफ़ ऊपर की ओर झटकेदार छलाँग लगाता है। आनन-फानन में मादक पार्श्व संगीतों की व्यवस्था करके शानदार बैकग्राउंडर तैयार कर लिया जाता है कि आप जिस चुम्बन प्रकरण को इस समय 'लाइव' देख रहे हैं, इतिहास इससे भी ख़तरनाक चुम्बनों से भरा पड़ा है; हम आपको पिछले समय के ऐसे और इससे बिल्कुल मिलते-जुलते सभी चुम्बन अभी दिखा रहे हैं लेकिन पहले लेते हैं एक छोटा-सा ब्रेक...। और ब्रेक के बाद जो सनसनी या सिहरन 'समाचार-दर्शक' को होती है, उसे बताने की ज़रूरत नहीं है।

ज़ाहिर है कि मीडिया पर चौबीसों घंटे और पूरे साल कमोबेश सनसनी का ही जुनून तारी रहता है, न कि बुनियादी समस्याओं का। ऐसी हालत में समाज और वातावरण में कैसे मूल्य पनपेंगे? मीडिया आज सामाजिक-सांस्कृतिक मूल्यों को एक बड़ी सीमा तक प्रभावित (और कभी-कभी निर्धारित भी) करता है फिर मीडिया की सामाजिक जवाबदेही या उसके नैतिक दायित्वों पर सवालों का उठना क्या पूरी तरह निराधार है? ठीक है कि मीडिया माध्यम है लेकिन वह सिर्फ़ माध्यम ही नहीं है। और अगर सिर्फ़ माध्यम या दूत ही मान लिया जाये तो क्या मीडिया द्वारा सन्देशों से छेड़छाड़ किया जाना उचित कहा जायेगा? पारिवारिक संस्कारों या मूल्यों, मानकों और आदर्शों पर मीडिया ने कम असर नहीं छोड़ा है। मीडिया जैसे विचारों को बढ़ावा देता है उससे क्या मानवीय सम्बन्धों में विश्वसनीयता या वफ़ादारी जैसे मूल्यों में गिरावट नहीं आयी है? अगर आज तन ढकने के लिए कपड़े छोटे होते जा रहे हैं तो क्या इसमें मीडिया और उसके द्वारा प्रचारित-प्रसारित और प्रशंसित पश्चिमी जीवनशैली का कोई योगदान नहीं है? स्वयं को आधुनिक दिखाने के लिए आज समय से कन्धा मिलाकर चलनेवाली युवतियों ने सिगरेट-

शराब के सेवन की शुरुआत का प्रयोग भी आजमाया है। क्या इससे उनके शोषण के रास्ते नहीं खुल जाते? अभी ज़्यादा दिन नहीं बीते जब एक ओर तो सारा संसार नये साल के स्वागत में खुशियाँ मना रहा था, वहीं दूसरी ओर मुम्बई की सड़कों पर एक शर्मनाक हादसा हो रहा था। दो युवतियाँ नये वर्ष का जश्न मनाकर सड़क पर पैदल जा रही थीं। कुछ मनचलों ने न सिर्फ़ उन्हें बुरी तरह छेड़ा बल्कि सुरक्षा व्यवस्था की धज्जियाँ उड़ाते हुए उनके कपड़े भी तार-तार कर दिये। मीडिया ने जब इस दुखद घटना को दिखाया तो सबसे सुरक्षित मानी जानेवाली मुम्बई ही नहीं, पूरा देश शर्मसार हो उठा। नारी समानता पर मीडिया में आयोजित अनेक विमर्शों के कितने परिणाम ज़मीनी रूप अख़्तियार कर पाते हैं, इस घटना के बाद स्पष्ट ही है। और फिर यह कैसे मूल्यों का अंजाम है कि युवतियाँ आधी रात को खुली सड़कों पर घूमें? वह भी बेफ़िक्र और उन्मुक्त होकर। कहा जा सकता है कि नारी पुरुष के समान होती है लेकिन हमारे समाज की व्यावहारिक बुनावट इसे अभी कहाँ स्वीकार कर पायी है। रही बात मीडिया में नारी की छवियों की, तो नारी के वस्तूकरण और लगभग सभी विज्ञापनों में नारी की छवियों के 'इस्तेमाल' से सभी वाक़िफ़ ही हैं। लब्बोलुबाब यह है कि आज की औरत अगर समानता का अधिकार चाहती है या मर्दों से किसी भी क्षेत्र में पीछे नहीं रहना चाहती तो उसे अपनी सुरक्षा के मद्देनज़र खुद को सजग और सतत जागरूक रखते हुए कार्य करना होगा।

मीडिया जनता को शिक्षित करता है। जाने-अनजाने किसी-न-किसी रूप में यह शिक्षण सदैव चलता रहता है-कभी अख़बारों के ज़रिये, कभी फ़िल्मों या सिनेमा के माध्यम से तो कभी रेडियो, टेलीविज़न और मोबाइल या फिर इंटरनेट के ज़रिए। सम्प्रेषण-संवाद की बहुलता वाले क्षेत्र-मीडिया से यह उम्मीद की जाती है कि ख़बरें वस्तुनिष्ठ और निष्पक्ष प्रस्तुत की जायें, उन्हें पेश करने का तरीक़ा सन्तुलित हो और सच्चे सम्प्रेषण से सम्प्रेषक संस्कारित भी होता रहें। बोला और लिखा इसीलिए जाता है कि उसका अर्थ और सन्देश श्रोता एवं पाठक तक सूर्य की किरणों की तरह निर्मल रूप से पहुँच सके। लेकिन अधिकतर मामलों में यह कहना अनुचित न होगा कि आज मीडिया का सम्प्रेषक संस्कृति का शत्रु बना हुआ है। बिल्कुल फूहड़, मदारी का भालू और कल्पवृक्ष का गुलाटी मारता बन्दर! सेक्स से जुड़ी ख़बरें और अपराध कुछ इस तरह प्रस्तुत किये जाते हैं मानो समाज में उनका घटते रहना उचित है, मनोरंजक है। पत्रकारिता जब मिशन के स्तर से नीचे उतरी है तो व्यवसायीकरण की स्थिति आ गयी है। लेकिन अब तो यह व्यवसायीकरण से भी कहीं आगे जाकर पल भर में सब-कुछ कर गुज़रना चाहती है। दुर्योग यह है कि अब मीडिया समाज का न तो 'मॉडल' रहा है और न ही 'मिरर'। वह 'व्यापार उद्योग'- का भद्दा संस्करण भी नहीं रहा है। कई बार लगता है कि वह पूँजीधरों की

विषकन्या या 'कॉलगर्ल' बन गया है।

असम में कुछ समय पहले एक सोलह वर्षीय युवती ने प्रदर्शन का विरोध कर रहे लोगों से अपनी बहन को बचाने की कोशिश की तो प्रदर्शनकारी उस पर ही झपट पड़े। असम के मुख्यमन्त्री के घर से एक किलोमीटर की दूरी तक वह भागती रही, चिल्लाती रही और कोई भी व्यक्ति उसकी मदद के लिए नहीं आया। उसके कपड़े फाड़ दिये गये। अन्ततः एक दुकानदार ने उसे नग्नावस्था में अपना तन ढकने के लिए एक कमीज़ दी। कई चैनलों ने इसे टेलीविज़न पर दिखाया। जिसने भी देखा, यही सोचा कि 'सोसायटी' बहुत 'डर्टी' हो चुकी है। असम की इस ख़बर को तो दिखाने-सुनाने के लिए चयनित किया गया लेकिन वहाँ के चाय बागानों की दयनीय हालत पर या आये दिन बागान-मालिकों और मज़दूरों के बीच होती हिंसा पर शायद ही कभी कुछ दिखाया-सुनाया जाता हो! असम में और भी परेशानियाँ हैं; मसलन-ग़रीबी, अलगाववाद, कुपोषण या निरक्षरता। इन विषयों पर अगर मीडिया समुचित तरीक़े से ध्यान दे तो निस्सन्देह ये समस्याएँ दूर हो सकती हैं। ऐसा न करने पर क्या यह अकारण है कि मीडिया पर दिन-रात विचारों की हत्या, सृजन का दमन या सम्बन्धों पर हिंसा का हथौड़ा चलाने का आरोप लगाया जाता है? मीडिया के मिर्च-मसाले लगाने की प्रवृत्ति को देखकर यह कहना अनुचित नहीं होगा कि मीडिया द्वारा प्रायोजित अपसंस्कृति मानव समाज को पशुता, पागलपन और पाखंड की कन्दरा में धकेल रही है। कोई प्रतिरोधी पाँव भी आगे नहीं आ पा रहा है। मीडिया बार-बार सिद्ध कर रहा है कि प्रतिस्पर्धा से गुणवत्ता नहीं बढ़ती क्योंकि प्रतिस्पर्धा ही नहीं है ऐसे तत्वों या मूल्यों को लेकर जो सकारात्मक हों। प्रतिस्पर्धा अगर होती भी है तो खुद को जबरन प्रामाणिक साबित करने की, अधिकाधिक दर्शकों को बाँधने की, एंकरों द्वारा चिल्ला-चिल्लाकर 'सच' को बयान करने की, टी.आर.पी. को बढ़ाने की और कई बार प्रस्तुतियों को कमनीय बनाने की। भोगवादी होटल संस्कृति और कॉल सेंटर कल्चर भी आजकल 'रोचक' समाचारों के लिए उर्वर भूमि मुहैया कराते हैं। आजकल नौकरी-पेशे में युवतियों की संख्या बढ़ी है। भूमंडलीकरण और भारत में दूसरी पीढ़ी के आर्थिक सुधारों के बाद निजी क्षेत्र ने नये-नये तरीके से अपना विस्तार किया है। मीडिया ने इस विस्तार में त्वरण पैदा किया है। जैसा टेलीविज़न बताते हैं और रेडियो सुनाते हैं कि आजकल फ़्लैट, घर या कार ख़रीदना बहुत सस्ता है। फलाँ-फलाँ नम्बर पर कॉल कीजिए और लोन ले जाइए। बच्चे-बच्चियों को शानदार और ग्लैमरस कैरियर बनाने के ऐसे-ऐसे टिप्स बताये जाते हैं कि बच्चे-बच्चियाँ मामूली-सी मेहनत में 'आसमान' छू सकते हैं।

मीडिया में सबके लिए कुछ-न-कुछ मौजूद है। बच्चों के लिए पहेलियाँ हैं, बाघ मारनेवाले वीडियो गेम्स हैं, उनकी 'कल्पनाशीलता' बढ़ानेवाली 'ब्रेन-स्टॉर्मिंग'

क्विज़ें हैं। बूढ़ों के लिए तमाम आस्थावादी कार्यक्रम हैं, पेंशन की बिना फ़िक्र किये 'इन्वेस्ट' करने के गुर हैं। अप्रत्यक्ष रूप से बहुओं के लिए सास को परेशान करने की 'मॉडर्न टेक्निक्स' हैं, मन्दिरों-मस्जिदों में मनौती मनाने के नायाब तरीके हैं। रही बात युवाओं की, तो उनके लिए रेडियो हो या टेलीविज़न, सभी माध्यमों पर उमंग भरे अनगिनत कार्यक्रम मौजूद हैं। जब सभी अपनी-अपनी दुनिया में मस्त हैं तो एकाकीपन कैसा? यह अचानक नहीं है कि आज संयुक्त परिवारों की ज़रूरत तेज़ी से महसूस की जा रही है क्योंकि ऐसी हालत में अगर माता-पिता नौकरी भी करते हैं तो बूढ़े दादा-दादी बच्चों की देखभाल सँभाल लेते हैं। इसके अलावा उन्हें बुढ़ापे में उपेक्षा की पीड़ा और वंचना के सन्त्रास से नहीं गुज़रना पड़ता। बड़ी पूँजी का बड़ा मीडिया पश्चिमी व्यक्तिवादी जीवन शैली को बड़ा बताकर पेश करता है। फिर इसमें आश्चर्य कैसा कि हमारे यहाँ ऐसे मूल्य पनपने लगते हैं जिनका भारतीय समाज से कोई मेल नहीं है, भारतीय संस्कृति या सदियों की परम्पराओं से कोई संगति नहीं है। यह मीडिया ही है जो बताता है कि अमरीका की प्रसिद्ध बिजनेस पत्रिका 'फोर्ब्स' ने संसार की सर्वाधिक प्रभावशाली सौ महिलाओं की सूची जारी कर दी है। फिर मीडिया आगे स्पष्ट करता है कि इन्दिरा नूयी, विद्या छाबड़िया, सोनिया गाँधी अब कोंडालीजा राइस, एंजेला मर्केल और वू यी के समकक्ष ही पहुँचनेब्वाली हैं। पॉवर के इस खेल को मीडिया में बड़ी शिद्दत से पेश किया जाता है। पर क्या मीडिया कभी उन महिलाओं की ख़बर लेता है जो गरीबी, भुखमरी और असंगठित श्रम के दुष्चक्र को अपनी नियति मानते हुए किसी तरह गुज़र-बसर करती हैं, जिनके लिए शौचालय, शिक्षा या प्रसूति तक की कोई व्यवस्था नहीं है? मीडिया का फ़ोकस किस बात पर है? इस पर कि सेंसेक्स में रिकॉर्ड तोड़ बढ़ोत्तरी जारी है, निफ़्टी ने भी नयी बुलन्दियों को छू लिया है। इस पर भी अमरीकी सॉफ्टवेयर दिग्गज बिल गेट्स, मेक्सिको के कार्लोस स्लिम और निवेश गुरु वारेन बफे को पीछे छोड़ते हुए मुकेश अम्बानी विश्व के सबसे धनी व्यक्ति बन गये हैं। बेशक यह भारत के लिए अच्छी ख़बर है लेकिन इस पर भी सोचा जाना चाहिए कि वॉलमार्ट और रिलांयस जैसी बड़ी कम्पनियों के भारत के खुदरा व्यापार में प्रवेश करने के बाद बेरोज़गार हो रहे खोमचेवालों का क्या होगा? पूँजी के परचूनीकरण से भागकर सब्ज़ी बेचनेवाले ठेले कहाँ जायेंगे? ठीक है कि रतन टाटा को ग्लोबल बिजनेस पत्रिका 'फार्च्यून' ने संसार के पच्चीस सबसे शक्तिशाली व्यापारियों में स्थान दिया है लेकिन हाशिये पर पड़े भारतीयों की भी चिन्ता करना मीडिया का ही फ़र्ज है। गरीबी रेखा से नीचे दो वक़्त की रोटी का जुगाड़ कर रहे एक बहुत बड़े वर्ग के सच को मीडिया नज़रअन्दाज़ नहीं कर सकता। लेकिन ऐसा न सिर्फ़ अक्सर होता है बल्कि बहुदलीय मीडिया का जनतन्त्र सार और सत्य को रसातल में

पहुँचाकर कचरे और छद्म को सतह पर तैरा रहा है। शायद इसी का परिणाम है कि कुछ महीनों पहले सूचना और प्रसारण मन्त्रालय ने दिल्ली की एक अध्यापिका को फर्जी 'स्टिंग आपरेशन' के द्वारा यौन शोषण के अपराध में फँसाने के आरोप में एक चैनल पर एक महीने का प्रतिबन्ध लगा दिया था।

मीडिया अगर एकांगी न होता तो उस पर शायद उतनी बहसें न होतीं जितनी आये दिन होती रहती हैं। अपने देश में चुनावों के दौरान या स्टिंग ऑपरेशनों के समय वाले मीडिया-विमर्शों को अगर छोड़ भी दिया जाये, तो भी मीडिया की एकांगिता के उदाहरण कम नहीं हैं। मसलन, रूस के निचले सदन ड्यूमा के लिए हाल ही में सम्पन्न हुए चुनावों में मीडिया की भूमिका पर ही ग़ौर किया जा सकता है। सैकड़ों विदेशी पर्यवेक्षकों ने ड्यूमा के इस चुनाव को फर्जी और बेइमानी से पूर्ण करार दिया। उनका कहना है कि पुतिन ने अपने प्रभाव का इस्तेमाल कर मीडिया को अपने दल यूनाइटेड रूसी पार्टी के पक्ष में कर लिया, जिसका उन्हें चुनावों में भरपूर फ़ायदा मिला। कुछ अन्तरराष्ट्रीय संगठनों ने इन चुनावों को झूठा करार दिया। हाल ही में दौरे पर गयी भारतीय क्रिकेट टीम के हरभजन सिंह द्वारा तथाकथित नस्लवादी टिप्पणी किये जाने को लेकर पश्चिमी मीडिया फालतू में तिल का ताड़ बनाने में कामयाब रहा। ख़ुद आस्ट्रेलियाई और अँग्रेज़ खिलाड़ियों द्वारा की गयी टिप्पणियाँ भी क्या इतने ही ज़ोर-शोर से दिखाई-सुनाई जाती हैं? पड़ोसी देशों पाकिस्तान या म्याँमार में मीडिया की हालत किसी से छिपी नहीं है। मीडिया की एकांगिता का एक खूबसूरत नमूना आजकल 'घंटा सिंह' नामक एक रेडियो कार्यक्रम में देखने को मिलता है। इसमें घंटा सिंह नामक एक आदमी कभी बैंक में, कभी दुकानों में तो कभी शॉपिंग कॉप्लेक्सों में फ़ोन करता है और एकतरफ़ा ही लगातार बोलता चला जाता है। बड़ी-बड़ी बीमा कम्पनियों के बड़े-बड़े कस्टमर केयर डीलर्स भी उससे सहज ही परास्त हो जाते हैं। 'हाँ' बोलेंगे तो फँसना है, 'न' बोलेंगे तो भी फँसना है। इसलिए फ़ोन पर यह वार्तालाप क़रीब-क़रीब एकतरफ़ा होते हुए भी श्रोताओं को बाँधे रखने में कामयाब रहता है। लेकिन मीडिया-चाहे वह ग्लोबल हो या लोकल-को किसी भी प्रकार की अतिरंजना या एकांगिता से बचना ही चाहिए। ऐसा करके वह अपनी साख में बढ़ोत्तरी कर सकता है।

मीडिया में इधर निश्चित रूप से बहुलता बढ़ी है, तेज़ी भी आयी है और उपलब्धता में भी सुधार की हालत के दावे किये जा रहे हैं। प्रिंट मीडिया की बात करें तो अनेक अख़बार और पत्र-पत्रिकाएँ मौजूद हैं। लेकिन क्या ऐसी स्थिति विचारों और विषयों की विविधता को प्रतिबिम्बित करती है? ऐतिहासिक और पुरातात्त्विक महत्त्व के स्थलों का भी ज़िक्र मीडिया अकसर करता रहता है। इतिहास और संस्कृति पर अनेक फ़ीचरों को दिखाने-सुनाने के बावजूद आगर आप

नालन्दा पर केन्द्रित कोई पुस्तक खोजने निकलेंगे तो एक गहरी निराशा ही हाथ लगेगी। नालन्दा और तक्षशिला जैसे प्राचीन शिक्षा के महान केन्द्रों के बारे में कितनी जानकारी देता है मीडिया? यह मीडिया है जो दिन-रात भारतीय संस्कृति और पारिवारिक मूल्यों का चलताऊ यशोगान करता रहता है लेकिन अरब से ऊपर की आबादी वाला अपना देश अगर पूर्वजों की कलात्मक और शैक्षिक विरासत तक न सँभाल पाए तो इसे क्या कहा जायेगा। शुक्र है कि नालन्दा और उसकी संस्कृति को ध्यान में रखते हुए एक बेहतरीन फ़िल्म का निर्माण होने जा रहा है। लोग जो भी कहें लेकिन अपने मूल्यों और विशिष्ट भारतीय सामासिक संस्कृति के नमूने आज युवा पीढ़ी को आकर्षित नहीं कर पाते। क्या मीडिया इसके लिए ज़रा भी ज़िम्मेदार नहीं है? आज के युवकों का ध्यान स्वेच्छा केन्द्रित नहीं होता। अक्सर उनके ध्यान को किसी विशिष्ट बिन्दु या विषय पर जान-बूझकर केन्द्रित करवाया जाता है। एक तरीके की पैसिविटी और निष्क्रियता आ जाती है। मार्केट में किस कलर की जींस का बोलबाला है, लो-वेस्ट जींस सही रहेगी या नहीं, इस साल (बेहतर कहें तो इस महीने) कौन-कौन से नये फैशन ट्रेन्ड्स आये हैं, किस परफ़्यूम से विपरीत लिंग वाले लोग आकर्षित हुए बिना रह ही नहीं सकते, किस मॉल में एक जैकेट ख़रीदने पर एक शर्ट फ्री मिलेगी...ऐसे ढेरों सवालों के जवाब युवकों को तुरन्ताबाज़ मीडिया से बैठे-बिठाये मिल जाते हैं। ऊपर से गाना भी सुनने को मिल जाता है- 'ये इश्क हाये, बैठे-बिठाये, जन्नत दिखाये, कोई तो बताये, ये जीने का मज़ा, क्यूँ आने लगा...'। इसके बाद तो परिणाम पता ही है। कोमल किशोर मन बैठे-बिठाये मज़ा लेने लगता है, मादक कल्पना में हिलोरें मारने लगता है। फिर यह सवाल क्यों न उठे कि कौन जाये इतिहास की किताबों में नालन्दा को खोजने की ज़हमत उठाने। वह तो पाठ्यक्रम-निर्माणकर्ताओं की मेहरबानी है कि किताबों में कहीं एकाध पंक्तियों में नालन्दा का ज़िक्र मिल भी जाता है वरना लोग अब तक भूल ही चुके होते!

लेकिन मीडिया भी पहले तो ज़बर्दस्त हाइप पैदा करता है, फिर चुप्पी साधकर सनातनी मुद्रा अपना लेता है। मानो वह पुराने हाइप का पारा नीचे धकेलकर नये हाइप का बुखार बढ़ा रहा हो। पहले भुलाने का उपक्रम। फिर ज़ोरदार झटके से उसी चीज़ की पुनः प्रस्तुति। कुछ ऐसे, कि किसी ने पूछा, यहाँ जंगल क्यों काटे जा रहे हैं? कर्मचारी ने उत्तर दिया कि पर्यावरण मंत्री जी यहाँ पर वृक्षारोपण करने वाले हैं। पर मीडिया को इससे क्या फ़ायदा होता है? होता है; इससे घटना और प्रस्तुति में अनोखापन आ जाता है, सिचुएशन सरप्राइज़िंग-सी लगने लगती है, एक ख़ास क़िस्म के परिवर्तन का अहसास होता है। और हर अनोखापन, हर परिवर्तन मीडिया के ग्राफ़ को ऊपर की ओर ले जाता है। विज्ञापन को ही ले लीजिए। किसी भी ब्रांड

का एक ही विज्ञापन हमेशा नहीं चलता रहता। समय के पहिये का घूर्णन नापकर और उपभोक्ताओं का मूड भाँपकर विज्ञापनों में नवीनता लायी जाती हैं मसलन, शूटिंग-शर्टिंग की एक कम्पनी अपने कपड़ों का विज्ञापन कुछ समय पहले अलग तरीके से करती थी। लेकिन आज मुख्यधारा के मीडिया के कन्धे पर उस विज्ञापन की सवारी का तरीका बदल चुका है। ग़ज़ब का दिमाग़ लगाया गया है उस विज्ञापन में। धोनी ने एक गोरी कमसिन युवती को पीछे से बाँहों में ले रखा है। क्रिकेट स्टार के स्टायलिश बाल कटे हुए हैं। आकर्षक तस्वीर के नीचे बड़े-बड़े अक्षरों में लिखा है 'एम.एस.डी.'। अंग्रेज़ी में लिखे इस एम.एस.डी. का अर्थ भी विस्तार से नीचे लिखा होता है–मंडे टू संडे ड्रेसिंग। विज्ञापन पाठक की आँखों को पल भर रोकने में क़ामयाब है। लेकिन विज्ञापन की खूबसूरती एम.एस.डी. में है, जिसका मतलब वह नहीं है जो लिखा है। यानी 'मंडे टू संडे ड्रेसिंग' न होकर इसका मतलब 'महेन्द्र सिंह धोनी' है! यह मीडिया की विशेषीकृत बुद्धि का विशेषीकृत प्रयोग है।

लेकिन ज़रा कोण बदलकर ऐसे प्रयोगों को देखें तो कहा जा सकता है कि मीडिया अपनी शक्ति, सत्ता और प्रभाव का प्रयोग सृजनात्मक कामों में भी कर सकता है। जनमत-निर्माण की अपार ताक़त है मीडिया के पास। अगर ऐसा न होता तो श्रीलंका में लिट्टे जैसा संगठन अपने रेडियो स्टेशन 'वॉयस ऑफ़ द टाइगर्स' से जनमत प्रभावित करने वाले अपने कार्यक्रम न प्रसारित करता। और न ही श्रीलंका की वायुसेना उस पर हमला करती। मीडिया की सकारात्मक कोशिशों के उदाहरण भी मौजूद हैं। जेसिका लाल या प्रियदर्शिनी मट्टू जैसे प्रसंगों को अगर छोड़ भी दिया जाये तो हाल ही में उपहार सिनेमा अग्निकांड के मामले में भी मीडिया ने थोड़ी बहुत सक्रियता तो दिखाई ही है! लेकिन मीडिया को अभी लम्बा सफ़र तय करना है। गाँव-देहात और झुग्गी-झोपड़ियों के उन अबोध और मासूम बच्चों की भी सुध लेनी है जिन्हें शिक्षा-स्वास्थ्य की सुविधाएँ तो दूर, खाने को रोटी भी नसीब नहीं है। अगर शिक्षा थोड़ी-बहुत नसीब भी है तो सिर्फ़ इतनी कि भारत के प्रधानमन्त्री का नाम पूछने पर वे जवाब देते हैं–महात्मा गाँधी। स्वयं गाँधीजी के शब्दों में कहा जाये तो 'राष्ट्र के ऐसे पिताओं' यानी बच्चों का क्या भविष्य होगा? मीडिया की शब्दावली में कहा जाये तो बोनस शेयरों, चढ़ते-उतरते डिबेंचर्स के बाज़ारों या प्रत्यक्ष विदेशी निवेशों से ऐसे बालकों को कल क्या हासिल होगा? यह एक ज़मीनी सवाल है कि अनेक बेसहारा और नशे की लत में फँस चुके बच्चों की ज़मीन क्या तंग नहीं है? मीडिया की जिम्मेदारियों में क्या यह शामिल नहीं होना चाहिए कि ऐसे बुनियादी और अविलम्बनीय किस्म के सवालों को नीति-निर्माताओं और सरकार तक पूरी ईमानदारी से पहुँचाए? एक रचनात्मक मध्यस्थ और मज़बूत

सेतु का काम करे?

रैम्प पर कमर बलखाती लड़कियों और जिम करके निकलते सीना फुलाये कसरती नौजवानों के बल पर वह नहीं टिका हुआ है, जिसे भारतीय संस्कृति की अनुपम धरोहर कहा जाता है, जिसे लोग अनेकता में एकता के नाम से जानते हैं, जिन्हें बड़े-बड़े विद्वानों ने शाश्वत मानवीय मूल्यों की संज्ञा दी है। पर मीडिया का फ़ोकस इन सब मामलों पर कितना गहरा है, इसे जानने के लिए किसी चैनल पर आयोजित गम्भीर मीडिया विमर्श में शामिल होने की ज़रूरत नहीं है। शराब, सिगरेट और नशे की संस्कृति हावी-सी प्रतीत होती है। पेज़-थ्री पार्टियों में लोग 'डांस' करके 'एन्ज्वॉय' ज़रूर कर रहे होते हैं लेकिन शास्त्रीय संगीत, लोक कला, चित्रकला या मूर्तिकला जैसी शास्त्रीय विधाओं पर मीडिया में कितनी चर्चा होती है? 'साक्षरता' के इतने सारे प्रचार-प्रसार के बावजूद सोचा जाना चाहिए कि मीडिया और उस सांस्कृतिक निरक्षरता में क्या, कैसा और कितना सम्बन्ध है जिसे प्रायोजित माना जा सकता है। कहा जाता है कि मीडिया उकसाता है दर्शकों को, कि वह 'एक्शन' ले। एस.एम.एस. करे मोबाइल से। जवाब दे पहेलियों के। पर क्या ऐसी चीज़ों के लिए मीडिया को नहीं प्रेरित करना चाहिए जिनसे दर्शक प्रेरणा ले सकें, बड़ों का आदर करना सीखें, सम्बन्धों में विश्वसनीयता क़ायम रखना सीखें, बच्चे और बड़े वह तहज़ीब सीख सकें जिसके लिए हमारा देश जाना जाता रहा है। न कि यह सीखें कि लम्बी कारें रखने से व्यक्तित्व 'विशाल' होता है, हर पैसे वाले की क़द्र होती है चाहे अनैतिक और अवैध तरीके से ही पैसा कमाया जाये। ख़ैर, अन्त में इतना कहना ही काफ़ी है कि आजकल मीडिया 'प्यार करना' सिखा रहा है, 'प्रपोज़' करने के 'साइन्टिफ़िक टिप्स' बता रहा है और बहुत कुछ ऐसा भी जिसे लिखना शायद मर्यादा, गरिमा और संस्कृति के प्रतिकूल ही होगा। तो क्या मूल्यों की गिरावट देखकर मान लिया जाये कि कल घृणा करना भी सिखाया जायेगा, अपराध करना भी सिखाया जायेगा...? प्रत्यक्ष रूप से न सही, तो परोक्ष तौर पर ही सही क्योंकि आशंकाएँ तो आशंकाएँ हैं ही आख़िर।

चुनौतियों से घिरा टेलीविज़न पत्रकार

मेल्विन डी फ्लुअर और सान्द्रा बाल-रोकीच ने 'इंटरपर्सनल कम्युनिकेशन इन द मीडिया (1979)', नामक अपनी बेहतरीन पुस्तक में एक लेख लिखा है-'ए डिपेंडेंसी मॉडल ऑव मास मीडिया इफ़ेक्ट्स'। इसमें उन विभिन्न सामाजिक और मनोवैज्ञानिक कारकों की चर्चा की गयी है, जो मीडिया को ऑडियंस पर अत्यधिक और मनमाना प्रभाव डालने से रोकते हैं। दूसरे शब्दों में, मीडिया न सिर्फ़ मनमाना प्रभाव नहीं रखता है, बल्कि उसके पास यह स्वतन्त्रता भी नहीं होती है कि वह जो चाहे, वह करे। समाज में मौजूद सामाजिक-सांस्कृतिक सन्दर्भ मीडिया के सन्देशों की प्रकृति पर ही नहीं, बल्कि श्रोता, दर्शक या पाठक पर उसके प्रभावों को भी नियन्त्रित और बाधित करते हैं। नियन्त्रित और बाधित करने की यह चुनौती सबसे ज़्यादा इलेक्ट्रॉनिक मीडिया और उसके पत्रकारों के ही सामने आती है, क्योंकि इलेक्ट्रॉनिक मीडिया एक द्रुत माध्यम है और इसके ज़रिये प्रसारित सन्देश अपनी तात्कालिकता के सन्दर्भ में बहुत अधिक प्रभावशाली माने जाते हैं।

इलेक्ट्रॉनिक मीडिया के पत्रकारों के समक्ष आज पहले से कहीं अधिक चुनौतियाँ हैं। टेलीविज़न एक दृश्य-श्रव्य माध्यम है और चौबीसों घंटे के ख़बरिया चैनलों के उदय के चलते पिछले एक-दो दशकों से पत्रकारिता और पत्रकारों की प्रकृति बदली है। अब अख़बारों का समय नहीं रहा कि रिपोर्टर, फ़ुरसत में, घटना की व्यापक जाँच करे। जहाँ अख़बारों में खबरें अगले दिन के लिए लिखी जाती हैं, वहीं इलेक्ट्रॉनिक मीडिया में ख़बरें हर क्षण के लिए लिखी जाती हैं। अनेक ख़बरिया चैनलों के, न्यूज़ इंडस्ट्री में, होने के कारण उनके बीच किसी भी समाचार को सबसे पहले दिखाने की इतनी गम्भीर उत्कटता है कि समय का दबाव इलेक्ट्रॉनिक मीडिया के पत्रकारों को ख़ासा परेशान किये रहता है। डेडलाइन की समस्या इसलिए भी महत्त्वपूर्ण है, क्योंकि यह टी.आर.पी. बढ़ाने से जुड़ी हुई है।

समय के इसी दबाव से इलेक्ट्रॉनिक मीडिया के सामने अक्सर साख या विश्वसनीयता का संकट खड़ा हो जाता है। विश्वसनीयता समाचार माध्यमों की

जान है, किन्तु समय के भयंकर दबाव और सभी चैनलों में गलाकाट प्रतिस्पर्धा के चलते इलेक्ट्रॉनिक मीडिया के रिपोर्टर को समाचारों की पुष्टि के लिए या बैकग्राउंडर के निर्माण के लिए पर्याप्त समय नहीं मिल पाता। इलेक्ट्रॉनिक मीडिया में अभी भी उम्दा प्रोफ़ेशनल्स का अभाव है और मीडिया का प्रसार तो बढ़ा है, किन्तु मीडिया की साख या पत्रकारों की प्रतिबद्धता में कमी आती है। हमेशा कुछ-न-कुछ दिखाते रहने की मजबूरी ने कथ्य या अन्तर्वस्तु के संकट को जन्म दिया है, ख़बरों की पुनरावृत्तियाँ बढ़ी हैं और मीडिया के लिए नैतिकता का प्रश्न भी महत्त्वपूर्ण हुआ है। कई बार पत्रकार 'वास्तविक' और 'मनोरंजन' में अन्तर नहीं कर पाते और मनोरंजक ख़बरों को वास्तविक ख़बरें बनाकर दिखाया जाता है या फिर वास्तविक ख़बरों में मनोरंजकता से बचना पत्रकारों के सामने आज प्रमुख चुनौती है।

इलेक्ट्रॉनिक मीडिया के रिपोर्टरों की चुनौती का दायरा बहुत बड़ा है। यह तब से शुरू होता है जब वह ई.एन.जी. (इलेक्ट्रॉनिक न्यूज़ गैदरिंग) कैमरे अथवा ई.एफ.पी. (इलेक्ट्रॉनिक फ़ील्ड प्रोडक्शन) कैमरे के साथ न्यूज़ स्टोरी की तलाश में चैनलों के दफ़्तरों से बाहर निकलता है। उसके साथ होता है एक कैमरामैन और पत्रकारीय विवेक। आज पत्रकारीय विवेक बहुत महत्त्वपूर्ण हो गया है, क्योंकि हर सूचना या घटना समाचार नहीं होती। कहा भी गया है कि जो वास्तविक समाचार है, वह लोगों की ज़रूरत है और जो लोगों की ज़रूरत है, वह वास्तविक समाचार है। पत्रकार के लिए माइंड मैपिंग, न्यूज़ पेग और स्टोरी आइडिया के सवाल बिल्कुल बुनियादी सवाल हैं। न्यूज़ पेग में यह देखा जाता है कि क्या घट रहा है; और घटने वाली घटना के तात्कालिक आयाम क्या हैं। जिसे पत्रकार ख़बर के रूप में स्क्रीन पर दिखा रहा है, क्या उसका कोई तात्कालिक व सामयिक सन्दर्भ है? यही तात्कालिक सन्दर्भ न्यूज़ पेग है। फिर समाचारीय समझ का बारीक़ इस्तेमाल करते हुए यह जानना ज़रूरी होता है कि स्टोरी में क्या याचित है कि और क्या अयाचित। यदि कोई चैनल याचित सामग्री को छोड़ अयाचित सामग्री दिखाएगा, तो दर्शक अपने रिमोट को क्लिक करके तुरन्त चैनल बदल देगा।

स्टोरी आइडिया हार्ड न्यूज़ के लिए भी महत्त्वपूर्ण है तथा सॉफ्ट न्यूज़ और फ़ीचर के लिए भी। स्टोरी का आइडिया किसी विषय का वह कोण होता है, जिसके बारे में रिपोर्टर मानता है कि वह उसके चैनल के दर्शकों को पसन्द आयेगा। उदाहरण के लिए इंडिया टीवी में ज्योतिष और भविष्यवाणियों से सम्बन्धित फीचर अधिक पसन्द किये जाते हैं। एक ही ख़बर को देखने के अनेक तरीके हैं, जिन्हें हम न्यूज़ एंगल के नाम से जानते हैं। जहाँ एक चैनल का न्यूज़ एंगल, कई बार, दूसरे चैनल के न्यूज़ एंगल से भिन्न हो सकता है, वहीं एक रिपोर्टर का न्यूज़ एंगल भी

बाक़ी रिपोर्टरों से अलग हो सकता है। फिर भी किसी बहुत बड़ी घटना, मसलन मुम्बई पर हुए आतंकवादी हमले, को लेकर सभी रिपोर्टरों व चैनलों के न्यूज़ एंगल एक ही तरह के होते हैं।

टेलीविज़न पत्रकारों के बारे में कहा जाता है : 'वन हैज़ टू बी ए जैक ऑफ़ ऑल ट्रेड्स एंड मास्टर आव (ऐट लीस्ट) वन'। हमारे देश में जो मीडिया साक्षरता के प्रयास हैं, उन्हें और अधिक व्यावहारिक और पेशेवराना बनाने की ज़रूरत है ताकि वे समय की माँग के मुताबिक संगत साबित हो सकें। भारतीय संसद पर हमले की दास्तान हो या दाऊद की बेटी के रिसेप्शन की घटना, टेलीविज़न पत्रकारों को बेहद समझदारी से काम लेना होता है। इधर मुम्बई पर हुए हालिया आतंकवादी हमले के दौरान अनेक टेलीविज़न पत्रकारों को पत्रकारीय समझ, राष्ट्रहित और समाचारीय बोध की कठिन परीक्षाओं से गुज़रना पड़ा। ज़ाहिर है कि अच्छे व प्रशिक्षित पत्रकार ही ऐसी गम्भीर घटना का फुटेज ला सकते हैं।

टीवी पत्रकार को ध्यान रखना पड़ता है कि वह एक पब्लिक मीडियम है, चैनल या ख़बरें उसकी निजी अभिव्यक्ति का माध्यम नहीं हैं। टेलीविज़न सभी दृश्य-श्रव्य माध्यमों में सर्वाधिक गतिशील प्लेटफार्म वाला माध्यम है, इसीलिए इसमें एक पत्रकार के लिए ज़रूरी है कि वह ख़बरों की प्रस्तुति पर भी विशेष ध्यान दे। ख़बर कहने का पत्रकार का तरीका भी महत्त्वपूर्ण है और कई बार यह तरीका ऐसा होना चाहिए, जो ख़बरों के स्वभाव के अनुकूल हो। कई बार चैनलों को देखकर ऐसा लगता है मानो एंकर कोई समाचार छाप या बाँच रहा है। यहाँ घटना की रिपोर्टिंग दृश्यात्मक रूप से यानी विजुअली होनी चाहिए, स्टोरी का लेखन भी विजुअली होना चाहिए और उस स्टोरी की प्रस्तुति भी विजुअली होनी चाहिए। तात्पर्य यह है कि फुटेज या विज़ुअल्स में स्क्रीन पर जो कुछ दिखाया जा रहा है, उसे ही बोलकर दुहराने की ज़रूरत बिल्कुल नहीं है वरना पुनरावृत्ति का दोष आ जाता है। एक माध्यम के रूप में टेलीविज़न के स्वभाव को समझते हुए एंकर या रिपोर्टर को वह सब कुछ बोलना होता है, जो स्क्रीन पर नहीं दिख रहा है और जो स्क्रीन पर दिखाये जा रहे दृश्यों का पूरक हो।

टेलीविज़न के न्यूज़रूम में, ब्रेकिंग न्यूज़ की दशा में, हर सेकंड महत्त्वपूर्ण होता है। पत्रकार की देहभाषा और संचार की उसकी मुद्रा पर विचार करते हुए डेसमंट मोरिस ने काफ़ी कुछ लिखा है। "मैनवाचिंग : ए ब्रीफ़ गाइड टू ह्यूमन बिहेवियर (1977)" नामक पुस्तक में डेसमंट मोरिस ने न्यूज़ रूम की भाषा को तकनीकी देहभाषा कहा है। इसके तहत ख़बर पढ़ रहे एंकर को इशारे से मार्गदर्शन देना आदि शामिल है। आजकल तो टेलीविज़न नकल उतारने या मिमिक्री में काफ़ी रोचक हो गया है। नेताओं, अभिनेताओं, अभिनेत्रियों या किसी प्रसिद्ध व्यक्ति की

नकल उतारता एंकर आपको किसी भी चैनल पर कभी भी दिख सकता है। यह देहभाषा सोशल मिमिक्री के रूप में हो सकती है, जैसे किसी पुरस्कार समारोह में जाते समय प्रसन्न दिखना। यह हवाई भी हो सकती है, जैसे हाथ को मुँह के पास ले जाकर यह अभिव्यक्त करना कि मुझे भूख लगी है। टेलीविज़न पत्रकारों के लिए देहभाषा का यह प्रारूप समझना दक्षता व द्रुतता की दृष्टि से बहुत आवश्यक है।

हमारे देश का सार्वजनिक सेवा प्रसारक 'दूरदर्शन' विश्व के सबसे बड़े टेलीविज़न नेटवर्कों में से एक है। 15 सितम्बर 1959 से लेकर, जब इसका पहला प्रसारण हुआ था, आज तक हम बहुत प्रगति कर चुके हैं। आज अन्तरराष्ट्रीय चैनल डीडी इंडिया (1995 से), खेल चैनल डीडी स्पोर्ट्स (1999 से), चौबीस घंटे का समाचार चैनल डीडी न्यूज़ (2003 से) और डायरेक्ट टू होम सेवा डीडी डायरेक्ट (2004 से) जैसे चैनलों ने टेलीविज़न पत्रकारों के लिए अनेक अवसर उपलब्ध कराए हैं। पर पत्रकारीय कौशल, प्रोफ़ेशनल प्रशिक्षण व संचार के दक्ष हुनर ही चुनौती भी सामने है। डीडी पोधिगयी (तमिल), डीडी सप्तगिरि (तेलुगु), डीडी चन्दन (कन्नड़) व डीडी सह्याद्रि (मराठी) जैसे चैनल क्षेत्रीय स्तर पर समझदार, संवेदनशील व हुनरमन्द प्रशिक्षित पत्रकारों की कमी से जूझते नज़र आते हैं। सोचने वाली बात है कि पत्रकारों का हुनर, उनका ज्ञान व प्रस्तुति की उनकी ख़ास संवेदनामूलक शैली आदि महत्त्वपूर्ण न होती, तो आख़िर क्यों कुछ एंकरों व रिपोर्टरों के नाम आम दर्शकों की ज़ुबान पर चढ़ जाते हैं? क्यों नहीं प्रत्येक पत्रकार समान प्रसिद्धि हासिल कर पाता?

श्रोता, पाठक या दर्शक की सक्रियता पर विचार करते हुए प्रसिद्ध मीडियाविद एलिहू काट्ज़ ने लिखा है कि लोगों का यह मानना ग़लत है कि सिर्फ़ मीडिया ही सक्रिय होता है और दर्शक अक्रिय होता है। एलिहू काट्ज कहते हैं कि दर्शक माध्यम से सन्तुष्टि चाहता है और इसी सन्तुष्टि की खोज दर्शक को सक्रिय बनाये रखती है। इलेक्ट्रॉनिक मीडिया और टेलीविज़न पत्रकारों के समक्ष आने वाली चुनौतियों का ज़िक्र करते हुए विल्बर स्रैम का नाम अनिवार्य रूम से हमारे सामने आता है। स्रैम ने माध्यमों की बहुलता के बीच यह जानने के लिए एक गणितीय समीकरण प्रस्तुत किया कि किस चैनल या किस माध्यम के, दर्शकों द्वारा चुने जाने की सम्भावना सबसे अधिक होती है। यह बात इसलिए महत्त्वपूर्ण है क्योंकि एक-एक स्टोरी के लिए ख़बरिया चैनलों के पत्रकार, कैमरामैन और डेस्क पर कार्यरत मीडियाकर्मी जी-तोड़ परिश्रम करते हैं। इसलिए वे न सिर्फ़ यह चाहते हैं कि दर्शक उनकी स्टोरी को देखे, बल्कि सराहे भी; और यदि सम्भव हो तो एस.एम.एस. या टेलीफोन के ज़रिये फ़ीडबैक भी दे। इसीलिए स्रैम का अध्ययन हमारे लिए

महत्त्वपूर्ण है। स्त्रैम ने कहा कि उस चैनल के, दर्शकों द्वारा, देखे जाने की सम्भावना अधिकतम होती है जिस चैनल में उन्हें सन्तुष्टि का वायदा अधिकतम मिलता है और जिस चैनल को देखने के लिए उन्हें ज़रूरी प्रयास कम-से-कम करने पड़ते हैं। ज़ाहिर है कि यदि किसी चैनल को देखने के लिए दर्शक को अधिक प्रयास करने पड़ेंगे, तो वह उन्हें नहीं देखेगा। इसी तर्क के अनुसरण में लोग कम पृष्ठों वाले अख़बारों को अधिक पसन्द करते हैं क्योंकि उन्हें पढ़ने के लिए कम प्रयास करना पड़ता है। इसी प्रकार लोगों को अख़बार पढ़ने की तुलना में चैनल (दृश्य-श्रव्य माध्यम) देखना अधिक अच्छा लगता है।

इलेक्ट्रॉनिक मीडिया के पत्रकारों को अध्ययन बहुत करना चाहिए। यह बात प्रशिक्षुओं या नौसिखिये रिपोर्टरों के लिए जितनी सही है, उतनी ही वरिष्ठ मीडियाकर्मियों के लिए भी। आज ज़्यादातर युवा मीडियाकर्मी या तो न्यूज़ रिपोर्टर बनना चाहते हैं या फिर एंकर बनकर रातों-रात स्क्रीन पर छा जाना चाहते हैं, प्रसिद्धि का समुद्र इकट्ठा कर लेना चाहते हैं। पर यह जानना ज़रूरी है कि टेलीविज़न का मतलब सिर्फ़ एंकरिंग और रिपोर्टिंग नहीं है। इसमें तकनीकी जानकारी, फोटोग्राफिक सेंस और मीडिया प्रोडक्शन से जुड़ी तमाम बातें और भी शामिल हैं। सर्वोपरि तो अपने पेशे के प्रति ईमानदारी, समर्पण, कटिबद्धता व जुनून है। कई बार मेरी मुलाकात ऐसे लोगों से होती है, जो मजबूरी में पत्रकार बने हैं। जिन्हें कहीं किसी प्रतियोगिता परीक्षा में सफलता नहीं मिली, वे हताश होकर पैसे और शोहरत के लिए मीडिया का क्षेत्र चुनते हैं और मीडिया में भी इलेक्ट्रॉनिक मीडिया मात्र इसलिए चुनते हैं कि वे किसी फ़िल्मी हीरो की तरह स्टार बन जायें। ज़ाहिर है कि पत्रकारिता जैसी गम्भीर चीज़ ऐसे हतदर्प या पराजित लोगों के ही भरोसे नहीं छोड़ी जा सकती है। इसमें एक स्वतःस्फूर्त समर्पण व जुनून आवश्यक होता है क्योंकि कई बार कहा भी जाता है कि पत्रकारिता प्रोफ़ेशन है, जॉब नहीं।

अगर कई घटनाएँ एक साथ घट रही हों, तो टेलीविज़न पत्रकार को सोच-विचार कर निर्णय लेना पड़ता है कि वह किस घटना को कितना कवरेज दे; किस घटना को कवरेज दे या दे ही नहीं। निर्णय के ये क्षण रिपोर्टर के लिए बहुत महत्त्वपूर्ण होते हैं कि क्या-क्या छोड़ना है, क्या-क्या दिखाना है और सबसे ज़रूरी बात तो यह कि जिसे दिखाना भी है, उसे किस तरह दिखाना है। ख़बर का ग़लत चयन यदि व्यर्थ है तो यहाँ तक कि सही-सही ख़बर का ग़लत तरीके से प्रस्तुतीकरण भी उतना ही बेकार है। सही ख़बर को सही तरीके से दिखाने के लिए आवश्यक है कि रिपोर्टर को टीवी प्रोडक्शन या वीडियो एडिटिंग जैसी चीज़ों का ज्ञान हो। प्रोडक्शन एक ऐसी बड़ी छतरी के समान है, जिसके नीचे इनपुट और

आउटपुट समेत न्यूज़ या फीचर स्टोरी के सारे आयाम आ जाते हैं। विजुअल एडिटिंग का गहरा ज्ञान बहुत मामूली-सी स्टोरी को शक्तिशाली या सूचनापरक बना सकता है जबकि इसके अभाव में रिपोर्टर की स्टोरी मीडिया के गुमनाम महासागर में कहीं खो जायेगी। रनडाउन के लिए न्यूज़ स्टोरी की आकर्षक पैकेजिंग की चुनौती भी कम महत्त्वपूर्ण नहीं। फ़िल्मों के निर्माण में भी देखा गया है कि प्रभावी और सफ़ल निर्देशक वही लोग रहे हैं जिन्हें तकनीक और उपकरणों का ज्ञान है, मसलन ऐसे सफल निर्देशाक अच्छे सिनेमैटोग्राफर भी होते हैं, अच्छे तकनीकी सम्पादक भी होते हैं और अच्छे साउण्ड डिज़ायनर भी होते हैं। तकनीकी ज्ञान से लैस होने पर पत्रकार अपना सर्वोत्तम योगदान दे पाने में सक्षम हो सकता है।

प्रोडक्शन या तकनीकी ज्ञान के बिना रिपोर्टर का बसर प्रिंट मीडिया में तो हो सकता है, पर टेलीविज़न चैनलों में बिल्कुल नहीं। घटनास्थल पर जाना टेलीविज़न रिपोर्टरों के लिए अनिवार्य होता है, ताकि वे फुटेज ला सकें। इतना ही नहीं, अनेक निजी चैनलों के मध्य कड़ी प्रतिस्पर्धा के चलते वही रिपोर्टर बाजी मार पाएगा, जो घटनास्थल पर पहले पहुँचकर ख़बर का ब्यौरा अपने चैनल पर सबसे पहले, एक्सक्लूसिव तरीके से प्रसारित कर सके। प्रिंट मीडिया में कई बार घटनास्थल पर गए बिना ही काम चल जाता है। प्रिंट मीडिया का रिपोर्टर फ़ोन से सूचनाएँ एकत्रित करके या समाचार एजेंसियों से प्राप्त समाचारों का अनुवाद करके भी काम चला सकता है, लेकिन टेलीविज़न के रिपोर्टर को ऐसी सुविधा हासिल नहीं है। इसीलिए इलेक्ट्रॉनिक मीडिया के पत्रकारों की चुनौतियाँ अधिक जटिल हैं। रिपोर्टरों को ध्यान रखना चाहिए कि वे जनता के लिए बोल रहे हैं, जनता के मुद्दों को उठा रहे हैं। इसके लिए जबरदस्त तर्कशक्ति, विश्लेषणात्मक दृष्टिकोण, संवेदनशीलता और उच्च स्तर की कटिबद्धता आवश्यक है।

टेलीविज़न पत्रकारों के लिए भाषा भी एक बड़ी चुनौती है। यह चुनौती मौखिक व लिखित-भाषा के दोनों स्तरों पर सामने आती है। कई बार मौखिक स्तर पर पत्रकार हकलाने लगते हैं, एक ही बात को पाँच-पाँच बार कहते रहते हैं, जिससे ख़बर-ख़बर न होकर तोतारटन्त लगने लगती है। उच्चारण के स्तर पर टेलीविज़न में आधे से अधिक पत्रकार त्रुटिपूर्ण हैं। हिन्दी और अँग्रेजी शब्दों का घालमेल ऐसा बन पड़ता है कि हिंग्लिश से दर्शक ऊबकर चैनल बदल देता है। लिखित भाषा के स्तर पर देखा गया है कि कुछ वरिष्ठ टेलीविज़न-कर्मियों को छोड़कर बाक़ी लोग बेहद कमज़ोर है, वे सिर्फ़ साक्षर हैं, शिक्षित नहीं। कई बार कुछ पत्रकार इतनी अजीबोग़रीब रिपोर्ट बनाते हैं कि उसके हज़ार शब्दों को पढ़कर भी आप यह नहीं समझ पाएँगे कि रिपोर्ट के उस गद्यात्मक पाठ में ख़बर कहाँ है या ख़बर क्या है! समाचारीय कोण का ऐसा अभाव बेहद आम बात है। कई एंकर तो

देखकर भी टेलीप्रॉम्प्टर के शब्दों को पढ़ा नहीं पाते–लिखा रहेगा 'सुपरफिट हो गये हैं सचिन तेन्दुलकर', पर एंकर पढ़ देता/देती है 'सुपरहिट हो गये हैं सचिन तेन्दुलकर'। कॉग्निटिव डिज़ोनेन्स की ऐसी मनोवैज्ञानिक समस्या कई एंकरों को झेलनी पड़ती है, क्योंकि वे वही पढ़ेंगे जो पढ़ना चाहते हैं, वह नहीं तो सामने स्क्रीन पर लिखा हुआ है। इसीलिए कहा जाता है कि रिपोर्टर को अक़्सर पुस्तकालयों में बैठना चाहिए, बहुत अधिक पढ़ना और बहुत अधिक लिखना चाहिए।

यदि कोई घटना घटती है, तो टेलीविज़न पत्रकार को देखना पड़ता है कि निकट या सुदूर अतीत में क्या उससे मिलती-जुलती घटनाएँ भी घटी हैं। इसी प्रकार एक जानकारीपरक बैकग्रांउडर तैयार हो सकता है। बैकग्राउंडर की प्रस्तुति रोचक होनी चाहिए ताकि प्रत्येक दर्शक प्रस्तोता के साथ तादात्म्य व जुड़ाव महसूस कर सके। घटने वाली घटना में न्यूज़ वैल्यू कितनी है, घटना से क्या-क्या परिवर्तन आ गये और घटना किस प्रकार दर्शक से सम्बन्धित है–ऐसे प्रश्नों के लिए सेतुरूपी सूत्र खोजने पड़ते हैं। जब कोई बड़ी घटना घटती है, तो बाहरी जनता की राय जानने के लिए स्टूडियो में फोन-इन भी किया जाता है। इसे पत्रकार 'बॉक्स पॉप' के रूप में स्क्रीन पर पेश करता है। 'न्यूज़ रीडर' लिखे हुए समाचार को पढ़ता भर है, यह एक पुराना शब्द है। इसमें स्क्रिप्ट की भूमिका महत्त्वपूर्ण होती है। एंकरिंग अपेक्षाकृत एक व्यापक शब्द है। इसमें कार्यक्रम-प्रस्तोता ख़बरों को सिर्फ़ पढ़ता ही नहीं, बल्कि ख़बरों के ही अनुरूप चेहरे के भावों को भी रखना पड़ता है, आत्मविश्वास और संचार कौशल का परिचय देना पड़ता है। टेलीविज़न में एक-एक चीज़ महत्त्वपूर्ण होती है। एंकर को स्टूडियो में उस स्थान का चुनाव बड़ी समझदारी से करना पड़ता है, जहाँ उसे खड़े होना है।

टेलीविज़न के पत्रकार को प्रेस कान्फ्रेंस के दौरान बहुत सजग रहना पड़ता है। टेलीविज़न के लिए शूट कर रहे पत्रकार आमतौर पर प्रेस कॉन्फ्रेंस के बाद दुबारा बाइट लेना पसन्द करते हैं, ताकि साजसज्जा, प्रवाह और समय सीमा का ध्यान रखते हुए रिपोर्टिंग को प्रभावशाली बनाया जा सके। दुबारा बाइट लेना कट अवेज़ कहलाता है। कट अवेज़ को नोडीज़ भी कहते हैं। इन कट अवेज़ या नोडीज़ का न्यूज़ स्टोरी की प्रस्तुति और रनडाउन के साथ तालमेल बैठाना ज़रा कठिन होता है। इलेक्ट्रॉनिक मीडिया आज खोजी पत्रकारिता और स्टिंग ऑपरेशनों पर भी बल देता है। जैसा कि हाल ही में सम्पन्न यूरोप और भारत के प्रख्यात मीडियाविदों के एक संयुक्त सम्मेलन के दौरान नयी दिल्ली में कहा भी गया कि आज मीडियाकर्मियों को आपस में मिल-जुलकर कार्य करना चाहिए ताकि पत्रकारिता के मिशन व सच्चे उद्देश्यों की पुनः तलाश की जा सके, उसकी वाचडॉग भूमिका को फिर से सकारात्मक रूप से ज़िन्दा रखा जा सके। सम्पादकों की नयी नस्ल की खामियों पर

प्रकाश डालते हुए उन्हें विज्ञापन प्रबन्धकों और ब्रांड एम्बेसडरों के रूप में देखा गया। 'फाइनेंशियल टाइम्स' के ड्यूशलैंड संवाददाता फिडेलियस श्मिड ने कहा है कि इनवेस्टीगेटिव पत्रकारिता के बारे में व्याप्त भ्रमों व भ्रान्त धारणाओं का निराकरण अनिवार्य हो गया है। टेलीविज़न पत्रकारों के सामने अन्तरराष्ट्रीय स्तर पर भी अनेक चुनौतियाँ मौजूद हैं।

आज टेलीविज़न के खोज़ी पत्रकारों के सामने बहुत अधिक चुनौतियाँ हैं। इन्हें भीतरी व बाहरी दोनों प्रकार की समस्याओं का सामना करना पड़ता है। कसा हुआ सम्पादकीय बजट और कम तनख्वाह जैसी चीज़ों ने पत्रकारों में भ्रष्टाचार को बढ़ावा दिया है और उनकी पत्रकारिता में अगम्भीरता या तुच्छता (ट्रिवियलिटी) का समावेश हुआ है। इंटरनेशनल फेडरेशन ऑव जर्नलिस्ट के महासचिव एडियन व्हाइट का मानना है कि आज टेलीविज़न पत्रकारों को अपने भीतर झाँकने की सबसे ज़्यादा ज़रूरत है क्योंकि उन्हें प्रायः इसका अवकाश ही नहीं मिलता। उन्होंने कहा है कि पत्रकार आज ख़बरों की छानबीन व स्टोरी के रिसर्च में समय ही नहीं देना चाहते, व्यवसायीकरण व वाणिज्यीकरण चैनलों पर इतने हावी हो गये हैं कि जनसाधारण के सरोकार हमेशा भटक जाते हैं या भटका दिये जाते हैं, सत्य के प्रति कटिबद्धतापूर्ण दृष्टिकोण का अकाल-सा पड़ता जा रहा है और निष्पक्ष, शुद्ध, यथातथ्य व सन्तुलित रिपोर्टिंग के तो दर्शन ही दुर्लभ हो गये हैं। कॉपोरेटीय दबाव, निजी जीवन के षड्यन्त्र और नौकरी के प्रति अगम्भीरता के चलते आज चैनलों के सम्पादकों के लिए खुद को प्रबन्धक की बजाय एक पत्रकार मानना मुश्किल होता जा रहा है। गाँव-देहात की खेती-किसानी की और लोक संस्कृति से जुड़ी घटनाओं की रिपोर्टिंग आज, कम-से-कम टेलीविज़न में तो बहुत ही कम दिखती है। अभी हाल ही में साहित्य अकादेमी में सम्पन्न दो दिवसीय अवधी भाषा सम्मेलन को किसी भी चैनल ने कवर नहीं किया। सोचा जा सकता है कि जब दिल्ली में सम्पन्न सम्मेलनों का टेलीविज़न में यह हाल है तो गाँव-देहात का तो कहना ही क्या। जब 'रामचरितमानस' और तुलसी की भाषा व संस्कृति अवधी को कवरेज नहीं मिल पाता तो अपेक्षाकृत लघु संस्कृतियों के बारे में क्या कहा जाये? हाँ, टेलीविज़न ऐसे मुद्दों को ज़रूर प्रसारित करता है जो 'स्पिन डॉक्टर्स' द्वारा उछाले जाते हैं। चाहे वह चुनाव के समय की रिपोर्टिंग हो या भाषा-संस्कृति के सवाल, स्पिन डॉक्टर्स कुछ ख़ास विषयों के साथ कुछ ख़ास ढंग से पक्षपात करके मुद्दों को उछालते हैं या मुद्दों को मैन्युफैक्चर भी करते हैं। इसलिए कहा जाता है कि यह ज़माना 'प्रेटी जर्नलिज़्म' का ज़माना है।

टेलीविज़न पर प्रसारित साक्षात्कारों को जनता बड़े ध्यान से देखती-सुनती है। पर साक्षात्कार के लिए जिस शोध की या जिन गम्भीर प्रश्नों की आवश्यकता होती

है, कई बार उसका घोर अभाव दिखता है। अगर कुछ दिखता है तो सिर्फ़ यह कि इंटरव्यू में प्रश्न पूछनेवाला पत्रकार जबरन हावी-सा हुआ चला जा रहा है। लोगों को याद होगा कि साक्षात्कार देने वाले शख़्स को 'कौन बनेगा करोड़पति' नामक कार्यक्रम में अमिताभ बच्चन कैसे ढाँढ़स बँधाते थे, किस प्रकार वे अनौपचारिक माहौल का सृजन किया करते थे। 'कहाँ से आये हैं भई', 'कोई बात नहीं, मौक़े और भी आयेंगे' या 'माता जी प्रणाम' कहकर अमिताभ माहौल में अपनापा या तादात्म्य का पुट भर दिया करते थे ताकि साक्षात्कार अर्थपूर्ण व गुणवत्तापरक हो। आज अक़सर इंटरव्यू के समय टेलीविज़न पत्रकार सिर्फ़ अपने ही प्रश्नों पर ध्यान देते हैं, जवाब सुनते ही नहीं। विचारपरक या भावनात्मक साक्षात्कार को भी टकराहटपूर्ण साक्षात्कार के रूप में प्रस्तुत करना क्या दोष नहीं है?

विजुअल यानी दृश्य टेलीविज़न की आत्मा है। विजुअल्स प्रमुख हैं, शब्द उसके सहयोगी हैं। पर ध्यान रखना चाहिए कि शब्दों के ज़रिये ही दृश्यों को अर्थ मिलता है। बेहतरीन वॉयस ओवर, बढ़िया एंकर लिंक और प्रासंगिक बाइट का संकलन करना आसान नहीं होता। पता चला कि घटनास्थल से जो बातें रिपोर्टर बोल रहा है, वही स्टूडियो में एंकर बोल रहा है, वही बातें फुटेज में सक्षम स्रोत बोल रहा है और बिल्कुल वही बातें बॉक्स पॉप में भी पुनरुक्त हो रही हैं। इको चैम्बर इफ़ेक्ट के इस दोष से बचना टेलीविज़न में बहुत ज़रूरी होता है। अच्छा व आकर्षक पी टू सी (पीस टू कैमरा) भी कम ही पत्रकार दे पाते हैं। कहाँ लॉन्ग शॉट लेना है, कहाँ मिडशॉट और कहाँ क्लोज-अप, इसकी न्यूज़ के साथ-साथ फीचरों में भी बड़ी महत्त्वपूर्ण भूमिका है। दिनकर ने लिखा है,"सिंहासनखाली करो कि जनता आती है", पर आज के चैनल सिंहासन को तो बार-बार दिखाते हैं, किन्तु जनता की तस्वीरें नदारद रहती हैं। पेज थ्री पत्रकारिता के दुष्प्रभावों से बचना पत्रकारों के लिए सदैव से आवश्यक रहा है।

अच्छी रिपोर्टिंग वह होती है, जिसमें वस्तुनिष्ठता का तत्त्व हो और रिपोर्टर के व्यक्तित्व की छाप उस पर न हो। दूसरे शब्दों में ख़बर-को-ख़बर की ही तरह प्रस्तुत किया जाना चाहिए, पत्रकार के निजी विचार के रूप में नहीं। पर, निर्वैयक्तिकता का तत्त्व टेलीविज़न में कम ही दिखता है और रिपोर्टरों की निजी मान्यताएँ, धारणाएँ व निजी विश्वास अनचाहे रूप से दर्शकों के सामने आ जाते हैं। कुछ रिपोर्टर तो किसी भी सभा-सम्मेलन की रिपोर्टिंग करते समय कैमरा सिर्फ़ लड़कियों या महिलाओं की ओर ही घुमाते हैं। ऐसा बचकानापन रिपोर्टर के साथ-साथ चैनल की साख या प्रामाणिकता को भी धक्का पहुँचाता है।

टेलीविज़न पत्रकारों को छुट्टी की समस्या भी ख़ूब झेलनी पड़ती है, क्योंकि उन्हें छुट्टी जल्दी नहीं मिल पाती। शिफ़्ट इंचार्ज कहता है कि एच आर डिपार्टमेंट में

जाओ तब छुट्टी पास होगी और एच आर वाले कहेंगे कि चैनल एडिटर के पास जाना पड़ेगा...आदि-आदि। इस मेज़ से उस मेज़ तक चक्कर काटते-काटते टेलीविज़न पत्रकार थक ज़रूर जाता है, किन्तु उसे छुट्टी नहीं मिलती। कुल मिलाकर इलेक्ट्रॉनिक मीडिया के पत्रकारों के सामने चुनौतियाँ बहुत हैं, किन्तु यदि 'सच' के प्रति उसकी निष्ठा अगाध है और पेशे के प्रति जुनून है तो सारी चुनौतियों पर विजय पायी जा सकती है। 'सबके दावेदार' के विद्वान सम्पादक पंकज गौतम ने लिखा है : ''सबके हिस्से का सच कहना/साथी तुम कहते रहना/सधे हुए पाँवों वाले दिन फिर आयेंगे/किरणों के संग विजय पताका फहराएँगे/षड्यन्त्रों के देश चुनौती बारूदों की/टूटेगी दीवार, क़िले-गढ़ ढह जायेंगे। उजली हँसी अँजोरिया भीनी/तुम हँसते रहना/साथी सच कहते रहना।'' सच को देखने-समझने और कहने के प्रति यही दृष्टिकोण प्रसिद्ध अमरीकी विद्वान नोम चोम्स्की का भी है। अमरीका के बहुत बड़े पत्रकार पीटर जेनिंग्स जब बिल क्लिंटन के साथ भारत आये थे, तो उन्होंने ख़बरों की भाषा पर और टेलीविज़न में एंकरिंग-रिपोर्टिंग की मुद्राओं या देहभाषा पर बहुत ज़ोर दिया था। एबीसी चैनल के पत्रकार और 'अमरीकी मीडिया का चेहरा' कहे जाने वाले पीटर जेनिंग्स आज भले हमारे बीच, इस दुनिया में, नहीं रहे, किन्तु उनकी यह बात टेलीविज़न पत्रकारों या रिपोर्टरों को सदैव रास्ता दिखाती रहेगी कि टेलीविज़न की राह ख़तरों में भरी है, पत्रकारों को सदैव पूरे मन से काम करना चाहिए। आज टेलीविज़न चैनल द्रुतता में भले ही समाचारपत्रों को पीछे छोड़ दें किन्तु वैचारिकता, गम्भीरता या विश्वसनीयता के मामले में वे अख़बारों से पीछे क्यों हैं? क्या सिर्फ़ इसलिए कि अख़बारों के रिपोर्टरों को कई सदियों का अनुभव है जबकि टेलीविज़न चैनल पूरे विकासशील विश्व में अभी शैशवावस्था में ही हैं? प्रसिद्ध पत्रकार प्रभाष जोशी जी कहा करते थे कि मीडिया का विस्तार अचानक हुआ है और बहुत तेज़ी से हुआ है, तेज़ी से इस क्षेत्र में काफ़ी पैसा आया है, इसीलिए भ्रष्टाचार फैला है, किन्त वह दिन दूर नहीं जब, जोशी जी के ही शब्दों में, अपन का कार्यक्षेत्र मीडिया समाज को सही दिशा दिखाएगा।

एफ़.एम. रेडियो

"मैं एक लड़की से सीरियसली लव करता हूँ। शी इज़ माई क्लासमेट। यू नो, वह बहुत इनोसेंट है। हिम्मत ही नहीं होती कहने की। चाहती वह भी है बट वह शाइंग है। देखकर नज़रें झुका लेती है और शरमाकर भाग जाती है। वैसे फ्रेंडशिप डे पर मैंने उसको एक फ्रेंडशिप बैंड गिफ़्ट किया था। उसकी मॉम ने एक दिन शक़ कर लिया और उसे बहुत डाँट पड़ी। तब से वह बहुत सैड रहती है। उसका दुख मुझसे देखा नहीं जाता। तड़पकर रह जाता हूँ। अब तो नींद भी नहीं आती। मुझे समझ में नहीं आता कि डज़ शी लव मी ऑर नॉट। आप ही मुझे रास्ता दिखाओ लव गुरु। बहुत पज़ल्ड हूँ। आप तो एल.एल.बी. भी हैं। कुछ बताओ न, प्लीज़।"

लव गुरु उवाच्–"देखिए, ये जो अट्रैक्शन है, ये जो इन्फ़ैचुएशन है, आकर्षण है, फ़ीलिंग्स हैं, भावनाएँ हैं, प्रॉब्लम्स हैं, जुनून है...ये जो सिचुएशन है–कभी लगता है कि प्यार करती है, कभी लगता है नहीं करती है, हाँ कि न, यस कि नो; पॉज़िटिव कि निगेटिव...यह इस उम्र में कॉमन है। बहुत नेचुरल है। नथिंग प्रॉब्लमेटिक! आप ऐसा करें कि...।"

जी हाँ, यह आजकल के महानगरीय एफ.एम. चैनलों की कथा है। मारकोनी भी अगर आज जीवित होते तो यह देखकर उनकी आँखें आश्चर्य से फटी की फटी रह जातीं कि उनकी एक साधारण–सी खोज़ (रेडियो) ने आधुनिक मानव के अन्त: स्थल तक भी बड़ी असाधारण पहुँच बना ली है। भाषा–वैज्ञानिकों को प्रबुद्ध झुंड चाहे जितनी माथापच्ची करता रहे, एफ.एम. चैनलों ने आधुनिक, जटिल और विचित्र स्थितियों के अनुरूप अपनी अवसरानुकूल भाषा गढ़ ही ली है। एशियाई और यूरोपीय शब्दकोशों का रोचक मिश्रण, बाज़ारवादी रवैया, 'विकट' समस्याओं के फौरी हल और प्रभावोत्पादक जीवनशैली की चित्रात्मक महागाथा–लगभग सबके सब ऊपर के एक मामूली–से उदाहरण में आसानी से देखे जा सकते हैं। यह बात दीगर है कि किसी भी समस्या का समाधान चाहे न मिले, लेकिन समस्या से सम्बन्धित विलोम और पर्यायवाची शब्दों से परिचय ज़रूर स्थापित हो जाता है। अगर क्राउथर को आज निर्धारित करना पड़ता तो यह कहना मुश्किल है कि क्या वे आधुनिक मनुष्य द्वारा किये गये सबसे महत्त्वपूर्ण

आविष्कारों की संख्या सिर्फ़ तीन (वोट, पहिया और मुद्रा) ही रखते? क्या वे वृद्धों से लेकर बालकों, विवाह पूर्व से लेकर विवाहेतर सम्बन्धों के स्वामियों और स्त्रियों से लेकर पुरुषों तक–सभी को प्रभावित (या निर्धारित) करने की क्षमता वाले एफ.एम. रेडियो चैनलों की उपेक्षा कर पाते?

किस–किस लालबत्ती पर ट्रैफ़िक ज़ाम लगा है, आज का तापमान कितना है, आज कपल्स बोटिंग करने क्यों न जायें, एक्ज़ामिनेशन का टेंशन कैसे कम करें, टॉप टेन में आज के प्रमुख दस गाने कौन–से हैं, आज की न्यूज़ हेडलाइन्स क्या हैं, सचिन तेंदुलकर विश्व कप में क्यों अच्छी बल्लेबाज़ी नहीं कर पाये या आप सलाद को किस तरह गोल–गोल काटकर और उसके ऊपर धनिये का पाउडर बुरककर कैसे उसे आकर्षक और स्वादिष्ट बना सकती हैं...ऐसे कितने सवालों से भरी जिज्ञासु मनोवृत्ति को एफ.एम. पल भर में ही ठंडा और शान्त करने की कूव्वत रखता है। लेकिन इसकी सीमाएँ यहीं तक नहीं हैं। नित नये क्षितिज को अनावृत करने वाले एफ.एम. चैनल अब कहीं आगे तक जाते हैं। संचारविद् फ़ेस्टिंजर के शब्दों में कहें तो वे व्यक्ति और समाज की अभिरुचियों का सन्तुलन बनाते-बिगाड़ते हैं। हार्ड न्यूज़, बैक ग्राउंडर, साइड बार, सीरीज़, डॉक्यूमेंट्री या फ़ीचर–जो भी हो; उसका फॉलो–अप और किकर (यानी एण्ड फ़ाइनली अर्थात् बुलेटिन के अन्त में जो बातें सुनाकर श्रोताओं का मूड और स्वाद बदल दिया जाता है) इतना रोचक बनाया जाता है कि आप चाहकर भी अपना कान और ध्यान हटा नहीं पाएँगे। इसके अलावा टीज़र (ब्रेक पर जाने से पहले संक्षेप में यह घोषणा करना कि ब्रेक के बाद आपको क्या सुनने को मिलेगा) और मोंटाज़ (कार्यक्रम के पूर्व सुनायी जाने वाली उसकी भूमिका) भी एफ.एम. की क़ामयाबी के राज़ हैं।

तक़रीबन दर्ज़न भर एफ.एम. चैनल कुछ–न–कुछ अलग या हटकर करने का कितना भी दावा क्यों न करें; सेलेक्टिव परसेप्शन, सेलेक्टिव एक्सपोज़र या सेलेक्टिव रिटेंशन जैसी बातें सभी चैनलों पर लागू होती हैं। सभी मूलभूत ज़रूरतों पर बातें करते हुए श्रोताओं का 'स्वस्थ' मनोरंजन करते हैं। और इन 'मूलभूत' आवश्यकताओं पर 'विचार–मंथन' करते समय ये रेडियो चैनल मैस्लोव के पदसोपानीय ढाँचे का पूरा–पूरा ध्यान रखते हैं। इस श्रेणीतन्त्र का क्रम यों है–सबसे पहले तो शारीरिक आवश्यकताएँ (भोजन, सेक्स, आराम), फिर सुरक्षा की ज़रूरतें (शारीरिक नुकसान से बचाव), फिर सामाजिक, इगो सम्बन्धी और अन्त में आत्म–साक्षात्कार से जुड़ी मूलभूत आवश्यकताएँ। तो अगर डॉक्टर लव किसी पॉश इलाक़े से आयी समस्याग्रस्त लड़की की फोन कॉल का जवाब देते हुए कहते हैं कि आपने ग़लती तो की ही है, ग़लत टाइम पर सेक्सुअॅल रिलेशन बनाया है...फिर भी अभी ताज़ा–ताज़ा मामला है, किसी गाइनेकॉलोजिस्ट से मिलकर एबार्शन करा दीजिए; तो इसमें माथा पकड़ने

वाली कोई बात नहीं है। तब भी, जब आप उस अनाम लड़की का 'विशेषज्ञ' से चल रहा वार्तालाप अपनी माँ, बहन, भाई, पिता या पुत्री के साथ रेडियो पर लाइव सुन रहे हों। तभी तो जॉर्ज गर्बनर 'मीन वर्ल्ड सिंड्रोम' की व्याख्या करते हुए कहते हैं कि ज़्यादा रेडियो सुननेवाले लोग क्रमशः अपनी चारों तरफ़ की दुनिया के प्रति आशंकित रहने लगते हैं और अनचाहे भय से उपजे ख़तरों को लेकर व्यर्थ में ही चिन्तित होना प्रारम्भ कर देते हैं। इसी रोचक और सनसीखेज़ हिंसा को उन्होंने 'हैपी वॉयलेंस' कहा है। बात तब और गम्भीर हो जाती है जब सीमियोटिक्स, बाइनरी अपोजिशंस (मसलन मासूमियत और कामुकता का कंट्रास्ट) या बहुअर्थी कोड्स का इस हैपी वॉयलेंस में एफ.एम. पर तीखा छौंक लगा दिया जाता है। क्या इस छौंक को परिभाषित करने की ज़रूरत है?

एफ.एम. रेडियो चैनलों पर कोई भी स्वस्थ परिचर्चा करते समय कुछ बातों की बिल्कुल भी उपेक्षा नहीं की जा सकती। इलेक्ट्रॉनिक मीडिया के बढ़ते प्रचार-प्रसार और सम्पत्ति के केन्द्रीकरण (कम से कम समतामूलक वितरण तो हर्गिज़ नहीं) का स्वाभाविक सम्बन्ध पूरे मीडिया से है। चाहे वह अख़बार हों, टेलीविज़न हो,इंटरनेट हो, चिट्ठियाँ हों या फिर रेडियो ही क्यों न हो-कार्यक्रमों में मिर्च-मसाला लगाना अब बिल्कुल आम और स्वाभाविक-सा हो चला है। इन माध्यमों द्वारा किये गये अपराध और अपराधियों के महिमामंडन का परिणाम क्या हो रहा है, इस पर चिन्ता या विमर्श अकाल में मुरझाये पेड़ों की तरह हो गये हैं। क्या किसी भी अपराधी का महिमामंडन उसकी छवि को सुधार नहीं देता? क्या इससे अपराध और सनसनी के प्रति आम जनता की अपराध-विरोधी चेतना की धार कुंद नही पड़ जाती? डब्ल्यू आई थामस अपनी प्रसिद्ध पुस्तक 'साइकॉलोजी ऑव येलो जर्नलिज़्म' में कुछ ऐसे ही चेतावनीपूर्ण निष्कर्षों तक पहुँचते हैं। इसीलिए तो सनसनीखेज़ मसाला ख़बरों को 'पाप और अपराध के सकारात्मक एजेंट' कहा गया है। लव गुरु का एल.एल.बी. होना (लड़की, लव और बॉलीवुड-जैसी कि गुरुवर स्वयं व्याख्या करते हैं) किसे प्रिय नहीं होगा? अगर टेलीविज़न बलात्कार पीड़िता का चेहरा छुपाने के लिए 'मोज़ैक' का सहारा लेता है, अख़बार 'गुप्त सूत्रों' का हवाला देते हैं तो एफ.एम. भी पीछे नहीं है। वह सम्बन्धों का औचित्य साबित करने के लिए अभिज्ञानशाकुंतलम, भास के तेरह नाटकों या मृच्छकटिकम् का हवाला देता है। फिर आगे एफ.एम. बताते हैं कि शूद्रक के इसका 'मृच्छकटिकम्' में किस प्रकार एक निर्धन ब्राह्मण एक वेश्या के साथ प्रेम कर बैठता है।

एफ.एम. चैनलों का साहित्य, मानसिकता, समाज, परम्पराओं, तरीक़ों या भाषाओं पर कम असर नहीं पड़ा है। प्रेस आया तो पांडुलिपियाँ विलुप्त हुईं, पुस्तकें आयीं और कृतियों की दीर्घजीविता बढ़ी। स्मरणीय है कि ई.एम. फ़ोस्टर की यह

बात कि मुद्रणकला की कोख से ही चिरस्मरणीयता का जन्म हुआ, एफ.एम. रेडियो चैनलों पर भी बराबर लागू होती है। वृद्ध श्रोताओं और प्रेम में नाक़ामयाब रहे प्रेमी-प्रेमिओं को रात में नींद कहाँ आती है? जहाँ पहला वर्ग एलीट लिटरेचर को लेकर हक्सले या थामस हार्डी के जटिल गद्य पर आनुभविक गोटियाँ बिखेरता है, वहीं दूसरा वर्ग 'हम छोड़ चले हैं महफ़िल को...', 'दोस्त दोस्त न रहा...' या 'होके मजबूर मुझे उसने बुलाया होगा' के बहाने मुकेश, रफ़ी, बेग़म अख़्तर या मेंहदी हसन के दर्द भरे नग़मे आधी रात के बाद किसी एफ.एम. चैनल पर 'नॉन स्टॉप गीत-संगीत' के तहत सुन सकता है। दर्द ज़्यादा बढ़ जाये तो मोबाइल के ज़रिये रेडियो एंकरों को एसएमएस करके ग़ज़लें सुनी जा सकती हैं। हुस्नो-इश्क़ की बातचीत के बहाने दुनिया की मुसीबतों को अपने जिगर में समानेवाली इस ईरानी फ़ॉर्मेट से अगर एफ.एम. श्रोताओं को सुकून मिलता है तो इसमें हैरत क्या है? और फिर विश्व साहित्य के पुरोधाओं या उनकी प्रवृत्तियों के बारे में मुफ़्त में जानकारी हासिल करना भला किस श्रोता को बुरा लगेगा? लेकिन मुफ़्त में मिली यह जानकारी क्या परोपकार या सदाशयता के चलते उपलब्ध करायी जाती है? एफ.एम. द्वारा अलापा जानेवाला 'विश्व साहित्य' का राग कम ग़ौरतलब नहीं। 'विश्व साहित्य' शब्द 'वेल्ट लिटरेचर' का अनुवाद है जिसका प्रयोग सर्वप्रथम गोयटे ने किया था। इसी शीर्षक की उनकी कविता इस विश्वास को व्यंजित करती है कि विश्व का सम्पूर्ण साहित्य आगे चलकर एक हो जायेगा। लेकिन यूरोप की फ्रांग्ले (फ्रेंच और इंग्लिश भाषाओं का घालमोल) की तर्ज़ पर अपने यहाँ भी हिंगलिश के विकास में एफ.एम. का योगदान किसी अन्य कारक से ज़रा भी उन्नीस नहीं है। 'रिजीम चेंज', 'वेपन्स ऑव मास डिस्ट्रक्शन', 'इन टच कल्चर' या 'कर्टशिप पीरियड' जैसे शब्दों को गढ़कर उन्हें एक अर्थ विशेष के प्रयोजन के लिए आरूढ़ करके चलने में लाना बदस्तूर जारी है। इसके अलावा राष्ट्रीय चैनलों के महानगरवाद या क्षेत्रीयतावाद सम्बन्धी प्रयत्न क्या कोई महत्त्वपूर्ण और बारीक़ सदेश नहीं देते? देते हैं, लेकिन उन्हें रेखांकित करने की ज़रूरत है। वरना बिना कोई 'ब्रीदिंग स्पेस' छोड़े लगातार और दनदनाती साँसों से यह बताने की क्या आवश्यकता है कि अमुक नायिका या अमुक नायक दिल्ली, मुम्बई या बंगलोर के फलाँ होटल में अगला वीकेंड मनाने आ रहा है और अगर आप उनके साथ नाचना चाहते हैं, मस्ती में झूमना चाहते हैं या उन्हें छूना चाहते हैं तो अभी उठाइए और डायल कीजिए नाइन थ्री फ़ोर...।

किसी दूसरी चीज़ की ही तरह एफ.एम. को भी कई नज़रियों और कोणों से देखा जा सकता है। फिर भी एफ.एम. वाले मामले में ख़ास बात यह है कि इसके प्रेक्षण कोण उतने ही नहीं जितने चैनल हैं। बल्कि उतने हैं जितने व्यक्ति हैं या और

अच्छे तरीक़े से विश्लेषण करें तो उतने हैं जितने अलग-अलग व्यक्तियों, जातियों, धर्मों या आयु वर्गों के लोगों के मूड या मानसिकता के प्रकार हैं। वरना कामान्ध मानसिकता को पलटकर धर्मान्ध बनाने की 'पारलौकिक' क्षमता की उपलब्धि की व्याख्या भला कैसे की जा सकेगी। और फिर हल्के-फुल्के मूड में कही गयी बातों और लच्छेदार शब्दों के ज़रिये प्रसारण की भाषा और एफ.एम. की अन्तर्वस्तु का मूल्यांकन करना क्या ज़रूरी नहीं? ब्रिएन की बात यहाँ और ज़्यादा प्रासंगिक हो जाती है जो इन संगठनों या चैनलों के कामों को कटघरे में खड़ा करते हैं। उनके शब्दों में यह 'न सिर्फ़ सरंचना बल्कि कार्यप्रणाली के दर्शन का भी निर्यात' है। शिक्षा को बहुराष्ट्रीय निगमों के अनुरूप ढाला जाना या सांस्कृतिक साम्राज्यवाद के ज़रिये तीसरी दुनिया पर विशेष प्रकार की जीवनशैली का थोपा जाना तो महज़ कुछ बानगियाँ हैं। लक़ीरें और भी गहरी हैं।

ऑडियंस की भूमिका, क्रिएटिव फीडबैक या सूचना-प्रसार जैसी बातें दिखने में भले ही ख़ूबसूरत और प्रतिनिधित्वकारी लगें, पर वास्तव में ऐसा है नहीं। आज इस तथ्य की उपेक्षा नहीं की जा सकती कि साइबर आइडियोलॉज़ी के माध्यम से एक क़िस्म की 'इन्फ़ॉरमेशन इनइक्वलिटी' का जन्म हो रहा है जिसमें एफ.एम. की भूमिका उन्नीस नहीं है। क्या 'सुपर हाइवे' नाम से आ रहे परिवर्तन जनता के धन की क़ीमत पर नहीं आ रहे हैं? क्या 'रेडियो स्पेक्ट्रम फ्रीक्वेंसी' का कारपोरेट हितों के विस्तार के लिए प्रयोग नहीं हो रहा है? चर्चित सूचनाविद् हर्बट शिलर की पुस्तकों-'मास कम्युनिकेशन एंड अमेरिकन एम्पायर' (1969) और 'दि माइंड मैनेजर्स' (1973)-के तर्क और निष्कर्ष ग़ौर करने लायक हैं कि इन सारी मीडिया प्रक्रियाओं का ताल्लुक राजनीतिक और आर्थिक सत्ताओं के साथ बड़ा गहरा है। आख़िर मीडिया जनता की भावनाओं के वास्तविक प्रतिनिधित्व का मंच क्यों नहीं बन पाया है? उसकी एकांगिता क्या यह संकेत नहीं करती कि मीडिया सत्ता प्रतिष्ठानों और ताक़तवर लोगों पर नज़र कम और कृपादृष्टि ज़्यादा रखता है? ढेर सारी सूचनाएँ देकर उनका घालमेल करने से व्यक्ति सूचित नहीं; असूचित हो जाता है। एफ.एम. की चिल्लाहट ख़ामोशी की सच्चाई को क़ैद नहीं कर सकती। छुपा नहीं सकती। मुक्तिबोध के शब्दों में कहें तो, 'सब चुप, साहित्यिक चुप...चिन्तक, शिल्पकार, नर्तक चुप हैं/उनके ख़्याल से यह सब गप है/मात्र किंवदन्ती।' लेकिन इन ख़ामोशियों और आवाज़ों के द्वन्द्व और अन्तर्विरोध 'ग्लोबल' और 'लोकल' को एक ख़ास क़िस्म से आमने-सामने लाते हैं। तभी ये दोनों बातें एक साथ बतायी जाती हैं कि दिल्ली के कमला नगर में कपड़ों की सेल लगी है और फ्रांस के शहर पेरिस में भी। 'ग्लोबल' और 'लोकल' के इस सम्पर्क को रोलाँद रॉबर्टसन अपनी कृति 'ग्लोबलाइजेशन : सोशल थ्योरी एंड ग्लोबल कल्चर' (1992) में

'ग्लोबलाइजेशन' की बजाय 'ग्लोकलाइज़ेशन' कहते हैं। एफ.एम.का यह स्थानीय वैविध्य कम रोचक नहीं।

एफ.एम. सुभाषित कहता है–"अगर आप अपनी कार लेकर कनॉट प्लेस साइड में निकले हैं तो जान लीजिए वहाँ आप एक संगठन की रैली के कारण ट्रैफ़िक जाम में बुरी तरह फँसने जा रहे हैं।" लेकिन ऐसा सम्बोधन सिर्फ़ कार वाले लोगों के लिए ही क्यों होता है? कभी यह क्यों नहीं कहा जाता कि "रिक्शेवाले भाइयो...।" ज़ाहिर है इसलिए क्योंकि एफ.एम. को रिक्शेवाले कोई विज्ञापन दे सकने की हैसियत नहीं रखते, भले ही वे रिक्शे में रेडियो रखकर दिन-रात उसे सुना करते हों। और जब से मोबाइल में रेडियो और कैमरा आ गया है तब से तो तकनीकी परिवर्तनों ने विकास के वर्तुलों को और भी ज़्यादा चटखारेदार बना दिया है। साथ ही ज़िन्दगी भी 'जीने लायक' होती जा रही है। जब मैकडोनाल्ड, बर्गर किंग, पिज़ा हट, लेवीस्त्रास, बेनेटोन, रीबॉक और कोका-कोला जैसे ग्लोबल ब्राडों की ही स्तुति बार-बार की जा रही हो तो ज़िन्दगी 'न जीने लायक' हो भी कैसे सकती है? कालिदास की विरहिणी पात्रों के लिए दूतों का काम मेघों ने किया, मुग़लकाल में हरकारों की क़तारों ने किया और आज एफ.एम. ये सारे काम मुफ़्त में कर रहा है। यह बात अलग है कि 'लिबरल' मीडिया का मिथक कौन आगे, कौन जीत रहा है, कौन हार रहा है जैसे सवालों के ज़रिये ऐसी पत्रकारिता का विकास कर रहा है जिसे 'वाचडॉग' की बजाय 'हॉर्स रेस जर्नलिज़्म' कहना ही उचित होगा। एजेंडा सेटिंग की यह भीड़ 'डिसइन्फ़ार्मेशन' की उलझाऊ व्यूह-रचना और खोखली जीवनशैली को बढ़ावा देती है।

अधिकतम लोगों तक पहुँच और निरक्षर लोगों तक को रिझाकर बाँधे रखने वाले एफ.एम. का पूरा चित्र खींचना आसान नहीं है। अगर उपयोगिता के लिहाज़ से देखें तो एफ.एम. चैनल इस कसौटी के शिखरों पर विचरण करते नज़र आते हैं। ज्ञान-विज्ञान के रोचक कार्यक्रम हैं, कार्यक्रमों में देशकाल का प्रभावी वर्णन करने की ललक है, कार्यक्रमों के अन्त में क्विज़ें हैं या फिर 'क्या है आज का सवाल 'जैसे उपसंहार हैं जिनका जवाब देकर रेडियो, एसी, फ्रिज, कूलर, मोबाइल, लैपटॉप, टेलीविज़न, बाइक या कभी-कभी कार तक ईनाम में पाया जा सकता है। रेडियो के पास सिर्फ़ आवाज़ है; विजुअल्स तो हैं नहीं। इसलिए 'राइटिंग टू पिक्चर्स' की धारणा यहाँ काम भले न कर पाती हो लेकिन बाघ की गूँजती आवाज़ के बाद सुनाया जाने वाला 'बब्बर शेर' कार्यक्रम खींचता ज़रूर है। इस तथ्य के बावजूद कि न इस शेर में मतला होता है न मक़ता, न रदीफ़, न ही काफ़िया और न ही तख़ल्लुस। चौबीसों घंटे एफ.एम. का फ़ीवर चलता रहता है; श्रोता थक सकता है, एफ.एम. नहीं। हर घंटे पर समाचार आते हैं हालाँकि बता पाना मुश्किल है कि

एफ.एम. पर समाचार आते हैं या फिर समाचारों पर एफ.एम. आता है। अँग्रेज़ी गानों को बजानेवाले चैनल हैं जो पामेला एंडरसन, केट विंसलेट या ब्रिटनी स्पियर्स का बखान करते पाये जाते हैं। टैरो कार्ड रीडर, ग़लती किसकी, कहाँ हुई भूल और सामुदायिक रेडियो जैसे प्रयास बेशक़ सराहनीय हैं। इसके अलावा घोंटुला प्रथा और आदिवासियों से लेकर सैलानियों के काम की ढेरों चीज़ें बतायी और सुनायी जाती हैं। ब्रेक पर जाने से पहले एंकर की गुज़ारिश होती है कि बस मिलते हैं थोड़ी ही देर में, रेडियो बन्द मत कीजिएगा। जितनी बार ब्रेक होगा, एंकर उतनी बार अपना नाम बताएगा/बताएगी। मैं हूँ न! घबराइए नहीं, मैं भी पहले घबराती थी। सब कुछ ईगोसेंट्रिक। अहं कि सर्वयज्ञानाम् भोक्ता च प्रभुरेव च। खुश रहिए मस्त रहिए। श्रोता में इस हीडोनिस्टिक कैलक़ुलस के चलते नयी ऊर्जा का ज़ोरदार संचार होता है। वह 'ऋणम् कृत्वा घृतं पिवेत' का वास्तविक अर्थ जान पाता है। वर्तमान की चिरन्तरता समझा पाता है। अमरीकी मार्क्सवादी विचारक फ्रेडरिक जेमेसन ने ठीक ही लिखा है–अतीत की उत्तेजित अनुभूति बढ़ती है, भविष्य की चिन्ता विलुप्त हो जाती है और वर्तमान की लड़ियाँ चिरस्थायी हो उठती हैं। यह मानव मन की रूखी सड़कों पर सरपट दौड़ती एफ.एम. की बर्निंग ट्रेन है।

कार्यक्रमों में जीवन्तता लाने के लिए एफ.एम. 'बाइट्स' की व्यवस्था करता है, सुबह-सुबह भक्तों को हरि के गुणों का रसपान करवाकर उन्हें 'स्थितप्रज्ञ' बनाता है, बॉलीवुडीय सितारों और क्रिकेट खिलाड़ियों के डुप्लीकेटों का प्रबन्ध करके उनसे मनचाही बातें कहलवाता है, हिन्दी की बिहारी टोन में बोलकर (हे महराज धमकी, जेतने प्यार से हम पड़सवा देत हैं, ना, वइसे खोपड़िया भी चीट देत हैं, हाँ!) महानगरवासियों का मनोरंजन कराता है और आजकल तो 'रात्रि के यात्री' बनकर गली-गली घूमकर सबसे कुछ अटपटे सवाल तक पूछता है ताकि आप एफ.एम. बन्द न करें। जीवन को एफ.एम. मय करने के लिए आस-पास के वातावरण की ध्वनियों को क़ैद करके नेचुरल लगने वाले 'नैट' की आकर्षक पैकेज़िंग की जाती है जिससे श्रोता को भली-भाँति यह अहसास हो सके कि वह एफ.एम. को सुन नहीं, जी रहा है। एफ.एम. सुनते-सुनते आप मधुर कल्पनाओं के कोमल संसार में जाकर नश्वरता-अनश्वरता जैसी बहसों से परे हो सकते हैं, जीवन की निस्सारता भी समझ में आ सकती है या अनजाने में ही आपसे कुछ बड़े काम सम्पन्न हो सकते हैं। क्या रेडियो जॉकी जाह्नवी के 'गुड मार्निंग मुम्बइ' को सुनकर लम्पट मुरली ने प्रोफ़ेसर मुरली का रूप धर गाँधीवाद को आचरण में उतारने में क़ामयाबी नहीं हासिल की? हम 'लगे रहो मुन्नाभाई' को छोड़ दें तो 'सलाम नमस्ते' की घटनाएँ क्या इन बातों का 'मर्म' समझने के लिए पर्याप्त नहीं हैं? फिर रेडियो ज़्यादा ख़र्चीला भी नहीं है। तो एफ.एम. सुनते रहिए। बन्द मत कीजिएगा।

मीडिया मोबाइल उर्फ़ एस.एम.एस. की दुनिया

प्रसिद्ध कीनियाई लेखक मेजा मवांगी के एक चर्चित उपन्यास का शीर्षक आम जनजीवन की बहुत छोटी चीज़ से जुड़ा है। मशीनीकृत हो चुके आज के समाज में यह शीर्षक एक छोटी और उपेक्षित-सी चीज़ का महत्त्व उद्घाटित करता है। उपन्यास का शीर्षक है : 'काकरोच डांस'। 'वीप नाट, चाइल्ड' के लेखक और क्रान्तिकारी कीनियाई साहित्यकार गुगी वा थियांगो से अपना अन्तर स्पष्ट करते हुए मवांगी लिखते हैं कि, "उन्होंने माउ-माड में सक्रिय लोगों की निजी दुःख-गाथा लिखी है जबकि मैंने निसंग मशीन के उद्घाटन का प्रयास किया है।" अफ्रीका के अधिकांश देशों के स्वाधीन हो जाने के बाद वहाँ मीडिया की ही भूमिका नहीं बदली है, तकनीकों का भी विस्तार हुआ है और साहित्य की विषयवस्तु में भी जबर्दस्त परिवर्तन हुए हैं। उन्नत मशीनों और सुविधा के साधन का पर्याय बन चुके छोटे-छोटे यन्त्रों ने मानव को 'आधुनिक' बनाया है, व्यक्ति की सोच-समझ के तौर-तरीकों को बदल दिया है और उसकी निजता में काफ़ी गहराई तक दख़लन्दाज़ी की है। मोबाइल फोन एक ऐसा ही छोटा-सा घुनघुना है जिसने सामाजिक अन्तरसम्बद्धता के नये-नये जाल बुनकर व्यक्ति को, लगभग पूरे तौर पर, मोबाइल-निर्भर बना दिया है। आधुनिक मीडिया के एक नये अंग के रूप में उभरने के साथ-साथ इसने मीडिया की कार्यशैली पर भी ख़ासा असर डाला है। अगर टेलीविज़न, रेडियो या इंटरनेट की बात करें तो मोबाइल का इन सबसे एक गहरा रिश्ता बन चुका है। क्या आपने किसी एफ.एम. रेडियो चैनल को, किसी टी.वी. शो के एंकर को या किसी कार्यक्रम में अपनी 'राय' भेजने के लिए उस कार्यक्रम के प्रस्तोता को एम.एस.एस. (शार्ट मैसेजिंग सर्विस) नहीं किया है?

मोबाइल धारकों को ज़रूर पता होगा कि अवसरों के आगमन की सूचना उन्हें कितनी सुलभता से मिल जाती है। नया साल पहले भी आता था, होली-दीवाली-ईद जैसे त्योहार पहले भी मनाए जाते थे लेकिन संचार के नये माध्यम-मोबाइल के आने के बाद ऐसे उत्सवों का माहौल अब ज़्यादा गर्म हो जाया करता है। सेलफोन

के सम्बन्ध में आपको कुछ ख़ास परिश्रम भी नहीं करना है, बस आप सेवा प्रदाता कम्पनी से आये हुए सारे सन्देशों (एम.एम.एस.) को ध्यानपूर्वक पढ़ते रहिए। जटिल जीवन के किसी-न-किसी मोड़ पर आपको आपकी जेब के अनुकूल, आपकी सोच ओर आपके व्यक्तित्व के अनुकूल स्कीमें मिल जायेंगी। कभी-कभी कम्पनियों की तरफ़ से मोबाइल धारकों को फ़ोन भी आ जाता है-'आप रोज़-रोज़ की ट्रिन-ट्रिन से ऊब गये हैं क्या? क्या आपको कॉल करने वाले लोग आपकी ट्रिन-ट्रिन सुनकर बोर हो गये हैं? डाउनलोड कीजिए टेन पॉपुलर हिट्स में से कोई एक गाना और नयापन लाइए थक चुकी ज़िन्दगी में! पॉप सांग्स के लिए 'एक' दबाएँ, क्लासिकल के लिए 'दो' दबाएँ...दुबारा सुनने के लिए 'ज़ीरो दबाएँ!' उपभोक्ता के 'अट्रैक्ट' होने की हालत में उसकी अच्छी-ख़ासी रकम का चूना लगना तय है। रिंगटोन से लेकर सिंगटोन तक और लोकल कॉल्स से लेकर एस.टी.डी. वार्तालापों तक की अलग-अलग दरें हैं, हर स्कीम के लिए अलग-अलग टैरिफ़ हैं, अलग-अलग टॉप-अप कार्ड्स हैं, भिन्न-भिन्न 'सुविधाएँ' हैं।

पर 'सुविधाओं' की इस भीड़ में कभी-कभी मोबाइलधारक बेहद असुविधाजनक स्थिति में फँस जाता है। हो सकता है कोई पुरुष किसी हेयर कटिंग सैलून में शेव करवा रहा हो या कोई महिला ब्यूटी पार्लर में अपने हेयर कर्ली करवा रही हो और ठीक उसी वक़्त मोबाइल घनघनाने लगे तो क्या हालत होगी? कई बार आप ऐसे मौकों पर जब कॉल रिसीव करेंगे तो उधर से आवाज़ आयेगी, 'कैसा रहेगा यह साल आपके लिए, जानिये अपने शहर के सबसे बड़े ज्योतिषी से...'। कुछ कम्पनियाँ ब्वॉयफ्रेंड-गर्लफ्रेंड 'कंसेप्ट' को सर्वाधिक महत्त्वपूर्ण मानती हैं इसलिए सारी रात बात करने के लिए अधिकाधिक सुविधा मुहैया कराती हैं। मसलन यह एक-चौथाई जैसे रियायती दामों को लागू किये जाने की सुविधा हो सकती है या फ़िर पूरी तौर पर मुफ़्त। बिल्कुल फ्री। बिगसाइज़ टाकटाइम और किंगसाइज़ लाइफ़। कौन नहीं लेना चाहेगा ऐसी स्कीमों को? स्कीमों की पेशगी ऐसी ही उपभोक्ता कम्पनी से एक 'बिलांगिग' महसूस करने लगता है, 'इम्पैथी' फ़ील करने लगता है और 'मेलनकोलिक' सिचुएशन से अचानक ऊपर उठकर चीते की तरह दहाड़ने लग सकता है। शायद सेलफोन को और उसकी ताक़त को देखते हुए ही संयुक्त राष्ट्र संघ में भारत का प्रतिनिधित्व कर चुके शशि थारूर ने अपनी पुस्तक का शीर्षक रखा है : दि एलीफैंट, द टाइगर एंड द सेलफोन। ज़ाहिर है कि अगर बाघ जंगल का राजा है तो मोबाइल आज बाज़ार का राजा है, अगर चीता बिजली की तरह फ़ुर्तीला है तो सेलफोन बिजली से चार्ज्ड होकर बिजली से भी ज़्यादा फ़ुर्तीला है। देखने में मोबाइल भले छोटा लगे लेकिन उसके काम छोटे नहीं हैं : देखन में छोटन लगैं, घाव करें गम्भीर!

तरह-तरह के रंग-बिरंगे मोबाइलों के विज्ञापन मीडिया में अकसर देखने-सुनने को मिल जाते हैं। किसी का स्क्रीन इतना 'चौड़ा' है कि उसमें आसमान ही समा जाये, किसी के लिक्विड क्रिस्टल्स इतने 'कलरफ़ुल' हैं कि उस एल.सी.डी. और उसके कंट्रास्ट के चलते आपके जीवन में खुशियाँ आये बिना रह ही नहीं सकतीं। लेकिन मोबाइल (और उसकी बिक्री) ही मीडिया पर निर्भर नहीं है, मीडिया (और उसकी बिक्री) भी मोबाइल पर बहुत हद तक निर्भर है। पहले पत्रकार घटनास्थल पर पैसेंजर ट्रेन की तरह पहुँचते थे, तहकीक़ात करने में तमाम वक़्त खर्च होता था तब कहीं जाकर कोई घटना कलम और स्याही पर रफ़्ता-रफ़्ता सवार होकर चर्चित हो पाती थी। मुद्दतें लग जाती थीं दूध का दूध और पानी का पानी करने में। पर अब तो यह सब चुटकी बजाने जैसा है। आज चैनलों के पत्रकार काफ़ी 'बिज़ी' हैं, जाँच-पड़ताल और छानबीन इतनी 'जटिल' हो गयी है कि 'ई-पत्रकार' हमेशा हाँफते रहते हैं। 'इवेंट्स' और 'हैपेनिंग' का बुख़ार उन्हें चैन की साँस नहीं लेने देता। स्टोरीज़ को कवर करने की ही जल्दबाज़ी नहीं है, कवर करने का दायरा भी इतना व्यापक है कि सारी की सारी घटनाओं को कवर करना है। क्या ऐसे महत्त्वाकांक्षी लक्ष्य बिना मोबाइल के पूरे किये जा सकते हैं? शायद नहीं; क्योंकि पत्रकार को सभी लोगों से लगातार 'टेलीफोनिक कांटैक्ट' में रहना पड़ता है। अगर वह क्राइम बीट देख रहा/रही है तो दरोगा-पुलिस से लेकर दूसरे चैनलों के पत्रकारों तक का 'नम्बर' उसे रखना ही पड़ेगा ताकि मामले को 'इन्वेस्टीगेट' किया जा सके, न्यूनतम मेहनत और कम-से-कम समय में। यही बात पॉलिटिकल बीट या दूसरी बीट के पत्रकारों पर भी लागू होती है; तभी तो ख़बरें, ख़बर बनने के पहले ही पता चल जाती हैं। पर आशा और खुशी की बात यह है कि आज भी, चाहे बहुत सीमित मात्रा में ही सही, ठोस पत्रकारीय मूल्य ज़िन्दा हैं, और निष्पक्ष तथा विद्वान पत्रकार समाज में मौजूद हैं।

संचार एक गतिशील प्रक्रिया है इसलिए संचार के उन माध्यमों का महत्त्व बढ़ना भी लाज़िमी है जो इस तेज़रफ़्तार गतिशीलता से संगति बैठाने में कामयाब हों। अभी ज़्यादा दिन नहीं बीते जब दूरभाष सम्पर्क के लिए घंटों इन्तज़ार करना पड़ता था, ट्रंक कॉल की मुसीबतें झेलनी पड़ती थीं और बात करने के लिए रिसीवर को अलग से कान में लगाते हुए स्पीकर मुँह के पास रखकर बोलना पड़ता था। इन चार-छह दशकों में वैज्ञानिक उन्नति और परिवहन के साथ-साथ संचार भी अधिक सुविधाजनक हुआ है, संचार की रफ़्तार बहुत तेज़ हो गयी है और संचारकों की तादाद भी बढ़ी है। एक मिनट के भीतर कोई व्यक्ति ब्रिटेन या फ्रांस से एस.एम.एस. करके भारत या अमरीका के अपने मित्रों का हाल-चाल जान सकता है। इसमें राष्ट्रीय सीमाओं या नागरिकता की 'बाउंडरीज़' जैसी कोई समस्या भी नहीं है।

शायद इन्हीं सब वजहों से आजकल 'फ़्लोटिंग सिटीजनशिप' और 'विश्वग्राम के निवासी' जैसे शब्द मीडिया में चलन में आये हैं। लेकिन एस.एम.एस. का महत्त्व सिर्फ़ इतना ही नहीं है कि वह किसी अनोखी ख़बर को संचारक से प्राप्तकर्ता तक पहुँचाता है। बहुत बार खुद एस.एम.एस. भी एक ख़बर बन जाता है। अधनंगी तस्वीरों और विभिन्न 'मुद्राओं' से लैस अश्लील वीडियो क्लिपिंग्स का एक मोबाइल से दूसरे मोबाइल तक एम.एस.एस. के ज़रिये भेजा जाना भला क्या दर्शाता है? कई बार अनजाने में अनेक भोले-भाले लड़के-लड़कियाँ मोबाइल के बहुत लम्बे और ताक़तवर हाथों के जाल में फँस जाते हैं। ऐसे निर्दोषों की तस्वीरें पूरे मोबाइल नेटवर्क में इधर-से-उधर और इस शहर से उस शहर तक घूमती रहती हैं। इस तरीके से घर परिवार की प्रतिष्ठा दाँव पर लगने के चलते कई बार युवकों-युवतियों द्वारा आत्महत्या किये जाने के मामले भी सामने आये हैं। ऐसे नकारात्मक उदाहरण यह सोचने पर मजबूर करते हैं कि विज्ञान या तकनीक सिर्फ़ वरदान ही नहीं है; अभिशाप भी है। शायद इसीलिए कवि दिनकर ने कई दशकों पहले ही लिख डाला था-सावधान मनुष्य! यदि विज्ञान है तलवार/तो दे तजकर फेंक उसे मोह-स्मृति के पार!/हो चुका है सिद्ध तू शिशु अभी अज्ञान/फूल-काँटों की नहीं तुझको अभी पहचान/खेल सकता तू नहीं ले हाथ में तलवार/काट लेगा अंग, तीखी है बड़ी यह धार। क्या ये पंक्तियाँ मोबाइल के नकारात्मक पहलुओं के सन्दर्भ में आज भी प्रासंगिक नहीं हैं?

एक एस.एम.एस. के ख़बर बनने का हालिया उदाहरण सचिन तेन्दुलकर द्वारा तथाकथित रूप से भारतीय क्रिकेट कंट्रोल बोर्ड के अधिकारियों को किया गया एस.एम.एस. है जिसमें सचिन ने हरभजन सिंह पर आस्ट्रेलिया दौरे के दौरान लगे प्रतिबन्धों को हटाने की बात की थी। चैनलों ने इस ख़बर को जमकर दिखाया। एंकरों ने चीख-चीखकर दर्शकों से गुजारिश की कि आप इस एस.एम.एस. के एक-एक शब्द को देखिए...गौर से देखिए...एक बार फिर ग़ौर से देखिए...। अगले दिन अख़बारों ने हेडिंग लगाई : 'बोर्ड ने कहा कि सचिन ने नहीं भेजा एस.एम.एस.'। ख़ैर, ख़बर तो ख़बर है, और ख़बर का खंडन उससे भी बड़ी ख़बर।

यह मोबाइल का असर ही है कि जिस तरह प्रति व्यक्ति आय नापकर किसी देश की अमीरी-ग़रीबी का आकलन किया जाता है, उसी तरह आजकल 'टेली डेंसिटी' भी नापी जा रही है। विश्व के मानचित्र पर अनेक रंगों के ज़रिये प्रति हज़ार व्यक्तियों पर टेलीफोन की संख्या दर्शाई जाती है। सर्वेक्षण बताते हैं कि अब वह दिन दूर नहीं है जब भारत में अमरीका और रूस से कहीं ज़्यादा मोबाइल धारक होंगे। ख़ासकर तब इस बात पर हैरत कैसे हो सकती है जब अपने देश में हर महीने साठ लाख नये परिवार मोबाइल से जुड़ रहे हों? फिर मोबाइल कम उपयोगी भी

नहीं है। बैठे-बैठे एक एस.एम.एस. के ज़रिये दुनिया के किसी भी कोने में खेले जा रहे क्रिकेट मैच का स्कोर जाना जा सकता है, पी.एन.आर. नम्बर का उपयोग करके रेलवे में अपने आरक्षण की स्थिति जानी जा सकती है, देश-विदेश की ख़बरें और ताज़ातरीन न्यूज़ हेडलाइंस पढ़ी जा सकती हैं, और बटन दबाते ही बैंक खाते से जुड़ी जानकारियाँ हासिल की जा सकती हैं। फोन बैंकिंग का इस्तेमाल न करने की वज़ह से आपको 'लो स्टेटस' या 'ट्रेडिशनल' या 'नॉन अपडेटेड पर्सन' जैसे विशेषणों के साथ रखा जा सकता है। रूठे लोगों को सिर्फ़ दो-चार रुपये में 'सॉरी' लिखकर मनाया जा सकता है; मामला गम्भीर हो, तो 'रियली वेरी सॉरी' जैसा अचूक अस्त्र भी एस.एम.एस. किया जा सकता है।

और आजकल तो इंटरनेट जैसा मज़बूत ख़जाना भी मोबाइल पर उपलब्ध है। यह 'तन्हाई' का अहसास नहीं होने देता और आपको हमेशा बाक़ी दुनिया से 'कनेक्टैड' रखता है। दूरियाँ तो ख़त्म हुईं ही हैं, 'बोरियत' भी विदा हो रही है। यह मोबाइल की महिमा नहीं तो और क्या है कि आप अपने कैमरेवाले मोबाइल से हर ऐसी चीज़ की तस्वीरें ले सकते/सकती हैं जो आपको रुचिकर लगे। हो सकता है कि किसी घटनास्थल तक पहुँचने में चैनल के कैमरामैन को देर हो जाये तो कुछ देर तक की घटनाओं को बड़े आराम से मोबाइल के छोटे परदे पर 'सेव' किया जा सकता है। आजकल तो किसी फ़िल्म के रिलीज़ होने वाले दिन सिनेमा हाल या मल्टीप्लेक्सों में लोगों द्वारा कुछ उत्तेजक दृश्यों को 'कैप्चर' करने का चलन भी ज़ोर पकड़ रहा है। मोबाइल में मुहैया रेडियो कई बार सफ़र को 'सुहाना' बना देता है और सफ़र के लम्हों को यादगार। आपने ऐसे लड़के-लड़कियों को तो देखा ही होगा जो कानों में कनखजूरा (इयरफोन या हेडफोन) लगाकर आराम से सड़कों पर चलते रहते हैं, भीतर ही भीतर संगीत का रस लेते रहते हैं या अपने किसी अतिप्रिय से बातचीत करते रहते हैं? ऐसे में पीछे से आ रही गाड़ियों का हॉर्न सुनना भी उन्हें बेमानी ही लगता होगा।

आजकल मोबाइल के दाम भी घट रहे हैं। यह एक सकारात्मक संकेत है। कैसे? मान लीजिए आप रिक्शे में बैठकर बस स्टॉप से अपने घर जा रहे हैं कि अचानक मोबाइल का घनघनाना आपको सुनाई पड़ता है। आप अपना मोबाइल टटोलते हैं, दायीं जेब में, बायीं जेब में...। तब तक रिक्शवाले को आप मोबाइल पर बात करते पा जायेंगे-'हाँ, हाँ...किधर है तू यार! सवारी छोड़कर मुझे बड़े गोल चक्कर पर मिल...तब तक मैं भी फलाँ अपार्टमेंट्स में सवारी छोड़कर फ्री होता हूँ...।' यह पूँजीवादी भूमंडलीकरण से उपजा इक्कीसवीं सदी का 'मोबाइल समाजवाद' है। इस समाजवाद के साथ मीडिया भी खड़ा है। अपने कल-पुरजों के साथ। सी.ई.एम. जोड़ ने शायद ठीक ही कहा था कि समाजवाद एक ऐसे टोप की

तरह है जिसे हर कोई पहन लेता है, और इसलिए अब उसकी शक्ल पहचानने में नहीं आती। यानी समाज में दो वर्ग हैं–एक, जिसके पास मोबाइल है और दूसरा, जिसके पास नहीं है। पर मुक़्त पूँजी, कारपोरेटीय विस्तार और पॉपुलर कल्चर के प्रचार–प्रसार को देखते हुए कहा जा सकता है कि दूसरे वर्ग का आकार दिनोंदिन छोटा होता जा रहा है, और एक दिन ऐसा आयेगा जब सभी के पास मोबाइल होगा। यह 'समतामूलक' और 'वर्गहीन' समाज होगा जिसमें सबके व्यवहार-विचार एक-से होंगे। मीडिया का प्रभाव चहुँओर व्याप्त होगा, और सभी लोग बर्गर–पिज़्ज़ा खाएँगे, कोक–पेप्सी पिएँगे और इतने एक–से हो जायेंगे कि आपस में लड़ाई–झगड़े की नौबत ही नहीं आयेगी। न्यूयॉर्क टाइम्स के पत्रकार टॉमस एल. फ्रीडमैन अपनी पुस्तक 'वर्ल्ड इज़ फ़्लैट' में कुछ ऐसी ही बातें कहते हैं। पर सवाल है कि ऐसे समाज में किस संस्कृति और किस विचारधारा का प्राधान्य होगा?

मोबाइल संचार एक आधुनिक साधन है और संचार की प्रक्रिया में प्रतिक्रिया यानी फ़ीडबैक का महत्त्व कम नहीं है। यह फ़ीडबैक मीडिया और दर्शक के बीच की अन्तर्क्रियात्मकता को बढ़ाता है और मीडिया को जनप्रतिनिधिमूलक होने की ओर नयी दिशा दिखाता है। जनता आज अपने फ़ीडबैक के सहारे ही तो किसी व्यक्ति विशेष को रीयलिटी शोज़ में विजेता घोषित करती है। यह मोबाइल और उसके एस.एम.एस. का ही प्रताप है कि ताजमहल को लेकर लाखों–लाख लोगों ने अपनी राय दी। मीडिया ने जनता के साथ जो किया, वह अलग चीज़ है; आज के ज़माने में बड़ा सवाल तो यह है कि जनता मीडिया के साथ क्या करती है? लोग मीडिया के साथ क्या करती है? लोग मीडिया को कैसे और किस नज़रिये से देखते हैं और उसका कैसेउपयोग करते हैं? एलिहू काट्ज़ जैसे विद्वानों ने इस बात का खंडन किया है कि लोग पैसिव हैं और सारा काम मीडिया ही करता है। उनका कहना है कि आज ऑडियन्स एक्टिव हैं, पैसिव नहीं। वास्तव में यह उपयोग और सन्तुष्टि का सिद्धान्त है। यानी, लोगों को जो ज़्यादा उपयोगी और ज़्यादा सन्तुष्टिदायक लगेगा, लोग उसी (चैनल, टेलीविज़न, रेडियो, इंटरनेट, अख़बार या मोबाइल) को देखेंगे, सुनेंगे और पढ़ेंगे।

विल्बर स्रैम जैसे विद्वानों का इसलिए मानना है कि उस मीडिया के चुनाव की सम्भावना सबसे ज़्यादा होती है जहाँ पर उपयोगकर्ता को सर्वाधिक सन्तुष्टि का वायदा मिलता हो और इस सन्तुष्टि को प्राप्त करने के लिए जहाँ उसे कम–से–कम प्रयास करने पड़ते हों। इन कसौटियों पर टेलीविज़न या अख़बारों के साथ–साथ मोबाइल को भी जाँचा–परखा जा सकता है। उदाहरण के लिए, अधिकतर लोग टेलीजिवन को अख़बरों से ज़्यादा इसलिए पसन्द करते हैं क्योंकि टेलीविज़न में दर्शक को ज़्यादा प्रयास नहीं करने पड़ते। कम पृष्ठोंवाले अख़बार ज़्यादा पृष्ठोंवाले

अख़बारों से ज़्यादा पसन्द किये जाते हैं क्योंकि वहाँ पर पाठक को कम कोशिशें करनी पड़ती हैं (हालाँकि इसके अपवाद भी हैं)। अगर मोबाइल की बात करें तो इसका उपयोग करने के लिए मोबाइल धारक को कोई ख़ास परिश्रम नहीं करना पड़ता। बस कुछेक बटनों को दबाना भर होता है। बेशक यह बात सही है कि मोबाइल आज विलासिता की नहीं, आवश्यकता की वस्तु बन गया है। पर यह कहना ग़लत नहीं होगा कि मोबाइल क़रीब सत्तरा फ़ीसदी मामलों में अनावश्यक रूप से ही प्रयुक्त किया जाता है। मसलन, कुछ लोग हमेशा मिस कॉल ही करते रहते हैं। बच्चों को आप कमरे में पढ़ने के लिए भेजेंगे, वे दरवाज़ा अन्दर से बन्द करके मोबाइल पर गेम खेलते रहेंगे। या फिर वे रेडियो चैनल वाले शर्मा जी को अँग्रेजी में अपना सवाल टाइप करते हुए पूछेंगे–'शर्मा जी। मेरे मरने के बाद मेरी गर्लफ्रेंड का क्या होगा?' शर्मा जी ने इस सवाल का एक दिन सहज और प्रामाणिक उत्तर दिया–'मैं औरों की तो नहीं जानता, लेकिन मैं अपनी सेवाएँ देने के लिए तैयार हूँ।' एफ.एम. रेडियो चैनलों का मीडिया श्रोताओं को आकर्षित करने के लिए आजकल एक से बढ़कर एक नये तरीके ईजाद कर रहा है। इन तरीकों में मोबाइल की भूमिका गानों की फ़रमाइश से लेकर डॉक्टर लव के कार्यक्रमों तक सर्वप्रमुख है।

क्या मोबाइल का जनंसचार से कोई सम्बन्ध है? मोबाइल सामाजिक संरचनाओं को कितना और किस तरह प्रभावित करता है? मोबाइल के तकनीकी पहलुओं पर विमर्श उतना महत्त्वपूर्ण नहीं है जितना उसके सामाजिक पहलुओं पर। मानवीय संचार के एक विस्तृत स्वरूप की तरह मोबाइल समेत जनसंचार के सभी साधन एक नये समाजशास्त्रीय दृष्टिकोण की माँग करते हैं। इन साधनों से विवाह, परिवार, नातेदारी या सामाजिक समूहों जैसी अवधारणाओं पर ही असर नहीं पड़ा है, व्यक्तियों की भूमिकाएँ भी बदलीं हैं और इन भूमिका समुच्चयों पर नये किस्म के दबाव भी सामने आये हैं कि आज कोई भी अफ़सर या नेता उतने आराम से रिश्वत नहीं ले सकता, जितने आराम से पहले ले सकता था। क्या भ्रष्टाचारी लोग डंक पत्रकारिता या स्टिंग ऑपरेशनों के आतंक से 'भयाक्रान्त' नहीं होते? जहाँ तक पश्चिमी समाजों की बात है, चार-पाँच दशक पहले ही वहाँ जनसंचार के साधनों को सामाजिक परिवर्तनों का वाहक माना जाने लगा था। भारत के सन्दर्भ में हमें ध्यान रखना चाहिए कि हमारा लोकतन्त्र अशिक्षा, भुखमरी, कुपोषण और साम्प्रदायिक चुनौतियों जैसे अनेक सवालों से आज भी जूझ रहा है। मीडिया द्वारा प्रसारित सन्देशों और प्रेषित कार्यक्रमों के प्रति सभी लोग समानतापूर्वक सक्षम नहीं हैं कि वे अपनी प्रतिक्रिया दे सकें। और जब तक हर आम भारतीय अपनी राय ज़ाहिर करने में सक्षम न हो जाये, उसे न्यूनतम आर्थिक संसाधन और सुविधाएँ न मुहैया करा दी

जायें, किसी राय को भारत का 'प्रतिनिधित्व करने वाली राय' कैसे कहा जा सकता? ऐसे हालात में मीडिया द्वारा मोबाइलों के सहारे अकसर प्रक्षेपित किये जाने वाले जनमत संग्रह यानी रिफ़रेंडम को क्या वास्तव में 'जनमत' कहा जा सकता है?

आटो एन लारसन ने अपनी विख्यात कृति 'सोशल इफ़ेक्ट्स ऑव मास कम्युनिकेशन' में मीडिया के सामाजिक प्रभावों की थोड़ी-बहुत पड़ताल की है। उन्होंने लिखा है कि जनसंचार का अर्थ है-किसी अवैयक्तिक साधन से अपेक्षाकृत बहुत से जनों को एक ही समय में किसी सन्देश का प्रेषण। मसलन, नये साल पर आपके मोबाइल में किसी के दिल की गहराई से उपजा एक मार्मिक सन्देश आता है। आप पढ़कर उस सन्देश को 'सेंड टू ऑल' कर देते हैं और वही सन्देश, बिना ज़रा भी हेरफ़ेर, के आपके सभी मित्रों तक पहुँच जाता है। इस मीडिया मोबाइल की इस मैसेज़ फारवर्डिंग प्रणाली की क़ामयाबी के लिए सिर्फ़ इतना ज़रूरी है कि आपके सभी मित्रों के नाम आपके मोबाइल की 'फोन बुक' में दर्ज हों। सुविधा भी ऐसी है कि आपको सिर्फ़ नाम भर दर्ज़ करना है, बाक़ी 'अल्फ़ाबेटिकल ऑर्डर', (वर्णक्रमानुसार) को मोबाइल खुद ही 'फ़ॉलो' कर लेगा। पलक झपकते ही आप हज़ारों लोगों को क्रिसमस या न्यू ईयर 'विश' कर डालते हैं।

लेकिन कृत्रिम की इस कन्दरा में शुभकामनाएँ संवेदनामूलक न होकर, मशीनीकृत हो जाती हैं। उस मोबाइल मैसेज में आपकी कोई सृजनात्मकता, आपकी अपनी कोई भावना है ही नहीं। कम से कम, सम्बन्धों का वह गुरुत्व तो हर्गिज़ नहीं जो हाथ से लिखे गये एक पत्र में झलकता है। तो मोबाइल को क्या इस बात का 'श्रेय' नहीं दिया जाना चाहिए कि द्रुत मीडिया के तुरन्ताबाज़ युग में आज उसने पत्र लिखने की रचनात्मक और भावनात्मक सोच को काफ़ी हद तक कुन्द कर डाला है? कौन उठाए ज़हमत, पत्र लिखने की? क्यों न यह सोचकर अपना बचाव कर लिया जाये कि पत्र पाने वाले को भी ख़त पढ़ने की फुर्सत कहाँ होगी? फिर डर भी है, कि कोई 'बाबा आदम' के ज़माने का न समझ ले। हाँ, हिलोरें मारता ऊर्जावान किशोर मन भले ही कभी-कभार गीत सुन लेता हो : 'पहले प्यार की पहली चिट्ठी, साजन को दे आ...कबूतर जा जा जा...।' लेकिन सांस्कृतिक आघात आपको माथा खुजलाने पर मजबूर कर सकता है, जब आप सुन रहे हों-'व्हाट इज़ मोबाइल नम्बर...करूँ क्या डायल नम्बर...।' यक़ीन न हो तो उन अभिभावकों से पूछिए जिनके जवान लड़के-लड़कियाँ रात भर मोबाइल में खटर-पटर किया करते हों और अभिभावकों की नींद हराम कर देते हों। कुछ तो तकनीकी हलचलों के चलते और कुछ सामाजिक लोक लाज की वज़ह से।

मीडिया मोबाइल एक अलग किस्म की 'मोबाइल कम्युनिटी' और 'मोबाइल कल्चर' से भी जुड़ता है। यह कम्युनिटी व्यग्र-व्याकुल, उतावली और 'डायनेमिक'

किस्म की है, जहाँ अधिकतर मोबाइल धारकों को 'फालतू' की बातों के लिए फ़ुर्सत नहीं है। यह 'इंडिविजुअलिटी' का स्वागत करती है और 'अपनी खुद की, बिलकुल और सिर्फ़ अपनी ही मर्ज़ी' की मालिक है। यहाँ अँग्रेज़ी की जानकारी अनिवार्य है लेकिन अगर अँग्रेज़ी नहीं आती तो कम-से-कम हिन्दी के वाक्य को अँग्रेजी का सहारा लेकर रोमन लिपि के बूते एस.एम.एस. करना आना ही चाहिए। 'सामुदायिकता' का अहसास ज़रूर होगा लेकिन सिर्फ़ आभासी अहसास। प्रमिला के.पी. ने अपने ग्रन्थ 'कविता का स्त्रीपक्ष' में शायद इसीलिए लिखा है, "भारतीय समाज की सामुदायिक ख़ासियतें थीं। वैश्विक होड़ में उसका स्वभाव 'मास सोसायटी' में परिवर्तित हो रहा है। इस सभ्यता पर बाज़ार का नियन्त्रण है, यन्त्रों व इलेक्ट्रॉनिक साधनों का प्रवाह है। अंग्रेज़ी का वर्चस्व इतना जबर्दस्त है कि युवा पीढ़ी की दैनन्दिन भाषा 'संकर भाषा' बन गयी है। टी.वी., मोबाइल, इंटरनेट के ज़रिये वैश्विक मानकों की स्थापना हो रही है।" पूछ जाना चाहिए कि प्रत्येक को "वैश्विक मानकों' की वर्तमान दौड़ में क्यों धकेला जा रहा है? वास्तव में, यह एक ऐसे जुआरी के साथ जुआ खेलने जैसा है जहाँ चित्त आये तो भी आप हारते हैं, पट आये तो भी आप ही हारते हैं और लगातार हारते हुए भी आप 'जीतने का सुख' पाते हैं। कैसे? मोबाइल स्क्रीन पर गेम जीतकर; स्क्रीन पर ऊँचे-ऊँचे स्कोर बनाकर या फिर किसी के मोबाइल मेसेज़ के बदले एक ऐसा 'कलर एस.एम.एस.' या 'पिक्चर एस.एम.एस.' भेजकर कि पानेवाला 'परास्त' महसूस करेगा, दंग रह जायेगा। क्या छल-छद्म, भुलावे और ग़लतफ़हमियों में बनाये रखने का इससे बढ़िया उदाहरण कहीं और मिल सकता है? यह मानव-मनोविज्ञानों की संवेदनशील नसों की नब्ज़ पकड़ने जैसा है। क्या अरस्तू का विरेचन सिद्धान्त कुछ ऐसी ही बातें नहीं कहता?

मीडिया मोबाइल के कुछ फ़ायदे बेशक हैं, पर नुकसान ज़्यादा हैं। मोबाइल का ज़्यादा प्रयोग सेहत सम्बन्धी तमाम मुसीबतों को जन्म देता है। मसलन, शरीर में ऊपर की पॉकेट में रखा मोबाइल हृदयगति पर नकारात्मक असर डालता है, कानों में हमेशा ट्रिन-ट्रिन की घनघनाहट सुनाई देनेवाला रोग रिंगिंगजाइटिस भी मोबाइल की ही उपज है और दिनभर बार-बार मोबाइल के की-पैड पर बटन दबाते रहने से अँगूठा माँसपेशियों की निष्क्रियता यानी कारपल टनल सिंड्रोम का भी शिकार हो सकता है। अगर भारतीय चिकित्सा अनुसन्धान परिषद की रपट पर ग़ौर किया जाये तो ज़ाहिर है कि मोबाइल का हानिकारक विकिरण नपुंसकता की वज़ह भी बन सकता है। हवाई यात्रा या फ़िल्म का टिकट बुक कराना ज़रूर फ़ायदेमन्द हो सकता है लेकिन एस.एम.एस. की यह दुनिया बड़ी विचित्र है। सीधे-सपाट, उल्टे-सीधे और अपूर्ण या अशुद्ध वाक्यों का वाहक बन चुका एस.एम.एस. भाषा और व्याकरण

के नियमों को ताक पर रख देता है। मोबाइल या एस.एम.एस. के बिना कुछ लोगों को ज़िन्दगी भले ही बेनूर और बकवास लगे लेकिन तकनीकी उन्नति की कीमत समाज को पारम्परिक शिष्टाचार या सलीकों को गँवाने के रूप में चुकानी पड़ रही है।

अगर यह मीडिया और उसके द्वारा प्रसारित मूल्यों का असर नहीं तो और क्या है कि हर किसी को उससे महँगा मोबाइल ख़रीदने का फ़ोबिया सवार रहता है जो उसके पास पहले से मौजूद है? औद्योगिक युग की रफ़्तार और मीडिया के विकास के कारण मोबाइल जैसे साधन सामाजिक-आर्थिक विकास के लिए भले ही महत्त्वपूर्ण हो गये हों किन्तु बड़ा सवाल तो यह है कि इन इलेक्ट्रॉनिक साधनों के स्वामित्व का पैटर्न आज क्या है? जब किसी घर में दर्जनों मोबाइल मौजूद हों और किसी घर को एक भी नसीब न हो, जब जनसंचार की अवधारणा को स्वस्थ या सन्तुलित कैसे माना जा सकता है? स्वामित्व का ऐसा पैटर्न किस चीज़ पर ज़्यादा ज़ोर देगा? विश्व संस्कृति निर्माण पर या स्थानीय लोकसंस्कृति की रक्षा पर? क्या ऐसा पैटर्न सामाजिक-सांस्कृतिक धरोहरों और विरासतों का वाहक होगा या फिर ग्लोबल मूल्यों का अन्ध-अनुगामी? आज राजनीतिक क्षेत्र में भी चुनाव प्रचार के दौरान मतदाताओं को एस.एम.एस. करके लुभाया जाने लगा है। सत्ता की होड़ में बने राजनीतिक समीकरण भी मोबाइल से अप्रभावित नहीं है। तो मोबाइल को क्या माना जाये-एकध्रुवीय विश्व में ग्लोबल विलेज का नेतृत्व करने वाला नायक या तीसरी दुनिया के ग़रीबों को सापेक्ष वंचना से भर देने वाला खलनायक? आज सामाजिक यथार्थ को जानने के लिए उपलब्ध तीनों पक्षों-संस्कृति, अर्थव्यवस्था और राजनीति-में से कौन-सा पक्ष मोबाइल के 'छोटे मीडिया' या एस.एम.एस. की दुनिया से बाहर है? जब कलाकार की प्रतिभा का फ़ैसला मोबाइल के एस.एम.एस. करने लगें तो क्या यह कहना ग़लत होता कि सांस्कृतिक विकास ढर्रे से उतर गया है; कि जन कलाकारों के बीच कला की नहीं व्यापारिक मध्यस्थों की भूमिका बढ़ गयी है? माना कि मोबाइल के पास बहुत सारी शक्तियाँ हैं, उसके पास अनेक वरदान हैं लेकिन हमें ध्यान रखना चाहिए कि कहीं यह भस्मासुर की तरह, वरदान देने वाले को ही अपना निशाना न बना ले!

सप्लीमेंट्स : नायाब कहानियाँ

अभी ज़्यादा दिन नहीं बीते जब हमारे राष्ट्रपति ने कहा था कि भारत को विकसित बनाने में मीडिया को एक प्रभावी, शक्तिशाली और अपेक्षाकृत ईमानदार भूमिका निभानी है। मीडिया को चाहिए कि वह गाँवों के विकास पर अधिक ध्यान दे क्योंकि प्राचीनतम वैश्विक सभ्यताओं के धनी भारत की आत्मा गाँवों में ही बसती है। राष्ट्रपति की प्रमुख बातों में ग़ौरतलब बात यह थी कि अख़बारों की विश्वसनीयता समाचार और संचार के दूसरे माध्यमों की तुलना में ज़्यादा होती है। इसीलिए अख़बारों की ज़िम्मेदारियाँ गुरुतर हैं। आज जब ख़बरिया चैनलों की महत्ता स्थापित करने के लिए यह बताया जा रहा हो कि ज़माना 'ब्रेकिंग न्यूज़' का है, तब यह बात और भी ज़्यादा रोचक हो जाती है। ख़ासकर 'जूम-इन' और 'जूम-आउट' के इस उन्नत ज़माने में जब नयी तकनीकों से युक्त टेली-प्रांप्टरों का प्रयोग किया जा रहा हो और ख़बरों का वक़्त और क्रम तय करने के लिए बनी सूचनावली (जिसे 'रनडाउन' कहते हैं) पर भी बहसें आम हो चुकी हों, तब ये सारी बातें चिन्तन-मनन और विमर्श-विश्लेषण का एक प्रासंगिक अवसर मुहैया कराती हैं। प्रतिस्पर्धा की लकीरें सिर्फ़ इतनी ही नहीं हैं कि उदारीकरण या भूमंडलीकरण के चलते एक अख़बार दूसरे अख़बारों के साथ होड़ की दौड़ में शामिल है। प्रतिस्पर्धा प्रिंट और इलेक्ट्रॉनिक (और अब तो इंटरनेटीय पत्रकारिता भी) के माध्यमों के बीच भी है। पत्रकारीय दस्तकें क्या इस प्रश्न का उत्तर देने में समर्थ हैं कि राज्य की भेदन-क्षमता या विकास के कारण मिलनेवाले लाभों में कितनी समतामूलकता है; उनमें आम आबादी का कितना हित-चिन्तन निहित है और वे अपने लक्ष्यों में किस सीमा तक क़ामयाब हैं? प्रसार केवल दिल्ली से प्रकाशित राष्ट्रीय दैनिकों का ही नहीं बढ़ा है, ज़िला या तालुका के स्तर के समाचार-माध्यमों (यानी अख़बारों) का भी बढ़ा है। बढ़ती प्रसार संख्या, समाचार पत्रों को 'आकर्षक' बना डालने की 'दृढ़' इच्छाशक्तियों और सभी प्रकार के पाठकों को 'बाँधे' रखने की लालसाओं के कई परिणाम सामने आये हैं। अख़बारों द्वारा रंग-संयोजन और साज-सज्जा या ग्राफ़िक-डिज़ाइनिंग

करने के नये तरीक़े तो उभरे ही हैं, परिशिष्टों अथवा सप्लीमेंटों का निकाला जाना और उन्हें सीढ़ी-दर-सीढ़ी या पीढ़ी-दर-पीढ़ी ख़ूबसूरत बनाते चले जाना भी कम उल्लेखनीय नहीं! क्या आज कोई ऐसा अख़बार है जो दो-चार रंगीन पृष्ठों का सप्लीमेंट न देता हो? आधुनिक और उत्तर-आधुनिक जीवनशैली में भागदौड़ से थककर चूर हो चुके पाठक के 'भारी' मूड को 'हल्का' बनाने की ये कोशशें सिर्फ़ दो-चार पृष्ठों के सप्लीमेंटों तक ही सीमित नहीं; कभी-कभी इन सप्लीमेंटों में पृष्ठों की तादाद बीस, तीस, चालीस या इससे भी ज़्यादा हो सकती है। यह भी कि कई बार 'बूढ़ी' और 'बारीक' आँखों को भी ज़बरदस्त भ्रम हो सकता है कि प्रमुख समाचार पत्र कौन-सा है और उसके साथ 'मुफ़्त' में मिला सप्लीमेंट कौन-सा है। ऐसी स्थितियाँ आम हैं क्योंकि 'एक के साथ एक फ्री' वाले आज के दौर में सप्लीमेंटों के सामने कई बार प्रमुख पत्र बौने साबित हो जाते हैं।

इन सप्लीमेंटों के लक्ष्य क्या हैं? क्या जनजागरूकता फैलाना, मनोरंजन करना या किसी परम-पावन उद्देश्य या विचारधारा का प्रचार-प्रसार करना? ये लक्ष्य क्या हाशिए के वंचित लोगों को मुख्यधारा में लाने की कोशिश करते हैं या फिर 'आधी दुनिया' के 'कल्याण' तक ही सीमित हैं? जहाँ महिलाओं की पुरानी और 'जड़' छवि को तोड़कर उन्हें यह बताना है कि वे किस तरीक़े से 'स्लिम' दिखकर या 'ब्रांडेड' (लेकिन काफ़ी कम) कपड़े पहनकर पुरुषों को रिझा सकती है, वहीं युवकों को भी ये सप्लीमेंट निर्देश देना नहीं भूलते। 'क्या करें जब गर्लफ्रेंड रूठ जाये', 'लव के नुस्खे' या 'पुरानी गर्लफ्रेंडों को कैसे भुलाएँ' जैसे शीर्षकों से सभी लोग परिचित हैं। 'हॉट-स्पाटों' और 'कपल्स प्लेसेज़' से लेकर राशिफल तक सब कुछ बता डालने वाले ये परिशिष्ट समय के साथ नये और विस्तृत आयाम ग्रहण करते गये हैं। क्या यह प्रमाण कम है कि अपने समाज में पितृपक्ष की पावन परम्परा की मौजूदगी के बावजूद हम उसे दरकिनार कर 'फादर्स डे' मनाते हैं? लेकिन प्रतिमान-निर्धारणों की ये कड़ियाँ 'फ्रेंडशिप डे' और 'वैलेंटाइन डे' तक भी जाती हैं। इस मुकाम पर पहुँचकर ये सप्लीमेंट 'वैलेंटाइन गुरु' (और इसी बहाने आधुनिक 'लव-गुरु') की महिमा का बख़ान करने नहीं अघाते। हालाँकि विवाहेतर सम्बन्धों या तलाक की कड़वी प्रक्रिया का यथार्थ बयाँ करना इनके बूते की बात नहीं है, इसलिए यह काम ये सप्लीमेंट कहानीकारों और लेखकों को सौंपकर वहाँ भी श्रेय लूटने की ही फ़िराक में रहते हैं।

सप्लीमेंटों के लिए विषयों का चयन अनिवार्य रूप से अख़बार की संपादकीय और अन्य नीतियों से जुड़ा है। क्या कभी इन विषयों पर सप्लीमेंट निकाले जा सके हैं कि भारत में अलगाववाद या हिंसा क्यों एक बड़ी आन्तरिक चुनौती के रूप में उभरी; कि बीटी कॉटन का बीज आंध्र प्रदेश में प्रतिबन्धित होने के बावजूद महाराष्ट्र

में धड़ल्ले से क्यों बेचा गया; कि पंजाब में किसानों की 'आय' भी बढ़ी और वे आत्महत्या भी करते रहे; कि शास्त्रीय संगीत दूरदर्शन के अलावा अन्य चैनलों पर क्यों नहीं सुनने को मिलता...कि साहित्यकार मृत्यु के पश्चात् ही प्रसिद्धि क्यों पाता है...वगैरह? फणीश्वरनाथ रेणु के 'मैला आँचल' का ओं प्रकाश द्वारा प्रकाशन हो या फिर आर्थिक परेशानियों में उलझने पर राजकमल प्रकाशन को अपने ज्ञानपीठ पुरस्कार की पूरी राशि देने की पन्त जी की पेशकश–यह लेखकों और प्रकाशकों के बीच के गहरे मधुर सम्बन्धों को ही रेखांकित करते हैं। आवारा पूँजी के दबावों के चलते आज इनके बीच सम्बन्धों में क्यों मात्रात्मक और गुणात्मक परिवर्तन आ गये हैं? क्या ये परिवर्तन किसी सप्लीमेंट के लिए 'शोध' का विषय नहीं हो सकते? वास्तव में सप्लीमेंटों के लिए विषयों का चयन ही वह प्रारम्भिक बिन्दु है जहाँ से 'मुफ़्त' में दिये जाने वाले ये परिशिष्ट अपनी 'दुर्गम' और 'बीहड़' यात्रा शुरू करते हैं।

'बिग ब्रदर', 'बिग बॉस' और 'रियलिटी शो' की बहसों के बीच गोरे लोगों के देश ने एक 'अश्वेत' नायिका को 'विजेता' बनाकर ही उसके देश वापस भेजा। नस्लवादी टिप्पणियों को लेकर सारे सप्लीमेंट्स भर गये, 'रेडियो फ़ाइव-लाइव' पर जमकर दृष्टिकोण-मंथन हुआ और 'चैनल फ़ोर' ने 'सबकुछ' दिखाकर वाहवाही लूटी। ब्रिटेन के 'दि टेलीग्राफ़' से लेकर टेबलॉयड समाचारपत्र 'सन' तक ने उनके राष्ट्र को 'धक्का' पहुँचानेवाली इस ख़बर को जमकर छापा और तीस हज़ार लोगों की 'शिकायतों' पर नाराज़गी ज़ाहिर की। एक साधारण व्यक्ति के रूप में कार्यक्रम में प्रवेश करने से 'विजेता' बनकर वहाँ से लौटने और सदियों से अपनी गरिमा के लिए विश्वविख्यात शाही परिवार के साथ 'चाय-पानी करने' तक की यह कंटकाकीर्ण यात्रा क्या बिना सप्लीमेंट्स के सम्भव हो सकती थी? यह बात अलग है कि इस मामले में सप्लीमेंटों ने प्रमुख भूमिका नहीं निभायी। मुख्य काम किया हेडलाइनों ने और ज़बरदस्त सहायक भूमिका निभाकर सप्लीमेंटों ने इसे बख़ूबी मंजिल हासिल होने तक लगातार अंजाम दिया।

किन्तु सप्लीमेंटों ने दैनिक जीवन के लिए कोई भी उपयोगी काम नहीं किये हैं–ऐसा विचार एकतरफ़ा और अधूरा है। युवाओं को रोज़गार और कैरियर के अवसरों के बारे में नयी दिशाएँ और नयी राहें दिखाई हैं; लड़कियों को ब्यूटीशियन का कोर्स कराया है ताकि वे ब्यूटी पार्लर खोल सकें; कई बार कुछ रोगों के उपचार भी उपलब्ध कराये हैं; घर में बैठे-बैठे जिम करने की सुविधा दी है, यह बताया है कि किस रंग के कोट के साथ किस कलर की टाई 'मैच' करती है, क्विज़-शृंखला देकर बच्चों की जिज्ञासु और वैज्ञानिक मनोवृत्ति को बढ़ावा दिया है और बहुत बार पुस्तकों की समीक्षाएँ तक छापी हैं। लेकिन इनमें से अधिकतर विषय ऐसे हैं जिनसे

हमारे देश की क़रीब एक तिहाई आबादी का कोई लेना-देना नहीं है। रोज़गार के अवसरों में बढ़ोतरी की जानकारी देते समय क्या कारपोरेट हितों का संरक्षण नहीं किया गया है? ब्यूटीशिन वाले कोर्स में क्या कॉस्मेटिक उत्पादों की बिक्री बढ़ाने का लक्ष्य निहित नहीं है जिनका सम्बन्ध बहुराष्ट्रीय कम्पनियों के अनिवार्य हितों से है? तथाकथित क्विज़ों ने बच्चों में कल्पनाशीलता की वृद्धि करने की बजाय उनमें कल्पनाधिक्य भरकर उन्हें कल्पनाहीन बनाने का ही उपक्रम अधिक किया है। आज देश में कुल मिलाकर अठारह दैनिक हैं जो पचास लाख पाठकों वाले क्लब में शुमार हो चुके हैं, लेकिन क्या बच्चों के सर्वांगीण विकास पर समग्रता में ध्यान दिया गया है?

पत्रकारिता मिशन से उतरकर व्यवसाय और फिर और भी नीचे उतरकर कहाँ जा रही है, यह चिन्ता की बात है। लेकिन आज का सच यही है कि भारत में विज्ञापन राजस्व में उल्लेखनीय वृद्धि हुई है। पिछले साल मास्को में हुए विश्व समाचारपत्र संघ के सम्मेलन में भी यह बात स्वीकार की गयी थी। अख़बारों की बिक्री जहाँ चीन, जापान या भारत में बढ़ी है, वहीं अमेरिका और जर्मनी जैसे देशों में वह घटी है। आज जब एक वर्ष में भारत में विज्ञापन राजस्व 107 प्रतिशत से भी अधिक बढ़ जाता हो तब सप्लीमेंटों पर ग़ौर करना और भी ज़्यादा ज़रूरी हो जाता है।

समाजशास्त्र की प्रश्नावलियों की तरह सवाल बनाकर उनके जवाबों का विश्लेषण किया जाता है। वृद्धों और वरिष्ठ नागरिकों को अलग से देखा जाता है; महिलाओं को अलग से और ज़मीन-जायदाद के मसलों को एक बिल्कुल दूसरे कोण से। गुड़गाँव, फरीदाबाद और नोएडा में से कहाँ पर रीयल एस्टेट का कारोबार मन्दा है, कहाँ ज़मीनें सस्ती हैं, कहाँ-कहाँ जाने-माने बिल्डर्स ने ऐसी-ऐसी कॉलोनियाँ बनाने में क़ामयाबी हासिल कर ली हैं कि उनमें रहने वालों को 'अलौकिक' अनुभव प्राप्त होकर ही रहेगा-यह आर्थिक सप्लीमेंट्स के लिए ज्वलन्त मुद्दे हैं। फ़ूड्स पर आधारित सप्लीमेंट्स 'फ़ूड सप्लीमेंट्स' के बारे में बताते हुए एक 'आम' भारतीय के साल भर की औसत 'फ़ूड हैबिट्स' का बारीकी से निरीक्षण करते हैं। सवाल कुछ इस तरह होते हैं-आप दिन में कितनी बार अल्कोहल लेते/लेती हैं, ब्रांड कौन-सा पसन्द है; नॉन-वेज में क्या स्वादिष्ट लगता है-बिरयानी, बकरा या मछली? मानो इन सवालों में यह पहले से ही मान लिया जाता है कि सबके पेट भर चुके हैं और अब सवाल गेहूँ नहीं, गुलाब का है। पर ये सवाल क्या उस देश की 'आम' जनता से सम्बन्धित हैं, जिसकी एक-चौथाई आबादी दरिद्रता रेखा (न कि ग़रीबी रेखा) के नीचे गुज़र-बसर करती है और जिसकी एक-तिहाई जनता के लिए काला अक्षर भैंस बराबर है। यहाँ पर हम

'आम' और 'जनता' या 'ग़रीबी रेखा' जैसी अवधारणाओं और संकल्पनाओं पर विचार न भी करें तो भी सप्लीमेंटों के लिए ग़ौर किया जानेवाला यह सत्य बदल नहीं जाता कि अमरीका और कनाडा की संयुक्त आबादी से भी अधिक जनसंख्या हमारे देश में ऐसी है जिसे दोनों वक़्त रोटी तक नहीं मिल पाती। यह बहुत महत्त्वपूर्ण है कि क्षेत्रफल के लिहाज़ से कनाडा विश्व का दूसरा सबसे बड़ा देश है और अमरीका चौथा। दोनों देश भारत से बड़े हैं। फिर ऐसे प्रश्नों का उठना स्वाभाविक ही नहीं, ज़रूरी भी हो जाता है कि क्या ऐसे सप्लीमेंट या सर्वेक्षण किसी भी रूप में जनता के विचारों को प्रतिबिम्बित करते हैं? क्या इनके द्वारा हमारी वर्तमान साहित्यिक, सामाजिक या दूसरी स्थितियों को रूपायित कर पाना सम्भव भी है? परन्तु बेहद प्राथमिक क़िस्म के ज़रूरी सवालों को द्वितीयक, तृतीयक या उपेक्षित कोटि के सवाल बनाकर दरकि़नार करना बिल्कुल आम बात है। ज़ाहिर है कि अब इस पर किसी तरीक़े का आश्चर्य जताने की कोई ज़रूरत नहीं। यही बात कमोबेश भाषायी पत्रकारिता के सप्लीमेंटों के लिए भी लागू होती है जो दूर-दूर तक पसरे भारतीय सांस्कृतिक वैविध्य का संघनित प्रतिनिधित्व करते हैं।

देशकाल की सीमाओं से आगे बढ़कर कार्य-विशेषीकरण और तकनीकी दक्षता के बावजूद कुछ मूलभूत प्रश्न अपने जवाब चाह रहे हैं। मसलन जैसा कि 'सप्लीमेंट' शब्द का अर्थ भी ध्वनित करता है; ये सप्लीमेंट किस उद्देश्य के लिए 'पूरक' का काम करते हैं? कहीं किसी ऐसी विचारशक्ति, जीवनशैली या चीज़ों के लिए तो नहीं जो पहले से ही पूर्ण हैं? यदि वे पहले से ही पूर्ण हैं तो फिर उनको 'पूर्ण' बनाने के लिए 'पूरक-भूमिका' निभाने की क्या ज़रूरत है? लेकिन पूर्णता में अपूर्णता का अर्थ-सम्प्रेषण करके उसे 'पूर्ण' बनाने की ज़रूरत है क्योंकि सप्लीमेंट उद्योग के हित विभिन्न विश्ववित्तीय पूँजी के हितों से नाभिनालबद्ध हैं। इसके अलावा रेडियो के आकर्षक फीचरों और टीवी के रंगारंग 'पूरक' कार्यक्रमों से प्रतिस्पर्धा भी है। और फिर आधुनिकता का दबाव। अगर जॉन डॉकर की 'पोस्टमॉडर्निज़्म एंड पॉपुलर कल्चर' की भाषा में कहें तो टीवी समय के साथ ज़्यादा निर्णायक होता गया और यह मनोरंजन के उस अनिवार्य अंग के रूप में उभरता चला गया जिसे मार्क्स या एंगेल्स ने सुपरस्ट्रक्चर या अधिरचना कहा है और जिसकी बदौलत वर्चस्व को क़ायम रखने में जमकर मदद मिलती है। फाँसुओ ल्योतार की 'द पोस्ट मॉडर्न कंडीशन' (1979) हो या फिर डेनियल बैल के 'पोस्ट इंडस्ट्रियल सोसाइटी' के तर्क-ये मोटे तौर पर यही बातें रूपायित करते हैं कि वर्तमान तकनीकी समाज 'अच्छे-बुरे', 'खट्टे-मीठे' या 'काले-सफ़ेद' जैसे विलोमी या बाइनरीज़ में ही विभक्त नहीं है। आज तकनीकी प्रगति और वैज्ञानिक उन्नति ने समाज के भीतर तमाम जटिल रंगों का समावेश कर दिया है और यह कहना अनुचित नहीं होगा कि

ये सप्लीमेंट इन्हीं रंगों की (साँप गुजर जाने के बाद) लकीरें पीटते हैं।

लेकिन उत्सवों, त्योहारों, जलसों और भारत के विविधतापूर्ण सांस्कृतिक कार्यक्रमों, नृत्यों या संगीत के प्रतिनिधित्व का दावा करने वाले इन सप्लीमेंट्स से यह जायज़ सवाल पूछा जा सकता है कि क्या वाकई इन्होंने अपनी बहुलता के इस प्रदर्शन में सभी का बराबर-बराबर ध्यान रखा है? क्या कामेंग, सुबनसिरी, सिआंग, लोहित या तिरप नदियों के किनारे की सामाजिक-सांस्कृतिक शाखाओं पर भी ध्यान दिया गया है? एक बिहू (रंगाली, भोगाली और काती) को छोड़ दें तो चिराओबा, इमोइनु, कटु, बेहदीनखलम या वांगाला को ये सप्लीमेंट्स कितना स्थान देते हैं? 'कौन-कौन-सी जोड़ियाँ इस बार दाम्पत्य-बन्धन के कारण विश्वप्रसिद्ध होने जा रही हैं', 'किन-किन विश्वविख्यात दम्पतियों ने इस साल तलाक दिया', 'क्या सोचते हैं सितारे अपने देश के बारे में...' ये मुफ़्त में मिलनेवाले इन सप्लीमेंटों के विषय हैं। यही विषय क्यों? इसके उत्तर में दूसरी चीज़ों के साथ-साथ इस बात की बिल्कुल उपेक्षा नहीं की जा सकती कि ये सप्लीमेंट इन शीर्षकों के माध्यम से 'विश्व' और 'ख्याति' को भी परिभाषित कर डालते हैं। लघु, हथकरघा और कुटीर उद्योग यों ही मुख्यधारा से कटकर हाशिये पर नहीं गये हैं। पहले मशीन से बुने ऊनी कपड़ों या स्वेटरों की श्रेष्ठता बताई जाती है, पश्चिमी शिक्षा-प्राप्त हॉलीवुडीय एड गुरु उसके रातों-रात बेतहाशा प्रचार-प्रसार की योजना बनाकर काम करते हैं, इन विषयों को 'गम्भीर' और 'फ़ैशन के अनुकूल' बताकर रंगीन, बहुकोणीय और बहुआयामी तस्वीरों से लबरेज 'आकर्षक' सप्लीमेंट्स निकाले जाते हैं और अन्त में जैसा कि निर्धारित लक्ष्य में शामिल रहा करता है, हाथ से बुने स्वेटर हाशिए पर चले जाते हैं। विभिन्न साइक्लोजिकल स्टडीज़ के ज़रिए यह साबित करने के प्रयास क़ामयाबी की सीढ़ियाँ चढ़ चुके हैं कि हाथ से बुने स्वेटर पिछड़ेपन के प्रतीक हैं और कम आरामदायक होते हैं। भले ही उनमें अपनापन होता हो।

सप्लीमेंटों पर भी कमोबेश वही दबाव हैं जो अख़बारों पर हैं। लिथोग्राफी और ऑफसेट से लेकर 'ओरियंट' और वर्तमान मुद्रण तकनीकों तक गुटनबर्ग के आविष्कार ने एक लम्बी यात्रा तय कर ली है। ख़बरिया चैनलों से लेकर अख़बारों या सप्लीमेंटों की तुलना के विरोध में यह बात अक्सर कही जाती है कि अख़बार काफी वरिष्ठ और पुराने हैं जबकि ख़बरिया चैनलों के लिए फिलहाल शैशव अवस्था चल रही है। चैनल नीति और सम्पादकीय नीति-दोनों की अलग-अलग कसौटियाँ हैं, उनकी भिन्न-भिन्न चुनौतियाँ हैं, जिनसे उन्हें इस तथ्य के बावजूद अपने-अपने हिसाब से निबटना है कि दोनों समाचार माध्यम ही हैं। छिपी हुई क्रय-शक्ति को पहचानने या उघाड़ने से लेकर मुनाफ़ा कमाने की कोशिशों को देखकर ही शायद एंडरसन ने समाचारपत्रों को 'पहला आधुनिकीकृत और बड़े

पैमाने पर उत्पादित किया जानेवाला औद्योगिक उत्पाद' कहा था। यदि इन्हें ग्लोबल पूँजी द्वारा अधिकतम लाभ कमाने की प्रक्रिया से सम्बद्ध किया जाये तो यह कहना ग़लत नहीं होगा कि कुछ ही अख़बारों (या सप्लीमेंटों) के काफी बड़ा होने के कारण सूचना और जनमत की विविधता और बहुलता नष्ट हुई और छोटे या स्थानीय किस्म के सप्लीमेंटों पर लगाम लगी। इस बहुलता या वैविध्य का सम्बन्ध उन नव-उदावादी नीतियों से है जिनके लिए फ्रेंच दार्शनिक पियरे बोर्दिओं ने कहा है कि नव-उदारवाद का सार ही बेतहाशा शोषण की मनचाही व्यवस्था क़ायम करना है। तो अगर सप्लीमेंट्स यह बताते हैं कि कौन-सी चीज़ (कपड़े, कॉस्मेटिक्स, परफ्यूम, ब्रांडेड वस्तुएँ, स्टाइलिश और लम्बी कारें, पोर्च के साथ मिलने वाला एक स्थल विशेष का एक-बेडरूम अपार्टमेंट वगैरह) सबसे ज़्यादा अच्छी है या सर्वाधिक पसन्द की जाती है, तो इसमें चौंकने वाली कोई बात नहीं हैं। वजहें साफ़ हैं। सबसे पहले तो यही बता दिया जाता है कि अमुक-अमुक कसौटियों पर खरी उतरने वाली चीजें ही 'अच्छी' या 'पसन्द' करने योग्य होती हैं। फिर जैसा कि विज्ञापन और जनसम्पर्क एजेंसियों के ज़रिये पूर्व-निर्धारित ही रहता है, निर्धारित और इंगित चीज़ें ही पसन्द की जायेंगी।

बेहतर तो यह होता कि सप्लीमेंट्स हमारे देश, समय, समाज और अर्थव्यवस्था की वास्तविक चुनौतियों को व्यंजित करते, कुछ उपाय सुझाते कि क्षेत्रवाद, जातिवाद, ग़रीबी, निरक्षरता या भुखमरी से हमारा लोकतन्त्र कैसे निबटे और उन दायित्वों का निर्वहन करते जो समय या स्थान के दबाव में मीडिया चाहकर भी न कर पा रहा हो। दूर-दराज़ के गाँवों, पहाड़ी क्षेत्रों या तटीय अंचलों में निहित साहित्यिक या अन्य प्रतिभाओं को उभरने का अवसर दिलाते और उन्हें एक मजबूत मंच प्रदान करते। लेकिन चाहे इसे विकास की विषमतामूलकता कहें या समृद्धि का एंकागीपन, सप्लीमेंटों की रचना और उनका भूगोल ऐसा नहीं है कि वे सच्चे अर्थों में पूरकों की भूमिका निभा रहे हों।

मीडिया में शीर्षकों की भूलभुलैया

मीडिया में शीर्षकों की बड़ी महत्त्वपूर्ण भूमिका है। जहाँ एक ओर शीर्षक ख़बरों का सार प्रस्तुत करते हैं वहीं दूसरी ओर यह पाठक, श्रोता या दर्शक के मन को तैयार करते हैं कि वह शीर्षक देखने के बाद पूरी ख़बर या लेख पढ़ेगा या नहीं पढ़ेगा, सुनेगा या नहीं सुनेगा, आगे के विजुअल देखेगा या नहीं देखेगा। टेलीविज़न में शीर्षक, मुद्रित माध्यमों की तुलना में कहीं अधिक अनौपचारिक होते हैं और दृश्यों को रोचकता के साथ प्रस्तुत करते हुए दर्शकों को बाँधे रखने की पूरी कोशिश करते हैं। आज जब किसी के पास पूरा समाचारपत्र पढ़ने की फ़ुरसत नहीं है तब शीर्षक और उपशीर्षक पढ़कर पाठक ख़बर की मोटी-मोटी बातें जान लेना चाहते हैं। चाहे वह इलेक्ट्रॉनिक मीडिया हो या प्रिंट मीडिया-आज की तेज़ रफ्तार ज़िन्दगी में शीर्षकों का महत्त्व निस्सन्देह बढ़ा है और शीर्षकों को लेकर मीडिया में अनेक प्रयोग किये गये है। पर हर बार ये प्रयोग सकारात्मक ही नहीं रहे हैं, कई बार शीर्षकों को बनाते समय परिपक्वता का परिचय नहीं दिया गया है और प्राय: शीर्षकों ने पाठकों, श्रोताओं या दर्शकों को दिग्भ्रमित भी किया है।

मीडिया एक माध्यम है। ऐसा माध्यम जो मध्य में हो यानी जो सन्देशों की अन्तर्वस्तु (कथ्य) को पाठक तक पहुँचाए। जिस प्रकार दैनिक जीवन में बोर्ड, होर्डिंग या नेमप्लेट हमें रास्ता दिखाते हैं, पहचान करते हैं, महत्त्व की स्थापना कराते हैं उसी प्रकार शीर्षक भी ख़बरों के स्वभाव की पहचान कराते हैं। यदि किसी आदमी का सिर काट दिया जाये तो उसकी पहचान मुश्किल हो जायेगी; इसी प्रकार अख़बारों में यदि शीर्षक न मौजूद हों तो पूरा अख़बार अक्षरों और शब्दों का कबाड़खाना नज़र आयेगा। जिस प्रकार हर अख़बार की फॉन्ट सम्बन्धी, ब्लर्ब सम्बन्धी या कागज़ की गुणवत्ता सम्बन्धी अपनी स्टाइल होती है, उसी प्रकार शीर्षक लगाने को लेकर हर मीडिया हाउस की अपनी ख़ास व अनोखी शैली होती है। ये शीर्षक एक आम पाठक से लेकर सबके लिए लैम्प पोस्ट का कार्य करते हैं और उन्हें दिशा दिखाते हैं। जहाँ अख़बार का फ्रंट पेज ऐसे शीर्षकों से भरा होता है

जिन्हें तुरन्त जानना व पढ़ना अनिवार्य है (क्योंकि वे हार्ड न्यूज़ से जुड़े होते हैं), वहीं ओपेड (अपोज़िट टू एडिटोरियल यानी सम्पादकीय पृष्ठ के सामने वाला) पेज के शीर्षक अख़बार की वैचारिकी, उसकी सम्पादकीय नीति व दर्शन को व्यक्त करते हैं।

शास्त्रीय तौर पर दो प्रकार के शीर्षक माने गये हैं–तथ्यात्मक और भावात्मक। तथ्यात्मक शीर्षक किसी तथ्य के उद्घाटन से सम्बद्ध होता है या उसकी महत्ता बताता है; जैसे–'अनिल अम्बानी बने दुनिया के सबसे अमीर आदमी' या 'इटली में पकड़ा गया मुम्बई हमले का आतंकी।' भावात्मक शीर्षक मानवीय भावनाओं से जुड़ी ख़बरों की ओर संकेत करते हैं; मसलन–'आज भी गोंडा-बलरामपुर के लोग याद करते हैं अटल बिहारी वाजपेयी को।' ये दया, प्रेम, करुणा, क्रोध, आक्रोश या नाराज़गी जैसे भावों को व्यक्त करते हैं। हालाँकि शीर्षक (हेडिंग) लगाने की कला इतनी व्यापक व जटिल है कि हम इसका अध्ययन खाँचाबद्ध होकर नहीं कर सकते, फिर भी शीर्षक बनाने व उसके अर्थपूर्ण होने की कोशिशें तो की ही जा सकती हैं।

कई बार शीर्षक पक्षपातपूर्ण होते हैं और पाठकों को भरमाते हैं। पाठक में न सिर्फ़ भ्रम या भटकाव आ जाता है बल्कि वह जान ही नहीं पाता कि वह भ्रमित या गुमराह हो गया है। इसे कुछ उदाहरणों से आसानी से समझा जा सकता है। मान लीजिए किसी अख़बार ने हेडिंग लगायी कि 'नीतीश के राज में बिहार में होते हैं रोज़ तीन बलात्कार'। ऐसे शीर्षकों में बड़ी समस्या है किन्तु हमें अँग्रेजी और सभी भारतीय भाषाओं में अक्सर ऐसे शीर्षक पढ़ने को मिल जाते हैं। वास्तव में उदाहरण की उपरोक्त हेडलाइन मूल्य-भारित (वैल्यू-लेडेन) है, तटस्थ या निष्पक्ष नहीं। पूछा जा सकता है कि बलात्कार क्या नीतीश के ही राज या शासन में हो रहे हैं या पहले भी होते थे? फिर इस हेडिंग में बिहार का नाम क्यों है, क्या बलात्कार सिर्फ़ बिहार में ही होते हैं? और हो सकता है कि बलात्कार का दैनिक औसत अखिल भारतीय स्तर पर पाँच या सात हो; तब तो बिहार की स्थिति प्रशंसनीय ही कही जायेगी क्योंकि जहाँ पूरे भारत में प्रतिदिन बलात्कार के पाँच या सात मामले आते हैं, वहीं बिहार में मात्र तीन ही ऐसी दुर्घटनाएँ प्रतिदिन होती हैं। शीर्षक की ऐसी बाज़ीगरी क्या उचित है?

अगर हम शीर्षकों की इस बाज़ीगरी के अन्तरराष्ट्रीय आयामों को देखें तो कुछ रोचक तथ्य सामने आते हैं। बीसवीं सदी में जब शीतयुद्ध अपने चरम पर था और सोवितय संघ व पूर्वी यूरोप में भारत की छवि काफ़ी अच्छी व सकारात्मक थी, तब पश्चिमी मीडिया में भारत केवल-और-केवल तभी आता था जब भारत में कोई बाढ़ आयी हो या भूकम्प जैसी किसी विनाशकारी प्राकृति आपदा ने अपना तांडव

मचाया हो। अमरीकी मीडिया तब भारत के नाम की उपेक्षा ही किया करता था और सूखे या महामारी जैसी ख़बरों के इन्तज़ार में रहा करता था। जैसाकि हार्वुड आई चाइल्ड्स ने अपनी विश्लेषणात्मक कृति 'क्रिस्टलाइज़िंग पब्लिक ओपिनियन' में लिखा भी है कि यदि हम किसी भी नाम के साथ नकारात्मक चीज़ें लगातार जोड़ते रहेंगे तो एक-न-एक दिन वह नाम ही नकारात्मक माना जाने लगेगा। हेडलाइनों या शीर्षकों से पहले तो जनता का एक 'प्रत्यक्षण' (परसेप्शन) बनता है, फिर लगातार प्रत्यक्षण बनते रहने से पाठकों की एक 'राय' (मत) निर्मित होती है। जब पाठक की अनेक विषयों या मुद्दों पर राय मज़बूत हो जाती है तब वह 'विश्वास (कन्विक्शन)' का रूप ले लेती है और यही विश्वास क्रमशः इतना दृढ़ होता जाता है कि पाठक इसका 'आदी (वलिशन)' हो जाता है। शीर्षक ज़्यादा प्रभाव इसीलिए डालते हैं क्योंकि वे मोटे व बड़े अक्षरों में छपते और दिखते हैं। इसके अलावा संक्षिप्त होने के कारण वे बुलेट की तरह मस्तिष्क को बेधते हैं।

इसे समझने के लिए कुछ दिनों पहले छपी एक समाचारपत्र की एक हेडिंग को लिया जा सकता है। हेडिंग थी-'चार आतंकवादी जामा मस्जिद के पास धरे गये।' सवाल उठता है कि जामा मस्जिद का नाम हेडिंग में डालने का औचित्य क्या है? यदि ये आतंकवादी करोलबाग या शाहदरा में पकड़े गये होते तो क्या 'चार आतंकवादी करोलबाग में धरे गये' जैसी हेडिंग लगायी जाती? या फिर मात्र 'चार आतंकवादी धरे गये' ही हेडिंग के रूप में हमारे सामने आता? तथ्यों, विश्लेषणों और दृष्टिकोणों का जंगल मीडिया में इतना घना है कि अनेक बुनियादी अवधारणाएँ गड्डमड्ड हो जाती हैं। शीर्षक को सभ्य समाज व नागरिकता के आधुनिक धर्मनिरपेक्ष सिद्धान्तों के अनुकूल होना ही चाहिए; पर टेलीविज़न हो या रेडियो चैनल-ऐसी त्रुटियाँ अक्सर होती रहती है। क्या ये त्रुटियाँ मामूली हैं?

यदि एक सन्तुलित दृष्टिकोण से देखा जाये तो शीर्षकों को पाँच तरीकों से देखा जा सकता है। पहला तो सपाट या सूचनात्मक शीर्षक है; जैसे-'एक जनवरी से लागू हो जायेगा साफ़्टा', 'अब दिल्ली की सड़कों पर दौड़ेगी नैनो' या 'दिसम्बर में इस्तीफ़ा देंगे आडवाणी' आदि। यह पाठक को सूचित करता है। दूसरा व्यंजनात्मक शीर्षक है, मसलन अभयारण्य में चिकित्सा सुविधाओं के अभाव में बाघ के मर जाने पर यह शीर्षक लगाना कि, '...और आम आदमी की तरह मर गये वनराज।' जब 'ज़िस्म' नामक फ़िल्म रिलीज़ हुई थी तो फ़िल्म के अंग प्रदर्शन सम्बन्धी दृष्टिकोण को देखते हुए शीर्षक छपा था-'बिपाशा को ज़िस्म से नहीं है परहेज़।' इसी प्रकार 'नटवर की नटलीला' भी एक व्यंजनात्मक शीर्षक है जिसके अर्थ ज़रा गहरे होते हैं।

तीसरा है विश्लेषणात्मक शीर्षक जो रोचक भी होता है; जैसे चुनाव पूर्ण छपा

यह शीर्षक कि 'हवा में नहीं है भाजपा की हवा'। इसी प्रकार 'तन धुले, मन धुले, धुले निगम के दावे' या 'पिता ने लगाया दामन पर दाग, अब जलाती है पेट की आग'। विश्लेषणात्मक शीर्षक अपराध बीट (बीट का अर्थ संवाददाता के विशिष्ट कार्यक्षेत्र से होता है) से भी सम्बन्धित हो सकते हैं अथवा किसी घोटाले या चुनावी विश्लेषण आदि से भी सम्बन्धित हो सकते हैं। आजकल कई समाचारपत्र अपनी एंकर स्टोरी (अख़बार के प्रथम पृष्ठ पर प्रकाशित सबसे नीचेवाली स्टोरी) में आये दिन विश्लेषणात्मक शीर्षक ही लगाते हैं।

बेहतरीन शीर्षक लगाने के लिए पत्रकार की शब्दावली बहुत समृद्ध होनी चाहिए और भाषा के लिखने व पठन-पाठन का कठोर और निरन्तर अभ्यास भी इसके लिए आवश्यक है वरना शीर्षक पूरब की ओर इशारा करता रह जायेगा और ख़बर पश्चिम की ओर विचलित होती चली जायेगी। अभिधा, लक्षणा और व्यंजना के सृजनात्मक प्रयोग के साथ-साथ पत्रकारिता में संकेतों की भी महत्त्वपूर्ण भूमिका होती है। कई बार कुछ रोचक शीर्षक संकेतात्मक होते हैं जो ख़बर की व्यापकता व गहराई का संकेत पात्र करते हैं। चौथा है संकेतात्मक शीर्षक; जैसे आम चुनाव के बाद प्रकाशित यह शीर्षक कि 'मनमोहन होंगे देश के नये सरदार'। इसी प्रकार 'आवारा कुत्तों को पकड़ने आई एम.सी.डी. की टीम दुम दबाकर भागी' और 'घोटाले में केन्द्रीय मन्त्री शक़ के घेरे में' अथवा 'हज़रतगंज लूट कांड में एक बी.जे.पी. नेता के बेटे का नाम' जैसे शीर्षक संकेतात्मक प्रवृत्ति के हैं।

मीडिया डायरी इवेंट्स को भी कवर करता है और सामाजिक जागरूकता के प्रचार-प्रसार में महत्त्वपूर्ण भूमिका निभाता है। पाँचवाँ और अन्तिम प्रकार का शीर्षक है प्रचारात्मक शीर्षक जो काफ़ी हद तक जनसरोकारों की पड़ताल करते हुए चेतना का प्रचार-प्रसार करता है। उदाहरण के लिए पोलियो रविवार के प्रति लगाया गया यह शीर्षक कि 'दो बूँद से मत घबराइये, बच्चे को पोलियो से बचाइये' अथवा ऐसा शीर्षक कि 'बिना पैसे जमा कराएँ, बैंक एकाउंट खुलवाएँ' या 'किसान घर बैठे करा सकते हैं खेती का बीमा'।

मीडिया में घटनाओं के तीन मुख्य प्रकार हैं जिन्हें समाचार या उसका शीर्षक लिखते समय ध्यान में रखना चाहिए। पहले प्रकार की वे घटनाएँ या बातें हैं जिन्हें लोगों को अवश्य जानना होता है, दूसरी वे है जिन्हें जानना चाहिए और तीसरी वे हैं जिन्हें यदि कोई जानता है तो अच्छी बात है। प्रथम प्रकार की घटनाओं से अनजान होना कोई भी पाठक बर्दाश्त नहीं कर सकता, इसलिए उनकी कवरेज मीडिया अवश्य करता है और उसे करना भी चाहिए। दूसरे प्रकार की घटनाएँ ऐसी घटनाएँ हैं जिनके बारे में मीडिया का पाठक, दर्शक या श्रोता यह उम्मीद करता है कि मीडिया उसे प्रसारित करेगा। जैसे टैक्स जमा कराने की अन्तिम तिथि क्या है,

दिल्ली में पुस्तक मेला कब तक लगा रहेगा आदि आदि। तीसरे प्रकार की घटनाएँ या बातें ऐसी होती हैं जिन्हें कोई पाठक यदि जानता है तो अच्छी बात है लेकिन यदि नहीं जानता है तो उसे नुकसान नहीं उठाना पड़ेगा। जैसे कोई यदि यह जानता है कि रणबीर कपूर का जन्मदिन कब पड़ता है, बिपाशा वसु की कमर या ऊँचाई कितनी है, करीना कपूर का करेंट ब्यायफ्रेंड कौन है तो अच्छी बात है लेकिन यदि कोई पाठक ऐसी बातें नहीं जानता है तो उसे दंडित नहीं किया जा सकता है। आज पेज-वन यानी फ्रंट पेज़ जर्नलिज़्म (बड़ी घटनाओं से सम्बन्धित), पेज-थ्री जर्नलिज़्म (पार्टियों, फ़िल्मी सितारों और फैशन से सम्बन्धित) और पेज-सेवेन जर्नलिज़्म कहीं अधिक महत्त्वपूर्ण हो गये हैं और शीर्षकों पर ध्यान देना इसलिए ज़रूरी हो गया है ताकि शीर्षक सनसनी फैलाने वाले माध्यम भर बनकर न रह जायें।

शीर्षक ऐसा होना चाहिए जो समाचार का परिचय दे पाने में सक्षम हो। दूसरे शब्दों में 'चार पकड़े गये' शीर्षक ग़लत है, 'चार युवक पकड़े गये' शीर्षक सही है। 'चार पकड़े गये' में यह पता नहीं लग पाता है कि एम.सी.डी. द्वारा चार कुत्ते पकड़े गये हैं, चार बच्चे पकड़े गये हैं या पुलिस द्वारा चार प्रदर्शनकारी पकड़े गये हैं। शीर्षक लगाने के लिए हिन्दी के अख़बारों में उर्दू के शब्द भी जान डाल देते हैं। भाषा के स्तर पर देखा जाये तो हिन्दी की खुशबू उर्दू में निहित है। उदाहरण के लिए यह शीर्षक देखिए, 'मीना कुमारी से माधुरी तक फिदा होने की मक़बूल दास्तान'। यह अपनी फ़ीचर स्टोरी के भावों को बड़ी ख़ूबसूरती से व्यक्त करता है। जिस स्वभाव की ख़बर हो, उसी स्वभाव का शीर्षक होने पर पाठक प्रसन्न हो जाते हैं। एक रिपोर्ट आयी थी जिसमें एक शेरनी थी जो अपने बच्चे को खा जाती थी। उसके बच्चों को उससे अलग रखकर बकरियों के दूध पर ज़िन्दा रखा गया। इस पर एक प्रतिष्ठित अख़बार ने हेडिंग लगायी थी : 'बकरी का दूध पीकर शेर बन रहे हैं बच्चे।'

व्यापार और वाणिज्य के वर्तमान दौर में शीर्षक लगाना इसलिए भी महत्त्वपूर्ण है क्योंकि एक-एक शीर्षक लाखों की कमाई करा सकते हैं; कहा भी जाता है कि माध्यम प्रिंट हो या इलेक्ट्रॉनिक-ख़बरों की पैकेजिंग ऐसी होनी चाहिए जो बाज़ार के अनुरूप हो और बिकाऊ हो। भारतीय पाठक सर्वेक्षण, वर्ष 2009 के राउंड-प्रथम के परिणाम बताते हैं कि भारत के दस बड़े दैनिक समाचारपत्रों में से सभी दस समाचारपत्र भारतीय भाषाओं के ही हैं। इन दस में से छह अख़बार तो हिन्दी के ही हैं। अंग्रेज़ी भाषा में सर्वाधिक पढ़ा जानेवाला अख़बार 'टाइम्स ऑफ़ इंडिया' है जो प्रथम दस अख़बारों में शामिल नहीं है बल्कि ग्यारहवें स्थान पर है। ज़ाहिर है कि हिन्दी मीडिया का बाज़ार अधिक व्यापक है और बेहतरीन शीर्षक लेखन के लिए अनेक अवसर मौजूद हैं। जब कोई बहुत बड़ी घटना घटती है तो बैनर-हेडिंग,

शोल्डर-हेडिंग और सब हेडिंग क्या हो, इस पर अख़बारों के दफ़्तरों में घंटों गरमागरम विमर्श होता है। उदाहरण के लिए जब भारतीय शेयर बाज़ार के सूचकांक ने दस हज़ार का आँकड़ा छुआ तब उसी दिन सचिन के रनों की संख्या भी बीस हज़ार हुई थी। एक अख़बार ने बड़ी रोचक हेडिंग लगायी थी : 'सूचकांक दस हज़ार, सचिन बीस हज़ार'। आजकल दस हज़ार या बीस हज़ार को शब्दों में न लिखकर अंकों में लिखने का चलन बढ़ा है जो ठीक नहीं है।

एक अन्य दृष्टिकोण से देखा जाये तो शीर्षकों को दो अन्य मोटी श्रेणियों में रखा जा सकता है : प्रशंसात्मक व निन्दात्मक शीर्षक। उदाहरण के लिए अनेक शीर्षक गिनाए जा सकते हैं-'युवक लुटता रहा, पुलिस देखती रही', 'कलियुगी बेटे ने माता-पिता की जान ली', 'पशुओं को पकड़ने गयी पुलिस ने दिखायी पशुता', 'बस कंडक्टर ने ईमानदारी दिखायी, यात्री की रकम वापस लौटायी', 'थानेदार ने किराया स्वयं खर्च कर घायल को पहुँचाया अस्पताल' या फिर 'बन्द नहीं हो रही है प्रशासन की लापरवाही'। ज़ाहिर है कि अच्छा शीर्षक लगाने के लिए शीर्षक में क्रिया का होना आवश्यक है यानी 'नदी में बाढ़' शीर्षक मूर्खतापूर्ण है, 'नदी में बाढ़ आयी' शीर्षक ठीक है। इसके अतिरिक्त शीर्षक में सहायक क्रिया का होना भी ज़रूरी है यानी 'चोरी के आरोप में चार पकड़े' ग़लत है। सही शीर्षक होगा-'चोरी के आरोप में चार लोग पकड़े गये'।

स्पष्ट है कि शीर्षक ख़बर और उसकी अन्तर्वस्तु की आत्मा है। एक पत्रकार को ख़बर का शीर्षक लगाने से पहले यह ज़रूर सोचना पड़ता है कि वह किस प्रकार के माध्यम के लिए शीर्षक लगा रहा है। एक ही ख़बर अख़बारों में भी जाती है, रेडियो में भी प्रसारित होती है और टेलीविज़न चैनलों में भी दिखायी-सुनायी जाती है-परन्तु ख़बर के एक ही रहने पर भी अख़बार, रेडियो और टेलीविज़न में ख़बर के शीर्षक अलग-अलग हो सकते है। पर महत्त्वपूर्ण यह है किसी भी ख़बर के सबसे शार्प एंगल (तीक्ष्णतम कोण) को ही रिपोर्ट करना चाहिए और तीक्ष्णता शीर्षक में भी दिखनी ही चाहिए। मसलन, इमाम जो भी कहते हैं वह फ़तवा नहीं होता। कई पत्रकार इमाम की हर बात को फतवे ही शक्ल में रिपोर्ट करते हैं। यह तो स्टीरियोटाइप रिपोर्ट हो जायेगी, इसमें 'सच' कहाँ है? अमरीका पर ग्यारह सितम्बर के आतंकवादी हमले के बाद पूरे पश्चिमी मीडिया ने इस्लाम को जिस एकांगी तरीके से प्रस्तुत किया, वह स्टीरियोटाइप नहीं तो और क्या है?

स्टीरियोटाइप और इमेज बिल्डिंग (छवि निर्माण) के रोग कई बार हमारे अचेतन मन तक में इतनी गहरायी तक प्रवेश कर जाते हैं कि उनका निदान मुश्किल हो जाता है। कई बार टेलीविज़न में हेडिंग सुनने को मिलती है कि 'कान की बाली

न मिलने के कारण महिला ने की आत्महत्या'। यह छवि का स्टीरियोटाइप प्रस्तुतीकरण है। ऐसा कहकर चैनल कहीं-न-कहीं यह कहना चाह रहा होता है कि महिलाएँ इतनी मूर्ख होती हैं कि कान की बाली जैसी निहायत मामूली चीज़ के लिए भी आत्महत्या कर लिया करती हैं। सिमोन द बोउवार जैसी प्रसिद्ध नारीवादी विद्वान ने इसीलिए कहा था कि नारी पैदा नहीं होती, बनायी जाती है। कैरोल पैटमैन ने भी 'द सेक्सुअल कांट्रैक्ट' में इसी तर्क की व्याख्या की है। बीसवीं शताब्दी के आठवें दशक में भाषा की लैंगिकता, सेक्स और जेंडर का विभेद, ध्वनि-विज्ञान (फोनेटिक्स) व सोशियो-लिंगुइस्टिक्स जैसे मुद्दों ने कई नये दृष्टिकोण दिये। उदाहरण के लिए जोन बी.लैंड्स ने स्त्रियों के पिछड़ेपन की जड़ों को फ्रांस की क्रान्ति में खोजा और कहा कि 1789 ई. की फ्रांसीसी क्रान्ति महिलाओं के ख़िलाफ़ की गयी थी, न कि सिर्फ़ उनके बिना। बहरहाल मीडिया में शीर्षक ऐसे होने चाहिए जो पक्षपात से मुक्त हों। आजकल तो भ्रातृत्व यानी ब्रदरहुड की ही तर्ज़ पर सिस्टरहुड (बहनापा) जैसे शब्द भी मीडिया में देखने-सुनने को मिल जाते हैं-'टाइम्स ऑफ इंडिया' और 'एशियन एज' जैसे कुछ समाचारपत्रों ने तो ऐसे शब्दों का प्रयोग अपनी ख़बरों के शीर्षकों में भी किया है।

शीर्षक लेखन में कंट्रास्ट (परस्पर विरोध) की भी अपनी भूमिका है। जिस प्रकार ख़बर के मुखड़े में कई बार हमें देखने को मिल जाता है कि, 'उधर विदर्भ के किसान सूखे से परेशान हैं, इधर बिहार में बाढ़ का प्रकोप ज़ारी है', उसी प्रकार शीर्षकों में भी कंट्रास्ट का तत्त्व ख़ूबसूरती से डाला जाता है। उदाहरण के लिए, हाल ही में हुए एक एक दिवसीय मैच में सचिन ने एक सौ पचहत्तर रनों की शानदार पारी खेली, फिर भी भारत कुछ ही रनों से हार गया। अनेक अख़बारों ने शीर्षक लगाया : 'भारत हारा लेकिन सचिन जीते'। शीर्षक को रोचक बनाने के लिए कई बार हम दूसरी भाषा के शब्दों को भी ले लेते हैं। जिस प्रकार फ्रांस में फ्रेंच और इंग्लिश का मिश्रित प्रयोग करके 'फ्रांग्ले' जैसी भाषा इस्तेमाल में लायी जाती है, उसी प्रकार हमारे यहाँ भी हिन्दी और इंग्लिश का मिश्रण 'हिंग्लिश' अथवा नगा और असमिया का मिश्रण 'नगामी' के रूप में प्रायः हमारे सामने आता है। 'वाशिंगटन टाइम्स', 'वाशिंगटन पोस्ट', 'गार्जियन' या 'न्यूयॉर्क टाइम्स' जैसे अनेक समाचारपत्रों ने शीर्षकों को लेकर तमाम प्रयोग किये हैं।

पर शीर्षकों की यह ख़ूबसूरती सिर्फ़ न्यूज़-मीडिया तक ही सीमित नहीं है। यह कविताओं, कहानियों, उपन्यासों या अन्य कृतियों के स्तर पर भी दिखती है। दुष्यन्त कुमार की कृति 'साये में धूप' या अज्ञेय की कृति 'आँगन के पार द्वार' का नाम किसने नहीं सुना होगा। इसी प्रकार ममता कालिया का हाल ही में प्रकाशित

उपन्यास 'दुक्खम-सुक्खम', रवीन्द्र कालिया का उपन्यास '17 रानडे रोड' या शेक्सपीयर की कृति 'ऐज़ यू लाइक इट' कुछ बेहतरीन शीर्षकों की बानगी प्रस्तुत करते है। नारीवाद को सुदृढ़ करते शीर्षक 'जब मैं स्त्री हूँ' (रंजना जायसवाल) या 'कविता का स्त्रीपक्ष' (प्रमिला के.पी.) भी पुस्तकों के कथ्यों के अनुकूल हैं। एक ही कथ्य को दो भिन्न शीर्षकों के अन्तर्गत किस प्रकार ख़ूबसूरती से प्रस्तुत किया जा सकता है, इसका एक उदाहरण यह है कि जहाँ केट मिलेट की कृति का शीर्षक है 'सेक्सुअल पॉलिटिक्स', वही ओवेन लिंच की किताब का नाम है 'पॉलिटिक्स ऑफ सेक्स'। प्रूधों की पुस्तक 'फ़िलॉसफ़ी ऑफ़ पावर्टी' के जवाब में लिखी गयी कार्ल मार्क्स की कृति 'पावर्टी ऑफ फ़िलासफ़ी' का नाम हम सभी बख़ूबी जानते हैं।

पत्रकारिता में इधर, जनसरोकारों की महत्ता बचाए व बनाये रखने के लिए, एक नये शब्द 'विकास पत्रकारिता' का चलन बढ़ा है। विकास पत्रकारिता में शीर्षक की तीक्ष्ण भूमिका होती है। इसके अन्तर्गत पत्रकार फील्ड में जाता है, ढेर सारा फील्ड-वर्क करता है, केस-स्टडी करता है और दूरदराज़ या दुर्गम स्थानों की समस्याओं का जायज़ा लेता है। रैमन मैग्सेसे पुरस्कार से सम्मानित पत्रकार पी.साईनाथ की अनेक रिपोर्टें 'द हिन्दू' में प्रकाशित होती रही हैं; उनकी रिपोर्टों के संकलन का शीर्षक बहुत अर्थपूर्ण है : 'एवरीबडी लव्स ए गुड ड्राउट'। हिन्दी में यह 'तीसरी फसल' नाम से प्रकाशित हुआ है जिसे पढ़कर फणीश्वरनाथ रेणु की कृति 'ऋणजल-धनजल' की याद आ जाती है। शीर्षकों के बारे में कहा जा सकता है कि अगर समाज में कोई बड़ा जनान्दोलन नहीं मौजूद है तो एक प्रकार का निर्वात पैदा हो जाता है और पत्रकारिता पर निगाह रखनेवाले लोग कम होने लगते हैं। तब शीर्षकों में भी उलटफेर होने लगता है। 1975-77 के बाद भारतीय पत्रकारिता में जो बदलाव आये उसके पीछे जेपी आन्दोलन के युवकों का काफ़ी योगदान रहा था। कहा गया था कि भारतीय पत्रकारिता का चेहरा बदल गया है। पर यहाँ हमें एक्टिविज़्म, जर्नलिज़्म और जरलिज़्म जैसे शब्दों के बीच के अन्तरों पर ध्यान देते हुए पत्रकार की शक्तियों व सीमाओं का ख़्याल रखना चाहिए। एक पत्रकार कार्यकर्ता नहीं होता।

पत्रकारिता उन चीज़ों या घटनाओं को पाठक के सामने लाती है जो उसके प्रत्यक्ष अनुभव के दायरे से बाहर हैं। एक पत्रकार जिस चीज़ को देखता है उसे सरल व स्वस्थ भाषा में कुछ इस प्रकार बाँधता है कि उसमें दृश्यात्मकता आ जाये ताकि ऐसा पाठक भी उस चीज़ को दृश्य रूप में देख-जान सके जिसको उसने कभी देखा-जाना ही नहीं। यही दृश्यात्मकता या विजुअलाइजेशन शीर्षकों के लिए भी महत्त्वपूर्ण होता है। शीर्षकों में प्रभाविता लाने के लिए अनेक समाचारपत्र 'हैमर' व

'किकर' का प्रयोग भी करते हैं। 'हैमर' किसी दो पंक्तियों वाले शीर्षक में ऊपरी पंक्ति को कहते हैं, जब ऊपरी पंक्ति का फोंट साइज़ बड़ा हो। उदाहरण के लिए दो पंक्तियों वाली हेडलाइन में यदि ऊपरी पंक्ति में 'भयंकर बाढ़' लिखा हुआ हो (बड़े फोंट में) और निचली पंक्ति में लिखा है कि 'बह गये तीन गाँव, ढाई सौ लोग लापता'-तो इसमें 'भयंकर बाढ़' को हैमर कहा जायेगा। हैमर में प्राय: एक या दो शब्द ही रखे जाते हैं जो अपने बड़े आकार के कारण पाठकों को प्रभावित करते हैं और ख़बर विशेष का महत्त्व भी बताते हैं। किन्तु यदि अख़बार के किसी पृष्ठ पर एक साथ कई हैमरों का प्रयोग कर दिया जाये तो उस पृष्ठ के महत्त्व का क्षरण होगा और वह पृष्ठ दिखने में भी आकर्षक नहीं लगेगा।

किकर, हैमर का उल्टा होता है। किकर दो पंक्तियों वाले शीर्षक में ऊपरी पंक्ति को कहा जाता है, जब ऊपरी पंक्ति का फोंट-साइज़ छोटा हो। उदाहरण के लिए यदि ऊपरी पंक्ति में छोटे फोंट में लिखा हो कि 'कोपेनहेगन में नहीं बन पा रही सहमति' और निचली पंक्ति में मुद्रित हो कि 'ग़रीब देशों का अवरोध ज़ारी'-तो इसमें 'कोपेनहेगन में नहीं बन पा रही सहमति' को किकर कहा जाता है। किकर वाली पंक्ति अपनी अगली पंक्ति (जो बड़े फोंट-साइज़ में होती है) के लिए एक औचित्यपूर्ण भूमिका तैयार करती है। इस प्रकार मीडिया में शीर्षकों की अपेक्षित भूमिका गढ़ ली जाती है। वर्तमान समय में मीडिया से लोकसंस्कृति के संरक्षण व प्रवर्द्धन की भी अपेक्षा की जाती है। उदाहरण के लिए अवधी भाषा और साहित्य को समेटते हुए एक बेहतरीन सांस्कृतिक काम चल रहा है। राम बहादुर मिश्र के सम्पादन में 'आपन धरती, आपन धाम' नामक शोध ग्रन्थ भाषा और लोक के बुनियादी अक्षरों को बड़ी लगन से रेखांकित करता है। नेपाल से अवधी भाषा का एक चैनल अपने कार्यक्रम प्रसारित करता है। इस चैनल का नाम भी किसी उत्कृष्ट शीर्षक से कम नहीं है। इस रेडियो चैनल का नाम है 'रू-ब-रू'। ज़ाहिर है कि शीर्षक सिर्फ़ अन्तर्वस्तु के लिए ही महत्त्वपूर्ण नहीं होते, स्वयं माध्यम (मीडिया) का नाम भी मायने रखता है। 'रेडियो मिर्ची', 'एफएम गोल्ड', 'म्याऊँ' और 'रेडियो सिटी' जैसे नाम भला और किस ओर इशारा करते हैं। शीर्षकों की यह भूल-भुलैया बहुत ही रोचक है, ज़रूरत है फ़ुरसत से उस पर सोचने की, उनका विश्लेषण करने की और उनकी शक्तियाँ व सीमाएँ जानने की।

मीडिया जनसंचार और अवधी

एक समुदाय में रहते हुए हम अपनी बातें दूसरों से कहते हैं और दूसरों की बातें सुनते हैं। संचार वास्तव में अनुभवों की साझेदारी है जिसमें हम अपने अनुभव बाँटते हैं। अनुभवों और भावों को व्यक्त करने के लिए हमें भाषा की ज़रूरत पड़ती है। संचार की प्रक्रिया जब व्यापक स्तर पर प्रकट होती है तो उसे हम जनसंचार कहते हैं। जनसंचार अर्थपूर्ण हो, प्रभावी हो और प्रासंगिक हो–इसके लिए हमारी भाषा ऐसी होनी चाहिए जिसमें संवेदना का तत्त्व हो और जो आम लोगों से, आम जनजीवन से जुड़ी हो। अवधी और जनसंचार का मुद्दा इसीलिए और अधिक महत्त्वपूर्ण हो जाता है क्योंकि अवधी की व्यापकता एक ओर इस रूप में हमारे सामने आती है कि इसका भौगोलिक क्षेत्र काफी बड़ा है और दूसरी ओर इस रूप में कि अवधी बोलने वाले लोगों की तादाद काफ़ी ज़्यादा है। अवधी देश के भीतर ही नहीं, देश के बाहर भी फिजी और मॉरीशस जैसे देशों में बोली जाती है। इसके अतिरिक्त अवधी की मिठास जनसंचार की प्रक्रिया को मधुर और सोद्देश्यमूलक भी बना देती है। 'नइकी झुलनिया की छँइयाँ, बलम दुपहरिया बिताई देव'–ऐसी मिठास, सच में, केवल अवधी में ही सम्भव है।

वर्तमान युग सूचना-संसार की क्रान्ति का युग है। मास मीडिया ने ख़बरों को तेज़रफ़्तार ज़िन्दगी के अनुकूल ढालने की पूरी कोशिश की है और सम्प्रेषण के दायरे को बढ़ाने की कोशिश की है। आज अख़बारों की संख्या बढ़ी है, उनकी प्रसार संख्या बढ़ी है और अनेक अख़बारों के अनेक स्थानीय संस्करण प्रकाशित हो रहे हैं। मुद्रित माध्यमों के अन्तर्गत दैनिक समाचार पत्रों के अलावा साप्ताहिक, पाक्षिक, मासिक, त्रैमासिक आदि पत्र-पत्रिकाओं की तादाद व उनकी पहुँच बढ़ी है। कहा जाता है कि बड़ी पूँजी का बड़ा मीडिया यानी मुख्यधारा का मीडिया हिन्दी की तुलना में अँग्रेजी के पक्ष में अधिक झुका हुआ है और लोकभाषाओं की, उनके अपने ही आँगन में, पूरी उपेक्षा की जा रही है। आज इस ओर ध्यान देने की ज़रूरत पहले से कहीं ज़्यादा हो गयी है कि देशज शब्दों में ही जीवन होता है, लोकभाषाओं

में ही जीवन्तता होती है। वास्तव में भाषा की समाज सापेक्षता पर ग़ौर किये जाने की महती आवश्यकता है ताकि उन सामाजिक सरोकारों पर समग्रता में ध्यान दिया जा सके, जो मीडिया के आदर्श हैं।

हम सभी जानते हैं कि मीडिया माध्यम है। पर किसका माध्यम? ख़बरों का, विज्ञापन का, पश्चिमी विचारधारा और जीवनशैली का या फिर किसी और चीज़ का? और फिर मीडिया क्या सिर्फ़ एक माध्यम भर है? उसका अपना कोई छिपा एजेंडा तो नहीं, तो विचारधारात्मकता के सूक्ष्म धरातल पर हमारा समाजीकरण कर रहा हो? एक माध्यम के रूप में मीडिया का उल्लेख अवधी में बहुत पहले से चला आ रहा है। जब तकनीकें इतनी विकसित नहीं थीं तब भी सन्देशों को लाने–ले जाने का काम पशु–पक्षी किया करते थे। कबूतर, तोते और कौए इन सन्देशवाहक पक्षियों में प्रमुख स्थान रखते हैं। कथा को एक स्थान से दूसरे स्थान तक या एक पीढी से दूसरी पीढ़ी तक पहुँचाने वाले काकभुशुंडि का नाम इस सन्दर्भ में निस्सन्देह उल्लेखनीय है। काकभुशुंडि गोस्वामीजी के 'रामचरितमानस' में प्रमुखता से हमारे सामने आते हैं जो अवधी का प्रसिद्ध ग्रन्थ ही नहीं; मानवता, विश्व व सभ्यता की उत्कृष्ट कृति भी है।

मीडिया की भूमिका मुख्यतया सन्देशवाहक की होती है। इस बात के अनेक प्रमाण मिलते हैं कि प्राचीन समय में जो तोते सन्देशवाहक का काम करते थे, उनके गले में एक विशेष किस्म की पट्टी होती थी। ऐसी पट्टियों का प्रयोग इसलिए किया जाता था ताकि सन्देशवाहक तोते, अन्य साधारण तोतों से अलग पहचाने जा सकें। इनकी पहचान अलग रखने का कारण यह था कि शिकारियों द्वारा इनका शिकार निषिद्ध था। ऐसी कितनी ही बातें हमें आज भी गोंडा, बहराइच, फैजाबाद, सुल्तानपुर व अवधी के अन्य क्षेत्रों में लोककथाओं के रूप में सुनने को मिलती हैं।

मीडिया या माध्यम के इन पुराने रूपों की चर्चा में मलिक मुहम्मद जायसी का पद्मावत विशेष स्थान से सुशोभित है। राजा रतनसेन जब अपनी पत्नी नागमती को घर पर छोड़कर सिंहलद्वीप की राजकुमारी पद्मावती की खोज में निकल पड़ते हैं और लम्बे समय तक वापस नहीं आते हैं तो नागमती अपने पति के वियोग में बेहद परेशान होती है। वह अपनी भावनाओं को प्रकृति और पशु–पक्षियों के ज़रिये संचारित करती है–संचरण और विरह की उद्दाम भावनाओं से युक्त यह रचना पद्मावत हमें प्रेम जैसे जीवन मूल्य का चरम निदर्शन कराती है। नागमती भौंरों और कौओं से कहती है कि तुम लोग जाकर मेरे पति से कहना कि तुम्हारे विरह में तुम्हारी पत्नी जल रही है और जलने के दौरान उसी का धुँआ हमें लगा है। इसी धुँए की वजह से हम काले रंग के हो गये हैं। मीडिया के इस प्राचीन अवधी रूप की तत्कालीन महत्ता व अनिवार्यता दृष्टव्य हैं जहाँ नागमती कहती है :

पिय सौं कहेउ सँदेसड़ा, हे भँवरा हे काग।
सो धनि बिरहे जरि मुईं, तेहिक धुआँ हमिं लाग।।

अगर एक माध्यम के रूप में हीरामन तोता पद्मिनी और रतनसेन के बीच का माध्यम है तो लम्बे समय तक पिया का कोई समाचार न पाने पर नागमती का इन पक्षियों पर दृढ़ विश्वास भी गौर करने लायक है। नागमती कहती है कि लगता है, उस देस में कोयलें या पपीहे नहीं पाये जाते, वरना मेरे पति ज़रूर वापस आ जाते, 'ना कोकिल ना पपीहरा, केहि सुनि आवहिं कन्त।'

इक्कीसवीं सदी में मार्शल मैक्लूहान की 'ग्लोबल विलेज' यानी विश्वग्राम की संकल्पना ने ज़ोर पकड़ा है और ग्लोब के एक कोने की घटनाएँ पलक झपकते ही दूसरे कोने तक मीडिया के ज़रिये समाचार बनकर पहुँच जाती हैं। थियोडोर लेविट ने 'ग्लोबलाइजेशन' या भूमंडलीकरण का जो पदबन्ध दिया है, वह निर्दोष या समतामूलक नहीं है। पूछा जा सकता है कि पश्चिमी जगत की घटनाएँ जितनी शीघ्रता से ख़बरों की प्राथमिकता सूची में दर्ज हो जाती हैं, क्या वही शीघ्रता हमारे गाँव-देहात, लोकजीवन में भी दिखती है? आज बड़ी पूँजी का बड़ा मीडिया मुनाफ़े को चरम लक्ष्य मानते हुए अपना कार्य करता है, संवेदनाओं या जन सरोकारों की उसे सुध नहीं है। अवधी भाषा, साहित्य और संस्कृति या अवधी समाज में जो जनकल्याणकारी भावनाएँ प्राचीन काल से ही चली आ रही हैं, मुख्यधारा का मीडिया उन्हें क्यों रेखांकित नहीं करता? कथ्य या अन्तर्वस्तु पर पूँजी का दबाव इतना भयंकर है कि सम्पादकीय नीतियाँ आज विज्ञापनों से मिले राजस्व के ज़रिये निर्धारित हो रही हैं। निष्पक्षता, तटस्थता, न्यायप्रियता, सत्यनिष्ठा और यथातथ्यता जैसे बुनियादी मूल्यों का महत्त्व मीडिया में घटा है और समाचारों की परिभाषाएँ भी बदल गयी हैं। हिंसा, डकैती और बलात्कार की खबरों को प्राथमिकता से इसलिए दिखाया जाता है क्योंकि ऐसी घटनाओं में सनसनी पैदा करने की सामर्थ्य काफ़ी ज़्यादा होती है।

इलेक्ट्रॉनिक मीडिया ने आज जिस संवेदनमूलक दुष्क्रिया यानी नारकोटिक डिस्फंक्शन को बढ़ावा दिया है उससे हमारा लोकजीवन तो प्रभावित हुआ ही है, आंचलिक विशिष्टता की भी उपेक्षा हुई है। आज लोकगीत यानी फोक लिरिक, लोक गाथा यानी फ़ोक बैलेड्स, लोककथा यानी फोक टेल्स, लोकनाट्य यानी फ़ोक ड्रामा और लोक सुभाषित यानी फ़ोक सेइंग्स के दर्शन मीडिया में दुर्लभ हो गये हैं। पूरी दुनिया को एक ही भाषा और एक ही रंग में रंगने की जो साजिश चल रही है, उसी का हिस्सा यह भी है कि हिन्दी को भाषा के स्तर के नीचे उतारकर बोली मात्र में बदल दिया जाये और क्षेत्रीय भाषाओं या लोकभाषाओं को विलुप्त

होने में मदद की जाये। ये प्रश्न आज कहीं अधिक महत्त्वपूर्ण होते जा रहे हैं।

अवधी और जनंसचार के किसी भी विमर्श में इस बात को भी शामिल किया जाना चाहिए कि प्रतापनारायण मिश्र, पढ़ीस या वंशीधर शुक्ल की परम्परा को सँजोने की पुरज़ोर कोशिशें की जानी चाहिए। सम्प्रेषण की जटिलता और कथ्य का वर्तमान संकट हमें आगाह करता है कि पत्रकारिता को सिर्फ़ पत्रकारों के भरोसे नहीं छोड़ा जा सकता। इसके लिए अनेक दिशाओं और कोणों से युद्धस्तर पर काम करना होगा। सांविधानिक सरंक्षण का मुद्दा हो या अपनी माटी की ख़ुशबू को बचाए और बनाये रखने का प्रश्न–प्रत्येक अवधीप्रेमी को अपने–अपने स्तर से जनंसचार या मीडिया की ख़ामियों को दूर करना होगा।

जनसंचार के साधनों के सहारे भाषा और संस्कृति, विस्तार और प्रचार के नये आयामों को छूती हैं। इसको एक सरल उदाहरण से समझा जा सकता है। अवध प्रान्त की गंगा–जमुनी तहज़ीब और लखनवी संस्कृति के तत्त्व टेलीविज़न और फ़िल्मों के सहारे काफ़ी फले–फूले हैं। जब परदे पर अमिताभ बच्चन 'छोरा गंगा किनारे वाला, खुलि जाय बन्द अकल का ताला' बोलते हैं, या 'अइसा है', 'आँइ' बोलते हैं तो हमें अवधी की भीनी खुशबू का अहसास होने लगता है। 'ऐसा है' की जगह 'अइसा है' का प्रयोग सन्ध्यक्षरों पर ज़ोर देता है जो अवधी की ख़ास ध्वनिगत विशेषता है। विज्ञान और तकनीक के वरदान वाले पहलू का बारीक विश्लेषण करते हुए जनसंचार साधनों का उपयोग अवधी की प्रगति के मार्ग में सहायक हो सकता है। 'लीला' , 'मन्त्र', 'लेखिका 2007', 'यूनिकोड' का विकास हमें आशा ज़रूर बँधाता है लेकिन 'स्पीच रिकॉग्निशन सॉफ़्टवेयर' और 'स्पेल चेक' जैसी तकनीकें अभी बिल्कुल ही प्रारम्भिक अवस्था में हैं जिन पर बहुत सारा काम किया जाना शेष है। इनका विकास हमें अवधी के सम्मुख उपस्थित चुनौतियों से निपटने का मार्ग बताएगा और सम्भावनाओं के नये द्वार भी खोलेगा।

अवधी और मासमीडिया का विषय एजेंडों के असमांजस्य से भी जुड़ा है। उदाहरण के लिए अवधी में प्रेम को एक उच्च मानवीय मूल्य की प्रतिष्ठा प्रदान की गयी है। जहाँ जायसी लिखते हैं–'मानुस प्रेम भयउ बैकुंठी, नाहिं त काह छारि भरि मूठी।'; तुलसी लिखते हैं, 'अस बिचारि जिय जागउँ ताता, मिलइ न जगत सहोदर भ्राता।' वहीं आधुनिक काल तक अवधी के लोकगीत, सोहर और गारी–सभी ने प्रेम की महत्ता को रूपायित किया है। राम–विवाह के समय जब जनक के घर पर बारात आयी है तो इसे वर्णित करते हुए एक अवधी गीत है, ''निहुरे–निहुरे परसैं जनक जी, धोतिया धुमिलि होई जाई कि हाँ जी...धोतिया धुमिलि होई धोबी घरे जँइहैं, ऐसा सजन कहाँ पाई कि हाँ जी...

यानी धोती तो धुल जायेगी; किन्तु प्रेम में कमी न आने पाये, आतिथ्य में

कसर न रह जाये। जबकि आज के मीडिया में प्रेम का एजेंडा मूल्य के स्तर से न सिर्फ़ नीचे उतर गया है बल्कि वह रसातल में जा रहा है। विज्ञापनों में नायक कहता है : 'आई लव माई कार मोर दैन माई वाइफ़'। यह बाज़ार के बढ़ते प्रभाव के चलते प्रेम के हाशिये पर चले जाने का उदाहरण है।

इसीलिए एजेंडे का प्रश्न महत्त्वपूर्ण है। अवधी का एजेंडा क्या है और मीडिया का एजेंडा क्या है, दोनों के एजेंडों में क्या-क्या समानताएँ और क्या-क्या अन्तर हैं-इस पर चिन्तन-मनन करके सर्वसमावेशी तरीके से हल निकालना होगा। समन्वय की यह दृष्टि अवधी में सदैव से, किसी-न-किसी रूप में विद्यमान रही है-लोरकहा (मुल्ला दाऊद), मिरगावती (कुतुबन), मधुमालती (मंझन), पदमावत (जायसी), चित्रावली (उसमान), इन्द्रावती और अनुराग बाँसुरी (नूर मुहम्मद) से लेकर युसुफ़ जुलेखा (निसार) तक। समन्वय की इस दृष्टि का वरदान अवधी को तुलसी के माध्यम से बार-बार प्राप्त हुआ है। जहाँ एक ओर वे निर्गुण व सगुण में समन्वय करते हैं (सगुनहिं अगुनहिं नहिं कछु भेदा, गावहिं श्रुति पुरान बुध बेदा'), वहीं दूसरी ओर वे धार्मिक-सामाजिक स्तर पर बहुदेववाद के सारतत्त्व के रूप में एकत्व पर बल देते हैं। ('सिवद्रोही मम दास कहावा, सो नर मोहिं सपनेहुं नहिं भावा')। इसके अतिरिक्त रामराज्य की तुलसी की पूरी संकल्पना समन्वयवादी ही है जिसके मर्म को महात्मा गाँधी ने भी बखूबी समझा था। मीडिया यदि सामाजिक सरोकारों के प्रति कटिबद्धता रखने के लिए अवधी से प्रेरणा लेना चाहे तो अवधी ऐसी प्रेरणाओं की खान है। तुलसी ने सामाजिक चेतना का कितना स्पष्ट परिचय दिया है-

खेती न किसान को, भिखारी को न भीख भलि
बनिक को बनिज, न चाकर को चाकरी
जीविकाविहीन लोग सीद्यमान सोचबस
कहैं एक-एकन सों, कहाँ जाई का करी।

समानता व जनतन्त्र जैसे जिन सामाजिक-राजनीतिक मूल्यों पर मीडिया आज प्रमुखता से बल देता है, वे अवधी में क़रीब पाँच सदी पहले से ही विद्यमान रहे हैं। डॉ. रामविलास शर्मा ने तो सामन्त विरोधी मूल्यों की पूरी पड़ताल ही कर डाली है और उनका लेख 'तुलसी साहित्य में सामन्त विरोधी मूल्य' इसका ज्वलन्त प्रमाण है। व्यक्ति के अधिकारों समेत अनेक आधुनिक सामाजिक-आर्थिक अवधारणाओं की रक्षा करने के कारण प्रेस को चौथा स्तम्भ कहा गया है। विधायिका, कार्यपालिका और न्यायपालिका के साथ-साथ ख़बरपालिका की भी किसी भी सिविल सोसायटी में अपनी ख़ास भूमिका है। भारत में तो पत्रकारिता यानी मीडिया का प्रारम्भ ही

जेम्स आगस्टस हिक्की व जेम्स सिल्क बकिंघम ने सरकार के ख़िलाफ़ विद्रोह की वाणी के रूप में किया था। जुगल किशोर के 'उदन्त मार्तण्ड' (1826 ई.) को अनेक मुश्किलों का सामना करना पड़ा था। उन्हें डाक छूट नहीं प्रदान की गयी थी। फिर भी औपनिवेशिक काल में हमारी पत्रकारिता मिशन थी, आज़ाद भारत में इसने व्यवसाय की शक्ल अख़्तियार की और आज यह मुनाफ़े को पारब्रह्म परमेश्वर मानते हुए धन्धाकरण के दौर से गुज़र रही है।

सूचनाओं की भरमार के चलते आज एक प्रकार के डिजिटल डिवाइड की स्थिति भी पैदा हुई है। सूचना-सम्पन्न और सूचना-विपन्न जैसे दो मोटे-मोटे वर्ग सामने आये हैं। फिर भी, हर प्रकार की सूचना जानकारी में वृद्धि नहीं करती और हर प्रकार की जानकारी ज्ञान नहीं है। सूचनाओं के अतिरेक के चलते हमारी बौद्धिक चयन प्रक्रिया में घालमेल की स्थिति उत्पन्न हुई है। सूचनाओं का आदान-प्रदान एक चीज़ है तो संवाद बिलकुल दूसरी चीज़ है। यह संवाद लोकभाषा में भावप्रवण शब्दों के द्वारा ही सम्भव होता है। एंकरों की चीखती आवाज़ें, चैनलों का विजुअल ग्रामर और न्यूज़ रूम में न्यूज़ वैल्यू के निर्धारण की बातें कितनी ही ऊँची आवाज़ों में की जायें, सच यही है कि आज के आधुनिक व संसूचित आदमी को दुनिया भर की मोटरगाड़ियों के मॉडलों, हवाई सेवाओं के किरायों और पर्यटन स्थल पर मौजूद होटलों की सुविधाओं की पूरी जानकारी है लेकिन उसे आस-पड़ोस की झुग्गी में भूख और बेहद मामूली बीमारियों से मरनेवाले ग़रीबों की कोई जानकारी नहीं। क्या मीडिया का फ़र्ज नहीं बनता कि वह ज्ञानहीन संवेदना या संवेदनाहीन ज्ञान की जटिलताओं का समाधान करे? सम्प्रेषण वहीं प्रभावशाली होता है जब वह आम जन की भाषा में किया जाये। अवधी का दर्जा जनभाषा के रूप में ब्रज आदि अनेक भाषाओं से ऊँचा रहा है क्योंकि ब्रज जहाँ काव्यभाषा के रूप में अधिक देखी जाती है वहीं अवधी में आम जनता की मुश्किलें, खेती-किसानी की परेशानियाँ और लोकछन्दों-लोकबिम्बों का चित्रण अधिक हुआ है। नौटंकी, स्वाँग और रामलीला अवधी से जुड़े लोकनाट्य सम्बन्धी आयाम हैं।

सम्प्रेषण के लिए संवाद देने वाले और इसे ग्रहण करने वाले-दोनों-के अनुभव और ज्ञान के दायरे में एक सीमा तक समानता ज़रूरी है। अवधी का भाषायी समुदाय इस अर्थ में समृद्ध है कि इसमें ही 'ओसारे में ओरौनी से टप-टप टपकती पानी की बूँदों।' जैसा लोकबिम्ब उपलब्ध है जो बहुत संक्षेप में अपनी माटी की पूरी कहानी बयाँ कर देता है। प्रसिद्ध भाषा वैज्ञानिक यास्पर्सन ने इसे आंचलिकता की शक्ति कहा है।

अवधी में भावों यानी कथ्य को शिल्प से या भाषा से कहीं अधिक महत्त्वपूर्ण माना गया है। तुलसी ने लिखा भी है : भाखाबद्ध करबि मैं सोई, मोरे मन प्रबोध

जेहिं होई। आज मीडिया कथ्य के संकट से ही तो जूझ रहा है। चौबीसों घंटे के ख़बरिया चैनल आख़िर लगातार कितनी ख़बरें पैदा कर देंगे? इसीलिए आज उन चीज़ों को भी ख़बरों की शक्ल में पैकेज्ड कर दिया जाता है, जो किसी तरफ़ से ख़बरें बनने लायक नहीं हैं–न उनमें कोई न्यूज़ पेग है, न ही न्यूज़ वैल्यू और न ही कोई न्यूज एंगिल। प्राख्यात मीडियाविद नोम चोम्स्की ने इसे 'न्यूज़-मैन्युफैक्चरिंग' कहा है। ज़ाहिर है कि मीडिया को, इस प्रकार, आन्तरिक आलोचना का भी सामना करना पड़ा है।

आज मीडिया की अपरिमित शक्ति से सभी वाकिफ हैं। वह रातों-रात किसी को भी स्टार बना सकता है। पर इसे अपनी इस शक्ति का प्रयोग सृजनात्मकता के लिए करना चाहिए; सनसनी या उत्तेजना फैलाने के लिए नहीं। आज 'न्यूज़ इंडस्ट्री' जैसे शब्द चलन में भले आ गये हों, पर न्यूज़ को हम इस इंडस्ट्री का 'प्रोडक्ट' नहीं मान सकते। न ही हम श्रोताओं, दर्शकों और पाठकों को कंज्यूमर मान सकते हैं। किसी भी भाषा के विकास के लिए ऐसी शब्दावलियों का त्याग करके हमें उच्च स्तर की वैचारिकता का परिचय देना होगा। अवधी का विकास और जनसंचार में उसकी महत्ता तभी सुनिश्चित हो पाएगी जब हम एक विधायक व समन्वयात्मक दृष्टि लेकर चलेंगे, अनेकता में एकता का बुनियादी सांस्कृतिक सूत्र याद रखेंगे। जिस प्रकार ग्रिम बन्धुओं ने जर्मन लोक भाषा व लोककथाओं पर महत्त्वपूर्ण कार्य किया था, वह हमारे लिए प्रेरणा का स्रोत हो सकता है। प्रेरणा तो हमें हेर्ताम्युलर से भी लेनी चाहिए जिन्होंने अपनी मातृभाषा के प्रति प्रेम को सदैव प्रथम स्थान पर रखा है। हाँ, इतना जरूर है कि हमारा ध्यान किसी हेर्ता म्युलर पर तब जाता है, जब उसे नोबेल मिलता है। अवधी और जनसंचार के किसी भी विमर्श में निज भाषा प्रेम, भाषिक संस्कृति व सांस्कृतिक विरासत का परिरक्षण और संवर्द्धन और इस संवर्द्धन में मीडिया की सकारात्मक भूमिका का महत्त्व निस्सन्देह सबसे महत्त्वपूर्ण बातें हैं।

मीडिया के नियमन की जटिलताएँ

भले ही आज यह कहा जा सकता है कि सोशल मीडिया ने आज़ादी के दायरे को बढ़ाया है, लेकिन आज़ादी की इस समतल और विकासमान भूमि पर विसंगतियों के कुछ ऊबड़-खाबड़ टापू भी मौजूद हैं। इसी बीच मीडिया के नियमन और आत्मनियमन के सवाल भी ख़ूब चर्चा में हैं और उन पर तमाम विमर्श आयोजित किये जा रहे हैं। यह सब कुछ हाल-फिलहाल की 'हाइप' वाली कुछ ख़बरों के कारण हो रहा है। इनमें से एक ख़बर लखनऊ से आयी जहाँ इस्लाम को माननेवाले दो प्रमुख धड़ों के धर्मगुरुओं ने जानी-मानी सोशल नेटवर्किंग वेबसाइट फ़ेसबुक और ट्विटर पर नौजवानों और इनमें भी ख़ासकर महिलाओं की तरफ़ से प्रोफ़ाइल बनाने और तस्वीरें पोस्ट करने को ग़ैर-इस्लामी करार दिया है।

मीडिया पर शिकंजे की बात अलग है लेकिन किसी ख़ास वर्ग पर इस तरीक़े से प्रतिबन्ध आरोपित करने का मुद्दा बिल्कुल अलग। चाहे यह वर्ग किसी भी जाति को, किसी भी धर्म को, किसी भी ख़ास लिंग को या किसी भी क्षेत्र को लेकर क्यों न बनाया गया हो। यह बात असन्तोषजनक है कि चौबीसों घंटे चलनेवाले ख़बरिया चैनलों पर मीडिया और उसकी स्वतन्त्रता को लेकर जो भी विमर्श आयोजित किये जाते रहे हैं, उनमें से ज़्यादातर बेहद सतही ही साबित हुए हैं। कई बार तो चर्चा का विषय ही बदल दिया जाता रहा है। मसलन, लखनऊवाली इसी ख़बर के व्यापक परिप्रेक्ष्य को दरकिनार करते हुए 'सोशल मीडिया फ़ॉर गर्ल्स' नामक विषय पर चर्चाएँ प्रसारित की गयीं। कहीं ऐसा इसलिए तो नहीं कर दिया जाता है कि महिलाओं के जिस वस्तुकरण के ख़िलाफ़ हमारे देश के बौद्धिक जन आवाज़ उठाते रहे हैं, मीडिया उन्हीं महिलाओं पर बेचने और ख़रीदे जानेवाली वस्तु की निगाह से रोशनी डालता है। वरना फिर इस बात की क्या व्याख्या है कि पुरुषों के लिए बनायी गयी सेविंग क्रीम या सेविंग किट जैसे उत्पादों के विज्ञापनों में महिलाओं को अनिवार्य रूप से शामिल किया जाता है?

सोशल नेटवर्किंग साइट्स के दुरुपयोग तो हैं ही, इससे इनकार करना

मुश्किल है लेकिन इसका मतलब यह नहीं है कि इस समस्या के निदान के लिए क़ानून बनाकर लोगों की अभिव्यक्ति की आज़ादी को बाधित किया जाये, समाप्त किया जाये या अतार्किक रूप से कम किया जाये। इसको एक उदाहरण द्वारा समझते हैं। अभी वर्ष 2013 की जुलाई के आख़िरी सप्ताह में जम्मू-कश्मीर से ख़बर आयी थी कि वहाँ की पुलिस ने सोशल नेटवर्किंग साइट पर घाटी में हालिया विरोध प्रदर्शन के दौरान हुई मौत की झूठी और निराधार ख़बर फैलानेवालों के ख़िलाफ़ अफ़वाह फैलाने का मामला दर्ज किया था। देश की जानी-मानी समाचार एजेंसी 'भाषा' ने भी इस ख़बर को प्रमुख माना था। जैसाकि प्रेस ट्रस्ट ऑफ इंडिया समाचार एजेंसी ने दर्ज भी किया था, जम्मू-कश्मीर के पुलिस महानिरीक्षक ने बताया था कि 'मौत की अफ़वाह फैलाकर माहौल बिगाड़ने की कोशिश करनेवाले लोगों के विरुद्ध पुलिस ने मामला दर्ज कर लिया है।' कट्टरपंथी हुर्रियत नेता सैयद अली शाह गिलानी के बेटे सैयद नसीम समेत कई लोगों ने फेसबुक पर उत्तरी कश्मीर के बाँदीपुरा ज़िले के सम्बल क्षेत्र में पुलिस की गोलियों से एक लड़के के मारे जाने की खबर दी थी, जो बाद में झूठी निकली थी। इस झूठे प्रचार में फ़ेसबुक पर नकली पहचानधारकों ने अहम भूमिका निभायी थी। आधार कार्ड जैसी असंदिग्ध पहचानमूलक योजनाएँ इस तरह के फ़र्ज़ी अकाउंट्स को बनाने पर कुछ रोक लगा सकती हैं अगर दृढ़ इच्छाशक्ति के साथ रचनात्मक नियमों का असरदार-प्रवर्तन किया जाये और देश के नागरिक इसमें सहयोग दें।

ज़ाहिर है कि गाहे-बगाहे इन चीज़ों पर सरकार द्वारा चिन्ता व्यक्त किया जाना निराधार या नाजायज़ नहीं है। पर इन चिन्ताओं के समाधान भी इतने आसान नहीं हैं। बहुत लोग यह मानते हैं कि स्वतन्त्रता विधि यानी क़ानूनों का अभाव है तो कई लोगों का यह मत है कि जहाँ विधि नहीं है, वहाँ स्वतन्त्रता भी नहीं है। आख़िर किसी भी व्यक्ति का छड़ी घुमाने का अधिकार सिर्फ़ वहीं तक ही होता है जहाँ पर किसी दूसरे आदमी की नाक शुरू होती है। पर ऐसी विधि तो इस तरह की होनी चाहिए जिसे हम सब वास्तव में एषणा से मुक्त विवेक का तार्किक दर्जा दे सकें। मीडिया, ख़ासकर साइबर मीडिया के रेग्युलेशन यानी नियमन के सवाल बहुत ही जटिल हैं और यह बात यहाँ भी सबसे ज़्यादा प्रासंगिक नज़र आती है कि ऐसा कोई नियमन बाहर से होने की बजाय भीतर से ही होना चाहिए यानी यह आत्मनियमन की शक्ल में ही होना चाहिए। यह हमारे देश के लोकतान्त्रिक ढाँचे के भी अनुरूप है जहाँ सूचना का मुक्त आदान-प्रदान स्वस्थ जनमत के निर्माण के लिए ज़रूरी शर्त की तरह विद्यमान है।

किन्तु मीडिया का बहुलांश ऐसे जटिल प्रश्नों पर भी सनसनी का लेपन करने से बाज नहीं आता। आभासी जगत को सवालों के दायरे में लानेवाली लखनऊ की

इस घटना के कई आयाम हैं। शिया और सुन्नी सुमदायों का प्रतिनिधित्व करनेवाले इन दोनों धड़ों के धर्मगुरुओं की ओर से स्थापित की गयी हेल्पलाइन पर तमाम फ़ोन आये। लोगों ने फोन करके पूछा कि सोशल मीडिया में प्रोफ़ाइल बनाना इस्लामिक है या नहीं? सुन्नी मुफ़्ती ने बताया, 'आप फेसबुक पर किसी की तस्वीर नहीं देख सकते हैं और यह फैसला भी नहीं कर सकते हैं कि आप दोस्ती करना चाहते हैं। प्यार और मोहब्बत के लिए वास्तविक जीवन में साथी देखिए। इस तरह के आभासी सम्बन्धों का कोई फायदा नहीं है।' समकालीन मीडियाविद् शेरी टर्कल के शब्दों में कहा जाये तो फ़ेसबुक या ट्विटर जैसे माध्यम वास्तव में एक 'प्रोजेक्टिव डिवाइस' के रूप में उभरे हैं और इन माध्यमों के ज़रिये अजीब-अजीब रुचियों व इच्छाओं का प्रदर्शन भी किया जाता है। लोग अपनी तरह-तरह की कुंठाओं को इन सोशल मीडिया जैसे माध्यमों पर व्यक्त कर रहे होते हैं जिनसे शायद ही किसी जनसमूह का कोई भला होता है। हम मिस्र के इंटरनेटीय-आन्दोलन से इस बुनियादी मामले में भिन्न हैं कि हमारे यहाँ बाक़ायदा एक चुनी हुई संवैधानिक सरकार है, लोगों को अनेक मूल अधिकार मिले हुए हैं और माननीय सर्वोच्च न्यायालय इन मूल अधिकारों का रक्षक-अभिभावक है। इसीलिए हमारे सवालों के आयाम अलग हैं जिनसे विमर्श और सहिष्णुता के ज़रिये ही निपटा जा सकता है। हालाँकि मुफ़्ती ने यह भी कहा कि "अगर कोई व्यक्ति फेसबुक पर कारोबारी मक़सद और रचनात्मक उद्देश्य को लेकर है तो इस पर अकाउंट होना उचित है।...महिलाओं का फ़ेसबुक पर मित्रता करना और तस्वीरें पोस्ट करना उचित नहीं है।"

मीडिया में इस प्रतिक्रिया को अन्तिम नहीं माना जा सकता क्योंकि शिया समुदाय के मौलाना ने कहा कि "महिलाएँ अपने महरम (पिता या भाई) के अलावा किसी दूसरे को चेहरा नहीं दिखा सकती। ऐसे में फ़ेसबुक पर तस्वीरें पोस्ट करना हराम है।...हम उदारवादी हैं। हम तालिबान की तरह सोचनेवाले नहीं हैं। जब नौजवान हमसे पूछते हैं कि वे फेसबुक या ट्विटर पर प्रोफाइल बना सकते हैं तो हम उन्हें इसकी इज़ाज़त देते हैं। परन्तु शरिया महिलाओं को तस्वीरें पोस्ट करने की इजाजत नहीं देता।" प्रायोजित 'क्लैश ऑफ़ सिविलाइजेशंस' के सन्दर्भ में ऐसे समाचारों का कवरेज किस प्रकार किया जाना चाहिए कि किसी की धार्मिक भावनाएँ न आहत हों, यह एक अहम चुनौती है।

हाल ही में ब्रॉडकास्टिंग कंटेंट कम्प्लेंट काउंसिल यानी बीसीसीसी के अध्यक्ष न्यायमूर्ति ए.पी. शाह ने कहा था कि मीडिया की स्वतन्त्रता को सुनिश्चित करने का एक रास्ता एक तन्त्र बनाना है। यह सरकार की कार्रवाई के लिए कोई बहाना नहीं देगा। उन्होंने कहा था, "मैं कानून के ज़रिये एक स्व-नियामक बनाने

का सुझाव दूँगा। इसमें इस तरह के स्व-नियामक इकाई के अध्यक्ष सहित सभी नियुक्तियाँ एक स्वतन्त्र तन्त्र के ज़रिये होनी चाहिए।'' स्व-नियामक इकाई को नियम भी बनाने चाहिए।' न्यायमूर्ति शाह ने इस बात पर भी ज़ोर दिया कि किसी भी दशा में सरकार या विधायिका का इस पर नियन्त्रण नहीं होना चाहिए। वर्तमान नियमों के तहत टेलीविजन चैनल अगर दिशानिर्देशों का एक निर्धारित संख्या से ज़्यादा बार उल्लंघन करते हैं तो उन्हें सज़ा दी सकती है। पर हम जब भी किसी ऐसी शब्दावली का प्रयोग करते हैं जहाँ कानूनी पेंच के उठ खड़े होने की सम्भावना या आशंका हो तो फिर वह शब्दावली पारिभाषिक होने के साथ-साथ सुस्पष्ट और असंदिग्ध भी होनी चाहिए।

सवाल उठता है कि जिन दिशानिर्देशों के उल्लंघन का मुद्दा उठाया जा रहा है क्या वे दिशानिर्देश और उनके उल्लंघनों की परिभाषा भली-भाँति की जा चुकी है? सरकार की तरफ़ से तो हमारे देश के सूचना और प्रसारण मन्त्री ने स्पष्ट कर दिया है कि हमारी नीति विनियमन के बजाय विचार-विमर्श के ज़रिये राज़ी करने की है। वास्तव में यह किसी भी देश के लिए खुशी की बात हो सकती है कि नीतियाँ विमर्शी हों और जनोन्मुखी हों, खासकर सूचना सम्बन्धी नीतियाँ। पर हमारे सूचना मन्त्री ने यह भी कहा कि जब वे देश में चर्चा की प्रकृति के बारे में मीडियाकर्मियों से बातचीत करते हैं तो वे अकसर 'टीआरपी' को ज़िम्मेदार ठहराते हैं। वाल्टर बेजहाट ने बहुत पहले ही कहा था कि अनुकरण की प्रवृत्ति तो हर समाज में पायी जाती है लेकिन चर्चा की प्रवृत्ति का वरदान कुछ चुनिन्दा समाजों को ही मिलता है। सवाल उठता है कि क्या कभी हमारे मीडिया ने इस बात की पड़ताल की है कि हमारे दूरदराज के गाँवों या हाशिये के इलाक़ों में चर्चा की प्रवृत्ति पहुँच भी सकी है या नहीं? और अगर पहुँच भी चुकी है तो किस सीमा तक? इसी पर सुझाव देते हुए मनीष तिवारी ने कहा कि अगर टीआरपी से परेशानी है तो ब्रॉडकास्ट ऑडियंस रिसर्च काउंसिल के गठन की प्रक्रिया को तेज़ कर देना चाहिए।

वास्तव में देश के सभी हिस्सों को समाहित करने वाले ऑडियंस रिसर्च अगर ईमानदारी से किये जायें तो कई चौंकाने वाले तथ्य भी पाठकों, दर्शकों और श्रोताओं के सामने आ सकते हैं। हो सकता है कि टीआरपी की इस सीमा के अलावा कुछ और सीमाएँ भी सामने आयें कि यह कुछ ही शहरों को ज़रूरत से ज़्यादा महत्त्वपूर्ण मानता है और गाँव-देहात की उपेक्षा कर दिया करता है। जबकि गाँवों में ही हमारी आबादी का बहुलांश रहता है। फिर इस बात का भी ध्यान रखना पड़ेगा कि जो भी नियम, चाहे वे आत्मनियमन की शक्ल में ही क्यों न हों, बनें या बनाये जायें, वे सारे चैनलों पर एकसमान तरीके से लागू हों। मीडिया के नियमन की जटिलताओं का ज़िक्र करते हुए इस विसंगति से भी निपटना पड़ेगा कि जब

समाचार चैनलों की बात आती है तो ग़ैर-सदस्य समाचार चैनलों की तमाम शिकायतें उठती हैं। समाचार और मनोरंजन चैनलों के अन्तर पर भी विचार करना होगा। देश की सांस्कृतिक, धार्मिक और भाषायी बहुलता के साथ-साथ अनेकता में एकता के बुनियादी सूत्र को समझकर ही मीडिया देश के निर्माण में अपना प्रशंसनीय योगदान कर सकता है, वरना सनसनीखेज मसाला ख़बरों से तो बाज़ार पटा ही पड़ा है।

मीडिया : नियमन की लक़ीरें

ममता कालिया ने एक प्रतिष्ठित साप्ताहिक पत्रिका को हाल ही में दिये एक साक्षात्कार में कहा कि आज टी.वी. पर यथार्थ को बेहद हास्यास्पद बनाया जा रहा है। दुर्भाग्य से अगर कहीं ट्रैजेडी घटित होती है तो उसे इतनी बार और इस तरह से दिखाते हैं कि वह अन्ततः कॉमेडी बन जाती है। मार्क्स ने एक जगह लिखा है कि इतिहास जब पहली बार घटित होता है तब तो वह इतिहास है, यथार्थ है या विश्लेषण का क्षेत्र है किन्तु जब वह ख़ुद को दुहराता है तो वह ट्रैजेडी बन जाता है। इसे त्रासदी कहें या किन्हीं अनपेक्षित स्थितियों का अनचाहा परिणाम–इलेक्ट्रॉनिक मीडिया के ग़ैर–ज़िम्मेदाराना रवैये ने चैनलों पर अंकुश लगाने के विमर्श को फिर तेज़ हवा दी है।

आनन–फानन में टेलीविज़न, रेडियो और इंटरनेट को समाचार पत्रों के साथ मिलाकर एक ही शीर्षक 'मीडिया' के तहत रख देना शायद उचित नहीं होगा। ध्यान रखना पड़ेगा कि 'ज़रूरत है मीडिया पर नकेल की', 'मीडिया हो रहा है निरंकुश' या फिर 'हद हो गयी है मीडिया की उत्तरदायित्वहीनता की' जैसे जुमले अगर आज सुनने को मिलते हैं तो इसका ज़्यादातर श्रेय (कुश्रेय) इलेक्ट्रॉनिक मीडिया को ही देना पड़ेगा। वजह शीशे की तरह साफ़ है। अख़बारों ने कभी ख़ुद को ग़ैर–ज़िम्मेदार साबित नहीं किया तो इसके पीछे उनका दीर्घजीवी और स्थायी होना है। वे जब प्रकाशित होते हैं तो एक वस्तु के तौर पर आपकी मेज़ पर, आपके बेडरूम में या फिर आपके बैग में वे आराम से रखे जा सकते हैं। आप उन्हें पुनः पढ़ सकते हैं। और चूँकि आप उन्हें कई–कई बार भी पढ़ सकते हैं–उनमें त्रुटि निकालने की आपकी क्षमता सहज ही बढ़ जाती है। यही वह कारण है जिसके चलते अख़बारों का आम तौर पर पूरा प्रयास रहता है कि कोई चीज़ ग़लत न छप जाये...कहीं कोई ग़लती न हो जाये।

ख़बरों को सर्कस आइटम की तरह कलाबाज़ी करनेवाला बन्दर नहीं माना जा सकता। ख़बरें तो तथ्य हैं, सच हैं–उनकी पेशगी उन्हें विकृत करती हैं। कड़े शब्दों

में कहा जाये तो ख़बरों में और ब्लू-फ़िल्मों में अन्तर हैं। यह तर्क बहुत पुराना हो गया है कि 'गन्दे' विचार मनुष्य के मस्तिष्क में होते हैं, टेलीविजन या पोर्नोग्राफ़ी उन्हें क्या ख़ाक पैदा करेंगे। यह विचार अब इतना पुराना हो गया है कि अपनी उम्र से ज़्यादा जी चुका है और घिस-घिसकर ख़त्म हो चुका है। आज मानना पड़ता है कि नंगी तस्वीरों से बच्चों की मानसिकता विकृत होती है, उनके संस्कार दुष्प्रभावित होते हैं, अपराध को बढ़ावा मिलता है। यह ठीक है कि इसका पूरा ठीकरा चैनलों में परोसे जाने वाले नंगेपन के ही सिर नहीं फोड़ा जा सकता; किन्तु यह भी उतना ही बड़ा सत्य है कि चैनल इन दुष्परिणामों के लिए एक कारक के तौर पर पूर्णतः मुक्त नहीं है। फिर अगर किसी के अधोवस्त्रों में ख़बर बन पाने की कूवत है तो क्या दिखाया जायेगा? ख़बर या अधोवस्त्र? वॉयस ओवर घटना के तथ्य बताता रहेगा, साथ-ही-साथ स्क्रीन पर उत्तेजना की मादक हिलोरों का ज्वार अपना खूँख़ार तांडव करता रहेगा। ऐसी दशा में मीडिया पर अंकुश लगाने का विमर्श चाहे उचित हो या अनुचित-वह प्रासंगिक तो है ही।

नेहरूजी ने एक बार कहा था कि नियमों-क़ायदों और कानूनों से दबे-कुचले अख़बारों की अपेक्षा मैं अख़बारों का निरंकुश रहना ज़्यादा पसन्द करूँगा। पर अख़बार चाहे निरंकुशता का फ़ायदा उठाने में नाक़ामयाब रहे हों; लेकिन बाक़ी माध्यम कितने क़ामयाब रहे हैं, यह बताने की ज़रूरत नहीं है। यह अकारण नहीं है कि लोकसभा में सूचना एवं प्रसारण मन्त्रालय की बजट अनुदान सम्बन्धी चर्चा के दौरान प्रियंरजन दास मुंशी ने टेलीविज़न और टी.आर.पी. (टेलीविज़न रेटिंग प्वाइंट्स) के प्रति अपनी नाराज़गी दिखायी। आगे उन्होंने इस बात पर भी चिन्ता ज़ाहिर की कि जनमत को किस तरह टेढ़ा-मेढ़ा करके प्रस्तुत किया जाता है। आख़िर इसे कैसे उचित कहा जा सकता है कि महज़ सात-आठ हज़ार घरों से निकली राय को अरब से ऊपर की आबादी वाले अपने देश की राय, 'जनता की राय' बनाकर पेश किया जाता है? क्या यह पूरे देश के ऊपर उन चुनिन्दा लोगों की राय को थोपने जैसा नहीं है जो बात-बात पर एस.एम.एस. करने के लिए आवश्यक न्यूनतम समृद्धि का स्वामी भी है? या फिर ऐसे ही...अँधेरे में तीर...!

टी.आर.पी. की पूरी योजना उस पूर्वोत्तर की एकदम उपेक्षा करती है जो हमारा सबसे महत्त्वपूर्ण क्षेत्र है। अभी तक यह ज्ञान असन्दिग्ध नहीं बन पाया है कि टेलीविज़न दर्शकों के वर्ग में पूर्वांचल, बिहार या असम-नागालैंड को कितना वजन दिया जाता है। इनकी तो बात छोड़िये, टी.आर.पी. का वरदहस्त करंजिया जैसे पत्रकारों को भी नहीं मिल पाता जिन्होंने भारत में टेब्लॉयड पत्रों की नींव डाली। लोग भूल चुके हैं कि 'ब्लिट्ज' नाम का कोई पत्र भी निकलता था जिसने मोटे तौर

पर अमेरिका और नवसाम्राज्यवाद के विरोध की भूमिका निभायी थी। हाँ, इतना ज़रूर है कि करंजिया ने 'द डेली' (देश के शुरुआती टेब्लॉयड दैनिकों में से एक) की जो परम्परा डाली थी वह आज किसी-न-किसी रूप में जारी ज़रूर है। मसलन, 'आफ़्टरनून कूरियर डिस्पैच' या फिर 'मिड डे'। हाल की बात करें तो दर्शकों या पाठकों की रुचि के प्रभाव मीडिया की अनुकूलन-क्षमता पर भी पड़े हैं। दिल्ली की ही बातें करें तो यहाँ से पिछले कुछ महीनों से 'मेट्रो नाउ' और 'मेल टुडे' निकलना शुरू हुआ है जो टेब्लॉयड की एक नयी दशा-दिशा का संकेत करता है।

लेकिन भारत दिल्ली नहीं है और दिल्ली पूरा भारत नहीं है। असम, बंगाल, केरल या तमिलनाडु में कितने ही ऐसे पत्र प्रकाशित होते हैं जिन्हें बाज़ार की गलाकाट होड़ में उपेक्षा की मार झेलनी पड़ रही है। अनेक पत्र-पत्रिकाओं की पत्रकारिता गम्भीर होते हुए भी जनसमर्थन से वंचित होने को अभिशप्त है। बड़े स्तर पर देखें तो भारतीय पत्रकारिता की एक धुँधली लक़ीर ब्लिट्ज़ में ही देखी जा सकती है कि एक ऐसी पत्रिका जो लाखों में बिक सकती है, विज्ञापनदाताओं के समर्थन से किस तरह वंचित रह सकती है। किसी पत्र-पत्रिका का सहयोग कोई क्यों करे? किसी पत्रिका की प्रतिष्ठा क्यों बनने दी जाये? इस समस्या के गुणसूत्र समाज की जेनेटिक्स में मौजूद हैं। इनकी खोजबीन ज़रूरी है। भूलना नहीं चाहिए कि करंजिया जैसे लोगों ने ही हमारे समाज को पी.साईनाथ जैसा ज़िम्मेदार पत्रकार दिया है।

दरअसल समाज में विरोध और द्वन्द्व जीवन की शोभा भी हैं। पर समाज या मानव का लक्ष्य द्वन्द्वों से परे जाकर सहिष्णु और द्वन्द्वातीत हो जाना है। न कि द्वन्द्वातीत होने का नाटक करना। तान्त्रिकों की अँगूठी पहने कम्युनिस्ट और कुंडलिनी जागरण या काली पूजा के नाम पर अपनी रोटी सेंक रहे वामपन्थी-पत्रकारिता को और अधिक वस्तुनिष्ठ या उद्देश्यपूर्ण होने की प्रेरणा देते हैं। हिन्दी पाठकों की बात करें तो पत्रकारिता का यह दायित्व और भी अधिक बढ़ जाता है। न्यूज़ ब्रॉडकास्टिंग एसोसिएशन द्वारा रचित सिद्धान्त हमारे मार्गदर्शक बन सकते हैं अगर हम मीडिया के नियमन की भावना को समझें, न कि उसके शब्द-मात्र को। स्टिंग ऑपरेशनों के भी कुछ दिशा-निर्देशक सिद्धान्त बनाने होंगे-सेक्स या फूहड़ता या सड़ाँध से भरी स्टिंग शैली को कतई उचित नहीं कहा जा सकता। बिना अनुमति के किसी व्यक्ति (व्यक्ति क्या, 'सेलिब्रिटी' कहना चाहिए) के निजी जीवन को तब तक सार्वजनिक चर्चा का विषय बनाने पर रोक ज़रूरी है, जब तक उससे कोई लोकसिद्धि न होती हो।

समाचारों की इमारत आजकल मनोरंजन के बग़ीचे में खड़ी की जाती है।

इमारत की खिड़कियाँ खोलिए तो मनोरंजन की मादक हवाएँ कमरे में घुस आयेंगी। एक-दो गर्मागर्म चुम्बन घुस आायेंगे, एक-दो ऐसी ख़बरें चली आयेंगी कि आप चैनल बदल देंगे, कभी-कभी तो ऐसी ख़बरें भी, कि आप क़सम खा लेंगी/लेंगे कि आइन्दा परिवार के साथ बैठकर 'समाचार' नहीं देखना है। यौन-हिंसा और क्राइम-अपराधों का ग्लैमराइजेशन मन को अजीब-सी हालत में पहुँचा देता है। खिलाड़ियों या हीरोइनों के विवादित विचारों को किस तरीक़े से धनोत्पादक बना दिया जाता है, बताने की ज़रूरत नहीं है। यह बहुत ही दुर्भाग्य का विषय है कि आज के अनेक वरिष्ठ और संवेदनशील साहित्यकार न्यूज़-चैनलों के प्रति उदासीन हो चुके हैं। यानी मीडिया अपने नारकोटिक डिस्फंक्शन के काम को अंजाम दे चुका है। यही सब कारण है कि आज लाइसेंस प्रक्रिया को बदलने या नियमन पर ज़ोर देने की बातें शिद्दत से महसूस की जा रही हैं।

पर कितना अच्छा हो अगर यह नियमन आत्मनियमन हो! सरकार का नियमन, वह चाहे जितनी ख़ूबसूरती से पेश किया जाये, मीडिया के स्वास्थ्य के लिए सौ फीसदी नकारात्मक ही होगा। सरकार जब मीडिया को रेग्युलेट करेगी तो यह पूरा मामला राजनीतिक होने को अभिशप्त हो जायेगा। दावे के साथ कहा नहीं जा सकता कि तब नागरिक संस्कृति, नागरिक स्वतन्त्रताओं या अधिकारों का कितना और कैसा हनन होगा... न्यायपालिका इन मामलों में क्या फ़ैसले देगी...जनता पर इन सबका क्या कुछ असर पड़ेगा। ये ऐसे महत्त्वपूर्ण सवाल हैं जिन पर निश्चितता के साथ कुछ भी कह पाना बड़ा मुश्किल है। एक-दूसरे दृष्टिकोण से भी देखा जाये तो भारत की बहुजातीयता, बहुभाषीयता, अनेकतावादी और सामासिक संस्कृति सरकार को इस बात की इजाज़त नहीं देती कि सरकार समाचार-माध्यमों का एक सीमा के बाद नियमन करे। कितना भाग्यशाली होता यह समाज, अगर ये बातें खुद से समझकर चैनल आत्मनियमन का रास्ता अख़्तियार करते।

यह अपने समाज का नहीं तो किसका दुर्भाग्य है कि जहाँ सरकार को नाइट वाचमैन स्टेट (प्रहरी राज्य) की भूमिका निभानी चाहिए, वहाँ उसे रेग्यूलेटरी बॉडी (नियामक संस्था) का रोल अदा करना पड़ रहा है और जहाँ रेग्यूलेटरी बॉडी (मसलन-ग़रीबी, भुखमरी, बेरोज़गारी, साम्प्रदायिकता, जातिवाद, क्षेत्रवाद वग़ैरह-वग़ैरह) का काम होना चाहिए वहाँ सरकार प्रायः नाक़ामयाब है। मीडिया को भी चाहिए कि वह ऐसे क्षेत्रों का पता लगाये जहाँ पर सरकार की विनियमन और दोहन क्षमता तो बहुत ज़्यादा है लेकिन वितरण और प्रत्युत्तर की क्षमताएँ बहुत कम हैं। शायद इसीलिए आज के कुछ बड़े पत्रकार गुरिल्ला पत्रकारिता पर ज़ोर देते हैं।

बिकनी पहने युवती को 'धधकते' रूप में समुद्र के किनारे दिखाना; वह भी

'ख़बरों' के अन्तर्गत; इस आधार पर जायज़ नहीं कहा जा सकता कि 'न्यूज़' की 'डिमांड' ही ऐसी थी। ठीक है कि बाज़ार ही सब कुछ तय करता है पर बाज़ार भारतीय रीति-नीति का अकेला लक्ष्य शायद कभी नहीं रहा। बाज़ार का स्वागत करना होगा लेकिन अपनी पहचान खोकर नहीं। पर हो उल्टा रहा है। पूरी दुनिया एक ही रंग-ढंग में, एक ही तरीक़े की जीवन-शैली में और एक ही भाषा में ढलती चली जा रही है। अगर आज स्वतन्त्रता है भी, तो सीमित विकल्पों में स्वतन्त्रता है, विकल्पों से नहीं। अगर यही उदारवादी लोकतन्त्र है तो सर्वाधिकारवादी समाज या तानाशाही राजव्यवस्था भला क्यों बुरी है।

इधर एक सुझाव यह दिया जा रहा है कि इलेक्ट्रॉनिक मीडिया के पत्रकारों को जनता के न्यासी की तरह काम करना चाहिए। यह अजीब क़िस्म का सुझाव है। पहला सवाल तो यही है कि पत्रकार जो कुछ भी रिपोर्टिंग करता है, क्या उसे रिपोर्टिंग के वक़्त ही यह पता रहता है कि मेरे द्वारा ले जायी जा रही न्यूज़ स्टोरी चैनल पर दिखायी ही जायेगी? क्या रिपोटर को यह भरोसा रहता है कि वह स्टोरी को जिस तरीक़े से न्यूज़ रूम तक ले जा रहा है, न्यूज़ रूम उसी तरीक़े से उस स्टोरी को दिखाएगा? इसका फ़ैसला ही जब रिपोर्टर को नहीं करना है तब रिपोर्टर को न्यासी बनाने से भला कौन-सी एवरेस्ट विजय हासिल हो जायेगी? समस्या जहाँ होती है, समाधान भी वहीं होता है-सर का दर्द पैर दबाने से दूर नहीं होता। चैनल पॉलिसी जिस जायंट कैपिटल के स्तर पर तय होती है; सुधार भी उसी स्तर पर होना चाहिए।

और अगर मीडिया इतना ही ज़्यादा ग्लोबल है तो पाकिस्तान में सज़ा पाये सरबजीत सिंह की ख़बरों के साथ-साथ थोड़ी-बहुत ख़बर खालिस महमूद की भी दिखानी चाहिए थी। नेहरूजी हमेशा पड़ोसी देशों से अच्छे सम्बन्धों पर ज़ोर देते थे। पर दुर्भाग्य से भारतीय जेल में जासूसी के आरोपी पाकिस्तानी व्यक्ति खालिस महमूद की मृत्यु ने सरबजीत सिंह की रिहाई के मसले को ज़्यादा पेचीदा बना दिया। इस सच को समझना होगा कि भारत और पाकिस्तान-दोनों की भलाई मिल-जुलकर रहने में है, आपसी विश्वास बहाली में है। पर नहले पर दहला जड़ने वाली क़बाइली मानसिकता को बढ़ावा देने के दोष से क्या पूरे मीडिया को बेदाग़ क्लीन चिट दी जा सकती है? क्या मीडिया को नहीं चाहिए कि वह शान्तिपूर्ण सह-अस्तित्व को प्रोत्साहन दे, युद्धवादी या हिसंक मानसिकता को नहीं? पर उत्तेजना, शक्ति, हिंसा, शक्ति का दुरुपयोग और विकृत मानसिकता के आरोपों से मीडिया मुक्त नहीं है।

स्वतन्त्रता-संघर्ष में नेताओं और बुद्धिजीवियों ने पत्रकारिता की ताक़त को

पहचाना था और उसका उपयोग जनता को जगाने के लिए किया था। तब मुद्दों पर आधारित सवाल उठाये गये थे। तो क्या मान लिया जाये कि आज पत्रकारिता जनता को जगाने की बजाय सुलाने का काम करती है? पाँचसितारा होटलों की उपभोक्तावादी शैली से मीडिया का रिश्ता है या नहीं; है तो कितना है; होना चाहिए या नहीं–ये सब मूल्य-निर्णय के ऐसे प्रश्न हैं जिन्हें आज 'बदलावों' की आड़ लेकर अक्सर उपेक्षित कर दिया जाता है। जो चौकन्नापन मसालेदार ख़बरों के प्रति मौज़ूद है वही चौकन्नापन अगर बुनियादी उलझनों के प्रति दिखाया जाये तो स्थिति कहीं बेहतर हो सकती है। पूछा जा सकता है कि किसी स्टिंग ऑपरेशन का लक्ष्य क्या राजनीति का शुद्धीकरण करना है; समाज का मैल दूर करना है? या फिर कुछ चुनिन्दा लोगों को ख्याति दिलाना? जब घटिया क़िस्म के निजी मुद्दे सार्वजनिक महत्त्व के विषय का रूप अख़्तियार करने लगें तो समाज की दिशा को लेकर कोई भ्रम नहीं रह जाता। पर ज़रा सोचिए कि क्या हमने कभी यह सोचा है कि समाज का लक्ष्य कहाँ है, उसका रास्ता किधर है, उसे जाना कहाँ है? सोचा होता तो निराशा हाथ लगती जैसे साहित्यकारों को लगती है...थोड़ा-बहुत तो वे सोचते ही हैं...।

मीडिया : आर्थिक पहलू और नियमन

आज के मीडिया के आर्थिक पहलू इसलिए महत्त्वपूर्ण हैं; क्योंकि अन्य उद्यमों की तरह आज का न्यू और ओल्ड मीडिया भी एक उद्यम ही है। न्यू मीडिया पूरे संसार को एक कम्प्यूटर में समाहित करने की कोशिश करता है और भूमंडलीकरण, निजीकरण तथा उदारीकरण के वर्तमान दौर में पूँजी की आवाजाही को मुक्त और सुगम बनाता है। राष्ट्रों के बीच की भौगोलिक सीमाएँ बेमानी होती गयी हैं और दुनिया के सभी देशों की अर्थव्यवस्थाएँ आपस में, पहले से कहीं ज़्यादा, निकटतापूर्वक जुड़ गयी हैं। नये जनमाध्यमों ने कॉल सेंटरों और बिजनेस प्रोसेस आउटसोर्सिंग के जिन आयामों को जन्म दिया है, उनमें भी आर्थिक पहलू की प्रधानता बहुत आसानी से देखी जा सकती है। यह आर्थिक पहलू की प्रधानता नहीं तो और क्या है कि वैश्विक अर्थव्यवस्थाओं पर आयी मन्दी के संकट के कारण नये जनमाध्यमों को काफ़ी दबाव झेलना पड़ा। आज न्यू मीडिया से जुड़े अनेक दफ़्तरों का आकार छोटा हो जाने को विवश है और मन्दी के दौर में तो न्यू मीडिया से सम्बद्ध कर्मचारियों की संख्या भी घटी। इंटरनेट पर विकीपीडिया खोलते ही जिमी वेल्स की अपील आँखों के सामने आ जाती है जो आर्थिक सहायता माँगने के सन्दर्भ में होती है। वास्तव में न्यू मीडिया के आर्थिक पहलू और न्यू मीडिया के नियमन के सवाल मीडिया में रुचि रखने वाले किसी भी आदमी के लिए चिन्तन-मनन के गम्भीर विषय हैं।

आज दुनिया की अधिकतर राजनीति अर्थ-केन्द्रित हो गयी है। मार्क्स ने बहुत पहले कहा था कि राजनीति वास्तव में घनीभूत अर्थनीति है। अमेरिकी वर्चस्व और विश्व व्यापार संगठन के अनेक कार्य ऐसी बातों के बेहतरीन उदाहरण हैं। चूँकि दूरसंचार और न्यू मीडिया विशाल बहुराष्ट्रीय कम्पनियों के लिए मुनाफ़ा कमाने के प्रमुख क्षेत्र हैं, इसलिए न्यू मीडिया के आर्थिक सन्दर्भों का विश्लेषण करने के लिए नये नज़रिये की आवश्यकता पड़ती है। 'टेलीकम्युनिकेशंस पॉलिटिक्स' (1995) नामक कृति में मोडी, स्ट्राभार और जोहानेस ने दुनिया की दो-तिहाई

जनसंख्या का घर कहे जानेवाले विकासशील देशों में, दूरसंचार के निजीकरण को प्रभावित करने वाले कारकों के बारे में प्रभावशील ढंग से लिखा है। उन्होंने ऐसी ताक़तों की पहचान भी की है जो दूरसंचार क्षेत्र में नियमन को हटाने के लिए दबाव डालते हैं। इससे हमें विकासशील देशों में इंफॉर्मेशन हाइवे के स्वामित्व और नियन्त्रण से जुड़े बुनियादी आर्थिक प्रश्नों की जानकारी मिलती है। वास्तव में विश्व बैंक जैसे अन्तरसरकारी संगठन, विदेशी तथा घरेलू पूँजी और राष्ट्र-राज्य की भूमिकाएँ न्यू मीडिया के सन्दर्भ में बढ़ती जा रही है।

हमें ध्यान रखना होगा कि स्वस्थ प्रतिस्पर्धा के लक्ष्य को प्राप्त करने के लिए अकेले निजीकरण की प्रक्रिया ही पर्याप्त नहीं है। आज राज्य और बाज़ार के सम्बन्धों का विरोध करने की बजाय उन्हें अवधारणात्मक स्तर पर स्वीकार्य बनाने की प्रासंगिकता बढ़ी है। इसीलिए आज का बुनियादी सवाल यह नहीं है कि राज्य का हस्तक्षेप किस सीमा तक होना चाहिए, बल्कि यह है कि न्यू मीडिया से जुड़े आर्थिक पहलुओं को लेकर राज्य द्वारा किये जाने वाले हस्तक्षेप की प्रकृति कैसी हो।

बाज़ार को अधिकाधिक खुला बनाने और दूरसंचार क्षेत्र को नियमनों से मुक्त करने वाले विचारों की वकालत अमरीकी और ब्रिटिश सरकारों ने पिछली सदी के अस्सी के दशक से ही प्रारम्भ कर दी थी। वैश्विक और राष्ट्रीय स्तरों पर संवृद्धि-उन्मुख इंडस्ट्री ने ऐसी वकालत को आगे बढ़ाया। प्रतिस्पर्धा के लिए नियमनों को हटाने के विचार को पैदा हुए आज तीन दशक बीत चुके हैं। वास्तव में इन तीन दशकों में प्रतिस्पर्धा के बढ़ने की बजाय इंडस्ट्री एक ऐसी दिशा में आगे बढ़ी है, जहाँ इस पर सिर्फ चन्द लोगों का ही अधिकार मज़बूत होता गया है। आर्थिक क्षेत्र में कसी हुई अल्पतान्त्रिक प्रवृत्तियों का आलम यह है कि इक्कीसवीं शताब्दी के प्रथम दशक में बाज़ार के साठ फीसदी से भी ज़्यादा हिस्से पर चार बड़ी वैश्विक फर्मों का नियन्त्रण था। वैश्विक समृद्धि के लिए होनेवाली प्रतिस्पर्धा से जुड़े अमरीकी फॉर्मूले में स्थानीय नेटवर्क तक पहुँच तथा अन्तरसम्बद्धता (इंटरकनेक्शन) के लिए क़ीमतों की स्थापना करना भी शामिल है। इसके अतिरिक्त अमरीकी प्रणाली में वायरलेस संचार को प्रोत्साहित करने के लिए फ्रीक्वेंसी स्पेक्ट्रम की नीलामी पर भी ज़ोर दिया जाता है ताकि वायरलेस संचार, वायरलाइन नेटवर्क्स का मुक़ाबला कर सकें।

यह ठीक है कि भारत सहित अनेक देशों ने राज्य की दूरसंचार के क्षेत्र में प्रतिस्पर्धा को लेकर कुछ सफल कार्रवाइयाँ की हैं, फिर भी ऐसा नहीं है कि इस क्षेत्र में कार्यरत समस्त कम्पनियों के बीच की प्रतिस्पर्धा स्वस्थ ही है। इंडस्ट्री में संकेन्द्रण बढ़ा है और न सिर्फ़ राष्ट्रीय, बल्कि वैश्विक स्तर पर भी कसी हुई

अल्पाधिकारवादी प्रवृत्तियों को बढ़ावा मिला है। अर्थव्यवस्था पर केन्द्रित प्रशासन ने उदारीकरण को लक्ष्य मानते हुए न सिर्फ़ सामाजिक निर्मितियों की उपेक्षा की है, बल्कि दूरदराज़ की स्थानीय परिस्थितियों के प्रति असंवेदनशीलता का परिचय भी दिया है। इसलिए हमें न्यू मीडिया के बाजारों के प्रशासन के लिए नये शिल्प से युक्त एक ऐसे तन्त्र की ज़रूरत है, जो समाज में व्यक्तियों का निर्माण करने में बुनियादी रूप से सहायक हो। ऐसे विश्व में, जिसमें 'न्यू' और 'ओल्ड' मीडिया ने पारस्परिक सम्बद्धता को बहुत ज्यादा बढ़ा दिया है, मीडिया का विश्लेषण किसी एक कोण से ही चिपककर नहीं किया जा सकता है। कहने का तात्पर्य है कि अकेले न तो आर्थिक पहलू से किया गया विश्लेषण काफ़ी होगा, और न ही अकेले तकनीक, मनोवैज्ञानिक या समाजशास्त्रीय पहलू से किया गया विश्लेषण ही पर्याप्त साबित होगा। न्यू मीडिया के आर्थिक पहलुओं को समझने के लिए अन्तरविषयी दृष्टिकोणों की प्रासंगिकता इसीलिए बढ़ी है क्योंकि अध्ययन का विषय ही अधिकाधिक जटिल होता गया है। उदाहरण के लिए रॉबर्ट ई. क्रॉट और पॉल रेसनिक की पुस्तक 'बिल्डिंग सक्सेसफुल ऑनलाइन कम्युनिटीज़' न्यू मीडिया की ऐसी डिज़ाइनों को प्रस्तुत करती है, जो अन्तरविषयी नज़रिये से युक्त हैं। न्यू मीडिया के आर्थिक-सामाजिक सन्दर्भों का उल्लेख करते हुए इन दोनों लेखकों ने पाँच तरीक़े की चुनौतियों की चर्चा की है। ये हैं–किसी नयी ऑनलाइन कम्युनिटी की शुरुआत करने की चुनौती, नये सदस्यों को आकृष्ट करने की चुनौती, प्रतिबद्धता को प्रोत्साहित करने की चुनौती, योगदान को बढ़वाने की चुनौती तथा दुर्व्यवहार या टकरावों के नियमन की चुनौती। वास्तव में ये सारी चुनौतियाँ आर्थिक परिप्रेक्ष्य में काफ़ी महत्त्वपूर्ण हैं क्योंकि आज ऑनलाइन कम्युनिटीज़ ऑफ़लाइन कम्युनिटीज के आर्थिक पहलुओं को गहराई से प्रभवित करने लगी हैं।

न्यू मीडिया के क्षेत्र में नियमनों से मुक्त जिस प्रकार के बाज़ारों का उदय और विकास हो रहा है, उनसे जुड़े आर्थिक कारक अनेक गम्भीर प्रश्नों को जन्म देते हैं। पहला आर्थिक कारक तो यही है कि दूरसंचार सेवाओं के प्रावधान के भीतर ही अनेक नेटवर्क-इकोनॉमीज़ छिपी हुई हैं। ये नेटवर्क-इकोनॉमीज़ उच्च स्तर के संकेन्द्रण की ओर बढ़ती हैं। उदाहरण के लिए ए.ओ.एल. और टाइम वार्नर का विलय। ऐसे संकेन्द्रण से बाज़ार की शक्तियों या राजनीतिक ताक़तों को प्रभावित कर सकने की, कम्पनियों की क्षमता में बढ़ोत्तरी होती है। दूसरा आर्थिक कारक यह है कि न्यू मीडिया के क्षेत्र में प्रवेश करनेवाली नयी कम्पनियों की बाधाएँ सिर्फ़ इस वजह से नहीं दूर हो जायेंगी कि नेटवर्क को इसके घटकों के साथ सबके लिए समान रूप से खोल दिया गया है। बहुत सम्भव है कि इस क्षेत्र में प्रवेश करने वाले नये आर्थिक खिलाड़ी वैसी सुविधाएँ न प्रदान कर पाएँ, जैसी सुविधाएँ पुराने

खिलाड़ी प्रदान कर रहे होते हैं।

इस सन्दर्भ में तीसरा आर्थिक कारक यह है कि व्यापक नेटवर्क्स का दायरा और उसकी पूँजी गहनता के कारण सेवा प्रदाता कम्पनियों पर भारी दबाव पड़ता है। यह दबाव, वास्तव में, प्रायः कर्ज़ लेकर खड़ी की गयी पूँजी सरंचना को समर्थन प्रदान करने के लिए पर्याप्त राजस्व कमाने का दबाव होता है। ऐसे दबाव से जो वित्तीय भार बढ़ता है, उससे बाज़ार विभेदीकरण को प्रोत्साहन मिलने लगता है। इतना ही नहीं, क़ीमतों को तय करने का अधिकार भी, इस वजह से, कुछ ही बड़े खिलाड़ियों के हाथों में जाने लगता है जो अपने-आप में अल्पाधिकारी प्रवृत्तियों को ही प्रेरणा प्रदान करता है।

चौथा आर्थिक कारक फ्रीक्वेंसी स्पेक्ट्रम की नीलामी से जुड़ा है। वास्तव में यह नीलामी उस बाज़ार की संरचना पर निर्भर करती है, जिसमें नीलामी की जा रही होती है। कसी हुई अल्पाधिकारी प्रवृत्तियोंवाले बाज़ार में कोई भी फ़र्म स्पेक्ट्रम को ख़रीदने के लिए इसलिए भी प्रेरित हो जाती है क्योंकि उसे यह आशा होती है कि भविष्य में इस स्पेक्ट्रम से ठीक-ठाक मुनाफ़ा कमाया जा सकता है। जहाँ पर बाज़ार में स्थापित होने की लालसा रखने वाली कम्पनियाँ अपनी लागत से थोड़ा-सा ही अधिक कमाने की इच्छा से स्पेक्ट्रम के लिए बोली लगाती हैं, वहीं पहले से स्थापित कम्पनियों के लिए यह चित्र अलग ही होता है। ऐसे में खुद को अधिक महत्त्वपूर्ण बनाये रखने के लिए बड़ी-बड़ी कम्पनियाँ विलयों और अधिग्रहणों की ओर बढ़ने लगती हैं। पश्चिमी जगत में वेरीजोन और वोडाफोन का संयुक्त उद्यम इसका एक प्रमुख उदाहरण है। यह भी ग़ौरतलब है कि वेरीजोन ख़ुद बेल अटलांटिक और जी.टी.ई. के विलय का परिणाम है।

न्यू मीडिया का सरकारी नियमन सम्भव है या असम्भव तथा वांछनीय है या अवांछनीय? यह सवाल अकादमिक क्षेत्रों के साथ-साथ जनता के बीच भी लोकप्रिय विमर्श का एक विषय है। बहुत लोग मीडिया को राजनीतिक, आर्थिक और सांस्कृतिक प्रगति का स्वाभाविक एजेंट मानते हैं। इनका विचार यह होता है कि नयी प्रौद्योगिकियों में अनेक ऐसे लक्षण निहित होते हैं जो सहज रूप से हमें लाभकारी परिणामों की ओर ले जाते हैं। जहाँ कुछ लोग इन लक्षणों को इतना अधिक ताक़तवर मानते हैं कि किसी सरकार द्वारा इनका नियमन सम्भव ही नहीं है, वहीं कुछ अन्य लोगों का मानना है कि नयी प्रौद्योगिकियों को सरकार या बाज़ार द्वारा किये जाने वाले नियमन-विनियमन से इसलिए अलग रखना चाहिए ताकि उनका विकास हो सके। फ्रेड एच.केट (1995) तथा रिचार्ड लबुंस्की (1997) जैसे न्यू मीडिया के विश्लेषकों का तर्क है कि कम्प्यूटर नेटवर्क्स को ज़्यादा-से-ज़्यादा खुलापन उपलब्ध कराया जाये, इंटरनेट सेवा प्रदाताओं (आई.एस.पी'ज) की

संख्या काफ़ी अधिक हो और इन नेटवर्क्स की आँकड़ों को ले जाने की क्षमता बहुत ज़्यादा हो ताकि वैयक्तिक अधिकारों की ज़्यादा-से-ज़्यादा गारंटी प्रदान की जा सके। ऐसा सम्भव बनाने के लिए ये मीडियाविद सरकारी नियमन को अनावश्यक मानते हैं।

इसी से मिलती-जुलती राय आर.डेविड जॉनसन और जी.डेविड पोस्ट (1997) की भी है। जॉनसन और पोस्ट का कहना है कि वैश्विक संचार माध्यमों की, राष्ट्रीय सीमाओं के पार जाकर काम कर पाने की योग्यता नियमन कर सकने की राष्ट्रों की योग्यता पर बहुत भारी है। इतना ही नहीं, जो राष्ट्र न्यू मीडिया के नियमन का प्रयास कर रहे होते हैं, वास्तव में वे ग्लोबल कॉमर्स से मिलने वाले लाभों को रोक रहे होते हैं। इस प्रकार वे अपनी जनता का ही नुकसान कर रहे होते हैं। इसके अलावा अनेक ऐसे कारक भी मौज़ूद हैं जो सरकारों को इस बात के लिए हतोत्साहित करते हैं कि वे नये जनमाध्यमों का नियमन करें। इंटरनेट का विकेन्द्रीकृत चरित्र, अत्यधिक आँकड़ों के वहन की न्यू मीडिया की क्षमता तथा प्रयोक्ताओं द्वारा छद्म नाम से या गुमनाम तरीक़े से संचार कर सकने की योग्यता आदि ऐसे कारक हैं कि यदि सरकारें इनका नियमन करना भी चाहें, तो यह नियमन बेहद खर्चीला तथा अकुशल ही होगा। उदाहरण के लिए कनाडाई नागरिकों ने अज्ञात और गुमनाम तरीक़े से यूज़नेट नामक एक ऐसा ग्रुप बनाया था जिसके ज़रिये उन्होंने अपने यहाँ चल रहे एक हाई प्रोफाइल क्रिमिनल ट्रायल के विदेशी लोगों द्वारा किये गये न्यूज कवरेज को देखा। इस न्यूज़ कवरेज की इजाज़त कनाडा के राष्ट्रीय प्रेस को नहीं प्राप्त थी, इसीलिए नागरिकों ने कवरेज को देखने का यह तरीक़ा ईज़ाद कर लिया। परन्तु न्यू मीडिया यानी नये जनमाध्यमों के सरकारी नियमन का सवाल इससे भी कहीं ज्यादा पेचीदा है। एंगुइला और बरमूडा जैसे देशों का अस्तित्व ही किसी भी प्रकार के सरकारी नियमन को बेमानी साबित करता है क्योंकि ये देश ऐसे प्रसारणों को इजाज़त देनेवाले देश हैं जिन्हें बाकी दुनिया में 'ग़ैर-कानूनी' माना जाता है। इन देशों को न्यू मीडिया के सन्दर्भ में 'डाटा हैवेन' कहा जाता है, ठीक उसी प्रकार जैसे करों को बचाने के लिए कुछ देशों को 'टैक्स हैवेन' कहा जाता रहा है।

दूसरी ओर मैक्चेस्नी, मोस्को और सिलर जैसे विद्वानों का मानना है कि कम्प्यूटर नेटवर्क्स सूचनाओं और इनके उपयोगों का वस्तूकरण करनेवाली वैश्विक बाज़ार प्रणाली के विस्तार के लिए प्रयुक्त होनेवाले उपकरण हैं। इनका कहना है कि ऐसे सार्वजनिक मूल्यों और व्यवहारों की रक्षा की जानी चाहिए, जिन पर बाज़ार न तो ध्यान देता है और न ही दे सकता है। बाज़ार-प्रणाली को सेवक ही रहने देना चाहिए, न कि उसे स्वामी बनाने का प्रयास करना चाहिए। वास्तव में अनेक देशों की अर्थव्यवस्थाओं में सेवा क्षेत्र के विकास ने न्यू मीडिया के सन्दर्भ में एक ऐसे

रुझान को जन्म दिया है जहाँ पर तकनिकी रूप से अत्यधिक कुशल लोगों का पलड़ा बुरी तरह भारी है। इससे अकुशल श्रमिक न सिर्फ़ कम मज़ूदरी पर काम करने वाले ग़रीब लोगों में परिवर्तित होते जा रहे हैं, बल्कि वे बेरोजग़ार रहने को भी विवश हुए हैं। जिस प्रकार ए.टी.एम. ने बैंकों के कर्मचारियों की नौकरियों पर प्रहार किये, कुछ वैसा ही दृश्य सूचना की अर्थव्यवस्था से सम्बद्ध न्यू मीडिया यानी नये जनमाध्यमों के क्षेत्र में भी उपस्थित हो रहा है। आज लोगों को डिज़िटल डिवाइड ही नहीं विभाजित करता, वे तकनीकी कुशलता या अकुशलता के कारण भी अमीर या ग़रीब जैसे खाँचों में फिट होने के लिए अभिशप्त हैं। ऐसा इसलिए है क्योंकि प्रौद्यौगिकीय दक्षता मोटी तनख़्वाह का आधार निर्मित करती है। भारत जैसे देशों में तो यह बात ख़ासतौर से लागू होती है, जहाँ आर्थिक समावेशन की तमाम कोशिशों के बावजूद न सिर्फ़ एक ऐसा बड़ा वर्ग मौज़ूद है जिसके पास लैपटॉप जैसी चीज़ें है ही नहीं। जिनके पास लैपटॉप है भी, उनकी तनख़्वाहों में चौड़ी खाइयाँ विद्यमान हैं। श्रम विभाजन की तकनीकी कसौटियाँ तकनीकी कौशल को ज़रूरत से ज़्यादा महत्त्व देती हैं। भारत में, जहाँ पर सारे इंजीनियरों या मीडियाकर्मियों के पास भी लैपटॉप नहीं है, अन्दाज़ा लगाना मुश्किल नहीं है कि एक आम आदमी डिज़िटल डिवाइड का कितना अधिक शिकार होता होगा।

निष्कर्षत: कहा जा सकता है कि मीडिया से जुड़े आर्थिक पहलू अब अधिक प्रासंगिक हो रहे हैं और नियमन का सवाल भी उतना ही महत्त्वपूर्ण होता जा रहा है। भारत के कुछ सॉफ्टवेयर इंजीनियर विदेशों में जाकर नाम भले कमा लें, वे हमारे सकल घरेलू उत्पाद या विदेशी मुद्रा भंडार में भले ही बढ़ोत्तरी करें, लेकिन इससे एक आम भारतीय को लाभ मिलने का कोई मार्ग प्रशस्त नहीं होता। आज जब राज्य के कल्याणकारी कार्यों पर अक्सर चर्चा होती रहती हो, तब ऐसी बुनियादी बातों पर चिन्तन-मनन करना आवश्यक ही नहीं, अनिवार्य भी हो जाता है।

मीडिया खिलौना बन जाता है जहाँ

आर.के. पचौरी के साथ वर्ष 2007 के लिए पर्यावरण का नोबेल पुरस्कार पानेवाले अलगोर ने हाल ही में कहा है कि दृश्य माध्यम के रूप में टेलीविज़न हमारी संस्कृति का सबसे शक्तिशाली माध्यम है। और इंटरनेट एक ऐसा माध्यम है जिसकी पहुँच सबसे ज़्यादा है। अगर टेलीविज़न और इंटरनेट को मिला दिया जाये तो सूचना-जगत में अपार सम्भावनाओं के द्वार खुलते हैं। यह जानना जरूरी है कि नेता अलगोर अब एक पर्यावरण गुरु के रूप में जाने जाते हैं। क्या आपने बुनियादी उलझनों को उठानेवाली उनकी डाक्यूमेंट्री 'ऐन इनकनवीनिएंट ट्रुथ' का नाम नहीं सुना है? सत्तर के दशक में अलगोर ने 'इनफ़ॉर्मेशन सुपरहाइवे' जैसे शब्द को लोकप्रिय बनाया था। तब वे नौजवान हुआ करते थे और महज़ एक अमरीकी सांसद।

जब अलगोर ने 'इनफ़ार्मेशन सुपरहाइवे' की चर्चा की थी तब कम्प्यूटर या इंटरनेट (अमरीका जैसे उन्नत समाज में भी) सिर्फ़ सैन्य उद्देश्यों के लिए ही उपयोग में लाया जाता था। लेकिन अलगोर ने तभी कह दिया था कि इंटरनेट एक दिन नागरिकों के इस्तेमाल की बेहद ज़रूरी चीज़ों में शुमार होगा। उनकी बात सही निकली। आज वेबसाइटें एक ऐसे क्षेत्र का निर्माण करती हैं जिसमें अमरीका को क्रीज़ छोड़कर और आगे बढ़कर खेलने का मौका मिलता है। शायद इसीलिए अलगोर ने भी अपना 'करेंट टी.वी.' शुरू कर दिया है जिसका मुख्य काम इंटरनेट के वेबजाल से मौलिक अन्तर्वस्तुओं को उठाकर, उसे नया रंग-रोगन देकर टेलीविज़न को ट्रांसफर कर देना है। फिर टेलीविज़न पर दर्शक वह देखने का अवसर पा जायेगा जो महत्त्वपूर्ण तो था लेकिन इंटरनेट पर था, जिसे जानना ज़रूरी तो था लेकिन चाहकर भी दर्शक जिसे जान नहीं पाता था।

पर ऐसा कोई चैनल क्या शेख़ हसन दाहिर अवेज़ के बारे में कुछ बताएगा? या सोमाली के उस कस्बे के कुछ 'फ़ोटोग्राफ़्स' दिखाएगा जहाँ हाल ही में अमरीका ने समुद्रतटीय इलाक़ों से भयंकर मिसाइली हमले किये हैं? अवेज़ अपने

देश सोमालिया से भागे-भागे फिर रहे हैं क्योंकि अमरीका ने उनका रिश्ता अल क़ायदा से 'खोज' निकाला है। क्या ऐसा कोई चैनल, पर्यावरणीय नुकसान के बहाने ही सही, इस बात की तफ़्तीश करेगा कि इथियोपिया में अपने सैन्य अड्डे बनाकर अमरीका सोमालिया का भला कौन-सा कल्याण कर रहा है? इथियोपियाई प्रधानमन्त्री जेनावी बुश प्रशासन के समर्थक नहीं, भक्त हैं। यह भक्त अतीत के अल्बानियाई डिक्टेटर अनवर होक्सा को अपना 'रोल मॉडल' मानता है। फिर भी अमरीकी दृष्टि में इस भक्त की भक्ति में कोई खोट नहीं। क्या यह विरोधाभास नहीं?

तो यह मीडिया है जहाँ पर यह फैसला कि क्या-क्या प्रसारित करना है, इस फ़ैसले के आगे बौना पड़ जाता है कि क्या-क्या नहीं प्रसारित करना है। मसलन मादक द्रव्यों से रक्षा के लिए अमरीकी सहयोग पर ग़ौर करते हैं। मादक द्रव्यों की तस्करी या उपयोग को रोकने के लिए अमरीका किसी सम्प्रभु देश का सहयोग किस प्रकार करता है? डिस्कवरी से लेकर सी.एन.एन. तक किसी भी 'ग्लोबल' चैनल में सहयोग का यह तरीका क्या कभी बताया भी गया है, दिखाया भी गया है? हाल ही का एक उदाहरण पर्याप्त होगा। ऐसा 'सहयोग' करते समय अमरीकी विशेषज्ञ उस साझेदार देश के नेताओं, अधिकारियों या मीडिया को बताना पसन्द नहीं करते कि उनकी योजनाएँ क्या हैं और वे क्या कर रहे हैं। नीदरलैंड के साथ सहयोग के नाम पर अमरीकी विशेषज्ञों ने उनके खुफ़िया तन्त्र को दिग्भ्रमित किया और इस हद तक मज़बूर कर दिया कि डचों ने दो अभियानों में से दूसरे को रोक दिया और डच मन्त्री को बुश प्रशासन से आधिकारिक स्पष्टीकरण माँगना पड़ा। कितने अख़बारों या चैनलों में ये ख़बरें प्रचारित-प्रसारित हुईं? कुछ ही दिनों पहले वेनेजुएला में भी ऐसा ही हुआ था जब कराकास मीडिया ने बताया कि मादक द्रव्य निरोध में सहयोग के नाम पर ह्यूगो शावेज़ की सम्प्रभु व्यवस्था में सेंध लगायी जा रही है।

बहरहाल अब म्याँमार का नम्बर है और मीडिया प्रायः ख़ामोश ही है। थाईलैंड को अड्डा और आंग सान सू की को लोकतान्त्रिक मोहर बनाकर अमरीका आजकल म्याँमार का 'सहयोग' करने पर उतारू है। सू की को नोबेल तो मिला ही था, हाल ही में उन्हें अमरीका का कांग्रेसनल मेडल भी दिया गया है। ठीक है कि सू की का संघर्ष अच्छे उद्देश्य के लिए है लेकिन क्या अमरीका इस संघर्ष का अपने हित-साधन के लिए इस्तेमाल नहीं कर रहा है? सोचना पड़ जाता है कि इनफ़ार्मेशन सुपरहाइवे कहीं सिर्फ़ सुपरमैन की इच्छाओं को पूरा करने का उपकरण तो नहीं?

फिर एक सवाल यह भी है कि कैसी इनफ़ार्मेशन और कैसा हाइवे?

'इनफ़ार्मेशन' की बहुलता वाले इस गुच्छक में एक दर्शक को चयन की वास्तविक स्वतन्त्रता कितनी मिली है? उन विकल्पों को तय कौन करता है जिनके सामने हम-आप इस क़दर बेबस हैं कि या तो यह देखें, या फिर वह देखें। यह विकल्प या फिर वह विकल्प। विकल्पों में स्वतन्त्रता है; विकल्पों से नहीं। यही तो उस नव-उदारवाद का सार है जिसका आज चलन है, जो आज 'ग्लोबल विलेज' के रूप में व्यक्त हो रहा है और जो अनिवार्य रूप से अमरीका का हितसाधक है।

पर इस लेख का लक्ष्य अमरीका का विरोध करना बिल्कुल नहीं है-बल्कि इस विषय पर ध्यान केन्द्रित करना है कि अमरीका के लिए म्याँमार में लोकतन्त्र नहीं है जबकि मुशर्रफ़ शासित पाकिस्तान लोकतन्त्र का जीता-जागता उदाहरण हुआ करता था। अमरीकी नीतियाँ ही ऐसी रही हैं कि अमरीकी दृष्टि को मीडिया के कन्धे पर बैठाकर 'विश्व-दृष्टि' साबित कर दिया जाता है। इतिहास साक्षी है कि दुनिया को शान्ति का पाठ पढ़ानेवाले वुडरो विल्सन उस शान्तिपूर्ण सन्धि के प्रस्तावों को अपने देश अमरीका, जिसके वे उस समय राष्ट्रपति थे, में पारित नहीं करवा पाये थे। पर ठीक भी है-'तीर कभी बन जाते हैं ख़ुद निशाने; चाहे तू माने, चाहे न माने'। यही तीर अमरीकी राष्ट्रपति निक्सन पर उल्टा पड़ा जब मीडिया की खोपड़ी पर सवार होकर वाटरगेट मैदान में उतरा।

मतों और विचारों की विभिन्नता या बहुलता का कड़वा सच इन बहुविध, बहुरंगी विविधताओं का ख़तरनाक तरीके का कन्वर्जेन्स है। जिस प्रकार सारी नदियाँ समुद्र में समा जाती हैं, उसी प्रकार सारी भाषाएँ एक ख़ास भाषा में समा जाती हैं। सारी संस्कृतियाँ एक विशालकाय महासंस्कृति (तथाकथित ग्लोबल कल्चर) में और सारे परिधान ब्लू जींस में विलीन हो जाते हैं। बाहर से देखने पर लगेगा कि विश्व बैंक और यूनेस्को जैसे सांस्कृतिक प्रतिष्ठान इस बात को लेकर बहुत व्याकुल हैं कि स्थानीय लोकसंस्कृतियों की रक्षा कैसे हो, पूर्वी अफ्रीका के क़बीलों की सामुदायिक आदतों और उनके रीति-रिवाजों को बचाया कैसे जाये। बचाने की यह कोशिश मीडिया में ख़ूब दिखेगी, तमाम पश्चिमी पत्रिकाओं के आवरण पर तीसरी दुनिया की लड़कियों की तस्वीरें छपेंगी-उनके हाथ में एक लालटेन ज़रूर दिखाई जायेगी जो पथरीले और बीहड़ इलाकों में भी रास्ता बना डालने की उनकी 'जिजीविषा' का प्रतीक होगी।

पर सोचिये कि अन्तर्राष्ट्रीय मुद्रा कोष, ग्लोबल मीडिया या विश्व बैंक जैसे महाकाय प्रतिष्ठानों में किसकी हिस्सेदारी सर्वाधिक है; किस देश के नागरिकों को आज सबसे ज़्यादा नोबेल मिलता है, और फिर नोबेल इतना महान पुरस्कार क्यों है, विश्व का नम्बर एक हीरो या हीरोइन किस देश में रहती है, कौन-सा देश है जो

बाकी दुनिया के लिए तो क्योटो और मांट्रियल प्रोटोकॉल के मापदंड निर्धारित करता है किन्तु खुद क्लस्टर बमों के परीक्षण करता है, कौन-सा राष्ट्र है जिसके लिए मीडिया बच्चे के हाथों में एक खिलौने से ज़्यादा कुछ नहीं है....वगैरह-वग़ैरह? ऐसे कितने ही सवाल हैं जो समय के साथ महत्त्वपूर्ण होते जा रहे हैं और मीडिया जिनकी लगातार उपेक्षा करता जा रहा है। अलग-अलग चैनलों से सुप्रशिक्षित पत्रकार असली और बुनियादी मुद्‌दों से ध्यान हटाने के लिए अलग-अलग तरीके से मेहनत कर रहे हैं। जिस प्रकार यह सच है कि तृतीय विश्व युद्ध के बाद दुनिया में कुछ भी नहीं बचेगा, न तो कोका कोला और न ही एक्स्ट्रा डॉटेड कंडोम; ठीक उसी प्रकार यह सच भी है कि स्थानीय स्तर के सच, 'वैश्विक सच' के आगे एक दिन इतने बौने पड़ जायेंगे कि उत्तेजित करने के लिए मानव की इच्छाओं का वजूद ही नहीं रह जायेगा। फिर सनसनीखेज़ ख़बरें दिखाकर होगा ही क्या, जब उससे यह चेतना ही नहीं प्रभावित होगी कि रोमांच कैसे होता है।

वाल्टर लिपमैन ने ठीक लिखा था कि जनता नाक से सोचती है। प्रोपैगैंडा और मीडिया के साथ सामाजिक सम्बन्धों के अध्ययन पर आधारित एक प्रायोगिक निष्कर्ष था यह। चार्ल्स बैबेज, मोर्स और एडीसन के आविष्कार तत्कालीन समाज को बड़ी गहराई तक प्रभावित कर रहे थे। नये-नये कम्प्यूटरों ने टेलीग्राफ आधारित समाज को ज़बरदस्त ऊष्मा दी और सोशल डायनामिक्स (न कि सामाजिक गतिकी) रेंगने की बजाय दौड़ने लगी। 1895 ई. के क़रीब जब एयुमिए ब्रदर्स ने सिंगल-स्क्रीन मोशन फ़िल्म प्रदर्शित की, तब तक समाज हवा से बातें करना सीख गया था। फिर मीडिया भी हवाओं से निगाहें मिलाना सीख गया और सीखने के बाद आज उसका जैसा इस्तेमाल कया जा रहा है उसे देखकर यह कहना ग़लत नहीं होगा कि एक इलाक़ा ऐसा है जहाँ मीडिया एक खिलौने से ज़्यादा कुछ नहीं रह जाता।

पर मीडिया खिलौना कैसे बनता है? इस खिलौने के फ़ायदे क्या क्या हैं? और फिर इस खिलौने के पुरजे यानी उपखिलौने इतने सुलभ क्यों होते जा रहे हैं? ''मोर दैन नाइंटी परसेंट ऑफ द वर्ल्ड्स ज्योग्राफ़िकल एरिया इज़ कवर्ड। सेवेन डेज़ अ वीक। ट्वेंटी फ़ोर आवर्स!! वाउ!!'' पर इस ट्वेंटी फ़ोर इंटू सेवेन में एक गुगली यानी घपला है। क्या घपला? यह घपला कि शाहारिज़ा कौन हैं? किसी चैनल में इनके बारे में बताया गया? कोई 'फ़ुटेज' दिखाया गया? शाहारिज़ा विश्व बैंक के अध्यक्ष पॉल वोल्फ़ोविट्ज की महिला मित्र हैं जिन्हें वोल्फ़ोविट्ज ने ग़लत तरीके से प्रोन्नति दी और मनचाहे रूप से जिनका वेतन बढ़ाया। आख़िर विश्व बैंक के अध्यक्ष की महिला मित्र होना भी कोई मज़ाक नहीं है। इसके बाद जो हुआ वहाँ से मीडिया का असली कारोबार शुरू होता है।

अब पश्चिमी चैनलों/अख़बारों ने ज़ोर-शोर से दिखाया और छापा कि वोल्फ़ोविट्ज ने त्यागपत्र दे दिया, उन्हें त्यागपत्र देना ही पड़ा; अमरीका ग़लत लोगों को माफ़ नहीं करता है और सच्चाई को पुरस्कृत ज़रूर करता है-अमरीका धरती पर न्याय का जीता-जागता रूप है...आदि-आदि। अपनी ओर आ रहे तीर को किस तरह और कितनी ख़ूबसूरती से अमरीका ने मोड़कर वापस कर दिया। यह बड़ी पूँजी का बड़ा मीडिया है जहाँ कुछ भी अप्रत्याशित नहीं। यह भी नहीं कि पॉल वोल्फ़ोविट्ज की जगह पर अब राबर्ट जोएलिक आ गये हैं-वह भी अमरीकी थे, यह भी अमरीकी ही हैं। फिर कैसे कहा जा सकता है कि मीडिया नामक खिलौने के फ़ायदे नहीं है? जिन अवैध सम्बन्धों के प्रसारण के कारण शरीफ़ लोग अपनी जान तक दे डालने का बीड़ा उठा लेते हैं, उन्हीं अवैध सम्बन्धों के महत्त्वपूर्ण प्रसारणों को दबा दिया जाता है क्योंकि वह किसी पावरफुल हस्ती का ग़लम काम है, किसी शक्तिशाली की निरंकुशता है-समर्थ एजेंसी का मनमानापन है जिसे नव-उदारवादी शब्दावली में 'न्याय' कहा जाता है। मीडिया इस न्याय की परिभाषा भी गढ़ता है और यह भी बताता है कि सबसे ज़्यादा न्यायप्रिय कौन है।

सबसे आगे कौन, सबसे बढ़िया कौन...सबसे ज़्यादा न्यायप्रिय कौन-ऐसे सवाल पूरी पीढ़ी को बुनियादी पत्रकारिता की बजाय 'हार्स रेस जर्नलिज़्म' की ओर ले जाते हैं। और घुड़दौड़ में जीतता कौन है, यह बिल्कुल मायने नहीं रखता। मायने रखता है यह, कि रेफ़री कौन है, अम्पायर कौन है? वैश्विक मीडिया के बहुत बड़े अघोषित साम्राज्य का उदारमना स्वामी तो नहीं? अगर हाँ; तब तो रेस जीतेगा कौन, यह पहले से ही पता होता है-हाँ, रेस के आयोजन की औपचारिकता पूरी करके मीडिया रेस को वैधानिकता और औचित्य का जामा पहनाता है। इसी को तो प्रोपैगैंडा कहते हैं। प्रसिद्ध समाजशास्त्री जे. माइकल स्प्राउल ने अपने अध्ययनों में बताया भी है कि प्रोपैगैंडा वही अच्छा होता है जो मनचाहे परिणाम दे पाने में सक्षम हो। और बेहतरीन परिणाम देनेवाला प्रोपैगैंडा आम लोगों को अपनी ओर खींचने की चुम्बकीय शक्ति रखता है। ऐसे प्रोपैगैंडा का क्षेत्र बहुत विस्तृत होता है और व्यापक सम्पर्क स्थापित करने की क्षमता अपार।

इस बिन्दु पर आकर मीडिया अपनी एक भ्रान्तिमूलक भाषा गढ़ लेता है जिसमें तार्किकता का आभास होता है। यह तार्किकता इतनी सर्वसमावेशी होती है कि विरोधी कुछ कह ही नहीं सकते-क्योंकि न तो उन्हें कुछ कहने का मौक़ा दिया जाता है और न ही उनके दिमाग़ को खाली छोड़ा जाता है। उसमें हमेशा कुछ-न-कुछ भरते रहने की कोशिश की जाती है-कभी सनसनी, कभी नवाचार, कभी चुम्बन प्रकरण, कभी भुतही हवेली...कभी 'भटक रहे' देशों में लोकतन्त्र स्थापित करने की कोशिश। इस चिन्ता के साथ कि उस देश का भौतिक पर्यावरण

भी संरक्षित रखा जायेगा, वहाँ कुछ वर्ल्ड हेरिटेज साइट्स बनायी जाएँगी, कुछ रचनात्मक कार्य किये जाएँगे। कैसे रचनात्मक कार्य? वैसे नहीं जैसे गाँधी किया करते थे जनस्फूर्ति के लिए। वैसे, जैसे मीडिया चाहता है। यहाँ आकर मीडिया एक खिलौना बन जाता है।

घटना, मीडिया और प्रक्रिया

जनसंचार साधनों पर विचार करते हुए रॉबर्टसन ने वैश्वीकरण को एक प्रक्रिया यानी प्रोसेस बताया है। प्रक्रिया होने का अर्थ घटना होने के अर्थ से कहीं ज़्यादा व्यापक है। क्या टेलीविज़न की किसी ख़बर को आप घटना मानकर एक सार्थक विश्लेषण कर सकते हैं? क्या रेडियो से प्रसारित ख़बरें और कार्यक्रम अक़्सर एक धारावाहिक स्वभाव नहीं ग्रहण करते? क्या इंटरनेट पर अख़बारों और लेखों के पुराने अंक बग़ल की विंडो से सम्बद्ध नहीं रहते? ये सब चयन के दायरे की बढ़ी हुई परिधि को सूचित कराने का अहसास (या भ्रम) रचते हैं। दो-तीन बिन्दु बिल्कुल प्राथमिक स्तर से ही महत्त्वपूर्ण हो जाते हैं। मसलन–प्रक्रिया क्या है, यह कैसी होती है, मीडिया के सन्दर्भ में प्रक्रिया और घटना में क्या सम्बन्ध है और प्रक्रिया सम्बन्धी संकल्पना के जोखिम क्या-क्या हैं?

आमतौर पर प्रक्रिया घटना से लम्बी होती है। घटना के सम्बन्ध में एक घटना-पूर्व की स्थिति होती है और एक घटना-पश्चात की भी स्थिति होती है। यानी घटना की सीमाएँ, जब वह घटना शुरू होती है और जब वह घटकर ख़त्म हो चुकी होती है, प्रक्रिया की सीमाओं (यानी बाउंड्रीज, न कि लिमिट्स) की तुलना में ज़्यादा स्पष्ट होती हैं। क्या कभी आजकल के ख़बरिया चैनलों पर आपने बलात्कार की ख़बर देखी-सुनी है? उस समय क्या लगता है? बलात्कार के समाचार को एक घटना (दुर्घटना कहना बेहतर होगा) बनाकर पेश किया जाता है या एक प्रक्रिया बनाकर प्रस्तुत किया जाता है? दुर्भाग्य से दुर्घटना की बजाय एक प्रक्रिया के ही लक्षण उसमें अधिक मात्रा में मौजूद रहते हैं। अगर नहीं मौजूद रहते हैं तो उनकी मौजूदगी की पूरी कृत्रिम और तीक्ष्ण कोशिश की जाती है।

अभी ज़्यादा समय नहीं बीता जब दिल्ली के आस-पास के इलाक़े की एक घटना को ज़रूरत से ज़्यादा कवरेज मिला। चैनलों ने इसे 'आरुषि हत्याकांड' नाम दिया–हालाँकि ऐसा कोई वैयक्तीकृत नाम देना ही पत्रकारिता के ठोस उसूलों के अनुकूल नहीं है। एकाध गम्भीर समाचार पत्र ने ऐसा कोई नाम देने से परहेज़ किया।

इस घटना को बतौर एक प्रक्रिया पेश किया गया–मानो कोई बॉलीवुडीय हिंसक फ़िल्म लाइव दिखाई जा रही हो। जिस घर में आरुषि नामक एक लड़की की हत्या हुई, ठीक उसी घर में घरेलू नौकर हेमराज की भी हत्या हुई थी। फिर घटना का नाम 'हेमराज हत्याकांड' क्यों नहीं रखा गया; 'आरुषि हत्याकांड' ही क्यों रखा गया? क्या इसलिए कि आरुषि स्त्रीवर्ग की थी और हेमराज पुरुष वर्ग से था? या इसलिए कि आरुषि बड़े घर की बेटी थी और हेमराज किसी वंचित समाज का दीन-हीन एक बेरोज़गार...मात्र घरेलू नौकर?

चयन की स्वतन्त्रता और न्याय प्रवर्तित कराने के मीडिया के दावों के बीच यह जानना भी अपेक्षित है कि अगर आरुषि मनुष्य है तो हेमराज भी, और अगर आरुषि निर्दोष थी तो हेमराज भी; अगर आरुषि को जान गँवानी पड़ी तो हेमराज को भी; वह भी आरुषि से पहले ही। यहाँ आरुषि और हेमराज को व्यक्तिगत रूप में लेने की बजाय प्रतीकात्मक रूप में लेकर विमर्श छेड़े जाने की ज़रूरत है। बहरहाल, ये गम्भीर मसले मीडिया की कार्य शैली को गहराई तक उजागर करते हैं। उनकी सम्पादकीय नीति को भी और उनके विज़ुअल ग्रामर को भी। एंकरों-पत्रकारों का चपलतापूर्ण नौसिखियापन तो ख़ैर जमकर दिखा ही।

यह और ऐसी तमाम घटनाएं–बल्कि तमाम हादसे–एक बड़े फलक को अनावृत करते हैं। एपीसोडिक जर्नलिज़्म को नव-उदारवादी मानदंडों के आगे झुकता हुआ पेश करते हैं। पूँजी के प्रभुत्व को सामाजिक कौतूहल और चामत्कारिक अनोखेपन से सम्बद्ध करते हुए नज़र आते हैं। और हाँ, ई-पत्रकारों की बेबसी को भी बताते हैं कि या तो उन्हें जन सरोकारों का अर्थ नहीं पता है, या फिर वे जान-बूझकर जन-सरोकारों की उपेक्षा करते हैं। वरना इन्हीं हादसों के साथ यह भी बताया और दिखाया जाता कि रविवार की छुट्टी के दिन मणिपुर में इम्फाल के एक अस्पताल में एक बम फट गया। यह भी दिखाया जाना चाहिए था कि मणिपुर के दूर-दराज़ के सेनापति ज़िले में एक भयंकर जातीय हिंसा हुई–कई लोग मारे गये। कुकी रिवोल्यूशन आर्मी के आपसी संघर्ष भारत की सुरक्षा से किस प्रकार जुड़े हैं–इसे बताने का इलेक्ट्रॉनिक पत्रकारों में न तो साहस है, न ही इच्छाशक्ति। हाँ, अमरीका में बिजली चली जाये, तो जाने कैसे सभी चैनलों को ख़बर मिल जाती है।

और फिर इस बात की क्या व्याख्या है कि कुछ दिनों पहले जब हैदराबाद में बम विस्फोट की दो घटनाएँ हुईं तो उस समय अनेक चैनल पत्रकार बटन में कैमरा लगाकर एक विवाह के 'फुटेज़' कवर कर हे थे? यह फुटेज़ तेलुगु देशम पार्टी के अध्यक्ष चन्द्रबाबू नायडू के पुत्र के विवाह का था। वधू पक्ष के पास भी कोई कम न्यूज़ वैल्यू नहीं थी क्योंकि नायडू के पुत्र का विवाह अभिनेता बालकृष्ण की पुत्री से हो रहा था। ख़बर जब विवाह की हो तो चैनल पत्रकारों के गम्भीर सवालों से सभी

वाकिफ़ हैं। मसलन, वे पूरी मेहनत करेंगे यह पता लगाने में, कि दूल्हे की शादी का जोड़ा किस देश से आया है, बारातियों में कौन-कौन लोग आये हैं, शादी का मुहूर्त कितनी बार बदला गया और बारातियों की विदाई कितने बजे होगी! तब शादी एक घटना न रहकर एक प्रक्रिया बन जाती है, और हर प्रक्रिया काम भर की लम्बी तो होती ही है। तो फिर इसमें कोई आश्चर्य नहीं कि दर्शक भगवान से प्रार्थना करता रहेगा कि यह शादी यों ही चलती रहे... चैनल इसे इसी तरह दिखाते रहें...।

और प्रक्रिया की बारीकी भी कुछ कम ग़ौरतलब नहीं है। जो भी पत्रकार महत्त्वाकांक्षी है, वह किसी चैनल में प्रवेश लेने के दिन से ही यह ख़्वाब देखना शुरू करता है कि उसका अपना एक चैनल कब होगा। ज़ाहिर है कि जिस क्षण एक पत्रकार की योग्यता का मापदंड उसकी बाइक या कार का मॉडल बनने लगता है- उसी क्षण वह पत्रकार भविष्योन्मुखी जीवन जीने को अभिशप्त हो जाता है। सिर्फ़ भविष्य ही दिखता है, परिणामस्वरूप वर्तमान उसकी आँखों से ओझल हो जाता है-कैसा वर्तमान, कैसे जन-सरोकार...कैसा दायित्वबोध! यह बात दीगर है कि कुछ बेहतरीन पत्रकार आज भी हैं-उनकी साख और उनकी विश्वसनीयता ही उनका पुरस्कार है। उनके लिए घटना, घटना है और प्रक्रिया, प्रक्रिया।

घटना, प्रक्रिया, जन सरोकार और वैश्वीकरण के सन्दर्भ जनंसचार के साधनों और संस्कृति से गहरे जुड़ते गये हैं। यह एक तरफ़ तो विश्व के संकुचन से प्रभावित है और दूसरी तरफ़ एक ख़ास क़िस्म की 'वैश्विक चेतना' के प्रसार से। आज मीडिया ही नहीं; निःशस्त्रीकरण, राजनीतिक मुद्दे, वैश्विक पर्यावरण और ग्लोबल पयर्टन आदि सभी कुछ एक बहुत बड़ी छतरी के नीचे इकट्ठे होते जा रहे हैं। एक अच्छी आमदनी वाले नौकरीपेशा भारतीय की ख़्वाहिश रहती है कि वह अपनी छुट्टियाँ यूरोप और आल्प्स के बगीचों में गुज़ारे। ग्लोबल मीडिया ऐसी अनेक ग्लोबल इच्छाओं को उत्पन्न करता है जो वस्तुओं और विलासिताओं की ख़रीद-फ़रोख्त से सम्बन्धित हैं। इन सबके अलावा वैश्विक क़िस्म के समाचारों को चमत्कार और चमत्कारों को समाचार बनाकर पेश किया जाता है।

एक न्यूज़ चैनल ने हाल ही में सर्कस का एक कारनामा बार-बार यह कहकर दिखाया कि हमारा 'खुफ़िया' कैमरा इतना तेज़ और कुशल है कि सर्कस के जादूगर की सारी जादूगरी को इसने अपने सीने में क़ैद कर लिया है। सर्कस की एक लड़की एक तीन फ़ीट लम्बी बेंच पर लेट जाती है और फिर लगातार एक मिनट तक वह ऊपर उठकर हवा में टँगी रहती है। अरे। यह क्या है! पीछे से सनसनीखेज वॉयस ओवर ज़ारी रहता है। दर्शकों की साँसें अटकी रहती है। कार्यक्रम जारी रहता है। बीच में एंकर आता है और गर्व से कहता है, "क्या है इस लड़की के हवा में उठने

का राज़?...हम आपको बताएँगे। लेकिन इस ब्रेक के बाद...।' ब्रेक आता है। मल्टीनेशनल कम्पनियों के प्रोडक्ट्स संस्कृति की धज्जियाँ उड़ाते दिखाये जाते हैं। फिर ब्रेक के बाद एंकर बताता है कि लड़की के पीछे एक परदा था, परदे के पीछे एक हाइड्रॉलिक मशीन, मशीन के पीछे एक आदमी जो मशीन संचालित कर रहा था, आदमी के पीछे....। इसे आप क्या कहेंगे? घटना या प्रक्रिया? या विकृत प्रक्रिया?

पर ऐसी विकृत प्रक्रियामूलक पत्रकारिता का प्रभाव क्या है? क्या इन्द्रियों को सुन्न करने वाली बेहोशी की किसी दवा की तरह नहीं? एक आम दर्शक ख़बरों की आवर्तिता, कार्यक्रमों के ग्लैमर और एंकरों की पुनरावृत्ति से इतना तंग हो चुका है कि उसने चीज़ों को रट लिया है। तोते की तरह। और वह भी बिना यह जाने कि उन चीज़ों के अर्थ क्या हैं, अर्थ का आयाम कहाँ तक कितनी गहराई से विस्तृत हैं। ये मीडिया, प्रक्रिया, जनसंचार, घटना और जन-सरोकार से जुड़े बुनियादी सवाल हैं। लेकिन सवाल महत्त्वपूर्ण नहीं हैं, भारतीय समाज को कुछ महत्त्वपूर्ण जवाबों की प्रतीक्षा है। क्या होंगे ये महत्त्वपूर्ण जवाब? कौन लिखेगा मीडिया के लिए इन जवाबों की मानक इबारतें? कैसे वापस आएगी एक आम श्रोता-दर्शक की सुन्न होकर गुम हो चुकी मानसिक चेतना? पत्रकारिता संवेदना? क्या हश्र हुआ है उस पत्रकारीय दायित्वबोध का जो जेम्स सिल्क बकिंघम और जेम्स आगस्टस हिक्की से लेकर भारतेन्दु हरिश्चन्द्र, बाल गंगाधर तिलक और महात्मा गाँधी तक एक ठोस परम्परा के रूप में व्याप्त है? 'मराठा', 'केसरी', 'हरिजन' और 'यंग इंडिया' में जिसकी प्रतिध्वनियाँ सुनाई देती रही हैं? और क्या होगा उस समाज का जिसके एक चौथाई लोग तब से लेकर आज तक भूख से मर रहे हैं? तो क्या 'मीडिया इंडस्ट्री' नाम का 'सनराइज़' उद्योग सिर्फ रुपये कमाता रहेगा, मुनाफ़ा बढ़ाता रहेगा?

और कम आश्चर्यजनक यह भी नहीं है कि दुनिया के सात-आठ अमीर और सयाने देश पूरी तीसरी दुनिया को 'खाद्य सुरक्षा' मुहैया कराने के लिए रोम, पेरिस और हैलीजेंडम में मिलते हैं, वातानुकूलित कमरों में बैठकर एशिया और अफ्रीका की ग़रीबी पर सेमिनार करते हैं-प्रेस कान्फ्रेंस बुलाते हैं, विश्व बैंक से अनुदान दिलाने का ढोंग रचते हैं। और मीडिया ख़ामोश बैठा रहता है। पर मीडिया की ख़ामोशी को यहीं क्यों देखा जाये? अन्तर्राष्ट्रीय स्तर की तो बात ही छोड़िये, अपने देश में मीडिया के कृत्य सन्देहों से परे नहीं हैं। अब दिल्ली का लोदी गार्डन या एकाध ऐसे अन्य 'गार्डेंस' को मिसाल के तौर पर ले लीजिये। वहाँ घूमकर एक आम आदमी काफ़ी 'हॉट' सीन्स देख सकता है-शरीफ़ आदमी तो ख़ैर वहाँ क्या

जायेगा, बेशर्म होना वहाँ जाने की मानो पूर्व शर्त ही हो। क्या मीडिया इन 'दृश्यों' को पैदा करने के अपराध से सौ फीसदी मुक्त है? अभी कुछ ही दिन पहले वहाँ एक रिपोर्टर गया हुआ था। समाचार के लिए गया होगा बेचारा। पर वहाँ 'जोड़ों' के रखवाले कुछ बॉडी बिल्डरों ने बहुत सताया उसे। उसका मोबाइल छीन लिया, उसकी घड़ी छीन ली और उसे घंटों परेशान किया। वैसे भी हमारे यहाँ लोकतान्त्रिक विमर्श की बजाय डंडे की चोट पर समस्याओं को हल करने की कोशिश की जाती है। क्या मराठी दैनिक 'लोकसत्ता' के सम्पादक कुमार केतकर के घर पर हुए हालिया हमले के बारे में आपने नहीं सुना? हमारे लोकतन्त्र में कई बार अपनी बात कहना मात्र बहुत महँगा पड़ता है। कई बार डराना-धमकाना इतना भयावह पड़ जाता है कि पूछिये मत। अब पश्चिमी मिदनापुर की एक हालिया घटना ही ले लीजिये। ख़बरें आयीं कि वहाँ पुलिस ने निर्देश जारी किये थे कि किसी भी 'माओवादी' को गोली मार दी जाये। ख़ैर, पुलिस, मीडिया, पत्रकार...।

मीडिया अगर एक माध्यम है तो एक फ़िल्म का एक रूपक याद आता है। सुनील शेट्टी ने उस फ़िल्म में एक पुलिस इन्स्पेक्टर की भूमिका अदा की है। अपनी प्रेमिका रवीना टंडन को पुलिस की जिप्सी में बैठाकर इन्स्पेक्टर महोदय एक चिकनी-चौड़ी रोड पर गाड़ी ड्राइव कर रहे होते हैं। बग़ल से एक साइकिल चालक पुलिस जिप्सी को ओवरटेक करते हुए आगे निकल जाता है। खीझकर रवीना मैडम कहती हैं, "कैसे गाड़ी चलाते हो? देखो न; साइकिल वाला भी हमसे आगे निकल गया।" सुनील शेट्टी बड़ी मासूमियत से जवाब देते हैं, "ये पुलिस की जिप्सी है, इसे पीछा करने की आदत है।" यानी हमारे यहाँ घटना हो जाने की पश्चात् ही उस पर कार्यवाही शुरू होती है और इस 'सिद्धान्त' का इतनी कटिबद्धता से पालन किया जाता है कि अगर कहीं कोई बुरी घटना भी हो रही है तो पढ़े-लिखे लोग उसे 'होने' देते हैं। ताकि जब वह हो जाये तो होने के बाद उस पर कार्यवाही शुरू की जा सके। अजीब नहीं लगता ऐसा जानकर? पर क्या किया जाये? सिद्धान्त तो सिद्धान्त है, सिद्ध अन्त है।

ज़ाहिर है कि मीडिया में प्रक्रिया की लम्बाई, घटना की तात्कालिकता से ज़्यादा फलदायी है। यह देर तक चलती रहती है और हमेशा कुछ-न-कुछ दिखाते रहना चैनलों की विवशता है। प्रक्रिया एक कमाऊ चीज़ है। एक तरीक़े से इसमें खींचतान करके एपीसोडिक क़िस्म का जर्नलिज़्म मैन्युफैक्चर किया जाता है। बढ़ती साक्षरता और बढ़ते मीडिया उद्योग के आलोक में मीडिया से जुड़ी घटना और प्रक्रिया की कहानी को समझना ज़रूरी है। हो सकता है कि यह प्रयास पूरे तौर पर क़ामयाब न हो, पर कुछ मोटी-मोटी बातों की खोज तो की ही जा सकती है।

ख़ासकर तब; जब फ़ीडबैक के लिए जनता में थोड़ी–बहुत चेतना फैल रही हो– सम्पादक के नाम पत्र लिखकर पाठक वर्ग अपनी सक्रिय मौजदूगी का अहसास करा रहा हो; मोबाइल से एसएमएस करके श्रोता वर्ग रेडियो के एफएम चैनलों के ज़रिये अपने हित–मित्रों को जन्मदिन की बधाइयाँ दे रहा हो और टेलीविज़न पर आयोजित स्वास्थ्य परिचर्चाओं में दर्शक वर्ग फोन करके कुछ लाभ उठा रहा हो। पर याद रखना होगा कि पत्रकारों को अपने कर्तव्यों और अधिकारों का औचित्यपूर्ण प्रयोग करना चाहिए। इसी औचित्यपूर्ण प्रयोग को देखकर नेपोलियन ने एक बार कहा था, ''दस लाख संगीनें मेरे भीतर वह ख़ौफ पैदा नहीं करतीं, जो तीन छोटे अख़बार।'' फ्रांसीसी सेनानायक की इस बात का पूरा और सही मतलब समझा जाना चाहिए।

इसे देखा जाना चाहिए

हाल में घटी, मीडिया और उसकी स्वायत्तता से जुड़ी दो घटनाएँ बेहद महत्त्वपूर्ण हैं। इनका महत्त्व इसलिए और भी ज़्यादा बढ़ जाता है कि इस पूरे वर्ष आतंकवाद, हिंसा और जन-धन की भारी हानियाँ ख़बरों की प्राथमिकता श्रेणी में सबसे ऊपर रही हैं। हम एक लोकतान्त्रिक देश के नागरिक हैं, हमारे प्रत्येक नागरिक को कुछ मौलिक अधिकार प्राप्त हैं और हमारे यहाँ राजनीतिक प्रणाली का लक्ष्य संविधान द्वारा बनाये गये आदर्शों को हासिल करना है। ऐसे में यह सोचना ज़रूरी हो जाता है कि हमारी व्यवस्था में कहाँ ऐसी चूक बनी रह जाती है जिससे विस्फोटों, टकरावों और हिंसा का जन्म होता है। यद्यपि यह एक सत्य है कि मीडियाकर्मी दिन-रात ख़बरों की तलाश में इधर-उधर भटकता रहता है (उसके लिए 'नोज़ फॉर द न्यूज़' जैसे पदबन्ध भी प्रयुक्त किये जाते हैं), फिर भी ऐसा कोई पत्रकार नहीं होता कि उसे अहमदाबाद, मालेगाँव या गुवाहाटी के विस्फोटों पर यह सोचकर ख़ुशी मिलती हो कि चलो बैठे-बिठाए एक 'अच्छी और बड़ी' ख़बर हाथ लग गयी। कोई चैनल, कोई न्यूज़ ऑर्गेनाइजेशन या कोई लेखक ऐसा नहीं है जिसे मुम्बई के विस्फोटों, बाटला हाउस की मुठभेड़ों या पुलिसकर्मियों और एटीएस कर्मियों की शहादत पर लिखते समय भीतर-ही-भीतर आक्रोश न पैदा होता हो। आक्रोश इसलिए कि अचानक ये सब क्या हो रहा है जिससे हर नागरिक का सुख-चैन छिनता चला जा रहा है, क्या है जिससे हमारे राष्ट्र की सामाजिक समरसता की चूलें हिलती चली जा रही हैं।

दोनों घटनाओं में से पहली घटना 'इम्फाल फ्री प्रेस डेली' के कनिष्ठ उपसम्पादक कोनसाम रिशिकान्त सिंह का मारा जाना है। 17 नवम्बर, 2008 को इम्फाल के लांगोल इलाक़े में रिशिकान्त सिंह की हत्या नज़दीक से गोली मारकर की गयी। इम्फाल फ्री प्रेस के सम्पादक प्रदीप फंजोबल के मुताबिक रिशिकान्त एक सजग और ईमानदार पत्रकार थे जो अपनी कड़ी मेहनत के लिए जाने जाते थे। आल मणिपुर वर्किंग जर्नलिस्ट यूनियन ने हत्या के विरुद्ध आवाज़ उठायी और आपातकालीन

बैठकें भी आयोजित कीं, किन्तु नतीज़ा कुछ भी नहीं निकला। ग़ौर करने वाली बात है कि पिछले कुछ समय में अब तक पाँच पत्रकारों की हत्या मणिपुर में हो चुकी है। मणिपुर को लेकर चिन्तित होना लाज़िमी है क्योंकि वहाँ हालात बिगड़ते चले गये हैं और पत्रकारों की लगातार हत्या से परेशान होकर मणिपुर के सम्पादकों व पत्रकारों ने अख़बारों का प्रकाशन बन्द कर दिया है।

पूरे घटनाक्रम में एक ग़ौरतलब मोड़ तब आया जब एडीटर्स गिल्ड ने मणिपुर की इस घटना के सम्बन्ध में प्रधानमन्त्री मनमोहन सिंह को चिट्ठी लिखकर अपनी चिन्ताएँ ज़ाहिर कीं। गिल्ड ने केन्द्र व राज्य सरकार से मीडिया संस्थानों व मीडियाकर्मियों को सुरक्षा मुहैया कराने की दिशा में तुरन्त क़दम उठाने की माँग की है।

हमारे मीडिया के साथ अब ग्लोबलाइजेशन एक दिक्कत के रूप में जुड़ चुका है। इसका सबसे बड़ा प्रमाण तो यही है कि बराक ओबामा का अमरीकी राष्ट्रपति के रूप में निर्वाचित होना इतनी बड़ी ख़बर है कि अख़बारों में बैनर हेडिंग्स लगा दी जाती हैं और चौबीसों घंटे के ख़बरिया चैनल ओबामा की चुनावी रैलियों से चौबीसों घंटे भरे रहते हैं लेकिन हमारी अपनी स्थानीय समस्याओं को कई बार अख़बारों में सिंगिल कॉलम लायक ख़बर नहीं समझा जाता। जहाँ तक स्थानीयता के प्रति चैनलों के रवैये का सवाल है; चैनल हमेशा ऐसी स्थानीयता ही चुनते हैं–जैसे सनसनी, भूत बंगला, ज्योतिषी की भविष्यवाणी, सपेरों की दुनिया वगैरह–जिनमें उत्तेजना उत्पन्न करने की सामर्थ्य हो।

मीडिया कई बार उस पथ का अनुसरण करता है जो हमारे अपने लिए शायद सबसे ज़रूरी चीज़ नहीं। जो सबसे ज़रूरी चीज़ें हैं–रोटी, कपड़ा, मकान, सड़क, बिजली, पानी, स्वास्थ्य, शिक्षा और रोज़गार–वे शायद मीडिया द्वारा दरकिनार कर दी जाती हैं। पर कोई चीज़ सिरे से बुरी नहीं होती। ये तो नज़रिये का फेर और दृष्टिकोणों की भिन्नता होती है जो किसी चीज़ को अच्छा या बुरा बनाती है। दिनभर लखनऊ, दिल्ली और बंगलौर जैसे शहरों में रेडियो के एफ.एम. चैनल कुछ–न–कुछ सनसनीखेज़ ही बताते रहते हैं। अख़बार और चैनल फिर पीछे क्यों रहें? यानी मीडिया अब अच्छे और बुरे का भेद मिटा चुका है। उसके पास अच्छी–बुरी हर चीज़ मौजूद है; फ़ैसला आप पर है कि आपको अपना सरोकार किससे रखना है। नयेपन की तलाश प्रत्येक को होती है–पर नया अच्छा भी हो तो कहना ही क्या। अलग–अलग लोगों की अलग–अलग समस्याएँ हैं; अनेक देश अपनी अनेक स्थानीय समस्याओं से ही लगातार जूझ रहे हैं; ऐसे में मीडिया का दायित्व भी काल और स्थान के सापेक्ष बदलता रहेगा। उदाहरण के लिए इसी बात को लिया जा सकता है कि कई नौसैनिक जहाज़ों को इस बीच अदन की खाड़ी में ख़ासा

परेशान किया गया लेकिन मीडिया की विसंगतिपूर्णता और अनेक देशों में आपकी सहमति के अभाव के चलते इन संगठित लुटेरों और दस्युओं को कोई सज़ा नहीं दी जा सकी। कहने के लिए मीडिया में ख़बर आ जाती है कि इंटरपोल ने एशिया में 66 लाख डॉलर की नकली दवाएँ जब्त कीं, पर सवाल यह है कि इन नकली दवाओं के पीछे क्या बहुराष्ट्रीय कम्पनियों के हित नहीं हैं और बड़ा मीडिया क्या बहुराष्ट्रीय कम्पनियों की गिरफ़्त से मुक्त है?

अगर दूसरी महत्त्वपूर्ण घटना की बात करें तो यह दूसरी घटना भी हिंसा, संघर्ष और उग्रवाद से जूझ रहे पूर्वोत्तर भारत से सम्बन्धित है। मणिपुर के पत्रकार रिशिकान्त सिंह की हत्या को अभी चार दिन भी नहीं बीते थे कि गुवाहाटी से प्रकाशित असमिया दैनिक 'आमार असम' के कोकराझार संवाददाता जगजीत सैकिया की हत्या कर दी गयी। जगजीत सैकिया को असम प्रेस करेस्पांडेंस यूनियन ने 'शहीद पत्रकार' घोषित किया है। डॉ. मनमोहन सिंह ने चिन्तित होकर मुख्यमन्त्रियों तरुण गोगाई और इबोबी सिंह से बात की और मुख्यमन्त्रियों से उनके राज्यों में सभी पत्रकारों और संवाददाताओं की सुरक्षा सुनिश्चित कराने के लिए उचित क़दम उठाने को कहा। पिछले आठ वर्षों में असम में छः पत्रकारों की हत्या हो चुकी हैं और ज़्यादातर मामलों में पत्रकारों की हत्या करनेवालों को गिरफ़्तार कर दंडित कर पाने में सरकार असफल रही है।

इन दोनों हत्याओं से यह निष्कर्ष निकालना अनुचित नहीं होगा कि मीडिया की स्वतन्त्रता पर रोक लगाने के लिए पत्रकारों को निशाना बनाया जाता है। निर्भीक, निष्पक्ष और कटिबद्ध मीडिया को उग्रवादी तथा असामाजिक तत्व अपने हितों के विपरीत मानते हैं और वे पत्रकारों पर दबाव बनाने के लिए कई तरह के हथकंडों का इस्तेमाल करते हैं। असम प्रेस करेस्पांडेंस यूनियन के मुताबिक़ 9 अगस्त, 1991 को उल्फ़ा उग्रवादियों ने पत्रकार कमला सैकिया की हत्या कर दी थी। तब से लेकर आज तक दो दशकों में उन्नीस पत्रकारों की असम में हत्या की जा चुकी है, यानी औसतन हर साल एक से ज़्यादा पत्रकार अपनी ज़िन्दगी से हाथ धो बैठते हैं। असम के ही पत्रकार पराग कुमार दास की हत्या उस समय कर दी गयी थी जब वे अपने बच्चों को लेने के लिए स्कूल पहुँचे थे। टिम्बर माफिया, लकड़ी माफिया और ड्रग्स माफिया से लेकर राजनेताओं तक पर शंकाएँ ज़ाहिर की जाती रही हैं। राजनीतिक भ्रष्टाचार और संगठित अपराधों का खुलासा करना पत्रकारिता का लक्ष्य रहा है।

जिस ग्लोबलाइजेशन की चर्चा कभी ख़त्म नहीं होती, उसी प्रक्रिया से यह भी सीखा जा सकता है कि हर साल 3 मई को विश्व प्रेस स्वतन्त्रता दिवस क्यों मनाया जाता है। इस तारीख़ का सम्बन्ध कटिबद्ध पत्रकार गुइलेर्मो कानो की हत्या से है जो कोलम्बिया के समाचार पत्र 'अल-स्पेक्टाडर' के सम्पादक थे। कानो की

17 दिसम्बर, 1986 को गोली मारकर हत्या कर दी गयी थी। यूनेस्को द्वारा उन्हीं की स्मृति में स्थापित 'गुइलेर्मो कानो प्रेस फ्रीडम पुरस्कार' हर वर्ष 3 मई को किसी ऐसे पत्रकार को प्रदान किया जाता है जिसने विषम परिस्थितियों में रहते हुए राजनीतिक भ्रष्टाचार और संगठित अपराधों का खुलासा करने का साहस दिखाया हो। पत्रकारिता के क्षेत्र का यह एक जाना-माना अन्तर्राष्ट्रीय पुरस्कार है जिसे कानो के देश की धरती-कोलम्बिया-में ही प्रदान किया जाता है। 2007 के लिए यह पुरस्कार रूस की दिवंगत पत्रकार अन्ना पोलित कोवस्काया को प्रदान किया गया था। अन्ना को यह पुरस्कार चेचन्या प्रान्त में हो रही घटनाओं को विश्व के सामने लाने के लिए दिया गया था। अन्ना की वर्ष 2006 में अक्टूबर में गोली मारकर हत्या कर दी गयी थी। इस साल (2008) के लिए यह पुरस्कार मेक्सिको की पत्रकार लिडिया केचो रिबेरियो को प्रदान किया गया है। इन तथ्यों और घटनाओं का उल्लेख करने का उद्देश्य यह है कि हम जान सकें कि दुनिया में समकालीन पत्रकारिता किस ऊँचाई पर है और हम कितने नीचे खड़े होकर लोकतन्त्र-लोकतन्त्र चिल्ला रहे हैं। न तो मीडिया की जवाबदेही पर आयोजित किये जानेवाले सेमिनार नये हैं और न ही हिंसा और अलगाव से सुलग रहे पूर्वोत्तर भारत को मुख्यधारा में लाने की क़वायद नयी है। न पत्रकारों की हत्याओं पर व्यक्त किये जाने वाले शोक सन्देश नये हैं और न ही पूर्वोत्तर को दिये जानेवाले आर्थिक सहायता पैकेज़। हाँ, सूचना-प्रौद्योगिकी ज़रूर नयी है पर वेब-संजालों और इंटरनेटों-कम्प्यूटरों का इस्तेमाल करके आतंकवादियों द्वारा किये गये बम विस्फोटों ने इस बात को समझना अनिवार्य कर दिया है कि सारे माध्यम-इंटरनेट सहित-ऐसे हैं जिनका ख़तरनाक कामों के लिए इस्तेमाल किया जा सकता है।

साइबर कैफ़े में आने-जानेवाले लोगों पर निगरानी रखने की ज़रूरत इसीलिए महत्त्वपूर्ण होती चली गयी है। आज पूरी विश्व व्यवस्था इस चीज़ की माँग कर रही है कि सारे कम्प्यूटर प्रयोक्ताओं का एक सम्यक् रजिस्टर होना चाहिए और हर इंटरनेट यूज़र के फोटो को कैमरे में क़ैद करके एक सम्यक् रिकार्ड बनाया जाना चाहिए। संचार के नये माध्यम मोबाइल को लेकर भी कुछ ऐसी ही बातें की जा रही हैं क्योंकि मोबाइल की उपयोगिता भले ही सन्दिग्ध हो; उसका दुरुपयोग असन्दिग्ध रूप में प्रमाणित हो चुका है। इसका एक हालिया उदाहरण मणिपुर में मोबाइल के ज़रिये चलाये जानेवाले धन उगाही के कारोबार का खुलासा है। हालिया ख़बरों से पता चला है कि मणिपुर एक ऐसा राज्य है जहाँ धन उगाही करनेवाले संगठनों की तादाद सबसे ज़्यादा है। इनमें ज़्यादातर संगठन भूमिगत हैं और कुछ सांस्कृतिक या सामाजिक संगठन भी धन उगाही करने में लिप्त हैं। पूर्वी इम्फाल के सजीवा जेल में बन्द उग्रवादियों से अठारह मोबाइल फोन हाल ही में बरामद किये गये हैं। जेल

के भीतर से ये उग्रवादी मोबाइल फोन के ज़रिये सरकारी कर्मचारियों और आम नागरिकों को धमकी देते थे और धन उगाही का काम करते थे। मीडिया के तहत अगर मोबाइल नामक माध्यम को भी रखा जाये तो ये स्थिति क्या दुश्चिन्ता नहीं पैदा करती? ऐसा तब है जब मणिपुर में मोबाइल का चलन अभी ज़्यादा पुराना नहीं हुआ है।

अगर मीडिया का उपयोग और दुरुपयोग तथा सकारात्मक पक्ष और नकारात्मक पक्ष–दोनों पर ध्यान केन्द्रित करना है तो एक समग्र और सन्तुलित दृष्टिकोण का निर्माण करना होगा। भारत में हर क्षेत्र में कोई–न–कोई विशिष्टता, कोई–न–कोई विविधता ज़रूर मौजूद है; जरूरत उसे पहचानने और नया आयाम देने की है। मीडिया को चाहिए कि वह इस बात की तसदीक करे कि क्यों कुछ इलाक़े विकास की गलाकाट दौड़ में पीछे छूट गये हैं और अगर कुछ विसंगतियाँ आ ही गयी हैं तो इसका निदान क्या है? किसी पीछे छूट चुके क्षेत्र को उसके पिछड़ेपन वाली पहचान से मीडिया कैसे मुक्ति दिला सकता है? उसकी विशिष्टता को किस प्रकार उद्घाटित किया जा सकता है? अगर दूसरे शब्दों में कहा जाये तो मीडिया अपना एक समग्रतावादी एजेंडा तय करके ही एक समग्र और समरस समाज के निर्माण में योगदान दे सकता है। अगर यह एजेंडा एकांकी होगा तो आने वाला समाज भी एकांगीपूर्ण ढंग से निर्मित होगा। मुम्बई में उत्तर भारतीयों की उलझनों और पूर्वोत्तर में गैर–पूर्वोत्तरवासियों की मुसीबतों से भला और क्या निष्कर्ष निकलता है? यह जोड़ने की ज़रूरत है कि राजनीति का चरित्र भी लोकलुभावनवादी होने की बजाय लोककल्याणकारी होना चाहिए; मीडिया से ही सारी माँगें करना उचित नहीं है। ये सब चीज़ें विभिन्न कोणों से देखी और समझी जानी चाहिए।

मीडिया : कहाँ से कहाँ तक

पिछले कुछ दिनों, या बेहतर कहें कि महीनों से अमरीकी राष्ट्रपति ओबामा की ख़बरें इलेक्ट्रॉनिक और प्रिंट मीडिया में लगातार छाई रही हैं। इसे गोरे-काले विभेद का अन्त माना जाये या अन्त की शुरुआत; पर इतना ज़रूर है कि अमरीकी लोकतन्त्र, जो आज तक उदारवाद और स्वतन्त्रता पर अधारित रहा है; समानता की ओर, एक क़दम आगे की ओर, पाँव बढ़ा चुका है। सभी जानते हैं, मीडिया भी, कि स्वतन्त्रता और समानता दोनों परस्पर विरोधी मूल्य या विचार हैं। इसीलिए जब समानता स्थापित करने की कोशिश की जाती है तो कहीं-न-कहीं स्वतन्त्रता का हनन होता है। कई बार यह हनन अन्याय का रूप धारण कर लेता है। पर इसका उल्टा भी इतना ही सत्य है। स्वतन्त्रता को प्रश्रय देने से समानता का विचार किसी बूचड़खाने में चला जाता है। पर इन बातों की यहाँ क्या प्रासंगिकता है? ये बातें मीडिया से किस प्रकार जुड़ी हैं? बराक हुसैन ओबामा का इन बातों से भला क्या वास्ता है? आज अगर मीडिया अधिक स्वतन्त्र और दक्ष है तो इसका विश्लेषण इन बातों के सन्दर्भ में किया जाना चाहिए।

ओबामा आज एक व्यक्ति या एक पदधारक मात्र नहीं रहे हैं, वह वंचितों के संघर्ष और उनकी विजय के दृढ़ प्रतीक बन गये हैं। पर हम सभी जानते हैं कि कोई इंसान जब देवता हो जाता है, जब वह प्रतीक बन जाता है तब उसका न तो कोई स्वस्थ विश्लेषण हो पाता है और न ही वह किसी का प्रेरणास्रोत बन पाता है। एक आम आदमी के रूप में उसके कैरियर का सत्यानाश हो जाता है। मीडिया ने अमरीका में आये इस बदलाव को विश्व में आये एक बदलाव के रूप में पेश किया है, जो ग़लत है। अमरीका का मतलब विश्व नहीं होता। पर मीडिया के लिए तो क़रीब ऐसा ही है। तभी तो अफ्रीकी मूल के ओबामा की प्रशंसा में ढेरों क़सीदे पढ़े गये पर स्वयं अफ्रीका के एक देश कांगों की बड़ी-बड़ी ख़बरें मीडिया में नहीं आ सकीं। क्यों नहीं मीडिया में दिखाया-सुनाया गया कि पूर्वी कांगो के मुख्य विद्रोही गुट के क्षुब्ध कमांडरों ने कांगो के अशान्त क्षेत्र गोमा में संघर्ष समाप्त करने की

घोषणा कर दी है? मीडिया का विजुअल ग्रामर और प्राथमिकता-निर्धारण ऐसी ख़बरों का विश्लेषण करने के लिए असमर्थ या अनिच्छुक क्यों है? इसलिए कि 'विश्व' की परिभाषा पर बड़ा गहरा विवाद है और 'समानता' की परिभाषा पर और भी ज़्यादा गहरा-इसलिए 'वैश्विक-समानता' कहीं-न-कहीं मज़ाक का पात्र बनती चली गयी है। सत्तर और अस्सी के पिछले दशकों में लेव कोमलेव जैसे विद्वानों ने इसलिए 'नव-अन्तरराष्ट्रीय विश्व व्यवस्था' की माँग की थी जो अभी तक पूरी नहीं हो सकी है।

ओबामा का अमरीकी राष्ट्रपति बनना ख़ुशी की बात है या नहीं, इस पर सन्देह है; पर यह निश्चित है कि यह अफ़सोस की बात ज़रूर है। अफ़सोस इस बात का कि ओबामा या अफ्रीकी-अश्वेत वर्ग के किसी अन्य व्यक्ति को बहुत पहले ही राष्ट्रपति बन जाना चाहिए था। जो काम डेढ़-दो सौ साल पहले हो जाना चाहिए था; वह काम अगर आज पूरा हो रहा है तो ज़ाहिर है कि यह बेहद अफ़सोस की बात है। पर अफ़सोस से भी अधिक यह निर्लज्जता और बेशर्मी की बात है कि अमरीकी धनिकतन्त्र, सैन्यतन्त्र और पूँजीपति-उद्योगपति वर्ग बाक़ी दुनिया को समानता का पाठ पढ़ाएँ। कम-से-कम भारत की सामासिक संस्कृति वाले बहुभाषी और बहुधर्मी लोकतन्त्र को अमरीका कोई पाठ पढ़ाने लायक नहीं है-राष्ट्रपति वहाँ चाहे जो हो, बुश या लिंकन, ओबामा या कैनेडी। हाँफते हुए पत्रकारों को इस बात पर रोशनी डालनी चाहिए कि सन् 1648 की वेस्टफ़ेलिया की सन्धि से आज तक राष्ट्रों के जीवन की उठापटक को किस तरह समझा जाये। उन तरीक़ों पर रोशनी डालनी चाहिए जिनसे मीडिया लोकमत को दिग्भ्रमित करता है। अगर एक राष्ट्र के जन्म के रूप में सन् 1776 की अमरीकी क्रान्ति को छोड़ भी दें और अमरीकी राष्ट्र-राज्य की उम्र की गणना 1789 से भी शुरू करें तो भी अमरीकी राष्ट्र क़रीब-क़रीब सवा दो सौ साल पुराना बैठता है।

जो काम अमरीका ने इन सवा दो सौ सालों में किया है, उससे बड़ा काम भारत ने पचास-साठ सालों में ही कर लिया है। अमरीका में आज तक कोई महिला राष्ट्रपति नहीं बन सकी है जबकि भारत में महिलाओं ने प्रधानमन्त्री और राष्ट्रपति तथा स्पीकर का पद धारण किया है। कई राज्यों में वे राज्यपाल और मुख्यमन्त्री रह चुकी हैं। फिर भी भारत को समानता और स्वतन्त्रता तथा समृद्धि और ख़ुशहाली पर नये सिरे से विमर्श की ज़रूरत है।

बहरहाल मीडिया के स्थानिक विस्तार से ज़्यादा रोचक उसका कालिक विस्तार है। समय की हड़बड़ी और पत्रकारों की उतावली को समझने के लिए महान् वैज्ञानिक स्टीफ़न हॉकिंग्स की 'ब्रीफ़ हिस्ट्री ऑव टाइम' और उसके बाद आई हॉकिंग्स की ही पुस्तक 'ब्रीफ़र हिस्ट्री ऑव टाइम' अवश्य सहायक हो सकती

है। फिर भी ध्यान रखने वाली बात है कि आज के द्रुत मीडिया के लिए जब 'सबसे पहले', 'सबसे जल्दी' जैसे लक्ष्य बेहद महत्त्वपूर्ण होते चले जा रहे हैं तब हड़बड़ी की महत्ता को समझने के लिए वैज्ञानिक होने की ज़रूरत नहीं रह जाती। यह तो कोई आम आदमी भी आसानी से समझ सकता है।

पर जयपुर, अहमदाबाद, दिल्ली और मालेगाँव जैसे मामलों में यही आम आदमी आतंकवादी विस्फोटों का सबसे अधिक भुक्तभोगी रहा है। वर्ष 2008 के दौरान मीडिया के प्रक्षेपणों पर विचार करें तो समाचार एंकर साल के शुरू में ही चिल्लाने लगे कि हमारा सेंसेक्स बीस हज़ार को पार कर चुका है। कई अख़बारों ने बैनर हेडिंग लगाई कि ऐसा पहली बार हो रहा है। यह जानना ज़रूरी है कि चढ़ते हुए सेंसेक्स का उस आबादी के साथ कोई ख़ास सम्बन्ध स्थापित नहीं हो सका है जो ग़रीबी रेखा से नीचे अपना गुज़र-बसर करती है और जिसके लिए काला अक्षर भैंस बराबर है। अभी ज़्यादा दिन नहीं बीते हैं जब एक ओर तो मानवाधिकारों पर चर्चा चल रही थी और दूसरी ओर विदर्भ के किसान आत्महत्या करने को मज़बूर हो रहे थे।

वर्ष 2008 की मीडिया सम्बन्धी एक बड़ी घटना यह रही कि जागरण और नेटवर्क-18 ने हिन्दी में अपने बिजनेस अख़बार की योजना प्रस्तुत की। वैसे भी अब अख़बारों या चैनलों की कमी की बजाय ऐसे क्षेत्रों का अकाल पड़ गया है जिसमें कोई अख़बार निकाला जा सके या कोई चैनल खोला जा सके। समाचार, मनोरंजन, धार्मिकता, घर-घर की कहानी, राजनीति के गलियारे, आर्थिकी की बारीकियाँ-हर चीज़ तो वसूल की जा चुकी है। इसी साल उपभोक्ता उत्पादों का उत्पादन करने वाली वीडियोकॉन लिमिटेड को अब 'डायरेक्ट टू होम' (डी टी एच) प्रसारण के लिए लाइसेंस प्राप्त हुआ। विश्व के इस विशालतम लोकतन्त्र में पाठकों या दर्शकों की कमी तो है नहीं, इतना ज़रूर है कि एक ज़िम्मेदार चैनल की कमी का अहसास गाहे-बगाहे अभी भी हो जाया करता है। चैनलों की बहुलता अगर उपग्रहीय प्रणाली की सफलता पर आधारित है तो डीटीएच की भी कमी नहीं रही है। इस क्षेत्र में वीडियोकॉन के घुसने के बाद अब डीटीएच प्रसारण वाली कम्पनियाँ सात हो गयी हैं। इनमें दूरदर्शन की डी डी डायरेक्ट, जीटीवी की डिश टीवी, टाटा की टाटा स्काई और सन टीवी की सन डायरेक्ट शामिल हैं। रिलायंस की ब्ल्यू मैजिक के साथ-साथ भारती टेलीमीडिया भी चर्चा में रही। बिजनेस और व्यापार सम्बन्धी दो हिन्दी अख़बारों का आगमन भी हुआ। 'इकोनॉमिक टाइम्स' और 'बिजनेस स्टैंडर्ड' जैसे हिन्दी के ग़ुलाबी अख़बारों ने जनता तक अपनी पहुँच बनाने की कोशिश की लेकिन फिलहाल, जैसा कि देखने में लगता है, ये अख़बार

विज्ञापनों की कमी से जूझ रहे हैं।

आज पाठकों से प्राप्त राजस्व किसी अख़बार के लिए आधार नहीं है; आधार है विज्ञापनों से प्राप्त धन और अख़बार ही कहाँ एक मिशन रह गये हैं; इनका काम बड़ी-बड़ी विशालकाय अन्तर्राष्ट्रीय आवारा पूँजियों से साझेदारी करके अपने मुनाफ़े को लगातार बढ़ाते जाना है। तो क्या यह न मान लिया जाये कि समाचार माध्यमों की बहुलता एक कोरा भ्रम है? क्या ख़बर एक प्रोडक्ट है और पाठक/दर्शक एक कंज़्यूमर? और फिर समाचार की परिभाषा आज क्या रह गयी है? आज मीडिया किस घटना को समाचार मानता है और किस घटना को समाचार नहीं मानता? इसी साल की कई बड़ी घटनाएँ मीडिया में उतनी जगह नहीं पा सकीं जितने की वह हक़दार थीं। मसलन कितने चैनलों ने बताया कि अर्जेन्टाइना के भूतपूर्व राष्ट्रपति की पत्नी क्रिस्टीना फर्नांडीज़ डि कर्चनर वहाँ की राष्ट्रपति चुनी गयीं। ऐसा सम्मान पाने वाली वह अर्जेन्टाइना की पहली महिला बनीं। लेकिन जब इस ख़बर को दिखाया जाना था तब यह प्रसारित किया जा रहा था कि ग्लैडरैग्स मिसेज इंडिया, 2008 का आयोजन मुम्बई में हो रहा है, यह आयोजन बड़ा भव्य है, ग्लैमरस है...वग़ैरह।

कुछ ख़बरें जो उचित स्थान नहीं पा सकीं उनमें शामिल हैं–महिलाओं की ख़रीद-फ़रोख्त की रोकथाम तथा व्यावसायिक यौन शोषण की शिकार महिलाओं के उद्धार, पुनर्वास और कल्याण के लिए 'उज्ज्वला' योजना की शुरुआत की गयी; तमिलनाडु में पोंगल के अवसर पर होनेवाली बुल फाइट (जल्ली कट्टू) पर सर्वोच्च न्यायालय ने प्रतिबन्ध लगाया, अरुणाचल प्रदेश के ईटानगर और हरमुनि को रेल लिंक के ज़रिये आपस में जोड़ा जायेगा; देश में किसानों के 48.6 प्रतिशत परिवार ऋणग्रस्त हैं और ऋणग्रस्त किसानों की कुल संख्या में से इकसठ फीसदी के पास एक हेक्टेयर से भी कम जोत है...आदि-आदि। ऐसी ख़बरें हज़ारों की तादाद में हैं जिनके प्रति और ज़्यादा सजगता की ज़रूरत न सिर्फ़ बनी हुई है बल्कि वक़्त के साथ बढ़ती जा रही है।

पर, ऐसा नहीं है कि राष्ट्रीय स्तर पर ही पेज-थ्री जर्नलिज़्म हावी है; अन्तर्राष्ट्रीय स्तर पर भी सलमा हायेक और पामेला एंडरसन की चर्चाएँ कुछ कम नहीं रही हैं। कीनिया में राष्ट्रपति चुनावों के दौरान म्वाई किबाकी और रायला ओडिंगा के टकराव, किकुयु और लुओ कबीलों के जघन्य संघर्ष और चुनावों की धाँधली; थाईलैंड में समक सुन्दरवेज़ और थाकसिन सिनवात्रा की विसंगतियाँ ज़्यादा स्थान न पा सकीं। सूडान का दारफुर इलाक़ा ज़रूर अख़बारों में आ जाया करता है लेकिन सोमालिया के दाहिर अवेज़ की चर्चाएँ देखने को नहीं मिलीं। बांग्लादेश में आये तूफ़ान 'नरगिस' को ज़रूर दिखाया-सुनाया गया पर सवाल यह है कि क्या

तूफ़ानों के अलावा किसी दूसरी ख़बर को भी कभी अन्तर्राष्ट्रीय मीडिया प्राथमिकता देता है? बराक ओबामा के चुनाव को जिस तरीक़े से ए.पी.और ए.एफ.पी. जैसी एजेंसियों ने प्रचारित-प्रसारित किया, क्या उसी तरीक़े से ये एजेंसियाँ तीसरी दुनिया के देशों की राजनीति पर भी ध्यान देती हैं?

साहित्यिक जगत में मीडिया में डोरिस लेसिंग और एनी एनराइट की चर्चा ज़रूर रही परन्तु उर्दू के जाने-माने साहित्यकार नैयर मसूद पर कुछ और चर्चाओं की दरकार थी। 'ताऊस चमन की मैना' कथा संगह के लिए उन्हें 2008 की फरवरी में सरस्वती सम्मान दिया गया। अन्तर्राष्ट्रीय स्तर पर इंडिया टु बी ग्लोबल पॉवर (वसन्त साठे); रिकॉन्सिलिएशन :इस्लाम डेमोक्रेसी एंड द वेस्ट (बेनज़ीर भुट्टो की आत्मकथा); द एनचैंट्रेस ऑव फ़्लोरेंस (सलमान रश्दी), द एलीफैंट, द टाइगर एंट द सैलफ़ोन (शशि थरूर) और द गोल्डेन नोट बुक (डोरिस लेसिंग) तथा द गुड टेररिस्ट (डोरिस लेसिंग) जैसी पुस्तकों के बारे में अख़बारों ने लिखा। सलमान रश्दी की मिडनाइट्स चिल्ड्रेन ने 'बुकर ऑव बुकर्स' (बुकर पुरस्कार की 25वीं सालगिरह पर) तो जीता ही था; इस बार 'बेस्ट ऑव दि बुकर' भी जीत लिया है। राजनीतिज्ञों में कमलनाथ की 'इंडियाज़ सेंचुरी' और लालकृष्ण आडवाणी की 'माई कंट्री माई लाइफ़' ने भी मीडिया में थोड़ी-बहुत जगह घेरने में क़ामयाबी हासिल की।

हाँ, पर इन सब बातों के बीच अगर इस बात की पड़ताल करनी हो कि समाचार माध्यमों में प्रतिरोध की संस्कृति के लिए कितनी गुंजाइश शेष बची है तो इसका जवाब जानना कठिन नहीं है। ध्यान रखना चाहिए कि समाचार माध्यम एक बहुत व्यापक शब्द है। अख़बार, पत्रिकाएँ, रेडियो, टेलीविज़न, फ़िल्म, ऑडियो-वीडियो सीडी और कैसेट, वीडियो कांफ्रेंसिंग, टेलीफोन, मोबाइल, फैक्स, इंटरनेट और ब्लॉग-ये सभी मीडिया के ही आधुनिक अवतार हैं। पर इतनी व्यापकता के बावजूद समाचार माध्यम सम्पादकीय नीति, विज्ञापनदाताओं के दबाव और मुनाफे के गणित में प्रायः उलझे नज़र आते हैं। कहना अतिशयोक्ति न होगा कि आज समाचार माध्यम बड़ी पूँजी के लिए, बड़ी पूँजी का और बड़ी पूँजी के द्वारा खड़ा किया गया है। ऐसे में समाचार की सर्वोत्तम परिभाषा यही है कि समाचार वह है जिसे मीडिया मालिक समाचार मानें। वरना क्या कारण है आज़ाद भारत के आदिवासी आंचलों में आज भी जनसंघर्ष के विस्फोट होते रहते हैं और मीडिया कोई सार्थक विमर्श प्रस्तुत नहीं कर पाता? छत्तीसगढ़ के बस्तर, दुर्ग और सरगुजा से लेकर झारखंड के राँची और पलामू तक और उड़ीसा के कालाहांडी से लेकर मध्य प्रदेश के झाबुआ और धार के भीतरी अंचलों के सुलगते जनाक्रोश को रचनात्मक

आयाम क्यों नहीं मिल पा रहा है? एकाध गम्भीर पत्र-पत्रिकाओं को छोड़ दिया जाये तो किस चैनल में हिंसा, हिंसा की वजहों और उसके निदान के लिए सुझाए जाने वाले उपायों पर गम्भीर चर्चा होती है?

वर्ष 2008 में कुछ राष्ट्रीय-अन्तर्राष्ट्रीय हस्तियों को हमने खो दिया जो मीडिया जगत की दृष्टि से काफ़ी महत्त्वपूर्ण रही थी। 'ब्लिट्ज़' से सम्बद्ध रूसी करंजिया का जाना एक ऐसी ही दुःखद घटना है। साप्ताहिक ब्लिट्ज़ ने टेबलॉयड की परम्परा को सुस्थापित करके अपनी जो अलग पहचान बनाई, अन्यत्र दुर्लभ है। करंजिया ने पत्रकारिता की शुरुआत टाइम्स ऑव इंडिया से की थीं। 1940 में ब्लिट्ज निकालने के लिए उन्होंने यह नौकरी छोड़ी थी और 1943 में ब्लिट्ज़ का पहला अंक निकाला था। जैसा कि पंकज बिष्ट ने लिखा है कि एक समय ऐसा आया था जब कुख्यात प्रोफ़्यूमो कांड हुआ था जिसमें पाकिस्तानी राष्ट्रपति अयूब खाँ भी शामिल थे। प्रोफ़्यूमो इंग्लैंड की सरकार में रक्षा मन्त्री थे और उनके क्रिस्टीन किलर नाम की वेश्या से सम्बन्ध थे और किलर के सम्बन्ध जीबी के जासूस से थे। इस घटना से सम्बन्धित ख़बरें ब्लिट्ज़ ब्रिटिश टेबलॉयड अख़बारों से लेकर छापा करता था। मोटे तौर पर ब्लिट्ज़ ने अमेरिका और नवसाम्राज्यवाद विरोधी भूमिका निभाई थी। ब्लिट्ज़ का उत्थान और पतन पत्रकारिता के छात्रों के लिए एक केस स्टडी है। इस बात की भी पड़ताल की जानी चाहिए कि एक ऐसी पत्रिका जिसको विज्ञापनदाताओं का अधिक समर्थन कभी नहीं मिला; भला किस प्रकार खुद को समायोजित करती थी कि उसकी प्रसार संख्या लाखों तक पहुँच जाया करती थी।

साहित्य से जुड़ी दो और क्षतियाँ महत्त्वपूर्ण और दुःखद रहीं। पहली महमूद दरवेश का जाना और दूसरी क्षति अलेक्सान्द्र सोल्झेनित्सिन का निधन। टैक्सास में अपनी अन्तिम साँसें गिनने वाले महान कवि महमूद दरवेश की कविताएँ फिलिस्तीनी जनता के संघर्ष, निष्कासन, विस्थापन, हताशा, स्मृति और आशा की सबसे प्रामाणिक अभिव्यक्तियाँ हैं। पर सेलिब्रिटीज़ के सरकते दुपट्टों पर कैमरा ताने, खबरिया चैनलों के व्यस्त पत्रकारों को कहाँ इस चीज़ की फ़ुर्सत मिली कि दरवेश के बारे में कुछ दिखाया-सुनाया जाये! उनका फ़ोन तो इस बात पर था कि वेनेजुएला की सुन्दरी डायना मेंडोजा ने वर्ष 2008 का मिस यूनिवर्स का ताज हासिल कर ही लिया। भारत का प्रतिनिधित्व करनेवाली सिमरन कौर पिछड़ गयीं लेकिन हर्ष की वजह यह खोजी गयी कि चलो कम-से-कम अगर कोई भारतीय सुन्दरी मिस यूनिवर्स नहीं बनी, तो कोई बात नहीं, ईशा कोप्पिकर को इस प्रतियोगिता के निर्णायक मंडल में जगह तो मिली! शुक्र है!!

इसी तरह प्रिंट मीडिया के एकाध अपवादों को अगर छोड़ दिया जाये तो

सोल्झेनित्सिन भी चर्चा में कम ही आ सके। इधर राष्ट्रीय घटनाक्रम में साहित्यकार अमरकान्त को 'इन्हीं हथियारों से' के लिए साहित्य अकादमी पुरस्कार का मिलना और परमानन्द श्रीवास्तव को व्यास सम्मान प्रदान किया जाना महत्त्वपूर्ण घटना रही। दुःखद है कि इन दोनों ने हाल ही में दुनिया को अलविदा कह दिया। कश्मीरी कवि रहमान राही (2004 के लिए), हिन्दी कवि कुँवरनारायण (2005 के लिए) और कोंकणी भाषा के रवीन्द्र केलकर एवं संस्कृत के सत्यव्रत शास्त्री को संयुक्त रूप से 2006 के लिए ज्ञानपीठ पुरस्कार प्रदान किया गया। हाँ, इतना ज़रूर है कि मुख्यधारा का मीडिया साहित्यिक घटनाओं को उतना महत्त्व नहीं दे पाता जितने की वे हक़दार हैं।

बाक़ी अगर वर्ष भर के दौरान मीडिया के ट्रेंड का वर्णन-विश्लेषण किया जाये तो साफ़ तौर पर यही समझ में आता है कि भारत-अमरीकी परमाणु समझौता, ख़तरनाक बम विस्फोटों का मुसलसल सिलसिला, आरुषि जैसे अनेक हत्याकांड और विश्वास मत के दौरान संसदीय प्रणाली पर हावी हो रही पूँजी की खरीद-फ़रोख्त प्रणाली का ही ज़िक्र वर्ष भर बना रहा। आख़िर मीडिया समाज से ही तो अपनी घटनाएँ चुनता है। जब समाज और राजनीति में ही ढोल के भीतर पोल हो तो फिर मीडिया पर एक सीमा से ज्यादा प्रश्नचिह्न भला किस प्रकार लगाया जा सकता है? हमने ब्रिटिश प्रणाली ज़रूर उधार ली; लेकिन अब हालत यह हो गयी है कि भारत में लोकतन्त्र की बजाय; लोकतन्त्र का भारतीयकरण होता चला गया है। हमने संसदीय प्रणाली जहाँ से ली है, वहाँ दलबदल शायद ही कभी देखने को मिला हो; लेकिन भारत में दलबदल अब राजनीतिक प्रणाली के लिए समस्या नहीं; नासूर बन चुका है।

प्रौद्योगिकी जब हर वक़्त और हर मोड़ पर अपना महत्त्व साबित कर रही है तो दृश्य-श्रव्य माध्यम भला कैसे अछूते रह सकते हैं। कुछ दिनों पहले ख़बर आई थी कि नेपाल और भारत की सीमा पर सी सी टी वी कैमरे लगाए जाने के लिए दोनों देशों में आपसी सहमति हुई है। विदेश मन्त्री की हालिया नेपाल यात्रा के दौरान पड़ोसी हिमालयी राष्ट्र के साथ हुई पुरानी सन्धियों की जाँच-पड़ताल की गयी। मीडिया की स्वायत्तता निश्चित रूप से लोकतन्त्र से जुड़ी हुई है और नेपाल अभी हाल ही में पूर्ण लोकतन्त्र बना है। अपने पड़ोस की एक दूसरी महत्त्वपूर्ण घटना भूटान में लोकतन्त्र की सुबह का आगमन है। भूटान में एक नये राष्ट्रीय दैनिक का प्रारम्भ भी किया गया है।

देखा जाये तो मीडिया का काम आम जनता की मुश्किलों-मुसीबतों को सत्ता प्रतिष्ठान तक पहुँचाना है ताकि शासन और सरकार उन मुश्किलों-मुसीबतों को

हल कर सकें। दूसरी ओर मीडिया का कर्तव्य यह भी है कि वह सरकार की कमियों और नाक़ामयाबियों को जनता के सामने उद्‌घाटित करे। लोकतन्त्र में सरकार निर्वाचित होती है और संविधान प्रत्येक नागरिक को मूल अधिकार देता है। वास्तव में हमारे यहाँ प्रेस की स्वतन्त्रता भी इन्हीं मूल अधिकारों से निकली है; प्रेस की स्वतन्त्रता का कहीं अलग से उल्लेख नहीं है। पर निजीकरण, उदारीकरण और भूमंडलीकरण के इस दौर में भाषायी प्रेस क्या उतना ही स्वतन्त्र है जितना अँग्रेज़ी प्रेस? 'स्वतन्त्रता' के तहत क्या ऐसी स्थितियाँ समाहित नहीं हैं जिनमें कोई प्रेस जीता-जागता और साँस लेता है? आज बड़ी पूँजी का प्रभुत्व कुछ ऐसा व्याप्त होता जा रहा है कि बड़े-बड़े मीडिया प्रतिष्ठान तो अपना मुनाफ़ा बेशक़ बढ़ा रहे हैं, किन्तु स्थानीय, भाषायी और मँझोले या छोटे प्रतिष्ठान अपने वजूद तक के लिए दिन-रात संघर्ष कर रहे हैं। समाचार देना कर्तव्य नहीं, उद्योग के अधीन आता है और कहा भी जाता है कि आज 'न्यूज़ इंडस्ट्री' यानी 'समाचार उद्योग' किसी भी मामले में अन्य उद्योगों से कम नहीं है। पर क्या मीडिया का प्राथमिक उद्देश्य एक समाचारीय और समुद्रपारीय उद्योग खड़ा करना है या फिर जनकल्याण के लिए अपने कर्तव्य का निर्वहन करना? सवाल गम्भीर है; पर ऐसे प्रश्नों के उत्तर भी तो खोजे जाने चाहिए।

मीडिया और स्वतन्त्रता

प्रेस की स्वतन्त्रता के सम्बन्ध में एक महत्त्वपूर्ण ख़बर इधर आयी है कि माननीय सर्वोच्च न्यायालय ने चुनाव आयोग से जनमत सर्वेक्षणों और एक्ज़िट पोल के लिए दिशानिर्देष तय करने पर फैसला करने को कहा है। हमारे मुख्य न्यायाधीश और न्यायाधीश न्यायमूर्ति पी.सदाशिवम की सर्वोच्च न्यायालय की पीठ ने कहा है कि जब तक सरकार इस मुद्दे पर नियमन तैयार नहीं करती तब तक चुनाव आयोग दिशानिर्देश तैयार करने के लिए स्वतन्त्र है। शीर्ष अदालत ने जिस याचिका को लेकर यह बात कही है वह याचिका 2004 में एक जनहित याचिका के रूप में दाख़िल की गयी थी। इसमें एक्ज़िट पोल और जनमत सर्वेक्षण पर इस आधार पर प्रतिबन्ध लगाने की माँग की गयी थी कि ये मतदाताओं को प्रभावित करते हैं। हालाँकि 2004 में शीर्ष अदालत ने चुनाव प्रक्रिया पूरी होने तक जनमत सर्वेक्षणों व एक्ज़िट पोल पर रोक लगाने से इंकार कर दिया था। प्रेस काउंसिल ऑव इंडिया ने कहा था कि उसने 1996 में ही जनमत सर्वेक्षणों व एक्ज़िट पोल के प्रकाशन व प्रसारण को लेकर दिशा-निर्देश तैयार किये थे। इसमें अख़बारों को सलाह दी गयी थी कि वे जनमत सर्वेक्षणों के प्रकाशन में निश्चित प्रक्रिया का पालन करें और एक्ज़िट पोल के नतीज़ों को तब तक सामने न लाएँ जब तक कि आख़िरी चरण का मतदान समाप्त नहीं हो जाता। इन सारी बातों से वर्तमान में मीडिया की स्वतन्त्रता और उसकी ताक़त का मुद्दा विमर्शों के केन्द्र में आया है। एक बहुलवादी और सहिष्णु समाज में इसे वैश्विक दृष्टिकोण से भी देखा जाना चाहिए।

मीडिया की शक्ति की पड़ताल अगर सबसे प्रारम्भिक मुद्रित रूपों से करें तो एक प्रमुख नाम पत्रकार एण्ड्रियास रेबमान का भी आता है। सन् 1798 ई. में रेबमान ने एक जर्मन पंचांग का मुखपत्र डिज़ाइन किया था। रेबमान जर्मन ज़ैकोबिन गुट के सदस्य थे और मेज़ नामक शहर में रहते थे। इस मुखपत्र में रेबमान ने फ्रेंच बास्टील में क्रान्तिकारी भीड़ के प्रवेश के चित्र को एक क़िले के बग़ल में बनाया था। यह क़िला जर्मन प्रान्त कैसेल में निरंकुश शासन के गढ़ के रूप में चित्रित किया गया था।

इस चित्र के साथ एक उद्घोष छपा था : 'लोगों को अपनी आज़ादी मुट्ठी में कर लेनी चाहिए।' जैकोबिन क्लबों का स्वतन्त्रता प्रेम विख्यात है और आज भी जब हम टीपू सुल्तान की महानता की चर्चा करते हैं तो यह बताना गौरव की बात समझते हैं कि टीपू जैकोबिन क्लब का एक सदस्य था और उसने भारत में एक स्वतन्त्रता वृक्ष भी लगवाया था।

मीडिया और स्वतन्त्रता के मध्य सम्बन्धों पर चर्चा करते हुए चित्रों और चित्रकारों की बात उठनी स्वाभाविक है। प्रारम्भ में चित्रों ने ही लिखित भाषा के रूप में आपसी बातचीत के लिए एक स्थायी माध्यम का कार्य किया। इनमें हड़प्पाई लिपियों से लेकर अभिव्यक्ति के अनेक प्राचीन माध्यमों का इतिहास-भूगोल सम्मिलित है। आधुनिक काल में जब राष्ट्र और राष्ट्रवाद का यूरोप में उदय हो रहा था, तब तक फ्रांसीसी कलाकार फ्रेड्रिक सॉरयू ने चार चित्रों की एक गूढ़ श्रृंखला बनाई थी। इनमें सॉरयू ने 1848 में, सपनों का एक संसार रचा जो उनके अपने शब्दों में 'जनतान्त्रिक और सामाजिक गणतन्त्रों' से मिलकर बना था। सॉरयू के इस कल्पनादर्श के बाद जर्मन चित्रकार कार्लकैस्पर फ्रिट्ज़ ने ज्वेब्रकेन शहर को चित्रित करते हुए जर्मनी में स्वतन्त्रता के वृक्ष का रोपण दर्शाया था। मीडिया और स्वतन्त्रता की यह सहयात्रा इस प्रकार धीमे-धीमे चलती रही।

आज जिसे हम स्थानीय लोकसंस्कृति या प्राय: फोक कहते हैं, उसने भी मीडिया और सामाजिक समता के प्रारम्भिक प्रतिरूपों को गढ़ने में महती भूमिका निभाई है। मीडिया, स्वतन्त्रता, लोककथाओं और राष्ट्रनिर्माण की बात करते समय ग्रिम्स फेयरीटेल्स का नाम स्वत: उभरकर सामने आता है। जर्मनी के हनाऊ शहर में जन्मे जैकब ग्रिम और विल्हेल्म ग्रिम बन्धुओं ने अपनी किशोरावस्था में क़ानून की पढ़ाई करते समय शौक़िया तौर पर पुरानी लोककथाएँ एकत्रित करनी शुरू कर दीं। वे छ: साल तक जर्मनी के गाँव-गाँव जाकर यह काम करते रहे। वे लोगों से बात करते थे और पीढ़ियों से जो भी लोककथा चली आ रही थी, उसे लिख लिया करते थे। ये कहानियाँ बच्चों और बड़ों में समान रूप से पसन्द की जाती थीं। सन् 1812 में उन्होंने इन कहानियों का पहला संग्रह प्रकाशित किया। बाद में दोनों भाइयों ने प्रेस की स्वतन्त्रता के आन्दोलन में विशेष रुचि ली। इसी बीच उन्होंने 33 खंडों में जर्मन भाषा का शब्दकोश भी प्रकाशित कर डाला। भाषा को अस्मिता से उस समय विशेष रूप से जोड़कर देखा जाता था। ग्रिम बन्धु फ्रांस के वर्चस्व को जर्मन संस्कृति के लिए ख़तरनाक मानते थे। उनको विश्वास था कि उन्होंने जो लोककथाएँ इकट्ठी की हैं वे विशुद्ध और सच्ची जर्मन भावना की अभिव्यक्ति हैं। लोककथाएँ इकट्ठी करने और जर्मन भाषा को विकसित करने के अपने प्रयासों को वे फ्रांसीसी प्रभुत्व का विरोध करने और एक जर्मन राष्ट्रीय पहचान गढ़ने की व्यापक योजना का

हिस्सा मानते थे।

मीडिया ही है जिसने स्वतन्त्रता को महिला के रूप में चित्रित करके उसे मानवीय मूल्यों में महत्त्वपूर्ण घोषित किया। शुरू में स्वतन्त्रता की परिभाषा करने वाले लोगों में क्रान्तिकारी पत्रकार कैमिल डेस्मॉलिन्स भी शामिल थे। उन्होंने फ्रांसीसी क्रान्ति के तत्काल बाद 1793 में स्वतन्त्रता की परिभाषा में एक लेख लिखा था। इसके कुछ ही दिनों बाद आतंक राज के दौरान उन्हें फाँसी दे दी गयी थी। इन क़ुर्बानियों के बाद ही स्वतन्त्रता और समानता का विचार फ्रांस में फला-फूला था और सभी नागरिकों के लिए साबुत गेहूँ से बनी और बराबरी का प्रतीक मानी जाने वाली 'समता रोटी' खाना अनिवार्य कर दिया गया था। प्रारम्भिक मीडिया की भूमिका का ही परिणाम था कि बोलचाल और सम्बोधन में भी बराबरी का आचार-व्यवहार लागू करने की कोशिश की गयी थी। परम्परागत मॉन्स्यूर (महाशय) एंव मदाम (महोदय) के स्थान पर अब सभी फ्रांसीसी पुरुषों एवं महिलाओं को सितोयेन (नागरिक) एवं सितोयीन (नागरिक) नाम से सम्बोधित किया जाने लगा था।

आज प्रश्न है कि क्या वाक़ई मीडिया अपनी शक्ति का सनसनीखेज़ तरीक़े से दुरुपयोग कर रहा है? इसके लिए उद्योग की विवशताएँ ज़िम्मेदार हैं या चन्द ग़ैर-ज़िम्मेदार मीडिया प्रतिष्ठान? सरकार को नियमन की आवश्यकता क्यों है? ज़ाहिर है कि मीडिया आज स्वतन्त्रता के जिस मुक़ाम पर आ पहुँचा है, वह एक दिन या एक महीने का परिणाम नहीं है। इसमें अनेक देशों के अनेक स्वतन्त्रता-प्रेमियों का बलिदान निहित है, अनेक अत्याचारी शासकों का निर्मम दमन निहित है। क्रान्तिकारी महिला आलेम्प दे गूज़ (1748-1793) ने 'पुरुष एवं नागरिक अधिकार घोषणापत्र' को अधूरा बताते हुए 'महिला एवं नागरिक अधिकार घोषणापत्र। तैयार किया था, ताकि स्वतन्त्रता महिलाओं और पुरुषों-सभी को मिल सके सरकार की आलोचना करने के कारण गूज़ पर देशद्रोह का मुक़दमा चला था और उन्हें फाँसी पर लटका दिया गया था।

इन बलिदानों से निष्कर्ष निकलता है कि मीडिया पर किसी भी प्रकार का नियमन करने से पहले और एक्ज़िट पोल या जनमत सर्वेक्षणों पर किसी प्रकार का नियन्त्रण करने से पूर्व व्यापक बौद्धिक विमर्श किया जाना चाहिए। हाल-फिलहाल के इस मुद्दे को केन्द्र सरकार ने एक संसदीय समिति को सौंपा है ताकि एक्ज़िट पोल के प्रकाशन/प्रसारण पर प्रतिबन्ध लगाने के कानून के मसविदे पर विचार किया जा सके। पर मीडिया की स्वतन्त्रता से सम्बन्धित इस महत्त्वपूर्ण विषय पर एडीटर्स गिल्ड के पक्ष पर भी ध्यान देना ज़रूरी होगा। लोकतान्त्रिक मीडिया, लोकतान्त्रिक संविधान और स्वतन्त्रता के मानवीय मूल्य नैसर्गिक न्याय के इस नियम से आबद्ध हैं

कि दोनों पक्षों की सुनवाई की जानी चाहिए।

एडीटर्स गिल्ड एक्ज़िट पोल के प्रकाशन/प्रसारण सम्बन्धी प्रस्ताव को तीन बिन्दुओं के मद्देनज़र विरोध के दृष्टि से देखता है। इस मसले पर उसने अपना पक्ष भी संसदीय समिति के सामने रखा है। पहला बिन्दु यह है कि एक्ज़िट पोल पर सरकार का प्रस्ताव संविधान की भावनाओं के विरुद्ध है। हमारे संविधान में वाक् और अभिव्यक्ति स्वातन्त्र्य को एक मूल अधिकार माना गया है और इसके प्रवर्तन की प्रत्याभूति (गारंटी) दी गयी है। दूसरा बिन्दु यह है कि प्रतिबन्ध एक प्रकार की सेंसरशिप है जो प्रजातान्त्रिक व्यवस्था में स्वीकार्य नहीं हो सकता। प्रजातन्त्र में जनता को अपने विचार व्यक्त करने का अधिकार है। मीडिया भी इस अधिकार से सम्पन्न है। एडीटर्स गिल्ड का तीसरा तर्क यह है कि इस बात के कोई स्पष्ट प्रमाण नहीं हैं कि ओपिनियन या एक्ज़िट पोल के प्रसारण या प्रकाशन से चुनाव के परिणाम या मतदाताओं की संख्या पर किसी प्रकार का कोई प्रभाव पड़ता है। इस मसले पर संसदीय समिति ने एडीटर्स गिल्ड से कुछ सुवाल भी पूछे हैं ताकि समिति अपना निर्णय लेते समय गुणावगुण पर विचार कर सके।

जैसा कि सभी जानते हैं, आजकल चुनाव एक, दो या तीन ही नहीं, कई-कई बार पाँच-पाँच चरणों में भी सम्पन्न कराए जाते हैं। निष्पक्ष और स्वतन्त्र चुनाव लोकतान्त्रिक सरकार के लिए प्राणवायु है। एक या दो चरणों के चुनावों के सम्पन्न होते ही मीडिया पर सीटों का अनुमान हावी हो जाता है और रंग-बिरंगे ग्राफ़िक्स के ज़रिये यह बताने-सुनाने-दिखाने में कोई कोर-कसर नहीं बाक़ी रखी जाती कि किसकी सरकार सत्ता में आ रही है और कौन-सा राजनीतिक दल विपक्ष में बैठने जा रहा है। फिर बचे हुए चरणों के चुनाव अनुमानों के इस प्रसारण के बाद सम्पन्न होते हैं। ऐसे में सवाल उठना स्वाभाविक है कि क्या तीसरे या चौथे चरण में चुनावों में मतदान करने के लिए मतदान केन्द्र को जा रहा मतदाता उतना ही निष्पक्ष, स्वतन्त्र या पूर्वाग्रहमुक्त रह पाता है, जितना प्रथम चरण में मतदान करनेवाला मतदाता था? यह सवाल टेढ़ा लग सकता है, पर अब, जब चुनाव आयोग, सर्वोच्च-न्यायालय और मीडिया सभी अपनी-अपनी राय व्यक्त कर रहे हैं तो इसका उत्तर एक सभ्य नागरिक समाज को खोजना ही पड़ेगा। कहा जा सकता है कि हमारा भारत गाँवों का देश है, जहाँ पर अभी इतनी इलेक्ट्रॉनिक सुविधाएँ या साक्षरता नहीं मौजूद है कि गाँव-देहात का कोई मतदाता एक्ज़िट पोल के रंगीन ग्राफ़िक्स से बहुत ज़्यादा प्रभावित हो सके। पर सवाल तो तब भी उतना ही ज़ायज़ है, जब एक भी मतदाता इससे प्रभावित हो रहा हो।

एक्ज़िट पोल पर यह पूरी चर्चा सोद्देश्यपरक होनी चाहिए और उन्मुक्तता व निष्पक्षता के माहौल में होनी चाहिए। एक बात और है जो ग़ौर करने लायक है।

जब चुनावी मौसम खिलकर निकलता है तो टेलीविज़न पर कुछ ख़ास क़िस्म के पूर्वाग्रह हावी हो जाते हैं। चुनावी विश्लेषण और एंटी-इनकम्बेंसी की इतनी अधिक चर्चा होने लगती है कि कुछ लोग अब इसे चुनावी विज्ञान या सेफॉलोजी तक की संज्ञा देने लगे हैं। जबकि उल्लेखनीय है कि विकसित यूरोपीय देशों के विश्वविद्यालयों तक में ऐसा कोई ज्ञानानुशासन अभी तक नहीं उभरा है। हाँ, जोसेफ़ एम. बेस्सेट ने जबसे 'विमर्शी' या 'मन्त्रणात्मक' लोकतन्त्र का पदबन्ध दिया है, तब से यानी पिछली शताब्दी के अन्तिम दशक से ज़रूरत मतदान व्यवहार इत्यादि पर कुछ राजनीति वैज्ञानिक निगाह रखने लगे हैं। पर हमें ध्यान रखना पड़ेगा कि न तो एक पत्रकार कोई राजनीति-विज्ञानी है और न ही एक चैनल कोई विश्वविद्यालय। जेम्स फ़िशकिन, डेनिस थॉपसन और जोन एल्स्टर जैसे विद्वानों ने इन सब दृष्टिकोणों पर काफ़ी विस्तार से विचार किया है। पर प्रसिद्ध विद्वान और दार्शनिक चार्ल्स ब्लैटबर्ग ने अपने हालिया सिद्धान्त में बताया है कि विमर्शी लोकतन्त्र के सिद्धान्तकार विमर्श के लिए जिन नियमों पर ज़ोर देते हैं, वे नियम अच्छी और व्यावहारिक तार्किकता को सुलभ और सुप्राप्य बनाने की बजाय उसके साथ हस्तक्षेप करते है। क्या यह बात एक्ज़िट पोल के लिए नहीं कही जा सकती? किसी भी ऐसे प्रश्न के उत्तर में अतिरिक्त सजगता की ज़रूरत है ताकि मीडिया और उसकी स्वतन्त्रता का उपयोग मानवता के लक्ष्यों की पूर्ति के लिए किया जा सके।

मीडिया का मिथक

आधुनिक विज्ञान और तकनीकी प्रगति के कारण आयी सूचना क्रान्ति ने न सिर्फ मीडिया की शक्ति, सत्ता और भूमिका में वृद्धि की है, बल्कि मीडिया की परिभाषा भी बदल दी है। समाचार माध्यमों और उनकी विविधता में विस्तार हुआ है, मीडिया की पहुँच और दक्षता बढ़ी है और भूमंडलीकरण के चलते नये-नये आयाम भी खुले हैं। समाज या जीवन का कोई भी क्षेत्र-सामाजिक, सांस्कृतिक, आर्थिक, राजनीतिक अथवा साहित्यिक-परिवर्तन की इस बयार में मीडिया से अछूता नहीं रह गया है। इंटरनेट, ब्लॉग्स, वेबसाइटों और अन्तरक्रियात्मकता के इस दौर में यह सवाल पहले से कहीं ज्यादा महत्त्वपूर्ण व प्रासंगिक हो गया है कि क्या मीडिया का काम सिर्फ 'प्रसारण' तक ही सीमित है? क्या मीडिया का अपना कोई एजेंडा नहीं है? क्या मीडिया के एजेंडे और आम जनता की प्राथमिकताओं के बीच दूरी बढ़ नहीं रही है? यह ठीक है कि मीडिया ने आम जनता के बीच स्वतन्त्रता, समानता, न्याय और अधिकार जैसी आधुनिक अवधारणाओं के सम्बन्ध में जागरूकता और सक्रियता का प्रचार-प्रसार किया है। लेकिन मीडिया के तमाम कृत्य ऐसे हैं जो इसे सन्देहों और विश्लेषणों के कटघरे में खड़ा करते हैं।

नित नये रंग बदलते अखबारों और सनसनी की दौड़ में सबसे तेज और सबसे आगे निकल जाने की कटिबद्धता वाली चैनलों की कहानियाँ एक आम पाठक, दर्शक या श्रोता को काफ़ी कुछ सोचने पर मजबूर कर दिया करती हैं। इक्कीसवीं सदी की दहलीज लाँघ रहे मीडिया के कार्य अब सिर्फ शिक्षित करने, सूचित करने या मनोरंजन करने तक ही सीमित नहीं हैं। अब यह अनोखे सामाजिक और सांस्कृतिक प्रतिमानों को गढ़ने के साथ-साथ आधुनिक कहे जानेवाले मूल्यों को पुनर्परिभाषित भी कर रहा है। शायद इसी पुनर्परिभाषा की देन है कि आज रोटी, कपड़ा और मकान की बजाय बाइक, पेप्सी और मोबाइल को मानव की मौलिक आवश्यकताएँ बताया जा रहा है। कहा जाता है कि ग्लोब की भौगोलिक दूरियाँ अर्थहीन हो चुकी हैं; श्रम, पूँजी और समृद्धि का मुक्त आदान-प्रदान सम्भव हो

गया है और दुनिया के किसी कोने में घटने वाली घटना पर बाकी भागों से द्रुत प्रतिक्रियाएँ आने लगी हैं। इन्हीं प्रतिक्रियाओं के चलते कुरुक्षेत्र के एक सुराख में लगातार दो दिनों तक जिन्दगी का महाभारत लड़नेवाले प्रिंस को पूरे देश का 'प्रिंस' बनाना सम्भव हो सका था। देखते ही देखते पुलिस सक्रिय हो गयी और फिर सेना। सेना के जीवट प्रयासों और प्रिंस मुद्दे की राष्ट्रीयता के चलते उसे अभयदान मिला और वह 'महानायक' बन सका। लेकिन गड्ढे और भी हैं जिनमें तमाम प्रिंस सारी उमर रहने को मजबूर हैं। क्या मीडिया के कारनामे यहाँ विषमतामूलक नहीं?

यह अकारण नहीं है कि एक खबर को अक्सर किसी दूसरी खबर द्वारा अपदस्थ करा दिया जाता है, कुछ समाचारों को लगातार और बार-बार दिखाया जाता है जबकि कुछ की चर्चा तक उचित नहीं समझी जाती है। और यह भी कि जम्मू-कश्मीर के मंत्रियों और विधायकों के यौन-प्रकरण का खुलासा पुंछ-रावलकोट बस सेवा की शुरुआत के ऐन वक्त पर ही किया जाता है। अकारण तो यह भी नहीं है कि हमारे देश की तीस करोड़ आबादी के दो जून की रोटी के लिए तरसते रहने के बावजूद 'मोटापा घटाओ' का प्रचार बदस्तूर जारी है। जाहिर है कि मीडिया निर्वात में काम नहीं करता। समझने वाली बात है कि एक के बाद एक आने वाली खबरें ही नहीं बदलतीं, समय और परिस्थिति, वातावरण और देशकाल के दबाव में खबरों की परिभाषाएँ भी बदलती हैं। पहले जब खबरें आती थीं तब सिर्फ खबरें आती थीं। बाद में खबरों के बीच में विज्ञापन आने लगे। भ्रान्तियों की भीड़ और टी.आर.पी. की गलाकाट होड़ में आज खबरों के बीच विज्ञापन नहीं आते, लुभावने विज्ञापनों के बीच खबरें आती हैं। इसीलिए हिन्दी के भाषिक प्रयोग संक्रमण की कठिन बेला में अपना अनुकूलतम कायान्तरण कर रहे हैं। यही कारण है कि जाने-माने कहानीकार स्वदेश दीपक का लापता होना खबर नहीं है। मीडिया की स्वघोषित 'निष्पक्षता', 'वस्तुनिष्ठता' और 'सदाशयता' के बावजूद स्वदेश दीपक एक खबर नहीं है। बड़ी-बड़ी चलायमान पूँजियों और विज्ञापनदाताओं के दम पर तेज-रफ्तार होने का दावा कर रहे मीडिया ने नव-उदारवादी 'परमार्थपरक' नीतियों का बराबर ध्यान रखा है लेकिन बात सिर्फ इतनी ही नहीं है कि एक-एक घर, बल्कि एक-एक आदमी एक पहुँच रखने वाले मीडिया ने सिर्फ अर्थशास्त्रीय सिद्धान्तों का ही ध्यान रखा है। अर्थशास्त्र के बहुप्रतिष्ठित फोर 'पी' ज़ (प्राइस, प्रोडक्ट, प्लेस व प्रमोशन) का खयाल तो बाकायदा रखा ही गया है, बिकाऊ किस्म के कुछ बाजारानुकूल सिद्धान्त भी बनाए गये हैं। इसी का परिणाम है कि आज थ्री 'सी'ज़ (क्राइम, क्रिकेट और सिनेमा) सबसे ज्यादा महत्त्वपूर्ण हैं क्योंकि वे जनता को 'प्रिय' हैं। हालाँकि यह सवाल अनुत्तरित मौन के संकीर्ण हाशिये पर चला गया है कि इससे फायदा किसका होता है। जनता का या फिर बाजार का? ये

जनता को अधिकारसम्पन्न बनाते हैं या अमरीकी रंगीन दुनिया पर आधारित 'ग्लोबल' किस्म के बाजार को? इसलिए जब उकई बाँध से अचानक बारह लाख क्यूबेक पानी छोड़ा गया तो सूचना और संचार क्रान्ति के इस जमाने में भी दिल्ली से लेकर अहमदाबाद तक किसी बौद्धिक श्रमिक के कान नहीं खड़े हुए। सेलिब्रिटी के सरकते दुपट्टों और राखी सावन्त के 'जबरदस्ती' लिए गये चुम्बनों पर पूरे-पूरे दिन कैमरा ताने रहनेवाले बौद्धिक श्रमिकों के लिए सूरत की भयानक और जानलेवा बाढ़ खबरों की भीड़ में एक 'मामूली' खबर लगी।

यह कहना उचित नहीं होगा कि लोकतन्त्र के चौथे स्तम्भ की भूमिका हमेशा दोयम दर्जे की ही रही है। पाँचसितारा होटल में शराब परोसने में आनाकानी करने की वजह से 'सजा' पर चुकी जेसिका लाल या फिर प्रियदर्शिनी मट्टू जैसे मामले मीडिया की रचनात्मक सक्रियता को ही दर्शाते हैं। नीतिश कटारा हत्याकांड, मनु शर्मा या विकास यादव की खबरें जैसी भी हों–मीडिया की ताकत का अन्दाजा तो इनसे लग ही जाता है। इतना ही नहीं; गोहाना, गुड़गाँव, खैरलांजी या सिंगूर से मीडिया की जबर्दस्त शक्ति का संकेत मिलता है। लेकिन सवाल शक्ति का नहीं है, शक्ति के सही और जनहितकारी प्रयोग का है। इस शक्ति के गलत इस्तेमाल के उदाहरणों की कमी नहीं है। जब पिछले साल सूरत पन्द्रह से बीच फुट पानी में डूबा हुआ था, ठीक तभी चैनलों ने इराकी तेल घोटाले में फँसे नटवर सिंह को 'चटखारेदार' तरीके से सारे 'कोणों' से 'कवर' किया। विदर्भ के किसानों की आत्महत्याएँ लगातार तीन साल तक मुख्यधारा के मीडिया में हाशिए पर रहीं। यह जान लेना भी जरूरी है कि सत्ता पक्ष के शिबू सोरेन जब अपने निजी सचिव की हत्या के आरोप में दोषी पाए गये तो मीडिया ने इसे जमकर प्रचारित किया। विपक्ष को सरकार घेरने का एक आपराधिक और सनसनीखेज मुद्दा मिला और मीडिया के लाफ्टर शो के सिरमौर सिद्धू का प्रकरण उछलते ही मीडिया के सारे प्रचार की हवा निकल गयी। क्या इसलिए नहीं कि सिद्धू विपक्ष के थे? तो क्या यह मान लिया जाये कि देशकाल की सीमाओं से 'मुक्त' मीडिया राजनीति से भी मुक्त रह पाता है? 'निष्पक्षता', 'सन्तुलन' और 'जनकल्याण' के दावों की अथक कहानी कहने वाले मीडिया के पास शायद इन सवालों का माकूल जवाब नहीं है। उधार लेकर बना प्रचुर विदेशी मुद्रा भंडार, थोक न कि उपभोक्ता मूल्य सूचकांकों के आधार पर निर्मित मुद्रास्फीति का 'नियंत्रित' होना, सकल घरेलू उत्पाद और राष्ट्रीय आय की बढ़ती दर और भारत के बड़े-बड़े कारपोरेट घरानों का फैलता कारोबार–यह कुछ ऐसे विषय हैं जिन पर मुख्यधारा के मीडिया का विशेष ध्यान है। यह तो प्रचारित किया जाता है कि भारतीय उद्योगपति (अब तो भारत से बाहर रह रहे भारतवंशी भी) लगातार समृद्धि के शिखरों को छूते जा रहे हैं लेकिन यह कभी नहीं बताया

जाता कि अर्थव्यवस्था का कुल लाभ किस तरीके से कुछ गिने-चुने औद्योगिक घरानों तक ही सिमटकर रह जाता है। इन गिने-चुने लोगों से सम्बन्धित बातों को ही मीडिया बार-बार दिखाता या सुनाता है। कुछ-कुछ आर्थर कोएशलर के उपन्यास 'द कॉलगर्ल्स' के उस प्रसंग की तरह जिसमें वैज्ञानिकों का वही झुंड हर सम्मेलन में बार-बार दिखता है। यह बात अलग है कि जगह और समय बदलते रहते हैं। और फिर सूचना क्रान्ति क्या सचमुच एक 'क्रान्ति' है? यह कैसी क्रान्ति है जिसने सूचना-सम्पन्न और सूचना-विपन्न नामक दो अलग-अलग वर्गों को जन्म दिया है और जिनके बीच की खाई-डिजिटल डिवाइड-बढ़ती जा रही है? इस क्रान्ति से पूर्व अस्सी के दशक में जहाँ किसी उपन्यास की ढाई हजार प्रतियाँ प्रकाशित होती थीं, आज इस तथाकथित क्रान्ति के बावजूद यह आँकड़ा ढाई-तीन सौ के शर्मनाक स्तर तक पहुँच गया है। यों ही नहीं है कि हैरी पॉटर शृंखला की पुस्तकें बिक्री के सारे रिकार्ड ध्वस्त करती जा रही हैं, वहीं दूसरी ओर हिन्दी के प्रकाशक मात्र ढाई-तीन सौ प्रतियाँ प्रकाशित करके लेखकों का अपमान कर रहे हैं।

घटनाओं में से प्रसारित की जानेवाली घटनाओं का चुनाव और फिर इन चयनित घटनाओं के कुछ चयनित पहलुओं का ही चुनाव, फिर उनमें निहित स्वार्थों के अनुरूप प्राथमिकता-निर्धारण...यह प्रक्रिया कितनी समतामूलक या सहभागितापरक होती होगी, इसे जानने के लिए किसी विदेशी विश्वविद्यालय से जनसंचार या पत्रकारिता में पी-एच.डी. करने की जरूरत नहीं है। पेज थ्री पत्रकारिता सिर्फ राष्ट्रीय स्तर पर ही सवाल नहीं खड़े करती। इजरायल-फलस्तीन या इराकी कार्रवाई के दौरान तथाकथित ग्लोबल मीडिया भी सन्देहों के घेरे में आया। तीसरी दुनिया के देश विकसित देशों के हथियारों की परीक्षण-स्थली हैं और मीडिया इन युद्धों को वीडियो गेम बनाकर पेश करता है। शायद इसलिए राजनीति विज्ञानी जोहैन गैल्तुंग ने इसे 'अमेरिका का टेलीविजन मूर्खत्व' कहा है और मीडियाविद् हर्बर्ट शिलर सूचना क्रान्ति को 'अज्ञानता में उलझाए रखने वाला एक ढाँचा' कहते हैं। मीडिया समर्थों के हस्तक्षेप को किस तरीके से वैधता का जामा पहनाता है इसके लिए अबू-गरेब जेल की अमानवीय स्थितियाँ या आतंकवाद के खिलाफ अन्तर्राष्ट्रीय अभियान के नाम पर दूसरे देशों की सम्प्रभुता में किये जा रहे हस्तक्षेप क्या पर्याप्त नहीं है? खासकर इलेक्ट्रॉनिक मीडिया द्वारा कॉरपोरेट संस्कृति को बढ़ावा दिये जाने, अपसंस्कृति या अन्धविश्वासों पर विशेष जोर देकर उनका प्रचार किये जाने या अमरिकी सपने की ओर लोगों का ध्यान खींचे जाने को तो कतई उचित नहीं कहा जा सकता। अमेरिकी सपना कितनी खतरनाक मृगमरीचिका है इसे नोबेल पुरस्कार विजेता स्टिगलिट्ज के विचारों से या फिर आर्थर मिलर की बहुत चर्चित कृति 'डेथ ऑव ए सेल्समैन' की मदद से आसानी से समझा जा सकता है। कहीं ऐसा तो नहीं

है कि इतिहास के अन्त की घोषणा करके फ्रांसिस फुकुयामा ने, विचारधाराओं के समापन का ऐलान करके डैनियल बेल ने या फिर भूमण्डलीकरण को 'विकल्पहीन' और 'जरूरी' बताकर पश्चिमी दुनिया ने जिस प्रकार अपने-अपने हितों की पूर्ति की; मीडिया भी कोई ऐसा ही हित साध रहा हो? इसका जवाब देना आसान नहीं है क्योंकि मार्शल मैक्लूहान ने तमाम समकालीन शोधों में साबित कर दिया है कि अब माध्यम ही सन्देश है (द मीडियम इज द मैसेज)। जाहिर है कि माध्यम या मीडिया प्राथमिक है; और इतना प्राथमिक कि सन्देश द्वितीयक न होकर अर्थहीन और बकवास या मृत हो जाता है। अगर कुछ हालिया विश्लेषणों की बात करें तो नोम चोम्स्की के विचार भी यही कहते हैं। विश्वसनीयता या साख मीडिया की आत्मा है लेकिन इसके अनात्मवाद पर इससे ज्यादा क्या कहा जाये कि आये दिन हरेक का किसी-न-किसी ऐसी खबर से सामना जरूर होता है जो बिना पुष्टि किये ही प्रसारित कर दी जाती है। कुछ चैनल (समाचार माध्यम) तो स्टोरी में रोचकता और सनसनी का तत्त्व डालने के लिए मनमानी छेड़छाड़ तक करते हैं और उसमें मिर्च-मसाला लगाकर 'न्यूज' नामक 'प्रोडक्ट' की खूबसूरत पैकेजिंग करते हैं। बलिया के सौरभ का अमरीकी अन्तरिक्ष एजेंसी 'नासा' में चयन होना; फिर यह बताना कि माननीय वैज्ञानिक राष्ट्रपति कलाम और भारतीय मूल की अन्तरिक्ष यात्री कल्पना चावला ही वे विरले भारतीय थे जिनका सौरभ से पहले इसमें चयन हुआ था-बड़े गम्भीर सवाल खड़ा करता है। क्या अनेक चरणों और अनेक तथ्यों में से किसी भी चरण या किसी भी बात की मीडिया द्वारा पुष्टि करना सम्भव ही नहीं था? हैरत तो तब होती है जब मीडिया ऐसे फर्जी मामलों को प्रसारित करने के बाद निर्लज्ज होकर खेद प्रकट करता है। क्रिकेट का खिलाड़ी चाहे अपने खेल में बेहतर प्रदर्शन न कर पाये लेकिन विज्ञापनों में उसे रोल मॉडल या भारतीय युवाओं का आदर्श बना दिया जाता है। 'सारेगामा' और 'रियलिटी शो' की दास्तान भी बच्चों और युवाओं को प्रेरित करती है कि वे वैसा ही बनें जैसा बताया जा रहा है और खूब जमकर मोबाइल पर एसएमएस करते रहें। हालाँकि मोबाइल कम्पनियों, बहुराष्ट्रीय निगमों, उनके मुनाफों और मीडिया से उनके सम्बन्धों पर चर्चा बहस या विमर्श का एक अलग मुद्दा है।

इन सारी बातों के बीच सबसे महत्त्वपूर्ण मुद्दा यह है कि शासन के तीनों अंगों पर जनानुकूल नियन्त्रण रखनेवाला मीडिया कहीं इतना शक्तिशाली तो नहीं होता जा रहा है कि स्वयं मीडिया की सत्ता पर नियन्त्रण करना मुश्किल हो जाये? जिस तरीके से एक सम्प्रभु देश के राष्ट्राध्यक्ष को फाँसी देते वक्त उनकी वीडियो क्लिपिंग बनाई गयी, भद्दी फब्तियाँ कसी गयीं और इराक में 'मानवता' का अपराधी बताते हुए इस बात को जबरन तूल दी गयी, उससे मीडिया की सत्ता और उसकी

निरंकुशता पर सोचना और भी जरूरी हो जाता है। जब साइबर स्पेस और उससे सम्बन्धित अपराधों–क्रैकिंग, हैकिंग, डाटा डिडलिंग या अश्लील और भद्दे ई-मेल भेजना–पर नियन्त्रण पाना मुश्किल होता जा रहा हो तब मीडिया से जुड़े ये सवाल रुचि के और भी गम्भीर विषय बन गये हैं। वीभत्स, घृणित, अमानवीय और क्रूर अपराधों की ऐसी-ऐसी शृंखला दिखायी और सुनायी जाती है कि मीडिया ने एक प्रकार की सम्वेदनमूलक दुष्क्रिया (नारकोटिक डिस्फंक्शन) को जन्म दे डाला। बच्चों से लेकर युवाओं तक की इन्द्रियाँ इतनी सम्वेदनशून्य और भोथरी हो चुकी हैं कि हत्या, बलात्कार, डकैती या अपहरण अब उन्हें दैनिक क्रियाओं की तरह आम बातें लगने लगी हैं। जाहिर है कि समाचारों के नाम पर चौबीसों घंटे लगातार कुछ–न–कुछ दिखाते रहने की विवशता ने मीडिया को एक नकारात्मक दिशा भी दी है। शायद इसीलिए तकनीकी रूप से अत्यधिक उन्नत होने के बावजूद जापान जैसे देश में कोई चौबीसों घंटे वाला खबरिया चैनल नहीं है और वे अखबारों और प्रिंट मीडिया पर ही ज्यादा भरोसा करते हैं। समय का जबरदस्त दबाव और पूँजी का प्रभुत्व मिलकर ऐसी रचना निर्मित करते हैं कि अपराध दिखाना मजबूरी-सी बन जाती है।

इन्हीं वजहों से प्रभुत्वशाली लोगों की 'व्यक्तिगत' चीजों से जुड़े स्टिंग ऑपरेशन मीडिया में हावी हो जाते हैं; मधुमिता हत्याकांड की तर्ज पर कविता चौधरी हत्याकांड....एक के बाद एक हत्याकांड अनिवार्य और अनुपातहीन ढंग से मीडिया से जुड़ जाते हैं। इसीलिए यह तथ्य छिप जाता है कि दुनिया के सबसे ज्यादा बाल मजदूर प्राचीन सभ्यताओं के धनी भारत में ही रहते हैं...कि आदिवासी अपनी ही जमीन पर आक्रमणकर्त्ता घोषित किये जा रहे हैं...कि अमीरी के रिसने से गरीबी नहीं मिट रही है...कि वंचित लोगों की तादाद कृषि की घटती विकास दर से सम्बद्ध है...वगैर-वगैरह। ऐसे ढेरों सवाल हैं जो 'फील गुड' या 'शाइनिंग इंडिया' की खोखली हकीकत के बाद सन्तोषजनक उत्तर चाह रहे हैं लेकिन सवालों का भूगोल और वंचना का इतिहास पूँजी के अर्थशास्त्र से जितने सवाल क्यों न पूछ डाले, शायद ही कोई ऐसा सवाल होगा जिसका माकूल जवाब मीडिया दे पाए। मीडिया की यही सबसे बड़ी उलझन है और शायद इक्कीसवीं सदी में यही चुनौती भी उसके सामने है।

ये प्रोडक्ट का जाल है बाबू

पाउलो कोइल्हो के चर्चित उपन्यास 'दि एलकेमिस्ट' में एक बहुत प्रेरक और रोचक प्रसंग आता है। भेड़ चरानेवाला एक बच्चा एक क़ीमती खज़ाने को पाना चाहता है और एक अनुभवी बूढ़ा आदमी उसे प्रोत्साहन देता है जिसका सारांश यह है कि देखो, दुनिया में असम्भव कुछ भी नहीं होता। जब तुम कुछ हासिल करने की आकांक्षा मन में पालते हो तो यह वास्तव में पूरे ब्रह्मांड की आकांक्षा होती है।...फिर पूरा ब्रह्मांड तुम्हें ऊर्जित करने के लिये तैयार हो जाता है, ब्रह्मांड की आत्मा तुम्हारे सहयोग के लिये आ खड़ी होती है। इसके लिये भले ही उसे षड्यन्त्र तक करना पड़े। खोने-पाने, साहस-प्रेरणा और खरीद-फ़रोख़्त से जुड़ी ये बातें जितनी भली प्रकार से विज्ञापनों पर लागू होती है; शायद ही किसी दूसरी चीज़ पर लागू होती हों। मॉलों-मल्टीप्लेक्सों, कारपोरेटीय आकांक्षाओं और हथेली पर सरसों तक उगा डालने की वर्तमान बेसब्री के दौर में कुछ ख़रीद पाने और ख़रीद लेने के तन्तुओं के बीच 'प्रेरणा' की यह कहानी और भी प्रासंगिक नज़र आती है। उत्पादों ने अपने रिश्ते बहुत गतिशील रखे हैं। पहले इनका रिश्ता ज़रूरतों से था, फिर उपभोग से और फिर विलासिता से हुआ। आज यह रिश्ता अनिवार्य रूप से विज्ञापनों से है। 'ये दिल माँगे मोर' और 'सर उठाके पियो' से लेकर 'मुँह में रजनीगन्धा, क़दमों में है दुनिया' तक के सारे विज्ञापन किस प्रकार के रिश्तों को रूपायित करते हैं? और मीडिया (अख़बार, रेडियो, टीवी या इंटरनेट) का इस्तेमाल ये विज्ञापन अपना 'शाश्वत' सत्य बाँचने के लिये जितनी ख़ूबसूरती से कर लेते हैं, वह भी कम रोचक नहीं है। इसी के बल पर किसी बाइक की आवाज़ 'देश की धड़कन' बनकर सामने आती है, इसी के चलते सैंट्रो वाले ज़्यादा 'इंटेलीजेंट' होते हैं और राधा 'मिस मालमपुर' चुन ली जाती है।

मीडिया और विज्ञापनों के आपसी सम्बन्ध के बारे में इससे ज़्यादा क्या कहा जाये कि ताबड़तोड़ और दनादन आ रही विज्ञापनों की बौछार के बीच सोचना पड़ जाता है कि मीडिया, जिसका अर्थ ही माध्यम है, किस चीज़ का माध्यम है! सूचना

का, विश्लेषण का, या कि विज्ञापन का? अगर बात शाम के प्राइम टाइम की हो, तब तो कहना ही क्या! प्राइम टाइम में यह जानना ज़्यादा ज़रूरी हो जाता है कि रूपा फ्रंटलाइन बनियान का नहीं, अपुन की स्टाइल का मामला है; कि रितिक रोशन कुछ ख़ास नहीं कर रहे होते हैं, बस दुनिया को 'नचा' रहे होते हैं; कि डी बियर्स ही है लेकिन सदा के लिये; कि 'ऐन आइडिया कैन चेंज योर लाइफ़।' यस, इट कैन चेंज़; बट इट विल नेवर डू सो! मन की कोमल भावनाओं, प्रेमिका के विरह, उम्रदराज़ लोगों के अतीत, बच्चों की उमंग, परिवार की सामूहिकता और नास्टैलजिया जैसी अमूर्त चीजों को किस प्रकार मूर्त रूप देकर जीवन्त किया जा सकता है और फिर किस प्रकार इन चीजों को विज्ञापनों के ज़रिए उत्पादों से अनिवार्य रूप से जोड़कर प्रस्तुत किया जा सकता है, इसे जानने-समझने के लिए क्या आधुनिकतम तकनीकों, शानदार विज़ुअलों और ज़बरदस्त इनीगेशनों से लैस विज्ञापन पर्याप्त नहीं हैं? जहाँ एक चश्मेवाली छोटी लड़की बचपन में अपने ब्वॉयफ्रेंड की साइकिल पर बैठने से इनकार कर देती है, वहीं वह बड़ी होकर खुशी-खुशी टीवीएस की मोटरबाइक पर जा बैठती है। अक्षय कुमार का यह कहना कि 'आखिरी थम्स-अप! वो क्या होता है?' कई सन्देशों को छोड़ जाता है। पहला यह कि थम्स-अप कभी भी 'आख़िरी' नहीं होता। वह शाश्वत और चिरन्तन है। चलता रहता है। बस आपको करना इतना भर है कि ख़रीदकर ताउम्र पीते जाना है। दूसरा यह कि इसे पीने से आप 'एक्स्ट्रा एनर्जेटिक' हो जाते हैं, तीन-मंज़िली इमारत से एक्शन और थ्रिलर का प्रदर्शन करते हुये नीचे कूद सकते हैं और थम्स-अप ले जा रहे एक मिनी ट्रक से एक थम्स-अप आराम से निकाल सकते हैं। तीसरा यह कि अगर आप पुरुष हैं तो गीले बालों को रेशमी तौलिये से पोंछती आपकी प्रेमिका आपसे 'इम्प्रेस' हो जाएगी और अगर आप महिला हैं तो थम्स-अप पी सकने की कूव्वत रखनेवाला ही आपके इर्द-गिर्द फटक सकता है। बाक़ी सब तो आपको भुनगे नज़र आयेंगे।

बड़ी पूँजीवाली विदेशी कम्पनी द्वारा हच की ख़रीद के बाद अब महानायक अमरीका का हीरो जेम्स बांड एक सुरीले 'म्यूज़िक' के 'साथ आपके शहर में' भी आ चुका है। चलायमान पूँजियों की गतिशीलता और तथाकथित मुक्त प्रतिस्पर्धा के स्वर्णिम अध्यायों के बीच यह रेखांकित किया जाना ज़रूरी है कि आज चौथा खम्भा बिना विज्ञापन के नहीं चल सकता और किसी भी तरीक़े का विज्ञापन बिना झूठ के नहीं चल सकता। अगर यह बात सच न होती तो सभी कमज़ोर और ग़रीबी रेखा से नीचे रहनेवाले लोग लाइफ़ब्यॉय से नहा-नहाकर मोटे-ताज़े हो जाते और सुस्त या आलसी क़िस्म के लोग कॉफ़ी पी-पीकर 'हरदम तरो-ताज़ा' रहना सीख जाते। इसीलिये ब्लम्ब का खंडन करते हुये डरबन कहता है कि विज्ञापन का कार्य सिर्फ़ सुझाव देना ही नहीं होता। विज्ञापन तो वह है जो जनता को उसके पूर्व-निश्चित

विचारों से हटाकर अपनी ओर झुक जाने के लिए मज़बूर कर दे। विज्ञापन का सीधा सम्बन्ध मस्तिष्क और मनोविज्ञान से है। 'एडवर्टाइज़िंग' शब्द की उत्पत्ति ही लैटिन भाषा के शब्द 'एडवर्टर' से हुई है जिसका अर्थ मस्तिष्क का केन्द्रित होना है। विज्ञापनों के भव्य सेट, परम-पावन 'अनुभूति' कराते ग्राफ़िक्स और चंचल मन को 'शीतलता' प्रदान करती 'इफ़ेक्टिव' डिज़ाइनिंग-ये सब मस्तिष्क को केन्द्रित करने के लिये ही तो है! लेज़ की नमकीन के विज्ञापन में जब सैफ़ अली ख़ान से उनके दोस्त पूछते हैं कि तुमने गर्मियों में क्या किया, तो उनका 'टू द प्वाइंट' जवाब आता है-कुकरी क्लासेज़। इस पर उसके दोस्तों का हँसना, फिर सैफ़ का यह कहना कि यह हँसने की बात नहीं है, मस्तिष्क को आकर्षित करने का प्रयास नहीं, तो और क्या है? स्टारडम से लबरेज़ शाहरुख ख़ान का हितोपेदश कि 'सिर्फ सर्दियों में च्यवनप्राश खाने से सेहत नहीं बनती', सोना-चाँदी च्यवनप्राश के विज्ञापन के साथ-साथ कुछ और भी है। यह 'कुछ और' अदृश्य और अमूर्त है। यही विज्ञापन की आत्मा, ब्रांडों की प्राणवायु है।

उपभोक्तावाद के मज़बूत होने, फ्री होम डिलीवरी की 'परमार्थपरक' परम्परा के प्रारम्भ होने और मोबाइल समेत संचार के अन्य माध्यमों के तीव्रतर और दक्षतर होने से बाज़ार की परिभाषा बदली है। इस बदलाव से उत्पादों को उपयोगिता और उनके आयामों पर ख़ासा असर पड़ा है। फिर भी उपयोगिता, बचत और सार्थकता की गलाकाट होड़ में शामिल सभी उत्पाद ब्रांड नहीं बन पाते। कम हैं जो स्थापित हो पाये हैं और बहुत हैं जो पहचान को तरस रहे है। क्लासीफ़ाइड्स (वर्गीकृत विज्ञापन) से लेकर पोस्टरों और पैम्फ़लेट्स और लीफ़लेट्स तक की पूरी कहानी उत्पाद और ब्रांड की पहचान बनाने और अपने-अपने वजूद का झंडा बुलन्द करने के तरीक़ो से पटी पड़ी है। क्रय-विक्रय की लहरियों, सभी देशों के शेयर सूचकांकों की उफनती तरंगों और लाभ को अधिकाधिक बना डालने की सहज आधुनिक और व्यापारिक लालसाओं की भीड़ में विक्रय करने की नवीन कलाओं की खोज हुई है। इसीलिए जी.आर. ग्रीयर या रोलैंड हॉल जैसे पश्चिमी विद्वान विज्ञापन को विक्रय कला की एक दक्ष प्रणाली मानते हैं। पश्चिमी विद्वानों का हवाला देना इसलिए ज़रूरी है क्योंकि विज्ञापन की अवधारणा पश्चिमी समाजों से ही आयी है। भारत में विज्ञापनबाज़ी या यशलोनुमा के उदाहरण नहीं हैं। इसका इससे बड़ा प्रमाण क्या होगा कि तत्त्वज्ञान के भंडार और अपौरुषेय कहे जानेवाले वेदों में रचयिताओं ने अपने नाम तक का उल्लेख करना उचित नहीं समझा है! और यह पश्चिमी समाज ही है जिसने बौद्धिक सम्पदा अधिकार और पेटेंट जैसी 'आधुनिक' बहसें छेड़ी हैं क्योंकि बाजार विश्वास का पर्याय नहीं है। ज़रूरी नहीं कि आप जिस भरोसे के साथ कोई वस्तु खरीदते हैं, वह वस्तु आपके भरोसे पर खरी उतरे। और

आजकल तो कॉपीराइट और पाइरेसी की उलझनें भी कम नहीं हैं। 'ट्रेडमार्क' से लेकर 'लोगो' तक-कुछ भी डुप्लीकेट हो सकता है। 'नक्कालों से सावधान' नामक ब्रह्मवाक्य किसने नहीं सुना-देखा होगा? जनसम्पर्क एजेंसियाँ सच और झूठ के बीच दोलन करते विश्वास में सफल विज्ञापन का तीखा छौंक लगाती हैं।

'सिर्फ आपके लिए' और 'जब वही चीज़ आपको कम दामों में मिले तो कोई वो क्यों ले, ये न ले!' जैसी पंचलाइनें वस्तु को देखने और उसे ख़रीद लेने के बीच के अन्तराल को समाप्त करने की ही कुछ कोशिशें हैं। इससे जनमत प्रभावित ही नहीं होता; उससे आगे बढ़कर वह निर्धारित भी होने लगता है। देखा और ख़रीद लिया। सोचने की ज़रूरत क्या है? विज्ञापन देखा और 'एक्शन' लिया। अन-अवेयर और अवेयर, कॉम्प्रिहंशन और इमेज़, एटीट्यूड और एक्शन तक की यह प्रक्रिया वैज्ञानिक तरीक़े से चरणों में विभाजित है। और इन चरणों की प्रामाणिकता पर कोई व्यक्ति सवाल खड़ा करे, इससे पहले ही लैबोरेट्री और एक्सपर्ट्स की तस्वीरें और यूज़र्स की वॉक्सपॉप (जनता की आवाज़, अमुक प्रोडक्ट के बारे में लोगों के विचार) प्रस्तुत कर दी जाती हैं। 'विशेषज्ञ' बताते हैं कि पेप्सोडेंट का जर्मी-चेक फॉर्मूला चौबीसों घंटे कीटाणुओं से लगातार मुक़ाबला करता रहता है; कि गार्नियर लाये चार हफ़्तों में गोरापन क्योंकि इसे 'विशेषज्ञों' ने प्रमाणित किया है। इसके पीछे कॉम्प्लेक्सिटी थियरीज़ काम करती हैं। जैसा कि प्रसिद्ध विज्ञापनविद् सैलवाटोर आर. मैडी का उद्दीपन सिद्धान्त कहता भी है कि लोग अपनी ज़िन्दगी से ऊब जाते है, एक बँधी बँधाई जीवनशैली में बँधे-बँधे बोर हो जाते हैं इसलिये वे कुछ 'नया' चाहते हैं। 'नया' ऐसा जो असाधारण हो, जरा हटकर हो और ख़ूबसूरत हो। कमोबेश सारे विज्ञापन इसी 'नये' को उपलब्ध कराने की गारंटी देते हैं।

जिस तरीके से अखबारों के विज्ञापनों में देखा जाता है कि विज्ञापन किस अखबार में जाना चाहिए, क्या विज्ञापन और अखबार का पाठक वर्ग एक ही है, विज्ञापन किस पृष्ठ पर जाना चाहिए, विज्ञापन का आकार क्या हो (कहा जाता है कि पूरे पृष्ठ का और रंगीन विज्ञापन औरों की तुलना में अधिक प्रभावी होता है), उसी प्रकार टीवी और रेडियो में भी विज्ञापन की सफलता-असफलता को लेकर प्रयोगों के अनेक कसीदे पढ़े जाते हैं। फिर उनका कॉलोनी-कल्चर या मॉब बिहेवियर के साथ मिलान करके संगति या अनुकूलता बैठायी जाती है। विज्ञापन के इंट्रो, शीर्षक, उपशीर्षक और बॉडी को लेकर 'गहन' विचारमन्थन होता है, तब कहीं जाकर बहुजनहिताय और बहुजनसुखाय की 'पवित्र' धारणाओं से आपादमस्तक लदा कोई विज्ञापन उभरकर सामने आ पाता है। मसलन ओनिडा टीवी सेट का विज्ञापन लें। 'ओनिडा टीवी कार्डलेस रिमोट के साथ....' 'पड़ोसी की जलन आपकी शान....' जी, हाँ! कुछ ऐसे दिलजले लोग भी हो सकते हैं'.... 'खुशकिस्मती

आपकी!' इतना लाजवाब रंगीन टीवी है आपके पास!' पलभर को मान लिया जाये कि किसी कॉलोनी के सभी लोग ओनिडा का टीवी ख़रीद लायें तो? क्या सभी लोग एक-दूसरे से जलन करते हुये आपस में रोज़ झगड़ा करेंगे? लग रहा है आपको समझ में नहीं आया। आयेगा भी कैसे, ओनिडा का टीवी जो आपके पास नहीं है!

यह जानना रोचक है कि आज 'उन दिनों' में नैपकिन ज़्यादा गीलापन सोखता है, ज्यादा बहाव रोकता है (इस विज्ञापन में पार्श्व में उठती समुद्री लहरें विज़ुअल्स का गजब उपयोग करती नज़र आती हैं) तो यह अचानक नहीं सोखने लगा है, अचानक नहीं बहाव रोकने लगा है! कमरे में फ्रिज खोलने पर अगर 'बुढ़ऊ' के नकली दाँत मेज़ पर किटकिटाने लगते हैं तो ये अचानक नहीं किटकिटाने लगे हैं। इनके पीछे एक विशेषीकृत श्रम-विभाजन की दास्तान है। विज्ञापन नामक आधुनिक उद्योग को व्यावसायिक रूप देने की पहल अमेरिका ने की थी। व्यवस्थित रूप से विज्ञापन एजेंसी का प्रारम्भ 1704 ई. से हुआ जब अमेरिका में 'होस्ट्स न्यूज़ लेटर' नामक एक पत्र प्रकाशित हुआ था। हालाँकि तब से अब तक क़रीब तीन सदियाँ बीत गयीं लेकिन भारत में प्रारम्भ बिन्दु 1930 में 'नेशनल एडवर्टाइज़िंग सर्विस' की स्थापना की घटना है। फिर भी भारतीय विज्ञापन तकनीक, दक्षता या प्रभाव के मामले में पीछे नहीं है। उपभोक्ताओं के शोध सर्वेक्षण से लेकर मैनेजर, एकाउंट एक्ज़ीक्यूटिव, मीडिया कार्यकर्ता, कॉपी राइटर, संयोजक, टाइपोग्राफ़र, अनुवादक और सज्जा कलाकार तक के पद विज्ञापनों की सफलता के ही पड़ाव हैं। इन पड़ावों से गुज़रकर ही चारपहिया गाड़ी स्कॉर्पियो स्लोगन देने योग्य बन सकी है: 'नथिंग एल्स विल डू'। 'हमारा बजाज' की छत्रछाया तले दो पीढ़ियाँ सत्तर और नब्बे की दो अलग-अलग धुनों पर मस्त दिखाई देती हैं, तो इसके पीछे विशेषीकरण के इन पड़ावों का ही योगदान है।

हड़बड़ी और भागदौड़ से भरी आज की तेज़-रफ़्तार ज़िन्दगी में दिल का सुकून कौन नहीं पाना चाहता? विज्ञापन परेशान दिल को ऐसा ही सुकून देता है। कम से कम, सुकून पाते लोगों को टीवी पर सन्तुष्ट होते हुये दिखाता तो है! इंडियन क्रिकेट टीम हार रही है (पूरा देश सकते में है क्योंकि क्रिकेट आज हम सभी की कोमल भावनाओं का सज़ग रखवाला है) लेकिन इस हार से बिना प्रभावित हुये जॉन अब्राहम यामाहा की बाइक लेकर मस्त हो जाते हैं। जॉन को सुकून मिलता है क्योंकि उन्होंने अपने भाई से बाइक माँगी थी और उसने देने से इनकार कर दिया था। सवाल यह नहीं है कि विज्ञापन का दर्शक भी अपने भाई से बाइक माँगेगा और फिर न मिलने पर एक यामाहा की बाइक ख़रीद लेगा। बड़ा सवाल तो यह है कि अपने रोल मॉडल जॉन अब्राहम को मस्त, बेफ़िक्र और सन्तुष्ट

देखकर दर्शक भी एक प्रशान्ति और सन्तुष्टि का बोध करेगा। ख़रीदने का सुख इनता महत्त्वपूर्ण हो गया है कि आज हर आदमी एक ख़रीददार यानी उपभोक्ता के रूप में देखा जाता है। यह मानव की एक-आयामिता है। अपनी जानी-मानी कृति 'वन-डायमेंशनल मैन: स्टडीज़ इन दि आइडियोलॉजी ऑव एडवांस्ड इंडस्ट्रियल सोसायटी' में सुविख्यात नवमार्क्सवादी चिन्तक हर्बर्ट मार्क्यूज़े भी यही बातें कहते हैं। उनके तर्क के मुताबिक पूँजीवाद ने जनसंचार के साधनों का बड़ी चालाकी से प्रयोग करते हुये पीड़ित और वंचित वर्ग के आक्रोश और असन्तोष को कुन्द कर दिया है, उसे संवदेनहीन बना दिया है। उपभोक्ता संस्कृति मनुष्य के व्यक्तित्व पर इस कदर हावी हो गयी है कि विज्ञापन मनुष्य की तुच्छ और अर्थहीन इच्छाओं को उत्तेजित करते हैं जिन्हें सन्तुष्ट करना बहुत सरल होता है। इसीलिये बहु-आयामी मानव अब क्रमशः एक-आयामी होता जा रहा है। तभी तो बजाज एवेंजर 'फ़ील लाइक गॉड' का दावा ठोंकती है, सर्फ़ एक्सेल के लिए 'दाग अच्छे हैं' और रिलायन्स मोबाइल की स्क्रीन से टप-टप चू रहे नीले, हरे, गुलाबी और आसमानी रंगों के थक्के बहु-आयामिता का आभास कराने की कोशिश करते हैं। वाशिंग पाउडर से लेकर सब्जी मसाला परफ़्यूम और डियोड्रैंट से लेकर बाथिंग सोप, शेविंग ब्लेड से लेकर शूटिंग-शर्टिंग और फ्रिज, कूलर, टीवी, एसी से लेकर टायरों-ट्यूबों तक हर किसी के विज्ञापन में बहुआयामिता की आँखमिचौली बख़ूबी देखी जा सकती है। खेतान पंखे को ही लें ।'सत्रह सालों का साथ है...वह भी बिना किसी झंझट के!' 'आख़िर कैसे बेचते खेतान पंखा? टैग नहीं है तो क्या हुआ?' प्रतिबद्धता का आलम कैसा है, यह एक अलग बात है लेकिन उसकी पेशगी और मैनुफ़ैक्चरिंग कैसी है; विज्ञापनों में यह देखने लायक है। इंश्योरेंस कम्पनियों के विज्ञापन यहाँ बेहद सटीक बैठते हैं। एलआईसी अगर 'जिन्दगी के साथ भी और ज़िन्दगी के बाद भी' बनी रहेगी तो पार्श्व में बज रहे संगीत की पुरानी मधुर ध्वनियों के बीच बिरला सनलाइफ़ इंश्योरेंस प्रतिबद्धता व्यक्त करती है: 'योर ड्रीम्स, अवर कमिटमेंट।'

जहाँ तक विज्ञापनों की पहुँच का सवाल है तो इस पर विचार करना भी कम रोचक नहीं है। 'आई लव माई कार, मोर दैन माई वाइफ़', कोला जायंट्स और दूसरे ग्लोबल ब्रांडों की पहुँच जहाँ अन्तर्राष्ट्रीय सीमाओं को चीरते हुये एशिया, अफ्रीका और लैटिन अमेरिका के निर्धन देशों तक भी बाक़ायदा क़ायम है वहीं लोकल प्रोडक्ट्स भी धमाचौकड़ी मचाने में पीछे नहीं हैं। 'देबोजीत से मिलने मुम्बई जाओ'-होर्डिंगों पर लगी इस पंक्ति के विज्ञापन का दर्शन इन पंक्तियों का लेखक कूचबिहार, जलपाईगुड़ी, कोलकाता और बोगयीगाँव से लेकर सिबसागर, तिनसुकिया, डिब्रूगढ़ और चुराचाँदपुर तक कर चुका है। दिशांग, दिखो, मनिपुर और बराक नदियों के किनारे-किनारे आपको पश्चिमी जीवनशैली का बखान करते ढेरों विज्ञापन

मिल जायेंगे। जहाँ तक उन विज्ञापनों की बात है जिन पर कानूनन प्रतिबन्ध है तो ऐसे उत्पादों के प्रचार-प्रसार के लिए 'सरोगेट एडवर्टाइजिंग' का सहारा लिया जाता है। विल्स नेवी कट और गोल्ड फ़्लेक से लेकर रॉयल स्टैग, किंगफिशर, बैगपाइपर और एट-पीएम तक के विज्ञापन इसी रास्ते का अनुसरण करते हुए फ़िल्मों में आते हैं। जब फ़िल्म का हीरो जनहित का कोई काम करने के लिये टल्ली होकर हाथ में सिगरेट उठाता है तो दर्शकों को जन्नत हासिल हो जाती है और फिर खलनायक के पिटते समय दर्शक 'ब्रह्मानन्दसहोदर' का पूरा आस्वादन कर पाता है। यक़ीन मानिए, लड़कों को यह सब काफ़ी भाता है क्योंकि मेट्रोपॉलिटन और पॉपुलर कल्चर के इस 'एडवांस' ज़माने में लड़कियाँ भी 'रफ़ एंड टफ़' ब्वॉयफ्रेंड ही पसन्द करती हैं। हालाँकि विज्ञापनों के चलते लड़के भी सजग हुए हैं और महिला सशक्तीकरण का पूरा ध्यान रखते हुए उन्होंने भी लड़कियों के लिये चयन की स्वतंत्रता का दायरा बढ़ाने में मदद की है।

आजकल इसके लिये भी विज्ञापन आने लगे हैं कि विज्ञापन कैसे बनायें और उन्हें कहाँ डिस्प्ले करें । एक अंग्रेजी अख़बार के मास्टहेड पर चाय की प्याली के पेंदे से बने गोल-गोल धब्बे को दिखाकर यह कहना कि 'यही वह जगह है जहाँ उनकी आँखें सबसे पहले....' क्या बौद्धिकता और तकनीक का चरम सन्तुलन नहीं है? विज्ञापनों में नाटकीयता का समावेश उन्हें प्रभावशाली बना देता है। वीडियोकॉन के विज्ञापन में ऑपरेशन के बाद पता चलता है कि डॉक्टर की घड़ी मरीज़ के पेट में छूट गयी है। यह जानने पर मरीज़ का पूछना कि 'इंपोर्टेड थी क्या?' नाटकीयता नहीं तो और क्या है? सू-कैम बैटरी का प्रचार शुरू ही एक नाटकीय वाक्य से होता है: 'बैटरी हम ऐसे ख़रीदते हैं जैसे सब्ज़ी-भाजी।' अब तो विज्ञापनों के विज्ञापनों का भी विज्ञापन किया जाने लगा है। कुछ दिनों पहले आई हिन्दी फ़िल्म 'ट्रैफ़िक सिग्नल' में एक काला बच्चा त्वचा को निखारने वाली एक क्रीम का विज्ञापन देखकर वह क्रीम इस्तेमाल करना प्रारम्भ करता है। जब बहुत समय बीत जाता है और वह 'गोरेपन' का स्वामी नहीं बन पाता तो फ़िल्म में उसे क्रीम के विज्ञापन की होर्डिंग पर पत्थर मारते दिखाया जाता है। बेचारा बच्चा! विज्ञापनों को समझने के इन तमाम कोणों के बीच 'पैरीवेयर' का एड मजेदार है। बेचारे अतिथि को घर भर के लोग मिलकर इतना पानी पिला डालते हैं कि उसे बाथरूम जाना ही पड़ता है। लौटकर वह अतिथि कहता है-'वाह! क्या बाथरूम है यार!' आजकल तो मोबाइल के प्रीपेड रिचार्ज कूपनों के साथ-साथ मेनिया नामक नूडल्स का विज्ञापन भी कुलाँचे मार रहा है-'इसको खाया तो मेनिया होइ गवा रे!...तो मनवा को मेनिया होइगवा रे!' आँचलिकता का ऐसा संस्करण है जहाँ फणीशवरनाथ रेणु भी नहीं पहुँच पाएँ थे। 'खाना चाहे जो भी हो, एक चम्मच शुद्धता ज़रूरी है।' शुद्धता

यानी कृष्णा घी। शुद्धता कौन नहीं चाहता? ज़ाहिर है कि कृष्णा घी आप खरीदेंगे कैसे नहीं? मिनरल वाटर बिस्लेरी अगर 'टेस्ट ऑव प्योरिटी' है तो तमतमाती गर्मियों में डर्मी कूल 'ठंडा-ठंडा पाउडर' है! जहाँ पहले रोटोमैक 'लिखते-लिखते' लव करा देती थी, वहीं रवीना टंडन की जगह आज अमिताभ बच्चन 'पार्कर' के प्रमोशन में नजर आते हैं। क्या आपको रवीना और अमिताभ में से किसी पर भी भरोसा नहीं है? तो रुकिए, आपको 'सुपीरियरिटी कॉम्प्लेक्स' का विश्वसनीय इंजेक्शन लगाना पड़ेगा। पर कैसे? 'हम रजनीगन्धा खानेवाले लोग ऐरी-गैरी चीजों को मुँह नहीं लगाते'-यह कहकर। आपको साफ़-साफ़ वर्गीय विभाजन दिखेगा और रजनीगन्धा खाते ही आप सम्भ्रान्त वर्ग में शामिल हो जाएँगे। जहाँ आप पहले अपनी वर्गीय चेतना को भूलकर ख़ुद को सड़कछाप आदमी समझते थे और शिखर, संजोग, तिरंगा, दिलबाग या राजदरबार जैसे साधारण गुटखे या पान-मसाले खाते रहते थे, वहीं रजनीगन्धा खाते ही आप अभिजनों का प्रातिनिधिक चरित्र हो जाएँगे। तब आपका 'कांशस अलाऊ नहीं करेगा' कि आप ऐरे-गैरे लोगों के साथ उठें-बैठें, बोलें-बतियायें। हालाँकि 'शिखर' भी चार रुपये का मज़ा 'एक रुपये में ही' उपलब्ध करा देता है और 'समझदार लोग, उचित निर्णय' का ठोस स्लोगन उछालता है, फिर भी इसमे 'वो बात' कहाँ! मतलब साफ़ है। अगर आपको नेटवर्क की किसी रुकावट के बिना लगातार बात करनी है तो काजोल के बताये मार्ग पर चलिए और 'टाटा इंडिकॉम' खरीदिये, अमिताभ जैसा दिखना है तो 'रीड एंड टेलर' खरीदिये, देर तक 'स्टे' करना है तो 'एक्स्ट्रा डॉट्स' खरीदिये, सुन्दर लगना है या सजना-सँवरना है तो 'लैक्मे' के उत्पाद खरीदिये। बैठिये मत। कुछ न कुछ खरीदते रहिए। बिना खरीदे ही मज़ा लेना है तो विज्ञापन ज़रूर देखिये। ये प्रोडक्ट का जाल है!

मनी फॉर न्यूज़ या न्यूज़ फॉर मनी?

रॉबर्ट मैकनील ने अपनी विख्यात कृति 'द पीपुल्स मशीन' (लन्दन, 1970) में लिखा है कि इसके कुछ सबूत तो हैं कि प्रेस, रेडियो और टेलीविज़न राजनीतिक मतों में परिवर्तन को बहुत कम प्रभावित कर पाते हैं लेकिन मतों की विविधता निश्चित रूप से जनसंचार माध्यमों के ज़रिये अपनी अभिव्यक्त पाने पर निर्भर है। मीडिया लोगों की राय को कितना प्रभावित करता है और जनमत के निर्माण में मीडिया की क्या, कितनी और कैसी भूमिका है–ऐसे सवाल आज पहले से कहीं अधिक ज़रूरी हो गये हैं। आज जब विश्व के सबसे बड़े लोकतन्त्र में पैसा देकर राजनीतिक या चुनावी ख़बरें छपवाने के खेल का पर्दाफ़ाश हो चुका हो, कंटेंट एनालिसिस की जगह 'पेड कंटेंट' का मुद्दा सामने आ चुका हो और एडवर्टाइज़मेंट को एडिटोरियल के साथ मिलाकर 'एडवर्टोरियल' बनाये जा रहे हों तब जनमत निर्माण में मीडिया की भूमिका की पड़ताल और ज्यादा महत्त्वपूर्ण, प्रासंगिक और अनिवार्य हो जाती है।

अख़बारों ने अपना स्पेस उचित 'दर (रेट)' पर उन राजनीतिक प्रत्याशियों और दलों को बेचा है जो पैसा देने में सक्षम हों। हरियाणा, लखनऊ, नलगोंडा, गोरखपुर और वारंगल जैसे स्थानों से जैसी रिपोर्टें आई हैं उनसे साफ़ ज़ाहिर है कि पत्रकारों ने सांसदों और विधायकों को बेहतरीन ऑफ़र दिए। जो मीडिया राजनीतिक दलों, सांसदों, विधायकों, नौकरशाहों, वैज्ञानिकों और न्यायाधीशों को आत्ममन्थन और नैतिकता की नसीहत देते नहीं अघाता, क्या वह मीडिया स्वयं अपने बारे में आत्ममन्थन और नैतिकता को लेकर सजग है? यह प्रश्न अख़बारों के साथ-साथ टेलीविज़न के लिए भी उतना ही प्रासंगिक है क्योंकि ख़बरिया चैनलों के रिपोर्टरों पर भी कुछ कम संगीन आरोप नहीं हैं। अन्तर केवल इतना है कि जहाँ प्रिंट मीडिया सम्पादकीय पृष्ठ बेचने का दोषी है, वहीं इलेक्ट्रॉनिक मीडिया प्राइम टाइम बेचने का। सवाल उठता है कि जिस आस्था और विश्वास के साथ समाचार-माध्यमों से प्रसारित सन्देशों को कोई पाठक/दर्शक/श्रोता/ पहले समाचार मान लिया

करता था, क्या आज वह उसी आस्था के साथ प्रसारित समाचारों को 'समाचार' मान पाता है? एक आम आदमी भी अब प्रसारित समाचारों को समाचार मानने में सन्देह करने लगा है। क्या मीडिया की साख की ऐसी दुर्गति और विश्वसनीयता का ऐसा संकट चिन्ताजनक नहीं है? आज अख़बार न्यूज़पेपर की तरह ही काम करते हैं या वे व्यूज़पेपर हो गये हैं?

बात सिर्फ़ इतनी नहीं है कि समाचारों में निजी राय भी ठूँस दी जा रही है। न्यूज़, व्यूज़ और एनालिसिस का घालमेल तो अकसर देखने को मिल जाता है। बात इससे कहीं आगे की है और कहीं अधिक गम्भीर है। चौथा स्तम्भ कहा जाने वाला मीडिया आज बेहतर कवरेज प्रदान करने के लिये बिक चुका है। कवरेज दिया जाए या नहीं, दिया जाए तो कितना और कैसा–इन सब बातों का निर्धारण कवरेज पाने वाले व्यक्ति द्वारा चुकाये गये मूल्य से होता है। तो क्या ख़रीद फ़रोख़्त के ऐसे सचित्र प्रमाणों के पूर्ण उद्घाटन के बाद यह मान लिया जाना चाहिए कि भारतीय मीडिया स्वयं अपने विनाश की ओर बढ़ रहा है? कार्ल मार्क्स ने हीगल के निषेध के निषेध (निगेशन ऑफ़ निगेशन) वाले विचार को आगे बढ़ाते हुये कभी सिद्ध किया था कि इतिहास की प्रत्येक अवस्था में अपने विनाश के बीज निहित होते हैं। फिर मीडिया की इस नकारात्मक यात्रा को क्या मानना उचित है–मीडिया की नादानी, पूँजी का दबाव या फिर कुछ और? एक साधारण पाठक तो शायद समाचार और नज़रिये में अन्तर नहीं कर सकता, फिर वह मीडिया के इतने बड़े सन्दिग्ध चक्रव्यूह को कैसे समझेगा?

बहरहाल मीडिया की विज्ञापनों पर निर्भरता जब एक सीमा से अधिक बढ़ जाएगी तो ख़बरों के ख़बरपन पर शक की उँगलियाँ उठनी स्वाभाविक हैं। आज मीडिया पाठकों, श्रोताओं या दर्शकों से प्राप्त होने वाले राजस्व की तुलना में विज्ञापनों से प्राप्त होनेवाले राजस्व पर अधिक निर्भर है। और चूँकि अनेक नये चैनल और अख़बार बाजार में आए हैं और मीडिया में आपसी प्रतिस्पर्धा इतनी भयंकर है इसलिए एडवर्टाइजिंग केक का आकार मीडिया के लिये छोटा पड़ जाता है और उसे लूट लेने की गलाकाट होड़ मच जाती है। यह ठीक है कि आधुनिक लोकतान्त्रिक देशों में मीडिया या अख़बारों आदि की अपनी विचारधारा हो सकती है। सम्भव है कि कोई अख़बार वामपन्थी हो या दक्षिणपन्थी हो। परन्तु उसकी यह विचारधारा सम्पादकीय पृष्ठ पर वैचारिकी में दिखनी चाहिए; ख़बरों की रिपोर्टिंग या लेखन में नहीं। यदि कोई फ़ीचर प्रायोजित है तो उसके साथ प्रायोजित फ़ीचर या स्पांसर्ड फ़ीचर अवश्य लिखा जाना चाहिए ताकि पाठक उसे समाचार समझने की ग़लती न करे। प्रेस काउंसिल के एक सदस्य ने हाल ही में इसीलिये कहा भी है कि अगर समाचारपत्र एक उत्पाद (प्रोडक्ट) ही है, तब भी यह तो बताया ही जाना

चाहिये कि इसके संघटक क्या-क्या हैं। अगर कोई फ़ीचर स्पांसर्ड है तो 'स्पांसर्ड फीचर' आख़िर लिखा क्यों नहीं जाता?

अभी ज्यादा दिन नहीं बीते, अगस्त 2009 में मीडिया पर निगाह रखने वाली एक संस्था ने एक प्रतिष्ठित समाचारपत्र को मात्र इसलिये लताड़ा क्योंकि उस समाचारपत्र में एक प्रोडक्ट का बखान करता हुआ एक लेख उस प्रोडक्ट के विज्ञापन के साथ एक ही पृष्ठ पर छापा गया था। कुल मिलाकार यह विज्ञापन कुछ ऐसा लग रहा था मानो यह एक ज़रूरी समाचारीय लेख हो। जब समाचारपत्र को लताड़ मिली तब समाचारपत्र ने माफ़ी माँगी और विज्ञापनदाता ने एडवर्टोरियल की तरह बनाए गये अपने उस विज्ञापन को वापस ले लिया। यह घटना ब्रिटेन की थी, समाचारपत्र था लन्दन से निकलने वाला 'द डेली एक्सप्रेस' और वॉचडॉग संस्था थी एडवर्टाइजिंग स्टैंडर्ड्स अथॉरिटी (ए.एस.ए.)। पर दुर्भाग्य यह है कि जहाँ ब्रिटेन में मीडिया पर निगाह रखनेवाली वॉचडॉग संस्था ने एडवर्टोरियल के प्रयोग के विरुद्ध मीडिया को चेतावनी दी, वहीं भारत की उसी प्रकार की संस्था स्वयं को असमर्थ पाती है। एडवर्टाइजिंग स्टैंडर्ड्स काउंसिल ऑव इण्डिया (ए.एस.सी. आई.) का कहना है कि पेड कंटेंट उसके क्षेत्राधिकार (जुरिसडिक्शन) में नहीं आते। ए.एस.सी.आई. के महासचिव एलन कोलाको ने कहा भी है, "हम केवल दिग्भ्रमित करनेवाले विज्ञापनों के मामले देखते हैं, पेड कंटेंट हमारे क्षेत्र की बात नहीं है।" तो क्या यह मानना अनुचित होगा कि भविष्य में अख़बारों के फ्रंट पेज पर केवल उन्हीं लोगों से जुड़ी ख़बरें और तस्वीरें छपेंगी जो उस 'कंटेंट' के लिये पैसा 'पे' करेंगे?

'द हिन्दू' जैसे प्रतिष्ठित समाचारपत्र ने राजनीतिक रिपोर्टिंग पर पैसे के बढ़ते प्रभाव का जो खुलासा किया है उससे यह प्रश्न उठता है कि क्या चुनाव हमारे यहाँ वास्तव में शान्तिपूर्ण, स्वतन्त्र, निष्पक्ष और न्यायपूर्ण होते हैं? क्या मतदाता का मन ऐसी विकृत रिपोर्टिंग से दुष्प्रभावित नहीं होता? पेड कंटेंट के ख़िलाफ़ प्रभाष जोशी जनसत्ता सहित अनेक मंचों से आवाज़ उठाया करते थे। सजग पत्रकार पी. साईनाथ ने भी कहा है कि यह सभी पत्रकारों के सामूहिक उत्तरदायित्व का प्रश्न है। क्लाड कॉकबर्न ने लिखा है कि समाचार वह चीज़ है जिसके लिये कोई आदमी, कहीं-न-कहीं, ऐसा ज़रूर होगा जो उसे पढ़ना नहीं चाहेगा।

हैराल्ड इवान्स ने इसीलिये कहा है कि लोग ही समाचार हैं। कहने का मतलब यह है कि समाचार वह है जो लोगों के लिये और लोगों के हित में होता है। जो चीज़ लोगों को भ्रमित करे, क्या वह चीज़ समाचार हो सकती है? इक्कीस दिसम्बर 2009 का आउटलुक (अँग्रेजी) का अंक इसी विषय पर केन्द्रित है कि पत्रकारिता बिकाऊ क्यों हो गयी है? अंक की आवरण कथा का विषय है: 'फॉर

सेल जर्नलिज्म'। पत्रिका के भीतरी पन्नों पर सम्पादक विनोद मेहता का चिन्तन-मनन से उपजा लेख वाकई कई बुनियादी प्रश्न खड़े करता है। मीडिया को लेकर उनकी चिन्ता लाज़िम है और उन्होंने पत्रकारों से आग्रह भी किया है, 'प्लीज डू नॉट सेल'। ये चिन्ताएँ कश्मीर से लेकर कन्याकुमारी तक की पत्रकारिता को समग्रता से देखने पर बड़ी आसानी से समझ में आ सकती हैं। 'हैव मनी, गेट कवरेज' का बिजनेस दैनिक जागरण, गुजरात समाचार, इनाडु और अन्य हिन्दी अख़बारों या भारतीय भाषाओं के अख़बारों से किस प्रकार जुड़ा है, यह आउटलुक की कवर स्टोरी पढ़कर कोई भी समझ सकता है। अनेक राजनीतिज्ञों ने स्वीकार किया है कि उनसे चैनलों और अख़बारो के पत्रकारों ने कहा कि अगर पैसा दें तो कवरेज आसानी से मिल जायेगा और अधिक मात्रा में मिल जायेगा। हिन्दुस्तान की पूर्व सम्पादक मृणाल पांडे का विचार है कि चूँकि हिन्दी अख़बारों की पहुँच अँग्रेजी दैनिकों से कहीं अधिक है इसीलिए ज्यादा अनैतिकता वहीं (हिन्दी में ही) दिखती है। सोचना पड़ता है कि क्या यह वही पत्रकारिता है जो कभी एक व्यापक मिशन हुआ करती थी? क्या आज ऐसी कोई संस्था है जो सबकी ख़बर ले सके?

प्रसिद्ध राजनीति-विज्ञानी हैन्स जे. मार्गेन्थाऊ ने शक्ति के जिस अर्जन, धारण, प्रसारण और प्रदर्शन की चर्चा अन्तरराष्ट्रीय राजनीति के लिये की थी, यह चर्चा आज राजनीति से कहीं ज्यादा तो मीडिया पर लागू होती है। प्रसिद्ध पत्रकार बी.जी. वर्गीज तो बिलकुल स्पष्ट करते हैं कि मीडिया अब चौथा खम्भा नहीं रहा, अब वह पहला खम्भा बन चुका है क्योंकि अब वह सर्वशक्तिमान हो चुका है। भंडाफोड़ पत्रकारिता और स्टिंग ऑपरेशन के आतंक के आगे बड़े-बड़े लोग खुद को बेबस और लाचार पाते हैं। पर इतने शक्तिशाली मीडिया की शक्ति पर जनहित में अंकुश कैसे लगाया जाये? प्रेस काउंसिल ऑफ़ इंडिया एक ऐसी अर्द्धन्यायिक संस्था ज़रूर है जिसके पास कुछ कानूनी शक्तियाँ हैं। बहुत लोग यह भी मानते हैं कि यह प्रिंट मीडिया पर थोड़ा-बहुत अंकुश रखती है और पत्रकारीय जागरूकता को बढ़ावा देती है। फिर भी, न तो इलेक्ट्रॉनिक मीडिया पर इसका कोई प्रभावशाली नियन्त्रण है और न ही प्रिंट मीडिया के लिये इसके आदेश बाध्यकारी हैं।

गनीमत है कि प्रिंट मीडिया पर निगाह रखने वाली कोई संस्था मौजूद तो है; इलेक्ट्रॉनिक मीडिया में तो ऐसी कोई संस्था ही नहीं है। इलेक्ट्रॉनिक मीडिया में ऐसी नियमनकारी संस्था के अभाव के चलते कई संवेदनशील लोगों की चिन्ताओं का गहराना स्वाभाविक है। हालिया समय में समाचार चैनलों की उत्तरदायित्वहीनता को लेकर अनेक शिकायतें आयी हैं और इन पर हमारी संसद में भी बहसें हुई हैं। इसीलिये सरकार प्रसारण के विनियमन (ब्रॉडकास्ट रेग्युलेशन) की बात करती रही है क्योंकि उसका कहना है कि न्यूज़ इंडस्ट्री में भ्रष्टाचार का भी सवाल उठ रहा है।

दूसरी तरफ न्यूज़ चैनलों ने किसी भी प्रकार के बाहरी विनियमन का सदैव से लगातार विरोध किया है। सभी प्रमुख न्यूज़ चैनलों की प्रतिनिधि मानी जाने वाली संस्था न्यूज़ ब्रॉडकास्टर्स एसोसिएशन (एन.बी.ए.) ने एक ऐसा कंटेंट कोड तैयार (ड्राफ्ट) किया है जो हालाँकि बाध्यकारी तो नहीं है, फिर भी सम्पादन और विज्ञापन सम्बन्धी क्रियाकलापों और व्यवहारों को दिशानिर्देश की रोशनी दिखाने में सक्षम है।

इससे बड़ी विडम्बना और क्या होगी कि जिस देश की एक चौथाई आबादी को दो जून की रोटी नहीं नसीब होती, उस देश में इस विषय पर आम बहसें आयोजित की जाती हैं कि स्त्रियाँ किस प्रकार के पुरुषों की ओर ज्यादा आकृष्ट होती हैं–दाढ़ी–मूँछ रखनेवाले पुरुषों की ओर या प्रतिदिन शेव करनेवाले पुरुषों की ओर? सीएनएन–आईबीएन चैनल ने जिस गम्भीरता से 'जिलेट्स शेव इंडिया मूवमेंट' का 'कवरेज' किया, उसे देखकर किसी प्रतियोगी परीक्षा का कोई अभ्यर्थी इसे 'क्विट इंडिया मूवमेंट (1942)' की श्रेणी का मानकर, इसे अपने परीक्षा नोट्स में बतौर तथ्य लिखने की मासूम ग़लती कर सकता है। जैसा कि तेरह दिसम्बर 2009 के 'द संडे एक्सप्रेस' ने लिखा भी है कि 'ब्रांडेड कंटेंट' या विज्ञापनदाताओं के फंड से चलनेवाले कार्यक्रमों का मीडिया में आना नया नहीं है। नया यह है कि 'ब्रांडेड कंटेंट' जैसे कार्यक्रम पहले जहाँ मनोरंजनकारी कार्यक्रमों के रूप तक सीमित होकर ही आते थे, आज वे समाचार जैसी पवित्र चीज़ के भीतर भी सेंध लगाकर घुस चुके हैं और धड़ल्ले से आ रहे हैं। वास्तव में यह परिवर्तन पिछले दो–तीन सालों से हुआ है और समाचार–प्रसारणकर्ताओं के साथ ब्रांडेड कम्पनियों का गठजोड़ या मीडिया पार्टनरशिप इसके लिये मुख्य तौर पर उत्तरदायी है। भला लगे या बुरा, विश्व के विशालतम लोकतन्त्र और कल्याणकारी राज्य के टेलीविज़न न्यूज़ बिजनेस की यही नयी वास्तविकता है। उदाहरण के लिये एक प्रमुख न्यूज़ चैनल की एक वरिष्ठ सम्पादक मानती हैं कि एक सप्ताह में उन्हें आधे–आधे घंटे के केवल आठ से दस प्रायोजित कार्यक्रम ही मिल पाते हैं जिन्हें विज्ञापनदाताओं से फंड मिलता हो। इसके बावजूद उन्हें अपने चैनल में 'मार्केटिंग एटीट्यूड' की कमी अखरती है क्योंकि उनके केवल बीस प्रतिशत कार्यक्रम ऐसे हैं जिन्हें विज्ञापनदाओं से फंड मिलता हो। उनकी चिन्ता यह है कि अनेक प्रतिद्वन्द्वी (न कि प्रतिस्पर्धी) चैनलों को तीस से चालीस फ़ीसदी ऐसे कार्यक्रम मिल जाते हैं जिन्हें विज्ञापनदाताओं से फंड मिलता हो।

आज बहुराष्ट्रीय या ब्रांडेड कम्पनियों के साथ मीडिया के ऐसे अवैध रिश्तों को स्वीकृति भले ही मिलनी शुरू हो गयी हो, किन्तु इसका मतलब यह बिलकुल नहीं है कि मीडिया–पर्यवेक्षक हाथ पर हाथ धरे बैठे हैं। भारत के पूर्व मुख्य

न्यायाधीश जे.एस.वर्मा का कहना है कि महत्त्वपूर्ण तो यह है कि ऐसे अजीबोग़रीब गठबन्धनों के बावजूद मीडिया साफ़-सुथरा बच निकलता है। जे.एस.वर्मा न्यूज़ चैनलों के खिलाफ मिली शिकायतों को देखने के लिये बनाई गयी संस्था 'न्यूज़ ब्रॉडकास्टिंग स्टैंडर्ड्स अथॉरिटी' के चेयरपर्सन भी हैं। यह संस्था न्यूज़ इंडस्ट्री के निकाय 'न्यूज ब्रॉडकास्टर्स एसोसिएशन (एन.बी.ए.)' द्वारा गठित की गयी है। यह पैसा लेकर न्यूज़ प्रकाशित या प्रसारित करनेवाले मीडिया संगठनों को कितना सुधार पाएगी, कहना मुश्किल है। आज जब एक औसत न्यूज़ चैनल में आधे घंटे का पैकेज चलवाने के लिये आठ से बारह लाख रुपये देने पड़ रहे हों और यह आठ से बारह लाख रुपये चैनलकर्मियों को आसानी से मिल भी जा रहे हों तो चैनलकर्मी न्यूज़ की खोज में दर-दर खाक क्यों छाने? पत्रकार आखिर बसों में धक्के क्यों खाता फिरे? कहना अनुचित न होगा कि कॉमर्शियल ब्रेक के इस जमाने में 'ब्रेकिंग न्यूज' का नारा सही हो या न हो, लेकिन न्यूज जरूर ब्रेक (टूट-फूट) से ब्रोकेन होकर बिखर गयी है।

मनी फॉर न्यूज और न्यूज फॉर मनी के ये प्रश्न वास्तव में भारतीय समाचारपत्रों में स्वामित्व के पैटर्न से भी जुड़े हुये हैं। जैसाकि अनेक स्वतन्त्र मीडिया प्रोफ़ेशनल और मीडिया एक्सपर्ट मानते भी हैं कि किसी भी राजनीतिज्ञ के कृत्यों का खुलासा या पर्दाफ़ाश इसलिये नहीं हो पाता क्योंकि वे या तो किसी बड़े मीडिया घराने मालिक हैं या ऐसे मालिकों से अच्छी तरह जुड़े हुये हैं। आलम तो यहाँ तक है कि ऐसे न्यूज़ चैनल भी समाचारों का 'प्रसारण' कर रहे हैं जो किसी राजनीतिक दल के अधीन हैं या दल के स्वामित्व में हैं। इसीलिये वे अपने दल की नीतियों को आगे बढ़ाते हैं; अपनी पार्टी की छवि सुधारते हैं और विपक्षी पार्टियों की छवियों का सत्यानाश करते हैं। अगर समाचारपत्रों की बात की जाये तो सन् 1979 के प्रथम राष्ट्रीय पाठक सर्वेक्षण से लेकर आज इक्कीसवीं सदी का पहला दशक बीत जाने तक समाचारपत्रों में बहुत परिवर्तन हुये हैं। भारत के समाचारपत्र पंजीयक यानी आर.एन.आई. प्रेस के स्वामित्व को पाँच तरीके से विभाजित करते हैं। प्रथम, वे समाचारपत्र जिन्हें व्यक्ति या व्यक्तियों का कोई समूह चलाता है। इसमें सौ फीसदी पूँजी एक व्यक्ति या एक परिवार की लगी होती है; उदाहरण के लिये 'दैनिक जागरण'। दूसरा प्रकार सोसायटी या एसोसिएशन का है; तीसरा संयुक्त स्टॉक कम्पनी के रूप में हमारे सामने आता है जो कम्पनी एक्ट के तहत गठित होता है।

आर.एन.आई. के इस वर्गीकरण में चौथा प्रकार ऐसे अखबारों का है जो साझेदारी (पार्टनरशिप) या फ़र्म के रूप में संचालित किए जाते हैं। अन्तिम और पाँचवें प्रकार के न्यूज़पेपर न्यास (ट्रस्ट) के रूप में मौजूद हैं। इसमें 'ट्रिब्यून' का नाम लिया जा सकता है। इसके अलावा आर.एन.आई. समाचार पत्र के स्वामित्व का

एक और वर्गीकरण करते हैं। जिसे 'सह स्वामित्व इकाई (कॉमन ओनरशिप यूनिट)' कहा गया है। इसके अन्तर्गत ऐसे संस्थान आते हैं जो दो या दो से अधिक 'समाचारों से जुड़े' पत्र/पत्रिकाओं का प्रकाशन करते हैं जिनमें कम से कम एक दैनिक अखबार शामिल होता है। कुछ ही मीडिया घरानों के हाथों में जब अधिक से अधिक अखबारों या न्यूज चैनलों का स्वामित्व होता चला जा रहा हो तब आज विचारों की विविधता या बहुलता क्या वास्तव में क़ायम रह सकती है? स्वामित्व में संकेन्द्रण के प्रभाव आलोचनात्मक दृष्टिकोण के विकास पर ज़रूर पड़ते हैं, फलस्वरूप प्रतिरोध और संघर्ष की पत्रकारिता कुन्द होती चली जाती है। इससे मुनाफ़े की ऐसी होड़ पैदा होती है जो लघु और मँझोले प्रेस को ख़तरे में डाल देती है तथा अन्तर्वस्तु (कंटेंट) पर पूँजी का दबाव बढ़ने लगता है। यही दबाव 'पेड कंटेंट' के रूप में, हैरतअंगेज तरीके से, हमारे सामने आता है। जब कंटेंट ही स्वतन्त्र नहीं रहेगा तो उस कंटेंट को पढ़नेवाले पाठकों के मत भला कैसे स्वतन्त्र रह पाएँगे? अगर न्यूज़ को या उसके कंटेंट को मीडिया 'मैन्युफैक्चर' करके दिखायेगा तो हमें जनमत भी 'मैन्युफैक्चर्ड' ही मिलेगा। एक ऐसी जनता का निर्माण होता चला जायेगा जो बिलकुल विचारहीन और अतार्किक होगी। समाज में बढ़ती विचारहीनता के पीछे, वैचारिक वैविध्य के विनाश के पीछे और मीडिया में ज्योतिष या एस्ट्रोनॉमी के बढ़ते महत्व के पीछे यही कारण है।

हमें इस बात का अर्थ समझना होगा कि मतों की विविधता तभी कारगर है और केवल तभी सार्थक है जब सभी मतों को समाचार माध्यमों के ज़रिये अभिव्यक्ति मिले। रॉबर्ट मैकनील ने बिलकुल ठीक लिखा है! क्या अनेक मतों को, मीडिया में, उनके वज़न के हिसाब से महत्त्व मिलता है? हिन्दी में प्रकाशित होनेवाले अख़बार 'बिजनेस स्टैंडर्ड' के एक सजग और कटिबद्ध पत्रकार चन्दन शर्मा कहते हैं, "....आज मीडिया कुछ ख़ास मतों को ही तवज्जो देता है, वह भी कुछ ख़ास तरीके से ही। जाहिर है कि मीडिया को अपने गेटकीपिंग फंक्शन पर और ज्यादा ध्यान देना चाहिये क्योंकि पाठक को न सिर्फ सूचना पाने का अधिकार है, बल्कि उसे सही और वस्तुनिष्ठ सूचना पाने का अधिकार भी है।" मीडिया को बड़ी सहजता से समाज और व्यवस्था का चौथा स्तम्भ कह तो दिया जाता है लेकिन सोचनेवाली बात है कि क्या बाक़ी तीनों स्तम्भ मीडिया की तरह लाभ कमाने के लिये कार्य करते हैं? जब विधायिका, कार्यपालिका और न्यायपालिका लाभ-हानि के गुणागणित से दूर रहकर जनसरोकारों और जनकल्याण के लिये काम करते हैं तो क्या मीडिया को भी इसी प्रकार कार्य नहीं करना चाहिये? और जनसरोकारों को बिसराने के बाद क्या मीडिया को 'स्तम्भ' कहलाने को नैतिक हक बचा भी रह पाता है? मीडिया में 'स्पेस सेलिंग' क्या समाचारीय नैतिकता के अनुरूप है?

पाकिस्तान में मीडिया की जंग

हमारे पड़ोसी मुल्क पाकिस्तान यानी ' इस्लामिक रिपब्लिक ऑव पाकिस्तान' (पाकिस्तान का आधिकारिक नाम) ने सन् 1997 में जब अपनी आजादी की पचासवीं वर्षगाँठ मनाई थी, तब यह तथ्य सामने आया था कि इस 'रिपब्लिक' में इन पचास सालों में करीब तीस राष्ट्राध्यक्ष ऐसे थे जो निर्वाचित होने की बजाय सेना से आये थे। यह बताने की ज़रूरत नहीं है कि इन सैन्य शासकों ने मीडिया को कितना स्वतन्त्र रहने दिया होगा या कितनी सुविधायें मुहैया कराई होंगी। यह ठीक है कि एक समय तक पाकिस्तान हमारा अपना ही हिस्सा हुआ करता था और अटल बिहारी वाजपेयी के शब्दों में कहा जाए तो हम अपने मित्र बदल सकते हैं, पड़ोसी नहीं। हम अपना इतिहास बदल सकते हैं, भूगोल नहीं। फिर भी, हम सभी जानते हैं कि पाकिस्तान एक समरस राष्ट्र या सफल लोकतन्त्र हर्गिज़ नहीं रहा है। ऐसे माहौल में यहाँ मीडिया का सम्बन्ध बहुरंगी और विरोधी विचारों के प्रकाशन या प्रसारण से है, वैचारिक बहुलता और स्वतन्त्रता से है। आजकल तो मलाला यूसुफजई के कारण पाकिस्तान आये दिन वैश्विक मीडिया की मुख्यधारा में नज़र आने लगा है। सेना, नौकरशाही और गुप्तचर सेवाओं के साथ इस्लाम के संरक्षकों और धार्मिक नेताओं के गठबन्धन ने पाकिस्तानी मीडिया की जंग को काफी मुश्किल बनाया है। इन सबने अपने-अपने निहित स्वार्थों की रक्षा के लिये एवं राष्ट्रीय पहचान के लिये मीडिया को इस्तेमाल करने की एवं नियन्त्रित करने की लगातार कोशिश की है।

किसी भी मीडिया की पहली जंग गुलामी से होती है। इस सिलसिले में मीडिया के नियमन से जुड़े विषय बेहद प्रासंगिक हो जाते हैं। पेमरा (पी.ई.एम.आर.ए. यानी पाकिस्तान इलेक्ट्रॉनिक मीडिया रेगुलेटरी अथॉरिटी) नियमन से सम्बन्धित एक ऐसी ही एजेंसी है जिसका गठन वर्ष 2002 में हुआ था। इसका लक्ष्य स्वतन्त्र और निष्पक्ष इलेक्ट्रॉनिक मीडिया को बढ़ावा देने के साथ-साथ प्रसारण बाजार को खोलना था। इसे पहले रैम्बो नाम से जाना जाता था। रैम्बो यानी आर.ए.एम.बी.ओ.

का अर्थ है रेगुलेटरी अथॉरिटी फॉर मीडिया ऐंड ब्राडकास्ट ऑर्गनजेशन्स। इक्कीसवीं शताब्दी का पहला दशक बीतने तक पी.ई.एम.आर.ए. ने 78 सैटेलाइट टेलीविज़न चैनलों को लाइसेंस जारी किया और पाकिस्तान के बाहर से संचालित होने वाले करीब तीस टेलीविजन चैनलों को अपने यहाँ प्रसारण के अधिकार प्रदान किये। इसके अतिरिक्त सवा सौ से ज़्यादा रेडियो स्टेशनों को भी लाइसेंस जारी किए गये जिनमें जनसंचार का पाठ्यक्रम संचालित करने वाले प्रमुख विश्वविद्यालयों के अठारह ग़ैर व्यावसायिक लाइसेंस भी शामिल हैं।

पेमरा ने अक्सर मीडिया पर सेंसरशिप लगाने, प्रसारणों को रोकने और मीडिया केन्द्रों को बन्द करने का कार्य किया है। किसी भी ऐसी चीज़ का प्रकाशन या प्रसारण जिससे राष्ट्र के अध्यक्ष की या सैनिक बलों के सदस्यों की मानहानि होती हो या उनका उपहास होता हो, दंडनीय है। इसके अलावा राज्य के विधायी, कार्यपालक या न्यायिक अंगों के विरुद्ध कुछ भी ग़लत प्रकाशित या प्रसारित करना या इल्जाम लगाना भी एक संगीन जुर्म है। इसके लिये लाइसेंस निरस्त होने के अलावा तीन साल तक की कैद या एक लाख पैंसठ हजार अमरीकी डॉलर तक का जुर्माना हो सकता है। करीब एक साल पहले जब बीबीसी वर्ल्ड न्यूज टेलीविज़न चैनल ने 'सीक्रेट पाकिस्तान' नाम का एक वृत्तचित्र प्रसारित किया था, तब नवम्बर 2011 में पाकिस्तान के केबल टीवी ऑपरेटरों ने इस चैनल के पाकिस्तान में होने वाले प्रसारण को बन्द करा दिया था। यह बताने की ज़रूरत नहीं है कि प्रसारण बन्द कराये जाने पर किसी भी पत्रकार को कितनी पीड़ा होती है, वह पत्रकार चाहे जिस देश का हो। अब तो स्वीकार भी कर लिया गया है कि पत्रकारिता एक वैश्विक पेशा है क्योंकि मीडिया भूमंडलीकृत हो चुका है। पेमरा ने अभी तक छह एम.एम.डी'ज (यानी मल्टीचैनल मल्टीप्वाइंट डिस्ट्रीब्यूशन सर्विस), दो आई.पी.टी.वी'ज (यानी इंटरनेट प्रोटोकॉल टेलीविज़न) और दो मोबाइल टीवी'ज को लाइसेंस जारी किये हैं।

पाकिस्तान में किसी टेलीविजन चैनल का पहला प्रसारण 26 नवम्बर 1964 को लाहौर से किया गया था। यह घटना पाकिस्तानी मीडिया के सफर में मील का पत्थर है। पारम्परिक रूप से देखें तो सन् 1990 तक सरकार के स्वामित्व और नियन्त्रणवाले पाकिस्तान टेलीविज़न कॉपोरेशन यानी पीटीवी का ही दबदबा था और राजनीतिक विपक्ष के नज़रिये को स्थान नहीं दिया जाता था। इसलिये ये नज़रिये पाकिस्तानी अवाम तक पहुँच ही नहीं पाते थे। मील का दूसरा महत्त्वपूर्ण पत्थर तब आया जब सन् 1990 में शालीमार टेलीविज़न नेटवर्क (एस.टी.एन.) और नेटवर्क टेलीविज़न मार्केटिंग (एन.टी.एम.) ने पाकिस्तान का पहला निजी टेलीविज़न चैनल शुरू किया। अब विचारों और समाचारों को थोड़ी-बहुत विविधता

और बहुलता मिलने का सिलसिला चला क्योंकि 1990 तक टेलीविज़न यहाँ सरकार के अनन्य नियन्त्रण में ही रहा था। इसी दशक में यहाँ विदेशी सैटेलाइट टेलीविज़न चैनलों के प्रसारण भी प्रारम्भ हुए। अब 'जियो टीवी', 'आज टीवी', 'एरी डिजिटल', 'हम' और 'एमटीवी पाकिस्तान' जैस अनेक निजी समाचार और मनोरंजन चैनल उभरे जिन्होंने जनता से जुड़ाव की तमाम कोशिशें कीं।

शुरू-शुरू में इन निजी टीवी चैनलों पर नाटकों और सोप ओपेरा का प्रभुत्व रहा जिन्हें दर्शकों की ख़ूब सराहना और आलोचना भी मिली। केबल टीवी के ज़रिये अब अनेक यूरोपीय, अमेरिकी और एशियाई टीवी चैनल और उन पर प्रसारित होने वाली फ़िल्में पाकिस्तानी दर्शकों तक पहुँचने लगीं। सन् 2002 तक आलम यह हो गया कि पाकिस्तान के कुल विज्ञापन राजस्व का आधा तो महज टेलीविज़न को ही मिलने लगा जबकि अख़बार और रेडियो जैसे अन्य संचार माध्यम भी न सिर्फ मौजूद थे, बल्कि बढ़िया प्रदर्शन भी कर रहे थे। आज शालीमार नेटवर्क बीबीसी और सीएनएन जैसे विदेशी चैनलों के कार्यक्रमों को प्रसारित करता है। यह बात अलग है कि इन कार्यक्रमों में पर्याप्त कटाई-छँटाई कर दी जाती है ताकि गह पाकिस्तान के मानकों के अनुरूप बन सके। तब भी 'समा टीवी' और 'जियो न्यूज़' दो ऐसे टीवी चैनल हैं जिनके ख़िलाफ सबसे ज्यादा शिकायतें दर्ज कराई जाती रही हैं और ये चैनल अभिव्यक्ति के अधिकारों की जंग लड़ते रहे हैं। यह अजीब लग सकता है कि इतनी तकनीकी प्रगति के बावजूद टेलीविज़न पाकिस्तान के आधे से भी कम भू-भाग तक ही पहँच पाता है।

सरकार के स्वामित्ववाले पाकिस्तान ब्राडकास्टिंग कॉपोरेशन यानी पीबीसी का गठन पाकिस्तान के जन्म के ही दिन यानी 14 अगस्त 1947 को किया गया। पाकिस्तान में यह इंडियन ब्राडकास्टिंग कम्पनी का सीधा उत्तराधिकारी था जबकि भारत में यह कम्पनी ही आगे चलकर ऑल इंडिया रेडियो कहलायी। जन्म के समय पाकिस्तान के ढाका, लाहौर और पेशावर में रेडियो स्टेशन मौजूद थे। और ज्यादा रेडियो स्टेशनों की ज़रूरत पड़ने पर 1948 में कराची और रावलपिंडी में तथा 1950 में कराची में एक और रेडियो प्रसारण केन्द्र खोला गया। बाद में हैदराबाद (1951), क्वेटा (1956), रावलपिण्डी (1960) और पेशावर (1960) में रेडियो स्टेशन शुरू किए गये। वक्त के साथ कुछ रेडियो स्टेशन बांग्लादेश में चले गये। पिछली सदी के अस्सी और नब्बे के दशक में पीबीसी ने अपने नेटवर्क का जबर्दस्त विस्तार किया और पाकिस्तान के तमाम शहरों और कस्बों में रेडियो स्टेशन खोले ताकि स्थानीय जनता तक रेडियो प्रसारण की पूरी पहुँच मुहैया कराई जा सके। वर्तमान में पाकिस्तान की कुछ उदार मीडिया नीतियों के कारण सैकड़ों निजी और सार्वजनिक रेडियो स्टेशन अपनी सेवायें दे रहे हैं। पाकिस्तान का रेडियो

प्रसारण कम से कम सत्तर दूसरे देशों तक जाता है, जो क़रीब पन्द्रह भाषाओं में संचालित होता है। प्रसारित होने वाले कार्यक्रमों में सबसे बड़ा हिस्सा संगीतात्मक प्रस्तुतियों का है, न कि धार्मिक कार्यक्रमों का। ठीक ही कहा जाता है कि संगीत या अभिनय सरहदों को नहीं जानता और मीडिया इस संगीत को लोकप्रिय बनाने का मुख्य काम करता है। मसलन, पाकिस्तानी फ़िल्मकार शोएब मंसूर की पहली फ़िल्म 'खुदा के लिए' जुलाई 2007 में पाकिस्तान में और अप्रैल 2008 में भारत में प्रदर्शित हुई थी। इसमें नसीरुद्दीन शाह ने भी अभिनय किया था और इस फ़िल्म में संगीत को इस्लाम विरोधी मानने का सवाल बहुत अहम बनकर उभरा है। मीडिया का शुक्रग़ुजार होना चाहिये क्योंकि इसी के कारण शुद्ध शास्त्रीय राग तिलक कामोद पर आधारित इस फ़िल्म का एक गीत 'नीर भरन कैसे जाऊँ सखी री अब' न सिर्फ़ भारत में बल्कि हर ऐसी जगह खासा लोकप्रिय हुआ था, जहाँ भारतवंशी या पाकिस्तानी मूल के लोग रहते हैं।

आज रेडियो के क्षेत्र में एफ.एम. प्रसारण के लाइसेंस पाकिस्तान में उन्हीं कम्पनियों को दिये जाते हैं जो इस शर्त का पालन करें कि किसी बड़े शहर में एफ.एम. रेडियो स्टेशन खोलने के साथ-साथ वे ग्रामीण इलाके में भी कम-से-कम एक एफ.एम. स्टेशन खोलेंगे। पाकिस्तान के फाटा (एफ.ए.टी.ए. यानी फेडेरली एडमिनिस्टर्ड ट्रिब्यूनल एरियाज़) जैसे इलाकों में प्रेस पर आज भी तमाम बन्दिशें हैं जहाँ रेडियो प्रसारण सरकार की अनुमति के बगैर मुमकिन ही नहीं है। इस इलाके में कोई भी अख़बार नहीं छपता। जिस इलाके को आज पाकिस्तान कहा जाता है, उसमें सन् 1947 में केवल चार बड़े अख़बार निकलते थे। ये थे, 'पाकिस्तान टाइम्स', 'ज़मींदार', 'नवा-ए-वक़्त' और 'सिविल एण्ड मिलिटरी गजट'। 'डान', 'द मॉर्निंग न्यूज़' और उर्दू के समाचारपत्र 'जंग' या 'अंजाम' जैसे कुछ अख़बारों ने हमारी आजादी के बाद पाकिस्तान से प्रकाशन का रास्ता अख़्तियार किया। विभाजन के बाद 'डान' ने कराची से अपना प्रकाशन शुरू किया। सन् 2000 तक पाकिस्तान में डेढ़ हजार से भी ज्यादा अख़बार और जर्नल छप रहे थे। सन् 2000 के बाद, जैसा कि बाकी दुनिया में भी देखा गया, पाकिस्तान में अख़बारी घरानों की तादाद घटने लगी। यह बात दीगर है कि ठीक इसी समय इनकी प्रसार संख्या में बढ़ोतरी दर्ज की गयी। दैनिक, मासिक और अन्य मुद्रित प्रकाशनों की बात करें तो इनकी कुल संख्या जहाँ सन् 1994 में 3242 और सन् 1997 में 4455 थी, वहीं सन् 2003 में यह घटकर महज 645 ही रह गयी। पाकिस्तान के पंजाब प्रान्त में तो प्रकाशनों में जबर्दस्त गिरावट आई। इससे स्वामित्व के संकेन्द्रण के प्रतिमान का पता चलता है। ऐसी दशा में छोटे और मँझोले प्रेस-संस्थान अपनी वाजिब भूमिका

निभाने से वंचित रह जाते हैं।

पाकिस्तान में अख़बारों के स्वामित्व का पैटर्न हमें बताता है कि यहाँ तीन समूह हैं जो बेहद प्रभावशाली हैं। ये हैं, जंग समूह, हेराल्ड समूह और नवा-ए-वक़्त समूह। इनमें से जंग सबसे बड़ा समूह है जिसका सिन्ध, रावलपिंडी और इस्लामाबाद में उर्दू मीडिया पर लगभग एकाधिकार है और लाहौर या क्वेटा जैसे मुख्य शहरों में उसका सबसे बड़ा हिस्सा है। सर्वाधिक प्रसार संख्या वाली उर्दू की साप्ताहिक पत्रिका 'अख़बार-ए-जहान' का प्रकाशन जंग समूह ही करता है। इतना ही नहीं, 'द डेली न्यूज' और 'अवाम' जैसे सान्ध्य समाचारपत्रों का प्रकाशन भी यही समूह करता है। अपने प्रकाशन या उत्पादन के प्रत्येक चरण में कम्प्यूटरों का उपयोग करने वाला पहला पाकिस्तानी अखबार 'द न्यूज़' जंग समूह का ही है। पाकिस्तान हेराल्ड पब्लिकेशन्स लिमिटेड 'डान' का प्रकाशन करता है जिसकी कराची के पाठकों पर जबरदस्त पकड़ है। यह समूह अँग्रेजी के सान्ध्य समाचारपत्र 'स्टार' और चर्चित मासिक अखबार 'द हेराल्ड' का प्रकाशन करता है। हेराल्ड पढ़े-लिखे और उच्च श्रेणी के पाठकों पर अपना विशेष फोकस रखता है। इंटरनेट का खास खयाल रखते हुये इसने एक मासिक पत्रिका 'स्पाइडर' भी शुरू की है। नवा-ए-वक़्त समूह 'नवा-ए-वक़्त' के साथ-साथ अँगेजी दैनिक 'द नेशन' और उर्दू साप्ताहिक 'फेमिली' का प्रकाशन करता है।

अगर हम पाकिस्तानी मीडिया पर कट्टरतावादी इस्लामिक प्रभावों को देखें तो पिछली सदी के पचास के दशक में यह पहली बार नुमायाँ हुआ जब पंजाब की तत्कालीन सरकार ने मीडिया का इस्तेमाल अहमदी सम्प्रदाय के लोगों के खिलाफ माहौल बनाने के लिये किया। कहा जाता है कि 'नवा-ए-वक़्त' अख़बार उन अख़बारों में अग्रणी था जिसे अहमदियों के ख़िलाफ जनता का गुस्सा भड़काने के लिये पैसे मिले थे। तब से एक ग़लत सिलसिला चला और कट्टरतावादी समूहों या पाकिस्तानी तालिबान जैसे सियासतबाज समूहों ने मीडिया में घुसपैठ की और अपने मीडिया मंचों का विस्तार किया। दुखद है कि ये कट्टरतावादी संगठन आज इतने ताकतवर हो चुके हैं कि वे मुख्यधारा के मीडिया पर उनका एजेंडा बदलने के लिये दबाव डालने से बाज नहीं आते। कुछ अख़बार ऐसे हैं जिनका मालिकाना राजनीतिक पार्टियों के पास है, जैसे 'जसारत' का स्वामित्व रूढ़िवादी जन्नत-ए-इस्लामी के पास और 'मुस्सवत' का मालिकाना पाकिस्तान पीपुल्स पार्टी के हाथों में है। छह मुख्य जिहादी संगठन अकेले पचास से ज्यादा अख़बारों एवं पत्रिकाओं का प्रकाशन करते हैं। उर्दू पत्रिका 'मुजल्ला अल दावा' की वितरण संख्या एक लाख के करीब है, जिसका प्रकाशन जमात-उद-दावा करता है, जो लश्कर-ए-तोइबा से सम्बन्धित संगठन है। लश्कर खुद 'गझवा' नामक साप्ताहिक का प्रकाशन करता है, जिसकी

विरण संख्या दो लाख के इर्द-गिर्द है। इसी तरह एक अन्य इस्लामिक पार्टी 'जमाते इस्लामी' लगभग बाईस प्रकाशनों का संचालन करती है, जिनकी कुल विवरण संख्या मुख्याधारा के किसी अख़बार के आसपास ही होगी।

पाकिस्तान में अख़बार और पत्रिकाएँ ग्यारह भाषाओं में प्रकाशित होती हैं। इनमें उर्दू, सिन्धी और अँग्रेजी भाषाओं का वर्चस्व है। पाठकों के वर्ग और स्वभाव या उनके संघटन की चर्चा किए बिना पाकिस्तान के मुद्रित माध्यमों के बारे में पूरी तरह जाना नहीं जा सकता। अनेक समूहों के लोग यहाँ रहते हैं जिनमें पंजाबी, सिन्धी, पश्तून यानी पठान, बलोच और मुहाजिर प्रमुख हैं। मुहाजिर ऐसे लोगों के वंशज हैं जो भारत के विभाजन के वक़्त भारत से पाकिस्तान में चले गये थे। उर्दू भले ही पाकिस्तान की आधिकारिक या राजकीय भाषा हो लेकिन उर्दू बोलनेवालों की तादाद यहाँ दस फीसदी से भी कम है। इसीलिए उर्दू यहाँ प्राय: सम्भ्रान्त लोगों और सरकारी मन्त्रालयों तक ही सीमित है। जबकि सिन्धी बोलने वाले लोग यहाँ बारह फीसदी, पंजाबी से मिलती-जुलती भाषा सिरायकी बोलनेवाले दस प्रतिशत और पश्तू बोलनेवाले आठ फसीदी हैं। अक्सर चर्चा में आनेवाले बलूचिस्तान प्रान्त में बोली जाने वाली भाषा बलोच को जानने समझने वाले लोग भी तीन फीसदी के ही आसपास हैं। सवाल उठता है कि क्या कोई भी एक भाषा ऐसी है जिसमें संचार करने पर वह पूरे पाकिस्तान के एक-एक नागरिक तक पहुँच सके? दरअसल पाकिस्तान की भाषिक विविधता यहाँ छपनेवाले अख़बारों में भी प्रतिबिम्बित होती है। मसलन, राजकीय भाषा उर्दू में छपनेवाले अख़बारों की पहुँच अँग्रेजी समाचारपत्रों से कई गुना ज़्यादा है। ए.पी.एन.एस. यानी ऑल पाकिस्तान न्यूज़पेपर्स सोसायटी के आँकड़े बताते हैं कि प्रसार संख्या के लिहाज से 'जंग' और 'नवा-ए-वक़्त' का ही पहला और दूसरा स्थान रहता है जो उर्दू के समाचारपत्र हैं। अख़बारों का वितरण पैटर्न पाकिस्तान की साक्षरता दर से भी प्रभावित होता है। इस शताब्दी की शुरूआत में साक्षरता 43 फीसदी से भी कम थी, जिसे बढ़ाने के लिये हालिया वर्षों में अनेक प्रौढ़ शिक्षा केन्द्रों की स्थापना की गयी है। इसके अलावा राजधानी इस्लामाबाद से संचालित होनेवाला मुक्त विश्वविद्यालय पत्राचार जैसे अनेक संचार पाठ्यक्रमों के ज़रिये लोगों को साक्षर बनाने की पुरज़ोर कोशिशें कर रहा है।

दूसरे विकासशील देशों की तरह पाकिस्तान में भी प्रेस का महत्त्व केन्द्रीय है क्योंकि यह राष्ट्रीय महत्त्व के विषयों पर वाद-विवाद करने के लिये एक व्यापक मंच उपलब्ध कराता है। जैसा कि प्रतिष्ठित अँग्रेजी राष्ट्रीय दैनिक 'द न्यूज़' ने लिखा, 'पाकिस्तान में दरअसल प्रेस ने वह काम किया है जिसे अन्यथा थिंक टैंक या राजनीतिक दलों को करना पड़ता। राष्ट्रीय सुरक्षा से लेकर सामाजिक क्षेत्र तक के हर मसले पर स्तम्भकारों ने बड़े-बड़े विमर्शों के दरवाज़े खोले हैं।' सियासत के

प्रतिस्पर्धी चरित्र ने प्रेस की स्वतन्त्रता को सुनिश्चित करने की कोशिश की है क्योंकि मीडिया विविध राजनीतिक, सांस्कृतिक, व्यावसायिक, धार्मिक तथा दूसरे हितों के बीच एक फ़ोरम का काम करता है। भारत की ही तरह पाकिस्तान के संविधान का भी अनुच्छेद उन्नीस ही वाक् एवं अभिव्यक्ति स्वातन्त्र्य का प्रावधान करता है। लेकिन जैसा कि कार्ल लोएंस्टाइन ने विकासशील समाजों की सांविधानिक स्थिति का निरूपण करने के लिए मानकीय यानी नॉर्मेटिव संविधान और सांकेतिक यानी नॉमिनल संविधान में अन्तर भी किया है, पाकिस्तान के तमाम सांविधानिक प्रावधान नाममात्र के लिये ही हैं। बच्चों को स्कूलों में पढ़ाये जाने वाले इस्लामिक विश्वास या रीति-रिवाज व्यापक स्तर पर जनमाध्यमों में भी आसानी से देखे जा सकते हैं। प्रिंट मीडिया के एक बहुत बडे हिस्से पर निजी पूँजी का कब्जा है लेकिन वहाँ की प्रमुख समाचार एजेंसी 'एसोसिएटेड प्रेस ऑव पाकिस्तान' का नियन्त्रण सरकार स्वयं ही करती है। 'पाकिस्तान प्रेस इंटरनेशनल' यानी पी.पी.आई. एक अन्य समाचार एजेंसी है जिससे वहाँ के अनेक भाषाओं के अख़बार समाचार लेते हैं। पी.पी.आई. को पहले पाकिस्तान प्रेस एसोसिएशन के नाम से जाना जाता था। इसके अलावा अगर महज पंजीकरण की बात करें तो अनेक छोटी-बड़ी समाचार एजेंसियाँ पंजीकृत हैं लेकिन वे अपना काम नहीं करतीं। उनका खबरों की आवाजाही पर कोई असर नहीं है।

पाकिस्तान में आज सरकारी मशीनरी यानी राज्य दैनिक अख़बारों का प्रकाशन नहीं करता। हाँ, पिछली शताब्दी के साठ के दशक से लेकर नब्बे के दशक तक प्रेस पर नियन्त्रण का काम नेशनल प्रेस ट्रस्ट ने ज़रूर किया था। सरकार गाहे-बगाहे विज्ञापनों का प्रलोभन देकर, न्यूज़प्रिंट में कटौती करके या जनहित में चलाये जा रहे अभियानों के प्रचार-प्रसार पर खर्च करने वाले राजस्व का लालच देकर अख़बारों की सम्पादकीय नीतियों तक को प्रभावित करने का काम भी करती है। उदाहरण के लिये शकील-उल-रहमान के स्वामित्व वाले दो मुख्य अख़बारों 'जंग' और 'न्यूज़' के लिए सरकारी विज्ञापन बहुत ज्यादा घटा दिये गये थे क्योंकि इन अख़बारों ने सरकार की चापलूसी न करने वाले कुछ महत्त्वपूर्ण लेखों का प्रकाशित किया था। इनमें से 'जंग' को तो तेरह मिलियन अमरीकी डॉलर की टैक्स नोटिस भेजी गई थी। सरकारी इन्स्पेक्टरों ने इस समूह के कर्मचारियों को ख़ासा परेशान किया था और उन पर दबाव भी डाला था कि वे ऐसे लेखों को न प्रकाशित करें।

मीडिया के लिये हितकारी कदम उठाते हुये बेनज़ीर भुट्टो ने न्यूज़प्रिंट से सम्बन्धित परमिट प्रणाली को ख़त्म कर दिया था। उन्होंने न्यूज़प्रिंट पर नियन्त्रण के ज़रिये अखबारों को प्रभावित करने वाली नीतियों को समाप्त ज़रूर किया था लेकिन बाद में नवाज शरीफ़ और फिर जनरल परवेज़ मुशर्रफ़ ने ये फैसले वापस ले लिए।

मीडिया की स्वतन्त्रता पर निगरानी के लिये अन्तरराष्ट्रीय प्रेस संगठन पाकिस्तान में बेहद सक्रिय रहते हैं। उदाहरण के लिये पाकिस्तान प्रेस फ़ाउंडेशन एक ग़ैर-लाभकारी मीडिया अनुसन्धान और प्रशिक्षण संगठन है जो प्रेस की आज़ादी को बढ़ावा देने के लिए कटिबद्ध है। यह 'पीपीएफ न्यूज़फ्लैश' के ज़रिये पाकिस्तान में मीडिया की आज़ादी पर मौजूद खतरों को अवाम के सामने लाता है। इसके अलावा अन्तरराष्ट्रीय प्रेस संस्थान अपने एक सौ दस सदस्य देशों के साथ-साथ पाकिस्तान के मीडिया की स्वतन्त्रता का भी पूरा ख़्याल रखता है। प्रसिद्ध विद्वान ज़मीर नियाज़ी ने अपनी जानी-मानी किताब 'द वेब ऑफ सेंसरशिप' में पाकिस्तानी मीडिया पर लगाई जाने वाली तरह-तरह की बारीक़ बन्दिशों का ज़िक्र किया है। वास्तव में उनकी यह किताब उन्हीं की पूर्व में प्रकाशित दो किताबों, 'प्रेस इन चेन्स' और 'द प्रेस अंडर सीज', की अगली कड़ी है।

आमतौर पर मीडिया स्वतन्त्र है और आम चुनावों में महत्त्वपूर्ण भूमिका निभाता रहा है लेकिन पत्रकार गिरफ़्तारियों या सरकारी यन्त्रणाओं को मद्देनज़र रखते हुए स्वयं अपने ऊपर अंकुश रखते हैं जिसे आत्मनियमन कहा जा सकता है। सूचना, समाचारपत्र, पुस्तकों और पत्र-पत्रिकाओं की स्वतन्त्रता की रक्षा के लिए पाकिस्तान में एक प्रेस परिषद् के गठन के लिए इक्कीसवीं सदी के पहले दशक में कोशिशें की गयी थीं। मई 2002 में सूचना मन्त्री ने पत्रकारों और एपीएनएस आदि से विमर्श करके प्रेस परिषद् के निर्माण के लिये मशविरा किया था और कई ड्राफ़्ट या प्रारूप भी सुझाये थे लेकिन अभी तक इस दिशा में कोई अन्तिम नतीजा नहीं निकल सका है। यह सवाल ज़रूरी है कि पाकिस्तान का व्यवहार विदेशी पत्रकारों के प्रति कैसा है? पाकिस्तानी सूचना मन्त्रालय के तहत आने वाले प्रेस और सूचना विभाग विदेशी संवाददाताओं को वीज़ा वग़ैरह की सुविधा मुहैया कराते हैं लेकिन लम्बे समय तक रुकने के लिए विशिष्ट वीजा मिलने में बहुत दिक्कतें आती हैं। भारत के संवाददाताओं को वीजा दिये जाने के मामले बेहद नाजुक माने जाते हैं। सिम्बर 2001 में अमरीका पर हुए आतंकवादी हमले और उसके बाद ओसामा बिन लादेन को खोजने की अमरीकी कोशिशों के दरम्यान पाकिस्तान में विदेशी पत्रकारों का ठीक-ठाक जमावड़ा हुआ। अफ़गानिस्तान से भौगोलिक नज़दीकी के कारण पाकिस्तान को विदेशी पत्रकारों ने एक ऐसे केन्द्र के रूप में देखा जहाँ से समाचारों को रिपोर्ट किया जा सकता है। मुशर्रफ़ के शासनकाल में जब कट्टरवादियों ने अमरीकी पत्रकार डैनियल पर्ल की हत्या की थी, तब अमरीकी सरकार ने पाकिस्तान से ऐसी बाईस पत्रिकाओं का प्रकाशन बन्द करने को कहा था जो जिहादी संगठनों या कट्टर धार्मिक विचारों का प्रचार-प्रसार करती थीं। ये मुख्यत: कराची, लाहौर और मुज़फ़्फ़राबाद से छपती थीं।

आज जब दुनिया में इंटरनेट, कम्प्यूटर और सोशल मीडिया विचारों के आपसी आदान-प्रदान के लिए चर्चित माध्यम समझे जा रहे हैं, अमरीका में 'ऑक्यूपाई वाल स्ट्रीट' और अरब देशों में 'अरब स्प्रिंग' या 'जैस्मिन रिवोल्यूशन' जैसे लोकप्रिय आन्दोलन सामने आये हैं तब सवाल उठता है कि पाकिस्तान की इस मुद्दे पर क्या दशा है? अभी ज्यादा दिन नहीं बीते जब फेसबुक और ट्विटर जैसे सोशल मीडिया के सन्दर्भ में पाकिस्तान में माया खान का मामला दुनिया के सामने आया था। तब यह सवाल भी उठा था कि किसी व्यक्ति की किस सीमा तक की निजी चीजों, बातों या तस्वीरों को फेसबुक इत्यादि पर शेयर किया जा सकता है? भले ही संचार के इन नवीन माध्यमों पर दर्ज कराई गयी असहमतियों का अन्तिम परिणाम कुछ भी न निकला हो, लेकिन फ़ेसबुक जैसे माध्यमों पर इंटरनेट प्रयोक्ताओं ने समय-समय पर स्टेटस अपडेट करके एक तरीके की जागरूकता का संचार तो किया ही। सलमान तासीर की हत्या के बाद हुई लामबन्दियाँ या फिर हाल-फ़िलहाल में मलाला यूसुफजई से जुड़े मुद्दे इसके प्रमुख उदाहरण हैं। पंजाब के गवर्नर सलमान तासीर को उनके ही अंगरक्षकों ने गोलियों से भून डाला था। उन्होंने ईशनिन्दा कानून को खत्म करने तथा आसियाबी नामक ईसाई महिला को इस कानून के तहत सज़ा-ए-मौत देने के अदालती फैसले को रद्द करने की माँग की थी। एक तरफ पाकिस्तान का उदार तबका इस हत्या से सदमे में था। यह तबका तासीर की शहादत पर गमगीन था, जिन्होंने पार्टी के अन्दर अलग-थलग पड़ने के बावजूद अपनी आत्मा की आवाज़ की अनदेखी नहीं की थी। दूसरी तरफ़ टीवी पर इस हिंसा की निन्दा नहीं की गयी थी। ऐसे मौकों पर मीडिया की जंग भी सवालों के घेरे में आ जाती है।

एक और बात गौर करने लायक है कि जिन स्वतन्त्रताप्रेमी यानी लिबरल किस्म के विचारों को पाकिस्तान में उर्दू दैनिकों में जगह हासिल करने में दिक़्कत पेश आती है, उन विचारों को सोशल मीडिया में पर्याप्त जगह मिल जाती है। डिजिकॉम नामक एक निजी ई-मेल सेवा प्रदाता ने कराची में सन् 1995 में इंटरनेट सेवाएँ मुहैया कराई थीं। बाद में इसके एक ही साल के अन्दर यह सेवा लगभग देशव्यापी स्तर पर उपलब्ध हो गयी। बाकी दुनिया की ही तरह पाकिस्तान के पाठक भी अपने यहाँ के समाचारपत्रों के ऑनलाइन संस्करण भी पढ़ सकते हैं। 'जंग', 'नवा-ए-वक्त', 'डान', 'द नेशन', 'द न्यूज इंटरनेशनल' और 'बिजनेस रिकॉर्डर' जैसे देश के सभी महत्त्वपूर्ण और असरदार अखबारों के ऑनलाइन संस्करण इंटरनेट पर आसानी से देखे जा सकते हैं। इंटरनेट और सोशल मीडिया ने तमाम भारतीय और पाकिस्तानी लोगों को आपस में दोस्त बनाया है और सियासत से हटकर इन्सानियत के मूल्यों को बढ़ावा देने में अपनी खास भूमिका निभाई है।

फिर भी, इसके बारे में भले ही कुछ न कहा जा सके कि पाकिस्तान के लोग भारत के बारे में कितनी सही जानकारियाँ रखतें हैं लेकिन इतना तो कहा ही जा सकता है कि भारत के लोग पाकिस्तान के बारे में सही जानकारियाँ बहुत कम ही रखते हैं। इसकी वज़ह यह है कि हरेक मीडिया संस्थान अपने-अपने तरीके से पाकिस्तान की छवियाँ गढ़ता है और एक आम पाठक, दर्शक या श्रोता इन्हीं छवियों को पत्थर की लकीर मानकर अपनी समझ बनाता चला जाता है। देखा जाये, तो मीडिया की सबसे बड़ी जंग अभी बाकी ही है और वह यही है कि दोनों देशों के लोग एक-दूसरे की भावनाओं को समझें।

मीडिया में मंच और पत्रकारिता में रंगमंच

इन्फ़ॉर्मेशन सुपर हाईवे की सारी तकनीकी बातों के बीच और बरक्स पत्रकारिता अपने सबसे बुनियादी अर्थों में एक मंच ही है। ऐसा मंच जो जनता की मुसीबतों, आशाओं और आकांक्षाओं को सरकार और सत्ता तक पहुँचाता रहा है। शासन और समाज के अधिक पारदर्शी होते जाने का परिणाम इस मंच के जरिये किये जानेवाले सूचना प्रवाह के द्वितरफ़ा होने के रूप में हमारे सामने आया। अब पत्रकारिता न सिर्फ़ जनता के सन्देशों को सरकार तक पहुँचाती है, बल्कि वह सरकार की घोषणाओं और नीतियों को वापस जनता तक भी पहुँचाती रही है। अधिकाधिक लोगों का यह फीडबैक ही मीडिया के वर्तमान मंच के सहभागितापरक होने का पुख्ता सबूत है। पत्रकारिता के इसी मंच को बदलते वक्त के साथ 'प्लेटफॉर्म' कहा जाने लगा क्योंकि समय और तकनीक के आगे बढ़ने के साथ पत्रकारिता मीडिया की शक्ल में ढल गयी। अब चैत और बैशाख से लेकर माघ और फागुन तक की पत्रकारिता की पुरानी लकीरें धुँधली होने लगीं और वे जनवरी, फरवरी और मार्च के मीडिया की शक्ल में हमारे सामने आने लगीं। इसके अलावा पारम्परिक पत्रकारिता ने सूचना, शिक्षा और मनोरंजन के अपने पुराने कर्त्तव्य से थोड़ा-थोड़ा किनारा करना प्रारम्भ किया और कुछ नवीन कार्य हाथ में लिये। सवाल उठता है कि यह किनारा क्यों किया गया? ऐसे नये काम कौन-से हैं जो हाथ में लिये गये और क्यों लिये गये? क्या इससे पत्रकारिता के मंच पर कुछ असर पड़ा? पत्रकारिता के विशाल कालखंड में इंटरनेट और समस्त ब्रॉडकास्ट मीडिया तो बहुत ही नये संचार माध्यम हैं, जब किसी प्रकार का कोई अख़बार तक नहीं होता था तब भी भारत में पत्रकारिता होती थी। यह ख़बरनवीसी, रोजनामचा, जबानी सन्देश, हरकारों की गतिविधियों और रंगमंचों के ज़रिये संचालित और सम्पादित होती थी। महाराष्ट्र में तमाशा, अन्य भागों में जात्रा, नौटंकी और रंगमंच (जिसे अब थियेटर कहा जाता) इसके उम्दा उदाहरण हैं।

कुछ ही समय पहले 'नया ज्ञानोदय' ने पाकिस्तान पर केन्द्रित जो खूबसूरत

विशेषांक निकाला था वह मानो मंच की शक्ल में दक्षिण एशिया की पत्रकारिता को देखने की ठोस पूर्वपीठिका थी। पाकिस्तान में मीडिया की जंग का सर्वसमावेशी वर्णन करते हुए उस अंक में 'पाकिस्तान टाइम्स', 'जमींदार', 'नवा-ए-वक्त' और 'सिविल एंड मिलिटरी गजट' के साथ-साथ 'डान', 'द मॉर्निंग न्यूज़' और उर्दू के समाचारपत्र 'जंग' या 'अंजाम' जैसे कुछ अखबारों की विसंगतियों, विडम्बनाओं और मंच के रूप में इनकी प्रभाविता की विस्तार से चर्चा की गयी थी। इधर दक्षिण एशियाई क्षेत्रीय सहयोग संगठन (एस.ए.ए.आर.सी. जिसे सार्क कहा जाता है और जिसका पूरा मतलब है, साउथ एशियन एसोसिएशन फ़ॉर रीजनल को-ऑपरेशन) यानी दक्षेस के मंच से मीडिया की चर्चा विमर्श का प्रमुख विषय बनी हुई है। इसी सिलसिले में हाल ही में इन्दौर प्रेस क्लब ने सार्क देशों का भाषायी पत्रकारिता महोत्सव आयोजित किया जो दक्षिण एशिय़ाई देशों में आयोजित किये जाने वाले बड़े मीडिया कार्यक्रमों में से एक है। आज अँग्रेजी भाषा की पत्रकारिता भले ही तेजी से ग्लोबल होती जा रही हो, लेकिन हमारा भाषायी प्रेस असल में अनेक गम्भीर चुनौतियों का सामना कर रहा है। यह बात सभी सार्क देशों की पत्रकारिता पर लागू होती है। पाकिस्तान, नेपाल, भूटान, भारत, श्रीलंका, बांग्लादेश और मालदीव समेत हाल ही में सार्क के सदस्य बने अफगानिस्तान में मीडिया के मंचों की क्या दशा है?

इन सभी सदस्य देशों के वरिष्ठ, अनुभवी और एक से अधिक संचार माध्यमों से जुड़े पत्रकारों ने इस कार्यक्रम में शिरकत की और अपने-अपने देशों की पत्रकारिता के मुद्दों, संघर्षों और व्यतिक्रमों को खुलकर व्यक्त किया। जैसा कि पिछले बीस सालों से विशेषज्ञ कहते रहे हैं कि किसी भी क्षेत्रीय संगठन में ऐसे मुद्दों पर बात कभी नहीं होनी चाहिये जो अपनी बुनियादी प्रकृति में द्विपक्षीय हों। इन्हीं सिद्धान्तों पर चलकर ही आज यूरोपीय संघ, आसियान और नाफ़्टा जैसे क्षेत्रीय संगठनों ने मीडिया और अर्थव्यवस्था के क्षेत्र में कामयाबी के नये प्रतिमान गढ़े हैं। इन्दौर के इस विशाल पत्रकारिता महोत्सव में नेपाल से अमित ढकाल और नारायण वागले आये हुये थे। इन दोनों पत्रकारों ने काठमांडू की पत्रकारिता और वहाँ के वामपन्थी उभार पर रोशनी डालते हुये देश निर्माण में सोशल मीडिया के जरिये युवाओं की भूमिका रेखांकित की। पर सबसे ज़्यादा महत्त्वपूर्ण तो यह बात है कि ये दोनों लोग हिन्दी भाषा में बोले। भूटान से आये हुये वरिष्ठ पत्रकार रिंजिन वांग्चुक ने बताया कि उनके नरेश (यानी देश के सांविधानिक प्रधान) इतने उदारमना हैं कि वे जनता को असहमत ही नहीं होने देते क्योंकि वे अपनी जनता से बहुत प्यार करते हैं और खुश देखना चाहते हैं। जैसा कि हम सभी जानते हैं कि

उदारीकरण और भूमंडलीकरण के वर्तमान समय में मीडिया एक उद्योग के रूप में स्थापित हो चुका है और दुनिया के सबसे अमीर लोगों की वैश्विक सूची में कुछ ऐसे लोग शामिल हैं जो केवल मीडिया इंडस्ट्री के जरिये ही वहाँ तक पहुँचे हैं। पर आज जब चारों तरफ सकल घरेलू उत्पाद यानी जीडीपी की ही बात की जा रही है, तब भूटान में जीडीएच यानी ग्रॉस डॉमेस्टिक हैपिनेस का मुद्दा पिछले दो सालों में मीडिया का प्रमुख केन्द्र बिन्दु रहा है। दजोंगखा और अँग्रजी में प्रकाशित होने वाले भूटानी समाचारपत्र 'कुएंसेल' के बारे में रिंजिंन वांग्चुक ने कंटेंट और ले आउट के विशेष सन्दर्भ में काफी कुछ प्रस्तुत किया। बांग्लादेश के मीडिया जगत की हस्ती एस.ए. खान भी विशेष आमन्त्रित लोगों में थे और इन सब दोस्तों से बातचीत करके मुझे सर्वाधिक खुशी इस बात की हुई कि ये लोग बाकायदा हिन्दी पढ़ते और लिखते रहे हैं। मुझसे अपनी बातचीत में इन लोगों ने 'नया ज्ञानोदय' के मीडिया विशेषांक का भी जिक्र किया और बताया कि सभी सार्क देशों में मीडिया की आत्मा और उस पर पूँजी के दबाव कमोबेश एक जैसे ही हैं, यह बात अलग है कि शानदार और विशालतम लोकतन्त्र होने के कारण निश्चित रूप से भारत बेहतर हालत में रहता है।

श्रीलंका के तमिल-सिंहली संघर्ष पर मीडिया में काफी कुछ कहा गया है और स्वतंत्र विचारों वाले मीडिया के अघोषित बन्धनों की बात भी गाहे-बगाहे अन्तरराष्ट्रीय मीडिया में उठती ही रही है। वहाँ से आये हुये जाने-माने पत्रकार ललिथा अल्लाखूँ ने सार्क देशों के मीडिया का इतना शानदार तुलनात्मक अध्ययन प्रस्तुत किया कि लोग उनकी हरेक बात को सुनते और नोट ही करते रह गये। इन्दौर प्रेस क्लब के अध्यक्ष प्रवीण खारीवाल ने पाकिस्तान से हमारे हालिया सम्बन्धों की जटिलता का उल्लेख करते हुये बताया कि इस भाषायी पत्रकारिता महोत्सव में वहाँ से क्यों कोई पत्रकार नहीं आ सका। पत्रकारीय कटिबद्धता के सभी शिखरों का स्पर्श करने वाले वरिष्ठ पत्रकार अतुल अनन्त लागू ने जो अनौपचारिक वातावरण सृजित किया, वह नवीन न्यूज एंगल और मजबूत न्यूज पेग के दृष्टिकोण से लम्बे समय तक दर्ज रहेगा। पर इस कार्यक्रम में केवल सार्क देशों के ही लोग नहीं आये हुए थे, मलेशिया और इंडोनेशिया जैसे हमारे महत्त्वपूर्ण पड़ोसी देशों से भी अनेक वरिष्ठ पत्रकार आये हुये थे जिन्होंने एशियन-टाइगर्स कहे जाने वाले देशों के मीडिया का आन्तरिक चित्र वहाँ के सम्पूर्ण विजुअल ग्रामर के साथ खींचा। मलेशिया से आये हुए मीडियाकर्मी चेतन कुलकर्णी ने एशियन टाइगर्स की आर्थिकी और वैचारिकी की तुलना विकासशील तीसरी दुनिया के अन्य देशों से की। अनेक ऐसे विषयों पर अन्तरराष्ट्रीय स्तर के विमर्श सम्पन्न हुये जो आज सबसे ज्यादा

प्रासंगिक हैं। मसलन, असहमति में क्यों है आक्रामकता, जनान्दोलनों में मीडिया की भूमिका, खबरों पर सवार बाज़ारवाद और देश की प्रगति में बाधक बारम्बार चुनाव।

वह नया काम जिसे आज के मीडिया ने प्रमुखता से ग्रहण किया, एजेंडा सेटिंग का काम है। इसमें मीडिया लागों की पसन्दगी और नापसन्दगी को तय करने लगता है। जैसा कि इन्दौर में कहानीकार और चित्रकार प्रभु जोशी ने कहा भी, आज यह प्रचारित किया जा रहा है कि भारत युवाओं का देश है। हो सकता है कि किसी खास सीमा तक हमारा देश युवाओं का देश हो भी, लेकिन जिस भी सीमा तक यह युवाओं का है, उससे कई गुना बढ़ा-चढ़ाकर मीडिया बताता है कि यह देश युवाओं का है। क्या यह किसी एजेंडा सेटिंग से जुड़ी बात नहीं है? असल बात तो यह है कि आज जब पूरी दुनिया को एक ही खास रंग, भाषा और परिधान में रंगने की कवायदें बदस्तूर जारी हैं तब इस बात के बहुत ही गम्भीर निहितार्थ हें। मसलन, युवाओं को ही पश्चिमी बहुराष्ट्रीय कम्पनियाँ अपने उत्पादों का खरीददार मानती हैं और इसीलिये चाहे वह भारत की बात हो या अफ्रीकी देशों की, ये विशालकाय आवारा पूँजी वाली कम्पनियाँ बारम्बार यही साबित करती हैं कि यह देश, यह दुनिया युवाओं की ही है। सार्क देशों के इस भाषायी पत्रकारिता महोत्सव में हमारे देश के तत्कालीन सूचना एवं प्रसारण मन्त्री मनीष तिवारी ने सबसे ज्यादा आँकड़े प्रस्तुत करते हुये बताया कि आज देश में कुल आठ सौ तैंतीस टीवी चैनल काम कर रहे हैं। इनमें से चार सौ आठ चैनल तो महज न्यूज़ चैनल हैं। नये टीवी चैनलों को खोलने के लिए लाइसेंस देने की प्रक्रिया काफी उदार और आसान बनाई गयी है और इसीलिये कहा जा सकता है कि हमारे यहाँ टीवी चैनलों की संख्या जल्द ही एक हजार तक पहुँचनेवाली है। इस मामले में पारदर्शिता का अधिकाधिक समावेश किया जा रहा है ताकि विज्ञापन राजस्व की बारीकियों को समझा जा सके। ये उलझी बारीकियों से समस्याग्रस्त तकनीकी पत्रकारिता की अपारदर्शिता ही है, जिसके कारण पत्रकारिता धीमे-धीमे मीडिया की शक्ल अख़्तियार करती गयी। शायद इसीलिये आज फिर पुराने पत्रकारीय सरोकारों की महत्ता को समझने की मुहिम चलाई जा रही है जो एक खास अर्थ में मीडिया के लिए घर-वापसी जैसा है। इसी मुहिम का नतीजा है कि आज रंगमंच संचार माध्यमों की शक्ल में पुन: अपना खोया हुआ स्थान हासिल कर रहा है और यह काम कर रहे हैं दुनिया के जाने-माने रंगकर्मी मुजीब खान!

अपनी विश्वस्तरीय अभिनय टीम के साथ पिछले चार दशकों से भी अधिक समय से रंगमंच की दुनिया में अभिनेता और निर्देशक के रूप में सक्रिय मुजीब खान

वर्तमान समय में प्रेमचन्द की सभी कहानियों का नाट्य रूपान्तरण करके मंचन कर रहे हैं। यह काम वह हमारे देश के कोने-कोने में अपनी प्रेरणा से जाकर कर रहे हैं। गौरतलब है कि प्रेमचन्द ने हिन्दी और उर्दू में कुल मिलाकर तीन सौ पन्द्रह कहानियाँ लिखी हैं। इनमें से तीन सौ से ज्यादा कहानियों का नाट्य मंचन वे अपने मंच से पिछले एक दशक में कर चुके हैं। वे गिनीज बुक ऑफ वर्ल्ड रिकॉर्ड्स में दर्ज होने की बिल्कुल दहलीज़ पर ही हैं। बड़ी बात तो यह है कि आइडियल ड्रामा इंटरटेनमेंट अकादमी यानी आइडिया मुजीब के निर्देशन में इन सभी कहानियों का घड़ी की सुइयों के साथ-साथ लगातार दिन-रात मंचन करने जा रही है जो कुल करीब ढाई सौ अनवरत घंटों का होगा। शेक्सपीयर ने तो पूरी दुनिया को ही एक रंगमंच यानी स्टेज माना था। फिर भी, 'पूस की रात', 'विनोद', 'सवा सेर गेहूँ', 'सद्गति', 'रसिक सम्पादक', 'मिस पद्मा' 'ईदगाह' और 'नमक का दारोगा' जैसी कहानियों का मंचन उतना चुनौतीपूर्ण नहीं है जितना 'बड़े भाई साहब' या 'मुक्तिमार्ग' जैसी कहानी का नाट्य-मंचन। वास्तव में देश में सद्भाव और समरसता के जिस वातावरण की सृष्टि मुजीब के हाथों में आकर रंगमंच करता जा रहा है, वह बुनियादी और प्राथमिक रूप से मीडिया का काम होना चाहिए। किसी एक रचनाकार को लेकर तो वे मीडिया के हिस्से का काम कर ही रहे हैं, मंटो और टैगोर की रचनाओं पर भी उन्होंने विश्वस्तरीय काम किये हैं। जितना फर्क है कश्मीर की दाँत किटकिटाने वाली कड़कड़ाती सर्दी से लेकर राजस्थान की तपती दुपहरी के तापमान में, उतनी ही विविधता है मुजीब खान के इन सिलसिलेवार चलने वाले नाटकों में जहाँ हमारे गाँव-गिराँव, गायों, भैंसों, झोपड़ियों और नाथ-पगहे से लेकर आधुनिक समस्याओं तक का पूरा चित्र रंगमंच पर अपनी सोंधी खुशबू के साथ प्रकट होता है। मुम्बई में रहने वाले मुजीब खान यूँ तो रोज ही यूटीवी स्टार चैनल पर अपने बेहद लोकप्रिय और संस्कारमूलक कार्यक्रम प्रस्तुत करने आते हैं लेकिन अनदेखे और नये कार्यक्रम वे यूटीवी स्टार नामक टीवी चैनल पर शनिवार को ही पेश करते हैं। नाम और पैसे की चाहत से दूर रहने वाले मुजीब खान अपनी पत्नी आलिया और अपनी बेटी के साथ अपने सम्पूर्ण जीवन को रंगमंच के लिए समर्पित कर चुके हैं। सवाल उठता है कि इस बुजुर्ग और महान कलाकार के साथ, और प्रकारांतर से कहा जाये तो हमारी परम्परा में रचे-बसे रंगमंच के साथ हमारे मीडिया ने कितना न्याय किया है? कहीं इसकी वज़ह यह तो नहीं कि मीडिया की चूहादौड़ मुनाफे के पश्चिमी अर्थशास्त्र से गुँथी-बिंधी है और हमारा रंगमंच भारतीय और पूर्वी प्राचीन परम्पराओं की सुधि लेता रहता है?

मीडिया में मंच और पत्रकारिता में रंगमंच को लेकर सबसे ज़रूरी बात तो

यही है कि हमारा मीडिया काफ़ी हद तक आयातित किस्म के विचारों से प्रभावित है। वह वाजिब सूचनाओं की बजाय प्रायः ग्लैमर का मंच और शार्टकट का बाईपास बनता जा रहा है। जैसा कि टेलीविजन बताते हैं और रेडियो सुनाते हैं, आज हमारी बुनियादी जरूरतें रोटी, कपड़ा और मकान नहीं रह गयी हैं। हमारी आवश्यकताएँ अब बाइक, पेप्सी और मोबाइल फोन हो चुकी हैं। यह मंच और रंगमंच के बीच का नया पावर शिफ्ट है। वरना क्या कारण है कि जब मुजीब खान ने नाटकों का मंचन हाल ही में इन्दौर में किया तो वहाँ के कुछ अख़बारों ने कहा कि 'बैर का अन्त' नामक नाटक का मंचन खराब रहा। जबकि सच यह है कि वहाँ इस नाटक का मंचन किया ही नहीं गया। इसी से जाहिर होता है कि आज के रिपोर्टर किसी कार्यक्रम में शरीक हुये बग़ैर ही उसका 'शानदार' कवरेज छाप देते हैं या ब्रॉडकास्ट कर देते हैं। इसके पहले जब मगध पुस्तक मेले में 'आदाब! मैं प्रेमचन्द हूँ', शृंखला के तहत करीब दो दर्जन नाटकों का मंचन किया गया तो तथाकथित नम्बर वन अखबारों समेत किसी भी अखबार ने इतने महत्वपूर्ण कार्यक्रम को क्यों नहीं कवर किया? अगर किसी फिल्मी सेलिब्रिटी की उँगली में मोच भी आ गयी होती तो क्या ये अखबार और चैनल उसे किसी राष्ट्रीय महत्त्व की ख़बर से कम महत्व देते? ट्रैजेडी और कॉमेडी का असल रिश्ता क्या है और किस तरह वे दोनों एक दूसरे के पूरक हैं। आज मुजीब की रंगमंच शृंखला अपने हर दिन के मंचन का समापन किसी कॉमेडी नाटक से ही करती है। मीडिया के मंच को इस अभिनय कला की तह तक जाना चाहिए कि एक वरिष्ठ निर्देशक ऐसा क्यों करता है। आज की पत्रकारिता को रंगमंच ज़रूर सुधारेगा और उद्योग के रूप में मीडिया के मंच की सीमायें भी स्पष्ट करेगा। आज कलम, स्याही और कलमकारों की पत्रकारिता ने ट्राइपॉड और कैमरों पर अपनी निर्भरता दर्ज़ की है और विमर्श के विषय बदलते चले गये हैं। पर इस रीढ़हीन समय में आज भी 'बज्म-ए-कलमकार' जैसी बुनियादी संस्थाएँ बिहार के ज़मीनी लेखकों को जमकर प्रोत्साहन दे रही हैं। आज किताबों और रॉयल्टी का जो स्यापा हिन्दी समुदाय के बहुलांश को घेरे हुये है, उसके बारे में मीडिया क्या कर रहा है? जिस पुस्तक संस्कृति और किताबों की संस्कृति को तमाम नुक्कड़ नाटक करके मुजीब खान बढ़ा रहे हैं, उसी के सन्दर्भ में तमाम प्रकाशकों से भी पूछा जाना चाहिए कि उन्होंने इतने सार्थक अभियान चलानेवाले लोगों के लिए क्या किया है? क्या पुस्तकें और ख़बरें केवल उत्पाद हैं? क्य पाठक और श्रोता केवल उपभोक्ता यानी कन्ज़्यूमर हैं? और किसी भी मीडिया या प्रकाशन समूह का काम क्या केवल मुनाफा कमाना ही है? क्या सार्थक साहित्य की तलाश इस महान पत्रकारीय, लेखकीय, पाठकीय, प्रकाशकीय, सरकारी और ग़ैर-सरकारी अभियान का हिस्सा

नहीं? और अगर मीडिया में मंच और पत्रकारिता में रंगमंच इतनी ही सराहनीय भूमिका निभा रहा है तो वह दिखता क्यों नहीं? इन सवालों से हमारे मीडिया को जूझना ही पड़ेगा, तभी भारतीय होने के अर्थों को ग्रहण किया जा सकेगा। हमें याद रखना चाहिए कि इमरजेंसी के दिनों में जब दुष्यन्त कुमार से बीबीसी ने साक्षात्कार लिया था तो दुष्यन्त ने कहा था कि, "एक बूढ़ा आदमी है मुल्क में या यों कहो/ इस अँधेरी कोठरी में एक रोशनदान है/ कल नुमाइश में मिला वह चीथड़े पहने हुए/ मैंने पूछा नाम तो बोला कि हिन्दुस्तान है।" यह शे'र उन्होंने जयप्रकाश नारायण के लिए कहा था और जिस सफाई से उन्होंने इसका बचाव किया था, उससे आज के मीडिया को सीखना चाहिए। मीडिया को तो भारत की पत्रकारिता के स्वर्णिम अध्याय यानी '*धर्मयुग*' से भी बहुत कुछ सीखना चाहिए क्योंकि धर्मवीर भारती के सम्पादनाधीन रहकर '*धर्मयुग*' ने न सिर्फ़ भारतीय, बल्कि वैश्विक पत्रकारिता को नयी राहें दिखाई थीं। आखिर क्या कारण है कि आज भी '*धर्मयुग*' जैसी पत्र-पत्रिकाओं के प्रति लोगों की प्यार पहले जैसा ही बरकरार है? इन बातों और सवालों की गहराई को समझकर ही मीडिया का मंच और पत्रकारिता का रंगमंच अपने खोये हुए सरोकारों को फिर से हासिल कर सकता है।

मीडिया में प्रेम और प्रेम में मीडिया

प्रेम मानव मन की उन्मुक्त उड़ान है, कल्पनाओं का महासागर है और सुख का आगार है। यह जानते हुए भी कि प्रेम 'गूँगे का गुड़' है जिसका स्वाद लेने वाला इसको कहकर बता नहीं सकता; प्रेम की अभिव्यक्ति की कोशिशें होती रही हैं और आगे भी होती रहेंगी। अभिव्यक्ति के माध्यम के रूप में मीडिया ने प्रेम को एक नया आयाम दिया है, प्रेम के अर्थ को बदला है और प्रेम की संरचनाशीलता और संप्रेषणशीलता में वृद्धि की है। सिनेमाई भाषा की चौखट पार करते हुए प्रेम ने राजकपूर की क्लासिक फ़िल्म 'आवारा' से लेकर आज की 'देव-डी' तक की यात्रा तय की है और मीडिया ने प्रेम के ढाई अक्षरों का रूप बिल्कुल बदल दिया है। अब यह रूप अनेक फ़िल्मों में अँग्रेजी के तीन शब्दों 'आई लव यू' तक सिमटा हुआ नज़र आता है।

समाज की गतिशीलता और साक्षरता के प्रचार-प्रसार के चलते प्रेम के मानदंडों में परिवर्तन आये और मीडिया ने मानदंडों की गतिकी और इसकी बारीकियों को समझकर परदे पर प्रेम के रूपायन में तब्दीलियाँ कीं। फिर भी मीडिया ने नायक-नायिकाओं की देहभाषा को काफ़ी पहले ही समझ लिया था। 'प्यार हुआ इकरार हुआ' में नरगिस के चेहरे पर शर्म, इजहार और इनकार का जो मिश्रित भाव था, वह आज भी दिखता है। आज 'लव-स्टोरी-2050' में जब प्रियंका चोपड़ा हँसती हैं या विस्मय व्यक्त करती हैं तो सिनेमा का विजुअल ग्रामर प्रेम की देहभाषा को ही व्यक्त कर रहा होता है। के. एल. सहगल से होते हुये भारतीय सिनेमा का सफ़र दिलीप कुमार और राजेश खन्ना तक आता है। राजेश खन्ना और किशोर कुमार की जोड़ी का कमाल ऐसा रहा कि एक के अभिनय और दूसरे की वाहवाही ने जमकर तारीफ़ें बटोरीं-एक ऐसा दौर भी आया जब सिनेमा हाल से निकलते दर्शकों की जुबान पर यही गीत होता था: 'मेरे सपनों की रानी कब आएगी तू?'

नई-नई आज़ादी के दौर में आई फ़िल्म 'बन्दिनी' ने अगर प्रेम का समर्पण

वाला पक्ष प्रदर्शित किया, जहाँ नायिका (नूतन) ने टीबी के मरीज़ नायक (अशोक कुमार) को धर्मेन्द्र पर वरीयता दी; तो आज 'जिस्म' जैसी फ़िल्में प्रेम का निहायत अतियथार्थवादी रूप प्रस्तुत करती हैं। यहाँ मीडिया इस चीज़ को समझ चुका है कि प्रेम साधन है, साध्य नहीं। समकालीन मीडिया के लिहाज़ से प्रेम एक सीढ़ी है जिसका इस्तेमाल मंजिल तक का सफ़र तय करने में सुविधानुसार किया जाना चाहिए।

क़रीब दशक भर पहले आई फ़िल्म 'आस्था' का एक संवाद है-''प्रेम बारिश में साथ-साथ भीगने का और धूप में साथ-साथ सूखने का दूसरा नाम है।'' लाक्षणिक अर्थ में प्रस्तुत इस संवाद का अभिप्रेत यह है कि प्रेम में अगर सुख और उमंग के फूल हैं तो दुख और आँसुओं के काँटे भी हैं। भारतीय मीडिया ने प्यार को लेकर पी.बी. शेली की इस उक्ति की नब्ज़ पकड़ने में क़ामयाबी हासिल की कि 'हमारे मधुरतम गीत वे हैं जो हमें गहरे दुख के बारे में बताते हैं।' दुख और आँसुओं के इस ढाँचे पर मुकेश जैसे महान गायक ने अपनी आवाज़ के जादू को जमकर लुटाया और यह जादू प्यार, इश्क़ और मुहब्बत के गलियारों में ऐसा समाया कि उसकी प्रतिध्वनि आज तक सुनाई पड़ती है। टूटे हुये दिल के शाहज़ादे मुकेश ने 'मेरे टूटे हुये दिल से, कोई तो आज ये पूछे कि तेरा हाल क्या है', 'तुम्हें ज़िन्दगी के उजाले मुबारक़, अँधेरे हमें आज रास आ गये हैं' और 'एक हसरत थी कि आँचल का मुझे प्यार मिले, मैंने मंज़िल को तलाशा, मुझे बाजार मिले' जैसे अनेक गानों के माध्यम से हर दिल में एक घर और हर घर में एक दिल बनाया। मीडिया और सिनेमा ने स्वर्णिम अतीत के माहात्म्य को कितनी बख़ूबी से समझा है, इसका 'मेरा नाम जोकर' जैसा एक ही उदाहरण काफ़ी है! ऐसा कौन होगा जो 'जाने कहाँ गये वो दिन' नामक गीत को सुनकर नॉस्टैलजिक नहीं हो जायेगा?

पर वक्त के साथ समाज के मूल्य बदलते हैं, परम्पराएँ समय के साँचे में ढलती-सँवरती हैं और मीडिया इन बदलते हुए मूल्यों की रोमांटिक पड़ताल करता है। इसे यूँ भी कहा जा सकता है कि हर पीढ़ी की एक फ़िल्म होती है। एक दौर था जब सूरज बड़जात्या की 'मैंने प्यार किया ' सुपर हिट हुई तो इसके बाद वीरू देवगन की 'फूल और काँटे' और फिर करन जौहर की 'कुछ कुछ होता है' ने दर्शकों की अच्छी खासी भीड़ बटोरी। हर दशक में मीडिया ने प्रेम के प्रतिमान बदले और इसी सिलसिले में अगला नाम 'कहो ना प्यार है' का आता है। इधर संजय लीला भंसाली की फ़िल्म 'हम दिल दे चुके सनम' ने प्रेम को एक नये कोण से पेश किया जहाँ पति स्वयं अपनी पत्नी को उसके प्रेमी से मिलाने इटली ले जाता है। भारतीय परम्पराओं से विसंगति पेश करनेवाली भी दर्जनों फिल्में आई, अनेक निर्माताओं-निर्देशकों ने नयी ज़मीन तोड़ने की कोशिश की परन्तु क़ामयाबी कभी-

कभी ही मिली। दर्शकों के मनोविज्ञान को समझना भी मीडिया, फिलहाल अब, अपनी ज़िम्मेदारी समझता है।

दर्शकों ओर श्रोताओं के मनोविज्ञान को समझने का दावा आज समाचार चैनल भले बढ़-चढ़कर करते हों पर बड़ा परदा इन मामलों में बिल्कुल पीछे नहीं रहा है। अगर न्यूज़ चैनल न्यूज़ को हर कोण से दिखाते-सुनाते हैं तो यश-चोपड़ा ने अपनी अनेक फिल्मों में प्रेम के हर रूप को दिखाया-सुनाया है। 'दिल तो पागल है' में प्यार और दोस्ती के आपसी सम्बन्धों को गहराई में उतारकर पेश किया गया और अच्छी कहानी के साथ-साथ अच्छे संगीत के कारण इस फिल्म ने सफलता के नये प्रतिमान गढ़े। प्रेम के पक्षों के अनेक बिम्ब आनन्द बक्षी के गीतों में मिल जाते हैं। 'जब-जब फूल खिले' के गानों-'एक था गुल और एक थी बुलबुल' और 'परदेसियों से न अँखियाँ मिलाना-' को किसने नहीं पसन्द किया होगा! प्रेम को लेकर बनी इस फ़िल्म की स्टोरी लाइन इतनी जरबदस्त थी कि जब इसकी रीमेक 'राजा हिन्दुस्तानी' नाम से बनी तो लोगों ने इसे भी खूब देखा-सराहा। 'राजा हिन्दुस्तानी' फिल्म का शीर्षक 'जब-जब फूल खिले' के एक गीत के बीच में से लिया गया है।

प्रेम एक ऐसा विषय है जिसकी परिभाषाएँ अनगिनत तरीकों से की जा सकती हैं, परदे पर इसे हज़ारों तरीके से उकेरा जा सकता है। सम्भावनाओं की अनन्तता के चलते ही प्रेम पर, देशी-विदेशी, हर साहित्य में सैकड़ों ग्रन्थ लिखे गये हैं; उपन्यासों और कविताओं की रचना की गयी है और चित्रकारों ने अपने चित्रों में प्रेम के भौतिक-अभौतिक सभी रूपों को उभारा है। भारतीय सिनेमा में भी अनेक बार नये प्रयोग किये गये हैं, मसलन-'कभी-कभी' का प्यार तीन-तीन पीढ़ियों को लेकर चलता है और फ़िल्म में नायक (अमिताभ बच्चन) और नायिका (राखी) माता-पिता के खिलाफ़ जाकर शादी नहीं करते। आज सूचना संचार की गति तीव्रतम होने के बावजूद प्रेमी-प्रेमिका अपने माता-पिता को अपनी शादी की जानकारी शादी हो चुकने के बाद ही देते हैं।

कहा जाता है कि फ़िल्मों में आज नायिकाएँ बोल्ड हो रही हैं। ऐसा कहने के पर्याप्त आधार हैं। मर्डर और जिस्म जैसी फ़िल्मों ने वाक़ई नायिकाओं के व्यक्तित्वों को ऐसा उभारा कि प्रेम का रूप मांसलता से भी आगे बढ़कर अति-मांसलता की ओर दिशा ग्रहण करने लगा। 'सलाम नमस्ते' ने इधर लिव-इन रिलेशनशिप (इस रिलेशनशिप में लड़का और लड़की बिना विवाह के एक ही छत के नीचे रहते हैं) से लोगों को परिचित कराया तो 'फैशन' में एक महत्त्वाकांक्षी लड़की की सामाजिक और चारित्रिक लड़खड़ाहट दिखी। पर मीडिया होशियार बहुत है इसलिए वह जनता है कि लिव-इन रिलेशनशिप को स्वीकार करना और पचा पाना अभी आम

भारतीय के बस की बात नहीं है। इसे ध्यान में रखते हुए 'सलाम नमस्ते' के निर्देशक ने फ़िल्म का प्लॉट ऑस्ट्रेलिया में बुना है। इस बात के बावजूद कि हमारे यहाँ घरेलू हिंसा जैसे अनेक कानून लिव इन रिलेशनशिप को कानूनी मान्यता देते हैं।

भूमंडलीकरण के चलते सकल विश्व एक 'वैश्विक ग्राम' में तब्दील हो चुका है और इसलिए अब ग्राम भी वैश्विक तौर-तरीकों को देख और समझ रहे हैं। यह मीडिया की ही देन है कि आज वैलेन्टाइन डे का प्रेम पर्व गाँवों में भी कभी-कभार मना लिया जाता है। शहरों को बात करें तो शहरों में, मीडिया और आधुनिक जीवनशैली के दबाव के कारण, लड़के और लड़कियों के बीच की दोस्ती पूर्णतः वैध व स्वीकृत हो चुकी है। पहले की फ़िल्मों में, जैसे 'मैने प्यार किया' में, नायक कहता था-''प्यार ही दोस्ती है, दोस्ती ही प्यार है।'' मीडिया ने इन बदलावों का अर्थपूर्ण विश्लेषण किया है और दर्शकों-श्रोताओं के मानसिक तन्तुओं का ग्राफ़ फुरसत से पढ़ा है।

कई बार प्रेम पर बनी फ़िल्मों ने कुछ अजीब लगने वाली राह पकड़ी है। इस श्रेणी में 'लम्हे' जैसी फ़िल्मों को रखा जा सकता है जहाँ अनिल कपूर अपनी गर्लफ्रेंड की बेटी से शादी कर लेते हैं। गुलज़ार ने अगर नग्नता को व्यक्त करने के लिए जबरदस्त मौलिक व साहित्यिक रूपक-बादलों को ओढ़ना-गढ़ा, तो अनुराग कश्यप ने नायक को नायिका के पास वापस बुलाने की वजह नायिका की उत्तेजक तस्वीर में खोजी। ये समय के रेतीले पन्नों पर गुज़रती मीडिया की ख़तरनाक उँगलियाँ हैं जो सम्बन्धों का तापमान नापने के लिए विज़ुअलों का थर्मामीटर इस्तेमाल करती हैं। इसी थर्मामीटर के चलते सुभाष घई ने 'ताल' में प्रेम त्रिकोण दिखाया जिसमें पारम्परिक भारतीय विचारों से युक्त नायिका, जो गायिका भी है, को एक द्वन्द्व में डाल दिया गया है। एक तरफ़ 'पहली मुहब्बत' खड़ी है तो दूसरी ओर 'वह आदमी' जिसके चलते नायिका ने गायिका का रूप अख़्तियार करके क़ामयाबी की सीढ़ियाँ चढ़ीं हैं। पूरी फ़िल्म में यह त्रिकोणात्मक द्वन्द्व छाया रहता है।

पर मीडिया ने प्रेम के चित्रांकन में उत्थान की दिशा ग्रहण की या अवसान की-कहना मुश्किल है। आज जिसे सैमुअल पी.हंटिंग्टन ने सभ्यताओं का संघर्ष कहा है, वह हमारे यहाँ मनोज कुमार अभिनीत फिल्म 'पूरब और पश्चिम' में काफ़ी पहले व्यक्त हो चुका था। सवाल उठता है कि 'पूरब और पश्चिम', 'देवर' और, 'पूर्णिमा' जैसी फिल्मों में व्यक्त प्राचीन और सनातन किस्म का प्रेम उस प्रेम से कितना भिन्न है जिसे 'ज़हर', 'जिस्म', 'जख्म' या 'जन्नत' में दिखाया गया है और जिसे गाहे-बगाहे आधुनिक कहा जाता है।

ध्यान रखना चाहिए कि प्रेम, प्रेमी-प्रेमिका के लिये ज़िन्दगी से बढ़कर होता है, जीवन-मरण का प्रश्न होता है; दर्शक के लिए वही प्रेम मनोरंजन का साधन होता है और अन्त में मीडिया के लिये वही प्रेम मुनाफ़ा कमाने का एक आइटम होता है। इसीलिए पारम्परिक पृष्ठभूमि में बनी फ़िल्म 'लगान' जहाँ प्रेम के कटिबद्ध रूप को दिखाती है, वहीं यह जमकर मुनाफ़ा भी कमाती है। आख़िर यह कुछ कम नहीं है कि एक अँग्रेज लड़की नायक के प्यार में आकर सारी उम्र कुँवारी रहने का वचन देती है! पर विरुद्धों का सामंजस्य इतना अद्‌भुत है कि मीडिया में जहाँ एक ओर अँग्रेज लड़की 'कुँवारी' रहने का वचन देती है, वहीं दूसरी ओर किशोरवय भारतीय लड़कियाँ यह कहकर, परदे पर, चौंकती हुई नज़र आती हैं– 'व्हाट! आर यू स्टिल वरजिन?'' 'मर्डर' में मल्लिका सहरावत शादीशुदा होते हुए भी अपने पूर्व प्रेमी से मिलकर रंगरेलियाँ मनाना जारी रखती हैं। यह बाईसवीं सदी का प्रेम है जो बड़े आराम से इक्कीसवीं सदी में, धड़ल्ले से, दिखाया जा रहा है।

फ़िल्मी कामुकता और कैलकुलेटेड प्रेम के जगत में बिपाशा बसु का आगमन एक गर्म तूफ़ानी झोंके की तरह हुआ। मीडिया ने बिपाशा का और बिपाशा ने मीडिया का इस्तेमाल किया। इन सबसे बढ़कर यह कि इन दोनों ने मिलकर 'प्रेम' का इस्तेमाल किया। 'जख्म' का प्रेम काफ़ी सराहा गया। इस फ़िल्म ने पुरस्कार भी जीते थे और प्रेम का बहुत ठोस रूप इसमें चित्रित हुआ है। हाँ, अगर पहले नायिका का कौमार्य कोई फ़िल्मी मुद्दा था भी, तो अब वह नहीं रहा है। बल्कि कहना चाहिए कि 'लागा चुनरी में दाग़' जैसी फ़िल्में भी इधर आई हैं जिसमें अभिषेक बच्चन यह यह जानते हुये भी रानी मुखर्जी से शादी कर लेते हैं कि रानी मुखर्जी, अपने किरदार में, एक हाईप्रोफ़ाइल कॉल गर्ल है। यह प्रेम का बिल्कुल भिन्न चित्रण है।

मीडिया ने प्रेम का वाणिज्यीकरण किया है और इधर हाल की, कई फ़िल्मों में ऐसे प्रश्न उठाये गये हैं। मसलन, कुछ समय पहले आई फ़िल्म 'वो लम्हे' ने कुछ बुनियादी सवाल उठाये। कहा गया कि यह फ़िल्म परवीन बॉबी की रियल लाइफ़ को आधार बनाकर निर्मित की गयी थी। प्रेम का यह रूप ऐसा था कि इसमें नायिका मनोविदलता (सिज़ोफ्रेनिया) का शिकार हो जाती है। इस फ़िल्म का एक गीत बहुत प्रचलित हुआ–'क्यूँ आजकल नींद कम, ख्वाब ज्यादा है; लगता खुदा का कोई नेक इरादा है।'

फ़िल्मों ने कई बार प्रेम को प्रोत्साहित भी किया है। 'प्यार तो होना ही था' में एक वाक्यांश था जिसे ट्रेलर के रूप में खूब दिखाया गया था–''इंसान को ज़िन्दगी में एक बार प्यार ज़रूर करना चाहिए; प्यार इंसान को बहुत अच्छा बना देता है।'' वक्त के साथ प्यार को मीडिया ने 'लव' बना दिया और कुमार गौरव की

'लव-स्टोरी' से लेकर मनीषा कोईराला की 'एक छोटी-सी लव स्टोरी' तक अनेक फ़िल्में आईं। 'आई लव माई इंडिया (फिल्म परदेस) और 'लव तुझे लव मैं करता हूँ, (फ़िल्म बरसात) जैसे अनेक गानों ने प्यार की एक सुविधामूलक और अवसरानुकूल भाषा गढ़ी।

लेकिन सिर्फ़ सिनेमा ही नहीं; चैनल भी प्रेम की स्टोरीज़ को बाक़ायदा कवर करते हैं। दूरदर्शन पर पहले एक सीरियल आता था-फिर वही तलाश। इस सीरियल ने गुनगुने, शरबती और गुलाबी प्रेम की शुरुआती भूमिका तैयार की थी, मगर यह भूमिका स्वस्थ रूप में अधिक दिनों तक चल नहीं सकी। आज अगर स्टार न्यूज़ पर 'सनसनी' कार्यक्रम प्रेम से सम्बन्धित अधिकाधिक घटनाएँ दिखाता-सुनाता है तो सिर्फ़ एक कारणवश, कि प्रेम में सनसनी, मादकता और उत्तेजना वाले पक्ष को आसानी से गढ़ा जा सकता है। प्रेम में हिंसा और अपराध का मिश्रण चैनलों के लिये टी आर पी बटोरने की उर्वर भूमि तैयार कर देते हैं। रेडियो, टेलीविज़न और इंटरनेट आज प्रेम सम्बन्धी जिन मूल्यों को बढ़ावा दे रहे हैं वह औद्योगिक और उपभोक्तावादी समाजीकरण का ही नतीज़ा है।

इंटरनेट ने चैटिंग के ज़रिये प्रेम का ऐसा अनोखा रूप प्रस्तुत किया है कि लड़का-लड़की चैटिंग करते-करते शादी तक कर डालते हैं। आज मीडिया ने मानवीय भावनाओं को ऐसा कुरेदा है कि प्रेम को पैसे से ख़रीदे जाने तक की बातें आम हो चली हैं। जब अखबारों में विज्ञापन आता हो कि 'फ्रेंड' चाहिए तो इस नम्बर पर फोन करें...अपना 'अकेलापन' दूर करें...ज़िन्दगी को हसीन और खुशनुमा बनाएँ...,तो फिर ऐसे विज्ञापन भला मीडिया और प्रेम के किस रिश्ते को उजागर करते हैं? आज विज्ञापन भी प्रेम की 'बारीकियाँ' बताते नहीं अघाते! वरजिन मोबाइल का एक विज्ञापन दिखाया जाता है जिसमें बताया जाता है कि लड़कियों को 'कनविंस' करने का तरीका क्या है? कहने की ज़रूरत नहीं है कि मीडिया के अनेक विज्ञापन-परफ्यूम से लेकर क्रीम-पाउडर तक-प्रेम के वस्तूकरण और वाणिज्यीकरण को ही प्रमुखता से दिखाते हैं।

देखा जाये तो कुछ बुनियादी सवाल बहुत महत्त्वपूर्ण हैं। मसलन; जब प्रेम की इतनी अधिक बहुलता-उपलब्धता मीडिया में छाई रहती है तो वास्तविक जीवन में प्रेम का इतना घोर अभाव क्यों है? भीड़ में रहकर भी एक आदमी खुद को अकेला समझने के लिए इतना अभिशप्त क्यों है? अकेलेपन की इस पीड़ा का चित्रण आधुनिक अमरीकी मनोवैज्ञानिक एरिक फ्रॉम ने बहुत तर्कपूर्ण ढंग से किया है। उन्होंने बताया है कि मनुष्य के लिये तो भौतिक अकेलापन ही असह्य हो जाता है फिर आज के समाज का तो कहना ही क्या! आज भौतिक ही नहीं, नैतिक अकेलापन भी मनुष्य को भीतर ही भीतर खोखला कर रहा है और जब यह हद से

ज्यादा बढ़ जाता है तो मनुष्य सिजोफ्रेनिया जैसे विनाशकारी मानसिक रोगों का शिकार हो जाता है। मीडिया आज मनोरंजन भले कर रहा हो किन्तु मनुष्य की सृजनात्मक गतिविधि को पुष्पित-पल्लवित करने में मीडिया की भूमिका बिल्कुल शून्य ही है। सहज स्नेह के प्रतिरूप मीडिया में बड़ी मुश्किल से ही नज़र आते हैं।

समाचार उद्योग के लिए मीडिया का हालिया बर्ताव प्रेम को एक भिन्न दृष्टिकोण से रेखांकित करता है। चन्द्रमोहन से चाँद मुहम्मद बने व्यक्ति के प्रेम प्रसंगों की चर्चा फिजा के साथ खूब रही और मीडिया ने भी इसे धारावाहिक शैली में कुछ यों दिखाया मानो यह राष्ट्रीय प्राथमिकता की पहली ख़बर हो! इससे एक व्यतिक्रम उत्पन्न हो जाता है। सम्पादकीय नीति का ढुलमुल रवैया इस बात के लिए ज़िम्मेदार होता है जिसके चलते महत्त्वपूर्ण खबरें गौण बना दी जाती हैं और गौण खबरें समाचारीय पूर्णता का एजेंडा तय करने लगती हैं। प्रेम सिनेमा के लिए महत्त्वपूर्ण हो सकता है क्योंकि उसका उद्देश्य ही मनोरंजन होता है; पर वही प्रेम खबरिया चैनल के लिए क्यों महत्त्वपूर्ण हो जाता है; यह बात समझने से परे है। हाँ, अगर फ्रांसीसी राष्ट्रपति कार्ला ब्रूनी के प्रेम में उलझे हों तो यह एक ख़बर ज़रूर हो सकती है क्योंकि निकोलस सारकोज़ी आखिर उस राष्ट्र के अध्यक्ष हैं जिसने दुनिया को स्वतन्त्रता, समानता और बन्धुत्व के तीन बेशकीमती पाठ पढ़ाए हैं।

समस्या तब जटिल हो जाती है जब प्रेम प्रदर्शन की चीज़ बन जाता है और विज्ञापनबाजी से ग्रस्त हो जाता है। उदाहरण के लिए, यह विकृत होते-होते उस स्तर तक भी गिरकर बाजारीकृत हो सकता है जिस हद तक यह आई.पी.एल. की क्रिकेट टीमों के मैचों के दौरान दिखाया जाता है। मीडिया यहाँ पर मैच के हर चौके-छक्के पर नाभिदर्शना वस्त्रधारी 'चियर गर्ल्स' के ठुमके दिखाता है। प्रश्न उठता है कि इन मैचों या रनों का ठुमके से क्या सम्बन्ध है? पर क्राइम, क्रिकेट और सिनेमा को कामधेनु मानने वाला मीडिया मुनाफ़े की दौड़ में ऐसे अतार्किक समझौते करने को बाध्य नज़र आता है।

मीडिया ने आज प्रेम को हाईटेक सोसायटी का लक्षण बनाकर उसे बाजार, मुनाफ़े और पैसे से जोड़ दिया है। आज प्रेम करने का अधिकार, मीडिया के मुताबिक पैसेवालों का पेटेंट अधिकार बन गया है क्योंकि मीडिया में प्रेम लम्बी-लम्बी कारों, स्विट्ज़रलैंड के दृश्यों और सजे-धजे बेडरूमों के साथ ही उपस्थित होता है। टेलीविज़न गुलाब के फूलों और प्रेमालापी कार्डों को दिखाते नहीं अघाते हैं और मोबाइल कम्पनियाँ भी रात भर फ्री बात कराने में कुछ कम नहीं हैं। प्रथाओं और परम्पराओं की समाजसापेक्षता कहीं बहुत पीछे, किसी अँधेरे कोने में, जबरन धकेल दी गयी है और ग्लोबल कहा जाने वाला मार्केट लोकल कहे जानेवाले प्रेम को निगलता जा रहा है। स्टाइलिश जींस, प्रिंटेड टी शर्ट्स और कलर-फुल चश्मे

आज प्रेम की अनिवार्य शर्तें हैं—मीडिया तो यही कहता है। जीवन की हकीकत, यथार्थ की कड़वाहट और दाल-रोटी की समस्याएँ मीडिया के एजेंडे से कमोबेश ग़ायब ही हैं। तथाकथित आधुनिकीकरण के चलते घरेलू और पारिवारिक प्रेम भी अब दुर्लभ होता जा रहा है। महिलाओं की, आत्मनिर्भर होने की ललक के चलते दाम्पत्य जीवन में कड़वाहट आ रही है और माता-पिता की व्यस्तता के चलते बच्चे प्यार का अभाव देखकर कहीं और विकल्पों की तलाश करते हैं। किशोर मन और पोर्नोग्राफ़ी के ये सम्बन्ध किसी गम्भीर समाजशास्त्रीय शोध का विषय बन सकते हैं पर मीडिया में फिलहाल ऐसा कोई सार्थक प्रयास नहीं दिखता।

मीडिया में प्रेम की भूमिका अत्यधिक है। पर ज्यादा महत्त्वपूर्ण तो यह है कि प्रेम में मीडिया की भूमिका भी कुछ कम नहीं है। आज कई बार प्रेम मीडिया से प्रेरित हो सकता है या मीडिया के ज़रिये भी हो सकता है। एस.एम.एस. के जरिये प्रेमालाप और लव गुरु के जरिये अपना सन्देश 'उन तक' पहुँचाने की बातें भला और क्या कहती हैं? आज 'दिल कबड्डी' जैसी फ़िल्में प्रेम के विवाहेतर रूप को प्रेम की मांसलता के साथ प्रस्तुत करती हैं। आज का प्रेम प्रयोजनमूलक हो गया है, मीडिया ने इसे 'बजटीय प्रेम' के साँचे में ढाला है। मीडिया प्रेम सम्बन्धों में लाभ-लागत विश्लेषण को लागू करने के गुर सिखाता है। मीडिया का यह सम्पूर्ण ताना-बाना मूल्यों और विचारों का ऐसा जाल बुनता है जिसे कम से कम नैतिक संस्कृति से तो नहीं ही नवाजा जा सकता। बल्कि मूल्यों के पश्चिमी दबाव और इन दबावों के चलते नकारातगक बदलावों को देखकर इस मूल्य-प्रणाली को प्रतिसंस्कृति (काउंटर कल्चर) की संज्ञा दी जानी चाहिये। जाहिर है कि उत्तेजक और भड़काऊ परिधान मीडिया द्वारा परोसे गये प्रेग की इसी प्रतिसंस्कृति से जुड़े हैं। परिधानों के साथ-साथ भाषा की सहज प्रेमपूर्णता को भी क्षति पहुँची है और आज भाषा सहज की बजाय बनावटी अधिक हो गयी है।

मीडिया में प्रेम और प्रेम में मीडिया पर विमर्श करते समय इस दृष्टिकोण से भी सोचा जाना चाहिए कि क्या मीडिया, प्रेम को लेकर, स्त्रियों और पुरुषों के लिये अलग-अलग मानदंड प्रस्तुत करता है? माता-पिता, भाई-बहन और घर-परिवार के प्रेम को अगर छोड़ दिया जाये तो जो बचता है वह एक पुरुष और एक स्त्री का ही प्रेम है। पर समलैंगिक अधिकारों का हवाला देते हुए पश्चिमी मीडिया आज स्त्री-पुरुष के पारस्परिक प्रेम करने के अधिकार पर ही सवालिया निशान लगा दिया करता है। मीडिया ने प्रेम का जो शब्दकोश गढ़ा है उससे तो यही लगता है कि या तो यह शब्दकोश प्रेम का शब्दकोश नहीं है और अगर शब्दकोश सही है तो जिसका यह शब्दकोश है, वह प्रेम नहीं है। प्रेम, विवाह और प्रेम-विवाह पर बात करते समय मीडिया को ध्यान रखना चाहिए कि यह धरती 'वसुधैव कुटुम्बकम्' की

धरती रही है जहाँ पर पत्नी को धर्मपत्नी कहा गया है, कामपत्नी नहीं! इस माटी का अतीत प्रेम की भावनाओं और निश्छल कामनाओं से पटा पड़ा है, मीडिया इस अतीत को खोजने की कोशिश तो करे! मीडिया प्रेम के आगे सिर झुकाकर तो देखे; वह पाएगा कि यहाँ कण-कण में व्याप्त है: सिर झुकाओगे तो पत्थर देवता हो जायेगा।

प्रेम का लोक पक्ष : लोकप्रिय मीडिया का विपक्ष

प्रेम के लोकपक्ष को लेकर बहुत कुछ कहा और सुना गया है और इस विषय पर गम्भीर साहित्यिक रचनाओं की भी कमी नहीं रही है। प्रेम के अनेक पक्ष होते हैं और सभी जानते हैं कि इन अनेक पक्षों में से लोकपक्ष बहुत महत्त्वपूर्ण है क्योंकि लोकपक्ष एक आम आदमी के दिन-रात के संघर्षों का जायज़ा लेते हुये जीवन्तता के साथ सामने आता है। लोकनीति, लोक परम्परा व लोक भाषा जैसे अनेक शब्द हमारी आबादी के सबसे महत्त्वपूर्ण हिस्से की ओर इशारा करते हैं। पर बात जब प्रेम के लोकपक्ष की हो, तब आदान-प्रदान के अनेक रूप और संप्रेषण के अनेक माध्यम अपनी खास भूमिका लेकर हमारे सामने आते हैं। आज यह सवाल कहीं ज्यादा प्रासंगिक है कि मीडिया ने प्रेम के लोकपक्ष को कितना प्रभावित किया है, मीडिया स्वयं प्रेम के लोक पक्ष से कितना नियंत्रित-निर्देशित हुआ है और प्रेम का लोकपक्ष मीडिया से किस प्रकार गुँथा-बिंधा है।

मीडिया ने प्रेम की बारीक पड़ताल करके अक्सर यह निष्कर्ष निकाला है कि प्रेम का अर्थ सनसनीखेज उत्तेजना भर है। सबसे तेज़ होने का दावा करने वाले खबरिया चैनलों ने प्रेम, हिंसा और संवेदनहीनता का ऐसा घालमेल किया है कि प्रेम का लोकपक्ष कहीं हाशिये पर चला गया है। हाँ, मुनाफ़े को परम लक्ष्य मानने वाले मीडिया ने लोकपक्ष का कम से कम उतना उपयोग ज़रूर किया है जितना लाभ की रेस में जीतने के लिये ज़रूरी है। विज्ञापन और जनसम्पर्क का क्षेत्र भी प्रेम के लोकपक्ष को मुनाफ़े के लिये गहराई से रेखांकित करता हैं। आइडिया जैसी अनेक मोबाइल कम्पनियों ने गाँव-देहात के लहलहाते खेतों में काम कर रही एक प्रेमिका के मन को पढ़कर प्रेम के नये लोकबिम्ब गढ़े हैं। इन बिम्बों में देशज शब्दों का ठोस जीवन है, सरल और निश्छल प्रेम की खूबसूरत अभिव्यक्तियाँ हैं और तकनीक के इस्तेमाल के नये सफलतावादी प्रतिमान हैं।

पर ऐसा नहीं है कि केवल आज का ही मीडिया प्रेम के लोकपक्ष की पड़ताल करता है। दिलीप कुमार की 'गंगा-यमुना' फिल्म के अनेक हरे-भरे

ग्रामीण दृश्यों को भला कौन भूल सकता है? वैजयन्ती माला पर फिल्माये गये गीत 'ढूँढ़ो-ढूँढ़ो रे साजना, ढूँढ़ो रे बालमा, मोरे कान का बाला' लोक में रची-बसी एक प्रेमिका की अठखेलियों को जबान देता है। उसके पहले भी जब तकनीकें इतनी सुविकसित नहीं थीं तब प्रेमी-प्रेमिकाओं ने पशु-पक्षियों के ज़रिये आपसी सन्देशों का आदान-प्रदान किया था। कबूतर, तोता और कौआ इन सन्देशवाहक पक्षियों में प्रमुख स्थान रखते हैं। कथा को एक स्थान से दूसरे स्थान तक या एक पीढ़ी से दूसरी पीढ़ी तक पहुँचानेवाले काकभुशुंडि का नाम इस सन्दर्भ में निस्सन्देह उल्लेखनीय है। इस बात के अनेक प्रमाण मिलते है कि प्राचीन समय में जो तोते सन्देशवाहक का काम करते थे उनके गले में एक विशेष किस्म की पट्टी होती थी। ऐसी पट्टियों का प्रयोग इसलिए किया जाता था जिससे सन्देशवाहक तोते, अन्य साधारण तोतों से अलग पहचाने जा सकें। इनकी पहचान अलग रखने का कारण यह था कि शिकारियों द्वारा इनका शिकार निषिद्ध था। फिर भी प्रेम के दोनों पक्षों के परिवारीजनों के मध्य होने वाले अनेक लोकयुद्धों में इन सन्देशवाहक पक्षियों को अपनी जान गँवानी पड़ती थी।

मीडिया या माध्यम के इन रूपों की चर्चा में मलिक मुहम्मद जायसी का पदमावत विशेष स्थान से सुशोभित है। राजा रतनसेन जब अपनी पत्नी नागमती को घर पर छोड़कर सिंहलद्वीप की राजकुमारी पद्मिनी (पद्मावती) की खोज में निकल पड़ते हैं और लम्बे समय तक वापस नहीं आते हैं तो नागमती अपने पति के वियोग में बेहद परेशान होती है। प्रेम और लोकपक्ष को व्यक्त करने में जायसी का बारहमासा वर्णन बहुत प्रसिद्ध है। नागमती भौंरों और कौओं से कहती है कि तुम लोग जाकर मेरे पिया से कहना कि तुम्हारे विरह में तुम्हारी पत्नी जल रही है और जलने के दौरान उसी का धुआँ हमें लगा है। इसी धुएँ की वज़ह से हम काले रंग के हो गये हैं। मीडिया के इस प्राचीन रूप की तत्कालीन महत्ता व अनिवार्यता द्रष्टव्य है जहाँ नागमती कहती है:

पिय सौं कहेउ सँदेसड़ा, हे भँवरा हे काग।
सो धनि बिरहे जरि मुईं, तेहिक धुँआ हमिं लगा।।

पर मीडिया के इन प्राचीन रूपों-सन्देशवाहकों ने प्रेमियों को शायद ही कभी निराश किया हो। अगर हीरामन तोता पद्मिनी और रतनसेन के बीच का माध्यम है तो लम्बे समय तक पिया का कोई समाचार न पाने पर नागमती का इन पक्षियों पर दृढ़ विश्वास भी ग़ौर करने लायक है। नागमती कहती है कि लगता है, उस देस में कोयलें या पपीहे नहीं पाये जाते, वरना मेरे पति ज़रूर वापस आ जाते- "ना कोकिल न पपीहरा, केहि सुनि आवहिं कन्त।"

आज के मीडिया ने प्रेम का ऐसा वस्तुकरण किया है कि साधन को साध्य से भी अधिक महत्त्वमूर्ण बना दिया है। कुतर्क को भावनाओं से श्रेष्ठ साबित किया है और प्रेम की लोकगम्भीरता या लोकमाधुर्य को दरकिनार करके कानफोड़ू ध्वनियों को अनावश्यक महत्ता प्रदान कर दी है। हालाँकि प्रख्यात आलोचक रामचन्द्र शुक्ल ने जायसी के पदमावत में वर्णित प्रेम के लोकपक्ष को देखकर बहुत पहले ही यह कहा था–"यह आशिक–माशूकों का निर्लज्ज प्रलाप नहीं है। यह एक गम्भीर हिन्दू गृहिणी की विरहवाणी है।" सवाल उठता है कि क्या आज का मीडिया प्रेम के लोक पक्ष की गम्भीरता को प्रचारित–प्रसारित करने लायक रह गया है? क्या प्रिंट मीडिया की सम्पादकीय वरीयताएँ प्रेम की लकीरों को यथोचित न्याय के साथ व्यक्त कर पाती हैं? रेडियों चैनलों में विविध भारती और एफ. एम. गोल्ड जैसे एकाध गम्भीर चैनल ज़रूर मौजूद हैं जो प्रेम के लोकपक्ष को ध्यान में रखते हुए अपने 'छायागीत' या 'पुरानी जीन्स' जैसे कार्यक्रमों का प्रसारण करते हैं। फिर भी कहना अनुचित नहीं होगा कि ज्यादातर रेडियो चैनलों ने प्रेम का बड़ा भौतिकवादी और हड़बड़ीयुक्त चित्रण किया है जिसमें लोकप्रिय लोकपक्ष नदारद है।

हिन्दी सिनेमा के अनेक गीतों ने इस लोकपक्ष को अपने–अपने तरीके से व्यक्त किया है। 'इक गाँव की गोरी बाबू दिल लहरी' से लेकर 'मेरा गाँव मेरा देश' तक अनेक गीतों–फ़िल्मों ने दर्शकों में प्रेम के लोकपक्ष की धारा को सूखने नहीं दिया। 'कोहबर की शर्त' जैसे उपन्यासों को लेकर अनेक फ़िल्में बनायी गयी। इनमें से कुछ फ़िल्मों ने तो इस लोकपक्ष को ऊपर उठाकर मुख्यपक्ष का दर्ज़ा दिलाया। 'नदिया के पार' फ़िल्म ने अपनी स्टोरीलाइन और कोरियोग्राफ़ी के अलावा लोकपक्ष के समग्र रेखांकन को समेटते हुये अनेक बेहतरीन गीत दिये। फ़िल्म में लोकपक्ष इस कामयाबी के साथ उभरा कि फ़िल्म के अनेक गीत, करीब–करीब लोकगीत बन गये। 'कौने दिसा में लेके चला रे बटोहिया' और 'जोगी जी धीरे–धीरे' जैसे गीत तो आज भी बहुत अधिक सुने और सराहे जाते हैं। जो मीडिया आज खुद को लोकप्रिय कहते हुये थकता तक नहीं, सवाल उठता है कि ऐसे लोकप्रिय मीडिया के कितने ऐसे गीत हैं जिन्हें इस प्रकार का लोकगीत–स्तर प्राप्त हो सका?

पर सिनेमा ने प्रभाव की अपनी ताकत को पहचाना है और पुनरावृत्ति का खतरा मोल लेते हुए अनेक बार लोककथाओं पर फ़िल्मों का निर्माण किया है जिनमें 'लोक' को आधुनिकीकृत करके दर्शकों का दायरा बढ़ाने की पूरी कोशिश की गयी है। 'नदिया के पार' की रीमेक, 'हम आपके हैं कौन' की कामयाबी भला और क्या कहती है? 'दीदी तेरा देवर दीवाना, हाय राम, कुड़ियों को डाले दाना' जैसे गीतों ने प्रेम के लोकपक्ष का समय के मुताबिक समायोजन करके जबरदस्त वाहवाही लूटी। इसी प्रकार येसुदास का एक प्रमुख गीत 'गोरी तेरा गाँव बड़ा प्यारा, मैं तो गया मारा,

आके यहाँ रे' बहुत प्रशंसित हुआ और लोकबिम्बों की अतिशयता से युक्त इस गीत ने 'लोक' की एक बोल्ड और गतिशील ध्वन्यात्मक संकल्पना प्रस्तुत की।

प्रेम में जान देने की उतावली को मीडिया ने सावधानी से रेखांकित किया है। गाँव-देहात और अनपढ़ों के बीच फिल्माया गया वह दृश्य कितना बड़ा मील का पत्थर है जिसमें धर्मेन्द्र ऊँचाई पर चढ़कर कहते हैं-"सुन लो गाँव वालो सुनो!...आई एम करिंग सुसाइड।" 'शोले' फिल्म में लोकपक्ष की बारीकी तो देखिये, जब एक गाँव वाला, दूसरे गाँव वाले से पूछता है कि 'ये सुसाइड क्या होता है?' तो दूसरा व्यक्ति कहता है-"अंग्रेज लोग जब मरते हैं तो उसको सुसाइड कहते हैं।" जय, वीरू और बसन्ती के बहाने यह फ़िल्म हमें एक बड़े कैनवस पर ले जाती है, जहाँ प्रेम की लोक कहानी के अलावा दायित्वों का महानगर भी मौजूद है। भारत की परम्परा में नायक की कल्पना इसीलिये एक उदात्त व्यक्ति के रूप में की गयी है ताकि उसका यह औदात्य प्रेम के लोक और त्याग सहित अनेक पक्षों को समाहित कर सके। ऐसा प्रेम जयशंकर प्रसाद की कृति 'स्कन्दगुप्त' के नायक स्कन्दगुप्त और नायिका देवसेना में भी देश जा सकता है। स्कन्दगुप्त जब नायिका के साथ कहीं दूर जाकर एकान्त में रहने की कल्पना करने लगता है तो नायिका देवसेना उसके औदात्य के क्षरण को देख नहीं पाती और प्रेम के त्यागमय पक्ष को प्रधानता देती है।

लोकप्रिय मीडिया की जो भी भूमिका रही हो, हमें ध्यान रखना पड़ेगा कि जो दुनिया हमें मिली है, वह लोक और लोकसम्बन्धों के खुरदुरे और अनगढ़ हाथों से ही सँवरी है। आज जो कुछ भी हमें मिला है, वह लोक का दिया हुआ है। यह लोक ही है जिसका भौतिक परिस्थितियों में सीधा हस्तक्षेप होता है। इससे हमें सधी अनुभूतियाँ प्राप्त होती हैं। इन सधी अनुभूतियों से जुड़े प्रेम का लोकपक्ष बेशक आज गौण हो गया हो, पर है यह बहुत महत्त्वपूर्ण। इस लोकपक्ष से मीडिया का सरोकार बहुत ज्यादा नहीं रहा है। आज तो हमारा लोकप्रिय मीडिया इस लोकपक्ष को विपक्ष में रखकर 'मॉडर्न' होने की तमाम अवसरानुकूल कोशिशें किया करता है। भला हर फ़िल्म में नायक-नायिका का स्विट्जरलैंड या ऑस्ट्रेलिया में मिलना, अँग्रेजी में एक-दूसरे से बातचीत करके दर्शकों को आतंकित करना और क्या अर्थ रखता है? लोक का पक्ष जब लोकप्रिय मीडिया के लिए विपक्ष की भूमिका निभाने लगे तब ये विमर्श और अधिक प्रासंगिक हो जाते हैं।

प्रेम के लोकपक्ष को मुद्रित माध्यमों में साहित्य ने कई बार वर्णित किया है। चाहे वह राही मासूम रजा के उपन्यास 'आधा गाँव' का शीर्षक हो या फणीश्वरनाथ रेणु के उपन्यास 'मैला आँचल' में वर्णित डॉक्टर प्रशान्त का गाँव की एक लड़की से प्रेम-सम्बन्ध हो या फिर 'गोदान' में मालती-मेहता संवाद के ज़रिये प्रेम के बहुवर्णी पक्षों को अनावृत्त करने की प्रेमचन्द की महत्त्वपूर्ण कोशिश हो, प्रेम के

अनेक सुर दिखाये–सुनाये गये हैं। प्रेमचन्द जब ग्रामीण परिवेश में रचित उपन्यास गोदान में यह कहते हैं कि 'मालती, भीतर से तितली है, बाहर से मधुमक्खी', तो वह एक आधुनिक स्त्री के मन में स्थित लोकप्रेम की थाह ले रहे होते हैं। दिनकर की 'उर्वशी' प्रेम का एक भिन्न और ऊर्जित आयाम प्रस्तुत करती है। 'तीसरी कसम उर्फ मारे गये गुलफ़ाम' में रेणु ने जो लिखा, 'तीसरी कसम' में प्रेम के उस लोकपक्ष को दिखाया गया। वहीदा रहमान और राजकपूर ने परदे पर प्रेम के लोकपक्ष को कुछ ऐसे उकेरा कि 'सजनवा बैरी हो गये हमार...जाइ बसे परदेश पियाजी, सौतन के भरमाए...' जैसे गीत आज तक पसन्द किए जाते हैं।

प्रेम का लोकपक्ष दीर्घजीवी होता है और मीडिया अधिकतर उन घटनाओं को प्राथमिकता देता है जिनमें तात्कालिकता या सामयिकता का पुट अधिक होता है। मीडिया लोक के इस स्वभाव को जानता है कि लोगों की स्मृति बड़ी छिछली होती है और उनके दिमाग़ में ज्यादा दिनों तक कोई घटना विद्यमान नहीं रह सकती। आज जब ख़बरों का एजेंडा विज्ञापनों के दबाव से तय हो रहा हो तब ये चीजें और अधिक महत्त्वपूर्ण हो जाती हैं क्योंकि विज्ञापन ज्यादातर युगल–केन्द्रित होते हैं या युगलीकरण की ओर उन्मुख होते हैं।

जाहिर है कि मीडिया–प्रबन्धक और रिपोर्टर सभी जानते हैं कि आम आदमी को क्या चाहिये। इसी 'चाहिए' को लेकर आज ख़बरों की परिभाषा यह हो गयी है कि खबर वह है जो लोगों द्वारा पसन्द की जाये। इसी प्रकार प्रेम की परिभाषा भी गढ़ी जा रही है कि प्रेम वह है जिसे पाकर लोग रोमांचित और उत्तेजित हो उठें, उचित–अनुचित का विवेक खो बैठें। हाल ही में आई सतीश कौशिक की फ़िल्म में अनुपम खेर ने एक बड़ी अच्छी बात कही है कि...नाबालिग बच्चों की पढ़ाई–लिखाई छूट जाती है, कैरियर खराब हो जाता है, माँ–बाप और पड़ोसी छूट जाते हैं...फिर भी लोग कहते हैं कि 'लव विन्स'। क्या वास्तव में यह प्रेम की जीत है। स्पष्ट है कि मीडिया को पता है कि आज उसके दर्शक को नरपति नाल्ह का बीसलदेव रासो पढ़ने की फुर्सत नहीं है। वह सन्देशरासक भी क्यों पढ़ेगा? उसे बीसलदेव रासो के नायक विग्रहराज चतुर्थ या नायिका राजमती से कोई मतलब नहीं है, भले ही उसमें प्रेम का लोकपक्ष पूरी गरिमा के साथ व्यंजित होता हो!

मीडिया माध्यम ज़रूर है लेकिन वैसा माध्यम नहीं रहा है जैसा नल–दमयन्ती प्रसंग में हंस रहा है। यह हंस इन प्रेमियों के मध्य सन्देशवाहक है और लोकपक्ष इतना प्रभावशाली है कि राजा रवि वर्मा इस पर चित्र बनाने से स्वयं को रोक न सके। 'दमयन्ती' शीर्षक वाले अपने इस अद्भुत चित्र में रवि वर्मा ने हंस के मुख से दमयन्ती को सन्देश सुनवाया है। दमयन्ती खड़ी होकर तल्लीन हो गई है

और हंस से प्रेम का सन्देश सुनती जा रही है। इन्हीं पक्षियों से मनुष्यों ने ही नहीं, स्वयं राम ने क्या-क्या उम्मीदें लगाई हैं-''हे खग-मृग, हे मधुकर स्रेनी, तुम देखीं सीता मृगनयनी।'' राम ने सोचा कि ज़रूर इन खगों-मृगों को पता होगा कि सीता किधर गयी हैं। यह जीवन को दिशा प्रदान करने वाले एक माध्यम की आशा का वर्णन है-माध्यम यानी मीडिया।

छत्तीसगढ़ी लोकगीत हों या अवधी, ब्रजभाषा हो या मलयालम; सभी भाषाओं-बोलियों में प्रेम के लोकपक्ष को व्यक्त करने की कोशिश होती रही है। परदेस जाते प्रेमी के लिए प्रेमिका का लोकगीत 'रेलिया बैरन पिया को लिये जाये रे' बहुत कुछ कहता है। एक ग्रामीण स्त्री की नियति को व्यक्त करने के साथ-साथ इसमें प्रेमी को परदेस ले जाने वाली रेलगाड़ी पर भी छींटाकशी की गयी है। यह प्रेम के लोकपक्ष की सरलता और प्रेमिका के भोलेपन का देसी वर्णन है। आज सिल्वर स्क्रीन पर इसी लोकपक्ष के विजुअल ग्रामर को समझने की कोशिश 'वेलकम टू सज्जनपुर' फ़िल्म में की गयी है। फ़िल्म में प्रेम है, प्रेम का लोकपक्ष मौजूद है और मीडिया के रूप में डाकिया और चिट्ठीलेखक श्रेयस तलपड़े भी महत्त्वपूर्ण हैं। गाँव-देहात में या प्रेम में डूबे एक प्रेमी के लिये एक चिट्ठी का एक शब्द भी कितना महत्त्वपूर्ण होता है, यह इस फ़िल्म में प्रमुखता से दिखाया गया है। पर लोकप्रिय मीडिया के कार्यों में ऐसे कार्य अपवादस्वरूप ही शुमार हुये हैं, प्रमुखता तो लोकपक्ष की बजाय भौतिकपक्ष को ही मिलती रही है।

मीडिया ने प्रेम के लोकपक्ष को जिन रूपों में पेश किया, चित्रकला भी उनमें से एक रूप है। और प्रेम का लोकपक्ष भारत में ही नहीं, पूरे विश्व में चित्रित होता रहा है। ब्रिटेन और इटली के दूरदराज़ के गाँवों से लेकर आल्पस की हरी-भरी तलहटी तक। चित्रकार ऑडोबोन को तो लोकपक्ष से सराबोर पक्षियों से इतना अधिक प्रेम था कि उन्होंने निष्ठापूर्ण प्रकृतिवाद के तहत बड़ी सतर्कता से पक्षियों के अनेक विश्वविख्यात चित्र बनाये। आज भी प्रेम और लोकपक्ष को चित्रित करती उनकी भावनाएँ न्यूयार्क और कैलीफोर्निया की आर्ट गैलरियों की शोभा बढ़ा रही हैं।

प्रेम के परिवेश और लोकजीवन की बात करें तो टॉमस ईकिन्स, जॉर्ज विंगहैम और विन्स्लो होमर ने अमेरिका के इतिहास और लोकजीवन के तमाम पहलुओं का जमकर आलेखन किया। समय-समय पर अनेक देशी-विदेशी शिल्पकृतियों और मूर्तिकलाओं ने भी प्रेम के लोकपक्ष को रूपायित किया है। खाड़ी के देशों में ईरान भी इनमें पीछे नहीं है। वहाँ आधुनिक फारसी कविताओं में से अनेक प्रसिद्ध कविताओं ने प्रेम के लोकपक्ष का वर्णन किया है। नीमा योशेच की विश्व-प्रसिद्ध कविता 'कारे शबेपा' के केन्द्र में आखिर लोकपक्ष से व्यंजित होता

एक आम-आदमी ही तो है।

पर मीडिया के नवीन रूपों में प्रेम के लोकपक्ष को लेकर विशेष उत्साह नहीं दिखता। चौबीसों घंटे के खबरिया चैनल अगर सनसनीखेज और भड़काऊ खबरों की तलाश में रहते है तो रेडियो चैनल खास-खास चौराहों पर लगे हुये ट्रैफ़िक जाम का वर्णन करते नहीं अघाते हैं। हाँ, एकाध प्रयास हैं जो अपवादस्वरूप बेहतर कहे जा सकते हैं। विज्ञापन एजेंसियों और आउटसोर्सिंग के इस तेज़ रफ़्तार दौर में कुछ संस्थाएँ, मसलन पेग (पी.ई.जी.), जरूर बेहतरीन कामों को अन्जाम दे रही हैं। विज्ञापन और प्रबन्धन सेवाओं के क्षेत्र में पेग का काम समय के साथ बेहतरीन साबित होता जा रहा है। आज कारपोरेट जगत भी प्रेम के लोकपक्ष को चित्रित करने में मीडिया, खासतौर पर विजुअल्स की भूमिका को नज़रअन्दाज नहीं कर पा रहा है। प्रेम और लोकपक्ष के मीडिया से जुड़े विमर्श में ध्यान रखना चाहिए कि आज परिधानों से जुड़े ड्रेसिंग सेंस का महत्त्व आम-आदमी से लेकर फ़ैशन शोज़ तक में बढ़ा है।

हमारे देश की जनता ने प्रेम और लोकपक्ष- दोनों के विकास में महत्त्वपूर्ण भूमिका निभाई है। कहीं यह भूमिका एक उत्साहवर्द्धक की रही है, तो कहीं बाधा खड़ी करने वाली एक भीड़ की। अनेक लोकनाट्यों, नुक्कड़ नाटकों और फ़ोकलोर्स के माध्यम से ये अनेक आयाम अक़सर व्यक्त होते रहे हैं। गौरतलब है कि हाल ही में, अगस्त के अन्तिम सप्ताह में एक अन्तरराष्ट्रीय कार्यक्रम में हमारे उपराष्ट्रपति हामिद अंसारी ने लोकपक्ष को लेकर कुछ बेहद महत्त्वपूर्ण टिप्पणियाँ की हैं। उनके मुताबिक हमें सांविधानिक दायरे का ध्यान तो रखना चाहिए लेकिन आदिवासियों और उनकी कलाओं के विकास समेत सारे लोकपक्ष पर समग्रता में ध्यान देना चाहिए। लोकपक्ष की कोई भी गम्भीर चर्चा मानव-विकास के बिना अधूरी ही कही जाती है। इन्स्टीट्यूट फॉर ह्वयूमन ड़ेवेलपमेंट और हमारे योजना आयोग द्वारा आयोजित इस अन्तरराष्ट्रीय कार्यक्रम में लोकपक्ष के बारे में जो बुनियादी सवाल उठाए गये वे आज की मानवता और आज के मीडिया-दोनों के लिये दिशानिर्देशक कम्पास का काम कर सकते हैं। जैसाकि प्रख्यात विद्वान अलख नारायण शर्मा और हमारे पूर्व जनजातीय मंत्री कान्तिलाल भूरिया ने कहा, ''हमारे पत्रकारों को लोक के प्रति कटिबद्ध होने की आज सबसे ज्यादा ज़रूरत है ताकि समाज में सृजनात्मकता का तत्त्व निखरकर सामने आ सके।''

प्रेम और लोकपक्ष की अगली कड़ी इस तथ्य में निहित है कि लोक के सभी आयाम सृजनात्मक ही नहीं हैं। अनेक बार लोक में प्रचलित परम्पराएँ इतनी कठोर होती हैं कि या तो प्रेमियों को आत्महत्या करनी पड़ती है या फिर उन्हें आनन-फानन में, और कोई रास्ता न देख, पेड़ से लटका दिया जाता है। क्या होती हैं

मीडिया की प्रतिक्रियाएँ ऐसी घटनाओं पर? क्या चैनलों का विजुअल ग्रामर ऐसे लोकपक्ष को न्यायपूर्वक समायोजित कर पाता है? स्ट्रिंगरों की तो बात ही दूर है, पेशेवर नियमित पत्रकार भी विरले ही हैं जिनका रुख ऐसी घटनाओं के प्रति समझदारीपूर्ण हो। गौरतलब है कि मीडिया लोकपक्ष की ऐसी नकारात्मक खबरों को सूँघ कर ही पहचान लेता है क्योंकि ऐसी घटनाओं में न्यूज़ वैल्यू बहुत ज्यादा होती है। जैसाकि विद्यानिवास मिश्र ने 'लोक' सम्बन्धी अपने अध्ययन में कहा भी है कि 'लोक' का एक, खतरनाक और विध्वंसक पक्ष भी मौजूद होता है जिसका दबाव बहुत भयंकर होता है। इसी क्रम में 'पॉपुलिज्म' और 'पॉपुलरिज्म' का अन्तर भी ध्यान रखना चाहिए। मीडिया के लिये यह ज़रूरी है कि वह लोकमत, लोककल्याण और लोकलुभावनवाद में स्पष्ट अन्तर बनाये रखे। आजकल तो टी.आर.पी. (टेलीविज़न रेटिंग प्वाइंट्स) बढ़ाने के लिये मीडिया द्वारा दर्शकों से वोट भी माँगे जाते हैं। क्या ये वोट 'लोक' का सही अर्थों में प्रतिनिधित्व करते हैं? 'लोक' द्वारा प्राप्त इस प्रतिक्रिया के ज़रिये प्रेम के तापमान को मापा जाता है। राखी सावन्त का स्वयंवर इसी के चलते खूब चर्चा में आया। पर सवाल यह है कि लोकपक्ष के जिस थर्मामीटर से प्रेम का तापमान नापा जाता है, क्या वह थर्मामीटर सही और त्रुटिरहित है? कहीं मीडिया द्वारा लोक परम्परा को हास्यास्पद और घातक तरीके से तो नहीं प्रस्तुत किया जा रहा है? बेहतर तो यही होगा कि लोकप्रिय मीडिया प्रेम के लोकपक्ष को भी अपना ही पक्ष समझे, इस लोकपक्ष को अपना विपक्ष समझने की भूल तो वह लम्बे समय से कर ही रहा है।

मीडिया में बेवफ़ाई

सूचना विस्फोट के वर्तमान दौर में जिन्दगी तेज रफ़्तार हो गयी है और प्रेम जैसी मानवीय भावनाएँ अब पहले से कहीं ज्यादा गतिशील और कैलकुलेटेड हो रही हैं। आज युगल प्यार में पड़ते हैं, ई-मेल और चैटिंग के ज़रिये जुड़ते हैं, एस.एम.एस. और मोबाइल के माध्यम से एक-दूसरे को 'पूरी तरह' जानने की कोशिश करते हैं, फिर शादी करते हैं.... तलाक ले लेते हैं, या फिर शादी के पहले लिव-इन में साल-दो-साल रहने के बाद एक-दूसरे को अपने लिए 'मिसफ़िट' पाते हैं। कई बार तो साल भर में ही वफ़ा और जफ़ा के बीसियों उतार-चढ़ाव देखने को मिल सकते हैं। दूसरे शब्दों में कहें तो जुलाई से जुलाई तक, प्रेम से बेवफ़ाई तक, दूल्हे से लुगाई तक और ग़जल से रुबाई तक की यह यात्रा इतनी सनसनीखेज और प्रभावशाली मानी जाती है कि मीडिया इसकी उपेक्षा नहीं कर सकता।

मीडिया ने बेवफाई को अनेक तरीकों से देखा-जाना है-चाहे वह अख़बार हो, रेडियो हो, टेलीविज़न हो, इंटरनेट हो या फिर मोबाइल ही क्यों न हो! पहले प्रेमी के लिये प्रेमिका को या प्रेमिका के लिये प्रेमी को छोड़ पाना इतना आसान और सुविधाजनक नहीं था क्योंकि उन्हें एक-दूसरे के सामने मुखातिब होकर जवाब देना पड़ता था कि आखिर वे ऐसा क्यों कर रहे हैं। आज हालत दूसरी है। आज अगर अपने प्रेम को अभिव्यक्त करने के सैकड़ों तरीके ईजाद कर लिए गये हैं तो यह भी उतना ही सच है कि बेवफाई को व्यक्त करना भी बहुत आसान और साधारण हो गया है। बस एक एस.एम.एस. या ई-मेल टाइप करके भेज देना होता है कि "सॉरी...हमारे रास्ते अब अलग हैं।" इंटरनेट को जन्मे अभी चालीस साल (1969-2009) ही पूरे हुये हैं लेकिन उसने चार हजार वर्षों की प्रेम की परिभाषा को नये खाँचे में ढालकर पुनर्निर्धारित कर डाला है।

लेन क्लीनरॉक, जिनके अर्पानेट परीक्षणों से 1969 में इंटरनेट का सूत्रपात हुआ, ने कभी सोचा नहीं होगा कि उनकी यह युक्ति मानवीय जीवन के बुनियादी क्षेत्रों में इतना ज़बरदस्त हस्तक्षेप कर डालेगी। सोचा तो कभी रे टॉमलिन्सन ने भी

नहीं होगा कि जिस ई-मेल को वे विज्ञान और विचार में दक्षता के लिये बना रहे हैं, वह आगे चलकर अन्य पक्षों को भी प्रभावित और निर्धारित करेगा। आज इंटरनेट प्रयोक्ताओं की संख्या के मामले में चीन, अमेरिका और जापान के बाद भारत दुनिया का चौथा बड़ा देश बन गया है इसलिये ये बातें और भी अधिक प्रासंगिक हो जाती हैं।

मीडिया के सबसे बुनियादी रूप यानी लोकगीतों और लोकनाट्यों में तो वफ़ा और बेवफाई के अनेक दौर हैं ही; अखबार, साहित्य, टीवी और सिनेमा भी अब इस मामले में पीछे नहीं रहे। सिनेमा ने कुन्दन लाल सहगल के गीत 'ग़म दिये मुस्तकिल, कितना नाज़ुक है दिल; ये न जाना; हाय-हाय पे जालिम ज़माना' से लेकर लव-आजकल के 'चोरबाज़ारी दो नयनों की' तक की यात्रा तय कर ली है। हिन्दी सिनेमा ने बेवफाई को इतने व्यापक तरीके से व्यक्त किया है कि उसको समेट पाना मुश्किल है। फ़िल्म 'हक़ीक़त' के गीतों में जो वेदना थी, वह आज के गीतों मे शायद ही मिले: 'होके मजबूर मुझे उसने भुलाया होगा, ज़हर चुपके से, दवा जान के खाया होगा।' मुकेश ने तो दर्द, बेवफाई और जीवन के शाश्वत सत्यों के इतने अधिक गीत गाये हैं कि उनको 'दर्द के बादशाह' की उपाधि तक जनता ने दे डाली। इस शृंखला में कुछ गीत इस प्रकार हैं: 'वफ़ा जिनसे की, बेवफ़ा हो गये; वे वादे मुहब्बत के क्या हो गये', 'तेरे प्यार को इस तरह से भुलाना, न दिल चाहता है, न हम चाहते हैं', 'मैं तो इक ख्वाब हूँ, इस ख्वाब से तू प्यार न कर', 'आ लौट के आजा मेरे मीत, तुझे मेरे गीत बुलाते हैं, मेरा सूना पड़ा रे संगीत, तुझे मेरे गीत बुलाते हैं', 'ओ जानेवाले, हो सके तो लौट के आना'...आदि।

मीडिया पर बेवफ़ाई और मासूमियत के चित्रांकन में मुकेश के गीतों की बहुत बड़ी भूमिका रही। इन गीतों ने नव-स्वतन्त्र भारत में आज़ादी के मूल्य के साथ-साथ प्रेम और निश्छलता को भी एक मूल्य के रूप में स्थापित किया। यह प्रेम प्राय: अशर्त और समर्पित क़िस्म का रहा जिसमें धोखा खाने के बाद भी नायक या नायिका ने एक-दूसरे की सलामती की ढेरों दुआएँ माँगीं। ''खुश रहो, हर खुशी है तुम्हारे लिए, छोड़ दो आँसुओं को हमारे लिये; तुम बहारों से शिकवा न करना कभी, दे दो काँटे हमें, फूल ले लो सभी; फूल कोई कुचल जाये जब भूल में, सोच लेना कि हम मिल चुके धूल में''- इस गीत में प्रेम की बहुत ऊँची भावनाएँ व्यक्त हुईं हैं। 'सुहागरात' फ़िल्म में इस गीत ने अभिनेता जितेन्द्र का एक अलग ही पक्ष प्रस्तुत किया था।

परदे पर बेवफ़ाई का रूपायन राजकपूर की फ़िल्मों से लेकर हालिया फिल्म 'काइट्स' तक में बखूबी हुआ है जहाँ रितिक रोशन पैसों के लिए तमाम शादियाँ क्रम से करते जाते हैं ताकि वीज़ा हासिल करने में या नागरिकता प्राप्त करने में कोई

समस्या न आये। लेकिन लैंगिक समता के वर्तमान समय में बेवफ़ाई का सेहरा पुरुषों के ही सिर पर नहीं बाँधा जा सकता। 'काइट्स' की ही बात करें तो इस फ़िल्म में भी नायिका बारबरा को उससे प्रेम नहीं है जिसकी वह मंगेतर है; उसकी दौलत से प्रेम है जिसकी वह मंगेतर है। आशा और निराशा के बीच दौलन करती बेवफ़ाई ने गणितीय समीकरणों की तरह तमाम बेवफ़ा जुमले स्थापित किये– 'शीशा हो या दिल हो, आख़िर टूट जाता है' से लेकर 'ख़त लिखा है खून से, स्याही न समझना' तक। असमिया, बंगाली, कन्नड़ और मलयाली फ़िल्मों से लेकर भोजपुरी फिल्मों तक में बेवफाई ने खुद को अनेक रूपों में प्रस्तुत किया : कभी इसलिये कि नायक-नायिका के बीच अमीरी-ग़रीबी की खाई बहुत चौड़ी थी, कभी जाति-बिरादरी के लिये, कभी परम्परा का पालन करने के लिये, कभी प्रेम-त्रिकोण के रूप में और कभी-कभी अकारण या शौक़िया भी।

'अगर हम कहें और वो मुस्करा दें, हम उनके लिये ज़िन्दगानी मिटा दें (जगजीत सिंह)', 'पत्थर के ख़ुदा, पत्थर के सनम, पत्थर के ही इंसाँ पाये हैं, तुम शहरे-मुहब्बत कहते हो; हम जान बचाकर आये हैं (जगजीत सिंह)' और 'ये जो क़ौल-ओ-क़रार है, क्या है; सब्र है या ग़ुबार है, क्या है 'जैसी अनेक ग़ज़लों ने मीडिया में बेवफ़ाई की वर्णमाला लिखी। लेकिन ग़ज़लों की बात हो तो भला ग़ुलाम अली, बेगम अख्तर या तलत महमूद का नाम कैसे भुलाया जा सकता है! गुलाम अली की कुछ ग़ज़लें तो बच्चों, बूढ़ों और जवानों-सबकी जुबान पर एकसमान तरीके से चढ़ीं; मसलन, 'किया है प्यार जिसे, हमने ज़िन्दगी की तरह; वो आश्ना भी मिला हमसे अजनबी की तरह', 'दिल की चोटों ने कभी चैन से रहने न दिया, जब चली सर्द हवा, मैंने तुझे याद किया, इसका रोना नहीं, क्यों तुमने किया दिल बरबाद, इसका ग़म है कि बहुत देर में बर्बाद किया।' मीडिया में भूपेन्द्र की ग़ज़लों का भी एक दौर आया, जहाँ उन्होंने व्यक्त किया कि बेवफ़ाई जब भी होती, इरादतन होती है; अनजाने में नहीं-'करोगे याद, तो हर बात याद आयेगी, गुज़रते वक़्त की हर मौज़ ठहर जायेगी।' अन्य लोगों की भी कुछ ग़ज़ले आईं जिन्होंने सिद्ध किया कि नायिका के प्रति वफ़ादारी का मतलब बाकी पूरी दुनिया से बेवफ़ाई है और बाकी दुनिया के प्रति वफ़ादारी का अर्थ नायक या नायिका के प्रति बेवफ़ाई है : 'सबको दुश्मन बना लिया मैंने, आपसे दिल लगा लिया मैंने।' यही बात मुकेश के गीतों में अलग तरीके से उभरती है: 'हमने अपना सब कुछ खोया, प्यार तेरा पाने को, छोड़ दिया क्यों, प्यार ने तेरे, दर-दर भटकाने को, यह मीडिया का ही प्रभाव है कि आज बेवफाई अनिवार्य रूप से पिज्जा, सिगरेट, कोल्ड ड्रिंक्स, बार और व्हिस्की से जुड़ गयी है। वास्तव में बेवफ़ाई एक ऐसा कच्चा माल है जिसकी ख़ूबसूरत मैन्युफैक्चरिंग करके मीडिया उसे एक तैयार प्रोडक्ट का रूप देता

है।

अख़बारों में बेवफ़ाई कुछ अलग तरीके से हमारे सामने आती है। इसे प्रायः समस्या-समाधान के रूप में प्रस्तुत किया जाता है। उदाहरण के लिये; सवाल पूछे जाते हैं कि मेरी प्रेमिका ने मुझे छोड़ दिया है और ब्वॉयफ्रेंड बदल लिया है, मैं क्या करूँ? इसके बाद जवाब लिखा रहता है कि ये सब चीजें जीवन का अंग हैं, आप तनाव न लें, योगा करें और स्वयं को क्रिएटिव कामों में लगायें। रेडियो पर लव गुरु भी कुछ ऐसे ही प्रश्नों के उत्तर देते हैं। जहाँ तक टेलीविज़न चैनलों का सवाल है; ये चैनल बेवफ़ाई या प्रेम-त्रिकोण के कारण उपजी हिंसा की खोज में रहते हैं और उसमें मिर्च-मसाला लगाकर सनसनीखेज बनाते हैं। साहित्य की पत्रिकाओं ने बेवफ़ाई का साहित्यिक और वज़नदार पक्ष प्रस्तुत किया है और जीवन के यथार्थ का उद्घाटन करने में अपनी महत्ता साबित की है। इंटरनेट पर ब्लॉगिंग ने भी इस विषय पर काफ़ी काम किया है। 'फेसबुक' और 'ट्विटर' जैसी ऑनलाइन सोशल नेटवर्किंग वेबसाइटों से सभी परिचित हैं। जब 1999 में पीटर मरहोल्ज ने 'ब्लॉग' शब्द दिया था और उसके बाद जब इवान विलियम्स ने इसे आगे बढ़ाया था तब ब्लॉगिंग में साहित्य के दख़ल की, कम-से-कम, इतनी उम्मीद नहीं की गयी थी। आज टेलीविजन बताते हैं कि अगर गर्लफ्रेंड ने धोखा दे दिया है तो उसे कनाडियन ब्लैकबेरी का एक मोबाइल सेट गिफ़्ट करने से बात बन सकती है।

कुल मिलाकर कहा जा सकता है कि प्रेम में बेवफ़ाई अनेक कोणों से मीडिया में दिखाई-सुनाई गयी है। 'वहाँ कौन है तेरा, मुसाफ़िर जायेगा कहाँ (एस.डी. बर्मन)', 'हुई आँख नम और ये दिल मुस्कराया, तो साथी कोई भूला याद आया (अनुराधा पौडवाल)', 'कोई होता जिसको अपना, हम अपना कह लेते यारों (किशोर कुमार)', 'है इसी में प्यार की आबरू, वो ज़फ़ा करें, मैं वफ़ा करूँ (लता मंगेशकर)' जैसे कितने ही गीत हैं जिन्होंने परदे पर बेवफ़ाई को उकेरा है। 'शराबी' फ़िल्म में अमिताभ पर फ़िल्माए गीत की कुछ प्रारम्भिक पँक्तियाँ भला कौन भूल सकता है : मंज़िलों पे आके लुटते हैं दिलों के कारवाँ, कश्तियाँ साहिल पे अकसर डूबती हैं प्यार की। 'आखिर क्यों' में स्मिता पाटिल ने भी बेवफ़ाई को झेलते हुये बेहतरीन अभिनय प्रस्तुत किया है। निष्कर्षतः कहना अनुचित न होगा कि मीडिया ने बेवफ़ाई को और इसके सभी आयामों को बड़ी बारीकी और व्यापकता के साथ रेखांकित किया है।

साहित्य और पत्रकारिता

पत्रकारिता और साहित्य एक दूसरे से गुँथे-बिंधे हैं। पत्रकारिता यदि साहित्य की निर्माण-भूमि है तो साहित्य भी पत्रकारिता का अलंकार है। ये दोनों ही समाज को प्रभावित करते हैं, समाज का प्रतिनिधित्व करते हैं और समाज से प्रभावित होते हैं। दोनों लोककल्याण की कसौटी पर कसे जाते हैं। दोनों एक दूसरे के पूरक हैं और एक दूसरे पर आश्रित हैं। पत्रकार एवं साहित्यकार दोनों ही समाज के संवेदनशील और सचेत सदस्य होने के कारण समाज से समान रूप से प्रेरणा ग्रहण करते हैं और अपनी लेखनी द्वारा उसे अभिव्यक्त या संप्रेषित करते हैं। यह बात और है कि दोनों की अभिव्यक्ति-शैली में अन्तर होता है। एक के पास दृष्टि होती है तो दूसरे के पास अन्तर्दृष्टि। एक का सम्बन्ध तात्कालिक यथार्थ से होता है तो दूसरा कालजयी यथार्थ के रंगों को उकेरने का प्रयास करता है।

बुद्धि की सहायिका के रूप में कल्पना को लेकर आनन्द को सत्य के साथ अनुबंधित करने की कला साहित्य है। लेकिन इस कल्पना का विद्यमान यथार्थ के साथ सम्बन्ध होता है। इस कल्पना का एक परिप्रेक्ष्य होता है, एक प्रासंगिकता होती है। यथार्थ के तत्व परस्पर गुंफित होते हैं। ये सारे तत्व आपस में जटिल रूप से संबद्ध होते हैं और प्रायः उलझे हुये रहते हैं। इसके साथ ही पूरा यथार्थ गतिशील भी होता है। यथार्थ की गतिशीलता पर सूक्ष्म दृष्टि रखकर यथार्थ की तमाम परतों को सुलझाने में, उन्हें परत-दर-परत उघाड़ने में लेखक को हृदय की मुक्तावस्था में जाना पड़ता है, संवेदनाओं को समझना होता है, भावनाओं की पड़ताल करनी पड़ती है। फिर कथ्य को प्रस्तुत करना होता है।

यह लेखन स्वान्तःसुखाय भी हो सकता है और बहुजनहिताय भी हो सकता है। कुछ लेखक अपने चन्द लेखों से पूरी व्यवस्था में परिवर्तन ला सकते हैं जबकि कुछ ऐसे लेखक भी होते हैं कि चाहे सारी उम्र लिखते रहें तो भी उमंग की एक चिंगारी तक न पैदा हो। वास्तव में यह लेखक की सृजनशीलता, उसकी सामर्थ्य, उसकी प्रेषणीयता और उसके चरित्र जैसे कई अन्य कारणों पर निर्भर है।

साहित्य का प्रचार-प्रसार पत्रकारिता के माध्यम से ही संभव हुआ है। अनेक विख्यात साहित्यकारों की रचनाएँ पत्र-पत्रिकाओं के माध्यम से ही जनसाधारण तक

पहुँचीं। अनेक साहित्यिक आन्दोलनों में पत्रकारिता की वजह से ही गति आई। पत्रकारिता ने ही जनता में चेतना का संचार किया, उसे राजनीतिक रूप से प्रशिक्षित किया और हाशिए के लोगों की आवाज को सभी लोगों तक पहुँचाया। इसने जनता की, हँसी-खुशी, उल्लास-उमंग के साथ-साथ उसकी व्यथा-वेदना और पीड़ा-कसक को ज़बान दी। बहुत बार पत्रकारिता ने अपनी जिम्मेदारियों को निभाने के लिये जनता के दु:ख-दर्द और टीस को सामने लाकर सरकार और जनता के बीच सेतु का कार्य किया। शायद तभी इसे 'चौथा स्तम्भ' कहा जाता है। इसके कार्य प्रहरी के कार्यों की तरह हैं।

पत्रकार और साहित्यकार दानों ही अपनी प्रकृति में काफी समान हैं। समाज में ऐसे व्यक्तियों के अनेक उदाहरण हैं जो सफल पत्रकार और साहित्यकार दोनों रहे हैं। अज्ञेय, निराला, पांडेय बेचैन शर्मा 'उग्र', शिवपूजन सहाय, इलाचन्द्र जोशी इत्यादि ऐसे नाम हैं जिनके बारे में इस प्रश्न का उत्तर देना कठिन हो जाता है कि ये अच्छे पत्रकार थे या फिर अच्छे साहित्यकार।

किन्तु समय स्थिर नहीं रहता है और समाज भी जड़ नहीं रहता। इनमें एक गतिशीलता है। समय और समाज में परिवर्तन के साथ घटनाओं को देखने को नजरिया बदल जाता है। कल यदि मुक्तिबोध 'ब्रह्मराक्षस के सजल-उर शिष्य' होना चाहते थे, धूमिल यदि 'मोचीराम' के मनोभावों को उकेरते थें तो आज चीजें बदल गयी हैं। विषय तो बदल ही रहे हैं, दृष्टिकोण भी दूसरी करवट बैठ गया है और ''उपमेय-उपमान भी मैले'' हो चले हैं।

परिवर्तन प्रत्येक ओर से सकारात्मक ही नहीं होता। पत्रकारिता यदि मिशन के स्तर से नीचे उतरी है तो मूल्यों का भी अधोपतन हुआ है। साहित्य और पत्रकारिता की नयी व्याख्यायें सामने आईं हैं जो हमें कुछ सोचने पर विवश करती हैं। कुछ प्रश्न खड़े करती हैं। क्या भाषा, साहित्य या फिर पत्रकारिता का एक वर्ग-चरित्र है? क्या यह एक वर्ग द्वारा दूसरे वर्ग को संचालित करने का उपकरण है? क्या यह उन्हीं अधिरचनाओं की शृंखला की एक कड़ी है जिसकी बदौलत सत्ता अपनी वैधता स्थापित करने का प्रयास करती है? क्या समतामूलक और न्यायपूर्ण समाज के स्वप्न को एक स्वप्न तक ही सीमित किये रखना इसका उद्देश्य है? या फिर इसमें कुछ सार्थक वक्तव्य भी होते हैं?

साहित्य और पत्रकारिता के पास्परिक सम्बन्धों को रेखांकित करते हुये कहा जा सकता है कि दोनों को एक दूसरे से काफी आशाएँ-अपेक्षाएँ हैं। पत्रकारिता जहाँ साहित्य को जन-साधारण तक पहुँचाने का कार्य करती है वहीं साहित्य भी पत्रकारिता को संस्कार शृंगार तथा गरिमा प्रदान करता है। दोनों के मध्य स्वस्थ और सृजनात्मक सम्बन्ध तो वही होगा जब हम यह सोचें कि लोकमंगल के ऊँचे आदर्शों को कौन पहले प्राप्त कर लेता है। साहित्य या पत्रकारिता?

मीडिया : भरमाने के बीस बहाने

विज्ञान और तकनीकी के कारण उन्नत हुई सूचना क्रांति ने मीडिया की भूमिका में वृद्धि की है। आज मीडिया के प्रभाव का स्तर यह है कि राजनीतिक, सामाजिक, आर्थिक और सांस्कृतिक-जीवन का कोई भी क्षेत्र-इससे अछूता नहीं रह गया है। यदि मीडिया ने व्यवस्था के शिकार आम आदमियों से जुड़े मुद्दे उठाए हैं तो वहीं इसके कुछ कृत्य ऐसे भी रहे हैं जो इसे संदेह और विश्लेषण के कटघरे में खड़ा करते हैं। मीडिया का क्या कोई अपना 'एजेंडा' है? क्या मीडिया के एजेंडे और जनता की जरूरतों और प्राथमिकताओं के बीच की दूरी बढ़ नहीं रही है? क्या मीडिया वह सब प्रस्तुत करता है जो वास्तव में 'वस्तुनिष्ठ सत्य' है? कहीं 'उपभोक्ताओं' के लिये 'न्यूज' नामक 'प्रोडक्ट' को 'मैनुफैक्चर' करके 'जनमत' को विकृत तो नहीं किया गया है? इन प्रश्नों को और इनकी प्रासंगिकता को जानने-समझने के लिये मीडिया की सकारात्मक भूमिका का विश्लेषण और उसकी नकारात्मक भूमिका की समीक्षा आवश्यक है।

वैज्ञानिक प्रगति और विभिन्न संचार माध्यमों की दक्षता के कारण काल और स्थान की सीमायें संकुचित हुई हैं, विश्व अपेक्षाकृत अधिक अन्तर्सबंधित हुआ है और नये-नये अवसर भी आये हैं। भूमंडलीकरण अपने नये-नये आयामों में अभिव्यक्त हो रहा है और ग्लोब के किसी एक कोने की घटनाओं पर अन्य भागों से द्रुत व महत्त्वपूर्ण प्रतिक्रियाएँ आने में मात्र कुछ सेकेंड लगते हैं। भूमंडलीय जलवायु परिवर्तन, ओजोन परत का क्षरण, महासागरों का प्रदूषण, आतंकवाद और वैश्विक तापन जैसी वैश्विक प्रकृति की समस्याओं को तो मीडिया ने कवर ही किया है, इसने ग्रामीण अंचलों की समस्याओं और सम्भावनाओं को रेखांकित करने में प्रभावशाली भूमिका निभाई है। अब इसके कृत्य सूचना देने, शिक्षित करने ओर मनोरंजन करने तक ही सीमित नहीं रह गये हैं। यह अब न सिर्फ समाज को और उसकी सरंचना को प्रभावित करता है बल्कि नये-नये सामाजिक प्रतिमानों की स्थापना करता है। समाचार पत्रों के कलेवर परिवर्तित हुए हैं और इलेक्ट्रॉनिक

मीडिया का रंग भी काफी बदला है। गुड़गांव में होंडा कम्पनी के पिटते मजदूरों की बात हो या गोहाना का मामला–मीडिया ने काफी दूर बैठे एक आम आदमी तक भी इन जानकारियों को पहुँचाने में कोई कसर नहीं छोड़ी है। सरकार की नीतियों को इसने जनोन्मुख बनाने के प्रयास भी किये हैं।

लोकतांत्रिक राज्य के आदर्शों को मीडिया ने जनता तक पहुँचाया है और उसे लोकतांत्रिक मूल्यों और विचारों की जानकारी भी दी है। उसने सामाजिक, आर्थिक और राजनीतिक न्याय पर बहसें छेड़ी हैं और लोगों को स्वतंत्रता और समानता के विभिन्न आयामों से परिचित कराया है। व्यवस्था की विकृतियों को उजागर करके कई बार उसने व्यवस्था की पारदर्शिता को बढ़ाया है। लेकिन विकास की शृंखला को आगे बढ़ाते हुए मीडिया पर कई सवाल भी खड़े होते हैं क्योंकि यह निर्वात में काम नहीं करता। संचार माध्यमों की विविधता जरूर बढ़ी है लेकिन क्या इस बढ़ती विविधता ने समाचारों और विचारों की बहुलता को नष्ट नहीं किया है? क्या इसने एक प्रकार की 'एकाधिकार' की प्रक्रिया पर जोर नहीं दिया है? क्या इसने पश्चिमी संस्कृति के वर्चस्व को आगे बढ़ाने में सहायता नहीं की है?

उपभोक्ताओं के लिए लाभकारी कहे जाने वाले भूमण्डलीकरण का दावा है कि इससे पूँजी, वस्तुओं और सेवाओं की आबंटन क्षमता बढ़ी है, अप्रयुक्त संसाधन उजागर हुए हैं और प्रौद्योगिकियाँ उन्नत हुईं हैं। जहाँ तक सूचना क्रांति की बात है, तो क्या यह प्रश्न जायज नहीं कि यह 'क्रान्ति' क्यों कही जा रही है? क्या वास्तव में यह एक 'नियन्त्रित क्रान्ति' नहीं है? क्या इसने सूचना सम्पन्न और सूचना-विपन्न दो नये वर्गों को जन्म नहीं दिया है? सूचनाओं की वस्तुनिष्ठता, यथार्थता और निष्पक्षता को मीडिया ने प्राय: सम्यक रूप में प्रस्तुत नहीं किया है और भ्रान्त सूचना छवियों की सृष्टि की है। मीडिया ने आम आदमी को इन भ्रान्त छवियों के निर्माण के कारण एक दोराहे पर खड़ा कर दिया है। 'समाचार' और 'सच' का घालमेल-सा हो गया है और 'अपराध' जैसे समाचारों को दिलचस्प और सनसनीखेज बनाकर प्रस्तुत करने से काफी विभ्रम की स्थिति खड़ी हुई है। 1990 के दशक में मोटापा घटाने के इतने अधिक तरीकों का मीडिया ने प्रचार-प्रसार किया, कि यह तथ्य छिप ही गया कि भारत के लोगों को आज भी दो जून की रोटी नसीब नहीं होती ओर आज भी भारत की एक तिहाई जनता निरक्षर है। सवाल उठता है कि मीडिया का अपना एजेंडा क्या है और आम जनता की बुनियादी जरूरतें क्या हैं? क्या मीडिया ने इनमें कभी भी तालमेल बैठाकर सन्तुलन साधने की ईमानदार कोशिश की है या फिर वह मात्र उन्हीं लोगों का भोंपू बनकर रह गया है जिनका मीडिया पर नियन्त्रण है और जो इस समाज के महज मुट्ठी भर लोग हैं? मीडिया ने न सिर्फ मूल्यों के साथ छेड़छाड़ की है बल्कि उसने ऐसे मूल्यों को भी उछाला

है जिनका सम्बन्ध प्रायः संभान्त वर्गों से है। अगर प्रीति जिंटा के बाथरूम में कोई घुस जाता है और ईरान के मामले पर मतदान के मामले पर चर्चा चल रही है तो मीडिया के लिए प्राथमिकता देने का संकट खड़ा हो जाता है। इन दोनों घटनाओं में से वह किसे प्राथमिकता देगा? बुरी खबरें या बुरी घटनायें मीडिया की खुराक की तरह काम करती हैं, चाहे वे हिंसा से जुड़ी हों या फिर हत्या, बलात्कार और भ्रष्टाचार से सम्बन्धित। समाज के लिये महत्त्वपूर्ण होने के कारण मीडिया इन्हें चुनता हो, ऐसा नहीं है। बल्कि इन्हें दिलचस्प और रोचक बनाने में, सनसनीखेज बनाने में मीडिया को सुविधा होती है। इसलिये मीडिया कुछ ही घटनाओं का चयन करता है। चयन की यह प्रक्रिया यहीं तक सीमित नहीं है बल्कि इससे भी आगे बढ़कर मीडिया कई बार इन चयनित घटनाओं के भी मात्र 'चयनित' पहलुओं या पक्षों का चुनाव करता है। प्रश्न उठता है कि क्या मीडिया किसी घटना के सारे पक्षों को समेटकर 'समग्र सत्य' को या सत्य की समग्रता को उद्घाटित करता है? मीडिया के हित विज्ञापनों से प्रभावित होते हैं जिनका सम्बन्ध बहुराष्ट्रीय कम्पनियों और बड़ी-बड़ी चलायमान पूँजियों से है। क्या मीडिया वह माध्यम नहीं है जिसके माध्यम से अमेरिका और पश्चिम के प्रभावशाली देश अपनी संस्कृतियों और अपनी जीवन शैली को एशिया, अफ्रीका और लैटिन अमेरिका के गरीब और विकासशील देशों पर थोपते हैं? क्या यही वह माध्यम नहीं जिससे एकधुव्रीय विश्व का 'महानायक' दूसरे देशों की आन्तरिक राजनीति में दखल देनेवाली अपनी कारवाईयों को वैधता प्रदान करता है? समाचार पत्रों में खबरों के साथ विचारों को मिश्रण करके उन्हें सम्पादकीय प्रायः खबरों की तरह से लिख दिये जाते हैं। केबल और एन. टीवी चैनलों की इस बाढ़ में खबरों की क्या भूमिका रह गयी है? अख़बारों में प्रभुत्वशाली लोगों से जुड़े स्टिंग ऑपरेशन हावी हैं। अमरीकी रंगीन दुनिया से सम्बन्धित समाचार बार-बार दिखाये जाते हैं जिसकी हर्बर्ट शिलर जैसे विद्वानों ने गहरी आलोचनाएँ की हैं और प्रसिद्ध राजनीति विज्ञानी जोहन गैल्तुंग (नार्वे) ने इसे 'अमरीका का टेलीविजन मूर्खत्व' कहा है। खबरों का यह वस्तुकरण हरगिज उचित नहीं।

मीडिया को यह समझना चाहिये कि वह उन लोगों को प्राथमिकता दे जिनसे आम आदमी का सरोकार है और जिनका सम्बन्ध गरीब, वंचित और शोषित समाज से है। ऐसा करके ही समतामूलक समाज के स्वप्न को साकार किया जा सकता है।

आजाद मीडिया : साठ बरस का सफर

वक्त की हथेली पर से वर्ष पर वर्ष फिसलते गये और आज हम आजादी की साठवीं वर्षगांठ मनाने के सुनहरे मुकाम पर हैं। नया सपना है, नया विश्वास है, नयी सम्भावना है, नयी ऊर्जा और नयी आस्था! भूमंडलीकृत विश्व एक वैश्विक ग्राम का रूप अख्तियार कर चुका है, सूचना क्रांति ने जन-जन तक पहुँचकर अपनी मोहक छटा बिखेरी है और कामयाबी की कालीन पर चलहकदमी करते भारत ने सफलताओं की नयी परिभाषाएँ और प्रगतियों की नयी कसौटियाँ गढ़ी हैं। हमारी साक्षरता दर में बढ़ोत्तरी हुई है और विज्ञान के वरदान ने विकास का मार्ग प्रशस्त किया है। स्वतन्त्र भारत के साठ सालों में अखबारों की तादाद बढ़ी है। उनकी गुणवत्ता में परिवर्तन हुआ है और प्रसार संख्या ने नयी बुलन्दियाँ छुईं हैं। अखबारों की बात करें तो सफर एक-संस्करणीय से आगे बढ़कर बहुसंस्करणीय दैनिकों तक पहुँचा है और क्षेत्रीय समाचार पत्रों ने सामाजिक-आर्थिक बदलावों के अनुरूप स्वयं को ढालने में कामयाबी पाई है। रेडियो की पहुँच ने नवीन प्रतिमानों का निर्माण किया है और आज हम सामुदायिक रेडियो और एफ.एम. चैनलों की क्रांति के दौर में हैं। टेलीविजन चैनलों ने समाचारों और विश्लेषणों की विविधता को जन्म दिया है और समाचार व मनोरंजन के नये अध्यायों की रचना की है। लोकतन्त्र के चौथे स्तम्भ की कहानी का चित्र खींचते हुये इंटरनेट की उपेक्षा भला कैसे की जा सकती है? वेब पत्रकारिता के विकास के चलते विभिन्न देशों और विविध समाजों के मध्य सूचना, ज्ञान, आचार-विचार और जीवन शैली का नये कोण से आदान-प्रदान हुआ है। कुल मिलाकर यह कि मीडिया की क्रियाशीलता ने नूतन आयाम ग्रहण किये हैं, बदलावों की बयार में नयी गति और दिशा ग्रहण की है और समाज, साहित्य या अर्थव्यवस्था को प्रभावित करने के मामले में मीडिया की दक्षता बढ़ी है।

पिछले साठ सालों के दौरान मीडिया की गति, दशा, दिशा और उपलब्धियों का विश्लेषण करते समय कुछ मूलभूत सवाल स्वाभाविक रूप से उठते हैं। मसलन, मीडिया ने राष्ट्र की प्रगति में क्या योगदान दिया है, सांस्कृतिक प्रतिमानों

को कहाँ तक प्रभावित या निर्धारित किया है, सूचित करने के मामले में मीडिया ने कितनी तटस्थता या निष्पक्षता बरती है और अपनी स्वतत्रन्ता का कितना सदुपयोग किया है? विलियम वोल्ट्ज, जुगल किशोर या राजा राममोहन राय से प्रारम्भ हुई यह यात्रा आज किन पड़ावों पर है? क्या पत्रकारिता पहले जैसी ही रही है या फिर यह मिशन की बजाय व्यवसाय हो गयी है? जाहिर है कि आज वेलेजली, एडम्स, कैनिंग, मिन्टो या लिटन की तरीके की कोई समस्या नहीं है जो प्रेस की स्वतन्त्रता का विरोध करे। ऐसे में यह प्रश्न और भी अधिक प्रासंगिक हो जाता है कि क्या मीडिया ने अपनी आजादी का उपयोग जनकल्याण के लिये किया है? क्या उसने वंचितों की आवाज उठाई है, बेजुबानों को जुबान दी है और सूचना प्रसार में समतामूलकता बरती है? आजादी हासिल करने के साठ वर्ष बाद भी क्या आज मीडिया उन लोगों पर अपना ध्यान केन्द्रित कर पाता है जो गरीबी रेखा से नीचे जीवन यापन करते हैं, जिनके लिये दोनों वक्त की रोटी ही सबसे बड़ा सवाल है और जो विकास की मुख्यधारा में हाशिए पर है? जब फास्ट फूड संस्कृति अपने पांव तेजी से फैला रही हो, लोक-संस्कृतियों की रक्षा का सवाल बहसों-मुबाहिसों के केन्द्र में आ चुका हो और हम विकसित देश बनने की ओर तेजी से अग्रसर हों, तब ये सवाल चिन्तन-मनन के और भी गम्भीर विषय बन जाते हैं।

एक दृष्टिकोण से देखा जाये तो मीडिया और उससे सम्बन्धित बातें हमारे लिये आजादी से ज्यादा पुरानी बातें हैं। भारत में मीडिया के इतिहास की प्रस्तावना विलियम वोल्ट्ज के सन् 1776 ई. के एक असफल प्रयास से शुरू होती है। वह एक अंग्रेज थे जिन्होंने ईस्ट इंडिया कम्पनी की कारगुजारियों और भ्रष्टाचार को उजागर करने के लिये एक अखबार निकालने की कोशिश की थी। उनकी यह कोशिश कामयाब नहीं हो सकी थी और उन्हें इंग्लैंड लौट जाने के लिये बाध्य किया गया था। इसके बाद 1780 में जेम्स आगस्टस हिक्की ने बंगाल गजट निकाला। गुटेनबर्ग के आविष्कार की यह सुदीर्घ यात्रा जेम्स सिल्क बर्किंघम (कलकत्ता क्रानिकल,1818 ई.) की आभारी है जिन्हें भारतीय पत्रकारिता का प्रेरणास्रोत कहा जा सकता है। पराधीन भारत में पत्र-पत्रिकाएँ अंग्रेजी के साथ-साथ दूसरी भारतीय भाषाओं में भी निकलती थीं। यह बात अलग है कि उन्हें ब्रिटिश शासन द्वारा थोपे गये प्रतिबन्धों, दबावों और आरोपों से निपटते हुये अपना कार्य सम्पादित करना पड़ता था। 1857 के प्रथम स्वतन्त्रता संग्राम के बाद 'लाइसेंसिंग एक्ट 1857' का पुनः पारित होना, 1867 ई. में पंजीकरण अधिनियम का लाया जाना, लिटन का 1878 ई. का वर्नाक्यूलर प्रेस एक्ट, कर्जन का 1908 ई. का न्यूज पेपर एक्ट, 1910 ई. का प्रेस इंडिया एक्ट, तेज बहादुर सप्रू की अध्यक्षता में गठित 1921 ई. की प्रेस कमेटी, 1931 ई. का इंडिया प्रेस इमरजेंसी एक्ट, 1932 ई. का

क्रिमिनल एमेंडमेंट एक्ट तथा 1947 की प्रेस एंक्वायरी कमेटी भारतीय मीडिया के स्वतन्त्र भारत में प्रवेश करने की पूर्ण पीठिकायें हैं जिन्हें सन्तुलित दृष्टिकोण से जाने बिना मीडिया का आधी शताब्दी से भी लम्बा सफर भली प्रकार से विवेचित नहीं किया जा सकता। वर्नाक्यूलर प्रेस एक्ट तो सर्वाधिक कठोर था जिसने देशी भाषा में प्रकाशित समाचार पत्रों की स्वतन्त्रता को लगभग पूरी तौर पर निगल लिया था। इसी से बचने के लिये मोतीलाल घोष के बांग्ला समाचार पत्र अमृत बाजार पत्रिका ने स्वयं को रातोरात अंग्रेजी भाषा में परिवर्तित कर लिया था। वेलेजली का 'प्रेस नियन्त्रण अधिनियम' (1799) हो या जॉन एडम्स का 'अनुज्ञप्ति नियम' (1823)- अंग्रेजों ने अखबारों को सदैव सरकारी नियंत्रण के भीतर घसीटते जाने की ही कोशिशें कीं। फिर भी हेस्टिंग्स, बैंटिक, मैकाले या रिपन तुलनात्मक रूप से उदार रहे। चार्ल्स मेटकाफ को तो 'समाचार पत्रों का मुक्तिदाता' कहा जाता है क्योंकि उन्होंने एडम्स के अनुज्ञप्ति नियम (1823) को समाप्त कर 1835 ई. में 'लिबरेशन ऑफ दि इंडियन प्रेस एक्ट' लागू किया था। ये मीडिया के प्रारम्भ की कुछ जानने योग्य वर्णमालाएँ हैं जिनसे होकर ही हमारा मीडिया अपने वर्तमान स्वरूप तक पहुँच सका है।

आज के समाचार पत्र 1950 या साठ के दशक के समाचार पत्रों से कई मामलों में भिन्न हैं। तब नयी-नयी आजादी मिली थी और समाचार पत्रों के ऊपर नवोदित राष्ट्र के नव निर्माण का गुरुतर दायित्व था। उपनिवेशवादी शासन का अन्त, भारत की स्वाधीनता एवं त्रासद विभाजन, अर्थव्यवस्था का मिश्रित होना, सामाजिक गतिकी का नवोन्मेष और अपने पाँवों पर खड़े होने की राष्ट्र की दृढ़ इच्छा कुछ प्रमुख बिन्दु हैं जो समाज व देश को दिशा दे रहे थे। स्वतंत्रता, समानता और बंधुत्व समेत आधुनिक राजनीतिक अवधारणाओं का प्रचार-प्रसार, रहन-सहन और सोच-विचार की तर्कपूर्ण वैज्ञानिक शैली तथा गुटनिपेक्षता और अहिंसा के गाँधीवादी आदर्शों समेत राष्ट्र के समक्ष उपस्थित चुतौतियों से निपटने का मार्ग भी मीडिया एवं पढ़े-लिखे वर्गों को ही सुझाना होता था। अंग्रेजी एवं हिन्दी के साथ-साथ अन्य क्षेत्रीय भाषाओं की पत्र-पत्रिकाओं ने चिंतन एवं विमर्श के लिये उर्वर भूमि पहले ही तैयार कर दी थी। इनमें इंडियन रिव्यू (जी.ए. नटेशन), हिन्दुस्तान स्टैंडर्ड (सच्चिदानन्द सिन्हा), इंडिपेंडेंस (मोतीलाल नेहरू) ओर सोशलिस्ट (एस.ए. डांगे) इत्यादि प्रमुख हैं। हिन्दी में भारतेन्दु हरिश्चन्द्र, उर्दू में अल्ताफ हुसैन हाली, असमिया में लक्ष्मीनाथ बेजबरुआ, बांग्ला में रवीन्द्रनाथ टैगोर और चट्टोपाध्याय, मराठी में विष्णु शास्त्री चिपलुणकर तथा तमिल में सुब्रमण्यम् भारती भारतीय समाज की सामासिक संस्कृति के ऐसे नायाब हीरे हैं जिन्होंने आजाद भारत की एक सुदृढ़ वैचारिक भावभूमि निर्मित करने में महती भूमिका निभाई। भारत के एक अंचल की

समस्या या घटना को दूर-दराज के दूसरे अंचलों तक पहुँचाने के प्रयासों की प्रारम्भिक और खूबसूरत झलक हमें आजादी-प्राप्ति के आसपास के काल में आसानी से मिल जाती है। बाहरी दुनिया से हमारा सम्पर्क और एशिया के साथ-साथ यूरोपीय देशों की विचारधाराओं के साथ हमारा सम्बन्ध प्रारम्भ में मीडिया के जरिये ही हो पाता है। यह बात राजनीति के साथ-साथ सामाजिक गतिकी, मानसिक विचारधारा, कला, संस्कृति, अर्थव्यवस्था और जीवन के दूसरे आयामों पर भी बराबर लागू होती है। उदाहरण के लिये श्यामजी कृष्ण वर्मा ने इंग्लैंड में 'इंडियन होमरूल सोसाइटी' (इंडिया हाउस) की स्थापना की और 'इंडियन सोशियोलॉजी रूल' नामक पत्रिका निकाली। जापान ने जब रूस को हराया तब कराची क्रानिकल ने भी आह्वान किया कि अंग्रेजों को समुद्र में फेंक दिया जायें। लाला हरदयाल, गदर पार्टी और युगान्तर प्रेस की प्रेरणाओं ने भी जनता और क्रान्तिकारियों को दिशा दी।

यह ठीक है कि सूचना क्रान्ति, उदारीकरण और भूमंडलीकरण के चलते आज विचारों की बहुलता पर काफी जोर दिया जाता है लेकिन भारत के सन्दर्भ में मीडिया, आजादी और आजाद मीडिया के अपने रोमांचक समीकरण हैं। भारतीय पत्रकारिता ने अपने सवा दो सौ साल लम्बे दुर्गम सफर में अनेक राजनीतिक, आर्थिक और तकनीकी समस्याओं का सामना किया है। आज दिल्ली से प्रकाशित अख़बारों का ही प्रसार नहीं हुआ है, क्षेत्रीय या आंचलिक अख़बारों ने भी कामयाबी की छलांग लगाई है। राज्य की भेदन क्षमता में वृद्धि के साथ-साथ भारतीय प्रेस भी अधिक भेदन क्षमता से युक्त हुआ है। राष्ट्रीय, राज्य, मंडल, जिला, तहसील और कभी-कभी ग्राम तक के स्तरों तक समाचार पत्रों ने अपना विशेषीकरण किया है। जागरण, भास्कर, ईनाडू, मातृभूमि, लोकमत, थन्ती, सकाल, अमर उजाला, मलयाला मनोरमा, सन्देश, जन्मभूमि और गुजरात समाचार बड़ी पहुँच, अधिक दक्षता और तीक्ष्ण भेदन क्षमता के कुछ अच्छे उदारहरण हैं।

इन साठ सालों में लोगों में जागरूकता आई है और व्यवस्था के प्रश्नों में उनकी रुचि में इजाफा हुआ है। इसका सबसे बड़ा प्रमाण ताजा राष्ट्रीय पाठक अध्ययन है जिसके मुताबिक एक साल के अन्दर एक करोड़ बीस लाख से भी पुरानी पाठक संख्या में नये जुड़े हैं। आज दैनिक जागरण और दैनिक भास्कर की नियमित दैनिक पाठक संख्या दो करोड़ दस लाख से भी ज्यादा है। यह जानना रोचक है कि तमिल के तीन दैनिक और गुजराती, मलयालम तथा मराठी के दो-दो दैनिक ऐसे हैं जिनकी दैनिक पाठक संख्या पचास लाख से अधिक है। बांग्ला, तेलुगु और अंग्रेजी में भी तीन दैनिक हैं जिनकी प्रत्येक की पाठक संख्या पचास लाख है। यह विचारों के प्रचार-प्रसार का ही प्रमाण है कि देश में कुल मिलाकर

अठारह दैनिक पचास लाख पाठकोंवाले क्लब में शुमार हो चुके हैं। दैनिक के अलावा साप्ताहिक, पाक्षिक, मासिक, द्वैमासिक और त्रैमासिक जैसी पत्र-पत्रिकाओं की भी अच्छी-खासी तादाद है जिन्होंने आजाद भारत में अपनी यात्रा शुरू की थी और आज सफलता के शिखरों को चूम रहे हैं।

फिर भी यह सोचा जाना जरूरी है कि क्या आज मीडिया सिर्फ संदेशवाहक का ही काम करता है? वह किन प्रकारों के विचारों को प्रोत्साहन देता है? अगर खबरों की बात करें तो क्या खबरों के प्रश्न में निष्पक्षता या समता बरती जाती है? क्या खबर को खबर यानी हार्ड न्यूज (विश्लेषण एवं व्याख्या से रहित तथ्यात्मक समाचार) के तरीके से पेश किया जाता है? विविधता में एकता का अप्रतिम उदाहरण प्रस्तुत करने वाले भारत में क्या अखबार प्रत्येक राज्य या क्षेत्र की घटनाओं को उचित आनुपातिक महत्व देते हैं? क्या दूर-दूर तक पसरी भारतीय लोक संस्कृति मीडिया में उचित प्रतिनिधित्व हासिल कर पाती है? कुरुक्षेत्र, सोनपुर, आदिवासियों के कुम्भ मेले, गणगौर या सरहुल जैसे धड़कते उत्सव, पूर्वोत्तर की संस्कृति या कालबेलिया जैसे लोकनृत्यों का कितना महत्त्व प्रतिष्ठापित हो पाया है ?

बहरहाल अख़बारों की पूरी चर्चा करने से पहले इलेक्ट्रॉनिक मीडिया पर भी गौर करना आवश्यक है क्योंकि टेलीविजन का दावा निरक्षरों तक भी पहुँच रखने का हुआ करता है। हमारे देश में प्रिंट मीडिया की ही तरह इलेक्ट्रॉनिक मीडिया का भी अभूतपूर्व विकास हुआ है। सातवें दशक के भारत में टी.वी. प्रसारण के अलावा निजी क्षेत्र के दर्जनों न्यूज़ और मनोरंजन चैनलों ने पूरे देश में अपना संजाल बिछा रखा है। 1980 के दशक के इलेक्ट्रॉनिक मीडिया की छलांग आज गाँवों तक भी पहुँच चुकी था। जहाँ केबल नेटवर्क अब आम बात हो चली है। श्वेत-श्याम तस्वीरों से शुरू हुई टेलीविजन की यात्रा ने 1982 के एशियाई खेलों से करवट बदली और तब से रंगीन टेलीविजन के आकर्षक युग का प्रारम्भ हुआ। जहाँ सातवें दशक में दिल्ली, मुम्बई और कोलकाता जैसे सीमित महानगरों में ही समाचार बुलेटिनों और दूसरे कार्यक्रमों का प्रसारण होता था वहीं आज सभी महानगरों, प्रदेश राजधानियों और सम्भागीय मुख्यालयों तक से दूरदर्शन और निजी टीवी चैनलों द्वारा कार्यक्रमों का सफल प्रसारण किया जा रहा है। टेलीविजन अथवा इलेक्ट्रॉनिक मीडिया तात्कालिकता के पुट से लबरेज है। यह हाईटेक, अधिक पहुँचवाला, वेगवान और तीव्र माध्यम है। श्रव्य-दृश्य माध्यमों की बहुआयामिता के अनेक गुणों को स्वयं में समाहित करने की क्षमता के कारण टेलीविजन का चलन और इलेक्ट्रॉनिक मीडिया का ग्लैमर मिलेनियम की चर्चा के प्रमुख विषयों में शुमार हो चुका है। निजी खबरिया चैनलों के अलावा बॉलीवुड और क्षेत्रीय भाषाओं के

थियेटर एवं सिनेमा भी इसके अपवाद नहीं हैं क्योंकि ये भी मीडिया नामक विषय के अन्तर्गत ही आते हैं।

फिर भी गौरतलब है कि प्रिंट मीडिया, इलेक्ट्रॉनिक मीडिया ही तुलना में अधिक प्रभावशाली, स्थायी और भरोसेमन्द है। इसका कारण सिर्फ इतना ही नहीं है कि इलेक्ट्रॉनिक मीडिया में सनसनी का तत्व डालकर और मिर्च-मसाला लगाकर न्यूज की खूबसूरत और आकर्षक पैकेजिंग जी जाती है। वजह और भी हैं? मसलन; आधुनिक काल में उभरी गठबंधन की राजनीति, नित नयी ऊँचाइयाँ छू रहा ग्लोबल बाजार और बड़ी-बड़ी चलायमान पूँजियोंवाले प्रतिष्ठानों के शेयर-इन विविध और जटिल विषयों की जितनी समझ और जितना गहरा बोध प्रिंट मीडिया में दिखता है, वैसी समझ और वैसा बोध इलेक्ट्रॉनिक माध्यमों के लिये दुर्लभ है। सूखा और बाढ़ से प्रभावित इलाकों के बारे में फणीश्वरनाथ रेणु द्वारा अखबारों में लिखे गये स्तम्भ 'ऋणजल-धनजल' की गुणवत्ता पर कौन सवाल लगा सकता है? मीडिया ने प्रथम प्रधानमन्त्री नेहरू के काल की पंचवर्षीय योजनाओं और नियोजित विकास की उद्देशिका लिखी। लाल बहादुर शास्त्री के रूप में देश के मीडिया ने एक ऐसे नायक के दर्शन किये जो कच्ची पगडंडियों से चलकर दिल्ली पहुँचा था। 1962 के भारत-चीन युद्ध और 1965 तथा 71 के भारत-पाक युद्ध के दौरान प्रमुख घटनाएँ मीडिया में छाई रहीं और देश की जनता को मीडिया ने उत्साह से लबरेज रखा। गैर कांग्रेसी पार्टियों का सत्ता-पटल पर आगमन हो, प्रथम गैर-कांग्रेसी सरकार का गठन हो या केरल अथवा पश्चिम बंगाल में वामपंथी पार्टियों की राजनीति हो, देश के मीडिया ने विरोधों, विरोधों की स्वीकृतियों, मत विभिन्नताओं और लोकतान्त्रिक बहसों को सदैव एक मंच प्रदान करने का प्रयास किया है। फिर भी यह बात विश्लेषण की माँग करती है कि किन विषयों को मंच प्रदान किया गया, और कौन-कौन से विषय परिचर्चाओं के मंच से बाहर रह गये।

इसमें शायद ही किसी को सन्देह होगा कि जिस समतामूलक समाज के निर्माण का स्वप्न आजादी के समय या संविधान में देखा गया, उसे पूरा करने में मीडिया की भूमिका सन्देहों, भ्रान्तियों या विश्लेषणों से परे नहीं है। सवाल सिर्फ इतना ही नहीं है कि हिन्दी, बांग्ला, असमिया, कन्नड़, तेलुगु, तमिल या दूसरी भारतीय भाषाओं की पत्रकारिता और अँग्रेजी के जर्नलिज्म में क्या-क्या अन्तर रहे हैं। महत्त्वपूर्ण यह भी है कि अनेक प्रख्यात शिक्षाविदों, समाजशास्त्रियों, विद्वानों और पत्रकारों से लैस होकर हिन्दी पत्रकारिता ने महानगरीय अँग्रेजी पत्रकारिता को कई बार उसकी सीमाओं का अहसास कराया है। क्या यह कहना अनुचित होगा कि अगर पत्रकारिता अपने सिद्धान्तों पर अडिग रहते हुए समाज, मानवता और विकास का उचित पथ-प्रदर्शन करती तो परिणाम कहीं बेहतर होते। सवर्णों और दलितों के

द्वन्द्व, देशी और विदेशी के द्वन्द्व, अमीरी और गरीबी की खाई या परम्परा और आधुनिकता के विवादों का स्तर कम से कम वैसा न होता जैसा आज है। पहुँच, रफ्तार, ताजगी, नवीनता, प्रामाणिकता, अन्तर्क्रियात्मकता, चयन की स्वतन्त्रता और तकनीकी उपलब्धता की अथक कहानी कहनेवाले मीडिया के पास इस प्रश्न का कोई उत्तर नहीं है कि स्टिंग आपरेशन के जरिये वह किस वर्ग की जनता का कल्याण करना चाहता है, कि विदर्भ में किसानों की आत्महत्याओं की घटनाएँ लगातार दो-तीन साल तक मुख्यधारा के मीडिया में क्यों हाशिये पर रहीं, कि विस्थापन बनाम विकास के असली जमीनी सवाल क्या हैं, क्यों हैं और उन सवालों के हल क्या हैं, कि सूचनाक्रान्ति के इस उन्नत दौर में भी प्रकाशक हिन्दी के किसी लेखक की दो-तीन सौ प्रतियाँ छापकर उसे अपमानित क्यों करते हैं...। यह भी कम रोचक नहीं है कि कुछ घटनाएँ, कुछ ही व्यक्ति या कुछ ही पुस्तकें किस प्रकार चर्चा के केन्द्र में जबरन आ जाती हैं जबकि कुछ का जिक्र तक नहीं हो पाता, चाहे वे बराबर के महत्व की हों।

समाज के प्रति उत्तरदायित्व या जवाबदेही और दृष्टि सम्पन्नता की कसौटी पर मीडिया कितना खरा उतरता है, इसकी जाँच करने के लिये किसी विदेशी विश्वविद्यालय से पत्रकारिता में पी-एच.डी. करने की आवश्यकता नहीं है। कारपोरेट कल्चर और पॉपुलर संस्कृति का प्रचार-प्रसार, उसके दुष्परिणाम तो अलग की बातें हैं; क्या यह कम है कि खासकर इलेक्ट्रॉनिक मीडिया पर आपराधिक घटनाओं, हिंसा और बलात्कार से सम्बन्धित खबरों के बार-बार दिखाये जाने से एक आम दर्शक की संवेदनशीलता कुन्द होती चली गयी है और उसकी इन्द्रियाँ भोथरी होने के कगार पर आ चुकी हैं। शायद तभी सबसे जल्दी और सबसे तेज सब कुछ दिखा डालने की कटिबद्धता से युक्त निजी चैनलों के पत्रकार किसी सेलिब्रिटी की सरकती साड़ियों या जबरन लिये गये चुंबनों पर दिन भर कैमरा ताने रहते हैं लेकिन व्यावसायिक दोहन या प्राकृतिक झंझावातों के चलते भारतीय समुद्रतट के मछुआरे भुखमरी के किस दुश्चक्र में हैं, इसे 'कवर' करने की उन्हें फुर्सत नहीं है। खुले सीवर में गिरने से किसी बच्चे के मर जाने की खबर वहीं तक ठीक है जहाँ तक वह एक खबर है लेकिन उसे रोचक और सनसनी खोज़ बनाकर खबर को मनोरंजन के एक साधन (आइटम) की शक्ल दे देना किस प्रकार उचित कहा जा सकता है? खासकर तब, जब ढेरों बच्चे फुटपाथ पर भीख माँगने को या बालश्रम के दुश्चक्र में ताउम्र उलझे रहने को मजबूर हों। बड़ी-बड़ी विज्ञापनदाता कम्पनियों के बल पर तेज रफ्तार होने का दम्भ भरनेवाले मीडिया की प्रामाणिकता पर इससे ज्यादा क्या कहा जाए कि कई बार खबरें बिना पुष्टि या पुनर्प्रमाणन के ही प्रसारित कर दी जाती हैं। छवियों का निर्माण या छवियों का विध्वंस कर सकने की इलेक्ट्रॉनिक मीडिया

की शक्ति के बारे में बताने की जरूरत नहीं है। जहाँ मीडिया अव्यवस्था या निरंकुशता पर एक ओर लगाम लगाता है, वहीं दूसरी ओर एक अनुत्तरित प्रश्न भी छोड़ जाता है कि कहीं मीडिया स्वयं तो निरंकुश या अति शक्तिमान नहीं होता चला जा रहा है?

परन्तु मीडिया की नकारात्मकता ही उसका पूरा चित्र नहीं है। अन्तरराष्ट्रीय सीमाओं के दरकने, थियोडोर लेविट की प्रिय धारणा 'भूमंडलीकरण' के प्रचलित होने और पूँजी के मुक्त आदान-प्रदान हो पाने के वर्तमान युग में मीडिया का सकारात्मक पक्ष भी उल्लेख की दरकार करता है। मीडिया ने व्यवस्था में पारदर्शिता लाने पर बल दिया है, सूचना के अधिकार को स्वप्न से उठाकर सच्चाई बनाने में सहायता की है और कई बार असहाय या पीड़ित लोगों को न्याय भी उपलब्ध कराया है। जेसिका लाल और प्रियदर्शिनी मट्टू के प्रकरण मीडिया की रचनात्मक सक्रियता के दो हालिया उदाहरण हैं। फिर भी क्या यह कहना गलत होगा कि मीडिया का यह सफर अभी बहुत लम्बा है क्योंकि बहुत लोगों को उनका हक दिलाना अभी शेष ही है? ऐसा करके मीडिया अपनी साख भी सुदृढ़ कर सकता है।

साख या नैतिकता का सवाल इसलिये महत्त्वपूर्ण है कि अखबार या मीडिया एक प्रोडक्ट भर नहीं है, वह उससे कहीं आगे की चीज है। ठीक है कि दीवाली, ईद, बिहू या ओणम पर परिचर्चायें होती हैं, अख़बार उन्हें स्थान देते हैं और टेलीविजन इन पर आकर्षक रंग-संयोजन से युक्त फीचर दिखाते हैं लेकिन क्या उस उत्साह से इन सब बातों पर जोर दिया जाता है जिस उत्साह से वैलेंटाइन डे या फ्रेंडशिप डे पर! रेडियो की बात करें तो एफ.एम. चैनलों के 'डॉक्टर लव' और 'लव गुरु' अपनी-अपनी विशेषज्ञता का प्रदर्शन करके क्या साबित करना चाहते हैं? क्या इस बात से इंकार किया जा सकता है कि क्राइम, क्रिकेट, सिनेमा, सेलिब्रिटी और सेक्स पर मीडिया जरूरत से कुछ ज्यादा ही मेहरबान रहता है? स्थानीय स्वशासन, तृणमूल स्तर की ज्वलंत समस्याओं, भूमंडलीकरण के द्वन्द्व या बेरोजगारी के सवाल क्या किसी नीति के तहत उपेक्षित किये जाते हैं? पश्चिमीकरण की किस दौड़ में मीडिया मादकता के साथ दर्शकों को शामिल कर देना चाहता है जहाँ एक आम आदमी 'ग्लोबल' कहे जाने की आकांक्षा में अपनी परम्पराओं या अपनी संस्कृति को हेय दृष्टि से देखने लगे? बाइक, कोक, पेप्सी, मोबाइल, बर्गर और पिज्जा से युक्त आधुनिक जीवन-शैली को बढ़ावा देकर मीडिया क्या मानव की मूलभूत आवश्यकताओं की परिभाषा बदलना चाहता है? ये सवाल देखने में भले ही छोटे या अप्रासंगिक लगें किन्तु इक्कीसवीं सदी के मीडिया की हकीकत इन्हीं सवालों के उलझे तारों से होकर गुजरती है।

रेडियो और टेलीविज़न के अलावा फिल्में और इंटरनेट भी मीडिया के ही अंग हैं और समाज के मनोविज्ञान को बहुत गहराई तक प्रभावित करते हैं। 'मदर इंडिया' और 'आवारा' से होते हुये फिल्मी सफर 'चने के खेत में चूड़ियों के टूटने' और 'जाड़े में खटिया सरकाने' तक पहुँच चुका है। कूल जेनेरेशन की हालिया फिल्में उन्नत तकनीकों, आकर्षक प्रभावों और प्रायः हॉलीवुडीय एनिमेशनों से लैस हुआ करती हैं। जिस प्रकार समाचार माध्यम अब सिर्फ समाचारों को प्रसाारित करने के माध्यम भर ही नहीं रह गये हैं, ठीक उसी प्रकार फिल्में भी अब सिर्फ मनोरंजन करने का साधन भर नहीं रह गयी है। उनके लक्ष्यों, कार्यों, प्रभावों और आयामों में वृद्धि हुई है। प्रेम-त्रिकोण, विवाह पूर्व या विवाहेतर सम्बन्धों की कड़वी दास्तान वर्तमान समय में फिल्मों के लिये अधिक उपयुक्त हो चली है। इसके अतिरिक्त गैंगवार और मोटर साइकिलों के करिश्मों और सनसनाती लम्बी कारों को दिखाकर एक खास किस्म के उपभोक्तावाद पर विशेष फोकस किया जाता है। आज के विज़ुअल्स, थ्रिलर या एक्शन दृश्य सत्तर, अस्सी या नब्बे के दशक से भी कई गुना आगे है क्योंकि उन्हें कहीं गहरा प्रभाव छोड़ना है। बदलाव उचित होते हैं लेकिन क्या ऐसे बदलाव वरेण्य नहीं होने चाहिये जो हमारी सामासिकता को बढ़ाते हों, जो सर्वजनहिताय और कल्याणकारी हों?

स्थानीयता और सार्वभौमिकता का द्वन्द्व अपने स्वरूप में पिछले दशकों में परिवर्तित हुआ है। कुछ परस्पर विरोधी प्रतीत होनेवाली प्रवृत्तियों ने भी आजादी के बाद की पत्रकारिता पर अपनी छाप छोड़ी है। उदाहरण के लिये, जहाँ एक ओर स्थानीय और क्षेत्रीय स्तर के दैनिक और साप्ताहिक समाचार पत्र-पत्रिकाओं की संख्या बढ़ी है, दूर-दराज के लोग अपने स्थानीय हितों को लेकर सजग (और अक्सर) लामबन्द हुए हैं; वहीं राष्ट्रीय स्तर के मीडिया ने इस बात को कोई समुचित, सन्तुलित या सर्वमान्य प्रतिमान नहीं बनाया है कि राष्ट्रीय घटनाएँ कौन-सी हैं। कभी गड्ढे में गिरा पिंन्स दिन भर न्यूज चैनलों पर छाया रहता है तो कभी भुतही हवेली और नाग-नागिन के सनसनीखेज किस्से तथाकथित राष्ट्रीय मीडिया को प्रतिपल आच्छादित किये रहते हैं। ऐसे में किन्हें ज्यादा और किन्हें कम वरीयता दें? निजी चैनल अक्सर यह कहते सुने जाते हैं कि हम तो वही दिखाते और सुनाते हैं जो दर्शकों को प्रिय, रुचिकर और पसन्द है। क्या समाचार की यही परिभाषा है कि वही समाचार है जो दर्शकों को रोचक और प्रिय लगे, जो उन्हें बाँध सके? जाहिर है कि तमाम माध्यमों की आपसी गलाकाट प्रतिस्पर्धा में सवाल टी.आर.पी. (टेलीविजन रेटिंग प्वाइंट्स) का है, न कि समाचार की वस्तुनिष्ठता या मीडिया की पत्रकारीय नैतिकता का। मुनाफे की होड़ का दुष्परिणाम लघु और मझोले प्रेस के अस्तित्व पर खतरे के रूप में सामने आता है जिससे अन्तर्वस्तु (कंटेंट) गौण हो

जाती है और पूँजी या मुनाफा प्रमुख हो जाता है। फिर भी बहुभाषाभाषी और बहुरंगी संस्कृतियों से समृद्ध विश्व के विशालतम लोकतन्त्र भारत में अनेक भाषाओं और लिपियों की उपस्थिति इस बात की गारंटी देती है कि बहुत अधिक स्वामित्व-संकेन्द्रण या प्रेस पर एकाधिकारमूलक नियन्त्रण हमारे यहाँ सम्भव नहीं है। यह वास्तविक लोकतान्त्रिक बहुलता के लिये हर्ष का विषय है। फिर भी अफसोस की बात है कि बाजार और विज्ञापन ही काफी कुछ निर्धारित कर रहा है, फलत: हिन्दी और अन्य क्षेत्रीय भाषाओं के कुछ अखबार कमजोर होते जा रहे हैं।

मीडिया को अन्तर्क्रियात्मक और संचार के प्रवाह को दोतरफा बनाने के लिये पिछले कुछ दशकों में अनेक प्रयास किये गये हैं। अलग-अलग माध्यमों ने अलग-अलग तकनीकें अपनाई हैं। अखबार अगर पाठकों की प्रतिक्रियावाले पत्र प्रकाशित करते हैं तो रेडियो भी दूर-दराज से आने वाले खतों का स्वागत करता है। आजकल तो रेडियो चैनलों और निजी मीडिया चैनलों में श्रोताओं और दर्शकों को फोन करके या मोबाइल द्वारा एस.एम.एस. करके अपनी प्रतिक्रिया जताने की सुलभता है। हालाँकि यहाँ पर भी एक बात बेहद गौर करने लायक है कि इस तकनीक का प्रयोग किसी वास्तविक मुद्दे की बजाय रियलिटी शोज और लॉफ्टर प्रोग्राम्स के लिये ही ज्यादा होता है क्योंकि मोबाइल कम्पनियों को यहीं पर मोटा मुनाफा मिलता है। किन्तु इन बातों के बावजूद सहभागितामूलक पत्रकारिता एक प्रकार से खुशी की बात है क्योंकि यह दर्शकों या पाठकों के चयन की स्वतंत्रता के दायरे को बढ़ाती है। इंटरनेट भी एक सस्ता साधन है और इसके जरिये मीडिया में लोगों की हिस्सेदारी बढ़ी है। पाठकों की भागीदारी और हस्तक्षेप से मीडिया को प्रभावित करने का विचार फीडबैक के इसी सिद्धान्त से आया है। फिर भी हमें यह भूलना नहीं चाहिये कि हमारे देश की एक-तिहाई आबादी के लिये काला अक्षर भैंस बराबर है और एक-चौथाई आबादी गरीबी रेखा से भी नीचे गुजर-बसर करती है। मीडिया का दायित्व इन निर्धन और वंचित तबकों के प्रति भी है। आजादी मिलने के समय की तुलना में आज तकनीकें अगर उन्नत हुईं हैं तो समस्याओं ने भी नये आयाम ग्रहण किये हैं। आज अगर क्रिकेट के जरिये राष्ट्रवाद की भावना को मजबूत किया जा सकता है तो इससे यह तथ्य छिप नहीं जाता कि अन्य खेलों की उपेक्षा हो जाया करती है। मीडिया अगर सभी दर्शकों को एक समूह के रूप में सम्बोधित करके 'हम' की बन्धुत्व भावना का प्रचार करता है तो उसकी कोई भूल-चूक या दायित्वहीनता जन समुदाय के किसी खास हिस्से को हीनभावना से ग्रस्त भी करा सकती है। कोई महत्त्वपूर्ण निर्णय या किसी ज्वलन्त मुद्दे पर सोचने-समझने के सन्दर्भ में लोगों की निर्भरता मीडिया पर और भी बढ़ जाती है। ऐसे में मीडिया का कर्त्तव्य बन जाता है कि वह देश, समाज और राजनीति को एक सकारात्मक दिशा

दिखाये, वैचारिक उन्नति के लिये अपेक्षित धरातल का निर्माण करे और जनता के वास्तविक कल्याण के लिए आवश्यक हित चिन्तन करे। उसे ऐसे मूल्यों और मानकों, परम्पराओं और रास्तों पर बल देना चाहिये जिन पर चलकर भारत के साधारणतम लोग भी ऐसे महापुरुष बन गये जिन पर हम ही नहीं, पूरी मानवता और पूरा संसार गर्व करता है।

❑ ❑ ❑

णाणं

पयासयं

वी.नि. 2470

ई.सन् 1944

भारतीय ज्ञानपीठ

ज्ञान गरिमा के
72 वर्ष

भारतीय
ज्ञानपीठ